ŒUVRES

DE

J. F. COOPER

IMPRIMERIE DE H. FOURNIER ET Cⁱᵉ, 7 RUE SAINT-BENOIT.

J. F. COOPER

TRADUCTION

par Defauconpret.

LES DEUX AMIRAUX.

Paris.
FURNE & C*ie* CH. GOSSELIN,
Éditeurs.
1845.

OEUVRES

DE

J. F. COOPER

TRADUITES

PAR

A. J. B. DEFAUCONPRET

TOME VINGTIÈME

LES DEUX AMIRAUX

PARIS

FURNE ET Cᵉ, CHARLES GOSSELIN

ÉDITEURS

M DCCC XLVI

AVIS DE L'EDITEUR.

Des circonstances qui ne dépendaient de la volonté ni du traducteur ni de l'éditeur ont retardé la publication du roman que nous offrons au public. Les personnes qui savent l'anglais ont donc eu le temps de lire cet ouvrage dans la langue originale, et nous avons appris qu'il s'en trouve qui reprochent à l'auteur anglais d'avoir voulu, de propos délibéré, insulter la France et la marine française. Cette idée ne s'était pas présentée à notre esprit. M. Cooper ayant pris pour ses héros deux amiraux anglais, il était naturel qu'il leur accordât la victoire ; mais il fait en toute occasion l'éloge des talents et du courage du commandant en chef de l'escadre française. En parlant du capitaine du vaisseau du contre-amiral français, il dit qu'il n'a pas dessein d'imiter les auteurs anglais, qui font des caricatures des officiers de la marine française ; ailleurs, il fait dire au commandant en chef anglais que toutes les fois qu'il s'est mesuré avec les Français, il a trouvé à qui parler, etc. Je crois donc que, s'il se rencontre dans ce roman quelques expressions ou quelques phrases qu'on puisse regarder comme injurieuses à notre marine, elles lui ont échappé inconsidérément, et je pense qu'il peut être absous sur la question intentionnelle.

Et pourquoi M. Cooper aurait-il *voulu* insulter la marine française ? N'est-il pas Américain ? Ne connaît-il pas tous les services rendus à l'Amérique par cette marine, pendant la guerre pour l'indépendance des colonies ? Il est fort aisé, surtout dans un ouvrage de fiction, de battre sur le papier des escadres françaises ; mais l'Angleterre ne peut avoir oublié les noms de Duquesne, de d'Estrées, de Duguay-Trouin, de Tourville, de Forbin, de Jean-Bart, et de M. de La Galissonnière, célèbre par la défaite de l'amiral Byng, défaite dont le ministère anglais crut réparer la honte en faisant tomber la tête du vaincu, et enfin de tant d'autres braves dont l'Angleterre même n'a pas perdu la mémoire.

PRÉFACE.

Parmi tous les romans dont la scène est sur mer, qui ont été publiés depuis vingt ans, nous n'en connaissons aucun dont les évolutions des flottes aient été un des traits principaux. Le monde a sous les yeux des scènes admirablement dessinées, dans lesquelles il trouve le tableau des manœuvres d'un vaisseau solitaire, et des touches exquises du caractère des marins; mais tous les romanciers semblent s'être soigneusement abstenus de peindre sur un grand cadre la profession de marin. Nous avons nous-même imité leur retenue, peut-être par un certain sentiment intime d'incompétence, mais surtout par suite du désir que nous avions, en décrivant des scènes navales, de rester sous le pavillon auquel nous avons été accoutumé, et auquel, à proprement parler, nous appartenons.

Nous blâmons ouvertement et à haute voix cet absurde patriotisme qui prend feu pour l'honneur des chats et des chiens; qui s'imagine faire un acte de nationalité en élevant bien haut des objets d'un mérite inférieur, uniquement parce que le hasard veut qu'ils soient de notre pays; qui affiche la doctrine extravagante, — et si nouvelle dans les annales de la littérature, qu'on n'y trouve une excuse que dans la pauvre explication d'un misérable provincialisme, — que le vice, la folie, la vulgarité et l'ignorance, ne doivent pas être un objet de censure quand il s'agit d'un vice, d'une folie, d'une vulgarité et d'une ignorance qui ont pris naissance sur leur sol américain, tandis que ce serait la meilleure raison possible pour que toutes les plumes américaines en écrivissent la condamnation; — doctrine diamétralement contraire à la libéralité de Domitien, qui toléra Juvénal lui-même tant qu'il se borna à diriger sa satire contre le public en général, mais qui le bannit de Rome quand elle attaqua les particuliers. L'idée que des ouvrages de fiction doivent être écrits en ayant toujours sous les yeux le pays où l'on a reçu le jour, est un autre préjugé de province qui ne pourrait avoir lieu dans une nation qui aurait un caractère bien établi, de grandes vues, et nous ne le respectons pas plus que les louanges banales dont nous venons de parler ; mais nous pouvons alléguer de bonne foi nos propres sentiments comme un motif pour faire ce qui, après tout, doit plus ou moins dépendre des inclinations personnelles d'un écrivain. Nous avons le désir d'essayer de tracer le tableau dont il s'agit, et cette disposition est un assez bon guide dans les ouvrages d'imagination.

Cependant l'Américain qui veut peindre des flottes doit se résoudre à déserter son pavillon : jamais l'Amérique n'a armé une flotte. La république possède les matériaux nécessaires pour produire ce phénomène, mais la volonté a toujours paru lui manquer. Il a toujours existé dans les conseils de l'état une étrange et dangereuse répugnance à créer même le rang militaire qui est indispensable pour exercer une autorité convenable sur une telle force ; et si le titre de cet ouvrage eût été le *Seul* Amiral, au lieu des *Deux* Amiraux, nous aurions encore été obligé de chercher en pays étranger un héros pour notre histoire. Les législateurs de notre pays s'imaginent apparemment que les hommes feront des miracles sans avoir les motifs qui ordinairement exercent sur eux de l'influence pour les porter à faire quelque chose. Combien de temps peut-on sans danger persister dans un tel système politique, c'est ce qui reste à être démontré.

Néanmoins, tout en faisant valoir notre indépendance, en réclamant le droit de choisir pour nos histoires les scènes qui conviennent le mieux à l'impulsion qui nous fait agir, nous sommes assez disposé à admettre que, dans le cas dont il s'agit, nous aurions été charmé de faire voile sous le pavillon national, si cela eût été dans les limites de la probabilité, qui doit toujours se trouver même dans un ouvrage de fiction. Si nous ne sommes pas précisément né dans la marine américaine, nous y avons certainement été élevé ; et quoique ces emblèmes puissent paraître dénués de goût aux yeux des gens instruits, nous avouons que nous accordons une préférence décidée aux étoiles et aux bandes, sur le large champ blanc et la croix de Saint-George du noble pavillon anglais, sur la bannière sans tache de la France, telle qu'elle existait à l'époque de notre histoire, et sur la plus belle de toutes les enseignes qui aient jamais été déployées au haut d'un mât de pavillon, l'enseigne tricolore de notre temps. Quand les conseils de notre nation nous donneront des amiraux et des flottes que nous puissions prendre pour sujets de nos ouvrages, nous nous ferons un plaisir d'essayer humblement de rapporter leurs exploits.

Les colons américains ont pourtant le droit de réclamer leur part de la renommée maritime que l'Angleterre a obtenue antérieurement à 1775, et nous laissons à leurs descendants le soin de discuter avec les possesseurs actuels de la mère-patrie quelle portion du renom acquis par Oakes et Bluewater doit appartenir à chacun des deux pays. En s'adressant à nos éditeurs de Philadelphie, Lea et Blanchard, les Américains pourront se procurer toutes les preuves que nous possédons des faits contenus dans cet ouvrage, et pour la plus grande convenance des Anglais nous en avons remis des duplicata à M. Bentley, libraire, New-Burlington street, à Londres. Nous prions tous les individus employés dans ces deux grandes maisons de communiquer sans difficulté tous ces documents à quiconque voudra les consulter.

Nous espérons que le lecteur sera assez juste pour regarder *les Deux Amiraux* comme une histoire *de mer*, et non comme une histoire *d'amour*. Nos amiraux sont nos héros, et comme il y en a deux, les lecteurs particulièrement difficiles sur ce point ont notre permission d'en nommer un l'héroïne, si bon leur semble. Nous n'avons nullement envie de prononcer l'exclusion de l'un d'eux, et nous les laissons entièrement libres du choix.

Après cette courte explication, nous lançons nos flottes à la mer, et nous les livrons aux flots et aux vents de l'opinion publique, qui sont souvent aussi impétueux et aussi contraires que ceux de l'Océan, et quelquefois aussi capricieux !

LES DEUX AMIRAUX.

CHAPITRE PREMIER.

> — En ce cas, s'il était fils de mon frère, mon frère ne pouvait le réclamer ; et votre père, quoiqu'il ne fût pas le sien, ne pouvait le désavouer. Cela est concluant. — Le fils de ma mère donna le jour à l'héritier de votre père ; l'héritier de votre père doit en avoir les terres.
>
> SHAKSPEARE. *Le roi Jean.*

Les événements que nous allons rapporter sont arrivés vers le milieu du dernier siècle, antérieurement à cette lutte qu'il est à la mode d'appeler, en Amérique, — l'ancienne guerre contre la France. — La scène qui ouvrira notre histoire doit pourtant se chercher dans l'autre hémisphère, et sur la côte de la mère-patrie. Au milieu du xviiie siècle, les colonies américaines étaient des modèles de loyauté. La guerre à laquelle il vient d'être fait allusion avait été cause des dépenses considérables qui avaient porté le ministère anglais à avoir recours au système de taxes qui amena la révolution. La querelle de famille n'était pas encore commencée. Entièrement occupés d'une guerre qui ne se termina pas plus glorieusement pour les armes britanniques qu'avantageusement pour les possessions anglaises en Amérique, les habitants des colonies n'avaient peut-être jamais été plus favorablement disposés à l'égard de la métropole qu'à l'instant où notre histoire va commencer. Toutes leurs anciennes prédilections, bien loin de s'affaiblir, semblaient prendre de la force, et, de même que dans la nature on sait que le calme succède à la tempête, l'attachement aveugle des colonies à la métropole n'était que le précurseur du mécontentement et de la désunion violente qui devait bientôt avoir lieu.

La supériorité de la marine anglaise fut bien établie dans les divers combats qui eurent lieu entre 1740 et 1763 ; mais la guerre maritime à cette époque n'avait pas encore pris le caractère décidé dont elle porta l'empreinte un quart de siècle plus tard. De notre temps la marine anglaise paraît s'être améliorée en proportion de ce que celle de ses ennemis se détériorait. Cependant, en 1812, — le Grec se trouva en face du Grec, — et ce fut alors que vint véritablement — le fort de la guerre. — Le grand changement qui survint dans toutes les autres marines de l'Europe fut uniquement la suite des révolutions qui envoyèrent en exil les hommes expérimentés, et qui, en rendant les armées de terre de première importance pour maintenir l'existence des différents états, laissèrent dans l'ombre les entreprises navales, pour donner au courage et au talent une direction différente et exclusive. Pendant que la France guerroyait, d'abord pour maintenir son indépendance, et ensuite pour dominer tout le continent, la marine n'était qu'un objet secondaire pour elle, car elle n'avait pas besoin de son aide pour entrer à Vienne, à Berlin et à Moscou. C'est dans cette cause et dans d'autres semblables qu'il faut chercher l'explication des nombreuses victoires remportées sur mer par les armes britanniques pendant la grande lutte qui avait lieu en Europe. Elles étaient invincibles en apparence plutôt qu'en réalité, car beaucoup de défaites bien constatées se mêlèrent même alors à ses mille triomphes.

Depuis le temps où sa population put fournir des secours de cette nature, jusqu'au jour de sa séparation, l'Amérique eut sa bonne part dans les exploits de la marine anglaise. Les colons du rang le plus distingué plaçaient volontiers leurs fils dans la marine royale ; et bien des pavillons flottaient, à la fin du xviiie siècle, au haut des mâts de bâtiments du roi, comme autant de symboles faisant reconnaître des amiraux qui étaient nés parmi nous. Dans le cours d'une vie fertile en événements, nous avons vu des hommes d'autant de rangs, de conditions et de caractères que qui que ce soit puisse jamais en avoir connu ; et nous nous sommes trouvé en contact avec non moins de huit amiraux anglais nés en Amérique, quoique nous n'ayons jamais eu le bonheur de voir un de nos compatriotes élevé à ce rang par son propre gouvernement. Dans une certaine occasion, un Anglais qui avait occupé la plus haute place civile dans le département de la marine, nous dit que le seul homme qu'il connût alors dans la marine, en qui il aurait une confiance entière pour lui donner un commandement important, était un de ces amiraux transatlantiques ; et la réflexion me vint inévitablement à l'esprit que cet amiral avait eu grandement raison de rester au service de l'Angleterre ; car, s'il avait servi cinquante ans son pays natal, il n'aurait eu d'autre récompense qu'un rang qui l'aurait mis simplement de niveau avec un colonel de l'armée de terre[1]. Combien de temps dureront encore cette politique à courte vue et cette injustice criante, c'est ce que personne ne peut dire; mais on peut croire qu'elles dureront jusqu'à ce que quelque législateur ayant de l'influence apprenne la vérité bien simple, que la répugnance supposée du peuple à faire ce qui est juste, existe plus souvent dans les appréhensions de ses représentants que dans la réalité. — Mais venons à notre histoire.

Les brouillards d'Angleterre jouissent d'une réputation très-étendue; mais on ne peut guère savoir ce qu'un brouillard peut ajouter aux beautés de la nature sans avoir vu l'effet magique qu'il produit sur un beau paysage, en y opérant les changements variés et capricieux que l'œil remarque sur les traits d'une coquette. Notre scène s'ouvre pendant un de ces brouillards si décriés; mais qu'on fasse attention que c'était un brouillard de juin, et non de novembre. Sur un promontoire élevé de la côte du Devonshire, était une petite maison qui avait été construite pour servir à un poste de signaux de côte, afin de pouvoir communiquer avec les bâtiments qui pouvaient fréquenter la rade située dans ce voisinage. Un peu plus avant dans les terres était un village ou hameau que nous appellerons Wychecombe, et à peu de distance de ce hameau on voyait, entourée d'un petit parc, une maison construite dans le siècle de Henri VII, dans laquelle demeurait sir Wycherly-Wychecombe, dont un des ancêtres avait été créé baronnet par Jacques Ier. Il possédait un domaine susceptible d'amélioration, qui lui rapportait un revenu annuel de trois à quatre mille livres sterling, et qui lui avait été transmis par une longue ligne d'ancêtres remontant jusqu'au temps des Plantagenets. Cependant, ni Wychecombe, ni le promontoire, ni la rade, n'offraient rien de très-remarquable, car on voyait dispersés sur cette belle partie des côtes de l'Angleterre des villes, des villages et des hameaux beaucoup plus grands et plus favorisés par la nature; des baies et des rades beaucoup meilleures pour les bâtiments qui arrivaient ou qui partaient, et il se trouvait tout le long de cette côte des stations pour les signaux beaucoup plus importantes. Néanmoins les bâtiments entraient dans cette rade quand un calme ou un vent contraire le rendait nécessaire; le hameau avait ses avantages, et même ses beautés, comme la plupart de ceux de l'Angleterre, et la

---

[1]. Le grade le plus élevé dans la marine américaine était celui de commodore, qui répond en France à celui d'un capitaine de vaisseau commandant une division. La marque distinctive du grade de commodore est un guidon en tête du grand mât.

maison et le parc n'étaient pas sans prétention à une magnificence rurale. Il y a un siècle, quoi qu'en puissent dire le tableau des préséances et Blackstone, un baronnet anglais, et surtout un baronnet remontant à 1611, était un plus grand personnage qu'aujourd'hui ; et un domaine produisant quatre mille livres de revenu annuel, surtout s'il n'était pas morcelé, était trois fois plus étendu et donnait trois fois plus d'importance locale qu'un domaine qui rapporterait trois fois autant de nos jours. Quoi qu'il en soit, sir Wycherly jouissait d'un avantage encore plus important, et qui était plus commun en 1745 que dans le moment actuel : c'était qu'il n'avait pas un seul rival à quinze milles à la ronde ; et le potentat le plus voisin était un lord que son rang et sa fortune mettaient au-dessus de toute compétition, un courtisan, un favori du trône, laissant le baronnet en possession paisible de tous les hommages locaux. Sir Wycherly avait été membre du parlement, et ne l'avait été qu'une fois. Dans sa jeunesse il avait été chasseur de renards, et une petite propriété située dans le comté d'York, et qui appartenait depuis longtemps à sa famille, était une sorte de pied-à-terre où il jouissait de ce plaisir. Mais, s'étant cassé une jambe en sautant à cheval par-dessus une haie, il avait cherché un refuge contre l'ennui dans la chambre des communes, où il représentait le petit bourg voisin de son pavillon de chasse. Il se contenta d'une seule session ; car le bon baronnet prenant l'affaire si à cœur qu'il se faisait un devoir d'être présent à toutes les séances sans qu'il en résultât pour lui aucun profit, c'était une sorte de taxe sur son temps, qui devait bientôt lasser la patience d'un ancien chasseur de renards. Après avoir donné sa démission, il se retira entièrement à Wychecombe, qu'il n'avait plus quitté depuis cinquante ans; vantant à tout propos l'Angleterre, et surtout le comté dans lequel son domaine était situé ; vomissant des injures contre la France ; n'épargnant guère plus l'Espagne et la Hollande, et passant son temps à boire et à manger. Il n'avait jamais voyagé ; car, quoique bien des baronnets anglais fissent des voyages sur le continent, il y a un siècle, le plus grand nombre restaient chez eux. C'étaient principalement les lords et les courtisans qui prenaient ce moyen de se former l'esprit et de donner un vernis plus brillant à leurs manières ; classe dont un baronnet ne faisait pas nécessairement partie. Pour en finir, sir Wycherly avait alors quatre-vingt-quatre ans, jouissait encore d'une excellente santé, et était garçon. Il était l'aîné de cinq frères, et les quatre puînés avaient, suivant l'usage, cherché un refuge dans le barreau, dans l'église, dans l'armée et dans la marine, précisément dans l'ordre que nous venons d'indiquer. L'homme de loi s'était élevé dans sa profession jusqu'à devenir juge, avec le titre de baron de Wychecombe. Il avait eu de sa femme de charge trois fils naturels, et il était mort, laissant à l'aîné tout ce qu'il avait gagné dans sa profession, après avoir acheté pour les deux autres des commissions dans l'armée. Le second s'était cassé le cou en chassant le renard, tandis qu'il n'était encore que desservant d'une paroisse. Il était mort garçon, et, autant qu'on pouvait le savoir, sans enfants. C'était le frère favori de sir Wycherly, qui avait coutume de dire — qu'il était mort en donnant à ses paroissiens le bon exemple des amusements de la campagne. — Le militaire avait perdu la vie dans une bataille avant d'avoir atteint l'âge de vingt ans. Enfin le marin avait tout à coup disparu de la liste des lieutenants de Sa Majesté, par suite d'un naufrage, près d'un demi-siècle avant le commencement de notre histoire. Il n'avait pourtant jamais régné une grande affection entre le marin et le chef de la famille, à cause, disait-on, de la préférence qu'une certaine beauté accordait au dernier, quoique cette préférence n'eût abouti à rien, puisqu'elle était morte fille. Grégoire Wychecombe, le lieutenant en question, était ce qu'on appelle un jeune homme jetant sa gourme, et quand ses parents l'envoyèrent sur mer, on disait généralement — que l'Océan trouverait à qui parler. — Après la mort du desservant, tout l'espoir de la famille se concentra sur le juge, et tous ceux qui désiraient la voir se perpétuer regrettèrent vivement que le baron ne se mariât pas, puisque la mort prématurée des trois autres frères laissait le domaine et les armoiries sans héritier légal connu : en un mot, cette branche de la famille Wychecombe cesserait d'exister à la mort de sir Wycherly, et la substitution du domaine tomberait en même temps; car il ne s'y trouvait ni une femme ni un descendant mâle d'une femme pour prétendre à l'héritage. Il fallait donc que sir Wycherly fît un testament s'il voulait empêcher son domaine d'appartenir Dieu savait à qui, ou, ce qui était encore pire, de tomber en déshérence. Il est vrai que Tom Wychecombe, fils aîné du juge, donnait souvent à entendre qu'un mariage secret avait eu lieu entre son père et sa mère, ce qui aurait rendu un testament inutile, car le domaine était strictement substitué à tous les descendants en ligne directe masculine d'un *ancien* sir Wycherly; mais le sir Wycherly actuel avait vu son frère pendant sa dernière maladie, et avait eu avec lui la conversation suivante :

— Eh bien, frère Thomas, dit le baronnet d'un ton amical et consolateur, à présent qu'on peut dire que vous avez préparé votre âme pour le ciel, par la prière et le repentir de vos fautes, nous pouvons dire prudemment quelques mots sur les affaires de ce monde. Vous savez que je n'ai pas d'enfants, — c'est-à-dire...

— C'est-à-dire que vous êtes *garçon*, Wycherly; je vous comprends.

— C'est cela, Thomas; et les garçons ne doivent pas avoir d'enfants. Si notre pauvre frère Jacques ne s'était pas cassé le cou, il serait en ce moment près de votre lit, et il nous expliquerait tout cela. — J'avais coutume de l'appeler saint Jacques, et il méritait bien ce nom.

— En ce cas ce devait être saint Jacques le Mineur.

— C'est une chose cruelle de n'avoir pas d'héritier, Thomas. Avez-vous jamais, dans le cours de votre pratique, trouvé un cas dans lequel un autre domaine se soit trouvé si complétement sans héritier que le nôtre?

— Cela n'arrive pas souvent, Wycherly; il y a ordinairement plus d'héritiers que de domaines.

— C'est ce que je pensais. — Mais le roi héritera-t-il du titre comme du domaine, si c'est un cas de déshérence, comme vous l'appelez?

— Le roi, étant la source de tous les honneurs, se souciera fort peu de ce que deviendra un titre de baronnet.

— Je m'en inquiéterais moins s'il devait passer à son fils, qui est Anglais de naissance. Le domaine de Wychecombe a toujours appartenu à un Anglais.

— C'est la vérité, et j'espère qu'il en sera toujours de même. Vous n'avez qu'à choisir un héritier après ma mort, et en faisant un testament en bonnes formes, vos propriétés ne tomberont pas en déshérence. Ayez soin d'employer le terme «à perpétuité.»

— J'étais si content quand vous étiez bien portant, mon frère; vous étiez mon héritier naturel, et...

— Héritier appelé par la substitution, Wycherly.

— Soit, soit! Dans tous les cas, vous étiez mon héritier, et c'était une prodigieuse consolation pour un homme comme moi, qui se fait une sorte de scrupule religieux de faire un testament. Il court un bruit sourd que vous avez épousé Marthe, Thomas. En ce cas le domaine appartiendrait légalement à Tom après nous, et il ne faudrait ni testament ni aucune autre formalité.

— Tom est *filius nullius*, répondit le juge, trop consciencieux pour appuyer un mensonge.

— Cependant, mon frère, Tom lui-même paraît favoriser cette opinion.

— Cela n'est pas étonnant, car cette opinion est fort en sa faveur.

Mais, non, Tom et ses frères sont tous *filii nullorum*; j'en demande pardon à Dieu.

— Je suis surpris que ni Charles ni Grégoire n'aient songé à ce marier avant de perdre la vie pour leur roi et leur pays, dit le baronnet d'un ton de reproche, comme s'il eût pensé que ses frères sans fortune s'étaient rendus coupables envers lui en négligeant de lui fournir un héritier, quoiqu'il eût lui-même oublié de prendre ce soin. — Quand j'étais membre du parlement, j'avais eu envie de proposer un bill pour fournir des héritiers aux célibataires, afin de leur éviter la peine de faire un testament et la responsabilité qui en résulte.

— C'eût été une grande amélioration à la loi sur les successions; mais j'espère que vous n'auriez pas oublié les ascendants?

— Non certainement; chacun aurait conservé ses droits. — On m'a dit que le pauvre Charles n'a pas prononcé un seul mot après avoir reçu le coup de feu qui lui a ôté la vie; mais j'ose dire que, si nous savions la vérité, nous saurions qu'il a sincèrement regretté de ne pas s'être marié.

— Pour cette fois, Wycherly, je crois que vous vous trompez. Ce n'est pas une grande consolation, en mourant, de songer qu'on laisse une femme qui va manquer de pain.

— Malgré tout cela, je voudrais qu'il se fût marié. Quand il aurait laissé une douzaine de veuves, qu'est-ce que cela m'aurait fait?

— Cela aurait pu donner lieu à quelques questions embarrassantes sur le douaire; et si chacune d'elles avait laissé un fils, le titre et le domaine se seraient trouvés dans une situation pire que celle où ils sont aujourd'hui, sans veuves et sans enfants légitimes.

— Tout vaudrait mieux que de se trouver sans héritier. — Je crois que je suis le premier baronnet de Wychecombe qui se soit trouvé dans la nécessité de faire un testament.

— Rien n'est plus probable, répondit le juge d'un ton sec. Je me rappelle fort bien que le dernier baronnet ne m'a rien laissé de cette manière. Jacques, Charles et Grégoire n'ont pas été mieux traités. Mais n'importe, Wycherly, vous vous êtes conduit envers nous tous comme un père.

— Je ne regarde pas à signer des mandats sur mon banquier, — pas le moins du monde; mais faire un testament, c'est à mes yeux un acte irréligieux. — Il y a beaucoup de Wychecombe en Angleterre; je voudrais savoir s'il n'y en a pas quelqu'un de notre famille. On dit qu'un cousin au centième degré est un aussi bon héritier qu'un fils aîné.

— A défaut de plus proche parent; mais nous n'avons pas de cousin au centième degré qui nous soit parent dans les deux lignes.

— Il y a les Wychecombe du comté de Surrey, frère Thomas.

— Qui descendent d'un fils bâtard du second baronnet, et qui par conséquent ne sont pas de la ligne de succession.

— Et les Wychecombe du comté de Hertford? J'ai toujours entendu dire qu'ils sont de notre famille, et de ce côté il n'y a pas de bâtardise.

— Cela est vrai; mais leur branche s'est séparée du tronc de notre famille en 1487, longtemps avant la création de notre titre, et ils n'ont aucun droit à la substitution. Le premier de leur ligne était fils de sir Michel Wychecombe, shérif du Devonshire, et de Margery, sa seconde femme; tandis que nous descendons de sir Wycherly, fils du même Michel, et de Jeanne, sa première femme. Wycherly et Michel, fils du premier Michel, n'étaient donc parents que dans une ligne et ne pouvaient hériter dans les deux : or, ce qui est vrai des ancêtres l'est aussi des descendants.

— Mais nous descendons également de Michel, shérif du Devonshire; et le domaine appartenait à notre famille avant 1487.

— Cela est vrai, mon frère; cependant la parenté dans une ligne ne peut donner droit à hériter dans l'autre; c'est ce que dit la perfection de la sagesse humaine.

— Je n'ai jamais pu comprendre ces subtilités de la loi, mais je suppose qu'elles sont justes. Cependant il y a tant de Wychecombe dispersés dans toute l'Angleterre, que je pense encore que quelqu'un d'entre eux pourrait être mon héritier.

— Chacun d'eux a dans ses armoiries la barre transversale de bâtardise, ou ne nous est parent que dans une seule ligne.

— Êtes-vous bien sûr, mon frère, que Tom est un *filius nullus?* dit le baronnet, qui avait oublié le peu de latin qu'il avait jamais su.

— *Filius nullius*, sir Wycherly, c'est-à-dire qu'il n'est le fils de personne.

— Mais il est votre fils, Thomas; et vous vous ressemblez comme deux chiens de la même portée.

— Je suis *nullus* aux yeux de la loi en ce qui concerne le pauvre Tom. Jusqu'à ce qu'il se marie et qu'il ait des enfants, il est légalement sans parents. Et je ne sais pas si la légitimité serait un bien pour lui, car il a déjà autant de présomption et de confiance en lui-même que s'il était l'héritier présomptif du trône.

— Eh bien! il y a ce jeune marin qui a été si souvent à la station, depuis qu'il a été laissé à terre pour se guérir de ses blessures; c'est un jeune homme plein de bravoure, et le premier lord de l'amirauté lui a envoyé une commission, en récompense de sa bonne conduite en enlevant un bâtiment français au mouillage. Je le regarde comme faisant honneur à notre nom, et je ne doute pas que, de manière ou d'autre, il ne soit de notre famille.

— En annonce-t-il la prétention? demanda le juge avec quelque vivacité ; car, en général, il se méfiait des hommes, et il pensait, d'après tout ce qu'il avait appris, qu'on pouvait avoir fait quelque tentative pour surprendre la simplicité de son frère. — Je croyais que vous m'aviez dit qu'il venait des colonies américaines.

— Sans doute : il est né en Virginie, et son père avant lui.

— Ce père était peut-être un condamné à la déportation, ou probablement un domestique qui a trouvé le nom de son ancien maître plus à son goût que le sien. On dit que de pareilles choses ne sont pas rares au-delà des mers.

— Oui, répliqua sir Wycherly d'un ton mélancolique ; s'il n'était pas Américain, je voudrais qu'il fût mon héritier. Mais il vaudrait mieux laisser tomber Wychecombe en déshérence, comme vous le dites, que de mettre un Américain en possession de mon domaine. Le manoir a toujours été habité par un maître anglais jusqu'au moment actuel, Dieu merci !

— Et s'il en a un autre, ce sera votre faute, Wycherly. Quand je serai mort, — ce qui doit arriver d'ici à quelques semaines, — il n'y aura personne qui puisse hériter de votre domaine autrement que par déshérence, ou par testament; car vous n'aurez ni héritier naturel, ni héritier appelé à recueillir la substitution, et vous pouvez rendre propriétaire de Wychecombe qui bon vous semblera, excepté un étranger.

— Et un Américain, je suppose; car, comme de raison, un Américain est un étranger.

— Humph! non pas aux yeux de la loi, quoi qu'il puisse être d'après nos idées anglaises. Écoutez, frère Wycherly, je ne vous ai jamais demandé de laisser votre domaine à Tom ou à l'un de ses deux frères; je ne l'ai même jamais désiré, parce qu'ils sont tous trois *filii nullorum*. — C'est ainsi que je les appelle, quoique mon collègue Record prétende qu'on doit dire *filii nullius* aussi bien que *filius nullius*. — Quoi qu'il en soit, il ne convient pas qu'un bâtard soit maître de Wychecombe, et plutôt que de souffrir qu'il tombe, à titre de déshérence, entre les mains du roi, qui en ferait présent à quelque favori, je le donnerais, à votre place, à l'héritier d'une seule ligne.

— Cela peut-il se faire sans testament, frère Thomas ?

— Non ; ni même par testament, tant qu'il pourra se trouver un héritier appelé à recueillir la substitution.

— N'y a-t-il aucun moyen de faire de Tom un *filius* de quelqu'un, de manière qu'il puisse hériter de moi ?

— La loi civile et la loi d'Écosse en offriraient ; mais il n'en existe aucun pour la loi qui est la perfection de la raison.

— Je voudrais que vous connussiez ce jeune Virginien ; — il porte mes deux noms, Wycherly Wychecombe.

— Ce n'est pas un *filius Wycherly*, baronnet ?

— Fi, frère Thomas ! croyez-vous que j'aie moins de franchise que vous, et que je voulusse désavouer ma chair et mon sang ? Je n'ai connu ce jeune homme que depuis six mois, — depuis qu'il est arrivé au hameau de Wychecombe pour se faire guérir de ses blessures ; et je n'avais jamais entendu parler de lui auparavant. Quand j'eus appris qu'il se nommait Wycherly Wychecombe, je ne pus me dispenser d'aller le voir. Le pauvre diable fut quinze jours aux portes du tombeau, et ce fut pendant que nous n'avions encore que bien peu d'espoir de le sauver que j'appris de lui quelque chose de sa famille. Cette circonstance ferait une bonne preuve en justice, je crois ?

— En certains cas, s'il était mort ; mais comme il est vivant, il faut l'entendre sur son *voir dire* et après prestation de serment. — Mais que vous a-t-il dit de sa famille ?

— Fort peu de chose. Il m'a dit que son père se nommait Wycherly Wychecombe, et que son grand-père avait été planteur en Virginie. C'est tout ce qu'il paraît connaître de son arbre généalogique.

— Et probablement il ne remonte pas plus haut. Mon Tom n'est pas le seul *filius nullius* qui ait existé parmi nous ; et le grand-père de votre Virginien, s'il n'a pas positivement volé ce nom, l'a probablement acquis de cette manière. Quant au nom de Wycherly, il ne signifie rien. Sachant qu'il existe une ligne de baronnets de ce nom, quiconque a la prétention d'appartenir à cette famille serait disposé à nommer ainsi son fils.

— Cette ligne touche à sa fin, dit sir Wycherly en soupirant. — Je voudrais pouvoir croire que vous vous trompez, et que Tom, après tout, n'est pas un *filius nullius*, comme vous le nommez.

Le baron Wychecombe, tant par esprit de corps que par principe moral, était un homme de la plus stricte intégrité en tout ce qui avait rapport au *meum* et au *tuum*. Il avait surtout des idées très-rigides sur la transmission des biens immeubles et sur les droits de primogéniture. Le monde avait fait peu d'attention à la vie privée d'un homme de loi, et ses fils étant nés longtemps avant sa promotion au rang de juge, il passait dans l'esprit du public pour un homme veuf, ayant une famille qui donnait de belles espérances. Pas une sur cent de ses connaissances ne soupçonnait la vérité. Rien ne lui aurait donc été plus facile que de décider son frère à faire un testament pour appeler son fils Tom à la succession. Il n'y aurait pas même eu grande difficulté à ce que Tom prît le titre de baronnet, car il n'y aurait pas eu de compétiteur, et les officiers de la couronne n'examinaient pas d'un œil rigide les droits de ceux qui prenaient un titre qui n'apportait avec lui aucun privilége politique. Il était pourtant bien loin d'avoir un tel projet : il pensait que la transmission du domaine de Wychecombe, après son décès et celui de son frère, à un autre individu, devait se faire d'après les principes qui régissaient de pareilles affaires ; et quoiqu'il se soumît aux dispositions de la loi commune, qui excluait du droit d'hérédité celui qui ne pouvait y prétendre que comme parent dans une seule ligne, il voyait et il sentait qu'à défaut de descendants en ligne directe, Wychecombe devait appartenir aux descendants de Michel par son second fils, pour la raison toute simple qu'ils descendaient de l'individu qui avait acheté le domaine, aussi bien que son frère Wycherly et lui-même. S'il eût existé même des descendants de femmes, il n'aurait pas eu la même opinion ; mais comme il fallait choisir entre la déshérence et un héritier testamentaire, le parent dans une seule ligne lui paraissait avoir l'avantage. A ses yeux, la légitimité était tout, quoiqu'il eût donné le jour à sept enfants illégitimes ; car tel était le nombre exact de ceux qu'il avait eus de Marthe, quoiqu'il n'en restât que trois. Après un moment de réflexion, il se tourna donc vers le baronnet, et ayant pris une potion cordiale pour rassembler ses forces, il lui parla d'un ton plus sérieux qu'il ne l'avait encore fait dans cet entretien.

— Écoutez-moi, frère Wycherly, lui dit-il d'un ton grave qui fixa sur-le-champ l'attention du baronnet ; — vous connaissez l'histoire de notre famille, et je n'aurai besoin que de vous en dire quelques mots. Nos ancêtres étaient propriétaires de Wychecombe, des siècles avant que le roi Jacques eût établi le rang de baronnet. Quand notre bisaïeul, sir Wycherly, accepta les lettres-patentes de 1611, il se rendit à peine justice, car, en aspirant plus haut, il aurait pu obtenir une pairie. Quoi qu'il en soit, il fut créé baronnet, et pour la première fois le domaine de Wychecombe fut substitué, en honneur de ce nouveau titre. Le premier sir Wycherly laissa trois fils qui lui succédèrent l'un après l'autre. Les deux aînés moururent sans s'être mariés ; le troisième fut notre grand-père, sir Thomas ; le quatrième baronnet n'eut qu'un seul fils, Wycherly, notre père, qui eut cinq enfants : vous qui lui avez succédé et qui êtes le sixième baronnet, moi, Jacques, Charles et Grégoire. Jacques s'est cassé le cou près de vous ; Charles et Grégoire ont perdu la vie au service du roi sans s'être mariés ; ni vous ni moi nous ne sommes entrés dans le saint état du mariage. Je ne puis m'attendre à vivre plus d'un mois, et c'est en vous seul que repose l'espoir de perpétuer la ligne directe de la famille. J'ai rendu compte de tous les descendants de sir Wycherly, le premier baronnet, et cette liste comprend tous ceux qui étaient appelés à recueillir la substitution, et dont je suis le dernier. — A présent remontons au-delà du temps de Jacques Ier. Les branches aînées de notre famille manquèrent deux fois entre les règnes de Richard II et de Henri VII, et deux fois la loi adjugea le domaine aux branches cadettes. Ce fut ainsi que Michel Wychecombe, syndic du Devonshire, en fut mis en possession. Michel eut deux femmes ; nous descendons de la première, et c'est de la seconde que descendent les Wychecombe du comté de Hertz. Le chef de cette branche est aujourd'hui sir Reginald Wychecombe de Wychecombe-Regis, baronnet.

— Sir Reginald ne peut avoir aucun droit à être mon héritier, puisqu'il n'est mon parent que dans une ligne, dit sir Wycherly d'un ton bref qui annonçait qu'il sentait vivement sur ce point. — Un parent dans une seule ligne n'a pas plus de droits à hériter qu'un *filius nullius*, comme vous appelez Tom.

— Pardonnez-moi, frère Wycherly ; car il est parent dans une ligne, tandis que le *filius nullius* ne l'est dans aucune. Supposons un instant que notre père se fût marié deux fois, et que vous fussiez né de sa première femme, et moi de la seconde ; n'y aurait-il pas eu de parenté entre nous?

— Quelle question à faire à un frère !

— Mais en ce cas je ne serais pas tout à fait votre frère. Je ne serais que votre demi-frère, votre frère de père seulement.

— Qu'importe, qu'importe cela ? — Nous serions nés du même père ; nous aurions porté le même nom ; nous aurions eu l'un et l'autre les mêmes sentiments fraternels ; nous serions l'un à l'autre exactement ce que nous sommes à présent.

— Fort bien, et cependant nous ne pourrions hériter l'un de l'autre. Votre domaine, après votre mort, appartiendrait au roi à titre de déshérence, n'importe qu'il fût Hanovrien ou Écossais ; jamais il ne pourrait m'appartenir.

— Vous vous amusez aux dépens de mon ignorance, Thomas, et

vous faites les choses pires qu'elles ne sont. Certainement, quand même nous ne serions que frères de père, vous hériteriez de moi, si vous me surviviez.

— Oui, quant aux vingt mille livres que vous avez dans les fonds publics, mais non quant au domaine et au titre. Dans la situation actuelle, je suis votre héritier comme frère de père et de mère, et comme appelé à recueillir la substitution.

— En supposant que nous eussions eu deux mères, qu'il n'y eût point eu de substitution, et que je fusse mort dans mon enfance, qui aurait hérité de notre père?

— Moi, comme étant le seul fils qui lui aurait survécu.

— Là! je le savais bien, vous avez voulu rire à mes dépens, s'écria le baronnet avec un air de triomphe.

— Pas si vite, frère Wycherly, pas si vite. J'aurais été le seul qui eût dans ses veines le sang de notre père et de tous les Wychecombe qui nous ont précédés; mais en ce qui vous concerne, je n'aurais jamais pu être que votre demi-frère; j'aurais pu être l'héritier légal de notre père, mais jamais le vôtre.

— En ce cas, Thomas, j'aurais fait un testament pour vous laisser jusqu'à mon dernier farthing.

— C'est précisément ce que je vous engage à faire à l'égard de sir Reginald de Wychecombe. Il faut que vous le preniez pour héritier, ou que vous choisissiez entre un *filius nullius* en la personne de mon fils Tom, et un homme tout-à-fait étranger à notre famille, ou que vous laissiez votre domaine tomber en déshérence, et votre titre s'éteindre; car nous sommes placés d'une manière si particulière, que nous ne pouvons pas trouver plus d'héritiers dans la ligne maternelle que du côté de nos pères. Notre bonne mère était fille naturelle du comte de Prolific; notre grand'mère était la dernière de sa race; notre aïeule avait, dit-on, du sang royal dans les veines, sans que l'église s'en fût mêlée, et il serait aussi impossible qu'inutile de chercher à remonter plus haut. Oui, Wycherly, c'est sir Reginald qui a le meilleur droit moral à votre succession, quoiqu'il n'y ait aucun droit légal. Après lui viennent Tom ou un de ses frères,— un étranger — et Sa Majesté. Et faites attention qu'on ne voit guère de domaines produisant quatre mille livres sterling de revenu annuel tomber en déshérence de nos jours.

— Si vous voulez me préparer un testament, mon frère, je laisserai tout à Tom, s'écria le baronnet avec énergie. — Il ne faut pas dire un mot de *filius nullius*, et quand je serai mort il prendra tranquillement ma place.

La nature fut sur le point de triompher sur le cœur du père ; mais ses idées inflexibles de justice, peut-être aussi quelques doutes qu'il avait, et la connaissance acquise du véritable caractère de Tom, finirent par l'emporter.

— Cela ne doit pas être, sir Wycherly, répondit-il, — Tom n'a aucun droit au domaine de Wychecombe, et sir Reginald y a le meilleur droit moral possible, quoique la loi lui soit contraire. Si Michel avait fait la substitution au lieu de notre bisaïeul, sir Reginald serait également appelé à la recueillir.

— Je n'ai jamais aimé ce sir Reginald, dit le baronnet avec un ton de dépit.

— Qu'importe ? il ne vous importunera ni pendant votre vie ni après votre mort. — Eh bien ! je vous préparerai un testament, et j'y laisserai en blanc le nom du légataire. C'est le dernier acte de ma profession que je ferai jamais, et c'est l'acte le plus convenable quand on a la mort sous les yeux.

Ainsi se termina cette conversation. Le testament fut préparé dans toutes les formes légales ; sir Wycherly l'emporta dans sa chambre pour le lire, en remplit tous les blancs du nom de Thomas Wychecombe, le signa et y mit son cachet en présence de son frère, et le remit ensuite à son neveu, pour qu'il le conservât, lui enjoignant positivement de garder un profond secret sur cette affaire jusque après sa mort. Le baron Wychecombe mourut au bout de six semaines, et le baronnet retourna chez lui, regrettant sincèrement le seul frère qui lui restât. Il n'aurait pu faire un choix plus malheureux d'un héritier ; car Tom Wychecombe était en réalité fils d'un procureur du Temple, et non celui du juge ; et sa prétendue ressemblance avec ce dernier n'existait que dans l'imagination de sir Wycherly.

CHAPITRE II.

> Comme il est effrayant et étourdissant de jeter les yeux si bas ! Les corbeaux et les corneilles qui volent sous nos pieds ne paraissent que des scarabées. A mi-chemin entre le sommet du rocher et la terre, un homme est suspendu, recueillant de la perce-pierre. — Quel métier dangereux !
> SHAKSPEARE. *Le roi Lear.*

CETTE digression sur la famille Wychecombe nous a fait oublier la station des signaux, le promontoire et le brouillard, dont nous avons parlé en commençant cette histoire. La petite maison construite sur le promontoire, comme nous l'avons déjà dit, était à peu de distance du mât des signaux, et la conformation du terrain la mettait à l'abri des vents perçants de la Manche. C'était une humble chaumière, entourée d'arbrisseaux et de fleurs, et ornée avec plus de goût qu'on n'en remarquait alors en général en Angleterre. Ses murs badigeonnés en blanc, son toit en chaume, son jardin bien soigné, et son porche en treillage, annonçaient des soins et une recherche qu'on devait à peine attendre de personnes qui remplissaient dans le monde des fonctions aussi obscures que le chef du poste des signaux et sa famille. On voyait qu'on avait donné les mêmes attentions à tout ce qui était voisin de la maison ; car, tandis que le plateau du promontoire était une commune ouverte, on avait enclos deux ou trois petits champs, dans lesquels on voyait paître un cheval et deux vaches. Ils n'étaient pourtant pas entourés de haies, car l'épine ne croît pas facilement dans des situations si exposées. L'enclos était formé par des palissades dont les matériaux faisaient reconnaître l'origine, car c'étaient des planches et d'autres pièces de bois provenant de bâtiments naufragés et jetées sur la côte. Cette palissade, étant aussi badigeonnée, avait un air rural qui n'était nullement désagréable dans un climat où l'on se plaint rarement de l'ardeur du soleil.

La scène sur laquelle nous désirons commencer cette histoire s'ouvre à sept heures dans une matinée de juillet. Un homme était assis sur un banc placé au pied du mât des signaux. Son corps était grand et robuste, mais commençait évidemment à se ressentir des atteintes de l'âge ou d'une maladie. Un coup d'œil jeté sur son visage bourgeonné aurait suffi pour apprendre à un médecin que ses habitudes avaient causé la décadence de son système physique, plutôt qu'un dérangement de ses organes. Ses traits étaient mâles, et paraissaient avoir été beaux jadis. On pouvait même dire qu'ils n'étaient pas encore dépourvus de beauté, malgré les ravages qu'y avait faits l'intempérance. Cet homme pouvait avoir cinquante ans, et son air comme son costume annonçait un marin ; non pas un simple matelot, non pas un officier, mais un homme de cette classe intermédiaire qui a dans la marine un rang qui lui donne droit aux honneurs du gaillard d'arrière, quoique étant hors de la ligne régulière de promotion. En un mot, il portait l'uniforme sans prétention d'un *master*[1]. Il y a un siècle, l'uniforme d'un officier de la marine anglaise était extrêmement simple, quoique plus convenable peut-

---

[1]. Grade qui n'a pas d'analogue dans la marine française.

être à cette profession que le costume plus somptueux qui a été adopté par la suite. Personne ne portait d'épaulettes, et le bouton à ancre placé sur un habit dont on appelait la couleur « bleu marin, » parce qu'il était censé représenter celle de l'Océan, avec des revers blancs, était ce qui caractérisait principalement ce costume. L'individu que nous présentons en ce moment à nos lecteurs, et qui se nommait Dutton, était simplement l'officier chargé de surveiller la station des signaux. Son uniforme, qu'il portait fort bien, son linge, en un mot toute sa mise, étaient d'une propreté qui indiquait que le soin de sa garde-robe était confié à quelque personne qui y donnait plus d'attention qu'il ne l'aurait probablement fait lui-même. A cet égard on ne pouvait trouver rien à redire à son extérieur, et il avait un air qui prouvait que la nature, sinon l'éducation, l'avait destiné à être quelque chose de mieux que ce qu'il était alors.

Dutton était déjà à son poste pour s'assurer, à l'instant où le rideau de brouillard qui couvrait la face de l'Océan commencerait à se lever, s'il n'y avait pas en vue quelque bâtiment qui eût besoin qu'il remplît ses fonctions. Il était évident qu'il y avait sur le promontoire quelque autre personne à peu de distance de lui, quoiqu'on n'y vît que lui seul, car ils s'adressaient la parole de temps en temps. La direction du son de la voix du second interlocuteur semblait indiquer qu'il était descendu de l'autre côté du rocher, et qu'il se trouvait à une centaine de pieds au-dessous du faîte du promontoire.

— Souvenez-vous de la maxime du marin, monsieur Wychecombe, cria Dutton d'un ton qui semblait donner un avis, un bras pour le roi, et l'autre pour soi. Ces rochers sont dangereux, et réellement il ne semble pas naturel qu'un marin comme vous ait une passion pour les fleurs au point de risquer son cou pour cueillir un bouquet.

— Ne craignez rien pour moi, monsieur Dutton, répondit une voix mâle et sonore qu'on aurait pu jurer sortir de la poitrine d'un jeune homme ; ne craignez rien pour moi ; nous autres marins nous sommes habitués à nous tenir suspendus en l'air.

— Sans doute, jeune homme, sans doute, à l'aide de bons cordages. A présent que le gouvernement de Sa Majesté vient de vous faire officier, c'est une sorte d'obligation pour vous de prendre soin de votre vie, afin de pouvoir l'employer, et même la perdre au besoin pour le service du roi.

— Cela est vrai, monsieur Dutton, — très-vrai ; — si vrai, que je suis surpris que vous jugiez nécessaire de me le rappeler. Je suis plein de reconnaissance pour le gouvernement de Sa Majesté, et je...

Pendant qu'il parlait ainsi, sa voix semblait descendre, et était moins distincte, et enfin il devint impossible de l'entendre. Un instant après, Dutton entendit un bruit qui annonçait évidemment qu'un corps pesant venait de tomber dans la mer au pied du rocher. Il fut inquiet, et ce fut alors qu'il sentit le besoin d'avoir de bons nerfs, et l'humiliation d'avoir permis à l'intempérance d'affaiblir les siens. Il trembla de tous ses membres, et, en ce moment, il aurait été hors d'état de se lever. Entendant un pas léger à côté de lui, il tourna la tête, et il aperçut son aimable fille Mildred, âgée de dix-neuf ans.

— J'ai cru vous entendre appeler quelqu'un, mon père, lui dit-elle, ayant l'air d'être surprise qu'il eût cédé de si bonne heure à son penchant favori; puis-je vous rendre quelque service?

— Pauvre Wychecombe! s'écria Dutton; il est descendu sur le penchant du rocher pour chercher des fleurs et vous faire un bouquet, et... et je crains... je crains fort...

— Que craignez-vous, mon père? demanda Mildred, les belles couleurs de ses joues faisant place à la pâleur de la mort. — Non, non, — il est impossible qu'il ait fait une chute si terrible.

Dutton baissa la tête, respira péniblement, et sembla faire un effort pour prendre plus d'empire sur ses nerfs. Il allait se lever, quand on entendit le bruit des pas d'un cheval, et presque au même instant on vit sur le plateau sir Wycherly, monté sur un poney tranquille, s'avancer vers le mât des signaux. Il lui arrivait souvent de faire une promenade semblable le matin de bonne heure, mais il n'avait pas coutume d'y venir sans être suivi d'un domestique. Du moment que ses yeux tombèrent sur ce vénérable vieillard, Mildred, qui semblait le connaître parfaitement, et savoir qu'elle pouvait lui parler avec la familiarité d'une favorite, s'écria avec vivacité :

— C'est vous, sir Wycherly! que cela est heureux! — Où est Richard?

— Bonjour, ma jolie Milly [1], répondit le baronnet; — que cela soit heureux ou non, me voici. Mais je ne suis pas très flatté que votre première question ait eu pour objet mon domestique. J'ai envoyé Richard porter un message au presbytère. Depuis la mort de mon pauvre frère le juge, M. Rotherham, notre desservant, m'est plus nécessaire que jamais.

— Oh, sir Wycherly! M. Wychecombe, — le lieutenant Wychecombe, je veux dire le jeune officier virginien, — qui avait été si dangereusement blessé, à la guérison duquel nous prenions tous tant d'intérêt...

[1]. Abréviation familière de Mildred.

— Eh bien, qu'avez-vous à en dire, ma chère enfant? Vous n'avez sûrement pas l'intention de me le mettre sur le même niveau que M. Rotherham en fait de consolations religieuses. Il n'y a point de consanguinité entre les Wychecombe de Virginie et ma famille. Il peut être un *filius nullius* de quelqu'un des Wichecombe de Wychecombe-Regis, mais il n'est point parent de ceux de Wychecombe-Hall.

— Là! — là! — le rocher — au bas du rocher! — ajouta Mildred, hors d'état en ce moment de mieux s'expliquer.

Comme elle montrait le bord du plateau avec un air d'horreur, le bon baronnet commença à se douter de la vérité, et au moyen des réponses que fit Dutton à quelques questions qu'il lui adressa, il en sut bientôt autant que ses deux compagnons. Descendant de cheval avec une aisance surprenante dans un homme de son âge, il fut bientôt sur ses jambes, et eut une sorte de consultation avec le père et la fille. Ni l'un ni l'autre ne se souciait de s'approcher du bord du plateau, car le rocher descendait presque perpendiculairement, ce qui mettait à l'épreuve la fermeté des nerfs de ceux qui voulaient voir le fond du précipice. Ils restèrent quelques instants comme paralysés; enfin Dutton, honteux de sa faiblesse, et se rappelant les leçons de courage et de sang-froid qu'il avait reçues dans sa profession, fit un mouvement en avant, dans le dessein de s'assurer de la véritable situation des choses. Le sang reparut aussi sur les joues de Mildred, et elle retrouva son courage naturel.

— Arrêtez, mon père! s'écria-t-elle à la hâte; vous êtes infirme, et vous êtes agité en ce moment. Ma tête est plus ferme; c'est moi qui dois aller sur le bord de cet abîme, et je vous dirai ce qui est arrivé.

Elle prononça ces mots avec un calme forcé qui trompa ses deux auditeurs, qui, l'un par suite de son âge, l'autre à cause de l'agitation de ses nerfs, n'étaient certainement pas en état de se charger de la même entreprise. L'œil qui voit tout, et qui peut sonder le cœur humain, pouvait seul connaître l'agonie d'inquiétude avec laquelle cette jeune et belle fille s'approcha d'un endroit d'où elle pouvait apercevoir les flancs effrayants du rocher depuis sa cime jusqu'à sa base, qui était baignée par la mer. Elle ne pouvait pourtant la voir du haut du plateau, car l'action des vagues avait miné peu à peu le bas du rocher jusqu'à l'endroit où elles pouvaient atteindre, de sorte qu'à cette hauteur il s'avançait sur l'eau de manière à cacher le point où elle venait en contact avec le rocher, dont la partie supérieure, quoique descendant presque en ligne droite, offrait pourtant sur sa surface des pointes et des inégalités sans nombre, et des crevasses dans lesquelles on voyait croître de la verdure et les fleurs qui se trouvent dans de semblables situations. Le brouillard contribuait aussi à arrêter la vue, et donnait au précipice l'air d'un abîme sans fond. S'il se fût agi d'une personne qui lui eût été la plus indifférente, dans des circonstances semblables, Mildred aurait frémi de la savoir dans un tel danger ; mais une foule de sensations plus tendres, qui étaient restées cachées jusqu'alors dans le fond de son cœur virginal, se joignirent à l'horreur qu'elle éprouvait tandis qu'elle avançait vers le bord du promontoire, d'où elle jeta un coup d'œil sur la rampe du rocher. Elle fit un pas en arrière avec effroi, leva les mains vers le ciel, et s'en couvrit ensuite les yeux, comme pour éviter la vue de quelque horrible spectacle.

Les connaissances pratiques de Dutton lui étaient alors revenues à l'esprit. Comme cela arrive souvent aux marins, dont l'esprit conserve dans la nuit la plus sombre l'image exacte de tout l'arrangement compliqué des mâts et des vergues, des voiles et des cordages de leur bâtiment, ses pensées lui avaient retracé rapidement toutes les probabilités, et avaient donné à son imagination une idée juste des faits.

— Si le jeune homme était réellement tombé, sir Wycherly, dit-il, on ne pourrait le voir, quand même il n'y aurait pas de brouillard, car la partie supérieure du rocher est en saillie sur la mer. Il faut qu'il soit accroché quelque part aux flancs du rocher, et cela au-dessus de l'endroit où finit la saillie.

Stimulés par un même sentiment, ils s'approchèrent à la hâte du bord du plateau, et là, de même que Mildred, ils n'eurent besoin que d'un coup d'œil pour connaître la vérité. Le jeune Wychecombe, en se penchant en avant pour cueillir une fleur, avait trop appuyé sur une pointe de rocher sur laquelle il avait un pied ; il avait senti qu'elle se détachait, et il avait eu assez de présence d'esprit et de courage pour prendre à l'instant même une résolution qui le sauva. Apercevant, à environ dix pieds de distance sur sa gauche, un endroit où le rocher offrait un rebord de deux à trois pieds de largeur, il sauta précipitamment, franchit cet espace, et tomba sur ce rebord. Mais ce succès n'aurait été que momentané ; car, après un tel élan, il n'aurait pu se soutenir sur un piédestal si étroit, s'il n'y eût heureusement trouvé, à la portée de ses mains, quelques arbrisseaux qui avaient crû dans une crevasse du rocher, et qui, par un autre bonheur, y étaient assez fortement enracinés pour résister à la violente secousse qu'ils éprouvèrent. Il ne lui fallut qu'un instant pour se remettre sur les pieds, et il se trouva comparativement en sûreté. Le silence qui suivit la chute de la pointe du rocher dans la mer fut la suite du choc qu'il éprouva en se voyant dans une situation si périlleuse. Il était à environ six brasses du haut de la plate-forme, et l'endroit où il se trouvait était au-dessus d'une partie du rocher qui était littéralement perpendiculaire, et hors de la ligne des pointes qui l'avaient aidé à descendre pour cueillir des fleurs. Il était physiquement impossible qu'un homme se tirât d'une pareille position sans le secours de personne. Le jeune lieutenant le reconnut du premier coup d'œil, et il passa le peu de minutes qui s'écoulèrent entre son accident et le moment où il fut aperçu par ses amis, à réfléchir sur les moyens à prendre pour sortir d'embarras. Nul autre qu'un marin accoutumé à monter au haut des mâts n'aurait eu les nerfs assez fermes pour se maintenir plus d'une minute dans une telle situation; et s'il y réussit, il le dut en partie aux arbrisseaux.

Dès que le baronnet et Dutton entrevirent la position dangereuse du jeune officier, ils reculèrent avec effroi, comme s'ils eussent craint de perdre la tête et d'être précipités sur lui. Ils se couchèrent ventre à terre, se rapprochèrent en rampant du bord du précipice, et, la tête avancée par-dessus jusqu'au menton, ils regardèrent leur malheureux ami. Le jeune homme ne pouvait les voir, car il avait le dos tourné au rocher, et il ne pouvait sans danger ni se retourner, ni même lever la tête en l'air. Le péril extrême du jeune Wychecombe avait fait perdre à Mildred toute crainte personnelle. Elle était debout au bord du précipice, avec une fermeté dont elle aurait été incapable dans des circonstances moins urgentes. Elle avança même la tête au point de permettre au jeune homme d'entrevoir les beaux cheveux qui tombaient en désordre sur son front.

— Mildred, s'écria-t-il, pour l'amour du ciel, reculez de quelques pas. Je vous ai vue, je sais que vous êtes là, et nous pouvons nous entendre sans que vous ayez besoin de vous exposer à un si grand risque.

— Que pouvons-nous faire pour vous sauver, Wychecombe? Dites-le-moi, je vous en prie, car sir Wycherly et mon père ne peuvent rien imaginer.

— Et vous prenez tant d'intérêt à moi, Mildred! Mais ne vous inquiétez pas; faites ce que je vais vous dire, et tout ira bien. J'espère que vous m'entendez, et que vous comprenez ce que je vous dis?

— Parfaitement; je n'en perds pas une syllabe. Parlez.

— Eh bien, courez au mât des signaux, dépassez les drisses des pavillons, et quand cela sera fait, revenez ici, et je vous en dirai davantage. Mais, pour l'amour du ciel, n'approchez pas tant du bord de la plateforme.

La pensée que ce cordage, tout mince et fragile qu'il était, pouvait servir à sauver le jeune marin, se présenta sur-le-champ à l'imagination de Mildred, et en un instant elle fut au pied du mât. Bien des fois, quand un excès de boisson mettait son père hors d'état de remplir ses fonctions, elle avait attaché et hissé les signaux ; elle était donc heureusement experte dans le maniement des drisses. En une minute elle les dépassa de la poulie, et elle les laissa en tas sur la terre.

— J'ai fait ce que vous m'avez dit, Wychecombe, lui dit-elle en arrivant de nouveau près du bord du précipice. — A présent vous jetterai-je un bout de la drisse? Malheureusement je ne suis pas assez forte pour vous enlever jusqu'ici, et je crains que sir Wycherly et mon père ne soient pas en état de m'aider.

— Ne vous pressez pas, Mildred, et tout ira bien. Passez un bout du cordage autour du mât des signaux, attachez-en ensuite les deux bouts ensemble, et jetez-les moi. — Ayez soin de ne pas trop approcher du bord du plateau.

Cette dernière injonction était inutile, car Mildred était déjà partie. Son esprit intelligent comprit aisément ce qu'elle avait à faire. Elle s'acquitta rapidement de sa tâche, et quelques instants après le petit cordage était à la portée des mains du jeune lieutenant. Il n'est pas facile de faire comprendre à un homme qui n'a jamais été sur mer la confiance qu'un marin accorde à un cordage. Placez-lui en main un bout de corde de chanvre usée et pourrie, et il hasardera sa vie dans des situations qui l'auraient effrayé sans cet appui. Accoutumé à être suspendu en l'air, sans autre chose que des cordages pour appuyer son pied et assurer sa main, son œil juge par instinct de ce qui suffit pour le soutenir, et il se fie sans hésiter à ce qui ne paraît que quelques frêles cordages qui, aux yeux d'un homme sans expérience, ne mériteraient aucune confiance. Des drisses de signaux sont des cordages plus minces que le petit doigt d'un homme de taille ordinaire, mais elles sont ordinairement faites avec soin, et chacun des fils qui les composent est solide. D'ailleurs, Wychecombe savait que la drisse dont il s'agissait était neuve, car il avait aidé lui-même à la passer dans la poulie la semaine précédente. Ce fut par suite de cette circonstance qu'elle se trouva assez longue pour arriver jusqu'à lui ; car en la coupant de la pièce, on l'avait laissée plus longue que cela n'était nécessaire, afin de rafraîchir les bouts au besoin. Ce fut pour cette raison que les deux bouts joints ensemble tombèrent à environ vingt pieds au-dessous de l'endroit où il était.

— Tout va bien, Mildred, s'écria le jeune homme d'un ton de triomphe ; et tirant à lui le cordage, il le passa sur-le-champ autour de son corps, au-dessous des bras, comme précaution contre tous accidents. — Tout va bien maintenant, n'ayez plus aucune inquiétude pour moi.

Mildred se retira en arrière, car rien au monde n'aurait pu la décider à être témoin des efforts désespérés qu'elle savait qu'il allait avoir à faire pour se sauver. Sir Wycherly, qui avait regardé avec intérêt tout ce qui venait de se passer, recouvra en ce moment l'usage de la voix et crut pouvoir donner un bon conseil.

— Attendez, mon jeune ami, s'écria-t-il vivement quand il vit que le lieutenant allait faire un premier effort pour remonter sur le plateau à l'aide du cordage ; — vous n'en viendrez jamais à bout. Dutton et moi nous allons tirer la corde ; nous sommes en état de faire quelque chose à présent.

— Non, non, sir Wycherly, ne touchez pas à la drisse, je vous en prie ; en la halant sur le bord du rocher vous pourriez la couper, et alors je serais perdu sans ressource.

— Oh ! sir Wycherly, s'écria Mildred en joignant les mains, ne touchez pas à la corde, je vous en conjure.

— Nous ferons mieux de laisser le jeune homme agir à sa manière, dit Dutton ; — il est actif, résolu, bon marin, et je crois qu'il fera pour lui plus que nous ne pourrions faire. Il a tourné le cordage autour de son corps, ce qui le met à peu près à l'abri de tout accident.

Tandis qu'il prononçait ces mots, tous trois se retirèrent à quelques pas et attendirent l'événement avec la plus vive inquiétude. Dutton songea pourtant à prendre un bout de vieilles drisses qu'il avait dans un coffre au pied du mât, afin d'attacher ensemble les deux parties du cordage qui était passé autour du mât ; car si l'une d'elles était venue à se rompre, l'autre aurait nécessairement coulé, et le jeune homme aurait été précipité dans l'abîme, au lieu qu'avec cette précaution il serait du moins encore soutenu par la seconde. Le peu de grosseur du cordage rendait ce travail assez difficile ; Dutton y réussit pourtant, et se flatta alors que son jeune ami était plus en sûreté. Pendant ce temps, le lieutenant faisait tous ses préparatifs sans être vu, et bientôt la tension de la drisse annonça que son corps y était suspendu. Mildred tressaillit d'inquiétude à chaque secousse qu'éprouvait le cordage, et son père tremblait qu'il ne pût résister à une si forte tension. Le jeune Wychecombe avait à faire des efforts prodigieux pour soulever le poids de son corps jusqu'à une telle hauteur à l'aide d'un cordage si mince. Si c'eût été un cordage un peu plus gros, l'entreprise n'eût pas offert une grande difficulté à un jeune marin agile et vigoureux, d'autant plus qu'il pouvait s'aider un peu des pieds, en les appuyant sur le rocher ; mais dans la situation où il était, il lui semblait qu'il avait à traîner une montagne après lui. Enfin sa tête parut à quelques pouces au-dessus des rochers ; mais ses pieds étaient appuyés contre leur paroi, à un angle de quarante-cinq degrés.

— Aidez-le, mon père, aidez-le ! s'écria Mildred, couvrant ses yeux de ses deux mains, pour ne pas voir le péril que courait Wychecombe. — S'il retombe à présent, il est perdu. — Sauvez-le, sir Wycherly, sauvez-le !

Mais aucun de ceux dont elle implorait les secours n'était en état d'en donner au malheureux jeune homme. Tout le corps de Dutton était agité par un tremblement nerveux, et l'âge et l'expérience du baronnet l'en rendaient incapable.

— N'avez-vous pas une corde, monsieur Dutton ? dit Wychecombe, l'épuisement de ses forces l'obligeant à suspendre ses efforts, mais se maintenant à la hauteur qu'il avait gagnée, la tête penchée en arrière sur l'abîme, et le visage tourné vers le ciel. — Jetez une corde par-dessus mes épaules, et tâchez de me tirer sur le plateau.

Dutton en montrait le plus grand désir, mais ses mains tremblaient au point qu'il était douteux qu'il pût lui rendre ce service, et, sans sa fille, il est probable qu'il n'aurait su ce qu'il pouvait faire. — Accoutumée au maniement des drisses de signaux, Mildred courut chercher une de ces vieilles drisses, et la mit entre les mains de son père, qui montra, à la manière dont il s'en servit, qu'il n'avait pas oublié son ancienne profession. Après l'avoir pliée en quatre, il en jeta le double par-dessus les épaules du jeune marin, et, aidé par Mildred, il s'efforça de le tirer sur le plateau. Mais leurs forces réunies n'y purent suffire, et Wychecombe épuisé n'était plus en état de faire le moindre effort. Ses jambes engourdies ne pouvaient plus soutenir ses pieds contre le rocher ; il sentit que les bras allaient lui manquer, et il ne vit d'autre ressource que de se laisser glisser doucement jusque sur le rebord de rocher qu'il venait de quitter. Dès qu'il s'y retrouva, il fut obligé de s'asseoir pour se reposer et reprendre des forces. Mildred chercha à étouffer un cri qui lui échappa quand elle vit sa tête disparaître ; mais elle était tellement saisie d'horreur, qu'elle ne put se résoudre à faire un pas en avant pour s'assurer de son destin.

— Soyez tranquille, Milly, lui dit son père, il est en sûreté, vous le voyez à la tension des drisses; et pour dire la vérité, elles sont d'excellente qualité. Tant qu'elles tiendront bon, il est en sûreté, car il ne peut tomber, s'étant passé le cordage autour du corps. N'ayez pas peur; je me sens mieux à présent, et je vois le chemin devant moi. — Ne soyez pas inquiet, sir Wycherly, nous le verrons sur la terre ferme dans dix minutes. Je ne sais ce que j'avais ce matin, mais mes membres ne m'obéissaient pas comme de coutume. Ce ne peut être la frayeur, car j'ai vu trop de gens en danger pour qu'elle produise un tel effet sur moi. Il faut que ce soit le rhumatisme dont je me suis plaint si souvent, et dont j'ai hérité de ma pauvre mère. — Savez-vous, sir Wycherly, qu'on peut hériter d'un rhumatisme comme de la goutte.

— J'ose dire que cela est possible, Dutton; mais ce n'est pas le moment de songer à votre rhumatisme. Quand mon jeune homonyme sera sur le gazon à côté de nous, j'écouterai tout ce que vous voudrez en dire. Je donnerais tout au monde pour ne pas avoir envoyé Richard chez M. Rotherham. Ne pourrions-nous faire tirer les cordes par mon poney, Dutton?

— Elles sont à peine assez fortes pour une telle besogne, sir Wycherly. Mais ayez patience, et je mettrai tout en bon ordre, en marin anglais. — Hohé, monsieur Wychecombe! répondez-moi, si vous m'entendez, et je vous remettrai bientôt à flot.

— Je suis en sûreté sur un rebord du rocher, répondit Wychecombe. — Je vous prie d'examiner les drisses, monsieur Dutton, et de voir si elles ne frottent pas contre quelque pointe du rocher.

— Tout va bien, Monsieur, tout va bien. Mollissez les drisses, et laissez-moi avoir toute la corde que vous avez de trop, en conservant pourtant la portion qui vous entoure le corps. Il faut la garder, de crainte d'accident.

Un instant après, on vit les cordes se relâcher, et Dutton, à qui ses membres obéissaient alors, les prenant par le double, avança quelques pas sur le plateau, et le fit passer autour d'une pointe de rocher, d'où il s'assura qu'il ne pourrait s'échapper par suite de la tension, qui ne ferait au contraire que le resserrer davantage. Cet endroit était précisément en droite ligne au-dessus de celui où le jeune marin avait éprouvé son premier accident, et où il se trouvait un grand nombre de pointes et de crevasses qui faisaient qu'un homme ferme et agile pouvait y marcher sans un grand danger. Il ne restait donc à Wychecombe qu'à regagner cet endroit, dont nous avons déjà dit qu'il n'était qu'à une dizaine de pieds; après quoi il ne lui serait pas difficile de remonter sur le plateau. Il est vrai qu'il était alors un peu au-dessus du point d'où il était tombé; mais en sautant, et en s'aidant du cordage, il pouvait y arriver. Dès qu'il eut reconnu la nature du changement qui avait été fait dans la position des drisses, il vit ce qu'il avait à faire, et il s'y prépara sur-le-champ. L'air de confiance de Dutton encouragea le baronnet et Mildred à se rapprocher du bord de la plate-forme, mais du côté où l'on pouvait descendre sur le rocher sans péril imminent.

Dès que Wychecombe eut fait ses préparatifs, il se plaça tout à l'extrémité du rebord du rocher sur lequel il était, cherchant des yeux un endroit où il pourrait appuyer le pied, raidit son cordage, et sauta. Son corps, suspendu en l'air, traversa rapidement ce court espace, et s'arrêta naturellement à l'endroit où la corde devint perpendiculaire. Là, il se trouva sur une surface couverte d'inégalités qui lui permettaient de monter sans beaucoup de difficultés. Il ne tarda même pas à se débarrasser de la drisse, qui ne faisait plus que gêner sa marche. Au bout de quelques minutes il mit le pied sur le plateau du promotoire, et au même instant Mildred perdit connaissance.

CHAPITRE III.

J'ai besoin d'un héros.—C'est un besoin peu commun, quand chaque année, chaque mois, en proclament un nouveau, qui, après avoir alimenté les gazettes pendant quelque temps, est enfin reconnu pour ne pas être le véritable.

LORD BYRON.

Par suite de la faiblesse des nerfs du père de Mildred, le soin de la relever et de la reporter chez elle dans ses bras, fut dévolu au jeune homme. Il le fit avec un empressement qui prouvait l'intérêt qu'il prenait à sa situation, et avec une légèreté qui annonçait que l'état dans lequel elle se trouvait, au lieu de diminuer ses forces, lui en avait donné de nouvelles. Ses mouvements furent si rapides, que personne ne s'aperçut du baiser qu'il imprima sur sa joue pâle, ni de l'air de tendresse avec lequel il la tenait dans ses bras. Lorsqu'il arriva à la porte de la maison, le mouvement avait commencé à lui rendre l'usage de ses sens, et il la remit aux soins de sa mère alarmée, avec quelques mots d'explication à la hâte. Il resta pourtant un quart d'heure dans la maison, s'étant contenté de crier à

Dutton que sa fille reprenait connaissance, et qu'il n'avait pas d'inquiétude à avoir. Pourquoi y resta-t-il si longtemps? je le donne à deviner au lecteur, car Mildred avait été conduite sur-le-champ dans sa petite chambre, et il ne la revit que quelques heures après.

Quand notre jeune marin retourna sur le plateau, il trouva la compagnie augmentée. Richard, ayant fait sa commission, était venu rejoindre son maître, et Tom Wychecombe, l'héritier qu'avait choisi le baronnet, y était aussi, en grand deuil de son père putatif, le juge. Ce jeune homme venait fréquemment, depuis quelque temps, à la station des signaux, feignant de partager le goût de son oncle pour l'air de la mer et la vue de l'océan. Il avait vu bien des fois le jeune lieutenant de vaisseau, et chaque entrevue était devenue moins amiable que la précédente, pour une raison que chacun des jeunes gens connaissait fort bien. Quand ils se rencontrèrent en cette occasion, ils se saluèrent donc d'un air froid et hautain, et les regards qu'ils se jetaient auraient pu être appelés hostiles, si un air d'ironie sinistre n'eût été remarquable dans ceux de Tom Wychecombe, ce qui ne l'empêcha pourtant pas d'adresser la parole au jeune marin d'un ton en apparence amical.

—J'apprends, monsieur Wychecombe, dit l'héritier du juge, car il pouvait du moins prendre légalement ce titre, que vous vous êtes exercé ce matin dans votre métier en vous balançant au bout d'une corde sur les rochers. C'est un exploit qui est plus du goût d'un Américain que d'un Anglais, à ce que je pense; mais j'ose dire qu'on est obligé, dans les colonies, de faire bien des choses auxquelles nous ne songeons jamais en Angleterre.

Ces mots furent prononcés avec un air d'indifférence, quoiqu'ils fussent adroitement calculés; car la principale faiblesse de sir Wycherly était une admiration démesurée de son pays et de tout ce qu'il contient, admiration basée sur l'ignorance. Il était en outre fortement enclin à ce sentiment de mépris pour les dépendances de l'empire britannique, qui semble inséparable de l'union politique entre les habitants de la mère-patrie et ceux de ses colonies. Dans toutes les situations de la vie, il faut que l'égalité soit parfaite pour qu'il y ait un parfait respect; et l'on peut regarder comme une règle que les hommes prennent toujours leur part de la supériorité que peut avoir la communauté à laquelle ils appartiennent. C'est d'après ce principe que celui qui loge dans un grenier, à Paris ou à Londres, est si porté à se considérer comme bien au-dessus du locataire d'une bonne maison dans un village. Ce genre de mépris pour ses colonies du nord de l'Amérique était alors à son plus haut point en Angleterre, particulièrement à cause de la tendance précoce des colons pour la démocratie. Ce n'était pas que cette tendance fût déjà devenue l'objet d'une jalousie politique, mais elle avait laissé des impressions sociales singulièrement propres à faire mépriser les colonies par un peuple tenant opiniâtrément à ses habitudes factices, et fortement enclin à tout voir, même les principes, à travers le milieu de coutumes conventionnelles et arbitraires. Il faut avouer qu'au milieu du xviiiᵉ siècle, les Américains étaient un peuple excessivement provincial, et ayant, à beaucoup d'égards, des vues étroites, tant dans leurs habitudes que dans leurs opinions, et le même reproche ne serait pas encore tout à fait injuste aujourd'hui. Mais le pays dont ils sont originaires n'avait pas lui-même encore fait alors ces vastes progrès de civilisation qui l'ont si distingué depuis un certain temps. D'une autre part, l'indifférence avec laquelle l'Europe entière regardait tout le continent américain, et que partageait la Grande-Bretagne, quoiqu'elle eût tant d'intérêts en commun avec les colons, faisait tomber constamment cette partie du monde dans des méprises constantes, dans tous ses raisonnements ayant rapport aux colonies, et contribuait à faire naître le sentiment dont nous venons de parler. Sir Wycherly raisonnait et sentait, relativement à l'Amérique, à peu près comme sentait et raisonnait la grande masse de ses concitoyens en 1745. Les exceptions n'existaient que parmi les hommes éclairés et ceux à qui les devoirs qu'ils avaient à remplir rendaient nécessaires des connaissances plus exactes ; encore cela n'était-il pas toujours vrai de ces derniers. On dit que le ministre anglais conçut l'idée de soumettre l'Amérique à des taxes, parce qu'il avait vu un riche Virginien perdre une somme considérable au jeu, espèce d'argument *ad hominem* qui entraînait avec lui des conclusions très-dangereuses en l'employant à l'égard d'un peuple semblable à celui à qui il avait affaire. Quoi qu'il en soit, il n'y a nul doute qu'à l'époque de notre histoire, l'ignorance la plus profonde sur tout ce qui concernait l'Amérique régnait en général dans la mère-patrie. La vérité nous force d'ajouter qu'en dépit de tout ce qui est arrivé, la portion cisatlantique de cette faiblesse est celle qui a résisté le plus longtemps aux assauts du temps et à des relations multipliées.

Le jeune Wychecombe sentait vivement toute allusion qui semblait une insulte à la partie de l'empire britannique dans laquelle il était né. Il est vrai qu'il se regardait comme Anglais, qu'il avait le cœur loyal, et qu'il était disposé à soutenir en tous points l'honneur et les intérêts du siége de l'autorité ; mais lorsqu'il s'élevait quelque question entre l'Europe et l'Amérique, il était Américain, comme il était Virginien en Amérique en tout ce qui concernait les relations de la Virginie avec les autres colonies. Il avait compris le sarcasme mal déguisé de Tom, mais il avait étouffé son ressentiment par égard pour le baronnet, et peut-être aussi par suite de l'influence qu'exerçaient sur lui les sentiments d'une nature plus douce auxquels il venait de se livrer.

— Ceux qui sont disposés à penser ainsi des colonies, répondit-il d'un ton calme, feraient bien d'aller voir cette partie du monde avant d'exprimer trop haut l'opinion qu'ils en ont, de peur de dire quelque chose que leurs propres observations leur feraient ensuite désirer de rétracter.

— Cela est vrai, mon jeune ami, dit le baronnet avec les meilleures intentions possibles, très-vrai, vrai comme l'Évangile. Nous n'entendons rien aux choses que nous ne connaissons pas, maître Dutton ; c'est une vérité que nous devons admettre, nous autres vieillards, et je crois que Tom en conviendra aussi. Il serait déraisonnable de s'attendre à trouver tout en Amérique aussi confortable qu'en Angleterre, et je ne suppose pas qu'en général les Américains pussent gravir un rocher comme un Anglais. Quoi qu'il en soit, il y a des exceptions à toutes les règles, comme mon pauvre frère Jacques avait coutume de dire quand il trouvait quelque chose à reprendre au sermon d'un évêque. Je crois que vous n'avez pas connu mon frère Jacques, Dutton ; il doit être mort à peu près à l'époque de votre naissance. J'avais coutume de l'appeler saint Jacques, quoique mon frère Thomas, le juge, père de Tom que voilà, prétendît qu'il était saint Jacques le Mineur.

— Je crois du moins, sir Wycherly, répondit Dutton, que le révérend M. Wychecombe était mort avant que je fusse assez âgé pour pouvoir me rappeler ses vertus. Mais j'ai souvent entendu mon père parler avec respect de toute votre honorable famille.

— Oui, Dutton : votre père était procureur dans la ville voisine, et nous le connaissions tous parfaitement. Vous avez eu raison de venir passer le reste de vos jours parmi nous ; on n'est jamais si bien nulle part que sur sa terre natale, surtout quand cette terre est l'Angleterre et le Devonshire. Vous n'êtes pas un de nous, jeune homme, quoique vous vous nommiez Wychecombe ; mais personne n'est responsable de sa naissance, ni du lieu de sa naissance.

Cette vérité incontestable, qui est dans des milliers de bouches, et qui ne se trouve presque dans aucun cœur, sir Wicherly la disait dans de bonnes intentions, quoiqu'il l'exprimât simplement. Tout ce qu'y répondit le jeune officier fut qu'il était né dans les colonies, et qu'il avait des colons pour parents ; fait dont ses auditeurs avaient déjà été informés dix à douze fois.

— Il est assez singulier, monsieur Wychecombe, continua le baronnet, que vous portiez mes deux noms, et que cependant nous ne soyons point parents. Le nom de Wycherly a été introduit autrefois dans une famille par sir Hildebrand Wicherly, qui fut tué à la bataille de Bosworth, et dont un de mes ancêtres épousa la fille unique. Depuis ce temps, Wicherly a été un nom favori parmi nous. Je ne crois pas que les Wichecombe du comté de Hertz aient jamais donné ce nom à un de leurs enfants, quoiqu'ils nous fussent parents, mais seulement dans une ligne, comme mon pauvre frère le juge avait coutume de le dire. Je suppose que votre père, Tom, vous a expliqué ce qu'on entend par parent dans une seule ligne ?

Les joues de Tom devinrent pourpres à cette question. Il jeta un coup d'œil inquiet sur tous ceux qui venaient de l'entendre, et il s'attendait à voir un air de triomphe dans les yeux du lieutenant. Ce fut un grand soulagement pour lui en voyant que chacun semblait donner à ces mots leur sens le plus naturel. Quant à son oncle, il n'avait pas le moindre dessein de faire allusion à la naissance illégitime de son neveu, et les autres supposaient, comme tout le monde, que l'héritier du juge était son fils légitime. Puisant un nouveau courage dans les regards de ceux qui l'entouraient, Tom répondit avec un sang froid qui ne permit pas de remarquer son agitation :

— Certainement, Monsieur. Mon digne père n'a oublié de me dire rien de ce qu'il jugeait nécessaire pour me mettre en état de maintenir mes droits et l'honneur de ma famille. Je sais fort bien que les Wychecombe du comté de Hertz n'ont aucun droit de se dire nos parents, pas plus que tout autre Wychecombe qui ne descend pas de mon respectable aïeul, le dernier sir Wycherly.

— Ce doit avoir été un des *premiers* plutôt que le *dernier* des sir Wycherly, monsieur Thomas, dit Dutton riant lui-même de ce qu'il croyait un trait d'esprit, car je ne me rappelle personne qui ait porté ce titre depuis cinquante ans, si ce n'est l'honorable baronnet qui est ici présent.

— Cela est vrai, Dutton, très-vrai, répliqua le baronnet ; aussi vrai qu'il l'est que le vent et la marée n'attendent personne. Nous comprenons ce proverbe, nous autres habitants de la côte. Il y a eu cinquante ans en octobre dernier que j'ai succédé à mon respectable père ; mais il ne se passera pas un autre demi-siècle avant que quelqu'un me succède.

Sir Wycherly était un homme vert et vigoureux pour son âge, et il n'avait pas une lâche crainte de la mort. Il sentait pourtant qu'elle ne pouvait être très-éloignée, puisqu'il avait déjà quatre-vingt-quatre ans. Cependant il y a certaines phrases d'usage que Dutton ne jugea pas convenable de débiter en ce moment; et comme s'il eût voulu admirer ses joues portant encore les couleurs de la santé, se tournant vers lui pour donner plus de force à ses paroles, il répondit :

— Vous verrez encore descendre dans le tombeau la moitié de nous, sir Wycherly. J'ose pourtant dire qu'un autre demi-siècle en emportera la plupart ; car à peine M. Thomas et ce jeune officier peuvent-ils espérer de filer une plus longue touée. Quant à moi, je désire seulement vivre jusqu'à la fin de cette guerre, afin de voir triompher encore une fois les armes de Sa Majesté, quoiqu'on dise que nous en avons pour une bonne trentaine d'années. Il y a eu des guerres qui ont duré aussi longtemps, sir Wycherly, et je ne vois pas pourquoi cela n'arriverait pas à celle-ci comme à toute autre.

— Vous avez raison, Dutton; cela est non-seulement possible, mais même probable, et j'espère que vous et moi nous vivrons assez pour voir notre chasseur de fleurs que voilà, capitaine d'un vaisseau de ligne. — Car ce serait presque porter nos désirs trop haut que de nous attendre à le voir amiral. Il y en a eu un qui portait notre nom, et j'avoue que j'aimerais à en voir un autre.

— M. Thomas n'a-t-il pas un frère dans le service de la marine, sir Wycherly? J'avais cru que votre frère le juge avait dessein de nous donner un de ses fils.

— Il y avait pensé, mais ils ont fini par entrer tous deux dans l'armée de terre. Grégoire devait être midshipman, et mon frère lui avait donné ce nom en souvenir de notre malheureux frère qui a péri dans un naufrage. Je désirais qu'il nommât le troisième Jacques, d'après notre autre frère Saint-Jacques; mais jamais je n'ai pu lui faire comprendre toute la piété de cet excellent jeune homme.

Dutton fut un peu embarrassé, car Saint-Jacques, en disparaissant du monde, n'y avait pas laissé une très-bonne réputation; cependant, plutôt que de risquer d'offenser le baronnet, il aurait attribué à son frère défunt toutes les vertus possibles. Mais heureusement un changement qui survint dans le brouillard lui offrit une occasion pour changer de conversation. Pendant tout le commencement de la matinée, la mer avait été invisible du haut du promontoire; car, aussi loin que l'œil pouvait pénétrer, elle était couverte d'épaisses vapeurs, paraissant un voile blanc qui la dérobait à la vue. Une partie de ces vapeurs s'était agglomérée autour du promontoire, de sorte qu'on n'aurait pu le voir d'une certaine distance ; mais peu à peu toutes les vapeurs étaient retombées en masse épaisse, qui s'élevait jusqu'à une vingtaine de pieds du plateau ; et le soleil, quoiqu'il fût encore de bonne heure, ayant déjà de la force, en eut bientôt absorbé les parties les plus légères, laissant au-dessus du plateau une atmosphère pure et brillante, à travers laquelle on pouvait distinguer les objets à plusieurs milles. On sentait cette espèce de brise légère qui fait gonfler un instant les voiles les plus légères d'un bâtiment, et qui les laisse retomber l'instant d'après, imitant jusqu'à un certain point les vibrations successives d'une partie de la parure du buste d'une femme. L'œil de Dutton venait d'apercevoir au-dessus du brouillard la plus haute voile d'un bâtiment agitée de cette manière, ce qui lui fournit l'occasion d'attirer l'attention de ses compagnons sur le même objet.

— Voyez, sir Wycherly, — voyez, monsieur Wychecombe, s'écria-t-il en étendant le bras du côté de ce bâtiment, — voici un vaisseau qui entre dans notre rade, ou je ne sais pas ce que c'est que les cacatois d'un vaisseau de ligne. — C'est un fameux morceau de toile, monsieur le lieutenant, pour une voile si haute.

— Ce sont les cacatois d'un vaisseau à deux ponts, maître Dutton, et maintenant que le bâtiment présente un peu de travers, vous voyez le grand et le petit cacatois séparément.

— Eh bien, dit sir Wycherly avec un air de résignation, j'ai vécu plus de quatre-vingts ans sur cette côte, et je n'ai jamais pu distinguer un grand cacatois d'un petit. On ne peut rien imaginer de plus embarrassant ; et je ne puis découvrir comment vous savez que cette voile, que je vois assez clairement, est un cacatois plutôt qu'un foc.

Dutton et le lieutenant se regardèrent en souriant ; mais la simplicité de sir Wycherly avait un caractère de naturel et de vérité qui ne permettait à personne d'en faire un sujet de ridicule. D'ailleurs le rang, la fortune et l'influence du baronnet comptaient pour quelque chose en toute occasion semblable.

— En voici un autre plus à l'est, s'écria Dutton en allongeant un bras, et il est aussi fort que le premier. Ah ! cela fait du bien à mes yeux de voir notre rade ainsi fréquentée, après tout ce que j'ai dit et fait pour elle. — Mais qui est-ce qui[1] nous arrive ici ? — un éclat du même bois que nous, à en juger par l'écorce ; quelque fainéant qu'on a envoyé à terre avec des dépêches.

— Et en voici encore un autre plus à l'est, et il est aussi haut sur

---

[1]. Locution marine.

l'eau que le premier, dit le lieutenant, que nous appellerons ainsi pour le distinguer de Thomas ou Tom Wychecombe, répétant en souriant les paroles de Dutton, et montrant deux individus, à peu près de même taille, qui, à peu de distance l'un de l'autre, montaient au poste des signaux par un sentier qui partait du rivage en circulant; — certainement ces deux messieurs sont au service de Sa Majesté, et viennent des bâtiments qui entrent dans la rade.

Il ne fallut qu'un coup d'œil pour prouver à Dutton que cette conjecture était vraisemblable. Lorsque les deux étrangers se furent rejoints, celui qu'on avait vu le dernier prit l'avance sur l'autre; et son âge, l'air de confiance avec lequel il s'approchait, et sa mise, portèrent les deux marins à croire que ce pouvait être l'officier commandant l'un des deux bâtiments qui étaient en vue.

— Bonjour, Messieurs, dit l'étranger dès qu'il fut assez près pour saluer les individus rassemblés au pied du mât des signaux; je suis charmé de vous voir. Votre sentier pour monter ici, quoiqu'il suive un ravin, est une véritable échelle de Jacob. — Eh! Atwood, dit-il à son compagnon en regardant la mer avec surprise, que diable est devenue l'escadre?

— Perdue dans les vapeurs, Monsieur. Le brouillard n'est pas encore dissipé à la distance où elle est d'ici. Quand nous en étions plus près, nous pouvions en voir ou nous imaginer que nous en voyions un plus grand nombre qu'à présent.

— Vous voyez là-bas, Monsieur, les voiles hautes de deux vaisseaux, dit le lieutenant en montrant les deux bâtiments en vue; et en voilà deux autres un peu plus loin, mais on n'en voit que les cacatois.

— Deux autres! reprit le premier étranger; — j'ai laissé en vue onze vaisseaux à deux ponts, trois frégates, un sloop et un cutter, quand je suis descendu dans le canot. On aurait pu les couvrir tous avec un mouchoir de poche. — Eh! Atwood?

— Ils étaient certainement en ordre serré, Monsieur; mais je n'irai pas jusqu'à dire qu'on aurait pu les couvrir avec un mouchoir.

— Oui, vous êtes un *dissenter*[1] de profession, et jamais vous ne croirez à un miracle. — C'est une rude besogne, Messieurs, de gravir ce promontoire, quand on a passé cinquante ans.

— Cela est vrai, Monsieur, répondit sir Wycherly. Nous ferez-vous le plaisir de vous asseoir et de vous reposer après un exercice si violent? Le rocher est assez difficile à monter, même en suivant le sentier; mais voici un jeune homme qui s'est mis tout à l'heure dans

---

[1]. *Dissident*. Ce mot paraît être employé ici dans un double sens. Il signifie non-conformiste, et un homme dont les opinions sont en dissentiment avec celles d'autres personnes.

la tête d'en descendre sans s'inquiéter du sentier, uniquement pour qu'une jolie fille trouvât un bouquet devant elle sur la table à déjeuner.

L'étranger considéra le baronnet avec attention, jeta ensuite un coup d'œil sur le domestique et le poney, après quoi il promena ses regards sur le lieutenant Tom Wychecombe et Dutton. C'était un homme habitué à juger de ses semblables, et ce coup d'œil rapide lui suffit pour apprécier le caractère de chacun de ces individus, à l'exception peut-être de Tom; encore ses conjectures ne s'éloignèrent-elles guère de la vérité. Il classa sur-le-champ dans son imagination sir Wycherly comme l'homme d'importance du voisinage, — Dutton, comme un master usé au service, et qui avait la garde de la station des signaux, — le jeune Wychecombe, comme un lieutenant de vaisseau au service du roi. Quant à Tom, comme il était en grand deuil comme le baronnet, il pensa qu'il pouvait être son fils, quoiqu'il ne vît entre eux aucun air de famille. Saluant avec la politesse d'un homme qui sait répondre à une civilité, il s'assit à côté de sir Wycherly sans plus de cérémonie.

— Il faut que nous emmenions ce jeune homme en mer avec nous, Monsieur, dit-il au baronnet; — cela le guérira de la fantaisie d'aller cueillir des fleurs sur les rampes de rocher. Sa Majesté a besoin de tous nos bras dans cette guerre, et j'espère, jeune homme, qu'il n'y a pas longtemps que vous êtes à terre parmi de jeunes filles.

— Seulement le temps nécessaire pour me guérir d'une blessure assez dangereuse que j'ai reçue à la prise d'un lougre enlevé sur la côte qui nous fait face, répondit Wychecombe avec modestie, mais non sans quelque chaleur.

— Un lougre! — Ah! — Eh! Atwood? Est-ce de *la Voltigeuse* que vous voulez parler, jeune homme?

— C'était le nom de ce bâtiment, Monsieur. Il était à l'ancre dans la rade de Groix.

— Ai-je donc le plaisir de voir M. Wychecombe, le jeune officier qui a si bien conduit cette attaque?

En parlant ainsi, l'étranger se leva, et le salua en ôtant son chapeau, avec un air de cordialité qui prouvait que son cœur était d'accord avec sa bouche.

— Je me nomme Wychecombe, Monsieur, répondit le lieutenant, le saluant à son tour en rougissant jusqu'au front; mais je n'ai pas eu l'honneur de conduire l'attaque, car un des lieutenants de notre bâtiment était dans une autre embarcation.

— Oui, oui, je sais tout cela, — je sais qu'il fut repoussé, et que ce fut vous qui montâtes à l'abordage et qui fîtes toute la besogne. — Et qu'ont dit les lords de l'amirauté?

— Tout ce que je pouvais désirer en ce qui me concerne, Monsieur, car ils m'envoyèrent le brevet de lieutenant de vaisseau dès la semaine suivante. Je voudrais seulement qu'ils eussent été aussi généreux à l'égard de M. Walton, qui a aussi été blessé, et qui s'est conduit aussi bien qu'il est possible.

— Cela n'aurait pas été sage, monsieur Wychecombe, répondit l'étranger d'un ton froid, car c'eût été récompenser un manque de succès : or le succès est tout, dans la guerre. — Ah! voilà les autres bâtiments qui commencent à paraître. — Eh! Atwood?

Cette remarque fit que tous les regards se dirigèrent vers la mer, qui offrait alors un spectacle digne d'une attention passagère. Les vapeurs semblaient s'être amoncelées en une masse de quatre-vingts à cent pieds de hauteur, laissant au-dessus une atmosphère parfaitement claire, dans laquelle on voyait le haut de la mâture et de la voilure de l'escadre dont l'étranger avait parlé, formant en totalité seize voiles. On y voyait les onze vaisseaux à deux ponts et les trois frégates s'élevant en pyramides de voiles, s'avançant lentement vers le mouillage, qui, dans cette rade, n'était qu'à une portée de pistolet du rivage; tandis que les cacatois et la partie supérieure des perroquets du sloop semblaient s'élever comme un monument sur la surface du brouillard. Après un moment d'attention, le lieutenant découvrit même la tête du mât de cacatois du cutter, sa flamme flottant nonchalamment, et cachée en partie dans les vapeurs. Le brouillard semblait tomber au lieu de s'élever, quoiqu'il roulât évidemment sur la surface de l'eau et donnât du mouvement à cette scène. On ne tarda pas à apercevoir les huniers des vaisseaux de ligne, et pour la première fois des êtres vivants se firent voir sur ces masses mouvantes.

— Je suppose que les gabiers de la grande hune nous voient aussi bien que nous les voyons, dit l'étranger ; ils doivent voir ce promotoire et ce mât de signaux, monsieur Wychecombe, et il ne peut y avoir de danger qu'ils s'approchent trop près.

— Je ne le crois pas, Monsieur; les gabiers peuvent voir les rochers au-dessus du brouillard, aussi aisément que nous voyons les mâts des vaisseaux. — Ah! monsieur Dutton! il y a un pavillon de contre-amiral flottant à bord du vaisseau qui est le plus à l'est.

— C'est ce que je vois, Monsieur ; et si vous regardez le troisième vaisseau qui est à la ligne du côté de l'ouest, vous y verrez flotter au mât de misaine un morceau d'étamine taillé en carré qui annonce qu'il y a un vice-amiral sur ce bord.

— Cela est vrai ! s'écria Wychecombe, qui était enthousiaste pour tout ce qui concernait sa profession; et même un vice-amiral de l'escadre rouge[1], ce qui est le dernier pas pour arriver au grade d'amiral. — Ce doit être la flotte de sir Digby Downes.

— Non, jeune homme, dit l'étranger, qui vit, au coup d'œil que le jeune officier jeta sur lui, que ces derniers mots étaient une question qui lui était indirectement adressée; c'est l'escadre du sud, et le pavillon de vice-amiral que vous voyez est celui de sir Gervais Oakes. Le contre-amiral Bluewater est à bord du vaisseau qui porte un pavillon à son mât d'artimon.

— Ces deux officiers ne se quittent jamais, sir Wycherly, ajouta le lieutenant; partout où l'on entend le nom de sir Gervais, celui de Bluewater ne manque jamais de l'accompagner. Une telle union dans le service est admirable à voir.

— Ils peuvent bien faire voile de conserve, monsieur Wychecombe, reprit l'étranger avec quelque émotion. — Oakes et Bluewater étaient midshipmen ensemble, sous le vieux Breasthook, à bord de *la Syrène*, et quand le premier fut nommé lieutenant à bord du *Squid*, le second le suivit comme *mate*[2]. Oakes était premier lieutenant, et Bluewater troisième, à bord du *Breton*, dans l'action avec les frégates espagnoles. Cette affaire valut à Oakes un sloop, et il prit son ami pour premier lieutenant. L'année suivante ils eurent le bonheur de capturer un bâtiment armé de plus de canons que le leur, et ils se séparèrent alors pour la première fois, Oakes ayant obtenu le commandement d'une frégate, et Bluewater celui du *Squid*. Cependant, ils croisèrent de conserve jusqu'au moment où l'on donna au premier le commandement d'une escadre légère avec un guidon de commandement[3], et il reçut son ancien compagnon, qui était alors capitaine de vaisseau, comme capitaine de sa frégate. Ils servirent ensemble de cette manière jusqu'au moment où Oakes hissa son pavillon de contre-amiral. Depuis ce temps, les deux vieux marins ne se séparèrent jamais, Bluewater conservant le poste de capitaine de pavillon du vaisseau amiral jusqu'à ce qu'il eût lui-même le droit de déployer un pavillon de contre-amiral. Le vice-amiral n'a jamais conduit l'avant-garde d'une escadre sans que le contre-amiral conduisît la division de l'arrière-garde, et maintenant que sir Gervais est commandant en chef, vous voyez son ami Bluewater croiser de conserve avec lui.

---

1. La marine anglaise se divise en trois escadres; la rouge, la bleue et la blanche, nommées ainsi d'après la couleur de leurs pavillons.
2. Élève de la marine de première classe.
3. Ce qui indique le grade de commodore.

Tandis que l'étranger donnait ces détails sur les deux amiraux, d'un ton moitié sérieux, moitié badin, les yeux de ceux qui l'entouraient étaient fixés sur lui. C'était un homme de moyenne taille, ayant les joues animées, le nez aquilin, un œil bleu plein de feu, et une bouche qui annonçait plus de goût et d'habitude de raffinement que son costume et son air ordinairement insouciant ne l'auraient fait supposer. On parle beaucoup de l'air aristocratique des oreilles, des mains et des pieds; mais de tous les traits et de tous les membres du corps humain, c'est la bouche et le nez qui ont le plus d'influence pour donner une idée de la noblesse d'un individu. L'étranger se trouvait particulièrement dans ce cas. Son nez, comme le rostrum d'une ancienne galère, promettait un mouvement majestueux; et ses belles dents et son sourire attrayant relevaient l'expression d'une physionomie qui était assez souvent sévère. Lorsqu'il eut cessé de parler, Dutton se leva, d'un air apprêté, se découvrit la tête, et le salua en courbant son corps presque à angle droit.

— Si ma mémoire ne me trompe, dit-il, j'ai l'honneur de voir le contre-amiral Bluewater lui-même. Je servais comme aide du master à bord du *Medway* quand il commandait *la Chloé*, et à moins que vingt-cinq ans n'aient fait en lui plus de changements que je ne le crois probable, il est en ce moment sur ce promontoire.

— Votre mémoire ne vaut rien, monsieur Dutton, et l'homme qui se trouve sur votre promontoire est, sous tous les rapports, inférieur à l'amiral Bluewater. On dit qu'un homme et sa femme, à force de vivre ensemble, de penser de même, d'avoir les mêmes goûts, d'aimer et quelquefois de haïr les mêmes objets, finissent par se ressembler au physique. Eh! Atwood? D'après le même principe, il est possible que j'aie quelque ressemblance avec Bluewater; mais c'est la première fois qu'on m'en ait fait la remarque. Je suis sir Gervais Oakes, à votre service, Messieurs.

Dutton le salua de nouveau, et baissa la tête presque jusqu'à terre; le jeune lieutenant ôta son chapeau; et sir Wycherly, se levant, se fit connaître à sir Gervais, et l'invita à recevoir l'hospitalité chez lui, ainsi que tous ses officiers.

— Voilà qui est franc et cordial, dit l'amiral après avoir remercié le baronnet et rendu tous les saluts. C'est agir à la bonne et vieille façon anglaise. Aujourd'hui, on pourrait débarquer en quelque endroit que ce soit de l'Écosse, entre la Tweed et le cap Wrath, sans que personne vous offrît la moindre chose, pas même une tranche de gâteau de farine d'avoine; excepté toujours la rosée des montagnes. — Eh! Atwood?

— Il faut toujours que vous lanciez un sarcasme contre mes compatriotes, sir Gervais, et il serait inutile d'y répondre, répliqua le compagnon de l'amiral, qui était son secrétaire. — Je pourrais quelquefois m'en sentir blessé, si je ne savais que vous prenez dans votre équipage autant d'Écossais que vous pouvez en trouver, et que vous pensez qu'une flotte n'en vaut que mieux si la moitié des capitaines vient du pays aux gâteaux.

— Avez-vous jamais entendu pareille chose, sir Wycherly? Parce que je tiens à un homme qui me plaît, il m'accuse de prédilection pour tout son pays. Vous voyez Atwood; il était mon secrétaire quand je commandais un sloop, et il m'a suivi jusque sur *le Plantagenet*; et parce que je ne le jette pas par-dessus le bord, il voudrait faire croire que la moitié de l'Écosse est sur mon bord.

— J'ai du moins le chirurgien-major, le maître d'équipage, le premier aide du master, un officier de marine et le quatrième lieutenant pour me tenir compagnie, sir Gervais, répondit le secrétaire en souriant, en homme accoutumé aux plaisanteries de l'amiral, et qui s'en inquiétait peu. — Quand vous renverrez tous les Écossais chez eux, vous ne manquerez pas de places à remplir.

— Les Écossais savent se rendre utiles, sir Gervais, dit le baronnet; et à présent que nous avons sur le trône un prince de la maison de Brunswick, nous devons être moins jaloux d'eux que par le passé. Je serais charmé de recevoir chez moi tous ceux dont M. Atwood vient de parler.

— En ce cas, Atwood, vous voilà bien hébergés pour tout le temps que nous resterons sur cette rade. Sir Wycherly, je vous remercie au nom de l'Écosse. Mais quelle scène extraordinaire! Eh! Atwood? Je me souviens d'avoir vu bien des fois la coque de bâtiments dont les mâts étaient cachés par le brouillard; mais je n'avais jamais vu la mâture et la voilure de seize bâtiments flotter sur une masse de vapeurs, sans coque pour les soutenir. Les huniers de tous les vaisseaux se montrent aussi clairement que s'il n'y avait dans l'air aucune particule de vapeur, tandis que tout ce qui est au-dessous du trelingage est caché dans un nuage aussi épais que la fumée d'un combat. Je n'aime pas à voir Bluewater s'avancer autant vers la terre, monsieur Dutton. Peut-être ne voit-il pas les rochers. Je vous assure que nous ne les avons vus nous-mêmes que lorsque nous en étions tout près. Toute l'escadre faisait route la sonde à la main, et le master de chaque bâtiment était comme un aveugle tâtant son chemin avec son bâton.

— Ce canon de neuf est toujours chargé, sir Gervais, afin de pouvoir avertir les bâtiments qui s'approchent de la côte ; et si monsieur Wychecombe, qui est plus jeune et plus leste que moi, veut courir à la maison pour allumer cette mèche, pendant ce temps je mettrai l'amorce, et dans une minute nous leur ferons savoir où ils sont.

L'amiral consentit sur-le-champ à cette proposition, et l'on s'empressa de l'exécuter. Le lieutenant s'empressa de courir chez Dutton pour allumer la mèche, enchanté de trouver cette occasion de savoir comment Mildred se trouvait, et celui-ci, ouvrant un petit caisson qui était près du canon, y prit une corne d'amorce, et prépara tout pour tirer un coup de canon. Wychecombe ne fut absent qu'une minute, et lorsque tout fut prêt, il regarda l'amiral, comme pour attendre le signal.

— Faites feu, monsieur Wychecombe, dit sir Gervais en souriant ; cela réveillera Bluewater ; et peut-être nous honorera-t-il d'une bordée en forme de réplique.

La mèche fut appliquée à l'amorce, et le coup partit. Une bonne minute après, le brouillard parut se lever autour du *César*, vaisseau qui portait le pavillon du contre-amiral ; un éclair brilla à travers les vapeurs, et l'on entendit ensuite la détonation d'une pièce de gros calibre. Presque au même instant trois petits pavillons se montrèrent au haut du grand mât du *César* ; car, avant de quitter son bord, sir Gervais avait envoyé un message à son ami pour le charger de veiller sur toute la flotte. C'était le signal de mouiller. L'effet qui en résulta, vu du haut du promontoire, était frappant. On n'avait pas encore aperçu la coque d'un seul vaisseau ; le brouillard continuait à être abaissé sur l'eau, de manière à cacher les basses vergues. Au-dessus, tout était brillant, distinct, et à assez peu de distance pour qu'il fût presque possible de distinguer les personnes. Jusqu'à ce point, tout était visible, tandis qu'en dessous, tout semblait couvert d'un mystère surnaturel. Chaque vaisseau avait un officier sur le grand-hunier pour surveiller les signaux ; et dès que *le César* eut montré ses trois pavillons, qui avaient été depuis longtemps préparés pour ce service, et suspendus en boules, on vit flotter le pavillon d'attention au haut des mâts de chaque vaisseau. Alors commença un spectacle encore plus curieux que celui qu'on regardait avec intérêt depuis si longtemps du haut du promontoire. Les cordages commencèrent à se mouvoir, et les voiles à se dessiner en festons, en apparence sans le secours des mains. Ayant l'air d'être privés de communication avec l'Océan et avec le corps des bâtiments, tous les mâts semblaient être doués de vie, chacun jouant son rôle indépendamment des autres, et tous tendant pourtant au même but. En quelques minutes, les voiles furent carguées, et les bâtiments vinrent à l'appel de leurs ancres. Bientôt on vit des têtes sortir du brouillard. Les vergues hautes furent garnies de monde, et les voiles serrées. On dressa ensuite les vergues. Enfin les hommes descendirent, et une belle flotte fut à l'ancre sans qu'on en vît du promontoire autre chose que le haut de la mâture (une fois à l'ancre il n'y a plus de voiles).

Sir Gervais Oakes avait été tellement frappé d'un spectacle qui était nouveau pour lui, et qui l'avait singulièrement amusé, que, tant qu'il dura, il ne prononça pas un seul mot. Dans le fait, bien des gens pourraient passer leur vie en mer sans voir un pareil spectacle ; mais ceux qui l'ont vu savent qu'on peut le compter parmi les merveilles de l'Océan.

Pendant ce temps, le soleil avait pris assez de force pour commencer à pomper le brouillard, et l'on voyait du côté de la terre des colonnes de vapeurs s'élever comme de la fumée. D'une autre part, le vent avait augmenté, et il chassait le brouillard devant lui ; et en moins de dix minutes, le voile se leva, les bâtiments se montrèrent l'un après l'autre, et l'on vit toute l'escadre à l'ancre dans la rade.

— Bluewater est heureux à présent, s'écria enfin sir Gervais ; il voit la terre, sa plus grande ennemie, et il sait ce qu'il a à faire en pareil cas.

— Je croyais que la France était la plus grande ennemie de tout marin anglais, dit sir Wycherly avec simplicité, mais à propos.

— Hum ! répondit l'amiral ; il y a quelque vérité en cela. Mais la terre est une ennemie à craindre, et la France ne l'est pas. — Eh ! Atwood ?

C'était véritablement un beau spectacle que de voir l'escadre qui était alors à l'ancre sous les rochers de Wychecombe. Sir Gervais Oakes était regardé à cette époque comme un officier général commandant à la fortune, et il était dans les bonnes grâces de l'amirauté et de toute la nation. Sa popularité s'étendait jusque dans les colonies anglaises les plus éloignées, car il avait servi avec zèle dans presque toutes, et s'y était fait honneur. Mais la scène de notre histoire ne se passe pas à une époque de merveilles navales, comme celle qui y succéda à la fin de ce siècle. La France, la Hollande et même l'Espagne étaient alors des puissances maritimes formidables ; car les révolutions et les changements n'avaient pas encore détruit leur marine, et l'ascendant que prit ensuite l'Angleterre sur les mers n'avait pas anéanti leur navigation ; et ce furent ces deux grandes causes qui rendirent ensuite l'Angleterre en apparence invincible sur l'Océan. Les combats sur mer étaient alors vivement contestés, et ils étaient souvent sans résultats, surtout quand deux escadres étaient opposées l'une à l'autre. Les combats d'un bâtiment contre un autre étaient ordinairement plus décisifs ; mais le pavillon anglais était loin d'obtenir des succès aussi constants qu'il en remporta par la suite. En un mot, la science de la guerre navale n'avait pas encore fait ces grands progrès qui finirent par distinguer la carrière de l'Angleterre, mais elle n'avait pas rétrogradé chez ses ennemis au point qui paraît avoir rendu leur défaite presque certaine. Cependant sir Gervais était un officier que la fortune avait favorisé. Il avait capturé plusieurs bâtiments après des rencontres sanglantes, et il avait commandé des escadres avec honneur dans quatre ou cinq des plus grands combats sur mer de ce temps, indépendamment de ce qu'il avait été commandant en second ou en troisième, en plusieurs occasions semblables. Son bâtiment ne manquait jamais de prendre part à une action, quoi que pussent faire les autres. Les noms d'Oakes et de Bluewater, tant comme capitaines que comme amiraux, étaient devenus familiers à la nation, comme étant portés par des hommes qu'on voyait toujours se soutenir l'un l'autre dans le plus fort du combat. On peut ajouter ici que ces deux marins étaient de bonnes familles, ou du moins considérées comme telles parmi la noblesse du second ordre d'Angleterre. Sir Gervais était baronnet par droit héréditaire, et son ami Richard Bluewater descendait d'une de ces nobles familles de marins qui fournissent des amiraux à l'Angleterre de génération en génération. Son père avait porté le pavillon carré, blanc, d'amiral à son grand mât ; et son aïeul, après avoir obtenu par ses services les honneurs de la noblesse, était mort vice-amiral d'Angleterre. Ces circonstances fortuites avaient peut-être contribué à procurer aux deux amis la faveur de la cour.

CHAPITRE IV.

> Qu'ils vous suivent tous, excepté trois hommes en faction, et notre chef Israël, qui est attendu à chaque instant.
> *Marino Faliero.*

L'escadre étant à l'ancre en sûreté et en bon ordre, en dépit du brouillard, sir Gervais Oakes se montra disposé à accomplir ses vues ultérieures.

— Nous avons vu un beau spectacle, dit-il, très-beau certainement, et tel qu'un vieux marin aime à en voir. Mais il faut en finir. Vous m'excuserez, sir Wycherly, mais les évolutions d'une escadre ont toujours un grand intérêt à mes yeux, et il est rare que je puisse voir à vue d'oiseau ceux de la mienne. Il n'est donc pas étonnant que j'aie été assez irréfléchi pour jouer si longtemps le rôle d'intrus avec vous.

— Point d'excuses, sir Gervais, je vous en prie; vous n'en avez pas besoin. Quoique ce promontoire fasse partie du domaine de Wychecombe, il est loué à la couronne; et personne n'a un meilleur droit à l'occuper que les serviteurs de Sa Majesté. Ma maison est un peu moins publique, il est vrai, mais il ne s'y trouve pas une porte qui soit fermée à de braves marins, défenseurs de leur pays. Elle est à très-peu de distance, et rien ne peut me rendre plus heureux que de vous en montrer le chemin et de vous voir sous son toit à votre aise comme chez vous, et comme vous pourriez l'être dans votre chambre, à bord du *Plantaganet*.

— Si quelque chose pouvait me mettre aussi à l'aise dans une maison qu'à bord d'un vaisseau, sir Wycherly, ce serait une invitation si cordiale, et j'accepte votre hospitalité dans le même esprit que vous me l'offrez. Atwood et moi nous sommes venus à terre pour envoyer des dépêches importantes au premier lord de l'amirauté, et nous vous serons obligés de nous indiquer le moyen de le faire par la voie la plus prompte et la plus sûre. La curiosité et la surprise nous ont déjà causé une perte d'une demi-heure, tandis qu'un soldat ou un marin ne doit jamais perdre une demi-minute.

— Avez-vous besoin d'un courrier qui connaisse bien le pays, sir Gervais? demanda Wychecombe modestement, mais avec une chaleur qui prouvait qu'il parlait ainsi par zèle pour le service.

L'amiral le regarda fixement un instant, et parut charmé de l'offre que cette question semblait impliquer.

— Savez-vous monter à cheval? demanda sir Gervais en riant. J'aurais pu amener avec moi une demi-douzaine de mes midshipmen; mais, indépendamment de ce que je ne savais pas si l'on pourrait se procurer ici un cheval, — car, pour une chaise de poste, je vois clairement qu'il ne peut en être question, — je craignais qu'un midshipman à cheval ne fît rire à ses dépens.

— Ce doit être une plaisanterie, sir Gervais, répliqua le lieutenant; je dirai seulement que ce serait un étrange Virginien que celui qui ne saurait pas monter à cheval.

— Et ce serait aussi un étrange Anglais, dirait Bluewater. Mais peut-on ici se procurer un cheval pour aller jusqu'au bureau de poste le plus voisin d'où un courrier parte pour Londres tous les jours?

— Cela est facile, sir Gervais, répondit le baronnet. Voici un cheval de chasse aussi bon qu'on puisse en trouver en Angleterre, et qui n'a fait ce matin qu'une petite course avec Richard, et je réponds de la bonne volonté de mon jeune ami pour mettre sa vitesse à l'épreuve. La poste ne partira de Wychecombe que dans vingt-quatre heures; mais le courrier de la malle de Londres passe tous les jours à midi dans une ville qui n'est qu'à dix milles d'ici, et je réponds que M. Wychecombe sera de retour pour dîner avec nous à quatre heures.

Le jeune officier dit qu'il était prêt à se charger de cette mission et de toute autre que l'amiral pourrait avoir à lui donner; et les arrangements furent bientôt faits. Richard mit la bride de son cheval entre les mains de Wychecombe; sir Gervais lui donna ses dépêches et ses instructions, et en cinq minutes il fut hors de vue. L'amiral dit alors qu'il pourrait disposer de toute sa journée, et il accepta l'invitation de sir Wycherly d'aller déjeuner chez lui, aussi franchement que celui-ci la lui avait faite. Le baronnet déclara qu'il se sentait si ingambe, qu'il retournerait à pied chez lui, quoiqu'il y eût un mille de distance, et il chargea Richard de reconduire son poney par la bride. A l'instant où ils allaient quitter la station des signaux, sir Wycherly prit l'amiral à part, et lui dit:

— Vous savez que je ne suis pas marin, sir Gervais; car, quoique j'aie une commission de juge de paix dans ce comté, Sa Majesté ne m'en a pas donné dans sa marine. Vous aurez donc la bonté, si je commets quelque petite méprise, de me la pardonner. Je sais que l'étiquette du gaillard d'arrière est une chose très-sérieuse; mais voilà Dutton, qui est aussi brave homme que qui que ce soit; son père était une sorte de gentleman, car il était procureur dans la ville voisine, et il était accoutumé à dîner souvent avec moi il y a quarante ans...

— Je crois que je vous comprends, sir Wycherly, et je vous remercie des égards que vous voulez bien avoir pour mes préjugés: mais vous êtes le maître à Wychecombe, et je me regarderais comme un intrus importun si vous n'invitiez pas qui bon vous semble à s'asseoir à votre table.

— Ce n'est pas tout à fait cela, sir Gervais, quoique vous ne soyez pas bien loin du but. Dutton n'a que le grade de master; encore y a-t-il une grande différence entre un master à bord d'un bâtiment et un master chargé des fonctions qu'il remplit à présent, comme il me l'a dit plus d'une fois lui-même.

— Oui, Dutton a raison en tant qu'il s'agit d'un master d'un vaisseau du roi ; mais, quant au capitaine d'un bâtiment marchand, il n'y a guère de différence entre cette situation et la sienne. Au surplus, mon cher Wycherly, un amiral n'est pas déshonoré pour admettre dans sa compagnie même un maître d'équipage, si cet homme est honnête. Il est vrai que nous avons nos coutumes, et que nous avons nos officiers du gaillard d'avant et ceux du gaillard d'arrière, ce qui est, à bord d'un bâtiment, comme le quartier de la cour et celui de la Cité à Londres. Mais un master appartient à la première classe de ces officiers, et le master du *Plantagenet*, Sandy Mac Yarn, dîne avec moi une fois par mois aussi régulièrement qu'il commence chaque jour une nouvelle page de sa table de loch. Je vous prie donc d'accorder votre hospitalité à qui bon vous semblera, ou..... — L'amiral s'arrêta, et jeta un coup d'œil sur Dutton, qui était à quelques pas, tête nue, attendant que son officier supérieur se mît en marche. — Ou peut-être me permettrez-vous, continua-t-il, d'inviter moi-même un ami à être de notre partie.

— C'est précisément cela, sir Gervais, s'écria le bon baronnet, et Dutton sera l'homme le plus heureux du Devonshire. Je voudrais que nous pussions avoir mistress Dutton et sa fille, et alors la table serait ce que mon pauvre frère Jacques, — Saint-Jacques, comme je l'appelais, — avait coutume d'appeler mathématique. Il disait qu'une table devait avoir tous ses côtés et ses angles dûment remplis. Jacques était un très-agréable convive, sir Gervais, et en fait de théologie je crois vraiment qu'il n'aurait pas montré le dos à un apôtre.

L'amiral le salua, s'avança vers le master, et l'invita à faire partie de la compagnie à Wychecombe-Hall, du ton que sait toujours prendre un homme habitué à rendre ses civilités agréables par une sorte d'aisance officielle.

— Sir Wycherly, dit-il, veut que je regarde sa table comme si elle se trouvait dans ma propre chambre à bord de mon vaisseau. Je ne connais pas de meilleure manière de lui prouver ma gratitude qu'en le prenant au mot et en la remplissant de convives qui nous soient agréables à tous deux. Je crois qu'il y a une mistress Dutton, et une miss...

— Milly, ajouta le baronnet, qui s'était approché ; miss Mildred Dutton, fille de notre ami, jeune personne qui ferait honneur au salon le plus élégant de Londres.

— Vous voyez, Monsieur, que notre hôte prévient, comme par instinct, les désirs d'un vieux garçon, et qu'il désire aussi que ces dames vous accompagnent. Miss Mildred aura du moins deux jeunes gens pour rendre hommage à sa beauté, et trois vieillards pour soupirer de loin. — Eh! Atwood?

— Comme sir Wycherly le sait, Monsieur, répondit Dutton, Mildred a été indisposée ce matin ; mais je ne doute pas qu'elle ne soit trop reconnaissante de cet honneur pour ne pas faire un effort pour y répondre. Quant à ma femme...

— Quel motif peut empêcher mistress Dutton d'être de la partie? demanda le baronnet, voyant le mari hésiter ; elle m'accorde quelquefois la faveur de sa compagnie.

— Je crois que vous la verrez aujourd'hui, sir Wycherly, si Mildred est en état de sortir ; car la bonne femme permet rarement à sa fille de sortir sans elle. Elle la tient toujours, comme je le lui dis, sir Gervais, attachée aux cordons de son tablier.

— Elle n'en est que plus sage, monsieur Dutton, s'écria l'amiral. Le meilleur pilote pour une jeune fille est une bonne mère ; et maintenant que vous avez une escadre sur votre rade, je n'ai pas besoin de dire à un marin qui a votre expérience que vous êtes sur un fonds qui demande la surveillance d'un bon pilote. — Eh! Atwood?

Dutton resta debout, et son chapeau à la main, jusqu'à ce qu'il eût perdu de vue toute la compagnie, qui le quitta en ce moment ; il rentra alors chez lui, pour préparer sa femme et sa fille à l'honneur qui leur était destiné. Mais, avant d'exécuter ce dessin, le malheureux homme ouvrit un buffet dans sa salle à manger, et se fortifia les nerfs, comme il le pensait, avec un grand verre d'eau-de-vie, — liqueur que ni les hostilités, ni les droits d'entrée, ni l'antipathie nationale, n'ont été en état de bannir de la Grande-Bretagne.

Pendant ce temps, les deux baronnets entraient dans le village ou hameau de Wychecombe, qui était environ à mi-chemin entre la station et la maison de sir Wycherly. C'était un groupe peu nombreux de chaumières, situé dans une position extrêmement rurale et retirée, et où ne se trouvait ni médecin, ni apothicaire, ni procureur, pour lui donner quelque importance. Une petite auberge, deux ou trois boutiques du genre le plus humble, et une vingtaine de chaumières habitées par des laboureurs et des artisans, étaient tout ce qu'on voyait dans ce hameau, où il ne se trouvait pas même une chapelle pour un conventicule, les non-conformistes n'étant pas encore à cette époque très-nombreux en Angleterre. L'église paroissiale, bâtiment isolé du temps des Henris, s'élevait dans un champ à près d'un mille des habitations, et le presbytère, qui était encore en bon état, se trouvait à un demi-mille plus loin, au bout du parc du baronnet. En un mot Wychecombe était une de ces places déchues de ce qu'elles étaient autrefois ; il ne conservait aucune trace de l'importance plus ou moins considérable qu'il avait pu avoir ; et s'il gardait encore sa place sur la carte du comté, il n'en était redevable qu'à son antiquité, et à la circonstance qu'il avait donné son nom à une des plus anciennes familles d'Angleterre.

Il n'était donc pas étonnant que l'arrivée d'une escadre sur la rade eût fait grand bruit dans ce petit hameau. Le mouillage était excellent, en ce qui concerne le fond ; mais on pouvait à peine l'appeler une rade sous tout autre point de vue, car il n'offrait d'abri contre aucun vent, si ce n'est celui qui venait de la terre, et ce vent n'était pas commun dans cette partie de l'île de la Grande-Bretagne. De temps en temps un croiseur mettait en panne au large, et quelques frégates y étaient entrées pour y jeter l'ancre pendant une ou deux marées, et attendre un changement de vent ; mais c'était la première escadre qu'on y eût jamais vue de temps immémorial. Le brouillard avait empêché les honnêtes habitants d'apercevoir les bâtiments ; mais les deux coups de canon qui avaient été tirés leur avaient donné l'éveil, et la nouvelle importante s'était rapidement répandue dans toute la contrée adjacente. Quoique Wychecombe ne fût pas en vue de la mer, sa petite rue, quand les deux baronnets y entrèrent, était déjà remplie de marins, chaque bâtiment de la flotte ayant envoyé au moins un canot à terre, et quelques-uns même deux ou trois. On y voyait des maîtres d'hôtel de capitaines, de midshipmen cherchant à fourrager, des hommes chargés du soin des malades à bord des navires, et d'autres harpies de cette espèce ; car c'était une partie du monde où les vivandières étaient inconnues, et si la montagne ne voulait pas venir à Mahomet, il fallait que Mahomet allât à la montagne. Une demi-heure avait suffi pour épuiser toutes les ressources du hameau, et le prix du lait, des œufs, du beurre, du pain, des légumes et des fruits qui étaient mûrs, avait déjà augmenté de cent pour cent.

Sir Gervais avait nommé son escadre « l'escadre du Sud, » parce qu'elle avait croisé dans la baie de Biscaye depuis six mois. C'était une station désagréable pendant l'hiver, car les éléments exposaient à de plus grands dangers que ceux qu'on avait à craindre des ennemis. L'escadre s'était pourtant strictement acquittée de ses devoirs, car elle avait efficacement protégé plusieurs convois richement chargés venant des Indes occidentales et orientales, et elle avait capturé plusieurs frégates ennemies ; mais le service avait été excessivement fatigant, et accompagné de mille privations pour tous ceux qui y étaient employés. La plupart de ceux qui venaient de débarquer n'avaient pas mis le pied à terre depuis six mois ; et il n'était pas étonnant que tous les officiers que leur devoir n'obligeait pas de rester à bord eussent saisi avec empressement l'occasion de repaître leurs yeux de la belle verdure de leur île natale. Une centaine de marins de cette espèce parcouraient la rue de Wychecombe, se répandaient dans quelques fermes voisines, tenaient des propos galants aux jeunes filles qui les écoutaient en rougissant, et ne perdaient pourtant pas de vue leur principal but, qui était de pourvoir aux besoins de leur table.

— Nos jeunes gens ont déjà découvert votre village en dépit du brouillard, sir Wycherly, dit le vice-amiral d'un ton de bonne humeur ; et les sauterelles d'Égypte ne seraient pas plus en état d'y apporter la famine. On dirait qu'il y a un grand dîner *in petto* chez tous les capitaines des bâtiments de l'escadre, à en juger par le nombre des maîtres-d'hôtel de capitaines qui sont à terre. — Eh ! Atwood ? j'ai déjà vu ici neuf de ces harpies dans cette rue, et les sept autres ne peuvent être bien loin.

— Voici Galleygo, sir Gervais, dit le secrétaire en souriant, quoiqu'il ne soit pas juste de le confondre avec les maîtres d'hôtel de capitaines, puisqu'il a l'honneur d'être au service d'un amiral, et du commandant en chef d'une flotte.

— Oui, mais c'est *nous* qui nourrissons quelquefois toute l'escadre, et nous avons quelque excuse pour être un peu exigeants. — Écoutez, Galleygo ; louez une charrette, et poussez à quatre ou cinq milles plus loin dans l'intérieur. Autant vaudrait espérer de trouver des perles fines dans les yeux des poissons, que de découvrir quelque chose de bon à glaner quand on vient après tant de midshipmen et de jeunes officiers. — Je dîne à terre aujourd'hui ; mais n'oubliez pas que le capitaine Greenly aime les côtelettes de mouton.

Il parlait ainsi d'un ton de bonté, et en homme habitué à traiter avec familiarité ses domestiques, comme des amis d'une humble condition. Galleygo était un maître d'hôtel ayant l'air si décidé, qu'un gentilhomme campagnard n'aurait pu le tolérer ; mais il servait son maître actuel en cette qualité depuis que celui-ci avait obtenu le commandement d'un sloop. Il avait passé toute sa jeunesse dans la marine comme gabier, et c'était réellement un excellent marin ; mais le hasard l'ayant momentanément placé dans la situation actuelle, le capitaine Oakes fut si content de son attention à ses devoirs et surtout de son amour pour l'ordre, qu'il le garda toujours depuis ce temps à son service, malgré le désir qu'avait le brave homme de reprendre ses anciennes fonctions. Le temps et l'habitude avaient enfin réconcilié Galleygo avec sa situation présente; mais il n'avait définitivement accepté ce poste que sous la condition qu'on ne le laisserait pas de côté, quand l'occasion exigerait les services des meilleurs marins. Il était aussi devenu une sorte d'homme à toute main à bord d'un bâtiment de guerre, étant au premier rang quand il s'agissait d'un abordage, montant sur les vergues pendant une tempête, étant chef d'une pièce de canon durant un combat, et retournant aux devoirs de maître d'hôtel quand le temps était beau, et qu'il n'y avait pas d'ennemis en vue. Il y avait près de trente ans qu'il était ainsi moitié marin, moitié maître d'hôtel quand il était sur mer; tandis que sur terre il était plutôt le conseiller et le ministre de cabinet de son maître que son serviteur; car, hors de son vaisseau, il n'était bon à rien, quoiqu'il n'eût jamais quitté Oakes plus d'une semaine de suite, soit à terre, soit sur mer. Le nom de Galleygo était un sobriquet que lui avaient donné ses compagnons quand il était gabier, et il avait été si généralement appelé ainsi, que, depuis vingt ans, on croyait presque universellement que c'était son nom de famille. Quand cet être amphibie, attaché à la chambre de l'amiral et au gaillard d'avant, reçut l'ordre que nous venons de rapporter, il toucha de la main une touffe de cheveux sur le côté de son front, cérémonial auquel il ne manquait jamais avant de parler à sir Gervais, son chapeau étant ordinairement laissé à deux ou trois brasses de distance, et lui fit sa réponse ordinaire.

— Oui, oui, amiral. — Votre Honneur lui-même a été jeune, et vous savez ce dont a besoin l'estomac d'un jeune homme, après six mois d'abstinence dans la baie de Biscaye. Je crois toujours qu'il ne nous reste que peu de chance, quand je vois dans nos eaux sept à huit de ces croiseurs. Ils ressemblent aux sloops et aux cutters d'une flotte, qui font toutes les prises.

— Cela est vrai, Galleygo; mais si ce sont les sloops et les cutters qui font les prises, vous devez vous rappeler que l'amiral a sa part de toutes.

— Je sais fort bien que *nous* avons notre part, amiral; mais c'est la loi qui nous l'accorde, et les commandants de ces bâtiments légers n'y peuvent rien faire. Qu'ils aient une fois la loi pour eux, et pas un penny ne tombera dans notre poche. Non, non; ce que nous avons, nous l'avons de par la loi; mais comme il n'y a pas de loi pour reprendre à un midshipman les choses sur lesquelles il a mis la main, il n'y a rien à faire après eux.

— J'ose dire que vous avez raison, Galleygo, et vous l'avez toujours. Ce ne serait pas une mauvaise chose d'avoir un acte du parlement pour accorder à l'amiral le vingtième du fourrage des midshipmen. Les vieux marins pourraient quelquefois, de cette manière, attraper une partie de leurs fruits et de leurs volailles. — Eh! Atwood?

Le secrétaire sourit d'un air d'assentiment, et sir Gervais ayant répété son ordre à son maître-d'hôtel, on se remit en marche.

— Excusez la liberté que se permet mon vieux serviteur, sir Wycherly, dit l'amiral, il n'a de respect pour personne qu'autant que l'exige l'étiquette d'un bâtiment de guerre. Je crois qu'il favoriserait Sa Majesté même d'une dissertation sur les arrangements à faire dans une chambre à bord d'un de ses vaisseaux, s'il trouvait l'occasion de lui expliquer ses idées à ce sujet : et je pense qu'il ne désespère pas d'obtenir ce privilége un jour ou l'autre ; car la dernière fois que j'allai à la cour, je le trouvai complétement gréé de l'avant à l'arrière, dans l'idée qu'il allait faire voile de conserve avec moi, comme il le dit, avec ou sans signal.

— Il n'y avait rien de surprenant à cela, sir Gervais, dit le secrétaire ; Galleygo a si longtemps fait voile de conserve avec vous, vous a suivi dans tant de pays différents, a couru tant de dangers à vos côtés, et en est venu à se regarder si complétement comme partie intégrante de votre famille, qu'il était tout naturel qu'il s'attendît à aller à la cour avec vous.

— Cela est assez vrai. Le drôle ferait face au diable, à mon côté, et je ne vois pas pourquoi il hésiterait à faire face au roi. Je l'appelle quelquefois lady Oakes, sir Wycherly, car il semble penser qu'il a un droit de douaire, ou quelque autre prétention sur mes biens ; et quant à l'escadre, il en parle toujours comme si nous la commandions en commun. Je ne sais comment Bluewater tolère cette liberté, car il ne se fait pas scrupule de parler de lui comme sous *nos* ordres. S'il m'arrivait quelque accident, il y aurait entre eux une guerre civile pour ma succession.

— Je crois que la subordination navale rendrait à Galleygo l'usage de ses sens, sir Gervais, si pareil malheur arrivait ; mais j'espère que le ciel ne le permettra pas d'ici à bien des années. — Ah! voici l'amiral Bluewater qui entre lui-même dans cette rue.

À cette annonce subite, tout le monde tourna les yeux du côté indiqué par M. Atwood. Ils allaient alors sortir de la rue, et ils virent entrer par l'autre bout un homme qui, par sa démarche, son air, sa mise et ses manières, formait un contraste frappant avec les jeunes marins actifs, joyeux et empressés, qui s'offraient partout à la vue dans ce hameau. Le contre-amiral Bluewater était de très-grande taille, excessivement maigre ; et, comme la plupart des marins qui ont cette conformation physique, il était un peu voûté, circonstance qui semblait donner à ses années un plus grand empire sur son corps qu'elles n'en avaient en réalité. Mais si sa taille courbée le privait en grande partie de l'air martial et résolu qu'on remarquait dans son officier supérieur, elle prêtait à sa tournure une dignité tranquille qui aurait pu lui manquer sans cela. S'il eût été vêtu en homme appartenant à une condition civile, personne ne l'aurait pris pour un des amiraux les plus instruits et les plus intrépides de la marine anglaise. Il aurait plutôt passé pour un homme bien élevé, réfléchi, habitué à la retraite, se méfiant de lui-même, et étranger à toute ambition. En ce moment il portait, comme de raison, le petit uniforme de contre-amiral ; mais c'était avec une sorte d'insouciance, comme purement par sentiment de devoir, ou comme s'il eût pensé qu'aucun costume ne pouvait lui donner un air militaire. Cependant tout ce qu'il portait était scrupuleusement propre et parfaitement convenable. En un mot, sans son uniforme, personne qu'un homme habitué à la mer n'aurait soupçonné le contre-amiral d'être un marin, et un marin même aurait souvent pu être embarrassé pour découvrir en lui d'autres signes de sa profession que ceux qu'on pouvait trouver dans l'expression d'une physionomie honnête, franche et même noble, et dans la teinte que prennent invariablement les joues d'un marin constamment exposé aux intempéries des éléments. Au surplus, ce n'était que d'après l'extérieur qu'on pouvait douter qu'il fût un marin ; et le vice-amiral Oakes avait bien souvent déclaré que Dick[1] Bluewater était l'homme d'Angleterre qui connaissait le mieux un vaisseau, et que, pour faire manœuvrer une flotte, sa méthode avait servi de modèle dans la marine.

Dès que sir Gervais reconnut son ami, il exprima le désir de l'attendre, et sir Wycherly y répondit poliment par une proposition de retourner sur leurs pas et d'aller à sa rencontre. Cependant le contre-amiral était dans un tel état d'abstraction, qu'il n'aperçut la compagnie qui s'avançait vers lui que lorsqu'il fut accosté par sir Gervais, qui était en avant de quelques pas.

— Bonjour, Bluewater, dit le vice-amiral d'un ton familier ; je suis charmé que vous vous soyez arraché à votre vaisseau, quoique je doive dire que la manière dont vous avez jeté l'ancre pendant ce brouillard semble véritablement tenir de l'instinct, et j'avais résolu de vous le dire dès que je vous reverrais ; car je ne crois pas qu'il y ait un seul bâtiment de toute l'escadre qui soit de plus de la moitié

---

[1]. Abréviation familière de Richard.

de sa longueur hors de la ligne mathématique, quoique la marée soit aussi rapide ici qu'un cheval de course.

— Cela est dû à vos capitaines, sir Gervais, répondit Bluewater avec cet air de respect qu'un officier de marine conserve toujours avec son supérieur quand il est de service, quelle que puisse être son intimité en toute autre occasion. — Le bon capitaine fait le bon bâtiment. Les nôtres ont servi si longtemps ensemble, qu'ils savent quels seront leurs mouvements respectifs, et chaque bâtiment de l'escadre a sa réputation à conserver, aussi bien que l'officier qui le commande.

— Rien n'est plus vrai, Bluewater, et cependant il n'y a pas au service de sa Majesté un autre officier qui aurait pu mettre une escadre à l'ancre en si bon ordre par un pareil brouillard ; et je vous demande la permission de vous remercier de la leçon que vous avez donnée, non-seulement aux capitaines, mais au commandant en chef. Je présume qu'il m'est permis d'admirer ce que je ne puis exactement imiter.

Le contre-amiral sourit, et toucha son chapeau en reconnaissance de ce compliment, mais sans rien y répondre. Pendant ce temps, sir Wycherly et les autres étaient arrivés, et les présentations d'usage eurent lieu. Le vieux baronnet pria sa nouvelle connaissance de se joindre à ses hôtes, avec une telle cordialité qu'un refus était impossible.

— Puisque vous et sir Gervais insistez si vivement sur ce point, sir Wycherly, répondit le contre-amiral, il faut bien que j'y consente ; mais comme il est contraire à notre pratique que les deux principaux officiers d'une escadre la quittent en même temps quand ils sont de service en pays étranger, — et je regarde cette rade comme pays étranger, puisque aucun de nous ne la connaît, — je demanderai qu'il me soit permis de retourner sur mon vaisseau avant minuit. Le vent me paraît bien établi, sir Gervais, et je crois que nous pouvons passer quelques heures à terre sans danger.

— Bon, bon, Bluewater ; vous vous imaginez toujours que nos bâtiments sont surpris par un ouragan, et ont à s'élever d'une côte sous le vent. Soyez sans inquiétude, et allons dîner confortablement avec sir Wycherly. J'ose dire que nous trouverons chez lui un journal de Londres, et il nous apprendra peut-être quelque secret d'état. A-t-on quelques nouvelles de notre armée de Flandre ?

— Les choses semblent rester à peu près dans le même état, depuis cette affaire terrible dans laquelle le duc a battu les Français. Je ne puis jamais me rappeler un nom étranger ; mais celui-là sonne comme un baptême chrétien. Si mon pauvre frère Saint-Jacques vivait encore, il pourrait nous le dire.

— Un baptême chrétien ! C'est une singulière allusion pour un champ de bataille. Les armées ne peuvent être allées à Jérusalem. — Eh ! Atwood ?

— Je crois, sir Gervais, répondit le secrétaire, que sir Wycherly fait allusion à la grande bataille qui eut lieu le printemps dernier. Elle fut livrée à Font... Font... j'ai oublié le reste du mot ; et les fonts ont certainement du rapport à un baptême.

— J'y suis, j'y suis, s'écria sir Wycherly avec empressement, Fontenoi est le nom de la place où le duc aurait tout enfoncé devant lui, et ramené prisonniers en Angleterre le maréchal de Saxe et tous ses mangeurs de grenouilles, si nos alliés hollandais et allemands s'étaient comportés mieux qu'ils ne le firent. Voilà ce qui arrive à la pauvre vieille Angleterre, Messieurs ; tout ce qu'elle gagne, ses alliés le lui font toujours perdre. Les Allemands et les colons nous mettent continuellement dans l'embarras.

Sir Gervais et son ami étaient des hommes qui avaient acquis de l'expérience, et ils savaient fort bien qu'ils n'avaient jamais combattu les Hollandais et les Français sans avoir trouvé à qui parler. Ils n'avaient pas de foi à une supériorité nationale générale. Les cours martiales, qui avaient lieu si souvent après un combat, leur avaient appris qu'il y a divers degrés d'intrépidité comme de manque de courage, et ils étaient trop instruits pour être dupes des fanfaronnades de la plume et des déclamations vides de sens prononcées à la suite d'un dîner ou dans la chambre des communes. Ils avaient appris par expérience que des hommes bien conduits et bien commandés valent deux fois le nombre de pareils hommes mal commandés et mal conduits. Ils savaient parfaitement que l'esprit d'une armée ou d'une flotte, d'où dérivent tous ses succès, dépend plus du sentiment de convention qu'on y a fait naître par des moyens moraux que du lieu de la naissance, de la couleur et de la filiation. Ils se regardèrent l'un l'autre d'un air expressif, et un sourire caustique se montra sur les lèvres de sir Gervais, tandis que son ami conservait son extérieur ordinaire de gravité.

— Je crois que le roi de France et le maréchal de Saxe font une version différente de cette affaire, sir Wycherly, dit le premier un peu sèchement ; et il est bon de se rappeler qu'une histoire a toujours ses deux côtés. Quoi qu'on puisse dire de Dettingen, je crois que la postérité ne regardera pas Fontenoi comme une plume ajoutée au chapeau de Son Altesse Royale.

— Vous ne croyez sûrement pas possible, sir Gervais, qu'une armée française en batte une anglaise! s'écria sir Wycherly, dont l'esprit était complétement provincial, quoiqu'il eût siégé dans le parlement, qu'il eût quatre mille livres de revenu annuel, et qu'il descendit d'une des plus anciennes familles d'Angleterre. — Admettre une telle possibilité, ce serait presque un acte de haute trahison.

— A Dieu ne plaise, mon cher Monsieur: je suis aussi loin de croire une pareille chose que le duc de Cumberland lui-même, qui, soit dit en passant, a à peu près autant de sang anglais dans les veines, qu'il se trouve d'eau de la Méditerranée dans la Baltique. — Eh! Attwood? — Cependant, sir Wycherly, je vous demande quelques ménagements pour mon ami, mon secrétaire, qui a la faiblesse, comme Écossais, de partager un peu la prédilection nationale pour le Prétendant et tout ce qui compose le clan des Stuarts.

— J'espère qu'il n'en est rien, sir Gervais, je l'espère sincèrement, s'écria le vieux baronnet avec une chaleur qui n'était pas tout à fait sans alarme, sa fidélité à la nouvelle famille régnante étant sans tache et sans reproche. M. Attwood a l'air d'avoir de trop bons principes pour ne pas voir de quel côté se trouve la véritable liberté religieuse et politique. Je suis sûr que vous plaisantez, sir Gervais; le fait seul qu'il est en votre société est une garantie de sa loyauté.

— Je ne voudrais pas vous faire concevoir une fausse idée de mon ami Attwood, sir Wycherly ; je dois donc ajouter que, quoique son sang écossais le portât à être tory, son bon sens anglais en a fait un whig. Si le Prétendant ne doit monter sur le trône qu'à l'aide d'Étienne Attwood, il peut faire ses adieux pour toujours à l'ambition.

— C'est que je croyais, sir Gervais, je pensais que *votre* secrétaire ne pouvait avoir adopté la doctrine de l'obéissance passive et de la non-résistance. C'est un principe qui conviendrait difficilement à des marins, amiral Bluewater.

Le grand et bel œil bleu de Bluewater brilla d'une expression presque ironique ; mais une légère inclination de tête fut sa seule réponse. Dans le fait, il était jacobite, quoique personne ne le sût que son ami le vice-amiral. Comme marin, il n'était appelé qu'à servir son pays, et, comme cela arrive souvent aux militaires, il était disposé à le faire sous tout officier que les circonstances pourraient lui donner pour supérieur, et quelles que pussent être ses opinions politiques. Pendant la guerre civile de 1715, il était trop jeune et avait un grade trop inférieur pour que ses opinions eussent de l'importance, et, étant employé dans des stations étrangères, ses services ne pouvaient être utiles qu'aux intérêts généraux de la nation, sans avoir aucune influence sur le résultat de la contestation qui avait lieu en Europe. Depuis cette époque, rien n'était arrivé qui obligeât un homme que son devoir retenait sur l'Océan à se prononcer très-décidément entre les deux maîtres qui prétendaient avoir droit à son obéissance. Sir Gervais avait toujours été en état de le convaincre qu'il soutenait l'honneur et les intérêts de son pays, ce qui devait suffire à un patriote, n'importe qui portât le nom de roi. Malgré cette grande différence dans les sentiments politiques des deux amiraux, — sir Gervais étant aussi décidément whig que son ami était tory, — leur amitié personnelle n'avait jamais connu aucun nuage. Du reste, le vice-amiral connaissait assez bien l'officier, qui était son inférieur d'un grade, pour être sûr que le meilleur moyen de l'empêcher de prendre ouvertement le parti des jacobites ou de leur rendre des services secrets, c'était de mettre en son pouvoir de manquer d'une manière flagrante à la confiance qu'on avait en lui. Il était certain que, tant qu'on aurait foi dans son intégrité, on pouvait compter sur Bluewater, mais que s'il arrivait jamais un moment où il voulût quitter le service de la maison de Hanovre, il se démettrait franchement de tous ses emplois pour aller se ranger sous l'étendard ennemi, sans profiter de la confiance par lui obtenue pour nuire au parti qu'il servait d'abord. Il est également nécessaire que le lecteur comprenne bien que le contre-amiral n'avait jamais fait connaître ses opinions politiques à aucune autre personne qu'à son ami, et que le Prétendant et ses conseillers les ignoraient aussi bien que George II et ses ministres. Le seul effet que ses sentiments eussent produit sur lui en pratique avait été de lui faire refuser le commandement en chef d'une escadre, ce qui lui avait été offert plusieurs fois.

— Non, répondit sir Gervais à la remarque de sir Wycherly, quoique l'expression grave et pensive de sa physionomie prouvât que ses opinions n'étaient pas d'accord avec son langage ironique ; non, sir Wycherly ; un marin à bord d'un bâtiment du roi n'a pas la moindre idée de l'obéissance passive et de la non-résistance. C'est une doctrine qui n'est intelligible que pour les papistes et les tories. Mais Bluewater est enfoncé dans de profondes réflexions, il pense sans doute à la manière dont nous tomberons sur M. Gravelin, si nous sommes assez heureux pour le rencontrer. Ainsi donc, si cela vous convient, nous changerons de conversation.

— De tout mon cœur, sir Gervais ; et après tout il n'y a pas grande utilité à discuter plus longtemps les affaires du Prétendant, car il paraît que personne ne songe plus à lui depuis le dernier échec qu'a reçu le roi Louis XV.

— Oui ; Norris a écrasé la jeune vipère dans sa coquille et l'on peut regarder l'affaire comme terminée.

— C'est ce que me disait toujours feu mon frère le baron Wychecombe. Il m'a assuré que les douze juges s'étaient déclarés contre les prétentions de la famille Stuart, et qu'elle n'avait rien à attendre d'*eux*.

— Vous a-t-il dit, Monsieur, sur quoi ces doctes magistrats s'étaient appuyés pour prendre cette décision ? demanda tranquillement Bluewater.

— Oui, sans doute, Monsieur, car il connaissait tout mon désir d'avoir de bons arguments à employer contre les tories, et il m'expliqua le point légal de l'affaire. Mais je n'ai point la main bonne pour répéter ce que j'entends dire, quoique mon pauvre frère, feu le révérend Jacques Wychecombe, que j'appelais toujours Saint-Jacques, eût été en état de vous faire un discours d'une demi-heure sur ce sujet, sans en oublier un seul mot ; mais il paraît que Jacques et Thomas ont emporté avec eux toute la mémoire de la famille. Je me souviens pourtant que la décision des douze juges était fondée sur un acte du parlement, qui est l'autorité suprême ; et la maison de Hanovre régnant en vertu d'un acte du parlement, nulle cour de justice ne pouvait y trouver à redire.

— Votre explication est fort claire, Monsieur ; mais vous me pardonnerez de vous dire que vous n'aviez pas besoin de faire une apologie pour votre manque de mémoire. Cependant votre frère peut ne pas vous avoir bien expliqué ce qu'est un acte du parlement. Le roi, les lords et les communes sont tous également nécessaires pour faire un acte du parlement.

— Sans contredit ; — nous savons cela, mon cher amiral, nous autres pauvres habitants de la terre ferme, aussi bien que vous autres qui vivez sur la mer. Mais la maison de Hanovre a ces trois autorités en sa faveur.

— Y avait-il un roi ?

— Un roi ? certainement, — ou, ce que nous devons considérer, nous autres garçons, comme valant beaucoup mieux, il y avait une *reine*. La reine Anne approuva l'acte, ce qui en fit un acte du parlement. Je vous assure que j'ai appris à connaître les lois durant les visites que le baron me faisait à Wychecombe, et pendant les heures agréables que nous passions à causer ensemble chez lui.

— Et qui signa l'acte du parlement qui fit d'Anne une reine ? Monta-t-elle sur le trône en vertu d'une succession régulière ? Marie et Anne régnèrent en vertu d'actes du parlement ; mais il faut remonter plus haut pour trouver la sanction d'un prince qui portait la couronne par droit de succession légitime.

— Allons, allons, Bluewater, dit sir Gervais d'un ton grave ; en parlant de cette manière, nous pourrions faire croire à sir Wycherly qu'il a en sa compagnie deux furieux jacobites. Les Stuarts ont été détrônés par une révolution, qui est une loi de nature, et dont Dieu a fait un acte qui l'emporte sur toutes les autres lois quand il a une fois pris l'ascendant, comme cela est clairement arrivé dans le cas dont il s'agit. — Mais je présume que voici la grille de votre parc, sir Wycherly, et que c'est votre maison que je vois au bout de cette avenue ?

Cette observation changea le sujet de l'entretien, et l'on s'avança vers la maison en discutant sur son origine, son histoire et les avantages de sa situation, jusqu'au moment où l'on arriva devant la porte.

CHAPITRE V.

> Monarque et ministre sont des noms imposants
> Quiconque les porte, a droit à nos devoirs.
> Young.

NOTRE plan n'exige pas une description élaborée de la demeure de sir Wycherly. Elle n'avait été ni prieuré, ni abbaye, ni château ; elle avait été tout simplement construite pour son habitation et celle de sa postérité, par un sir Michel Wychecombe, il y avait deux ou trois siècles, et elle avait toujours été tenue en bon état depuis ce temps. Cette maison avait, suivant l'usage, des croisées étroites, une grande salle au rez-de-chaussée, des appartements lambrissés, des murailles crénelées et des tourelles à chaque angle. Elle n'était ni grande ni petite, ni belle ni laide, ni splendidement meublée ni négligée ; mais elle était commode et respectable.

Chacun des deux amiraux fut mis en possession d'une chambre et d'un cabinet de toilette dès qu'ils furent arrivés, et Atwood fut placé dans une chambre voisine de celle de son officier supérieur, pour être à sa portée, si celui-ci avait besoin de ses services. Sir Wycherly avait un caractère naturellement hospitalier ; mais sa situation retirée lui avait donné un goût pour la compagnie qui avait encore augmenté cette disposition. Il était entendu que sir Gervais passerait la nuit chez lui, et il espérait décider Bluewater à en faire autant. Le vieux baronnet avait ordonné qu'on préparât des lits pour Dutton, sa femme et sa fille, ainsi que pour le lieutenant Wychecombe, qui ne pouvait tarder bien longtemps à être de retour.

La journée se passa de la manière ordinaire. Quand on eut déjeuné, chacun alla de son côté s'occuper comme bon lui semblait, suivant l'usage, à ce que nous croyons, de toutes les maisons de campagne de tous les pays et de tous les temps. Sir Gervais, qui avait envoyé chercher certains papiers à bord du *Plantagenet*, écrivit toute la matinée : l'amiral Bluewater se promena tout seul dans le parc; Atwood remplit ses fonctions de secrétaire ; sir Wycherly monta à cheval, et alla inspecter les travaux des champs de ses domaines, et Tom Wychecombe prit une ligne et fit semblant d'aller pêcher ; mais il monta sur le promontoire, et rôda dans les environs de la maison de Dutton jusqu'à ce que le moment de retourner chez le baronnet fût arrivé. A l'heure convenable, sir Wycherly envoya sa voiture chercher les dames, et bientôt après la compagnie commença à se réunir dans le salon.

Quand sir Wycherly y arriva, il y trouva la famille Dutton, qui en était déjà en possession, et Tom qui faisait les honneurs de la maison. Il est inutile de dire que l'ancien master avait mis son plus bel uniforme, qui était extrêmement simple, ainsi que toute sa garderobe. Sa fille était complétement remise du choc qu'elle avait éprouvé le matin, comme l'attestait l'aimable coloris de ses joues, et sa mise était exactement ce qu'elle devait être, simple, propre, et lui allant à ravir. Mistress Dutton était une matrone dont la figure n'était ni bien ni mal. Elle était fille de l'intendant des domaines d'un lord qui demeurait dans le même comté, et elle avait un air de souffrance morale qui était la suite de chagrins qu'elle n'avait jamais confiés à la compassion d'un monde insensible.

Le baronnet était tellement habitué à voir ses humbles voisins, qu'il s'était établi entre eux une sorte d'intimité. Sir Wycherly, qui n'était rien moins qu'un observateur attentif et intelligent, prenait intérêt, sans savoir pourquoi, à l'air de mélancolie profonde toujours empreint sur les traits de la mère, et bien certainement il ne soupçonnait pas le véritable motif de cette tristesse habituelle. Quant à sa fille, sa jeunesse et sa beauté n'avaient pas manqué de produire leur effet ordinaire, en lui faisant trouver un ami dans le vieux garçon. Il leur serra la main à tous avec beaucoup de cordialité, exprima à mistress Dutton le plaisir qu'il avait de la voir, et félicita Mildred d'avoir si promptement recouvré la santé.

— Je vois que Tom a été attentif à son devoir, ajouta-t-il, tandis que j'étais retenu par un sot personnage qui avait une plainte à me faire contre un braconnier. Le jeune Wycherly, mon homonyme, n'est pas encore arrivé, quoiqu'il y ait deux heures qu'il devrait être de retour, et M. Atwood vient de me dire que le vice-amiral n'est pas sans inquiétude pour ses dépêches. Je lui ai répondu que M. Wycherly Wychecombe, quoique je n'aie pas le bonheur de le compter parmi mes parents, et qu'il ne soit qu'un Virginien, est un jeune homme sur qui l'on peut compter, et que les dépêches sont en sûreté, quel que soit le motif qui peut retenir le courrier.

— Et pourquoi un Virginien ne serait-il pas aussi prompt, et ne mériterait-il pas autant de confiance qu'un Anglais, sir Wycherly? demanda mistress Dutton. D'ailleurs un Virginien est Anglais, seulement il est séparé de nous par l'Océan.

Elle prononça ces mots avec beaucoup de douceur, ou du ton d'une femme habituée à ne pas donner un libre essor à ses sentiments. Cependant elle parlait avec une sorte de vivacité, et son accent sentait peut-être un peu le reproche, tandis que ses yeux se fixaient avec un intérêt bien naturel sur les beaux traits de sa fille.

— Sans doute, pourquoi non? répliqua le baronnet : les Américains sont Anglais comme nous; seulement, ils sont nés hors du royaume, ce qui peut faire quelque différence. Ils sont sujets du même roi, et c'est beaucoup. Enfin ce sont des miracles de loyauté, car on assure qu'il y a à peine un jacobite dans toutes les colonies.

— M. Wycherly Wychecombe est un très-respectable jeune homme, dit Dutton, et j'entends dire qu'il est excellent marin pour son âge. Il n'a pas l'honneur d'appartenir à votre famille distinguée, comme M. Thomas que voilà; mais il est probable qu'il se fera lui-même un nom. S'il venait à commander un bâtiment, et qu'il fît des prouesses comme il en a déjà fait, Sa Majesté le ferait probablement chevalier, et alors nous aurions deux sir Wycherly Wychecombe.

— J'espère qu'il n'en sera rien, s'écria le baronnet; je crois qu'il doit y avoir une loi contre cela. Même dans l'état actuel des choses, je serai obligé d'écrire le mot — baronnet — à la suite de ma signature, afin d'éviter toute confusion, comme le faisait mon digne aïeul autrefois. Il n'y a pas plus de place en Angleterre pour deux — sir Wycherly, — que dans le monde pour deux soleils. — N'est-ce pas votre opinion, miss Mildred?

Le baronnet avait souri de sa comparaison, montrant ainsi qu'il avait parlé moitié sérieusement, moitié en badinant; mais comme sa question avait été faite d'une manière trop directe pour ne pas attirer l'attention générale, la pauvre fille, quoique un peu confuse, fut obligée d'y répondre.

— J'ose dire que M. Wychecombe ne parviendra jamais à un rang assez élevé pour vous mettre dans une telle difficulté, répondit-elle. Et c'était avec sincérité; car, peut-être sans le savoir, elle désirait qu'il ne s'établît jamais une si grande différence entre elle et le jeune officier. — Mais si cela arrivait, ajouta-t-elle, je suppose que ses droits seraient aussi bons que ceux d'un autre, et qu'il devrait garder son nom.

— Dans un pareil cas, qui est assez invraisemblable, comme miss Mildred vient de le faire observer avec tant de raison, dit Tom, nous devrions nous résigner à le voir chevalier; car ce titre dépend du bon plaisir du roi, qui peut créer chevalier un ramoneur, si bon lui semble. Mais quant au nom, c'est une question toute différente. La chose telle qu'elle est en ce moment n'est pas déjà trop bien; mais s'il arrivait qu'il y eût deux sir Wycherly Wychecombe, je crois que mon oncle aurait tort de souffrir un pareil envahissement de ce qu'il peut appeler son individualité, sans faire quelque enquête sur le droit de ce jeune homme à prendre l'un ou l'autre de ces noms, ou tous les deux; et le résultat pourrait prouver que d'un *sir* personne le roi a fait quelque chose.

Le ton de dépit et de sarcasme avec lequel il parlait ainsi était trop marqué pour qu'on n'y fît pas attention, et Dutton et sa femme sentirent qu'il leur serait désagréable de se mêler davantage à cette conversation. Cependant mistress Dutton, malgré sa soumission et sa retenue habituelles, sentit le feu lui monter au visage en voyant le sang se porter aux joues de Mildred, et elle découvrit la forte impulsion qui porta sa généreuse fille à se charger elle-même de répondre.

— Il y a plusieurs mois que nous connaissons M. Wychecombe, dit-elle en fixant d'un air calme son grand œil bleu sur la figure sinistre de Tom, et nous n'avons jamais rien vu en lui qui puisse nous faire penser qu'il porterait un nom ou des noms auxquels il ne croirait pas du moins avoir droit.

Elle parlait ainsi d'une voix pleine de douceur, mais si distincte, que chaque mot pénétra jusqu'au fond de l'âme de Tom Wychecombe, qui jeta un regard perçant et inquiet sur Mildred, comme pour s'assurer si elle avait voulu faire allusion à lui-même. Ne trouvant sur ses traits d'autre expression que celle d'un généreux intérêt, il reprit son empire sur lui-même, et répondit avec assez de sang-froid.

— En vérité, mistress Dutton, dit-il en riant, nous autres jeunes gens, il faudra que nous descendions tous sur les côtes des rochers, suspendus au bout d'une corde, pour inspirer quelque intérêt à miss Mildred, et afin qu'elle prenne notre défense quand nous aurons le dos tourné. Un panégyriste si éloquent, si aimable, si charmant, est presque toujours sûr du succès ; et mon oncle et moi nous devons admettre le droit du jeune marin absent à porter notre nom, quoique, grâce à Dieu, il ne tienne encore ni le titre ni le domaine.

— J'espère n'avoir rien dit qui puisse *vous* déplaire, sir Wycherly, dit Mildred, appuyant sur le mot « vous, » tandis que la rougeur qui lui couvrait les joues la rendait mille fois plus attrayante que jamais. Rien ne me ferait plus de peine que l'idée d'avoir fait une chose si inconvenante. Je voulais seulement dire que nous ne pouvons croire M. Wycherly Wychecombe capable d'avoir pris volontairement un nom auquel il n'aurait pas droit.

— Ma chère enfant, dit le baronnet, lui prenant la main et lui baisant le front avec une tendresse paternelle, comme il l'avait fait bien des fois, il ne vous serait pas facile de me déplaire ; et je vous assure que le jeune homme est le bienvenu à porter mes deux noms, si vous le désirez.

— Et je voulais seulement dire, miss Mildred, reprit Tom, qui craignait d'avoir été trop loin, que ce jeune homme, sans qu'il y ait de sa faute, ignore probablement comment lui sont arrivés deux noms qui depuis si longtemps appartiennent au chef d'une ancienne et honorable famille. Il y a maint jeune homme qui est digne d'être comte, mais que la loi considère... Il s'arrêta pour chercher une expression convenable. Le baronnet acheva la phrase :

— Comme *filius nullius*, Tom. C'est le mot. Je le tiens de la bouche de votre propre père.

Tom tressaillit, et jeta un coup d'œil furtif autour de lui pour s'assurer si quelqu'un soupçonnait la vérité. Il reprit ensuite la parole, désirant regagner le terrain qu'il craignait d'avoir perdu dans les bonnes grâces de Mildred.

— *Filius nullius*, miss Mildred, signifie exactement ce que je voulais exprimer : une famille sans origine connue. On dit que, dans les colonies, rien n'est plus commun que de voir des gens prendre les noms des grandes familles d'Angleterre, et au bout d'un certain temps s'imaginer qu'ils en font partie.

— Je n'ai jamais entendu M. Wychecombe dire un seul mot tendant à nous faire supposer qu'il était de cette famille, Monsieur, répondit Mildred d'un ton calme, mais distinct.

— L'avez-vous jamais entendu dire qu'il ne l'était pas, miss Mildred?

— Non : mais c'est un sujet dont il a rarement été parlé en ma présence.

— Mais il en a souvent été parlé devant lui. J'avouerai, sir Wycherly, qu'il m'a paru fort singulier que, tandis que vous et moi nous avons si souvent déclaré en sa présence qu'il n'existe aucune parenté entre notre famille et la sienne, il n'y ait jamais donné le moindre signe d'assentiment, quoiqu'il doive certainement savoir que c'est la vérité. Mais je suppose qu'en vrai colon il ne veut pas lâcher prise, il tient à la vieille souche.

En ce moment, l'arrivée de sir Gervais Oakes fit changer la conversation. Il avait un air de bonne humeur, ce qui est l'ordinaire aux gens qui ont été occupés d'affaires importantes, et qui trouvent un délassement dans le sentiment intime d'avoir fait leur devoir.

— Si l'on pouvait emporter avec soi sur mer les agréments d'une maison comme celle-ci, sir Wycherly, et y trouver des charmes aussi attrayants que les vôtres, jeune dame, dit sir Gervais avec gaieté après avoir salué la compagnie, on ne nous reprocherait plus d'être exclusifs, et tous les petits maîtres de Paris et de Londres voudraient se faire marins. Six mois passés dans la baie de Biscaye donnent à un vieux loup de mer comme moi du goût pour ce genre de jouissances, de même que la faim rend tous les mets excellents; quoique je sois loin, très-loin de supposer qu'un repas quelconque puisse entrer en comparaison avec cette maison et cette compagnie, même pour un épicurien.

— Telle qu'elle est, sir Gervais, dit le baronnet, la maison est entièrement à votre service, et la compagnie fera tout ce qui est en son pouvoir pour se rendre agréable.

— Ah! voici Bluewater qui arrive pour servir d'écho à tout ce que j'ai dit et à tout ce que je sens. — Contre-amiral, je parlais à sir Wycherly et à ces dames de la satisfaction que nous éprouvons, nous autres vieux souffleurs [1], quand nous suspendons nos hamacs sous un toit comme celui-ci, et que les traits pleins de douceur d'une femme font jaillir autour d'elle des rayons de bonheur.

Bluewater avait commencé par saluer la mère; mais quand ses regards tombèrent sur Mildred, ils s'y arrêtèrent un instant avec une attention, une surprise et une admiration dont tout le monde s'aperçut, mais dont personne ne jugea convenable de parler.

---

1. Nom d'un cétacé de la famille des baleines.

— Sir Gervais a une réputation bien établie comme admirateur du beau sexe, dit le contre-amiral, recouvrant sa présence d'esprit au bout de quelques instants, et aucun de ses transports d'enthousiasme ne me surprend jamais. L'eau salée a produit sur lui l'effet ordinaire ; car je le connais depuis plus longtemps qu'il pourrait ne désirer qu'on le lui rappelle, et la seule maîtresse à laquelle il puisse rester fidèle est son vaisseau.

— Et l'on peut dire que je lui suis constant. Je ne sais s'il en est de même de vous, sir Wycherly, mais j'aime toute chose à laquelle je suis accoutumé. Par exemple, il y a si longtemps que je fais voile avec ces deux messieurs, que je penserais plutôt à me mettre en mer sans habitacle que sans eux. — Eh ! Atwood ? Quant à un vaisseau, il y a dix ans que mon pavillon flotte sur *le Plantagenet*, et je ne puis me résoudre à quitter cette vieille carcasse, quoique Bluewater, à ma place, l'eût donnée en commandement à un capitaine de vaisseau sous ses ordres, après trois ans de service. Je dis à tous les jeunes gens qu'ils ne restent pas assez longtemps à bord du même bâtiment pour en découvrir toutes les bonnes qualités. Je n'ai jamais encore été à bord d'un bâtiment qui fût mauvais voilier.

— Pour la raison toute simple que vous n'en montez jamais un bon sans le passer à un autre dès que vous avez commencé à l'user. Le fait est, sir Wycherly, que *le Plantagenet* est le meilleur voilier de tous les vaisseaux à deux ponts de Sa Majesté, et le vice-amiral le connaît trop bien pour le céder à l'un de nous, tant qu'il pourra flotter sur l'eau.

— Pensez-en ce qu'il vous plaira, sir Wycherly ; cela prouve seulement que je ne choisis pas mes amis pour leurs mauvaises qualités.

— Mais permettez-moi de vous demander, jeune dame, si vous connaissez par hasard un certain M. Wycherly Wychecombe, qui porte les mêmes noms que notre respectable hôte, sans pourtant lui être parent à ce qu'il semble, et qui est lieutenant dans la marine de Sa Majesté ?

— Oui certainement, sir Gervais, répondit Mildred en baissant les yeux et d'une voix tremblante, quoiqu'elle n'eût pu en dire la raison : M. Wychecombe a déjà passé ici plusieurs mois, et nous le connaissons tous.

— En ce cas, peut-être pourrez-vous me dire s'il passe généralement pour un traîneur quand il a quelque devoir à remplir. Je ne demande pas s'il est négligent à vous rendre ses devoirs, mais je voudrais savoir, par exemple, si, monté sur un bon coursier, il est en état de faire vingt milles en huit ou dix heures ?

— Je crois que sir Wycherly vous répondrait qu'il en est très en état.

— Il peut être un Wychecombe, sir Wycherly ; mais comme bon voilier, il n'est pas un *Plantagenet*. Il devrait être de retour depuis plusieurs heures.

— Je suis très-surpris qu'il ne soit pas revenu depuis longtemps, sir Gervais. Il est actif, il sait ce qu'il doit faire, et il n'y a pas un meilleur cavalier dans tout le comté. Cela n'est-il pas vrai, Mildred ?

Mildred ne jugea pas nécessaire de répondre à cette question ; mais, en dépit des efforts qu'elle avait faits pour maîtriser ses sentiments depuis ce qui s'était passé le matin sur le promontoire, elle ne put empêcher une pâleur mortelle, causée par la crainte qu'il ne fût arrivé quelque accident au jeune lieutenant, de se répandre sur ses joues, ni le sang de s'y précipiter ensuite avec force, à la question inattendue de sir Wycherly. Se détournant pour cacher sa confusion, elle rencontra les yeux de Tom fixés sur elle avec une expression si sinistre, qu'elle en trembla. Heureusement pour elle, d'autres idées occupaient l'esprit du vice-amiral, et, prenant son ami à part, il l'emmena à un bout de l'appartement, et lui dit à demi-voix :

— Il est heureux, Bluewater, qu'Atwood ait eu la précaution d'apporter ici un duplicata de mes dépêches, et si ce messager boiteux n'est pas de retour quand nous aurons dîné, je ferai partir sur-le-champ un second courrier. La nouvelle est trop importante pour tarder à en donner avis ; et après avoir ramené ma flotte dans le nord pour qu'elle soit prête à y servir l'état en cas de besoin, ce serait une folie sans exemple de laisser le ministère dans l'ignorance des raisons qui m'y ont déterminé.

— Il doit en savoir à peu près autant que moi, dit le contre-amiral d'un ton un peu piqué, mais sans aucune amertume. Le seul avantage que j'aie sur lui, c'est que je sais où est l'escadre, et certainement c'est plus que n'en sait le premier lord de l'amirauté.

— Cela est vrai ; je l'avais oublié. Mais vous devez sentir, mon cher ami, qu'il y a *un* sujet sur lequel il vaut mieux que je ne vous consulte pas. J'ai reçu des nouvelles importantes que mon devoir, comme commandant en chef, exige que... que je garde pour moi seul.

Sir Gervais sourit en prononçant ces derniers mots, quoiqu'il parût peiné et embarrassé. Le contre-amiral ne laissa paraître ni chagrin ni désappointement ; mais ses yeux et tous ses traits indiquaient une curiosité vive et presque irrésistible, quoique ce fût un défaut dont il était particulièrement exempt. Cependant l'habitude de la soumission à ses officiers supérieurs, et son respect pour la discipline, le mirent en état d'attendre les communications ultérieures que son ami pourrait juger à propos de lui faire. En ce moment la porte du salon s'ouvrit, et le jeune officier y entra, couvert de poussière, car il avait encore son habit de voyage. Sir Gervais n'eut besoin que de jeter un coup d'œil sur lui pour voir, à son air emprunté et à tout son extérieur, qu'il avait quelque chose d'important à lui dire, et il lui fit signe de garder le silence.

— Il s'agit du service public, sir Wycherly, dit le vice-amiral, et j'espère que vous nous excuserez pour quelques minutes. Je vous prie de vous mettre à table dès que le dîner sera servi, et de nous traiter en anciens amis, comme je vous traiterais si vous étiez à bord du *Plantagenet*. — Bluewater, serez-vous de notre conférence?

Pas un mot de plus ne fut prononcé, et un instant après les deux amiraux et le jeune Wychecombe étaient dans le cabinet de toilette de sir Gervais Oakes. Celui-ci, se tournant vers le lieutenant, lui dit avec le ton d'autorité d'un officier supérieur :

— J'aurais commencé par vous reprocher d'avoir été si longtemps à exécuter votre mission, si les apparences ne me portaient à supposer que quelque chose d'important en a été cause. La malle avait-elle déjà passé lorsque vous êtes arrivé à votre destination?

— Non, amiral Oakes; et j'ai la satisfaction de pouvoir vous annoncer que vos dépêches sont en route pour Londres depuis plusieurs heures. Je les ai vu mettre dans la malle, qui est arrivée un instant après moi.

— L'usage à bord du *Plantagenet*, jeune homme, est qu'un officier qui a été chargé d'une mission en vienne rendre compte à son officier supérieur aussitôt qu'il l'a accomplie.

— Je présume que c'est une coutume générale à bord de tous les bâtiments de Sa Majesté, sir Gervais; mais on m'a appris aussi qu'un officier peut se permettre l'usage d'une discrétion convenable quand elle ne contrevient pas à des ordres positifs, et quelquefois même quand elle y contrevient, et qu'un officier se rend plus utile par ce moyen que par la plus servile soumission aux règles établies.

— La distinction est juste, monsieur Wychecombe, quoiqu'il soit peut-être plus sûr de la laisser faire à un capitaine qu'à un lieutenant. La discrétion signifie des choses différentes suivant les personnes. Puis-je vous demander ce que vous appelez discrétion dans le cas actuel?

— Vous avez tous les droits possibles de me faire cette question, sir Gervais, et je n'attendais que votre permission pour vous conter toute mon histoire. Tandis que j'attendais pour voir partir la malle avec vos dépêches, et pour laisser à mon cheval le temps de se reposer, une chaise de poste s'arrêta à la porte de l'auberge, conduisant à sa maison de campagne, à environ trente milles plus à l'ouest, un homme fortement soupçonné d'être jacobite. Il en descendit, entra dans l'auberge, et y eut un entretien secret avec un individu connu pour appartenir au même parti. Tant de messages furent envoyés de différents côtés, que je ne pus m'empêcher de soupçonner qu'il se passait quelque chose d'extraordinaire. Etant allé à l'écurie, pour voir si l'on avait eu soin du cheval de chasse de sir Wycherly, car je sais qu'il attache un grand prix à cet animal, j'y trouvai le domestique de l'étranger, causant avec le garçon d'écurie; mais en ce moment on appela le premier, parce que son maître allait se remettre en route, et lorsqu'il fut parti, le second me dit qu'il était arrivé une grande nouvelle à Exeter avant que le voyageur eût quitté cette ville, et que cette nouvelle était que Charley n'était plus au-delà de l'eau [1]. Il était inutile de questionner un garçon d'écurie stupide, et quoique tout le monde dans l'auberge eût remarqué les manières étranges du voyageur et de son ami, personne ne pouvait dire rien de positif. D'après toutes ces circonstances, je me jetai dans la chaise de poste vide qui retournait à Exeter, j'allai jusqu'à Fowey, et j'y appris la nouvelle importante que le prince Charles est réellement débarqué sur nos côtes, et qu'il lève en ce moment sa bannière en Ecosse.

— Le Prétendant est donc encore une fois parmi nous! s'écria sir Gervais du ton d'un homme qui avait déjà à demi deviné la vérité.

— Non pas le Prétendant, sir Gervais, si j'ai bien compris la nouvelle, mais son fils le prince Charles-Edouard, qui paraît homme à donner au royaume plus de fil à retordre. Le fait me paraît certain, et comme j'ai pensé qu'il pouvait être important au commandant en chef d'une si belle escadre que celle qui est en ce moment à l'ancre sous le promontoire de Wychecombe d'en être instruit, je n'ai pas perdu un instant pour venir lui apporter cette nouvelle.

— Vous avez très-bien agi, jeune homme, et vous avez prouvé que l'usage d'une saine discrétion est aussi utile et aussi respectable dans un lieutenant, qu'il pourrait l'être dans l'amiral en chef de l'escadre blanche. Allez maintenant, et faites une toilette qui vous rende digne de prendre place à table à côté d'une des plus aimables filles de toute l'Angleterre; j'espère vous y voir dans un quart d'heure.

[1]. Parodie d'une chanson jacobite écossaise.

— Eh bien! Bluewater, continua-t-il dès que Wychecombe se fut retiré ; voilà une grande nouvelle, bien certainement.

— Oui, sans doute, et je suppose que les dépêches que vous venez d'envoyer à l'amirauté y ont quelque rapport ; car vous n'avez point paru très-surpris, s'il faut que je dise la vérité.

— Je n'en disconviens pas. Vous savez comme notre agent à Bordeaux nous a bien servis pendant notre dernière croisière dans la baie de Biscaye. Il m'a envoyé des détails si précis et si clairs du projet de cette expédition, que j'ai cru devoir ramener sur-le-champ la flotte dans le nord, afin qu'on pût l'employer comme les circonstances l'exigeraient.

— Dieu merci, il y a loin d'ici en Ecosse, et il n'est pas probable que nous puissions atteindre les côtes de ce pays avant que tout soit terminé. Je voudrais que nous eussions demandé à ce jeune homme combien de bâtiments de guerre et quel nombre de troupes de terre ont accompagné le jeune prince. Le ferai-je prier de revenir, afin de lui faire cette question?

— Il vaut mieux que vous restiez passif, amiral Bluewater. Je vous promets qu'à présent vous saurez tout ce que j'apprendrai de cette affaire ; et, vu les circonstances, je crois que cela doit vous suffire.

Les deux amiraux se séparèrent, mais ni l'un ni l'autre n'alla sur-le-champ rejoindre la compagnie. La nouvelle qu'ils venaient d'apprendre était trop importante pour qu'elle ne leur donnât pas à réfléchir, et chacun d'eux passa un bon quart d'heure à se promener dans sa chambre, pour songer aux suites que cet événement pourrait avoir pour le pays et pour lui-même. Sir Gervais Oakes s'attendait à quelque tentative de ce genre, et il fut par conséquent beaucoup moins surpris que son ami ; cependant il regardait cette crise comme extrêmement sérieuse, et comme pouvant anéantir la prospérité nationale et la paix de bien des familles. Il y avait alors en Angleterre, comme il y a toujours eu, et comme il y aura probablement dans tous les temps, deux partis bien prononcés, dont l'un tenait opiniâtrement au passé et à ses priviléges héréditaires et exclusifs, tandis que l'autre voyait en perspective dans le changement qui était survenu des avantages et des honneurs. La religion, dans ce siècle, était le cheval de bataille des politiques, comme la liberté d'un côté, et l'ordre de l'autre, le sont dans celui où nous vivons. Les hommes étaient aussi aveugles, aussi impétueux, aussi dépourvus de principes, en embrassant un parti au milieu du XVIIIe siècle, que nous voyons qu'ils le sont encore au milieu du XIXe. Il est vrai que la manière d'agir, les mots d'ordre et les points de ralliement, n'étaient pas tout à fait les mêmes ; mais en tout ce qui concerne la confiance de l'ignorance, les menaces de la férocité, et l'égoïsme à demi déguisé sous le voile du patriotisme, l'Angleterre des premiers whigs et tories était l'Angleterre du conservatisme et de la réforme ; et l'Amérique de 1776, l'Amérique de 1841.

Néanmoins, dans les luttes politiques, des milliers d'hommes agissent toujours avec les meilleures intentions, quoique en opposition acharnée les uns contre les autres. Quand le préjugé devient le stimulant de l'ignorance, on ne peut espérer d'autre résultat ; et l'expérience du monde, dans la conduite des affaires humaines, n'a laissé à l'homme juste et intelligent qu'une conclusion à tirer, en récompense des peines et des châtiments à l'aide desquels on effectue les révolutions politiques, — et c'est la conviction qu'on ne peut établir aucune constitution sans reconnaître, après un court essai, que l'adresse de ceux à qui le pouvoir a été confié l'a fait dévier de ce qui était son premier but. En un mot, autant la constitution physique de l'homme tend à la décrépitude et à la faiblesse, et exige impérieusement un nouvel être et une nouvelle existence pour qu'il puisse remplir le but de sa création ; autant les constitutions morales qui sont les fruits de sa sagesse, contiennent de germes d'abus et de décadence dont l'égoïsme des hommes favorise la croissance, de même que l'indulgence qu'ils ont pour leurs passions aide le cours de la nature et accélère la mort. Ainsi, tandis que, d'une part, il se trouve un stimulant constant d'abus et d'espérances pour nous faire désirer des modifications à la charpente de la société, de l'autre, l'expérience des siècles démontre leur insuffisance pour produire l'état de bonheur auquel nous aspirons. Si le monde fait des progrès du côté de la civilisation et de l'humanité, c'est parce que les connaissances produisent des fruits dans tous les sols, quels que soient leur culture et leur perfectionnement.

Sir Gervais Oakes et le contre-amiral Bluewater croyaient être uniquement gouvernés par leurs principes en cédant au penchant que chacun d'eux éprouvait pour les prétentions opposées des maisons de Brunswick et de Stuart. Dans le fait, il n'existait peut-être pas en Angleterre deux hommes qui cédassent moins à l'influence de motifs qu'ils auraient dû rougir d'avouer ; cependant, quoiqu'ils pensassent de même sur presque tous les autres objets, on a vu qu'ils avaient une opinion diamétralement opposée sur celui-ci. Pendant bien des années qu'ils avaient servi ensemble, et qu'ils avaient eu à remplir des devoirs difficiles et délicats, la jalousie, la méfiance et le mécontentement n'étaient jamais entrés dans leur cœur, car chacun d'eux sens tait l'assurance qu'il ne pouvait prendre plus de soin de son honneur, de son bonheur et de ses intérêts, que son ami ne le faisait lui-même. Leur vie avait été une scène perpétuelle d'amitié sans prétention, et cela dans des circonstances qui éveillaient naturellement toute la générosité de leur caractère. Dans leur jeunesse, leurs compagnons leur avaient donné en riant le sobriquet d'Oreste et Pylade, et plus tard, attendu qu'ils croisaient si souvent de conserve, ils étaient généralement connus dans la marine sous le nom des deux capitaines jumeaux. En diverses occasions, ils avaient combattu des frégates ennemies, et en avaient capturé plusieurs. Ces combats faisaient particulièrement connaître à la nation celui qui avait pour lui l'ancienneté de service ; mais sir Gervais faisait constamment tous ses efforts pour faire obtenir à son ami la part de louanges et d'honneur qui devait lui appartenir, tandis que le capitaine Bluewater ne parlait jamais des succès qu'ils avaient remportés ensemble qu'en les désignant comme les victoires du commodore. En un mot, dans toutes les occasions et dans toutes les circonstances, le but de chacun de ces braves et généreux marins paraissait être de servir l'autre, et ils le faisaient sans efforts et sans chercher à produire de l'effet, tout ce qu'ils disaient ou faisaient partant naturellement et spontanément du cœur. Mais, pour la première fois de leur vie, l'événement qui venait d'arriver menaçait de détruire l'uniformité de sentiments qui avait jusqu'alors régné entre eux, s'il ne les entraînait à des actes qui les placeraient inévitablement en état d'hostilité ouverte et déclarée. Il n'est donc pas étonnant qu'ils regardassent tous deux l'avenir avec de sombres pressentiments et avec une crainte qui, si elle ne les rendait pas malheureux, jetait du moins l'inquiétude dans leur âme.

CHAPITRE VI.

> Le cercle formé, ils s'assirent silencieusement, comme les chiffres placés autour d'un cadran solaire. « Oui, Madame, » et « non, Madame, » montrent, toutes les cinq minutes, comment les minutes se passent.
>
> COWPER.

Il est à peine nécessaire de dire au lecteur que l'Angleterre, en ce qui concerne la civilisation matérielle, était, il y a cent ans, un pays tout différent de ce qu'elle est aujourd'hui. Nous parlons d'un siècle de lourdes diligences, de carrosses à six chevaux et de chaises de poste attelées de quatre, et non d'une ère de routes mac-adamisées, et de voitures volant à l'aide de la vapeur. On peut aujourd'hui partir le matin pour aller dîner à soixante ou quatre-vingts milles, et cela seulement avec une seule paire de chevaux ; mais en 1745, il aurait fallu pour cela partir au moins la veille, et dans bien des parties de l'Angleterre il aurait été plus sage de prendre deux jours d'avance. L'Écosse était alors, par le fait, plus loin du Devonshire que Genève n'en est à présent. Il n'était donc pas étonnant qu'un jacobite qui se rendait en poste à sa maison de campagne, — foyer de l'influence et de l'autorité d'un propriétaire anglais, — porteur de nouvelles qui lui avaient été transmises par l'activité du zèle de partisans politiques cût précédé de plusieurs heures la marche plus régulière et plus lente de la malle. Le peu de mots que cet individu, ou plutôt ses domestiques, avaient laissé échapper, — car le maître était personnellement assez discret, et il n'avait fait part de ses nouvelles qu'à un ou deux amis particuliers à chaque relais, — ne les avaient fait connaître au monde ni complétement ni d'une manière très-claire. Le jeune lieutenant avait fait ses enquêtes avec intelligence, et il avait montré la prudence d'un officier mûri par l'âge, en réservant exclusivement tout ce qu'il avait appris pour l'oreille du commandant en chef de l'escadre. Quand sir Gervais eut rejoint la compagnie réunie dans le salon, il vit que sir Wycherly ne savait rien de ce qui venait de se passer dans le nord, et un coup d'œil qu'il lança à Wychecombe avait pour but de lui faire entendre qu'il était satisfait de sa discrétion. Dans le fait, la réserve du jeune officier contribua plus à l'élever dans l'opinion du vice-amiral, qui était toujours lui-même plein de circonspection, que le trait de bravoure auquel il avait dû si récemment son brevet de lieutenant : car on trouve beaucoup d'hommes braves; mais très-peu, dans une circonstance comme celle dont il s'agissait, auraient montré cette prudence et cet empire sur soi-même qui peuvent mériter assez de confiance à un officier pour qu'on le charge d'affaires publiques importantes. Cependant l'approbation que sir Gervais donnait à la discrétion de Wychecombe, et qu'il désirait lui manifester, n'était qu'une affaire de principe, car il ne voyait aucune raison pour garder le secret sur cette nouvelle à l'égard d'un tory aussi prononcé que son hôte. Au contraire, plus ces opinions, que l'un et l'autre étaient disposés à appeler saines, seraient vite promulguées, plus la bonne cause y gagnerait. Le vice-amiral résolut donc de communiquer lui-même à toute la compagnie, dès qu'on serait à table, le secret qu'il savait si bon gré au lieutenant d'avoir gardé.

Bluewater étant arrivé en ce moment, sir Wycherly offrit le bras à mistress Dutton pour la conduire à table. Le seul changement qui avait eu lieu dans le costume des convives, était le ruban bleu que portait sir Gervais, et, aux yeux de son ami, c'était arborer ouvertement l'étendard de la maison de Hanovre.

— Qui pourrait s'imaginer, sir Wycherly, dit le vice-amiral en jetant les yeux autour de lui ; dès que chacun fut assis, que cette compagnie ait pris place en ce moment à votre table au milieu des menaces d'une guerre civile, pour ne pas dire d'une révolution ?

Toutes les mains suspendirent leurs opérations, tous les yeux se tournèrent vers sir Gervais, et Bluewater lui-même, le regardant fixement, attendait avec impatience ce que son ami allait dire.

— Je crois que toute ma maison est en état de due soumission, répondit le vieux baronnet, regardant à droite et à gauche, comme s'il se fût attendu à voir son sommelier à la tête d'une insurrection de ses domestiques, et j'espère que la seule révolution que nous verrons aujourd'hui sera le changement des services.

— C'est ainsi que parle un digne baronnet du Devonshire, assis à une table bien servie, à qui rien ne manque, et comfortable à tous égards. Mais il paraît que le serpent n'a été qu'engourdi et n'a pas été tué.

— Sir Gervais Oakes donne aujourd'hui dans le style figuré, dit Bluewater d'un ton un peu sec.

— Je suppose, sir Wycherly, — je suppose, monsieur Dutton, et vous aussi, Mesdames, continua le vice-amiral, que vous avez entendu parler du Prétendant, — quelques-uns de vous peuvent même l'avoir vu.

Sir Wycherly laissa tomber son couteau et sa fourchette, et regarda sir Gervais avec un air d'étonnement qu'il serait impossible de décrire. La religion, la liberté des sujets, — surtout celle d'un baronnet jouissant d'un revenu annuel de quatre mille livres sterling, — la succession protestante au trône ; — tout parut à ses yeux tout à coup exposé au plus grand danger.

— J'ai toujours dit à mon frère le juge, feu le baron Wychecombe, dit-il, qu'avec les Français le pape actuel et le bâtard du roi Jacques II, nous verrions encore des temps de troubles en Angleterre, Voilà donc mes prédictions vérifiées !

— Pas encore quant à l'Angleterre, mon cher Monsieur. Mais je n'ai pas d'aussi bonnes nouvelles à vous donner d'Écosse, car votre homonyme que voilà vient de m'apprendre que le fils du Prétendant a débarqué dans ce royaume, et qu'il y rallie les clans. Il y est arrrivé, à ce qu'il paraît, sans être accompagné d'un seul Français, et il s'est entièrement confié aux nobles Écossais et aux partisans égarés de sa maison.

— C'est du moins un acte chevaleresque et digne d'un prince, dit Bluewater.

— Oui, car c'est l'acte d'un insensé et d'un extravagant. L'Angleterre ne peut être vaincue par quelques hordes d'Écossais à demi nus.

— D'accord ; mais l'Angleterre peut être vaincue par l'Angleterre.

Sir Gervais ne voulut rien répondre, car jamais il n'avait vu Bluewater si près de trahir ses opinions politiques en présence d'un tiers. Ce moment de silence permit à sir Wycherly de recouvrer l'usage de la voix.

— Voyons, Tom, dit-il, calculons. — il y a... oui, il y a trente ans que les jacobites se sont insurgés en Écosse. Il paraît que la moitié de la vie humaine ne suffit pas pour calmer la soif d'un Écossais pour l'or de l'Angleterre.

— Deux fois trente ans suffiraient à peine pour calmer l'ardeur d'un esprit plein de noblesse, à qui ses idées de justice montrent le chemin du trône d'Angleterre, dit Bluewater avec sang-froid. Quant à moi, j'admire le courage de ce jeune prince, car celui qui ose noblement mérite d'être noblement aidé. — Qu'en dites-vous, ma belle voisine?

— Si c'est à moi que ce compliment s'adresse, Monsieur, répondit Mildred d'un ton modeste, mais avec cette énergie que la femme la plus douce sait montrer quand elle sent vivement, il doit m'être permis de dire que j'espère que tout Anglais osera aussi noblement, et méritera d'être aidé aussi noblement pour la défense de sa liberté.

— Allons, allons, Bluewater, dit sir Gervais avec une gaieté qui touchait au reproche, je ne puis permettre qu'on parle ainsi devant une jeune personne si ingénue. D'après la manière froide avec laquelle vous faites vos plaisanteries, elle pourrait supposer que l'escadre de Sa Majesté est commandée par des hommes indignes de sa confiance. — Je propose maintenant, sir Wycherly, que nous finissions de dîner en paix, et qu'il ne soit plus question de cette folle expédition, du moins jusqu'à ce que la nappe soit levée. Il y a loin d'ici en Écosse, et il n'y a guère de danger que cet aventurier arrive dans le Devonshire avant que les noisettes soient sur la table.

— Et quand il y arriverait, sir Gervais, ce ne serait pour nous que des noisettes, dit Tom, riant de tout son cœur de ce trait d'esprit. Rien ne ferait plus de plaisir à mon oncle que de voir ce souverain supposé, ici, sur son domaine, entre les mains de ses tenanciers. Je vous réponds, Monsieur, qu'il ne faudrait que Wychecombe et un ou deux manoirs voisins pour lui donner son compte.

— Cela pourrait dépendre des circonstances, répondit le vice-amiral d'un ton un peu sec. Ces Écossais ont une arme qu'ils nomment claymore et qu'ils savent manier, et ce sont des drôles déterminés, dit-on, en marchant à la charge. Le seul fait d'armer un soldat d'un sabre à lame courte annonce des dispositions sanguinaires.

— Vous oubliez, sir Gervais, que nous avons ici, dans l'ouest de l'Angleterre, le croc-en-jambes du Cornouailles, et nous mettrons ces braves gens en face de tout régiment écossais qui ait jamais chargé un ennemi.

Tom rit de nouveau en faisant allusion à une manière de lutter habituelle dans le comté voisin.

— Tout cela est fort bien, monsieur Thomas Wychecombe, aussi longtemps que le Devonshire sera dans l'ouest de l'Angleterre, et l'Écosse de l'autre côté de la Tweed. Dans tous les cas, sir Wycherly ferait sagement de laisser l'affaire entre les mains du duc et de ses troupes régulières, quand ce ne serait que pour que chacun fît son métier.

— Je trouve quelque chose de si singulièrement insolent dans la conduite d'un homme d'ignoble naissance comme ce prétendant à la couronne d'Angleterre, que je puis à peine en parler avec patience. Nous savons tous que son père était un enfant supposé, et le fils d'un enfant supposé ne peut avoir plus de droits que le père lui-même. Je ne me rappelle pas quel nom la loi donne à ces enfants supposés, mais j'ose dire que c'est un terme suffisamment odieux.

— *Filius nullius*, Thomas, dit le vieux baronnet, n'étant pas fâché de montrer son érudition. C'est la véritable expression. Je le tiens de bonne part, — de la propre bouche de feu mon frère le baron de Wychecombe, dans une occasion où il était nécessaire que je comprisse bien cette matière. Le juge était excellent jurisconsulte, particulièrement en tout ce qui concerne les termes techniques, et je suis sûr que, s'il vivait encore, il vous dirait que les mots *filius nullius* sont la dénomination légale qui doit s'appliquer à un enfant supposé.

En dépit de son impudence naturelle et de sa détermination bien prononcée de faire son chemin dans le monde sans s'inquiéter de la vérité, Tom sentit que ses joues étaient si brûlantes, qu'il fut obligé de tourner la tête pour cacher sa confusion. Si cette remarque eût impliqué le reproche de quelque faute morale par lui commise, il aurait su y opposer un front d'airain; mais, comme cela n'arrive que trop souvent, il était plus honteux d'une infortune dont il n'était pas coupable, qu'il ne l'eût été d'un crime dont il aurait été strictement responsable aux yeux de Dieu et des hommes. Les connaissances du vieux baronnet en jurisprudence et en latin firent sourire sir Gervais, et se tournant d'un air de bonne humeur vers son ami le contre-amiral, avec lequel il désirait rétablir ses relations amicales, il lui dit avec un ton d'ironie bien caché :

— Sir Wycherly doit avoir raison, Bluewater. Un enfant supposé n'est personne,—c'est-à-dire n'est pas la personne qu'il prétend être, ce qui est en substance n'être personne. Or celui qui n'est fils de personne est évidemment *filius nullius*. Et maintenant, ayant établi les principes qui régissent le cas, je demande une trêve jusqu'à ce que nous ayons nos noisettes; car pour M. Thomas Wychecombe, il faut qu'il renonce à croquer *la sienne*, du moins pour aujourd'hui. Je suppose qu'il y a trop de sujets loyaux dans le nord pour cela.

Quand deux hommes se connaissent aussi bien que se connaissaient les deux amiraux, ils ont cent moyens secrets de se contrarier comme de se donner des preuves d'amitié. Le contre-amiral savait fort bien que sir Gervais avait trop d'esprit et de jugement pour croire, comme certains whigs, au compte absurde qu'on avait fait courir pour attaquer la légitimité de la naissance du Prétendant; et la déclaration ironique qu'il venait de faire de son opinion à ce sujet fut pour l'esprit de Bluewater comme de l'huile jetée sur les flots courroucés, et le disposa à la modération. Telle avait été l'intention de son ami, et le sourire qu'ils échangèrent prouva que leur bonne intelligence était rétablie, — du moins temporairement.

Par déférence pour ses hôtes, sir Wycherly consentit à changer de conversation; mais il était un peu surpris de voir la répugnance des deux amiraux à parler d'une entreprise qui devait, suivant lui, occuper exclusivement l'esprit de tous les Anglais. Tom avait reçu un échec qui lui fit garder le silence pendant le reste du dîner, tandis que les autres se contentèrent de boire et de manger, comme s'il ne fût rien arrivé.

Il est rare qu'une compagnie se mette à table sans que quelque convive manœuvre pour avoir sa place à côté de la personne qui lui est le plus agréable, quand les prétentions du rang et de la naissance ne s'y opposent point. Sir Wycherly avait placé sir Gervais à sa droite et mistress Dutton à sa gauche. Mais l'amiral Bluewater avait échappé aux yeux du baronnet, et s'était assis sur-le-champ à côté de Mildred, que Tom Wychecombe avait placée près de lui au bas bout de la table. Le jeune lieutenant s'assit en face de miss Dutton, dont le père s'était placé près du vice-amiral, et M. Atwood et le desservant, M. Rotherham, avaient été obligés de prendre les deux autres siéges. Sir Wycherly fit la grimace en voyant que le contre-amiral n'occupait pas une place plus distinguée; mais sir Gervais l'assura que son ami n'était jamais plus heureux que lorsqu'il pouvait prendre la beauté pour l'objet spécial de ses attentions, et il fallut bien qu'il se contentât de cet arrangement.

Que l'amiral Bluewater fût frappé de la beauté de Mildred, qu'il fût charmé du naturel de ses manières, qui étaient tout ce qu'on peut désirer dans une jeune personne de son âge, et fort au-dessus du rang qu'elle occupait dans la société, c'était ce que remarquèrent évidemment tous ceux qui étaient alors assis à la table du baronnet; mais il était impossible de prendre son air franc et paternel pour autre chose qu'une admiration convenable à la différence de leurs âges. Mistress Dutton, bien loin d'être alarmée des attentions du contre-amiral pour sa fille, trouvait du plaisir à les observer, et peut-être même en était-elle fière en pensant tout bas que Mildred les méritait. Nous avons déjà dit qu'elle était fille de l'intendant d'un lord d'un comté voisin; mais il peut être à propos d'ajouter ici qu'elle avait tellement plu aux filles de ce lord, qu'elle avait été admise dans leur société, et qu'elle avait profité, jusqu'à un certain point, de leur éducation. Lady Wilmeter, mère des jeunes personnes dans la société desquelles elle était admise comme une sorte d'humble compagne, s'était persuadé qu'il pourrait être avantageux pour cette jeune fille d'être élevée de manière à pouvoir devenir gouvernante, concevant peu, dans sa situation, qu'elle préparait à Marthe Ray — c'était le nom de famille de mistress Dutton — un genre d'existence qui était la moins désirable de toutes les carrières pour une femme vertueuse et intelligente, — c'est-à-dire d'après la manière dont on appréciait l'éducation et les gouvernantes, il y a un siècle, car il n'y a nul doute que le monde, avec tous ses défauts et tous ses sophismes, n'ait fait depuis ce temps de grands pas vers la véritable civilisation et les vérités morales dans mille branches différentes. Quoi qu'il en soit, elle reçut de l'éducation, et contracta en même temps des goûts, des sentiments et des opinions qui peut-être ne contribuèrent guère à son bonheur pendant le reste de sa vie. Frank Dutton, alors jeune et beau lieutenant dans la marine, mais dont l'esprit n'avait pas été cultivé, dérangea ce projet en épousant Marthe Ray quand elle eut vingt-deux ans. Ce mariage était sortable sous tous les raports, sauf l'éducation et le caractère des deux parties, ce qui n'était pas sans importance. Cependant, comme une femme peut avoir été mieux élevée, et même, à quelques égards, être plus intelligente que son mari, et que les marins du commencement du xviiie siècle formaient dans la société une classe plus distincte qu'aujourd'hui, il n'y aurait eu rien d'absolument incompatible avec le bonheur futur du jeune couple, si chacun d'eux eût suivi sa carrière d'une manière conforme à ses devoirs respectifs. Le lieutenant Dutton avait emmené sa jeune épouse et emporté les deux mille livres sterling qu'il avait reçues de son père pour sa dot, et pendant longtemps on ne le revit plus dans son pays natal. Cependant, après une absence d'une vingtaine d'années, il y revint, dégradé de son rang, et avec une constitution délabrée, pour occuper le poste dans lequel nous l'avons trouvé. Mistress Dutton ramenait avec elle une jeune fille, la belle Mildred, que nos lecteurs connaissent déjà, et à qui elle enseignait avec soin tout ce qu'elle avait appris elle-même, de la manière que nous l'avons rapporté. C'était ainsi que Mildred, de même que sa mère, avait reçu une éducation au-dessus de sa situation dans le monde; et l'on avait remarqué que, quoique mistress Dutton eût peut-être peu de motifs pour se féliciter de posséder des manières et des sentiments si peu appréciés dans sa position actuelle, elle travaillait assidûment à donner à sa fille les mêmes qualités, et elle montrait fréquemment une sorte de mécontentement dédaigneux des goûts plus simples de Mildred. Il est probable que celle-ci devait les progrès remarquables qu'elle avait faits dans son éducation à la circonstance qu'elle passait presque tout son temps seule avec sa mère, plutôt qu'aux leçons qu'elle en recevait, l'influence de l'exemple, pendant bien des années, ayant produit son effet ordinaire.

Personne à Wychecombe ne connaissait positivement l'histoire de la dégradation de Dutton de son rang. Il n'était jamais parvenu à un grade plus élevé que celui de lieutenant, et il en avait été privé par la sentence d'un conseil de guerre. On croyait que son rétablissement dans les cadres de la marine dans le grade plus humble, et presque sans espoir d'avancement, de master, avait été dû à l'influence de mistress Dutton sur le lord Wilmeter actuel, qui était le frère des anciennes compagnes de sa jeunesse. Que le mari eût dissipé la fortune de sa femme, cela paraissait aussi certain qu'il était sûr qu'il avait contracté de mauvaises habitudes, du moins sous le rapport de l'intempérance, et que sa femme, si elle n'avait pas le cœur brisé, était malheureuse, et méritait la pitié aussi bien que l'admiration. Sir Wycherly n'était pas accoutumé à rien analyser, mais il ne put s'empêcher de reconnaître la supériorité de la mère et de la fille sur le père; et nous devons au jeune lieutenant la justice d'ajouter que les sentiments qu'il avait évidemment pour Mildred lui avaient été inspirés par son esprit, sa conduite, son caractère et ses goûts, autant que par les charmes de son extérieur.

Cette courte digression excusera peut-être aux yeux du lecteur l'intérêt que le contre-amiral prit à cette jeune fille. Avec le ton d'indulgence qui convenait à son âge et à son rang, il réussit à la faire parler sans alarmer sa timidité, et ce fut avec surprise qu'il découvrit la délicatesse de ses sentiments et l'exactitude de ses connaissances. Il avait trop d'habitude de la société et trop de jugement pour faire parade de ses opinions ; mais avec l'aisance d'un homme qui connaissait le monde et qui aimait la vérité, il parvint à la faire répondre à ses remarques, et il vit que les idées de Mildred sympathisaient avec les siennes, car elle souriait quand elle le voyait sourire, et ses traits prenaient un air de désapprobation quand elle l'entendait exprimer la sienne. Le lieutenant Wychecombe était le témoin ravi de cette petite scène, et il prenait même quelquefois part à leur conversation, car il était évident que le contre-amiral ne cherchait pas à accaparer sa belle voisine. Peut-être la position du jeune homme en face d'elle portait-elle Mildred à s'entretenir sans contrainte avec le vieil officier ; car toutes les fois que ses yeux se portaient de l'autre côté de la table, elle ne manquait jamais de rencontrer ceux de Wychecombe, et d'y trouver un regard d'encouragement.

Il est certain que si elle ne fit pas, pendant le repas, la conquête de l'amiral Bluewater, dans le sens ordinaire de cette expression, elle s'en fit du moins un ami. Sir Gervais lui-même fut frappé de la manière singulière et exclusive dont son ancien compagnon donnait toute son attention à la jeune fille qui était à son côté, et il se demanda une ou deux fois s'il était possible qu'un homme aussi sensé et aussi habitué à la société des beautés de la cour que l'était Bluewater, se fût laissé surprendre, à l'âge de plus de cinquante ans, par une beauté campagnarde. Rejetant cette idée comme absurde, il chercha à écouter son hôte, qui faisait une dissertation sur les lapins de garenne. Ainsi se passa le dîner.

Mistress Dutton demanda au baronnet la permission de quitter la table avec sa fille, dès qu'elle put le faire sans manquer aux convenances. En sortant de la salle à manger, elle jeta un regard inquiet sur son mari, dont les joues portaient déjà l'empreinte de trop fréquentes libations de porto, et, en dépit des efforts qu'elle fit pour prendre un air enjoué, des larmes coulaient le long de ses joues quand elle entra dans le salon. Sa fille n'eut besoin d'aucune explication ; elle se jeta dans les bras de sa mère, et pendant quelques minutes elles pleurèrent en silence. Jamais mistress Dutton ne parlait du défaut principal et dégradant de son mari, pas même à sa fille, mais il lui était impossible de le cacher au monde, et surtout à Mildred. Comme de raison, celle-ci n'en parlait pas davantage; mais elles s'entendaient en silence, et trouvaient de la douceur à pleurer ensemble, ce qui leur arrivait souvent, surtout depuis un an.

— Réellement, Mildred, dit enfin la mère, après avoir réussi à calmer son émotion, souriant à son aimable fille tout en s'essuyant les yeux, cet amiral Bluewater a pour vous des attentions si particulières que je ne sais qu'en dire.

— Oh! ma mère, c'est un vieillard charmant; et il a tant de douceur, tant de franchise, qu'il gagne votre confiance avant que vous puissiez vous en apercevoir. Je voudrais savoir s'il parlait sérieusement en disant que celui qui ose noblement mérite d'être noblement aidé.

— Ce ne peut être qu'une plaisanterie, ma fille; le ministère ne confierait pas le commandement d'une escadre à un autre qu'à un whig prononcé. J'ai vu plusieurs personnes de sa famille avant mon mariage, et j'en ai toujours entendu parler avec estime et respect. Lord Bluewater, cousin du contre-amiral, était ami intime du lord Wilmeter actuel, et on le voyait souvent au château de son père. Je me souviens d'avoir entendu dire que l'amiral Bluewater avait éprouvé dans sa jeunesse un désappointement en amour, et que c'est pour cette raison qu'il est resté garçon. Prenez donc garde à votre cœur, ma chère.

— Cet avertissement était inutile, ma mère, répondit Mildred en riant; je puis aimer l'amiral comme un père, mais vous m'excuserez si je ne le trouve pas tout à fait assez jeune pour désirer d'être unie à lui par des liens plus étroits.

— Il exerce pourtant la profession que vous admirez tant, Mildred, répliqua sa mère avec un sourire malin. — Combien de fois vous ai-je entendue parler de votre passion pour la mer!

— C'était autrefois, ma mère. Je parlais alors en fille de marin, et sans beaucoup de réflexion, comme c'est la coutume des jeunes filles. Je ne crois pas voir à présent la profession de marin d'un œil plus favorable que toute autre; car je crois que les femmes des militaires et des marins sont souvent exposées à bien des malheurs.

Un tremblement nerveux agita les lèvres de mistress Dutton; mais, entendant quelqu'un s'approcher de la porte du salon, elle fit un effort pour se calmer, et l'amiral Bluewater entra.

— J'ai fui la bouteille pour vous rejoindre, vous et votre aimable fille, mistress Dutton, comme je chercherais à éviter un ennemi d'une force double de la mienne, dit-il en offrant une main à chacune d'elles d'une manière assez cordiale pour rendre cette politesse encore plus gracieuse. Oakes est à border le petit foc[1], comme nous disons, nous autres marins, avec le baronnet, et moi je suis sorti de la ligne sans en attendre le signal.

— J'espère que sir Gervais Oakes ne juge pas nécessaire de boire plus de vin qu'il n'est convenable pour le corps et pour l'esprit, dit mistress Dutton à la hâte ; ce qu'elle regretta l'instant d'après.

— Non sans doute. Oakes est aussi sobre qu'un anachorète en tout ce qui concerne la table. Et cependant il a le talent d'avoir l'air de boire, ce qui le met en état de tenir tête à un homme qui vide ses quatre bouteilles. Comment diable peut-il faire cela, c'est ce que je ne saurais dire ; mais il y réussit si bien, qu'il jette ses amis sous la table après un bon dîner, aussi facilement qu'il coule à fond un bâtiment ennemi sur l'Océan. Sir Wycherly a commencé ses libations en honneur de la maison de Hanovre, et il est probable que la séance sera longue.

Mistress Dutton soupira, et s'approcha d'une fenêtre pour cacher la pâleur de ses joues. L'amiral, qui, comme la plupart des hommes de ce siècle, pensait que caresser trop vivement la bouteille après le dîner n'était qu'un péché véniel, quoiqu'il fût personnellement très sobre, s'assit tranquillement à côté de Mildred, et se mit à causer avec elle.

— J'espère, jeune dame, lui dit-il, que comme fille de marin, vous avez une indulgence héréditaire pour le bavardage d'un vétéran de la marine. Nous, qui sommes presque toujours renfermés dans nos vaisseaux, nous avons une pauvreté d'idées sur beaucoup de sujets de conversation ; et toujours parler des vents et des vagues, il y aurait de quoi fatiguer même un poëte.

— Comme fille d'un marin, Monsieur, j'honore la profession de mon père ; et comme Anglaise, je respecte les braves défenseurs de notre île. Je n'ai jamais remarqué que les marins aient moins de choses à dire que les hommes d'autres professions.

— Je suis charmé de vous entendre faire cet aveu ; car... serai-je franc avec vous ? prendrai-je une liberté qui conviendrait mieux à un ami de douze ans qu'à une connaissance d'un jour ?... je ne sais pourtant comment cela se fait, ma chère enfant, mais le fait est que j'ai les mêmes sentiments pour vous que si je vous avais connue

---

[1]. *Nautice*, à boire.

bien des années, quoiqu'il soit certain que je ne vous ai jamais vue.

— C'est peut-être un signe que nous devons nous connaître longtemps dans l'avenir, dit Mildred avec la confiance attrayante de la jeunesse, dont l'innocence ne connaît pas le soupçon. — J'espère que vous n'userez pas de réserve avec moi.

— Eh bien! au risque de faire une lourde bévue, je vous dirai que — mon neveu Tom — ne me paraît avoir rien de ce qui prévient en faveur d'un jeune homme, et que j'espère que tous les yeux de cette maison le voient tel qu'il paraît à ceux d'un marin de cinquante-cinq ans.

— Je ne puis répondre que de ceux d'une fille de dix-neuf, amiral Bluewater, répondit Mildred en riant; mais, quant à elle, je crois pouvoir dire qu'elle ne le regarde ni comme un Adonis, ni comme un Crichton.

— Sur mon âme! je suis charmé de vous entendre parler ainsi, car le drôle tient du hasard des avantages suffisants pour le rendre formidable. Il est héritier du baronnet, je pense; et il aura un jour son titre et son domaine.

— Je le présume. Sir Wycherly n'a pas d'autre neveu, c'est-à-dire, celui-ci est l'aîné de ses deux frères. Et comme le baronnet n'a pas d'enfants, ce que vous dites doit arriver. Mon père m'a dit que sir Wycherly parle toujours de M. Thomas Wychecombe comme devant être son héritier.

— Votre père, oh! oui. Les pères, en pareil cas, ne voient pas les choses avec les mêmes yeux que les filles.

— Il y a dans ces marins, dit Mildred en souriant, une chose qui rend leur connaissance exempte de tout danger; je veux dire leur franchise.

— C'est mon défaut, comme je l'ai entendu dire. Mais vous excuserez une indiscrétion qui prend sa source dans l'intérêt que vous m'avez inspiré. Tom, dites-vous, est l'aîné des trois frères. Le lieutenant est-il un des cadets?

— Je crois qu'il n'est pas de la même famille, répondit Mildred, rougissant un peu, en dépit de la ferme résolution qu'elle avait prise de ne montrer aucune émotion. J'ai entendu dire que le lieutenant Wycherly Wychecombe n'est point parent du baronnet, quoiqu'il porte les deux mêmes noms. Il est né en Virginie, une de nos colonies d'Amérique.

— C'est un noble jeune homme, et il a l'air noble. Si j'étais le baronnet, j'enverrais la substitution à tous les diables plutôt que de souffrir que ce neveu à figure sinistre héritât de mes acres de terre, et je les laisserais à mon homonyme né en Virginie, et pas même parent éloigné.

— C'est ce que dit M. Thomas Wychecombe, et le baronnet le confirme. Quant au lieutenant, je ne l'ai jamais entendu parler sur ce sujet.

— C'est la faiblesse de la nature humaine. Ce jeune homme trouve ici une famille riche, ancienne et honorable, et le hasard voulant qu'il porte le même nom, il n'a pas le courage de déclarer qu'il n'en fait point partie.

Mildred hésita à répondre, mais sa générosité triompha d'une méfiance timide d'elle-même. — Je n'ai jamais rien vu dans la conduite du lieutenant Wychecombe, dit-elle, qui puisse me faire croire qu'il soit capable d'une telle faiblesse. Bien loin de rougir d'être un colon, il paraît en être fier; et vous savez qu'en Angleterre nous regardons à peine les colons comme nos égaux.

— Et vous-même, miss Dutton, avez-vous quelque chose de ce préjugé en faveur de votre pays natal?

— Non; mais je crois que bien des gens le partagent. Le lieutenant admet lui-même que la Virginie est inférieure à l'Angleterre, et néanmoins il semble fier d'y être né.

— Tout sentiment de cette nature prend sa source dans l'égoïsme : nous sentons que le fait est irrémédiable, et nous tâchons d'être fiers de ce que nous ne pouvons empêcher. Le Turc vous dira qu'il a l'honneur d'être né à Stamboul; le Parisien tirera vanité de son faubourg Saint-Germain, et le cockney [1] fera valoir Wapping. L'amour-propre est au fond de tout cela, car nous nous imaginons que l'endroit où *nous* sommes nés ne peut en être un dont on doive rougir.

— Je ne crois pourtant pas que le lieutenant Wychecombe soit remarquable par son amour-propre, car il est toujours simple et sans prétention.

Mildred prononça ces mots du ton le plus calme, mais avec un accent de conviction et de sincérité qui porta l'amiral à fixer sur elle ses yeux pénétrants. Elle prit l'alarme pour la première fois, et sentit qu'elle en avait peut-être trop dit. Mais en ce moment les deux jeunes gens entrèrent dans le salon, et un domestique vint prier l'amiral Bluewater, de la part de sir Gervais Oakes, d'aller le trouver dans son cabinet de toilette.

Tom Wychecombe dit alors que la situation des choses dans la

---

[1]. *Cockney* est une expression appliquée aux hommes nés à Londres, comme badaud à ceux qui sont nés à Paris. — *Wapping* est un quartier de Londres habité par la populace, sur les bords de la Tamise.

salle à manger était telle, qu'il était temps que ceux qui ne pouvaient soutenir trois à quatre bouteilles quittassent la table : on portait à chaque instant de nouveaux toasts hanovriens, et tout annonçait que ceux qui étaient encore à table y passeraient la nuit. C'était une triste nouvelle pour mistress Dutton, qui s'était approchée avec empressement pour écouter ce qu'il avait à dire, et elle se rapprocha de la fenêtre, ne sachant trop ce qu'elle devait faire. Les deux jeunes gens restant près de Mildred pour causer avec elle, elle eut tout le temps de prendre une détermination sans être interrompue.

CHAPITRE VII.

> Nous ferons quelque chose. Songez, quand je serai roi, à me demander le comté de Hereford, et tous les biens meubles qui appartenaient au roi mon frère.
> SHAKSPEARE. *Richard III.*

Le contre-amiral Bluewater trouva sir Gervais Oakes se promenant dans son spacieux cabinet de toilette, comme s'il eût été sur son gaillard d'arrière, et avec la même vivacité que s'il eût passé quelques heures assis dans sa chambre à son bord, à préparer le rapport officiel d'un combat naval. Comme les deux officiers connaissaient parfaitement leurs habitudes respectives, aucun d'eux n'y changea rien en cette occasion. Sir Gervais continua sa promenade, et Bluewater s'assit tranquillement sur un grand fauteuil, de manière à montrer que, quoi qu'il pût arriver, il voulait du moins prendre ses aises.

— Bluewater, dit sir Gervais, cette entreprise du fils du Prétendant est une billevesée, et ne peut que le conduire à sa perte. Je la regarde comme une affaire malheureuse sous tous les rapports.

— C'est suivant le résultat qu'elle aura. Personne ne saurait dire ce qu'un jour, une heure, peuvent amener. J'avoue que cette insurrection est la dernière chose à laquelle j'aurais pensé quand nous étions dans la baie de Biscaye.

— Je voudrais de tout mon cœur que nous y fussions encore, murmura sir Gervais si bas que son ami ne l'entendit point. Il ajouta d'un ton plus haut : — *Notre* devoir est fort simple; nous n'aurons qu'à obéir aux ordres que nous recevrons, et comme il paraît que ce jeune homme n'a aucune force navale pour le soutenir, nous serons probablement chargés de surveiller Lorient, Brest, ou quelque autre port; car, quoi qu'il puisse arriver, il faut que Monsieur[1] reste chez lui.

— Je crois qu'il vaudrait mieux l'en laisser sortir; car notre chance sur mer est pour le moins aussi bonne que la sienne. Je n'aime pas les blocus; c'est une manière de faire la guerre qui ne me paraît pas anglaise.

— Au fond, Dick, vous avez assez raison, dit sir Gervais en riant.

— Oui, Oakes, et j'espère bien que le premier lord de l'amirauté ne chargera pas un homme comme vous, si capable, sous tous les rapports, de rendre bon compte d'une escadre ennemie, du devoir d'un misérable blocus.

— Un homme comme moi ! Pourquoi *un* homme comme moi ! J'espère bien qu'on me laissera l'avantage de la compagnie, des avis et de l'assistance de l'amiral Bluewater.

— Un inférieur ne peut jamais savoir, sir Gervais, où le bon plaisir de ses supérieurs peut l'envoyer.

— Je crains, Bluewater, que cette distinction entre inférieur et supérieur ne vous jette un jour dans un maudit embarras. Si vous considérez Charles Stuart comme votre souverain, il n'est pas probable que vous ayez beaucoup de respect pour les ordres qui vous seront donnés par un serviteur du roi George. J'espère que vous ne ferez rien à la hâte, ou sans consulter votre plus ancien et votre plus sincère ami.

— Vous connaissez mes sentiments, et il est inutile de revenir en ce moment sur ce sujet. Tant qu'il y a eu guerre entre mon pays et une nation étrangère, j'ai pu servir dans la marine anglaise; mais quand mon prince légitime ou son fils vient de cette manière chevaleresque se jeter en quelque sorte dans les bras de ses sujets, en confiant tout à leur loyauté et à leur courage, c'est un appel à tous les nobles sentiments de l'homme, et il est difficile de ne pas y répondre. Je me serais joint de bon cœur à Norris pour disperser la flotte que Louis XV envoyait contre nous; mais ici tout est anglais de part et d'autre, et la querelle est d'Anglais à Anglais. Comme sujet loyal de mon prince héréditaire, je ne vois pas que je puisse me dispenser de rejoindre son étendard.

— Et voudriez-vous, Dick, vous qui, à ma connaissance, êtes entré dans la marine à l'âge de douze ans, et qui pendant plus de quarante ans avez servi, corps et âme, à bord d'un bâtiment de guerre, voudriez-vous, dis-je, changer l'habit bleu de mer qui vous a si long-

---

1. Ce mot — Monsieur — est employé pour désigner les Français.

temps couvert, pour prendre l'uniforme de soldat, avec une plume à votre chapeau, et, une marmite de campement suspendue à votre bras par son anse, suivre un tambour comme un des montagnards commandés par lord Bluewater votre parent? car, quant aux marins, votre prince héréditaire, comme vous l'appelez, n'en a pas assez pour boucher une fente de sa conscience et hisser les pans de son habit pour les empêcher d'être déchirés par les bruyères d'Écosse. Si vous suivez cet aventurier, ce ne peut être qu'en quelque qualité semblable, car je doute qu'il ait un marin qui puisse lui dire comment il doit orienter ses voiles pour aller de Perth à Londres.

— Quand j'irai le joindre, je le trouverai mieux accompagné.

— Et que pourriez-vous faire, vous, au milieu d'un tas d'Écossais courant sur leurs montagnes? Vos signaux ne feront pas manœuvrer des régiments, et quant à d'autres manœuvres, vous n'y entendez rien. Non, non, restez où vous êtes, et employez les connaissances utiles que vous possédez à aider un ancien ami. Je n'oserais risquer une entreprise hardie, si je n'étais sûr de vous avoir à mon avant-garde pour frapper le premier coup, ou à l'arrière pour me soutenir bravement.

— Que je sois à votre côté ou en Écosse, Oakes, vous ne craindrez jamais rien. La crainte n'est pas votre défaut, quoiqu'on n'en puisse dire autant de la témérité.

— En ce cas, j'ai besoin de votre présence pour me retenir dans les bornes de la raison, dit sir Gervais s'arrêtant dans sa promenade, et souriant en regardant son ami en face; de manière ou d'autre, j'ai toujours besoin de votre aide.

— Je comprends ce que signifient vos paroles, sir Gervais, et j'apprécie le sentiment qui vous les inspire. Soyez parfaitement convaincu que je ne ferai rien précipitamment, et que je ne trahirai la confiance de personne. Quand je tournerai le dos au roi George, ce sera loyalement dans un sens, quoi qu'il en puisse penser dans un autre; et quand je rejoindrai le prince Charles-Édouard, ce sera avec une conscience qu'il pourra mettre à l'épreuve sans rien craindre. Quels noms il porte! ceux d'anciens souverains d'Angleterre, dont le son seul doit suffire pour éveiller l'intérêt de tous les Anglais.

— Oui, surtout celui de Charles! répliqua Oakes d'un ton caustique. Il y a Charles II, par exemple, — saint Charles, comme notre digne hôte l'appellerait; — c'est le modèle des princes, et tous les Anglais doivent l'admirer. — Et son père, Charles Ier, était de l'école des martyrs de la chambre ardente.

— Tous deux descendaient en ligne directe du Conquérant et des princes saxons, et ils avaient ainsi en leur personne sacrée un double droit à la couronne. J'ai toujours regardé Charles II comme victime de la conduite de ses sujets rebelles, plutôt que de ses propres vices. Il fut forcé de fuir en pays étranger, où il trouva une société corrompue, et il fut perverti par nos iniquités. Quant à son père, il fut le véritable saint Charles, — saint et martyr, — mourant pour sa religion, comme pour ses droits légitimes. — Et les Édouards, ces monarques pleins de gloire! Souvenez-vous qu'à l'exception d'un seul, ils étaient tous des Plantagenets, nom qui doit suffire pour enflammer l'ardeur de tout Anglais.

— Et pourtant la seule différence des droits au trône de ces Plantagenets avec ceux de la maison actuellement régnante, c'est que les premiers les ont acquis par la force, et que l'autre les tient de la volonté de la nation. — Je ne sais pas ce que vos Plantagenets ont jamais fait pour la marine, qui est la seule véritable source de la puissance et de la gloire de l'Angleterre. Du diable, Dick, si je fais grand cas de vos Plantagenets, après tout.

— Et cependant le nom d'Oakes se trouve parmi ceux de leurs plus braves chevaliers et de leurs plus fidèles partisans.

— Oui, les Oakes sont comme les pins: on les a toujours trouvés sur tous les bâtiments qui ont jamais flotté sur l'eau, répondit le vice-amiral, songeant à peine au jeu de mots qu'il faisait [1].

Sir Gervais continua sa promenade en silence pendant plus d'une minute, la tête un peu penchée sur sa poitrine, en homme qui réfléchit profondément à quelque affaire importante. S'arrêtant ensuite tout à coup, il regarda son ami en face, presque aussi longtemps, avant de reprendre la parole.

— Je voudrais que, dans cette affaire, vous fissiez usage de votre excellente raison, Dick, lui dit-il enfin, car alors je serais certain de vous voir vous dévouer entièrement à la cause de la liberté.

Bluewater secoua la tête et garda le silence, comme s'il eût pensé que toute discussion sur ce point était inutile. En ce moment on frappa à la porte, et Attwood l'ouvrit dès que le mot — entrez! — eut été prononcé. Il apportait un gros paquet qui était cacheté du sceau de l'amirauté.

— Pardon, sir Gervais, dit le secrétaire, qui marchait toujours droit au but quand il s'agissait d'affaires; mais le service de Sa Majesté n'admet aucun délai. Ce paquet vient de m'être remis par un exprès qui est parti de l'amirauté hier à midi.

1. *Oak* signifie chêne.

— Et comment diable ont-ils su que je suis ici? je n'y suis arrivé que ce matin! s'écria le vice-amiral en étendant le bras pour recevoir le paquet.

— C'est la suite de l'idée qu'a eue ce jeune lieutenant d'aller chercher à Fowey des nouvelles des mouvements des jacobites. L'exprès se rendait à Falmouth aussi vite que de bons chevaux de poste pouvaient le conduire, et en passant par cette petite ville il apprit heureusement que votre escadre était à l'ancre sous le promontoire de Wychecombe ; et, par un autre bonheur, c'était un officier qui avait assez d'intelligence pour penser qu'il vous remettrait plus tôt ce paquet s'il venait ici par terre, que s'il montait à bord d'un sloop à Falmouth, pour aller vous chercher dans la baie de Biscaye.

Sir Gervais sourit de cette saillie, qui s'accordait parfaitement avec les sentiments secrets d'Attwood ; car le secrétaire avait imaginé un système d'exprès, dont, à sa grande mortification, son patron n'avait fait que rire, et auquel l'amirauté n'avait fait aucune attention. Cependant sir Gervais ne perdit pas une minute pour s'occuper d'affaires ; il s'assit devant une table sur laquelle le secrétaire avait déjà placé deux lumières, et il venait de rompre le cachet, quand, ayant levé les yeux sur son ami, il s'écria tout à coup :

— Quoi, Bluewater, vous allez nous quitter?

— Vous pouvez avoir à parler d'affaires particulières à M. Atwood, sir Gervais, et peut-être vaut-il mieux que je me retire.

Quoique sir Gervais Oakes n'eût jamais fait connaître à son secrétaire, par un mot ou par un signe, les opinions politiques de son ami, M. Atwood ne les ignorait pas ; mais il ne devait pas cette découverte à des moyens bas et ignobles, comme d'écouter aux portes ou de chercher à surprendre des communications secrètes, ce qui arrive si souvent à ceux qui entourent quelque personnage important. C'était sa sagacité naturelle, aidée par quelques occasions qu'il n'avait pas cherchées, qui l'avait mis en possession de ce secret, qu'il avait gardé aussi religieusement que s'il lui eût été confié. En ce moment, avec le tact d'un homme ayant de l'expérience, il sentit que sa présence n'était pas nécessaire, et il coupa court à la discussion entre les deux amiraux, en alléguant un bon prétexte pour se retirer.

— Je n'ai pas fini de copier vos lettres, sir Gervais, dit-il, et, avec votre permission, j'irai terminer cette besogne. Si vous avez encore besoin de moi ce soir, en m'envoyant Locker, — c'était le nom du valet de chambre de l'amiral, — je serai à vos ordres en un instant.

Il partit ; et dès que la porte fut fermée, sir Gervais s'écria : — Cet Atwood a un instinct merveilleux, pour un Ecossais! Il sait non,

LES DEUX AMIRAUX.

seulement quand on a besoin de lui, mais aussi quand on n'en a que faire. Cette dernière qualité n'est pas ordinaire dans un homme de son pays.

— Et c'en est une qu'un Anglais peut avoir raison d'imiter, dit Bluewater. Il est possible que ma présence ne vous soit pas plus nécessaire que la sienne en ce moment important.

— Je suppose, Dick, que vous n'avez pas assez peur des Hanovriens pour que la vue de leur écriture vous fasse fuir. — Ah! qu'est-ce que ceci? Ce paquet en contient un pour vous, et il est adressé au contre-amiral *sir* Richard Bluewater, *chevalier du Bain*. De par le ciel, mon vieil ami, ils vous ont enfin donné le ruban rouge! C'est un honneur que vous avez bien gagné, et vous pouvez porter ce ruban sans rougir.

— Cela est inattendu, j'en conviens. Mais ce n'est pas à moi que cette lettre est adressé, car je ne suis pas chevalier du Bain.

— Quelles fadaises! ouvrez ce paquet, ou je l'ouvrirai pour vous. Existe-t-il deux Richard Bluewater dans le monde? Y a-t-il un autre contre-amiral qui porte ce nom?

— Je ne me soucie pas d'ouvrir une lettre qui ne m'est pas strictement adressée.

— Mais celle-ci est bien à votre adresse. Au surplus, je l'ouvre, puisque vous êtes si scrupuleux.

En parlant ainsi, le vice-amiral rompit le cachet, et déchira brusquement l'enveloppe, dont s'échappa un ruban rouge qui tomba sur le tapis. Les insignes ordinaires de l'ordre du Bain parurent ensuite, avec une lettre portant que le bon plaisir de Sa Majesté avait été de lui accorder un des rubans rouges qui étaient alors vacants, pour le récompenser des services éminents qu'il avait rendus en différentes occasions. Il y avait même une courte note du premier ministre, lui exprimant la satisfaction qu'il éprouvait en lui transmettant cette preuve des bonnes grâces de Sa Majesté.

— Eh bien, que pensez-vous de cela, sir Richard? demanda sir Gervais d'un air triomphant. — Ne vous ai-je pas toujours dit que tôt ou tard ce ruban vous arriverait?

— En ce cas, il est arrivé trop tard, répondit froidement son ami en repoussant le ruban, les insignes et les lettres; c'est un honneur que je ne puis recevoir *à présent* que de mon souverain légitime. Nul autre que lui ne peut légalement créer un chevalier du Bain.

— Mais, s'il vous plaît, monsieur Richard Bluewater, qui vous a fait capitaine de vaisseau, — commandant de division, — contre-amiral? Me regardez-vous comme un imposteur, parce que je porte ce ruban sans y avoir d'autres droits que ceux que m'a donnés la maison de Hanovre ? Suis-je, ou ne suis-je pas à vos yeux, un véritable vice-amiral de l'escadre rouge ?

— Je fais une grande distinction, Oakes, entre un grade dans la marine et une distinction purement personnelle. Dans le premier cas, vous servez votre pays, et vous donnez autant que vous recevez ; au lieu que dans le second, c'est une grâce accordée pour donner de la considération à la personne qui reçoit cet honneur, sans qu'il ait de son côté à donner un équivalent qui puisse lui servir d'apologie pour accepter un rang illégalement conféré.

— Au diable vos distinctions ! elles mettraient le désordre partout, et feraient du service de la marine une tour de Babel. Si je suis vice-amiral de l'escadre rouge, je suis chevalier de l'ordre du Bain ; et si vous êtes contre-amiral de l'escadre blanche, vous êtes aussi chevalier de cet ordre honorable. Tout cela découle de la même source d'autorité, de la même fontaine d'honneur.

— Je ne vois pas les choses de même. Nos commissions viennent de l'amirauté, qui représente le pays ; mais les dignités personnelles viennent du prince qui est en possession du trône n'importe à quel titre.

— Regardez-vous Richard III comme un usurpateur, ou comme un prince légitime ?

— Comme un usurpateur, sans aucun doute, et en outre comme un meurtrier. Son nom devrait être biffé de la liste des rois d'Angleterre. Je n'entends jamais prononcer son nom sans l'exécrer lui et ses forfaits.

— Bon, bon, Dick, c'est voir les choses en poëte plutôt qu'en marin. Si l'on biffait seulement les noms de la moitié des souverains qui méritent d'être exécrés, la liste de nos rois d'Angleterre ne serait pas très-longue, et il y aurait des pays auxquels il n'en resterait pas un. Mais quoique Richard III puisse grandement mériter d'être dégradé de cette manière sommaire, les pairs qu'il a créés et les lois qu'il a faites valent bien les pairs et les lois de tout autre prince. — Le duc de Norfolk, par exemple.

— Je ne puis rien y faire, mais il est en mon pouvoir d'empêcher Richard Bluewater d'être créé chevalier du Bain par George II, et j'userai de ce pouvoir.

— Cela n'est pas probable, puisqu'il est déjà créé, et que cette création a peut-être même déjà été annoncée dans les gazettes.

— Mais la prestation de serment n'a pas encore eu lieu ; et tout Anglais a le droit de refuser un honneur, — si cela peut s'appeler un honneur.

— En vérité, contre-amiral sir Richard Bluewater, vous êtes en train de faire des compliments aujourd'hui ! L'indigne chevalier du Bain qui est devant vous, et tout le reste de l'ordre, vous sont fort obligés !

— Votre cas et le mien, Oakes, sont essentiellement différents, répondit son ami avec émotion. — Vous avez légitimement gagné votre ruban en combattant pour l'Angleterre; et vous pouvez le porter avec honneur pour vous et pour votre pays. Mais cette babiole m'a été envoyée dans un moment où l'on prévoyait une insurrection, comme un appât pour me tenir en bonne humeur, et se rendre favorable toute la famille Bluewater.

— Ce n'est qu'une conjecture, et j'ose dire que vous reconnaîtrez qu'elle n'est pas fondée. Voici les dépêches qui parlent d'elles-mêmes, et il est à peine possible que le ministère ait été instruit de l'entreprise plus que téméraire que projetait le fils du Prétendant, si ce n'est depuis très-peu de jours, et je garantirais sur ma vie que les dates prouveront que le ruban rouge vous avait été accordé avant qu'on pût s'en douter.

Sir Gervais, avec la vivacité qui lui était naturelle, se mit alors à lire les lettres qui lui étaient adressées, tandis que Bluewater se remettait sur son fauteuil avec un sourire d'incrédulité. Cette lecture désappointa sir Gervais Oakes. Les dates lui prouvèrent que les ministres étaient mieux informés qu'il ne l'avait supposé, car il paraissait qu'ils avaient appris aussitôt que lui les projets du fils du Prétendant. Les ordres qu'on lui envoyait étaient de ramener sa flotte dans le nord ; en un mot, de faire précisément tout ce que sa sagacité lui avait inspiré. Jusque là, tout allait bien, et il ne pouvait douter que ses supérieurs n'approuvassent le parti qu'il avait pris. Mais c'était là son seul motif de satisfaction ; car, en comparant les dates des différentes lettres, il était évident que le ruban rouge n'avait été accordé à Bluewater que postérieurement au jour où la nouvelle des desseins du Prétendant avait été reçue par le ministère. Une lettre d'un de ses amis particuliers, membre du bureau de l'amirauté, lui parlait aussi, comme d'une chose probable, de sa propre promotion au grade d'amiral de l'escadre bleue ; la même lettre lui parlait encore de plusieurs autres promotions qui avaient eu lieu de manière à prouver que le gouvernement, en ce moment de crise, cherchait à se fortifier par une distribution libérale de faveurs. Il est vrai que cette marche politique pouvait réussir avec des hommes ordinaires ; mais avec des officiers d'un caractère indépendant comme nos deux amiraux, elle ne pouvait produire que le dégoût.

— Qu'ils aillent au diable, Dick ! s'écria sir Gervais en jetant sur la table sa dernière lettre avec un air de mécontentement ; — prenez saint Paul, ou même feu le frère de sir Wycherly, saint Jacques-le-Mineur, et placez-le à la cour, vous en ferez en huit jours un vaurien achevé.

— Ce n'est pas l'opinion générale sur l'éducation qu'on reçoit à la cour, répondit tranquillement son ami, la plupart du monde croyant qu'elle donne de bonnes manières, sinon de bons sentiments.

— Bon, bon, vous et moi nous n'avons pas besoin de dictionnaire pour nous entendre. Un homme qui ne croit jamais à un motif généreux, qui juge toujours nécessaire de se faire des créatures par des faveurs ou des cajoleries, qui ne se fait pas une idée qu'on puisse réussir à quelque chose sans employer directement l'aide d'un *quid pro quo*, je l'appelle un vaurien achevé, eût-il les airs et les grâces de Philippe Stanhope, ou de Chesterfield. De quoi pensez-vous que me parlent ces savants de l'amirauté, afin de river ma loyauté dans cette bienheureuse conjoncture ?

— Sans doute de vous élever à la pairie. Je n'y vois rien de très-extraordinaire : vous êtes issu d'une des plus anciennes familles d'Angleterre, le sixième baronnet de votre race par droit héréditaire, et vous avez un domaine qui n'est pas plus à mépriser parce qu'il vous rapporte un revenu considérable. Sir Gervais Oakes de Bowldero deviendrait lord Bowldero sans blesser aucune convenance.

— Si ce n'était que cela, je m'en inquiéterais fort peu, car rien n'est plus facile que de refuser une pairie ; je l'ai déjà fait deux fois, et je pourrais, au besoin, le faire une troisième. Mais on ne peut pas aussi aisément refuser de l'avancement dans sa profession ; et tandis qu'un homme d'honneur compterait sur les principes d'un officier, il paraît que la conscience vénale de ces courtisans a suggéré l'idée de nommer Gervais Oakes amiral de l'escadre bleue pour s'assurer de moi, de moi qui n'ai été nommé vice-amiral de l'escadre rouge qu'il y a six mois, et qui suis fier de pouvoir dire que j'ai légitimement gagné dans des combats sur mer chaque promotion que j'ai obtenue, depuis le grade le plus bas jusqu'au plus élevé !

— Peut-être pensent-ils que c'est un service plus délicat pour un homme bien né d'être fidèle à la maison régnante, dans un moment où un appel si puissant est fait à la loyauté naturelle ; et c'est pourquoi ils placent la victoire qu'il remporte sur lui-même au même rang qu'une victoire navale.

— Il y a tant de sots intrigants à la cour! je voudrais trouver l'occasion de leur dire ma façon de penser. Non, Dick, je n'accepterai pas cet avancement, car chacun doit voir que ce n'est qu'un leurre.

— C'est précisément ce que je pense aussi du ruban rouge, et je ne l'accepterai pas. Il y a dix ans que vous portez ce ruban, vous avez deux fois refusé la pairie, et leur unique chance est une promotion. Il faut pourtant que vous l'acceptiez, et vous le devez; car c'est le moyen de procurer de l'avancement à quatre ou cinq pauvres diables qui n'en ont obtenu que de cette manière depuis qu'ils ont été nommés capitaines. Je suis très-charmé qu'il ne soit pas question de promotion pour moi, car je ne saurais trop comment refuser une telle faveur. Le parchemin a beaucoup d'influence sur nous autres marins.

— Pourvu que ce parchemin soit légitimement obtenu. Quoi qu'il en soit, Bluewater, je crois que vous auriez tort de refuser le ruban, puisque vous l'avez mérité dans une douzaine d'occasions. Il n'y a personne dans la marine qui ait été moins récompensé que vous de ses services.

— Je suis fâché que telle soit votre opinion; car, en ce moment même, je pense plutôt que je n'ai à cet égard aucun motif de plainte contre la maison régnante ou ses ministres. J'étais encore jeune quand j'ai obtenu le commandement d'un bâtiment de guerre; et depuis ce temps personne ne m'a passé sur le corps.

Le vice-amiral regarda son ami avec attention. Il ne l'avait pas encore entendu énoncer des opinions qui annonçassent une résolution si déterminée de quitter le service de la maison régnante. Connaissant depuis son enfance tous les sentiments de Bluewater, il s'aperçut que le contre-amiral s'était efforcé de se persuader qu'on ne pouvait attribuer à aucun motif bas et sordide une entreprise qu'il regardait comme inspirée par un esprit chevaleresque et désintéressé; comme Oakes lui-même venait d'exprimer l'opinion que nul officier n'avait été moins libéralement récompensé de ses services que son ami. Il n'est pas de plus grand mystère pour celui qui prend l'égoïsme pour base de toute sa conduite, qu'un homme dont le caractère est désintéressé; mais ceux qui éprouvent de généreuses impulsions et qui les suivent, se comprennent mutuellement avec une facilité qui tient de l'instinct. Quand un individu est porté à croire que le bien l'emporte sur le mal dans le monde qu'il habite, c'est un signe d'inexpérience ou d'imbécillité; mais celui qui raisonne et qui agit comme s'il ne s'y trouvait plus ni honneur ni vertu, fournit le meilleur argument possible contre ses penchants et son caractère. On a souvent remarqué que l'amitié entre des personnes dont les dispositions sont différentes est plus solide qu'entre ceux qu'une uniformité de goûts et de sentiments prive de tout ce qui peut donner de l'intérêt à leurs relations mutuelles; mais, dans tous les cas d'intimité, il faut une grande identité de principes et même de goûts dans tout ce qui se rattache aux motifs des actions, pour assurer un respect mutuel entre ceux dont les sentiments sont plus élevés qu'il n'est d'ordinaire, ou une sympathie réciproque parmi ceux dont l'esprit reste à un niveau plus bas. Tel était le fait en ce qui concernait nos deux amiraux. Deux hommes ne pouvaient différer plus l'un de l'autre par le tempérament et le caractère, au physique et, à certains égards, au moral; mais quand il s'agissait de principes, ou de ces goûts et de ces sentiments qui y sont alliés, il existait entre eux une forte affinité, naturelle aussi bien qu'acquise. Cette similitude de sentiments s'était encore augmentée par des habitudes communes, et par la carrière qu'ils avaient si longtemps parcourue ensemble dans la même profession. Rien ne fut donc plus facile à sir Gervais Oakes que de comprendre ce qui se passait dans l'esprit de l'amiral Bluewater, tandis que celui-ci cherchait à se persuader qu'il avait été convenablement traité par le gouvernement actuel. Les raisonnements que fit en cette occasion l'imagination de sir Gervais, lui prirent donc beaucoup moins de temps qu'il ne nous en a fallu pour en expliquer la nature, et après avoir regardé fixement son ami pendant quelques secondes, comme nous l'avons déjà dit, il lui répondit ainsi qu'il suit, influé en grande partie, sans qu'il s'en doutât, par le désir de réprimer le penchant de Bluewater pour la maison de Stuart.

— Je suis fâché de ne pouvoir être d'accord avec vous, Dick, lui dit-il avec quelque chaleur. Bien loin de croire que vous ayez été bien traité par aucun ministère depuis vingt ans, je pense que vous avez grandement à vous en plaindre. Sans doute vous avez le grade de contre-amiral; mais on ne pouvait se dispenser de l'accorder à un brave officier après de longs services, sous un gouvernement quelconque bien organisé; mais vous a-t-on appelé aux commandements en chef auxquels vous aviez droit? J'étais commandant en chef quand je n'étais encore que contre-amiral de l'escadre bleue; et combien de temps avais-je porté un guidon de commandement avant d'arborer le pavillon carré d'amiral?

— Vous oubliez combien de temps j'ai servi avec vous, Oakes. Quand deux officiers servent ensemble, il faut bien que l'un commande et que l'autre obéisse. Bien loin de me plaindre du bureau de l'amirauté, je dirai qu'il semble avoir toujours en vue la faiblesse des droits de son maître au trône de la Grande-Bretagne, et qu'il désire lui acheter les services des hommes braves et honnêtes en leur accordant des faveurs.

— Vous êtes l'homme le plus étrange que j'aie jamais vu, Dick. Du diable si je crois que vous savez toujours distinguer quand vous êtes bien ou mal traité. Il y a au service de la marine une douzaine d'hommes qui ont obtenu des commandements en chef, et qui n'y avaient pas la moitié autant de droits que vous.

— Allons, allons, Oakes, tout cela n'est que puérilité pour deux marins qui ont passé la cinquantaine. Vous savez fort bien qu'on m'a offert le commandement d'une escadre tout aussi belle que la vôtre, en me laissant le choix du commandant en second sur toute la liste des amiraux de rang au-dessous du mien. Ainsi n'en parlons pas davantage. Quant à leur ruban rouge, ils peuvent chercher de porte en porte quelqu'un qui veuille l'accepter.

Sir Gervais allait répliquer, quand un coup frappé à la porte annonça une nouvelle visite. Pour cette fois, c'était Galleygo, car le baronnet avait voulu étendre son hospitalité sur toute la suite de l'amiral Oakes.

— Que diable êtes-vous venu faire ici? s'écria sir Gervais avec un accent d'impatience, car il était mécontent d'être interrompu en ce moment; souvenez-vous du moins que vous n'êtes pas à bord du *Plantagenet*, mais dans une maison où il y a un sommelier et une femme de charge qui n'ont besoin ni de vos avis ni de vos services pour y maintenir l'ordre.

— Eh bien, sir Gervais, je ne suis nullement d'accord avec vous sur ce point, car je crois que, comme maître d'hôtel d'un vaisseau, — je veux dire maître d'hôtel de la table d'un amiral, — je pourrais être très-utile dans cette maison. J'ai déjà eu une conversation privée avec la cuisinière à ce sujet, et je lui ai nommé jusqu'à sept plats qu'elle m'a avoué ne connaître pas plus que l'Évangile.

— Il faudra que je finisse par mettre ce drôle en quarantaine, Bluewater. Je crois que si je le conduisais au palais de Lambeth, ou à celui de Saint-James, il lèverait sa rame au milieu des bénédictions de l'archevêque, et la mouillerait dans le chaudeau de la reine[1].

— Et quand cela serait, sir Gervais, où serait le grand mal? On peut confier une rame à un homme qui sait s'en servir, même dans une église ou dans un château. Quand vous viendrez à savoir quels sont les plats dont elle n'avait jamais entendu parler, vous en serez aussi surpris que je l'ai été.

— Quels sont ces plats, Galleygo? demanda Bluewater, plaçant une de ses longues jambes sur une chaise voisine de son fauteuil,

---

1. Expressions nautiques qui signifient se mêler de ce qui ne vous regarde pas.

afin d'être plus à son aise pour écouter les propos bizarres du maître d'hôtel, qui, loin de l'importuner, l'amusaient toujours. Je vous répondrai à la place de sir Gervais, qui a toujours quelque scrupule quand il s'agit de faire valoir la supériorité d'un vaisseau sur une maison.

— C'est cela, Votre Honneur, c'est précisément le côté faible de sir Gervais, comme on pourrait dire. Or, je ne vais jamais à terre sans être bien orienté au plus près, me jetant en travers sur l'avant de tous ceux que je rencontre, ce qui est la même chose que si je leur disais que j'appartiens à un vaisseau amiral, fin voilier, à un bâtiment qui n'a pas son égal sur l'eau salée; le tout sans vouloir rabaisser en rien le petit morceau d'étamine bleue[1] qui flotte en tête du mât d'artimon du *César*, ni le vaisseau qui le porte. Comme nous nous connaissons si bien, j'espère que je ne vous offense pas, amiral Bluewater.

— Pourquoi m'offenserais-je, quand je sais que vous n'avez pas intention de m'offenser, mon bon ami? — Mais voyons votre menu.

— Eh bien, amiral, le premier plat dont j'ai parlé à mistress Larder, cuisinière de sir Wycherly, était du *lobscouse*[2], et, le croiriez-vous, Messieurs, la pauvre femme n'en avait jamais entendu parler! J'ai commencé par là toucher d'une main légère, ne voulant pas la couler à fond sous le poids de ma science, comme sir Gervais, en capturant une frégate française, ne voulut faire feu que de sa batterie haute, afin de la prendre toute vive.

— Et elle ne connaissait pas le *lobscouse?* Elle n'en savait ni la nature ni l'essence?

— On ne met jamais aucune essence dans le *lobscouse*, amiral. On y ajoute quelquefois des pommes de terre, comme nous le faisons à bord du *Plantagenet*, ce qui rend ce mets si savoureux qu'on croirait qu'il y entre du rhum de la Jamaïque. Oui, oui, les pommes de terre sont l'essence qu'il faut pour le lobscouse; et c'est une bonne chose qu'une pomme de terre, sir Gervais, quand un équipage a été quelques mois à la viande salée.

— Et quel fut le second plat sous lequel la bonne femme succomba? demanda Bluewater, craignant qu'Oakes ne renvoyât son maître d'hôtel pour reprendre la discussion politique.

— Eh bien, amiral, elle ne connaissait pas plus un plat de *chou-*

---

1. Pavillon carré bleu en tête du mât d'artimont, et qui est la marque distinctive d'un contre-amiral de l'escadre bleue.
2. Mets usité dans la marine anglaise; il se compose de bœuf salé, de biscuit de mer et d'oignons, le tout cuit ensemble avec force poivre.

der [1], que si la mer n'était pas dans le voisinage, et qu'on ne pût trouver un seul poisson dans toute l'Angleterre. Quand je lui parlai de *chouder*, elle baissa pavillon, comme un bâtiment espagnol à la quatrième ou cinquième bordée.

— Une telle ignorance est honteuse. Elle annonce une décadence dans la civilisation. Mais vous lui avez donné d'autres échantillons de vos connaissances? La science administrée par petites doses est une pauvre chose, Galleygo.

— Sans doute, Votre Honneur ; c'est comme du grog faible, ou une amorce qui brûle sans faire partir le boulet. Mais quand je lui parlai de *burgoo* [2], elle me dit que ce plat n'était pas dans son livre de cuisine. — Savez-vous, sir Gervais, que ces fainéants qui ne vont jamais sur mer préparent leurs dîners comme notre master calcule la hauteur du soleil, c'est-à-dire à l'aide d'un livre ? — Voilà de terribles nouvelles, Messieurs, touchant le fils du Prétendant. Je suppose que nous aurons à conduire *notre* escadre en Ecosse, car je m'imagine que ces soldats ne feront pas grande besogne sans nous.

— Et ne nous avez-vous honorés d'une visite que pour nous faire une dissertation de cuisine, et nous apprendre ce que vous comptez faire de l'escadre ! dit sir Gervais d'un ton sévère qu'il n'avait pas coutume de prendre avec son maître d'hôtel.

— Dieu me protège, sir Gervais, je ne songeais ni à l'un ni à l'autre. Vous parler à vous ou à l'amiral Bleu, — car c'était ainsi que les marins avaient coutume de nommer le commandant en second d'une escadre — de *lobscouse*, de *chouder* et de *burgoo*, autant vaudrait porter du charbon à Newcastle. Je vous en ai nourris tous deux quand vous n'étiez encore que midshipmen, et quand vous étiez un couple de jeunes lieutenants de bonne mine. Quant à mettre l'escadre sous voiles, je sais fort bien que cela ne peut arriver avant que nous en ayons causé dans la chambre de conseil du vieux *Plantagenet*, qui est une place plus naturelle pour une pareille conversation que toutes les maisons d'Angleterre.

— Puis-je donc prendre la liberté de vous demander qui vous a amené ici?

— De tout mon cœur, sir Gervais, car j'aime à répondre à vos questions. Ce n'est pourtant pas pour Votre Honneur que j'y suis venu cette fois-ci, quoique vous soyez mon maître. C'est peu de

---

1. Autre mets de mer. Il se compose de poisson frais, de porc salé, de biscuit de mer, et de différentes herbes, le tout disposé par couches.
2. Bouillie de farine d'avoine.

chose après tout, car il ne s'agit que de remettre ce bout de lettre à l'amiral Bleu.

— Et d'où vient cette lettre? comment se trouve-t-elle entre vos mains? demanda Bluewater en jetant un coup d'œil sur l'adresse, dont il parut reconnaître l'écriture.

— Elle vient de Londres, à ce que je comprends, et ce doit être un grand secret que vous l'ayez reçue. En voici toute l'histoire : — Un officier arriva ici ce soir à toutes voiles dans une chaise de poste, nous apportant des ordres. Il paraît qu'il rencontra M. Atwood à son atterrage, et comme il le connaissait, il lui laissa son paquet pour le remettre à qui de droit. Il prit alors un bateau pour se rendre à bord du *Dublin*; mais rencontrant votre barge [1] qui se rendait à terre, il nous demanda où il trouverait l'amiral Bleu, qu'il croyait à bord. Quelqu'un lui ayant dit que j'étais l'ami, et en quelque façon le serviteur des deux amiraux, il me demanda mon avis et me conta toute son affaire. Ainsi donc, je me chargeai de remettre cette lettre, comme j'en ai remis des milliers d'autres. Il me donna en même temps des instructions spéciales qui étaient de remettre cette lettre à l'amiral, comme qui dirait sous le vent du foc d'artimon, c'est-à-dire en particulier. Eh bien, Messieurs, je me suis chargé de cette mission, et maintenant vous comprenez l'affaire aussi bien que moi.

— Et suis-je donc devenu, suivant vous, un personnage assez insignifiant pour n'être personne à vos yeux si clairvoyants; maître Galleygo? demanda le vice-amiral avec vivacité; c'est ce que je soupçonnais depuis vingt-cinq ans.

— Comme les amiraux se méprennent quelquefois, sir Gervais! Il ne sont que de simples mortels; comme je le dis dans la cuisine, et ils ont un faux appétit comme les midshipmen quand ils se jettent en travers de quelqu'un. Or, je vous regarde à peu près, l'amiral Bleu et vous, comme ne faisant qu'une seule personne, vu que vous n'avez que peu ou point de secrets l'un pour l'autre. Je vous ai connus tous deux quand vous êtes entrés au service comme midshipmen; et vous vous aimiez comme deux jumeaux; — quelques années après, vous passiez tout votre quart à vous promener sur le pont en vous racontant de longues histoires. — Je vous ai connus quand on vous surnommait Pillardès et Arrestès [2], et pourtant vous n'aviez ni pillé ni arrêté personne. Enfin confier un secret à l'un de vous, j'ai toujours pensé que c'était le confier aussi à l'autre.

Les deux amiraux échangèrent un regard, et l'affection que chacun

---

1. Barge est le nom que l'on donne dans la marine anglaise au canot des amiraux.
2. Pylade et Oreste.

d'eux vit briller dans les yeux de son ami dissipa tous les nuages accumulés sur eux par la discussion qui avait eu lieu quelques instants auparavant.

— Cela suffit, Galleygo, dit sir Gervais avec douceur; vous êtes un brave homme au fond, quoique d'une rudesse intolérable.

— Tenant un peu du vieux Boréas, sir Gervais, dit le maître-d'hôtel avec un sourire qui tenait aussi de la grimace. — Mais le vent souffle plus fort sur mer que sur terre, et les habitants de la terre ferme ne sont pas coupés et aplatis par des coups de vent semblables à ceux auxquels nous autres fils de Neptune nous sommes obligés de faire face.

— Très-vrai, très-vrai ; mais, bonsoir : l'amiral Bluewater et moi nous avons besoin de conférer ensemble une demi-heure. Tout ce qu'il convient que vous sachiez vous sera communiqué dans un autre moment.

— Dieu bénisse Votre Honneur, sir Gervais ! — Bonne nuit, amiral Bleu. — A nous trois, nous sommes en état de garder un secret à bord de quelque bâtiment que ce soit, et n'importe son tirant d'eau.

Après le départ de Galleygo, sir Gervais regarda son ami avec un air d'intérêt manifeste, car il s'aperçut que Bluewater lisait sa lettre pour la troisième fois. Comme ils étaient alors tête à tête, il n'hésita pas à lui exprimer ses appréhensions.

— C'est comme je le craignais, Dick, s'écria-t-il ; cette lettre vous est adressée par un des principaux partisans de Charles-Édouard.

Bluewater jeta les yeux sur lui, sa physionomie ayant une expression qu'il était difficile d'analyser, et il relut sa lettre une quatrième fois.

— Quel précieux rassemblement de vils coquins ! s'écria enfin le contre-amiral. Si toute la cour était mise à contribution, je doute qu'on y pût trouver assez d'honnêteté pour l'inoculer à un bélître de puritain. Connaissez-vous cette écriture ? Je doute que vous l'ayez jamais vue.

Il montra l'adresse de la lettre à son ami, qui déclara que cette main lui était inconnue.

— C'est ce que je pensais, reprit Bluewater, déchirant avec soin la signature apposée au bas de la lettre, et brûlant ce fragment de papier à la flamme d'une lumière : périsse du moins ainsi cette honteuse partie du secret ! Le drôle qui m'a adressé cette lettre a écrit le mot confidentiel au haut de son griffonnage ; qu'il adresse à d'autres ses confidences ! Personne n'a le droit de se jeter ainsi à la traverse entre moi et mon plus ancien ami, et je ne puis consentir à vous cacher ce trait perfide de trahison. Je fais plus que le drôle ne mérite en ne faisant pas connaître son nom; mais je ne me refuserai pas le plaisir de lui envoyer une réponse telle que je la lui dois. Lisez cela, Oakes, et dites-moi si lui donner la cale serait une punition assez forte pour lui.'

Sir Gervais prit la lettre en silence, quoique non sans surprise, et se mit à lire. A mesure qu'il avançait dans cette lecture, le sang lui montait au visage, et il laissa une fois tomber son bras, pour jeter sur son ami un regard qui peignait la surprise et l'indignation. Pour que le lecteur puisse voir si ces deux sentiments étaient motivés, nous mettrons sous ses yeux la lettre en son entier. Elle était conçue ainsi qu'il suit :

« MON CHER AMIRAL BLUEWATER,

« Notre ancienne amitié, et je suis fier de pouvoir ajouter, l'affinité
« de notre sang, se réunissent pour me porter à vous écrire quelques
« lignes dans un moment si intéressant. Nul homme de bon sens
« ne peut avoir le moindre doute du résultat de l'entreprise témé-
« raire du fils du Prétendant. Cependant ce jeune écervelé peut nous
« donner quelque embarras avant qu'on l'ait mis à la raison. Nous
« devons donc compter sur tous les efforts et sur la coopération zélée
« de tous nos amis. On a *en vous* pleine confiance, et je voudrais
« pouvoir en dire autant de tout amiral *qui commande en ce moment
« une escadre*. Il existe quelque méfiance, non méritée, j'espère,
« dans un très-haut quartier, sur le compte d'un certain commandant
« en chef qui est si complétement exposé à vos observations, que ce
« mot suffit pour faire sentir à un homme qui a votre intelligence et
« vos sentiments politiques, ce qu'on attend de lui et ce qu'il doit
« faire. Le roi disait ce matin « Eh bien, il y a Bluewater ; nous
« sommes sûrs *de lui* comme du soleil. » Vous êtes au mieux dans
« son esprit, à ma grande satisfaction. Je n'ai donc besoin que d'a-
« jouter : Vigilance et promptitude.

« Je suis, avec le plus sincère attachement, mon cher Bluewater, etc.

« *P. S.* Je viens d'apprendre qu'on vous a envoyé le ruban rouge.
« C'est le roi lui-même qui l'a voulu. »

Quand sir Gervais eut parcouru des yeux cette précieuse épître, il la lut tout haut, lentement et d'une voix ferme; après quoi, la jetant sur la table, il regarda son ami en face.

— On croirait que ce drôle est un excellent satiriste, dit Bluewater en riant. C'est *moi* qui dois vous surveiller, prendre garde que vous ne vous révoltiez, empêcher qu'un de ces matins, par un brouillard propice, vous n'emportiez l'escadre sur le haut des montagnes d'Écosse. Que pensez-vous de cette lettre?

— Que tous les courtisans sont des fourbes et tous les princes des ingrats. Je n'aurais pas cru qu'on pût douter de mon dévouement à *la bonne cause*, sinon à l'homme.

— Et l'on n'en doute pas le moins du monde, j'en réponds sur ma vie. Ni le monarque régnant, ni ses serviteurs confidentiels, ne sont des sots assez fieffés pour avoir conçu une pareille méfiance. Non, ce coup de maître a été imaginé pour s'assurer de moi, en me montrant une confiance qu'ils pensent qu'un homme honnête et généreux ne voudrait pas trahir, s'il croyait la posséder. En un mot, c'est un hameçon auquel ils ont attaché un appât qui pourrait prendre un goujon, mais non une baleine.

— Les misérables peuvent-ils être si vils! Osent-ils être si hardis! Ils ont dû prévoir que vous me montreriez cette lettre.

— Point du tout, ils ont calculé que j'agirais comme ils auraient agi eux-mêmes. Rien n'est plus propre à gagner un homme faible qu'une prétendue confiance de cette nature, et j'ose dire que ce drôle n'a de moi que l'idée qu'il faut précisément pour s'imaginer que je me laisserais prendre à un piége si grossier. Ayez l'esprit en repos : le roi George sait fort bien qu'il peut se fier à *vous*; et je crois très-probable qu'il se méfie de *moi*.

— J'espère, Dick, que vous ne doutez pas de ma discrétion. Mon secret ne me serait pas à demi aussi sacré que le vôtre.

— Je le sais parfaitement, Oakes, je n'ai aucune méfiance de vous, ni dans la tête ni dans le cœur; mais je ne suis pas tout à fait aussi sûr de moi. Quand on sent vivement, on ne raisonne pas toujours, et il y a en moi plus de sentiment qu'autre chose dans cette affaire.

— Il n'y a pas une seule ligne dans toutes mes dépêches qui montre la moindre méfiance de moi, ni de qui que ce soit : on y parle de vous, mais en termes qui doivent vous satisfaire et non vous alarmer. Prenez-les et lisez-les : j'avais dessein de vous les montrer dès que nous aurions terminé cette maudite discussion.

En parlant ainsi, le vice-amiral mit sur la table son paquet de lettres devant son ami.

— Il sera assez temps de les lire, répondit Bluewater, quand vous m'appellerez régulièrement à un conseil de guerre. Peut-être ferons-nous mieux de dormir sur cette affaire. Demain matin nous nous reverrons la tête plus froide et le cœur tout aussi chaud.

— Bonsoir, Dick, dit sir Gervais en présentant les deux mains à son ami, tandis que celui-ci passait devant lui pour s'en aller.

— Bonsoir, Gervais. Jetons ce misérable fourbe par-dessus le bord, et ne pensons plus à lui. J'ai presque envie de vous demander demain un congé, uniquement afin de courir à Londres pour lui couper les oreilles.

Sir Gervais sourit en lui faisant un geste d'adieu ; et les deux amiraux se séparèrent avec le même sentiment d'amitié qui les avait unis pendant leur carrière remarquable.

CHAPITRE VIII.

> Faites-y attention, pensez-y bien ; je n'ai pas coutume de plaisanter. Jeudi s'approche ; mettez la main sur votre cœur ; réfléchissez-y. Si vous êtes à moi, je vous donne à mon ami. Dans le cas contraire, allez vous faire pendre, mendiez, mourez de faim dans les rues.
>
> SHAKSPEARE. *Roméo et Juliette.*

WYCHECOMBE-HALL, dans son administration intérieure, réunissait la plupart des traits qui caractérisent la demeure d'un garçon, et n'était ni en avance ni en arrière de ce siècle en ce qui concerne les orgies de table. Quand le maître de la maison se relâchait un peu, les domestiques imitaient uniformément son exemple. La table de sir Wycherly était toujours bien servie, et l'on faisait presque aussi bonne chère dans la cuisine que dans la salle à manger, le vin seul excepté. Mais au lieu de vin, les domestiques avaient à discrétion d'excellente double ale, brassée à la maison, de sorte que les deux breuvages différaient de nom plutôt que de qualité. Sir Wycherly ne buvait que du vin de Porto ; car, au milieu du dernier siècle, peu d'Anglais buvaient de meilleurs vins ; encore son porto n'était-il pas un vin d'élite et mûri par les années ; la force en faisait le principal mérite, et comme la double ale n'était guère moins forte, la différence entre du vin médiocre et d'excellente ale n'était pas très-considérable : fait qui était à la connaissance de toute la maison du baronnet, qui en avait fait la comparaison plus d'une fois, et qui donnait la préférence à l'ale, à l'exception du sommelier de mistress Lurder.

En la présente occasion, personne à Wychecombe-Hâll n'ignorait la cause de l'orgie qui avait lieu dans la salle à manger. Tous ceux qui l'habitaient étaient des dévoués partisans de la maison régnante, et dès qu'ils virent qu'on manifestait sa loyauté en buvant, les toasts — succès au roi George ! — et — confusion au Prétendant ! — se firent entendre dans la cuisine comme dans la salle à manger, avec un zèle qui aurait pu placer un usurpateur sur le trône, s'il n'avait fallu que des libations pour y réussir.

Quand donc l'amiral Bluewater sortit de la chambre de son ami, le bruit et tous les signes d'une orgie générale et régulière étaient si évidents, qu'il éprouva quelque curiosité d'en voir le résultat ; et comme l'heure à laquelle il avait dessein de retourner à son vaisseau n'était pas encore arrivée, il descendit pour s'assurer positivement de la situation des choses. En traversant le vestibule pour entrer d'abord dans le salon, il y rencontra Galleygo.

— Je crois que le capitaine d'armes n'a pas fait son devoir ce soir, maître Galleygo, dit le contre-amiral, et qu'il a oublié d'éteindre les lumières sur le premier pont. J'entends parler, rire et chanter d'une manière un peu bruyante pour une maison de campagne respectable.

Galleygo toucha d'une main une mèche de cheveux à côté de son front, releva de l'autre son pantalon, et lui répondit d'une voix qui prouvait qu'il avait la langue plus épaisse que de coutume, grâce à quelques verres d'ale qu'il avait ajoutés à ceux qu'il avait déjà bus avant son apparition dans le cabinet de toilette de sir Gervais, laquelle addition avait produit sur son système à peu près le même effet qu'une nouvelle goutte sur un vase qui est déjà plein.

— C'est cela même, amiral Bleu, — dit-il d'un ton de bonne humeur, quoiqu'il ne fût pas assez gris pour oublier de se conformer aux convenances à sa manière. — C'est cela même ; la consigne est de laisser brûler les lumières jusqu'à nouvel ordre, et l'on a appelé tout le monde en bas pour une petite réjouissance. C'est un plaisir de voir l'ale qui est arrimée dans la cale de cette maison, Votre Honneur. Tout l'équipage met la main à l'œuvre, et le bâtiment portera bientôt autant de voiles qu'il en est capable. On ne fait que remplir et vider les pots.

— Tout cela peut être fort bien pour les gens de la maison, si sir Wycherly le trouve bon, Galleygo ; mais il ne convient pas que les domestiques de ses hôtes prennent part à ce désordre. Si j'apprends que Tom s'en soit mêlé, il en entendra parler. Et comme votre maître n'est pas ici pour vous admonester, je prendrai la liberté de le faire pour lui, car je sais qu'il serait très-mortifié d'avoir à rougir de la conduite de son maître-d'hôtel.

— Que Dieu protége votre chère âme, amiral Bleu! prenez autant de libertés qu'il vous plaira, et jamais je n'en empocherai une. Je vous connaissais quand vous n'étiez qu'un jeune middy [1], et je vous connais encore à présent que vous êtes un *contre*. Vous nous marchez sur les talons, et quand vous serez amiral en plein, vous serez quelque chose de plus qu'un *vice*. Je vous regarde, mon maître et vous, comme la chair et les os, — Pillardès et Arrestès, — et je ne m'inquiète pas plus de recevoir une rebuffade de Votre Honneur que de sir Gervais lui-même.

— Je crois que cela est assez vrai, Galleygo ; mais suivez mon avis, et renoncez à l'ale pour le reste de cette nuit. Pouvez-vous me dire comment se comporte le bâtiment, à l'égard du reste de la compagnie ?

— Vous n'auriez pu faire cette question à personne qui fût plus en état d'y répondre, Votre Honneur, car je viens de faire ma ronde dans toutes les chambres par une sorte d'habitude. Il me semblait, voyez-vous, que j'étais à bord du *Plantagenet*, et qu'il était de mon devoir de tout inspecter comme de coutume. C'est le dernier verre d'ale qui m'avait mis cette idée dans la tête ; mais à présent je vois ce qui en est, et je sais où je suis. Oui, Votre Honneur, le grand mât d'une église n'est pas plus droit et plus ferme que mon jugement en ce moment. Sir Wycherly m'a donné un verre de vin, pendant que je passais dans la salle à manger, avec le toast — confusion au Prétendant ! — ce que je répétai de tout cœur ; mais son vin n'est pas plus en état de rester bord à bord avec l'ale que nous avons là-bas, qu'un bâtiment français ne peut se comparer à un anglais. — Que pensez-vous, amiral Bleu, de cette croisière du fils du Prétendant sur les montagnes d'Ecosse ?

Bluewater jeta un regard de méfiance sur le maître-d'hôtel, car il savait qu'à bord du *Plantagenet* le drôle passait la moitié de son temps dans la salle à manger ou dans l'office de son maître, et il pouvait avoir entendu bien des choses de ses entretiens confidentiels avec sir Gervais. Mais ne voyant sur sa physionomie que l'expression insignifiante des traits d'un homme à demi gris, son inquiétude se calma sur-le-champ.

— Je pense que c'est une entreprise noble et hardie, Galleygo, répondit le contre-amiral, trop franc pour ne pas dire ce qu'il pen-

---

[1]. Abréviation familière du mot midshipman.

sait ; mais, comme croisière, je ne crois pas qu'elle rapporte de bonnes parts de prises. Mais vous n'avez pas répondu à ma question. Je suppose que M. Dutton et M. Rotherham sont encore à table avec sir Wycherly. Ne s'y trouve-t-il plus d'autres convives ? Où sont les deux jeunes gens ?

— Il n'y en a pas un seul à terre, Votre Honneur, répondit le maître-d'hôtel, habitué à entendre nommer ainsi les midshipmen.

— Je veux parler des deux jeunes Wychecombe. — Ah! j'oubliais que l'un d'eux est officier.

— Et aussi bon officier que beau jeune homme, Votre Honneur, tout le monde le dit; il est avec les dames, et l'autre a repris sa place à table.

— Et les dames, que sont-elles devenues au milieu de cette orgie bruyante ?

— Elles sont dans le petit salon. Quand elles ont vu quelle route faisait le bâtiment, elles se sont jetées dans le premier port qu'elles ont trouvé.

Galleygo, en parlant ainsi, lui montrait la porte du salon dont il parlait, et Bluewater s'avança de ce côté, après avoir fait au maître-d'hôtel une nouvelle et inutile exhortation à la sobriété. Lorsqu'il eut frappé à la porte, le jeune lieutenant la lui ouvrit lui-même, et, reconnaissant son officier supérieur, il se rangea pour le laisser passer, en le saluant avec respect. Une seule lumière éclairait le petit appartement où mistress Dutton et sa fille s'étaient réfugiées pour s'éloigner du bruit toujours croissant de la double orgie. Mildred avait éteint les autres, et c'était un pieux expédient auquel elle avait eu recours pour cacher à tous les regards les yeux rouges et encore humides de sa mère. L'amiral, en entrant, parut frappé de cette espèce d'obscurité ; mais, en y réfléchissant un instant, il lui parut qu'elle était en harmonie avec les sentiments de ceux qui étaient réunis dans le salon. Mistress Dutton le reçut avec l'aisance que lui avait donnée son éducation, et une conversation s'engagea sur-le-champ, comme c'est l'usage entre personnes résidant momentanément sous le même toit.

— Nos amis paraissent bien passer le temps, dit Bluewater au moment où un cri joyeux, partant de la salle à manger, arrivait à leurs oreilles ; la loyauté de sir Wycherly paraît à toute épreuve.

— Oh! amiral Bluewater! s'écria la malheureuse femme, le sentiment l'emportant un instant sur la discrétion, pouvez-vous dire, pouvez-vous penser que dégrader par de pareils excès l'image de la Divinité soit une manière de bien passer le temps?

— L'expression est impropre, mistress Dutton; et pourtant c'est ce que disent des millions d'hommes. Cette manière de célébrer un grand événement, et de proclamer ce qu'on regarde comme ses principes, est un vice non-seulement de notre siècle, mais de notre pays.

— Je vois pourtant que ni vous ni sir Gervais Oakes vous ne trouvez nécessaire de donner une telle preuve de votre attachement à la maison de Hanovre, et de votre détermination de lui consacrer votre temps et vos services.

— Vous vous souviendrez, ma bonne dame, qu'Oakes et moi nous sommes des amiraux chargés d'un commandement, et qu'il ne nous conviendrait pas de commettre un acte d'intempérance, à la vue de nos propres vaisseaux. Quoi qu'il en soit, je suis charmé de voir que M. Wychecombe préfère la compagnie dans laquelle je le trouve aux plaisirs de la table.

Le lieutenant salua, et Mildred jeta sur le contre-amiral un coup d'œil de satisfaction, sinon de reconnaissance. Sa mère continua un entretien qui faisait diversion à son émotion.

— J'en rends grâce à Dieu, s'écria-t-elle, ne songeant pas au sens qu'on pouvait attacher à ses paroles. — Tout ce que nous connaissons de M. Wychecombe doit nous porter à croire que sa tempérance n'est ni accidentelle ni extraordinaire.

— Tant mieux pour lui, ma chère dame. — Je vous félicite, jeune homme, de ce triomphe des principes, ou du tempérament, ou des deux causes réunies. Nous appartenons à une profession dans laquelle la bouteille est un ennemi plus à craindre qu'aucun de ceux que nous puissions avoir à combattre. Un marin ne peut appeler aucun allié à son secours pour l'aider à vaincre cet ennemi mortel d'un esprit intelligent et cultivé. Un homme qui pense réellement beaucoup, boit rarement beaucoup. Mais il y a dans un vaisseau des heures, des semaines, des mois d'oisiveté, pendant lesquels la tentation de recourir à ce genre de distraction devient trop forte pour des esprits qui ne sont pas habitués à y résister. C'est particulièrement ce qui arrive aux commandants; car, se trouvant isolés par leur rang, et accablés par la responsabilité dont ils sont chargés, ils cherchent dans la bouteille les moyens d'échapper aux pensées qui les tourmentent, et de se passer de toute autre compagnie. Je crois que le moment critique de la vie d'un marin se trouve dans les premières années qu'il a obtenu un commandement.

— Que cela est vrai! s'écria mistress Dutton; oh! ce cutter, ce cruel cutter!

Cette exclamation, qui lui échappa involontairement, et qu'elle regretta au même instant, fut un éclair qui fit briller la vérité aux yeux du contre-amiral. Bien des années auparavant, quand il n'était encore que capitaine, il avait été membre d'un conseil de guerre qui avait cassé et dégradé un lieutenant nommé Dutton pour inconduite pendant qu'il avait le commandement d'un cutter, inconduite qui était le malheureux fruit de la bouteille. D'abord il avait pensé, en voyant mistress Dutton, que ce nom ne lui était pas inconnu ; mais tant de choses semblables avaient passé sous ses yeux pendant quarante ans de service, que cet incident particulier s'était perdu dans sa mémoire dans l'obscurité du temps. Mais, en ce moment, il s'y représenta vivement avec toutes les circonstances qui l'avaient accompagné. Ce souvenir fit que le contre-amiral prit un nouvel intérêt à la malheureuse femme et à l'aimable fille du délinquant. On l'avait prié, dans le temps, d'employer son crédit pour obtenir la réintégration de l'officier coupable dans son ancien grade, et plus tard pour le faire nommer au poste inférieur qu'il occupait alors ; mais il avait constamment refusé de faire aucune sollicitation pour rendre une autorité quelconque à un homme qui était esclave d'un penchant qui non-seulement le dégradait lui-même, mais encore, dans la situation particulière d'un marin, mettait en danger l'honneur de son pays et la vie de tous ceux qui l'entouraient. Il savait que les derniers efforts qui avaient été faits en sa faveur avaient réussi, à l'aide d'une forte influence à la cour, dont il n'est pas ordinaire de faire usage dans des cas si insignifiants ; et ensuite, depuis bien des années, il avait entièrement oublié le coupable et ses infortunes. La renaissance imprévue de ses anciennes impressions fit qu'il se sentit comme un ancien ami de la femme et de la fille ; car il se rappelait une scène qu'il avait eu à soutenir avec elles, et dans laquelle la lutte entre ses principes et son humanité avait été si violente qu'il en avait versé des larmes. Mildred n'était alors qu'une enfant et ne se souvenait plus du nom d'un officier qu'elle n'avait vu qu'une seule fois ; mais mistress Dutton se le rappelait fort bien, et ce n'était qu'en tremblant qu'elle était venue à Wychecombe-Hall, où elle savait qu'elle allait le rencontrer. Le premier regard qu'il jeta sur elle l'assura qu'elle était oubliée, et elle chercha à bannir aussi de son souvenir une scène qui avait été une des plus pénibles de toute sa vie. L'exclamation qui lui échappa malgré elle changea entièrement la face des affaires.

— Mistress Dutton, dit Bluewater en lui prenant la main avec un air d'affection, je crois que nous sommes d'anciens amis, si, après ce qui s'est passé, vous me permettez de me considérer comme tel.

— Oh! amiral Bluewater, ma mémoire n'a pas besoin qu'on me le rappelle; je suis aussi sensible à votre compassion et à votre bonté que je l'étais dans le cruel moment où nous nous sommes vus.

— Et cette jeune personne, j'ai eu aussi le plaisir de la voir en cette occasion désagréable, et cela me fait comprendre ce que je ne pouvais expliquer. Dès l'instant que j'ai aperçu miss Dutton, je me suis dit que ses traits et surtout l'expression de sa physionomie ne m'étaient pas inconnus. Certainement, quand on les a vus une fois, on ne les oublie pas facilement.

— Ce doit être un jeu de votre imagination, amiral. Mildred était alors tout à fait enfant, et les traits d'un enfant font rarement une impression durable, et ils changent avec l'âge.

— Ce ne sont pas ses traits que je reconnais, c'est leur expression, et je n'ai pas besoin de dire à sa mère que c'est une expression difficile à oublier. J'ose dire que M. Wychecombe attestera cette vérité.

— Ecoutez! s'écria mistress Dutton, dont l'oreille était attentive à chaque nouveau bruit qui se faisait entendre. — Tout semble être en confusion dans la salle à manger. J'espère que tous ceux qui s'y trouvent sont de la même opinion sur ce qui se passe en Ecosse.

— S'il y a un jacobite parmi eux, il y fera chaud pour lui; car sir Wycherly, son neveu et le ministre, sont des lions rugissants en fait de loyauté. Mais ce bruit a certainement quelque chose d'extraordinaire, car j'entends des domestiques courir de côté et d'autre. S'ils sont dans la cuisine dans l'état où je les suppose, la cuisine doit avoir besoin du secours de la salle à manger, autant que la salle à manger peut...

Un coup frappé à la porte interrompit le contre-amiral. Il l'ouvrit lui-même, et Galleygo se montra sur le seuil; mais pour cette fois, il avait besoin de s'appuyer contre un des jambages.

— Eh bien! Monsieur, s'écria l'amiral d'un ton sévère, car il n'était plus disposé à badiner avec lui, dans l'état où il le voyait, quelle impertinence vous amène ici?

— Aucune impertinence, Votre Honneur. Il ne s'en trouve pas à bord du *Plantagenet*. Comme il n'y a pas ici de jeune homme[1] pour faire le rapport de ce qui se passe, j'ai cru que je ferais bien de venir le faire moi-même. *Nous* recevons tant de rapports dans notre chambre à bord du *Plantagenet*, qu'il n'y a pas sur toute l'escadre un seul officier en état d'en faire un mieux que moi.

---

1. Jeune homme est encore pris ici pour midshipman.

— Il y en a cent qui le feraient en moins de mots. — Qu'avez-vous à me dire?

— Seulement, Votre Honneur, qu'il y a là-bas un pavillon amené et un commandant en chef jeté sur le flanc.

— Juste ciel! est-il arrivé quelque accident à sir Gervais? Parlez, drôle, ou je vous fais repartir à l'instant pour le *Plantagenet*, fût-il minuit.

— Il est à peu près cela, amiral Bleu, car on a piqué six coups, ainsi que tout le monde peut le voir au cadran placé au haut de la grande échelle, — six coups, dis-je, et nous marchons sur sept.

— Qu'est-il arrivé à sir Gervais, monsieur? s'écria le contre-amiral en levant l'index d'un air menaçant.

— Rien du tout, Votre Honneur; *nous* nous portons tous aussi bien que lorsque nous avons quitté le *Plantagenet*. Je vous réponds que sir Gervais ne le cédera pas au meilleur voilier, n'importe que le bâtiment flotte sur une mer de porto, ou sur un océan d'ale. Fiez-vous à sir Gervais pour jouer de pareils tours. Il n'a pas été *jeune homme* pour rien.

— Ayez un instant de patience, amiral, dit le lieutenant Wychecombe; je vais aller moi-même m'assurer de la vérité.

— Je ne lui ferai plus qu'une question, dit Bluewater pendant que le jeune officier sortait du salon.

— Mais ne voyez-vous pas, amiral Bleu, que c'est le vieux sir Wycherly, le commandant en chef ici, qui a chaviré parce qu'il a voulu porter trop de voiles pour suivre des bâtiments plus légers, et maintenant on le remorque dans le port pour être radoubé.

— Est-ce là tout? c'est ce qu'on devait attendre d'une pareille orgie. Il ne fallait pas prendre un air si lamentable pour nous annoncer cette nouvelle.

— C'est ce que je pensais, Votre Honneur, et je voulais seulement prendre une figure aussi lugubre qu'un *jeune homme* chargé d'aller faire le rapport qu'un mât de perroquet est cassé, ou qu'un boute-dehors est sorti des blins et tombé à la mer. Vous rappelez-vous le jour, amiral Bleu, où vous vouliez lofer sur la hanche du vent du *Plantagenet*, et vous placer entre lui et le trois-ponts français de quatre-vingt-dix canons, et que vos bonnettes furent emportées les unes après les autres, comme des champignons se cassent en les pelant?

Galleygo, qui puisait ses figures dans ses deux métiers, aurait parlé ainsi pendant une heure; mais le lieutenant rentra en ce moment, et annonça que leur hôte était sérieusement et dangereusement malade. Tandis qu'il faisait les honneurs de sa table, il avait été frappé tout à coup d'une attaque que M. Rotherham croyait être d'apoplexie. Il l'avait saigné sur-le-champ, et le baronnet était déjà un peu mieux. Cependant on avait fait partir un exprès pour aller chercher un médecin, et comme de raison tous les convives avaient quitté la table, et l'alarme avait rétabli, quoique un peu tard, un esprit de sobriété parmi les domestiques. A la prière de mistress Dutton, le lieutenant sortit une seconde fois du salon, poussant Galleygo devant lui, pour se procurer des renseignements plus exacts sur la situation du vieux baronnet, la mère et la fille ayant pour lui une véritable affection; car sir Wycherly avait gagné leur cœur par sa bienveillance habituelle, et par l'intérêt constant qu'il prenait à leur bonheur.

— *Sic transit gloria mundi!* murmura l'amiral Bluewater en se jetant sur un grand fauteuil, avec son air d'insouciance ordinaire, dans un coin obscur du salon. Le baronnet est tombé de son trône dans un moment de prospérité et de réjouissance; pourquoi un autre n'en ferait-il pas autant?

Mistress Dutton entendit sa voix, sans distinguer les paroles, et elle craignit que le baronnet, qu'elle aimait et respectait sincèrement, ne fût regardé sous un jour trop désavantageux par un homme du caractère du contre-amiral.

— Sir Wycherly, dit-elle un peu à la hâte, a le meilleur cœur qui puisse exister, et il n'y a pas dans toute l'Angleterre un propriétaire plus généreux. Ne croyez pas qu'il soit habitué à se livrer aux plaisirs de la table plus que ne le font ordinairement les hommes de sa condition. Sa loyauté l'a sans doute entraîné aujourd'hui plus loin qu'il n'était prudent.

— Je suis très-disposé à juger favorablement de notre hôte, ma chère mistress Dutton; et nous autres marins nous ne sommes pas accoutumés à juger un bon vivant trop sévèrement.

— Oh! amiral Bluewater, vous qui avez toujours eu une réputation si bien établie de sobriété et de bonne conduite! Je me rappelle encore comme je tremblai quand j'entendis citer votre nom parmi ceux des principaux membres de ce redoutable conseil de guerre.

— Vous laissez trop souvent votre imagination se reporter sur ces sujets désagréables, mistress Dutton, et j'aimerais à vous voir montrer à votre aimable fille l'exemple de plus d'enjouement. A l'époque dont vous parlez, je ne pouvais vous rendre service, mon serment et mon devoir s'y opposaient. Mais à présent il n'existe aucune raison qui me le défende; au contraire, toutes les raisons possibles me l'ordonnent. Cette chère enfant m'intéresse plus que je ne saurais le dire.

Mistress Dutton garda le silence et prit un air pensif. L'âge de l'amiral Bluewater ne l'empêchait pas de jeter sur Mildred des regards d'admiration ; mais ses discours et surtout son caractère repoussaient tout soupçon. Cependant Mildred était extrêmement aimable, et les hommes étaient extrêmement faibles en matière d'amour. Bien des héros avaient passé leur jeunesse en montrant de la discrétion et de l'empire sur eux-mêmes, et fini par commettre quelque acte de folie de ce genre sur le déclin de leur vie ; et l'expérience avait donné à mistress Dutton des leçons de prudence. Néanmoins elle ne pouvait se résoudre à mal penser d'un homme dont elle avait si longtemps respecté le caractère ; et la franchise d'un marin se joignait tellement en lui à la droiture et à la délicatesse, qu'il était difficile de lui supposer d'autres motifs que ceux qu'il avouait tout haut. Mildred s'était fait plus d'un ami par la douceur de sa physionomie, qui était encore plus séduisante que la beauté de ses traits ; pourquoi ce vieux marin ne serait-il pas de ce nombre ?

Ces réflexions furent interrompues par l'arrivée soudaine et peu désirable de Dutton. Il sortait de la chambre à coucher de sir Wycherly, qu'on avait mis au lit, et il venait chercher sa femme et sa fille, la voiture qui devait les reconduire étant à la porte. Il n'était pas ivre au point d'être privé de l'usage de la parole et de ses membres, mais il avait cette ivresse qui éveille le démon endormi dans le cœur d'un homme et qui le fait dévoiler le secret de son caractère. Ses nerfs étaient même plus fermes que de coutume, et le vin avait développé toute l'énergie d'un homme dont les idées prenaient rarement la direction de la droiture et de l'honneur. L'obscurité qui régnait dans le salon, et une certaine confusion qu'éprouvait son cerveau, l'empêchèrent d'apercevoir le contre-amiral assis dans un coin, et il se crut seul avec les deux femmes qui se trouvaient complétement sous sa dépendance, et qui étaient depuis si longtemps victimes de sa tyrannie et de sa brutalité.

— J'espère que sir Wycherly se trouve mieux, Dutton ? lui dit sa femme, craignant qu'il ne démasquât son caractère avant de savoir en présence de qui il se trouvait. L'amiral Bluewater désire autant que nous de connaître sa véritable situation.

— Oui, vous autres femmes, répondit Dutton, se jetant sur un fauteuil, le dos tourné du côté de Bluewater, vous êtes toute pitié, toute sensibilité pour les baronnets et les contre-amiraux ; mais un mari et un père pourraient mourir cent fois sans obtenir un regard de compassion de vos beaux yeux, ou une parole d'affection de vos langues infernales.

— Ni Mildred ni moi, nous ne méritons de vous un tel reproche, Dutton.

— Non; vous êtes toutes deux la perfection même! N'ai-je pas été cinquante fois à deux doigts de la mort par suite de la même maladie dont sir Wycherly est attaqué? et laquelle de vous à jamais envoyé chercher seulement un apothicaire?

— Vous avez eu quelques indispositions, mais vous n'avez jamais essuyé une attaque d'apoplexie. Nous pensions que quelques heures de sommeil finiraient par vous guérir, et nous ne nous sommes pas trompées.

— Vous pensiez! Qu'avez-vous besoin de penser? Ce sont les médecins et les chirurgiens qui doivent penser, et il était de votre devoir d'en envoyer chercher un pour donner des soins à un homme que vous êtes tenues l'une et l'autre d'honorer, et à qui vous devez obéissance. Je suppose que, jusqu'à un certain point, vous êtes votre maîtresse, Marthe, et ce qui ne peut s'éviter, il faut l'endurer. Mais Mildred est ma fille, et il faut qu'elle m'aime et qu'elle me respecte, quand vous devriez en crever toutes deux.

— Une fille pieuse respecte toujours son père, Dutton, répondit sa pauvre femme, tremblant de la tête aux pieds; mais l'amour doit venir de lui-même, ou il ne vient jamais.

— C'est ce que nous verrons, mistress Marthe Dutton; c'est ce que nous verrons. Avancez ici, Mildred; j'ai un mot à vous dire, et autant vaut le dire à présent que plus tard.

Mildred s'approcha en tremblant comme sa mère; mais, avec un sentiment de piété filiale que rien ne pouvait extirper de son cœur, elle désirait empêcher son père de se dégrader encore davantage aux yeux du contre-amiral. Ce fut dans cette vue, et dans cette vue seule, qu'elle eut le courage de lui dire:

— Mon père, ne ferions-nous pas mieux d'attendre que nous soyons seuls dans notre maison, pour parler de nos affaires de famille?

Dans des circonstances ordinaires, Bluewater n'aurait pas eu besoin d'un avis si facile à comprendre, et il se serait retiré dès l'instant qu'il aurait vu l'apparence d'une querelle entre un mari et sa femme; mais l'intérêt indéfinissable qu'il prenait à l'aimable et jeune fille qui était debout, tremblant devant son père, lui fit oublier sa délicatesse habituelle et ce qu'il regardait comme les convenances de la société. Au lieu de sortir, comme Mildred l'avait espéré, en entendant ces mots il resta sur son fauteuil sans faire un seul mouvement. Dutton avait l'esprit trop obtus pour comprendre le sens caché des paroles de sa fille sans avoir vu le contre-amiral, et il était trop courroucé sans savoir pourquoi, pour songer à autre chose qu'à montrer une indignation sans motif.

— Mettez-vous plus en face de moi, Mildred! s'écria le père avec emportement ; plus en face! vous dis-je ; comme cela convient à une fille qui ne connaît pas ses devoirs envers son père, et qui a besoin qu'on les lui apprenne.

— Ah! Dutton, s'écria la mère affligée, n'accusez pas Mildred de ne pas remplir ses devoirs. Vous ne savez pas en ce moment ce que vous dites. Vous ne connaissez pas ses oblig...... son cœur, je veux dire ; sans quoi vous ne vous permettriez pas une si cruelle accusation.

— Silence, mistress Marthe Dutton! — Ce n'est pas à vous que j'ai affaire à présent ; c'est à cette jeune fille, à qui j'espère que j'ai droit de parler net, puisque je suis son propre père. Silence donc, mistress Marthe Dutton. Si ma mémoire ne me trompe, vous vous êtes trouvée une fois avec moi devant l'autel de Dieu, et vous m'y avez promis amour, respect et obéissance. — Oui, *obéissance* est le mot, mistress Marthe Dutton.

— Et que m'y avez-vous promis en même temps, Frank? s'écria sa femme, à qui son cœur déchiré arracha cette question, qui ressemblait à un reproche.

— Rien que ce que j'ai honnêtement et loyalement exécuté : — de vous protéger, de vous fournir nourriture et vêtements, — et de vous donner le droit de porter en face du monde le nom honorable de Frank Dutton.

— Honorable! murmura la malheureuse femme d'un ton trop bas pour que son mari pût l'entendre, ses excès lui ayant rendu l'oreille dure, mais qui fut entendu par Mildred et par l'amiral. Après avoir répété ce mot avec angoisse, elle se couvrit le visage des deux mains, se laissa tomber sur une chaise et garda le silence.

— Venez plus près, Mildred, s'écria Dutton d'un ton brutal. Vous êtes ma fille, et quoique d'autres puissent oublier ce qu'elles ont promis à l'autel, une loi de la nature vous enseigne à m'obéir. Vous avez deux admirateurs, et vous devriez être charmée de jeter le grappin sur l'un ou sur l'autre, quoiqu'il y ait un grand motif de préférence pour l'un des deux.

— Mon père! s'écria Mildred, sa délicatesse et sa sensibilité se révoltant à cette allusion grossière à un nœud qu'elle considérait comme le plus sacré; vous ne pensez sûrement pas ce que vous dites?

— Telle mère, telle fille! Que la désobéissance et le manque de respect prennent possession d'une mère, et la contagion gagnera tous les enfants, fussent-ils une douzaine. Écoutez-moi bien, miss Mildred : c'est vous qui ne savez ce que vous dites, tandis que moi, je m'entends fort bien, comme la plupart des pères. Votre mère ne vous parlerait jamais de ce que je crois mon devoir de vous mettre sous les yeux très-clairement. C'est pourquoi j'attends de vous que vous m'écoutiez en fille soumise et affectueuse. Vous pouvez vous assurer l'un des deux jeunes Wychecombe; et l'un ou l'autre serait un bon parti pour la fille d'un pauvre master disgracié.

— Mon père! je voudrais pouvoir passer à travers le plancher pour ne pas entendre de pareils discours.

— Non, ma chère, non, vous resterez ferme sur vos jambes, à moins que vous ne fassiez un mauvais choix en vous mariant. M. Thomas Wychecombe est héritier du baronnet, il possédera après lui son titre et son domaine; c'est donc le meilleur choix que vous puissiez faire, et vous devriez lui donner la préférence.

— Dutton, comme père, comme chrétien, pouvez-vous donner des conseils si honteux à votre propre fille! s'écria la malheureuse mère, choquée au-delà de toute expression du manque de principes et de sentiments de son mari.

— Oui, mistress Marthe Dutton, je le puis, et je crois que cet avis est tout autre chose que honteux. Désirez-vous que votre fille soit la femme de quelque misérable chef d'un poste de signaux de côte, quand, avec un peu d'adresse et de prudence, elle peut devenir lady Wichecombe, et être maîtresse de cette maison et d'un noble domaine?

— Mon père! mon père! s'écria Mildred, mourant de honte en songeant que le contre-amiral entendait cette conversation, vous vous oubliez, et vous ne songez guère à ce que je puis désirer. Il n'y a pas de probabilité que M. Thomas Wychecombe pense jamais à me choisir pour femme, ni même que qui que ce soit ait une pareille idée.

— Cela dépendra de la manière dont vous vous y prendrez, Milly. Il est très-possible que M. Thomas Wychecombe ne pense pas encore précisément en ce moment à vous prendre pour femme; mais on prend les plus grosses baleines avec de petites cordes, quand on sait les manier comme il faut. Quant au jeune lieutenant, il serait prêt à vous épouser demain, quoique vous ne puissiez faire une plus grande folie l'un et l'autre que de vous marier. Il n'est que lieutenant, et quoiqu'il porte un nom respectable, on ne voit pas trop quel droit il y peut avoir.

— Vous n'étiez pourtant que lieutenant quand vous vous êtes marié, Dutton, et votre nom n'avait rien qui pût vous procurer du crédit ou de l'avancement, dit mistress Dutton, désirant faire naître en lui quelque nouvelle idée, pour écarter celle de l'insinuation cruelle contenue dans ces derniers mots. — Nous pensions alors que l'horizon était brillant devant nous.

— Et il le serait encore, mistress Dutton, si je n'avais fait une sottise. Un homme chargé de famille, sans fortune, et qui n'a qu'une paie modique, est porté à faire mille folies pour cacher sa misère. Vous ne rendez pas votre argument meilleur en me rappelant mon imprudence. — Mais je ne vous dis pas, Mildred, de jeter ce jeune Virginien par-dessus le bord, car il peut vous être utile de plus d'une manière. D'abord, vous pouvez vous en servir pour donner de la jalousie à M. Thomas Wychecombe; en second lieu, un lieutenant a la perspective de devenir capitaine, et la femme d'un capitaine de la marine de Sa Majesté jouit d'un rang respectable. Je vous conseille donc de faire du jeune marin un appât pour prendre l'héritier, et, si celui-ci ne veut pas mordre à l'hameçon, de garder l'autre en réserve.

Il parla ainsi d'un ton dogmatique et grossier qui répondait parfaitement au manque de principes et de délicatesse que faisaient reconnaître ses avis. Mistress Dutton poussa un gémissement à demi étouffé en entendant son mari dévoiler ainsi sa turpitude morale, car c'était la première fois qu'il levait le masque si complètement. Mais Mildred, incapable de résister à l'émotion qu'elle éprouvait, s'enfuit à la hâte de la place qu'elle occupait en face de son père, comme si elle eût voulu chercher quelque asile plus sûr, et elle se trouva, sans trop savoir comment, sanglotant dans les bras de l'amiral Bluewater.

Dutton suivit des yeux le mouvement d'impulsion auquel sa fille avait cédé, et pour la première fois il vit en présence de qui il avait montré toute sa bassesse naturelle. Le vin n'avait pas pris assez d'empire sur lui pour l'aveugler sur les suites que pouvait avoir son imprudence; mais ce fut un stimulant qui lui donna l'effronterie nécessaire pour supporter sa mortification momentanée.

— Je vous demande mille pardons, amiral Bluewater, dit-il en se levant et en saluant; j'ignorais totalement que j'avais l'honneur d'être dans la compagnie de mon officier supérieur, l'amiral Bleu, comme je vois qu'on vous nomme à bord ; ah! ah! ah! C'est un ton de familiarité qui est un vrai signe d'affection et de respect. Je n'ai jamais connu un capitaine de vaisseau ou un amiral à qui son équipage eût donné un sobriquet, sans qu'il en fût universellement aimé et respecté. C'est ainsi qu'on nomme sir Gervais le petit Jarvy, et vous l'amiral Bleu ; ah! ah! ah! — signe infaillible de mérite dans le supérieur et d'affection dans les inférieurs.

— Je dois vous demander pardon, monsieur Dutton, d'avoir assisté, sans en avoir eu l'intention, à un conseil de famille, dit le contre-amiral. — Quant à nos matelots, ce ne sont pas de grands philosophes, quoiqu'ils sachent assez bien juger s'ils sont bien commandés et bien traités. Mais il est tard, et mon intention est de passer cette nuit sur mon bord. La voiture de sir Wycherly doit me conduire au lieu d'embarquement, et j'espère que vous me permettrez de reconduire ces dames chez elles.

Dutton lui répondit d'un ton calme et tranquille, et de manière à montrer qu'il savait recevoir une politesse et y répondre, quand son humeur l'y portait.

— C'est un honneur qu'elles ne refuseront pas, amiral, si elles consultent mes désirs. — Allons, Milly, sotte fille, essuyez vos yeux, et souriez à l'amiral Bluewater pour le remercier de sa condescendance.

— Les jeunes filles, amiral, prennent souvent une plaisanterie à la lettre, et la gaieté d'un marin est quelquefois au-dessus de leur portée. Je dis quelquefois à ma chère femme : Ma femme, dis-je, Sa Majesté ne peut avoir des cœurs fermes et des bras vigoureux à son service, et les femmes des poëtes et des amants au leur, et tout cela dans le même individu. Mistress Dutton me comprend, et la petite Milly me comprend aussi ; car c'est une excellente fille au fond, quoiqu'elle soit un peu trop portée à faire jouer les pompes de ses yeux.

— Et maintenant qu'il est convenu que je reconduirai ces dames chez elles, voulez-vous bien, monsieur Dutton, me faire le plaisir d'aller demander des nouvelles de sir Wycherly? Je ne voudrais pas quitter sa maison sans savoir dans quelle situation il se trouve.

Dutton se sentait mal à son aise en présence d'un officier supérieur ; il accepta donc cette mission avec plaisir, et sortit d'un pas plus ferme que s'il n'eût pas bu un verre de vin.

Pendant tout ce temps, Mildred continuait à pleurer, la tête appuyée contre l'épaule du contre-amiral, ayant peine à se résoudre à quitter cette place qu'elle regardait comme une sorte de sanctuaire.

— Mistress Dutton, dit Bluewater après avoir déposé sur le front de Mildred un baiser si paternel, que la délicatesse la plus scrupuleuse n'aurait pu s'en alarmer, vous réussirez mieux que moi à calmer l'agitation de ce jeune cœur. J'ai à peine besoin de vous dire que si le hasard m'a fait entendre des choses que je n'aurais pas dû savoir, c'est un secret pour moi, comme c'en serait un pour votre propre frère. Les calculs faux et intéressés d'un individu ne peuvent nuire à la réputation des autres, et cette occasion m'a fourni le moyen de vous apprécier, vous et votre aimable fille, mieux que je n'aurais pu le faire après des années d'une connaissance ordinaire.

— Ne le jugez pas trop sévèrement, amiral Bluewater. Il est resté trop longtemps à cette fatale table, qui coûtera peut-être la vie à ce pauvre sir Wycherly, et il ne savait pas ce qu'il disait. Jamais je ne l'avais entendu parler d'une telle manière; jamais je ne l'avais vu disposé à se jouer de la sensibilité de cette chère enfant ou à la blesser.

— L'agitation extrême dans laquelle ses discours ont jeté votre aimable fille, Madame, en est une preuve et démontre la vérité de ce que vous dites. Regardez-moi comme votre sincère ami, et comptez sur ma discrétion.

La mère affligée l'écouta avec reconnaissance, et Mildred quitta la position extraordinaire qu'elle occupait, ne sachant trop elle-même quelle espèce d'égarement l'avait portée à la prendre.

CHAPITRE IX.

> Ah, Montaigu, si tu es là, cher frère, prends ma main et retiens mon âme un instant par les lèvres ! Tu ne m'aimes pas, mon frère, car, si tu m'aimais, les larmes pourraient dissoudre ce sang coagulé qui colle mes lèvres ensemble et qui m'empêche de parler. Viens promptement, Montaigu, ou je suis mort.
>
> *Le roi Henri IV.*

Sir Wycherly avait réellement eu une attaque d'apoplexie. C'était la première maladie sérieuse qu'il eût faite pendant une longue vie passée dans la santé et la prospérité ; et la vue d'un maître bon et indulgent dans cette malheureuse situation rafraîchit d'une manière surprenante les cerveaux échauffés de tous ses domestiques. M. Rotherham, qui vidait au besoin ses trois bouteilles, avait appris à saigner, et la veine qu'il avait piquée pendant que son patient était étendu par terre à l'endroit même où il était tombé, fit heureusement jaillir un jet de sang, qui non-seulement rappela le baronnet à la vie, mais lui rendit la connaissance. Sir Wycherly n'était pas un buveur déterminé comme Dutton, mais il portait son vin aussi bien que M. Rotherham et la plupart des ministres de cette époque. Le manque d'exercice avait autant contribué que l'excès du vin qu'il avait bu à occasionner cette attaque, et l'on concevait déjà de fortes espérances qu'il y survivrait, aidé, comme il était, par une bonne constitution. L'apothicaire était arrivé cinq minutes après l'attaque, car il était en ce moment près du jardinier, qui avait la fièvre. Le médecin et le chirurgien étaient attendus dans le cours de la matinée.

Sir Gervais Oakes avait été informé par son valet de chambre de l'état de son hôte dès que cette nouvelle s'était répandue parmi les domestiques. Homme actif, il se rendit à l'instant même dans la chambre du malade, pour offrir son aide, s'il ne se trouvait personne plus en état d'en donner. Il rencontra à la porte de la chambre du baronnet Atwood qui s'y rendait dans la même intention, et ils y entrèrent ensemble. Le vice-amiral cherchait déjà une lancette dans sa poche, car il avait aussi appris à saigner, quand M. Rotherham l'informa qu'il avait déjà fait cette opération.

— Où est Bluewater? demanda sir Gervais après avoir regardé un instant son hôte avec compassion et intérêt. J'espère qu'il n'est pas encore parti?

— Il est encore ici, sir Gervais, répondit Atwood; mais je crois qu'il est à l'instant de partir; je l'ai entendu dire que, malgré toutes les instances que lui avait faites sir Wycherly pour qu'il passât la nuit ici, il avait dessein de retourner sur son bord.

— Je n'en doutais pas, quoique j'aie affecté de n'en rien croire. Allez le trouver, Atwood, et dites-lui que je le prie de héler le *Plantagenet* en passant, et de dire à Magrath de venir à terre le plus tôt possible. Il trouvera à l'endroit du débarquement une voiture pour le conduire ici. — Bluewater peut envoyer aussi son chirurgien, s'il le juge à propos.

Ayant reçu ces instructions, le secrétaire se retira, et sir Gervais, se tournant vers Tom Wychecombe, lui tint quelques discours d'usage en pareilles circonstances.

— Je crois qu'il y a quelque espérance, Monsieur; oui, je le crois, malgré l'âge avancé de votre respectable oncle. Cette saignée a été faite à propos, et si nous pouvons gagner un peu de temps pour le pauvre sir Wycherly, nos efforts ne seront pas perdus. Une mort subite a quelque chose d'effrayant, Monsieur; car quel est l'homme qui n'a pas besoin de mettre ordre à ses affaires et à sa conscience? Il est vrai que pour nous autres marins, la vie ne tient qu'à un fil, mais si nous mourons; c'est pour notre roi et notre patrie, et l'on peut espérer la merci du ciel quand on meurt en s'acquittant de ses devoirs. Quant à moi, j'ai toujours eu un testament fait d'avance, ce qui règle toutes mes affaires en ce monde, tandis que j'espère humblement en notre tout-puissant Médiateur dans celui qui doit le suivre. J'espère que sir Wycherly a pris la même mesure de prudence?

— Sans doute, mon cher oncle a pu désirer de laisser quelques bagatelles à des amis intimes par forme de souvenir, dit Tom d'un air embarrassé, et je crois qu'il a fait son testament. D'ailleurs, vous penserez sans doute comme moi qu'il ne serait pas en état à présent d'en faire un, s'il n'y avait pas encore songé.

— Peut-être pas exactement en ce moment; mais il peut survenir dans sa maladie un intervalle lucide qui lui en fournirait l'occasion.
— Je crois que M. Dutton m'a dit, quand nous étions à table, que le domaine est substitué?

— Oui, sir Gervais, et c'est moi, quoique indigne, qui suis appelé à recueillir cette substitution; ce que je ne regarde pas comme un gain, suivant les idées communes du monde, puisque ce n'est qu'en perdant mon oncle que je puis en hériter.

— Votre père était, je crois, l'aîné des frères du baronnet, dit le vice-amiral, un nuage de méfiance passant sur son esprit, quoiqu'il n'eût pu dire d'où il venait ni vers quel point il se dirigeait. — M. le baron Wychecombe était votre père?

— Oui, sir Gervais, et j'ai toujours trouvé en lui un père tendre et indulgent. Il m'a laissé toutes ses épargnes, environ sept cents livres de revenu annuel. Il est donc clair que la mort de sir Wycherly est un événement qui ne m'est pas plus nécessaire que désirable.

— Comme de raison, vous hériterez du titre comme du domaine? dit sir Gervais, porté par les expressions surérogatoires du jeune homme, plutôt que par la curiosité, à lui faire des questions qu'il aurait jugées peu convenables en toute autre occasion.

— Comme de raison, Monsieur. Mon père était le seul frère qui restât à sir Wycherly, le seul qui se soit jamais marié, et je suis son fils aîné. Le triste événement qui vient d'arriver fait qu'il est heureux que j'aie pu me procurer tout récemment ce certificat de son mariage avec ma mère. — N'est-il pas vrai, Monsieur?

A ces mots, Tom tira de sa poche et montra au vice-amiral un morceau de papier tout souillé, paraissant être un certificat de mariage entre Thomas Wychecombe, avocat, et Marthe Dood, etc. Cette pièce était dûment signée par le recteur d'une église paroissiale de Westminster, et portait une date assez ancienne pour établir la légitimité de celui qui en était en possession. Cette précaution extraordinaire produisit l'effet tout naturel d'augmenter la méfiance du vice-amiral, et commença à donner un corps à des soupçons qui n'étaient encore qu'une ombre.

— Vous marchez bien armé, Monsieur, dit-il d'un ton sec. Quand vous aurez recueilli la succession de votre oncle, avez-vous intention de porter dans votre poche les lettres patentes qui ont créé baronnet un de vos ancêtres, et les titres de propriété de ce domaine?

— Je vois, sir Gervais, que vous trouvez singulier que j'aie sur moi cette pièce; mais je vais vous en expliquer la raison. Il existait une grande différence de rang entre mon père et ma mère, et quelques personnes mal intentionnées ont osé donner à entendre qu'ils n'avaient jamais été mariés.

— Ce qui vous a obligé de couper une demi-douzaine d'oreilles?

— Ce n'est pas ainsi que la loi s'exécute, sir Gervais. Mon digne père avait coutume de m'inculquer le principe de tout faire conformément à la loi, et je tâche de suivre ses préceptes. Il avoua son mariage sur son lit de mort, et me dit entre les mains de qui je trouverais ce certificat. Je ne l'ai obtenu que ce matin, ce qui explique comment il se trouve dans ma poche en ce moment fatal d'une crise inattendue.

Dans ce que Tom venait de dire, il n'y avait que la dernière phrase qui fût vraie. Le fait était qu'après avoir fait toutes les recherches nécessaires, il s'était procuré deux ou trois pièces portant la signature du ministre d'une paroisse de Westminster, mort depuis plusieurs années, et qu'il avait ce jour-là même forgé ce certificat qu'il montrait, et contrefait la signature du ministre sur un vieux morceau de papier portant la marque constatant qu'il avait été fabriqué en 1720. Cependant ses discours contribuèrent à lui ôter la confiance de sir Gervais, qui était tellement habitué à la droiture et à la vérité, qu'il ne pouvait entendre sans dégoût rien qui ressemblât au jargon de l'hypocrisie. Néanmoins, il avait ses motifs pour continuer cette conversation, la présence d'aucun d'eux près du lit du malade n'étant nécessaire en ce moment.

— Et ce M. Wycherly Wychecombe, reprit-il, ce jeune homme qui s'est si distingué tout récemment, et qui porte les deux noms de votre oncle, est-il vrai qu'il ne soit pas votre parent?

— Pas le moins du monde, sir Gervais, répondit Tom avec un de ses sourires sinistres. Vous savez que ce n'est qu'un Virginien, et par conséquent il ne peut appartenir à notre famille. J'en entendu plus d'une fois mon oncle dire que ce jeune homme devait descendre d'un ancien domestique de son père, qui, ayant été arrêté tandis qu'il volait de l'argenterie dans la boutique d'un orfévre, où il se faisait passer comme étant de notre famille, fut condamné à être déporté. On m'assure, sir Gervais, que la plupart des habitants des colonies descendent de pareils ancêtres.

— Je ne puis dire que je m'en sois jamais aperçu, quoique j'aie servi plusieurs années à la station de l'Amérique septentrionale, quand je commandais une frégate. La plus grande partie des Américains, comme la plus grande partie des Anglais, sont d'humbles laboureurs et ouvriers, établis dans une colonie éloignée, où la civilisation n'est pas très-avancée, ayant beaucoup de besoins et peu de ressources ; mais, quant à leur caractère, je ne suis nullement certain qu'ils ne soient pas au niveau des gens de leur classe qu'ils ont laissés dans la mère-patrie. Quant aux colons d'un ordre plus relevé, j'en ai vu un grand nombre qui appartiennent aux meilleures familles de l'Angleterre, des fils cadets ou leurs descendants, j'en conviens, mais ayant des ancêtres honorables et respectés.

— Eh bien, Monsieur, cela me surprend, et je suis persuadé que ce n'est pas l'opinion générale. Certainement, ce n'est pas le fait relativement à cet étranger. Je puis lui donner ce nom, car il est étranger à Wychecombe, et il n'a pas le moindre droit de prétendre faire partie de notre famille.

— L'avez-vous jamais entendu revendiquer cet honneur, Monsieur ?

— Non directement, sir Gervais ; mais on m'assure qu'il a donné à entendre bien des fois qu'il y avait droit, depuis qu'il a débarqué ici pour se faire guérir de ses blessures. Il aurait mieux fait d'exposer ses droits au propriétaire que d'en parler à ses tenanciers. Je crois que, comme homme d'honneur, vous en conviendrez avec moi, sir Gervais.

— Je ne puis approuver rien de clandestin dans des affaires qui exigent de la droiture et de la franchise, monsieur Thomas Wychecombe. Mais je dois vous faire mes excuses de vous parler de vos affaires de famille, qui ne me concernent que par suite de l'intérêt que je prends à ma nouvelle connaissance, votre digne oncle.

— Indépendamment de son domaine, sir Wycherly a dans les fonds publics un capital qui n'est pas substitué, et je sais qu'il a fait un testament, continua Tom, qui, avec la vue courte d'un fripon, croyait avoir fait une impression favorable sur le vice-amiral, et qui désirait se le rendre propice lors de l'événement qu'il attendait à chaque instant, la mort de son oncle. — Oui, il a un bon millier de livres sterling de revenu annuel dans les cinq pour cent, ce qui est le fruit de ses économies pendant une longue vie. Son testament contient probablement quelque legs en faveur de mes jeunes frères, et peut-être aussi de ce jeune homme qui porte son nom, car il n'existe pas un meilleur cœur dans le monde. Dans le fait, mon oncle a déposé ce testament entre mes mains, probablement parce que je suis son héritier légal; mais je ne me suis pas permis de le lire.

C'était un nouveau mensonge, et Tom savait fort bien que son oncle lui avait laissé jusqu'au dernier schelling de sa fortune mobilière et immobilière; mais sa finesse excessive ne fit qu'éveiller les soupçons qu'il voulait prévenir. Il parut fort invraisemblable à sir Gervais qu'un homme tel que le neveu eût eu si longtemps entre les mains le testament de son oncle, sans désirer d'en connaître le contenu. Le langage de Tom était un aveu indirect qu'il aurait pu le lire s'il l'avait voulu, et le vice-amiral se sentait très-disposé à soupçonner que ce qu'il aurait pu faire, il l'avait fait. La conversation en resta pourtant là, car en ce moment Dutton entra dans la chambre pour s'acquitter de la mission dont l'amiral Bluewater l'avait chargé. Dès qu'il parut, Tom alla le joindre; et sir Gervais prenait trop d'intérêt à la situation de son hôte, et avait à songer à trop de choses relatives à son commandement, pour penser longtemps à ce qui venait de se passer entre lui et Tom Wychecombe. S'ils s'étaient séparés en ce moment, le vice-amiral aurait eu bientôt oublié tout ce qui avait été dit, et les impressions défavorables qui en avaient été le résultat; mais plusieurs circonstances concoururent à lui rappeler cet entretien, et l'on verra dans le cours de cette histoire quelles en furent les suites.

Dutton montra une sorte d'émotion en regardant les traits pâles de sir Wycherly; et il ne fut pas fâché quand Tom le prit à part, et se mit à lui parler d'un ton de confidence de l'avenir et de la mort probablement prochaine de son oncle. Si quelqu'un doué du pouvoir de lire dans les pensées des hommes et de pénétrer leurs motifs eût entendu cet entretien, il aurait été saisi du plus profond dégoût en voyant l'astuce et la cupidité de ces deux esprits de ténèbres. A l'extérieur ils étaient amis, et ils déploraient ensemble la perte qu'ils allaient probablement faire; mais intérieurement, Dutton faisait tous ses efforts pour gagner la confiance de son compagnon, de manière à se frayer un chemin pour arriver au grade élevé et inespéré de beau-père d'un riche baronnet; tandis que, de son côté, Tom cherchait à gagner le master, afin de pouvoir au besoin se servir de lui, comme d'un témoin pour établir ses droits. Cependant nous devons laisser à l'imagination du lecteur le soin de se figurer de quelle manière il s'y prit pour arriver à son but, car nous avons en ce moment à nous occuper d'objets plus importants.

Depuis l'instant où sir Wycherly avait été mis au lit, M. Rotherham était resté constamment assis à côté du malade, surveillant avec soin la marche de l'attaque, et toujours prêt à expliquer tous les désirs que celui-ci manifestait d'une voix faible et indistincte. Nous disons indistincte, parce que les organes de la parole du baronnet étaient affectés de cette légère sorte de paralysie qu'on appelle vulgairement avoir la langue épaisse. Quoiqu'en état de vider ses trois bouteilles, M. Rotherham n'était pas dépourvu de sentiments religieux, et quand l'occasion l'exigeait il pouvait remplir ses fonctions ecclésiastiques avec autant d'onction que les habitudes du pays et l'opinion du temps en attendaient d'un ministre. Dès qu'il s'était aperçu que le baronnet recouvrait sa connaissance, il lui avait offert de lui lire les prières pour les malades; mais sir Wycherly avait répondu à cette offre obligeante par un signe de refus; car l'approche de la mort fait souvent voir les convenances sous un jour plus vrai, et sa conscience lui disait que ceux qui étaient alors assemblés dans sa chambre n'étaient pas dans le meilleur état possible pour entendre ce saint office. La connaissance revint enfin au baronnet d'une manière plus sensible; il jeta un coup d'œil autour de lui, regarda chacun fixement, et dit avec difficulté :

— Je vous — reconnais tous — à présent — je crois. — Fâché de — vous avoir donné tant d'embarras; — j'ai — peu de temps — à épargner.

— J'espère le contraire, sir Wycherly, répondit M. Rotherham d'un ton consolateur. Vous avez eu une attaque un peu vive, mais vous avez une bonne constitution pour y résister.

— Mon temps — est court, — je le sens ici, répliqua le malade, passant une main sur son front.

— Souvenez-vous de cela, Dutton, dit Tom Wychecombe à demi-voix. Mon pauvre oncle lui-même déclare qu'il n'a pas l'usage de ses facultés. Ce serait une cruauté de souffrir qu'il s'occupât d'affaires.

— Cela ne pourrait se faire *légalement*, monsieur Thomas. Je crois que l'amiral Oakes interviendrait pour l'en empêcher.

— Rotherham, continua le malade, je veux arranger — mes affaires — avec le monde, — pour donner ensuite — mes pensées à Dieu.

— Avons-nous quelques hôtes — dans la maison — hommes de bonne famille — hommes d'honneur ?

— Certainement, sir Wycherly. L'amiral Oakes est dans cette chambre, et je crois que l'amiral Bluewater est encore dans la maison. Vous les aviez invités tous deux à passer la nuit ici.

— Je m'en souviens, — quoiqu'il y ait encore un peu — de confusion dans ma tête. — Ici, Tom donna un coup de coude à Dutton. — Sir Gervais Oakes — un amiral — un ancien baronnet — homme plein d'honneur. — L'amiral Bluewater aussi — parent de lord Bluewater — universellement estimé. — Je voudrais que mon pauvre frère Jacques — Saint-Jacques — comme je l'appelais — fût encore vivant. — Mais vous, Rotherham, — vous êtes ici — mon bon voisin.

— Puis-je faire quelque chose pour vous prouver mon affection, mon cher sir Wycherly ? Rien ne pourrait me faire plus de plaisir que de satisfaire tous vos désirs dans un moment si important.

— Que tout le monde quitte cette chambre — excepté vous ; — ma tête va plus mal — je ne puis différer....

— Il est cruel de fatiguer mon oncle d'affaires, et de le faire parler ainsi dans la situation malheureuse où il se trouve, s'écria tout haut Tom Wychecombe, presque d'un ton d'autorité.

Tout le monde pensa tout bas que c'était la vérité, et chacun sentit même que Tom Wychecombe, en vertu de sa parenté, avait le droit d'intervenir comme il venait de le faire. Sir Gervais Oakes avait pourtant beaucoup de répugnance à céder à cette remontrance ; car, aux soupçons qu'il avait conçus contre Tom se joignait l'idée que son hôte avait quelque révélation intéressante à faire concernant son nouveau favori, le jeune lieutenant ; cependant il crut devoir déférer aux droits supérieurs et reconnus du neveu, et il ne voulut pas intervenir. Heureusement sir Wycherly était encore en état de faire exécuter ses ordres.

— Que tout le monde quitte cette chambre ! répéta-t-il d'un ton ferme et distinct auquel personne ne s'attendait. — Tout le monde, excepté sir Gervais Oakes, l'amiral Bluewater et M. Rotherham. — Messieurs, faites-moi le plaisir de rester. — Que tous les autres se retirent.

Habitués à obéir aux ordres de leur maître, surtout quand il les donnait d'un ton si décidé, les domestiques qui se trouvaient dans la chambre se retirèrent, et Dutton en fit autant. Mais Tom Wychecombe jugea à propos de rester, comme si sa présence eût été une chose toute naturelle et indispensable.

— Faites-moi le plaisir de vous retirer, monsieur Thomas Wychecombe, reprit le baronnet après avoir eu les yeux fixés quelques instants sur son neveu, comme s'il se fût attendu à le voir sortir de la chambre sans se le faire répéter une seconde fois.

— Mon cher oncle, c'est moi, — moi, le fils de votre propre frère, — votre plus proche parent, — qui suis aux pieds de votre lit avec inquiétude. — Ne me confondez pas avec des étrangers. Un tel oubli me percerait le cœur.

— Pardon, mon neveu, — mais je désire — être seul avec ces messieurs ; — ma tête redevient faible.

— Vous le voyez, sir Gervais Oakes ; — vous l'entendez, monsieur Rotherham. — Ah ! j'entends partir la voiture qui emmène l'amiral Bluewater. Mon oncle disait qu'il lui fallait trois témoins ; je puis être le troisième.

— Désirez-vous, sir Wycherly, qu'il ne reste ici que les personnes que vous venez de nommer ? demanda l'amiral Oakes d'un ton qui annonçait qu'il ferait exécuter ses ordres, s'il persistait à vouloir que son neveu se retirât.

Un signe du malade répondit affirmativement d'une manière trop décidée pour qu'il pût y avoir une méprise.

— Vous devez voir quels sont les désirs de votre oncle, monsieur Thomas Wychecombe, dit sir Gervais du ton dont un officier bien élevé enjoint l'obéissance à un inférieur ; j'espère que vous vous y conformerez dans un moment comme celui-ci.

— Je suis le plus proche parent de sir Wycherly, répondit Tom d'un ton à demi arrogant. Personne ne peut avoir plus de droit que son neveu, et je puis dire son héritier, à rester près de son lit.

— Cela dépend du bon plaisir de sir Wycherly, Monsieur. C'est lui qui est le seul maître ici ; et comme il m'a invité à rester seul près de lui avec d'autres personnes qu'il a nommées, et dont vous ne faites point partie, je regarderai comme un devoir pour moi de faire exécuter sa volonté.

Ces mots furent prononcés de ce ton ferme et calme que donne l'habitude du commandement, et Tom commença à voir qu'il pouvait être dangereux pour lui de résister plus longtemps. Il jugeait important qu'un homme du rang et du caractère de l'amiral n'eût rien à dire contre lui, dans le cas où il s'élèverait à l'avenir quelque contestation sur ses droits, et après avoir protesté de son respect pour son oncle et de son désir de faire tout ce qui lui serait agréable, il sortit de la chambre.

Un éclair de satisfaction brilla sur la physionomie du malade quand il vit son neveu disparaître, et ses yeux se tournèrent lentement tour à tour sur ceux qui restaient dans la chambre.

— Et Bluewater? dit-il, sa difficulté de parler paraissant augmenter ; le contre-amiral?—il me faut trois témoins — trois témoins respectables.

— Je crois qu'il nous a quittés, dit sir Gervais ; il ne veut pas déroger à son habitude de toujours coucher sur son bord. Mais Atwood va revenir, vous paraît-il un témoin convenable?

Le malade fit un signe affirmatif, et quelques instants après le secrétaire rentra dans la chambre. Dès qu'il fut de retour, ils se réunirent tous trois près du lit de sir Wycherly, non sans éprouver quelque chose de cette faiblesse dont les hommes, aussi bien que les femmes, ont hérité de leur mère commune, Ève, et attendant que le baronnet leur fît connaître les motifs de sa conduite singulière.

— Sir Gervais, — Rotherham, — monsieur Atwood, dit le malade, ses yeux passant de l'un à l'autre en prononçant leurs noms ; — c'est cela, — Thomas m'a dit qu'il en faut trois, — trois bons témoins.

— Que pouvons-nous faire pour vous servir, sir Wycherly? demanda l'amiral avec un intérêt véritable. Vous n'avez qu'à nous faire connaître vos désirs, et ils seront fidèlement exécutés.

— Ecoutez donc bien : — sir Michel Wychecombe, — deux femmes, — Margery et Jeanne — Deux femmes — deux fils — parents seulement dans une ligne. — Thomas, Jacques, Charles et Grégoire, parents dans les deux lignes. — Sir Reginald Wychecombe parent dans une seule. — Vous comprenez, Messieurs?

— Cela n'est certainement pas très-clair, dit le vice-amiral à demi-voix aux deux autres ; mais en arrivant à l'autre bout du cordage, nous pourrons peut-être le recourir de nouveau, comme nous le disons nous autres marins, et juger de son état. Laissons donc le malade continuer. — Cela est très-clair, mon cher Monsieur. Qu'avez-vous à nous dire de plus? vous nous parliez de sir Reginald.

— Il n'est parent que dans une ligne. — Tom et le reste le sont dans les deux. — Mais sir Reginald n'est pas un *nullius*. — Tom est un *nullius*.

— Un *nullius!* — Vous savez le latin, monsieur Rotherham. Que peut signifier un *nullius?* il n'y a pas de cordage qui se nomme ainsi dans un vaisseau. — Eh! Atwood?

— *Nullius* ou *nullīus*, comme on doit quelquefois prononcer ce mot, est le génitif singulier pour les trois genres du pronom *nullus*, *nulla*, *nullum*, qui signifie : nul homme, nulle femme, nulle chose.

Ainsi le génitif *nullius* veut dire : de nul homme, de nulle femme, de nulle chose.

Le ministre donna cette explication à peu près du même ton qu'un pédagogue l'aurait donnée à ses écoliers dans sa classe.

— Oui, oui, tout écolier aurait pu dire cela : c'est ce qu'on apprend en huitième. Mais que diable le nominatif *nullus* et le génitif *nullius* peuvent-ils avoir de commun avec M. Thomas Wychecombe, neveu et héritier du baronnet ?

— C'est plus que je ne puis vous dire, sir Gervais ; mais, quant au latin, je puis déclarer qu'il est bon.

Sir Gervais était trop bien élevé pour rire ; mais il trouva difficile de réprimer un sourire.

— Eh bien ! sir Wycherly, tout cela est fort clair, reprit-il : sir Reginald est parent dans une ligne, Tom et le reste le sont dans les deux ; — Margery, Jeanne, etc. Qu'avez-vous à nous dire à présent ?

— Je veux dire que Tom est *nullus*, — quoique tenant aux deux lignes — et que sir Reginald, — quoique d'une seule ligne — n'est pas *nullus*.

— C'est comme si l'on avait passé une semaine en mer sans voir le soleil. Je suis complétement en dérive, Messieurs.

— Sir Wycherly ne fait pas attention aux cas, dit M. Atwood avec un grand sérieux, il est tantôt au nominatif, tantôt au génitif, et il ne dit rien du *datif*.

— Allons, allons, Atwood, point de plaisanteries dans une circonstance si grave. — Mon cher Wycherly, avez-vous quelque chose de plus à nous dire ? Je crois que nous vous avons bien entendu ? Vous avez dit que Tom, tenant aux deux lignes, était *nullus*, et que sir Reginald, n'étant que d'une seule, n'est pas *nullus*.

— C'est cela, répondit le malade en souriant ; d'une seule ligne — mais non *nullus*. — J'ai changé d'avis. — J'ai trop vu l'autre depuis quelque temps — l'autre, je veux dire Tom, mon neveu, — je veux le faire mon héritier.

— Sans contredit, Messieurs, voilà qui devient plus clair. Le baronnet veut faire son neveu Tom son héritier. Mais la loi ne le fait-elle pas déjà, monsieur Rotherham ? M. le baron de Wychecombe n'était-il pas l'aîné des frères de sir Wycherly ?

— Je l'ai toujours compris ainsi, et M. Thomas Wychecombe, son fils aîné, est héritier légal du baronnet.

— Non ! non ! non ! s'écria sir Wycherly avec tant de feu, que sa langue devint plus épaisse que jamais. — *Nullus* — *nullus*. — Sir Reginald — sir Reginald.

— Quel est ce sir Reginald, monsieur Rotherham ? Quelque ancien baronnet de la famille, je suppose ?

— Point du tout, Monsieur. Sir Reginald Wychecombe, de Wychecombe-Régis, comté de Hertz, est un baronnet dont un des ancêtres a reçu ce titre de la reine Anne, et l'on m'a dit qu'il descend d'une branche cadette de cette famille,

— Je commence à comprendre ; c'est ce qui s'appelle arriver sur les sondes. Je m'étais mis dans la tête que ce sir Reginald était quelque vieux baronnet vivant du temps des Plantagenets. — Eh bien ! sir Wycherly, désirez-vous qu'on envoie un exprès dans le comté de Hertz pour mander ici sir Reginald ? Peut-être voulez-vous le nommer votre exécuteur testamentaire. — Ne vous donnez pas la peine de parler, un signe suffira.

Sir Wycherly parut frappé de cette suggestion, qui pourtant n'était pas son intention véritable. Il sourit, et fit un signe de tête en signe d'assentiment.

- Avec toute la promptitude d'un homme d'affaires, sir Gervais s'avança vers la table sur laquelle le ministre avait écrit aux officiers de santé de la famille, et dicta une courte lettre à son secrétaire ; il la signa sur-le-champ, et Atwood quitta la chambre, pour la faire partir par un exprès. L'amiral se frotta ensuite les mains, avec l'air d'un homme qui sent qu'il s'est tiré avec adresse d'une difficulté embarrassante.

— Je ne vois pourtant pas, après tout, monsieur Rotherham, dit le vice-amiral au ministre, qu'il avait tiré dans un coin de la chambre, ce que le bon baronnet voulait dire avec son latin d'écolier, *nullus*, *nullius*. Pourriez-vous me l'expliquer ?

— Non, sir Gervais ; à moins qu'il n'ait voulu dire que sir Reginald, étant descendu d'un fils cadet, n'était *personne*, qu'il n'avait pas de *femme*, car je crois qu'il n'est pas encore marié, et qu'il n'avait *rien*, c'est-à-dire qu'il n'était pas riche.

— Et sir Wycherly est-il un érudit assez déterminé pour s'exprimer de cette manière hiéroglyphique, à l'instant où il est étendu sur ce que je crains devoir être son lit de mort ?

— Sir Wycherly a reçu l'éducation qu'on donne à tous les jeunes gens de sa condition, mais il a tout à fait oublié ses classiques dans le cours d'une longue vie passée dans l'opulence. N'est-il pourtant pas possible que ses anciens souvenirs se soient réveillés tout à coup, par suite de l'ébranlement qu'a reçu son cerveau ? Je crois avoir lu des exemples curieux prouvant que la mémoire peut revenir sur le lit de mort ou après une attaque de maladie.

— Oui, cela peut être arrivé, dit sir Gervais avec un sourire mélancolique, et en ce cas la mémoire des études classiques du pauvre sir Wycherly lui est revenue au point où il les avait finies. — Mais voici Atwood de retour.

Après avoir dit un mot à son secrétaire, le vice-amiral se rapprocha du lit du malade avec les deux autres témoins.

— L'exprès sera parti dans dix minutes, sir Wycherly, dit-il, et vous pouvez espérer de voir votre parent d'ici à deux ou trois jours.

— Trop tard, murmura le malade, qui avait un sentiment intime de sa situation; trop tard. — Tournez le testament à rebours[1]. — Sir Reginald, Tom ; — Tom, sir Reginald. — Tournez le testament à rebours.

— Tournez le testament à rebours! cela est fort clair pour ceux qui peuvent le comprendre, Messieurs. — Sir Reginald, Tom ; Tom, sir Reginald. — Dans tous les cas, il est évident que son esprit est occupé de la disposition de ses biens, puisqu'il parle de testament. — Monsieur Atwood, tenez note de ces mots, afin qu'il n'y ait pas de méprise. — Je suis surpris qu'il n'ait rien dit de notre jeune et brave lieutenant, qui porte les mêmes noms que lui. — Il ne peut y avoir aucun mal, monsieur Rotherham, à lui rappeler le nom de cet estimable jeune homme, dans un moment comme celui-ci?

— Je n'en vois aucun, Monsieur, il est de *notre* devoir de rappeler *le leur* aux malades.

— Ne désireriez-vous pas, sir Wycherly, de voir le jeune homme qui porte vos deux noms, le lieutenant Wycherly Wychécombe ? demanda l'amiral au malade, en appuyant sur le premier de ces deux noms. Il doit être dans cette maison, et j'ose dire qu'il se trouverait heureux de paraître devant vous, si vous le désiriez.

— J'espère qu'il se porte bien ; — beau jeune homme, faisant honneur à son nom.

— Et vous pouvez ajouter, à sa nation, sir Wycherly.

— J'ignorais que la Virginie fût une nation. — Tant mieux ! — Beau jeune Virginien.

— Et il est sans doute de votre famille, puisqu'il porte vos deux noms, sir Wycherly? ajouta sir Gervais, qui, malgré tout ce qu'il avait entendu dire, soupçonnait secrètement que le jeune marin était fils du baronnet. C'est un jeune homme très-estimable, et qui fera honneur à toute maison d'Angleterre.

— Je suppose qu'ils ont *des maisons* en Virginie ; — mauvais cli-

---

1. *Turn the will round.* Je cite le passage anglais parce que le mot *will*, qui signifie testament et volonté, va donner lieu à une double entente.

mat ; — maisons nécessaires. — N'est pas mon parent, Monsieur, — probablement un *nullus*. — Beaucoup de Wychecombe sont des *nullus*. — Tom un *nullus*, — les Wychecombe du comté de Surrey, tous des *nullus*. Sir Reginald n'est pas un *nullus*, mais il n'est que d'une ligne. — Thomas, Jacques, Charles, Grégoire, étaient des deux. — Mon frère, le baron Wychecombe, me l'a dit avant de mourir.

— Des deux quoi, sir Wycherly ? demanda l'amiral, trouvant ce langage un peu obscur.

— Des deux lignes, sir Gervais, — c'est la loi. — Je le tiens du baron, — de première main.

Une des particularités de l'Angleterre, c'est que peu de personnes y connaissent les lois, à l'exception de ceux qui en font leur profession. Les connaissances de ceux-ci sont même divisées et subdivisées de manière à assurer à chacun leur part du profit. Ainsi le notaire n'est pas avocat, l'avocat n'est pas procureur ; et celui qui plaide devant la cour de la chancellerie donnerait des avis peu sûrs dans une cause portée devant une des cours de la loi commune. Cette disposition de la loi commune qui n'admettait pas le droit de succession entre les parents qui ne l'étaient que dans une des deux lignes, paternelle ou maternelle, a été modifiée ou réformée par un statut, il y a une dizaine d'années ; mais quand même elle existerait encore, il est probable que peu d'Anglais non jurisconsultes la connaîtraient, car elle était si contraire à toutes les idées de justice naturelle, qu'elle était reléguée parmi les mystères de la profession du barreau. Si l'on avait dit à mille Anglais intelligents, mais peu versés dans le dédale des lois, qu'il en existait une en vertu de laquelle des frères, nés de différentes mères, quoique descendant d'ancêtres communs à tous deux, ne pouvaient hériter l'un de l'autre, si ce n'est comme légataires, ou comme appelés à recueillir une substitution, il est très-probable que neuf sur dix auraient refusé de croire à l'existence d'une loi si absurde. C'est pourtant ce qui avait lieu jusqu'aux réformes qui ont été récemment introduites dans la législation anglaise, et nous sommes surpris qu'un auteur plein d'esprit, qui a, il n'y a pas longtemps, charmé ses lecteurs par une fiction qui a pour principal pivot les vicissitudes de la pratique des lois, n'ait pas songé à profiter de ce trait particulier, qui aurait fourni assez de mystères pour une douzaine de romans ordinaires, et assez d'invraisemblances pour une centaine. Il est donc tout simple que sir Gervais et ses compagnons ne connussent pas cette loi, et que les allusions que le digne baronnet y avait faites à plusieurs reprises, fussent pour eux de véritables énigmes qu'il leur était impossible d'expliquer.

— Que peut vouloir dire notre pauvre ami ? demanda l'amiral, qui prenait réellement le plus vif intérêt à la situation de sir Wycherly. On voudrait le servir autant qu'on le peut ; mais tout ce jargon de *nullus*, d'une ligne et de deux lignes, est de l'hébreu pour moi. Y comprenez-vous quelque chose, Atwood ?

— Sur ma foi, sir Gervais, un juge déciderait mieux cette question que des marins comme nous.

— Tout cela ne peut avoir aucun rapport à l'insurrection des jacobites. C'est pourtant une affaire qui est de nature à pouvoir troubler les derniers moments d'un sujet loyal, monsieur Rotherham.

— L'âge et les habitudes de sir Wycherly, amiral, repoussent l'idée qu'il puisse être mieux instruit de ce qui se passe à cet égard que nous ne le sommes nous-mêmes. Je suis plutôt porté à croire que vous avez donné à un mot qu'il vient de prononcer un sens qui n'est pas celui qu'il y attachait. Le mot *will* signifie *testament*, mais il veut dire aussi *volonté*. Or, il a été publié depuis quelque temps divers ouvrages sur *la volonté de l'homme* ou *le libre arbitre*, et je regrette d'avoir à dire que mon honorable patron n'a pas toujours été sur ce point aussi orthodoxe que je l'aurais désiré ; je suis donc porté à croire qu'en disant *tournez la volonté à rebours*, il a voulu exprimer son repentir.

Sir Gervais jeta les yeux autour de lui, comme c'était sa coutume quand une idée plaisante ou burlesque se présentait à son imagination ; mais il résista à une forte envie de rire, et répondit d'un ton grave :

— Je vous comprends, Monsieur. Vous pensez que tous ces termes inexplicables se rattachent aux sentiments religieux de sir Wycherly. Vous pouvez avoir raison, car mes connaissances ne vont pas jusqu'à pouvoir les attribuer à quelque cause que ce soit. — Je regrette qu'il n'ait pas reconnu pour parent notre jeune lieutenant. Est-on bien certain qu'il soit né en Virginie ?

— Il le dit lui-même, sir Gervais. Il était inconnu ici quand il y a été mis à terre par suite d'une blessure dangereuse qu'il avait reçue. Je crois qu'aucune des allusions de sir Wycherly n'a le moindre rapport à lui.

Sir Gervais Oakes mit ses mains derrière son dos, et fit quelques tours dans la chambre, comme s'il eût été sur son gaillard d'arrière. A chaque tour, ses yeux se dirigeaient vers le lit, et il voyait toujours ceux du malade suivre tous ses mouvements. Cette circonstance acheva de le convaincre que la religion n'avait rien de commun avec le désir que son hôte avait évidemment de se faire comprendre ; et cette idée le tourmenta lui-même. Il lui semblait voir un mourant implorer son aide, sans qu'il fût en son pouvoir de venir à son secours. Il était impossible à un homme aussi généreux que sir Gervais de concevoir une telle pensée, sans faire un nouvel effort, et il se rapprocha du lit du malade, déterminé à tâcher d'obtenir de lui quelque chose de plus intelligible.

— Croyez-vous, sir Wycherly, lui demanda-t-il, comme par dernière ressource, que vous pourriez écrire quelques mots, si nous placions devant vous encre, plume et papier?

— Impossible, — je vois à peine, — je n'ai plus de force. — Attendez pourtant, — j'essaierai.

Sir Gervais fut enchanté de la résolution du baronnet, et il appela sur-le-champ ses compagnons à son aide. Atwood et le ministre soulevèrent le vieillard, et empilèrent des coussins derrière lui pour le soutenir, tandis que le vice-amiral plaçait devant lui, en guise de pupitre, une grande Bible, sur laquelle il mit papier, plume et encre. Sir Wycherly prit la plume d'une main tremblante, et, après plusieurs tentatives infructueuses, traça sur le papier, en ligne diagonale, quelques mots illisibles. Mais il n'en put faire davantage; les forces lui manquèrent tout à fait, la plume lui tomba des mains, et il tomba, presque sans connaissance, entre les bras de ceux qui le soutenaient. En ce moment critique, le chirurgien entra, et il mit fin à l'entrevue en demandant qu'on le laissât seul avec le malade et un ou deux domestiques.

Les trois témoins de ce qui venait de se passer se retirèrent alors dans une salle au rez-de-chaussée. Atwood, qui, presque machinalement, avait emporté par habitude le papier sur lequel le baronnet avait griffonné quelques mots, le mit alors entre les mains du vice-amiral, comme il lui aurait présenté une lettre à signer, ou une copie d'une dépêche adressée au secrétaire de l'amirauté.

— Ceci ne vaut pas mieux que le *nullus*, s'écria sir Gervais après avoir inutilement essayé de déchiffrer ce griffonnage. Quel est le premier mot, monsieur Rotherham? je crois qu'il a voulu écrire *irish*. — Eh! Atwood?

— Je pense que c'est seulement *in*, dit le ministre, étendu sur beaucoup plus de papier qu'il n'en fallait.

— Je crois que vous avez raison. Le second mot est évidemment *the*, quoiqu'il ressemble assez à des chevaux de frise. Mais quel est le troisième? je crois lire *man of war*, Atwood?

— Je vous demande pardon, sir Gervais. La première lettre est ce que j'appellerais une *n* allongée; la seconde est certainement un *a*;

la troisième... elle ressemble aux vagues de la mer. — Ah! c'est un *m*; et la dernière est *e*. — Ainsi *n-a-m-e*, — le mot est *name*, Messieurs.

— Oui, ajouta le ministre, et les deux mots suivants sont *of God*.

— Après tout, c'est donc la religion qui occupe son imagination, s'écria sir Gervais, un peu désappointé. C'est une sorte de prière; car le dernier mot est certainement *amen*.

— La phrase est : *In the name of God, amen*[1]! et c'est la formule par laquelle il est d'usage de commencer un testament, dit le secrétaire, qui en avait écrit plus d'un à bord des bâtiments sur lesquels il avait servi.

— Sur ma foi, vous avez raison, Atwood; et le pauvre homme voulait nous faire comprendre comment il voulait disposer de ses biens. Mais que voulait-il dire avec son *nullus*? Il est impossible qu'il n'ait rien à laisser à personne.

— Je vous le garantis, sir Gervais; cette explication n'est pas la véritable. Les affaires de sir Wycherly sont dans le meilleur ordre; et outre son domaine, je sais qu'il a une somme considérable dans les fonds publics.

— Eh bien, Messieurs, nous ne pouvons rien faire de plus cette nuit. Il y a déjà ici un officier de santé, et Bluewater va en envoyer un ou deux de l'escadre. Si demain matin sir Wycherly est en état de parler, nous verrons ce qu'il est possible de faire.

Ils se séparèrent. On avait fait préparer un lit pour le ministre, et l'amiral et son secrétaire se retirèrent chacun dans leur chambre.

CHAPITRE X.

> Dites aux médecins de rétablir, en parlant, la circulation du sang dans nos veines, et de faire renaître les battements du pouls par un argument, et alors, Milord, vous pourrez tâcher d'inspirer l'amour par le raisonnement.
>
> YOUNG.

TANDIS que la scène que nous venons de rapporter se passait dans la chambre du baronnet malade, l'amiral Bluewater, mistress Dutton et Mildred étaient en chemin dans la voiture de sir Wycherly. Le

---

1. Au nom de Dieu, ainsi soit-il.

contre-amiral avait opiniâtrément persisté à se conformer à son habitude de passer toutes les nuits sur son bord, et l'on a déjà vu de quelle manière il avait offert à ses deux belles compagnes, car mistress Dutton pouvait encore mériter cette épithète, de les reconduire chez elles. Son motif avait été simplement de les soustraire à de nouvelles brutalités que pourraient inspirer à Dutton sa cupidité et le vin qu'il avait bu ; et avec cette intention charitable, il n'était pas probable qu'il revînt sans nécessité sur la scène désagréable dont il avait été témoin. Il n'en fut donc aucunement parlé pendant le quart d'heure qui fut employé à aller de Wychecombe-Hall à la station. Tous parlèrent avec regret et compassion de la situation du pauvre baronnet, et Bluewater écouta avec empressement les deux dames citer quelques anecdotes prouvant la bonté du cœur du malade. Au bout du temps que nous avons mentionné, le voiture s'arrêta devant la porte de la maison de Dutton, et tous trois en descendirent.

Si la matinée de ce jour avait été voilée par les vapeurs, le soleil s'était couché sous un ciel aussi pur qu'on puisse le voir couronner d'un dôme l'île de la Grande-Bretagne. La nuit était éclairée par un beau clair de lune. Ce n'était certainement pas cette clarté presque rivale de celle du jour dont on jouit si souvent dans des atmosphères plus pures ; mais le panorama du promontoire était empreint d'une lueur douce et presque magique, qui rendait les objets suffisamment visibles, et qui ajoutait considérablement à leur beauté. Les inégalités du sol et la verdure qui le couvrait offraient un repos à la vue, tandis que les beaux chênes du parc du baronnet l'arrêtaient à l'arrière-plan. Du côté de la mer, l'Océan brillait à perte de vue, et semblait rivaliser avec le firmament. Si notre hémisphère, ou plutôt notre latitude, peut se vanter d'un ciel plus pur que celui de la mère-patrie, la teinte de l'eau donne à celle-ci une grande supériorité. Tandis que toute la côte de l'Amérique est bornée par une vaste et sombre nappe d'eau verte, le bleu d'azur de l'Océan semble s'être retiré le long des côtes de l'Europe. Cette glorieuse teinte, d'où est venue l'expression outremer, est surtout remarquable dans la Méditerranée, cette mer de délices ; mais on la rencontre aussi le long des côtes du Portugal et de l'Espagne, et dans toute la Manche, jusqu'à ce qu'on la perde sur les bas-fonds de la Mer du Nord, pour la retrouver ensuite dans les profondeurs de l'Océan qui baigne la côte sauvage mais romantique de la Norvége.

— Quelle belle nuit ! s'écria Bluewater en offrant la main à Mildred pour descendre de voiture, après avoir rendu le même service à sa mère; on a peine à se résoudre à monter dans son cadre [1], quelque bien suspendu qu'il puisse être.

— Il ne s'agit pas de dormir, répondit Mildred d'un ton affligé. Il y a des nuits assez belles pour engager la fatigue même à ne pas se livrer au sommeil; mais comment goûter du repos au milieu de nos inquiétudes pour ce bon sir Wycherly?

— Je suis charmé de vous entendre parler ainsi, Mildred, répondit l'amiral; car il s'était habitué sans y penser à donner ce nom familier à miss Dutton. — Oui, j'en suis charmé, car je suis un admirateur invétéré de la lune et des étoiles, et j'espère pouvoir vous déterminer, ainsi que votre mère, à perdre encore une heure à vous promener avec moi sur cette hauteur. Ah! voici Sam Yoke, le patron de ma barge, qui vient m'annoncer qu'elle est arrivée. Fort bien; je puis envoyer à bord des bâtiments le message de sir Gervais pour les deux chirurgiens, et je n'aurai plus aucun motif pour me presser de quitter un si bel endroit et une si agréable compagnie.

Bluewater donna ses ordres à Sam Yoke. Il y avait encore près du rivage une douzaine de canots qui attendaient des officiers qui étaient à terre, quoiqu'il fût déjà tard. Deux d'entre eux reçurent l'ordre de se rendre à bord des deux vaisseaux amiraux et d'en ramener les deux chirurgiens-majors, et l'on envoya la voiture au lieu du débarquement pour les conduire près du malade dès qu'ils arriveraient. Tout fut alors tranquille et silencieux sur la hauteur. Mistress Dutton entra chez elle pour mettre ordre à quelques affaires domestiques, et le contre-amiral ayant passé le bras de Mildred sous le sien, ils commencèrent leur promenade.

Rarement les yeux d'un marin virent un plus beau tableau de clair de lune que celui qui s'offrit alors aux yeux de l'amiral Bluewater et de Mildred. Les bâtiments de l'escadre étaient mouillés presque sous leurs pieds. Seize bâtiments, différemment gréés, mais dont onze étaient des vaisseaux à deux ponts, les plus grands qui fussent alors connus, s'offraient à leurs regards, rangés dans cet ordre parfait qu'un commandant actif et intelligent sait toujours obtenir, même des esprits lents et sans énergie. Si l'amiral Bluewater était distingué par la manière dont il savait faire évoluer une escadre, sir Gervais avait la réputation d'être un des meilleurs marins (dans toute l'acception de ce mot) de toute l'Angleterre; excellent manœuvrier. Un bâtiment sous ses ordres n'avait jamais l'air négligé; et pour peu qu'un vaisseau possédât les qualités nécessaires pour tenir la mer,

---

[1]. Les officiers couchent dans des cadres; les matelots dans des hamacs.

il savait en tirer bon parti. Le vice-amiral connaissait parfaitement ce fait important, fait que les membres du congrès d'Amérique et ceux du parlement d'Angleterre oublient si souvent, ou pour mieux dire ignorent complétement, que la force d'une escadre s'amoindrit en raison des mauvais bâtiments qui en font partie. Il importe peu que quatre ou cinq bâtiments d'une escadre soient fins voiliers et manœuvrent bien, si les huit ou dix autres sont lourds et ne répondent pas à la manœuvre. Quand on met à l'épreuve ce qu'ils peuvent faire, la séparation des bâtiments en est la suite inévitable; et cette séparation est le premier pas vers une défaite, comme sa concentration est la principale condition pour une victoire. Les plus mauvais bâtiments ne pouvant imiter les meilleurs, ceux-ci sont obligés de régler leurs mouvements sur ceux des autres, ce qui abaisse nécessairement les meilleurs bâtiments d'une escadre au niveau des plus mauvais; proposition par laquelle nous avons commencé.

Sir Gervais Oakes jouissait d'une telle faveur près de l'amirauté, que tout ce qu'il demandait lui était ordinairement accordé. Une de ses conditions était que tous ses bâtiments fussent également fins voiliers. — Si vous me donnez des bâtiments fins voiliers, disait-il, je puis atteindre l'ennemi; dans le cas contraire, c'est l'ennemi qui m'atteindra; et je vous laisse à juger laquelle de ces deux hypothèses amènera le plus probablement un combat. Dans tous les cas, donnez-moi des bâtiments *de conserve*; non des bâtiments dont l'un soit léger et l'autre pesant, mais des bâtiments qui puissent se héler l'un l'autre, sans être obligés de s'attendre. — L'amirauté montrait tout le désir possible d'obliger l'intrépide commandant; et comme il avait résolu de ne jamais quitter *le Plantagenet* tant que ce bâtiment serait en état de tenir la mer, il était indispensable de lui trouver autant de bons voiliers qu'il était possible pour qu'ils pussent toujours le suivre. Il en résultait qu'il commandait une escadre de chevaux de course, comme Galleygo avait coutume de le dire; et l'on disait généralement dans le service de la marine qu'Oakes avait une escadre ailée, sinon une escadre volante.

Des bâtiments comme ceux dont nous venons de parler frappent ordinairement les yeux par la grâce et la symétrie de leurs formes. Quoique habituée à voir des bâtiments, Mildred remarqua ce fait, et elle se hasarda à exprimer son admiration, après avoir passé plus d'une minute à considérer ce grand spectacle.

— Vos vaisseaux me paraissent plus beaux que de coutume, amiral Bluewater, dit-elle, quoiqu'un vaisseau soit toujours pour moi un objet attrayant.

—C'est parce qu'ils le sont réellement, ma jolie observatrice. Le vice-amiral Oakes est un officier qui ne souffrirait pas plus dans son escadre un vaisseau mal construit et mal installé, qu'un pair du royaume ne voudrait épouser une femme laide, — à moins qu'elle ne fût immensément riche.

— J'ai entendu dire que l'influence de la richesse gagne souvent le cœur des hommes, dit Mildred en souriant, mais je ne savais pas encore qu'ils fussent assez francs pour l'avouer.

— Je suppose que vous êtes redevable de cette connaissance à une mère prudente, dit le contre-amiral d'un air réfléchi. Je voudrais être votre assez proche parent paternel, ma jeune amie, pour pouvoir me hasarder à vous donner aussi un petit avis. Jamais, jusqu'à présent, je n'avais senti un tel désir d'avertir un de mes semblables d'un grand danger auquel je crains qu'il ne soit exposé, et c'est une liberté que je voudrais bien pouvoir prendre avec vous.

— Bien loin d'être une liberté, c'est un devoir pour nous d'avertir qui que ce soit d'un danger que nous croyons qu'il court, et qu'il ne connaît pas. Du moins cela paraît ainsi aux yeux d'une jeune fille comme moi.

— Oui, si le danger était de tomber du haut de ce rocher, — de mettre le feu à une maison par imprudence, en un mot toute calamité visible ou palpable. Le cas est tout différent quand il s'agit d'une jeune fille, et que c'est son cœur qui est en danger.

— Je conçois cette distinction, répondit Mildred après un instant de réflexion, et je comprends fort bien que la même personne qui ne se ferait pas le moindre scrupule de donner l'alarme dans le cas de quelque danger physique, puisse hésiter même à faire pressentir quelque péril moral. Cependant, si l'amiral Bluewater croit qu'une jeune fille comme moi puisse mériter qu'il veuille bien prendre quelque intérêt à elle, j'espère qu'il ne refusera pas de lui indiquer le danger qu'elle court. Il y a, dans ce que vous venez de dire, de quoi bannir le sommeil, et je conviens qu'à un peu d'inquiétude, il se joint en moi beaucoup de curiosité d'en savoir davantage.

— Vous parlez ainsi, Mildred, parce que vous ne connaissez pas les chocs que peut faire essuyer à votre sensibilité la langue rude d'un homme.

— Je ne les connais pas! s'écria Mildred, tremblant de tous ses membres au point que son compagnon s'en aperçut. Je ne les connais pas! Hélas, amiral Bluewater! pouvez-vous parler ainsi après ce que vous avez vu et entendu?

— Pardon, ma chère enfant; rien n'était plus loin de ma pensée que de vouloir faire renaître en vous des souvenirs si pénibles. Si je croyais que vous m'excusiez, je risquerais de vous révéler ce secret; car, quoiqu'il me soit impossible d'en dire la cause, jamais je n'ai éprouvé un intérêt si soudain, si extraordinaire, pour une personne qui m'est presque étrangère.

— Non, non, pas étrangère, mon cher monsieur. Après tout ce qui s'est passé aujourd'hui; après que vous avez été admis, quoique par accident, à la connaissance d'un fatal secret; après tout ce qui a été dit dans la voiture; après les scènes cruelles que ma mère a essuyées en votre présence, il y a tant d'années, vous ne pouvez jamais être un étranger pour nous, quelque désir que vous puissiez avoir de nous regarder comme étrangères.

— Jeune fille, je ne vous dirai pas que vous m'enchantez, que vous me fascinez; mais le fait est que vous subjuguez mes sentiments, et que vous m'attachez à vous d'une manière que je ne croyais possible à personne.

Il parlait avec tant d'énergie, que Mildred retira sa main du bras sous lequel elle était passée, et fit un pas en arrière, non avec alarme, mais par surprise. Mais, regardant son compagnon en face, et voyant une grosse larme lui tomber sur la joue, remarquant ses cheveux, que les soucis et les travaux de sa profession avaient blanchis plus que les années, elle recouvra toute sa confiance, et reprit d'elle-même la place qu'elle avait abandonnée, avec le naturel et la simplicité d'une fille qui reprenait sa place auprès de son père.

— Certainement, Monsieur, dit-elle avec chaleur, cet intérêt doit m'inspirer autant de reconnaissance qu'il me fait d'honneur. Mais à présent, amiral Bluewater, n'hésitez plus à me parler avec la franchise d'un père; je vous écouterai avec le respect et la déférence d'une fille.

— Eh bien, écoutez ce que j'ai à vous dire, et ne répondez rien, pour peu que vous vous sentiez blessée. Il semblerait qu'il n'y a qu'un seul sujet dont un homme, jeune ou vieux, puisse parler à une jeune fille belle et aimable, quand il se trouve en tête-à-tête avec elle, par un beau clair de lune; et ce sujet, c'est l'amour. Ne tressaillez pas, ma chère enfant; car si je vais vous parler d'amour, sujet sur lequel je suis un peu gauche, ce ne sera ni pour moi, ni même pour aucun autre; car je désire uniquement vous donner l'avis de ne laisser surprendre votre cœur par personne.

— Mon cœur! croyez-vous donc cet avis bien nécessaire, amiral?

— C'est ce que vous savez mieux que moi, mon enfant. Une chose dont je suis certain, c'est que le jeune homme dont je veux parler affecte d'avoir de l'amour pour vous, qu'il en ait ou qu'il n'en ait point. Et quand une jeune fille vient à se persuader qu'elle est aimée, il lui devient difficile, surtout quand elle a de la générosité, de ne pas répondre à ce sentiment, sinon avec la même ferveur, du moins avec quelque chose qui y ressemble.

— Affecte d'avoir de l'amour pour moi, Monsieur ! Et pourquoi quelqu'un se donnerait-il la peine d'en affecter, s'il n'en avait pas réellement ? Je n'ai ni naissance ni fortune ; quel motif pourrait-on avoir pour s'abaisser à une pareille hypocrisie ?

— Le motif de vouloir avoir pour épouse la plus jolie fille d'Angleterre. Mais ne nous arrêtons pas à analyser les motifs, quand les faits sont ce que nous avons à examiner. Je suis assez porté à croire que ce jeune homme n'est pas tout à fait sans attachement pour vous ; mais cette circonstance ne fait que le rendre plus dangereux. Dans tous les cas, je suis intimement convaincu qu'il n'est digne de vous sous aucun rapport. C'est exprimer hardiment son opinion après une connaissance d'un jour ; mais elle est fondée sur de si bonnes raisons, qu'il est presque impossible qu'un homme de mon âge s'y méprenne, s'il est sans préjugés.

— Tout cela est fort singulier, Monsieur, et j'étais même sur le point d'ajouter, alarmant. Mais je serai aussi franche que vous, et je vous dirai que vous jugez le jeune homme en question un peu trop sévèrement. M. Rotherham ne possède peut-être pas toutes les qualités que devrait avoir un ministre, mais il est très-loin d'être un méchant homme. Au surplus, quel qu'il puisse être, il n'est pas probable que la préférence passagère qu'il m'avait accordée l'entraîne plus loin qu'il n'a déjà été.

— M. Rotherham ! Je n'ai point parlé de lui ; je n'y pensais même pas.

Mildred resta confuse. M. Rotherham avait demandé la veille sa main à sa mère, et avait reçu un refus civil, mais positif. Cette circonstance avait été cause que le nom du ministre s'était présenté le premier à son imagination ; et la conjecture que l'amant refusé, un peu échauffé par le vin, avait pu faire part de ses désirs au contre-amiral était si naturelle, qu'elle avait commis cette méprise presque sans réflexion.

— Je vous demande pardon, Monsieur, répondit-elle, mais je croyais que c'était lui que vous aviez en vue. Mon erreur était bien naturelle, car M. Rotherham est le seul individu qui ait jamais demandé ma main à ma mère.

— Je craindrais moins ceux qui parlent à votre mère que ceux qui ne parlent qu'à vous, Mildred. Au surplus, comme je déteste toute ambiguité, je vous dirai que le jeune homme à qui je fais allusion est M. Wychecombe.

— M. Wychecombe, amiral Bluewater! — Et le vétéran sentit le bras appuyé sur le sien trembler violemment, triste confirmation de ses craintes, et qui tendait même à les augmenter, tant ce symptôme avait été soudain. — Sûrement, continua Mildred, l'avis que vous vouliez me donner ne peut ni ne doit s'appliquer à un homme qui a dans le monde le rang et la réputation de M. Wychecombe.

— Ainsi va le monde, miss Dutton; et nous autres vieux marins, nous finissons par l'apprendre, que nous le voulions ou non. L'intérêt soudain que vous m'avez inspiré, le souvenir de scènes aussi anciennes que pénibles, et les événements de cette journée, m'ont rendu vigilant et vous ajouterez hardi. Mais je suis résolu à parler, même au risque de vous déplaire à jamais, et je ne puis parler que pour vous dire que je n'ai jamais rencontré un jeune homme qui ait fait sur moi une impression aussi défavorable que ce M. Wychecombe.

Mildred retira son bras sans le vouloir et sans y penser, et elle crut avoir à se reprocher quelque légèreté en devenant tout à coup assez familière avec un étranger pour lui permettre de parler ainsi, en sa présence, au désavantage d'un ami déjà ancien.

— Je suis fâchée, Monsieur, que vous ayez conçu une si mauvaise opinion d'un homme qui s'est fait généralement aimer et estimer dans cette partie du pays, répondit-elle avec une froideur très-remarquable.

— Je m'aperçois que je partagerai le sort de tous ceux qui donnent des avis désagréables. Nous sommes dans un moment de crise, Mildred, et j'ignore ce qui peut m'arriver à moi-même d'ici à quelques mois; mais l'intérêt inexplicable que je prends à votre bonheur est si vif, qu'au risque de vous offenser une seconde fois, je vous répéterai que je n'aime pas ce M. Wychecombe, qui est votre admirateur si dévoué, réel ou affecté. Quant à l'affection et au respect des tenanciers de ce domaine pour celui qui doit en être l'héritier, la chose est si simple, qu'elle ne compte pour rien.

— L'héritier de ce domaine! répéta Mildred d'une voix qui avait repris sa douceur naturelle, et en repassant une main sous le bras qu'elle avait quitté avec si peu de cérémonie. Sûrement, mon cher Monsieur, vous ne parliez pas de M. Thomas Wychecombe, neveu de sir Wycherly?

— Et de qui vous parlerais-je? N'a-t-il pas été votre ombre toute cette journée? Ses attentions pour vous n'ont-elles pas été si marquées, qu'il semblait à peine croire nécessaire de cacher ses prétentions?

— L'avez-vous réellement cru, Monsieur? J'avoue que je n'ai pas envisagé sa conduite sous le même point de vue. Nous sommes toujours si bien accueillis chez sir Wycherly, que les attentions qu'ont pour nous tous ceux qui composent sa maison, ne peuvent nous étonner. Mais, que vous vous trompiez ou non dans votre conjecture, amiral Bluewater, M. Thomas Wychecombe ne sera jamais pour moi plus que ce qu'il est à présent. Et pour vous prouver que je reçois votre avis avec la même franchise que vous me l'avez donné, j'ajouterai que je n'ai pas pour lui une estime très-particulière.

— Je me réjouis de l'apprendre. — Ce Wychecombe dont je parlais ne ressemble guère à notre jeune lieutenant qui porte le même nom. C'est celui-ci qui est un jeune homme aussi brave et aussi estimable qu'on en vit jamais. Plût au ciel qu'il ne fût pas engoué de sa profession au point de n'être sensible aux charmes d'aucune autre beauté que celle d'un vaisseau. Si vous étiez ma propre fille, Mildred, je vous donnerais à lui avec le même plaisir que je lui laisserais tous mes biens s'il était mon fils.

Mildred sourit d'un air malin, quoique un peu mélancolique ; mais elle avait trop d'empire sur elle-même, et elle possédait trop bien la réserve et la retenue de son sexe, pour trahir ses sentiments secrets devant un homme qui, après tout, n'était presque qu'un étranger pour elle.

— J'ose dire, Monsieur, répondit-elle en déguisant sa pensée dans une occasion qui peut-être ne faisait de cette faute qu'un péché véniel, que votre connaissance du monde vous a fait juger l'un et l'autre avec justice. Il n'est nullement probable, malgré tout ce que vous avez entendu sortir de la bouche de mon pauvre père, que M. Thomas Wychecombe pense sérieusement à moi ; et quant à mes sentiments pour lui, je puis répondre qu'ils ne changeront jamais. Je ne suis pas ce qu'il faut être pour devenir lady Wychecombe, et j'aurais assez de prudence pour refuser cet honneur, quand même il me serait offert. Croyez-moi, Monsieur, mon père aurait tenu ce soir un langage tout différent sans le vin de sir Wycherly, et si la loyauté des convives n'eût fait proposer un trop grand nombre de toasts. Mon père doit sentir, dans ses moments de réflexion, que sa fille n'est pas faite pour un rang si élevé. Notre perspective dans le monde était plus brillante autrefois qu'elle ne l'est aujourd'hui, amiral Bluewater ; mais elle n'a jamais été de nature à nous autoriser à porter nos vues si haut.

— La fille d'un officier de marine, ma chère enfant, peut toujours se considérer comme étant dans un des rangs les plus honorables de la société, et, en cette qualité, un duc pourrait vous épouser sans déroger, s'il vous aimait. Mais puisque je vois que vous n'aviez pas besoin de mes avis, nous changerons de conversation. — Ne s'est-il point passé quelque chose d'extraordinaire ce matin sur ce promontoire, et cela ne concernerait-il pas ce M. Thomas Wychecombe? C'est sir Gervais qui m'en a parlé, mais il ne m'a pas expliqué l'affaire très-clairement.

Mildred lui expliqua la méprise qu'il commettait en attribuant à Tom ce que le jeune lieutenant avait fait. Elle lui fit ensuite une description animée du danger que celui-ci avait couru, et de la manière dont il s'en était tiré, appuyant principalement sur la présence d'esprit qui lui avait sauvé la vie quand un fragment du rocher avait cédé sous son pied.

— Tout cela est fort bien, et c'est ce que j'aurais attendu d'un jeune homme plein d'énergie et de résolution, répondit l'amiral d'un ton un peu grave; mais j'avoue que j'aurais mieux aimé que cela ne fût pas arrivé. Les jeunes gens qui se jettent inconsidérément dans des périls inutiles, montrent rarement la même ardeur dans les dangers qu'il faut braver. — S'il avait eu un motif, cela aurait changé la chose.

— Oh! mais il en avait un, Monsieur; il était bien loin de faire une telle folie pour le seul plaisir de la faire.

— Et quel était ce motif, s'il vous plaît? Je ne vois pas de raison suffisante pour qu'un homme de bon sens risque sa vie en descendant de ce rocher par une pente si escarpée et si dangereuse. On peut en approcher par un clair de lune; mais je vous avoue qu'en plein jour, je ne me soucierais pas d'être aussi près du bord que nous le sommes en ce moment.

Mildred fut fort embarrassée pour trouver une réponse. Son cœur lui disait quel avait été le motif du lieutenant; mais, quelque plaisir qu'elle eût à se l'avouer à elle-même, il n'était pas convenable qu'elle en fît part à son compagnon. Elle aurait volontiers changé de conversation, mais cela aurait paru singulier. Elle prit donc son parti, et si elle ne dit pas toute la vérité, du moins elle ne dit rien qui ne fût vrai.

— Les fleurs qui croissent sur la rampe de ce rocher qui est exposé au midi, Monsieur, sont aussi belles qu'odoriférantes. Il avait entendu plusieurs fois ma mère en parler avec moi, et regretter qu'il fût si difficile de s'en procurer; et ce fut ce qui le porta à y descendre, —

non à l'endroit où nous sommes, et où la pente est presque perpendiculaire, mais un peu plus loin sur la droite, où il est possible de se soutenir en prenant toutes les précautions nécessaires ; et, comme il me le dit lui-même aujourd'hui après le dîner, ce fut en se hasardant un peu trop, — seulement un peu, — que l'accident arriva. Je ne crois pas qu'il soit inconsidéré, ni téméraire, ni disposé à vouloir se faire admirer par un exploit de cette nature.

— Il a en vous un avocat aussi aimable qu'éloquent, dit le contre-amiral en souriant, quoique l'expression de sa physionomie fût mélancolique, et même triste ; et je le déclare absous. Je crois que peu d'hommes de son âge hésiteraient à mettre leurs jours en danger pour se procurer des fleurs agréables à la vue et à l'odorat, et désirées *par votre mère*, Mildred.

— Et lui qui est marin ! — lui qui s'inquiète si peu d'être dans un endroit qui ferait tourner la tête à un autre, et qui ne fait que rire des craintes de cette nature !

— Sans doute, — quoiqu'il y ait peu de rochers à bord d'un vaisseau, et que nos cordages soient nos sources de courage.

— C'est ce que je suis portée à croire, d'après ce que j'ai vu aujourd'hui, dit Mildred en souriant. M. Wycherly Wychecombe nous demanda une corde pour se tirer de danger ; nous nous empressâmes de lui en jeter une, et quoique c'en fût une bien petite, — seulement la drisse des pavillons de signaux, — il se sentit aussi en sûreté, dès qu'il en eut le bout entre les mains, que s'il eût été sur ce promontoire, et entouré de plusieurs acres de terre. Je ne crois pas qu'il ait jamais été effrayé ; mais avec ce petit cordage il n'eut plus la moindre inquiétude.

Mildred fit un effort pour sourire en racontant son histoire, afin de ne pas laisser voir tout l'intérêt qu'elle avait pris à cet événement ; mais Bluewater avait trop d'expérience et de discernement pour se laisser tromper si aisément. Il garda le silence, et reprit avec elle le chemin de la maison. Lorsqu'ils y furent entrés, Mildred vit, à la clarté des lumières, qu'il avait encore le front soucieux.

Le contre-amiral passa encore une demi-heure avec la mère et la fille ; mais il fallut enfin qu'il s'arrachât à une société qui avait pour lui un charme qu'il ne pouvait expliquer ni concevoir. Il était une heure du matin quand il fit ses adieux à mistress Dutton et à Mildred, en leur promettant de revenir les voir avant que l'escadre mît à la voile. Quelque tard qu'il fût, la mère et la fille, malgré toutes les scènes qui les avaient agitées pendant cette journée, ne désiraient pas encore se retirer ; mais, goûtant un calme qui faisait contraste avec l'état dans lequel les avait jetées la brutalité de Dutton, elles sortirent de nouveau pour se promener sur le plateau du promontoire, et jouir de la fraîcheur de l'air et de la sérénité du clair de lune.

— De la part du plus grand nombre des hommes des attentions si particulières me causeraient quelque alarme, Mildred, dit la mère prudente à sa fille, tout en se promenant avec elle ; mais l'âge de l'amiral Bluewater, et surtout son caractère, nous garantissent qu'il ne peut avoir aucun projet insensé ou criminel.

— Sans parler de son caractère, ma mère, son âge ne suffirait-il pas ? dit Mildred en riant, car elle riait volontiers depuis qu'elle avait entendu le contre-amiral exprimer sa bonne opinion sur le jeune lieutenant.

— Pour vous peut-être, Mildred, mais non pour lui. Les hommes semblent rarement se croire trop âgés pour chercher à gagner le cœur d'une jeune fille, et ils cherchent à suppléer par la flatterie et l'artifice à ce qui leur manque du côté des agréments personnels. Mais je suis bien loin de soupçonner notre nouvel ami d'une telle conduite.

— S'il eût été mon propre père, il n'aurait pu me montrer plus d'intérêt, et ses discours n'auraient pu être plus paternels. J'étais enchantée de recevoir de lui des avis si sages, car tous les hommes ne me parlent pas avec la même franchise.

Les lèvres et les paupières de mistress Dutton furent agitées d'un tremblement involontaire, et une larme coula sur ses joues.

— C'est une chose toute nouvelle pour vous, Mildred, dit-elle, d'entendre le langage de la prudence et d'une affection désintéressée sortir de la bouche d'un homme de son âge. Je ne vous blâme pas de l'écouter avec plaisir, mais n'oubliez jamais la réserve qui convient a votre âge et à votre sexe. — Chut ! j'entends le bruit des avirons.

Mildred écouta, et, au milieu du silence de la nuit, elle entendit le mouvement mesuré, mais soudain, des avirons, aussi distinctement que si elle eût été dans le canot. L'instant d'après, elle vit sortir de l'ombre projetée par le rocher, une barge à huit avirons, qui s'avança rapidement vers un vaisseau qui avait un fanal hissé au haut de la corne, un autre à la hune d'artimon, et un petit fanal, indiquant le vaisseau du contre-amiral, à la tête du mât d'artimon. Le cutter était le bâtiment le plus près du lieu de débarquement, et quand la barge en approcha, les dames l'entendirent héler — Ho, du canot ! — Elles entendirent la réponse aussi distinctement, et ce fut Bluewater qui la fit lui-même. Elle était simplement : — Contre-amiral.

— A ces mots, qui annonçaient le rang de l'officier qui passait dans la barge, le silence se rétablit, et il ne fut plus interrompu que par le bruit mesuré des avirons. A mesure qu'elle approchait d'un autre bâtiment, la même question et la même réponse se faisaient entendre, et le calme de la nuit y succédait invariablement. Enfin les deux dames virent la barge accoster *le César*, vaisseau du contre-amiral, d'où elle fut hélée pour la dernière fois. Il y eut alors un léger mouvement à bord du *César*, et bientôt après les fanaux qui avaient été placés dans la mâture furent amenés. On voyait encore deux ou trois bâtiments ayant un fanal à la corne, ce qui indiquait que leurs capitaines n'étaient pas encore de retour à leur bord, soit qu'ils fussent à terre ou en visite sur un autre bâtiment. L'amiral en chef ne devant pas retourner à bord cette nuit, *le Plantagenet* n'avait pas hissé de feux.

Après cette dernière scène, mistress Dutton et sa fille allèrent se reposer, et ainsi se termina une journée fertile en événements, mais beaucoup plus importante pour elles qu'elles ne pouvaient l'imaginer.

CHAPITRE XI.

> Quand je réfléchis sur la vie, je vois que ce n'est que tromperie; mais, en se livrant à de folles espérances, les hommes aiment à être trompés. Pleins de confiance, ils se flattent que le lendemain les dédommagera; et le lendemain est encore pire que la veille.
> DRYDEN.

Quoique l'amiral Bluewater donnât le moins de temps possible au sommeil, il n'était pas ce que les Français appellent *matinal*. Il y a un moment dans la matinée, à bord d'un bâtiment de guerre, celui où on lave les ponts, qu'on ne peut mieux comparer qu'aux désagréments de la purification américaine qu'on appelle dans les Etats-Unis nettoyer une maison. Cette opération de laver les ponts a lieu tous les jours vers le lever du soleil, et tout officier qui peut se dispenser de s'en occuper ne pense jamais à s'immiscer dans ses mystères, à moins que quelque motif extraordinaire n'exige sa présence sur le pont. C'est une heure de crise à bord d'un vaisseau, et ce qu'ont de mieux à faire tous les inutiles et tous les officiers de quart qui ne sont pas de service, est de rester dans leur chambre, si leur propre convenance le permet. Quoi qu'il en soit, l'officier commandant qui porte un pavillon d'amiral est ordinairement encore dans son lit à cette heure, ou, s'il est levé, il ne s'occupe que d'ablutions personnelles.

L'amiral Bluewater ouvrait les yeux quand il entendit jeter le premier seau d'eau sur le pont du *César*, et il s'abandonna à cette espèce de jouissance qui est si particulière aux marins quand ils se trouvent élevés au grade de commandant: c'est une sorte de demi-sommeil, dans lequel l'imagination évoque toutes les anciennes images qui se rattachent aux coups de vent, à l'ordre de prendre les ris pendant la pluie, de se tenir sur une vergue en criant: — Halez la toile au vent! — de regarder par-dessus le bastingage du côté du vent, pour surveiller le temps, en recevant sur le visage le givre qui pique comme des milliers d'aiguilles, et enfin de laver le pont. Ces images indistinctes du passé ne sont pourtant évoquées que pour ajouter à l'agrément de la jouissance présente, et faire valoir par le contraste le bonheur d'être dans un lit comfortable, et la certitude de ne plus être exposé à être appelé sur le pont dans un moment inopportun.

Notre contre-amiral n'était pourtant pas un rêveur vulgaire en pareilles occasions; il pensait peu en aucun temps à ce qui pouvait lui être personnellement agréable, si ce n'est quand quelque désagrément personnel frappait son attention. Il ne connaissait rien à la science de la table, tandis que son ami sir Gervais était profès en ce genre, et s'était même fait une réputation comme chef de gamelle, dans les premières années de son service dans la marine. Bluewater était pourtant enclin à rêver tout éveillé, même quand le soleil était au zénith, et qu'il se promenait avec ses officiers sur son gaillard d'arrière. Il ne put cependant s'empêcher ce matin-là de jeter un coup d'œil sur le passé en entendant les seaux d'eau tomber sur le pont, et de se rappeler le temps où *quorum pars magna fuerat*. En ce moment délectable, le visage rosé d'un midshipman parut à sa porte, et après s'être assuré que les yeux de son officier supérieur étaient bien ouverts, le jeune homme lui dit:

— Une lettre de sir Gervais, amiral Bluewater.

— Fort bien, Monsieur, répondit l'amiral en prenant la lettre. Comment va le vent, lord Geoffrey?

— Un ouragan d'Irlandais, amiral; un vent qui enfile la Manche. Notre premier lieutenant dit qu'il n'y a jamais vu un plus beau temps.

— Notre premier lieutenant est un grand astrologue. Le flot dure-t-il encore?

— Non, amiral; la mer est étale, où plutôt le jusant commence à se faire sentir.

— Montez sur le pont, Milord, et voyez si *le Douvres* s'est rapproché de notre hanche en virant un peu sur son câble de babord.

— Oui, amiral. — Et ce fils cadet d'une des plus illustres familles d'Angleterre remonta sur le pont pour s'assurer du fait.

Cependant Bluewater étendit un bras, tira le rideau qui couvrait sa petite fenêtre, chercha dans toutes les poches de ses habits pour trouver ses lunettes, et lut la lettre de sir Gervais. Elle contenait ce qui suit :

« MON CHER BLUEWATER,

« Je vous écris ces lignes, étant dans un lit qui est assez grand
« pour qu'un vaisseau de quatre-vingt-dix pût y virer. J'y ai passé
« toute la nuit couché sur sa largeur, sans m'en apercevoir. Gal-
« leygo vient de me faire son rapport : toute notre flotte va bien et
« le flot dure encore. Il paraît qu'il y a au haut de cette maison un
« endroit d'où l'on voit une bonne partie de la rade. Magrath et les
« autres, à ce que j'apprends, ont passé toute la nuit près du pauvre
« sir Wycherly, mais il est toujours dans le même état. Je crains bien
« que le bon vieillard n'en revienne jamais. Je resterai ici jusqu'à
« ce que son sort soit décidé, et comme nos ordres ne peuvent arri-
« ver qu'après-demain au plus tôt, autant vaut être ici qu'à bord.
« Venez déjeuner avec nous, et nous tiendrons conseil pour savoir
« s'il convient de rester ici, ou d'abandonner le bâtiment naufragé.
« Adieu.

« OAKES.

« *P. S.* Un petit événement arrivé hier soir, et ayant rapport au
« testament de sir Wycherly, me fait désirer particulièrement de
« vous voir ce matin d'aussi bonne heure qu'il vous sera possible.

« O. »

Sir Gervais, comme on le dit des femmes, avait réservé sa principale idée pour son *post-scriptum*. A son réveil, la scène de la nuit précédente s'était vivement retracée à son souvenir; et, s'étant fait donner tout ce qu'il fallait pour écrire, il avait envoyé ce billet à son ami dès le point du jour, désirant avoir autant d'hommes de poids qu'il pourrait en trouver pour témoins de l'entrevue qu'il avait dessein de demander à sir Wycherly dans la matinée, d'aussi bonne heure qu'il serait possible.

— Que diable Oakes peut-il avoir de commun avec le testament de sir Wycherly? se demanda le contre-amiral. Mais cela me fait penser au mien, et je veux exécuter la résolution que j'ai prise. — Quel bien feraient mes pauvres trente mille livres à un homme qui a la fortune de lord Bluewater? — N'ayant ni femme ni enfants, ni frère ni sœur, je puis faire de mon argent ce que bon me semble. — Oakes n'en voudrait pas. Il a autant et plus de fortune qu'il en a besoin, un domaine de sept mille livres de revenu, et un monceau de part de prises qu'il a placées dans les fonds publics. J'ose dire que son revenu monte à une bonne douzaine de mille livres, et il n'a qu'un neveu pour en hériter. — Eh bien, je ferai de mon argent ce qu'il me plaira, j'y suis résolu. Je l'ai gagné depuis le premier schelling jusqu'au dernier, et je puis le donner à qui bon me semble.

Pendant tout ce temps, Bluewater avait les yeux fermés, et la langue aussi immobile que si elle eût été frappée de paralysie. Avec une sorte d'indolence, il avait pourtant la promptitude d'un marin, quand il avait résolu de faire quelque chose, quoique ce fût toujours à sa manière particulière. Il se leva à l'instant, ne fut pas plus de vingt minutes à faire toute sa toilette, et s'assit devant une table sur laquelle était un pupitre. Dans un tiroir à secret de ce pupitre, il prit un papier plié en quatre, l'ouvrit, et le parcourut des yeux nonchalamment. C'était un testament qu'il avait fait en faveur de lord Bluewater. Il était très-concis, car il ne remplissait pas tout à fait une page. Il le copia *verbatim* et *litteratim*, en y laissant des blancs pour les remplir des noms du légataire, et en nommant pour exécuteur testamentaire sir Gervais Oakes, comme dans l'autre testament. Il ne lui restait plus qu'à remplir les blancs. Il fut un moment tenté d'y mettre le nom du Prétendant; mais, souriant lui-même de cette folle idée, il y inscrivit celui de miss Mildred Dutton, fille de Francis Dutton, master dans la marine de Sa Majesté. Il y apposa ensuite son cachet, et pliant la feuille en deux, de manière à en cacher le contenu, il agita une petite sonnette qui était toujours sur sa table. La sentinelle qui était à la porte de sa chambre l'entr'ouvrit, et avança la tête.

— Envoyez-moi un midshipman, sentinelle, dit le contre-amiral.

La porte se ferma, et une minute après lord Geoffrey arriva en souriant.

— Qui avez-vous sur le pont, Milord, indépendamment du quart? demanda Bluewater.

— Personne, amiral. Tous les fainéants se tiennent dans leurs chambres, comme des renards dans leurs terriers, quand on lave les ponts; et quant à nos ronfleurs, jamais ils ne se montrent à une pareille heure.

— Il doit sûrement y avoir du monde à présent dans la grande chambre. Allez prier le chapelain et le capitaine des soldats du détachement de marine de me faire le plaisir de venir dans ma chambre, — ou le premier lieutenant, ou le master, ou quelques fainéants.

Le midshipman n'avait été absent que deux ou trois minutes quand il revint avec le chapelain et le commis d'administration.

— Le premier lieutenant est occupé dans la cale d'avant, amiral, dit-il ; tous les soldats de marine ont encore les volets de leurs yeux fermés, et le master est à travailler à sa table de loch. J'espère que ces deux messieurs vous conviendront ; je crois que ce sont les plus grands fainéants qui soient à bord.

Lord Geoffrey Cleveland était le second fils du troisième duc de l'empire britannique, et il le savait aussi bien qu'aucun de ceux qui servaient avec lui sur le même bord. L'amiral Bluewater n'avait pas un respect servile pour le rang ; cependant, comme tous les hommes élevés sous un système aristocratique, il sentait l'influence du rang à un point dont il ne connaissait pas lui-même l'étendue. Ce jeune rejeton de la noblesse anglaise n'était exempt de remplir aucune partie de ses devoirs, car sa fierté en aurait été blessée ; mais il dînait dans la chambre de l'amiral deux fois plus souvent qu'un autre midshipman, et il avait obtenu pour sa langue une sorte de licence qui l'enhardissait à dire des choses qui passaient pour des traits d'esprit dans la grande chambre et au poste des midshipmen, et qui auraient été des impertinences partout ailleurs. Ni le chapelain, ni le commis d'administration, ne s'offensèrent de la liberté qu'il avait prise en parlant d'eux, et quant au contre-amiral, il n'y avait pas même fait attention. Dès qu'il vit dans sa chambre les deux individus qui viennent d'être désignés, il leur fit signe de s'approcher, et leur montrant le papier qui était plié sur son pupitre, il leur dit :

— Tout homme prudent, et particulièrement tout marin et soldat, en temps de guerre, doit avoir soin de faire son testament. Voici le mien, que je viens d'écrire moi-même, et en voici un plus ancien, que je déchire en votre présence. Je déclare que ceci est ma signature, ajouta-t-il, un doigt appuyé sur le sceau. Voulez-vous bien avoir la bonté de signer, comme témoins, ce testament et acte de dernière volonté ?

Quand le chapelain et le commis d'administration eurent signé, il fallait une troisième signature, et le midshipman, à un signe de l'amiral, y apposa la sienne.

— J'espère que vous n'avez pas oublié, amiral, dit-il avec gaieté, que les Bluewater et les Cleveland sont parents. Je serai fort désappointé, lors de l'ouverture de ce testament, si mon nom ne s'y trouve pas quelque part.

— Il s'y trouvera comme témoin, Milord, répondit Bluewater d'un ton un peu sec, qualité qui est incompatible avec celle de légataire.

— Eh bien, amiral, je suppose que les amiraux peuvent faire à peu près ce qu'ils veulent de leur argent, comme ils font à peu près ce qu'ils veulent de leurs vaisseaux et de ceux qui sont sous leurs ordres. Il faudra que j'appuie beaucoup plus fort sur mes deux vieilles tantes, puisqu'il paraît que je me suis mis en travers de la roue de la fortune dans cette affaire.

— Messieurs, dit le contre-amiral avec une politesse pleine d'aisance, je regrette qu'il ne soit pas en mon pouvoir d'avoir votre compagnie à dîner aujourd'hui, car je suis mandé à terre par sir Gervais, et j'ignore à quelle heure je pourrai être de retour ici ; mais j'espère avoir demain ce plaisir.

Les trois officiers le saluèrent, lui firent leurs remerciements, et acceptèrent l'invitation. Le chapelain et le commis d'administration se retirèrent, mais le midshipman resta.

Le contre-amiral était tombé dans une profonde rêverie, et il se passa une minute avant qu'il s'aperçût qu'il n'était pas seul. — A quoi suis-je redevable du plaisir de votre présence, Milord? dit-il. Quelle demande avez-vous à me faire?

— Il n'y a que quarante milles d'ici au château de mon père, dans le comté de Cornouailles, amiral, et je sais que toute la famille y est réunie. Je pensais qu'en mettant deux chevaux de plus à une chaise de poste, je pourrais y arriver en cinq heures, et qu'en revenant en faisant le même nombre de nœuds par heure, je serais de retour ici demain matin, sans que le vieux *César* s'aperçût s'il a un midshipman de plus ou de moins.

— Tout cela est fort ingénieux, jeune homme, et tout à fait plausible. — Quand j'étais à votre âge, je fus, une fois, quatre ans sans voir ni père ni mère.

— Sans doute, amiral; mais cela remonte bien loin, et les jeunes gens ne sont plus aujourd'hui ce qu'ils étaient alors, comme le disent tous les vieillards.

Les muscles de la bouche du contre-amiral se crispèrent comme si un sourire eût voulu s'y frayer un chemin ; mais sa physionomie perdit tout à coup cette expression pour prendre celle de la mélancolie.

— Vous savez, Geoffrey, dit-il, que je ne suis pas commandant en chef. Sir Gervais a seul le droit d'accorder un congé.

— Cela est très-vrai ; mais tout ce que vous demandez à sir Gervais, il vous l'accorde toujours, et surtout quand cela concerne votre propre vaisseau.

— Vous avez peut-être raison ; mais nous sommes dans un moment de crise, et nous pouvons recevoir l'ordre de mettre à la voile sans avoir plus d'une heure pour nous y préparer. Ignorez-vous que le prince Charles-Édouard a débarqué en Écosse, et que les jacobites sont en insurrection ? Si la France le soutient, nous pouvons avoir de la besogne dans la Manche.

— En ce cas, il faut que ma mère se passe de recevoir un baiser de son fils d'ici à un an, s'écria le jeune homme plein de bravoure, en passant furtivement une main sur ses yeux, en dépit de sa résolution. Il faut que le trône de la vieille Angleterre soit soutenu, quand même tous les midshipmen de ce royaume devraient passer des années sans voir ni mère ni sœur.

— C'est parler noblement, lord Geoffrey, et je ferai connaître vos sentiments à qui de droit. Votre famille est whig, et vous ferez bien, à votre âge, de suivre les principes politiques de votre famille.

— Une courte excursion à terre, amiral, serait un grand plaisir, après six mois passés sur mer.

— Il faut que vous en demandiez la permission au capitaine Stowel. Vous savez que je n'interviens jamais dans la discipline intérieure du *César*.

— Je le sais, amiral ; mais il y a tant de midshipmen sur ce bord, et ils ont tous une si grande envie d'aller à terre ! — Puis-je dire au capitaine Stowel que vous m'avez permis de lui demander la permission d'aller à terre ?

— Vous le pouvez ; mais Stowel sait qu'il peut faire ce que bon lui semble.

— Ce serait un singulier capitaine, s'il ne le savait pas. — Je vous remercie, amiral Bluewater, — je vais écrire à ma mère, et je sais qu'elle se contentera de la raison que je lui donnerai pour ne pas aller la voir. — Adieu, amiral.

— Bonjour. — Et quand le jeune homme ouvrit la porte pour sortir, Bluewater lui dit :

— Milord !

— Avez-vous autre chose à me dire, amiral ?

— Quand vous écrirez à la duchesse, présentez-lui mes amitiés respectueuses. Nous nous voyions presque tous les jours quand nous étions jeunes, et je puis dire que nous avions de l'affection l'un pour l'autre.

Le midshipman lui promit de ne pas l'oublier, et le contre-amiral resta seul. Il se promena une demi-heure dans sa chambre, réfléchissant à ce qu'il avait fait relativement à la disposition de sa fortune et à ce qu'il avait à faire au sujet du Prétendant. Tout à coup, il fit venir le patron de sa barge, et lui ordonna de la préparer pour le conduire à terre. Trois minutes s'étaient à peine écoulées que lord Geoffrey se présenta de nouveau devant lui.

— Votre barge est prête, amiral, lui dit le jeune homme, qui avait déjà mis son grand uniforme, en midshipman qui va se rendre à terre.

— Avez-vous vu le capitaine Stowel, Milord?

— Oui, amiral : il m'a permis d'aller à terre et d'y rester jusqu'au soir, à charge d'en repartir au coup de canon de retraite du vaisseau amiral.

— En ce cas, faites-moi le plaisir de prendre place dans ma barge, si vous êtes prêt à partir.

L'offre fut acceptée, et quelques minutes après tout le cérémonial d'usage avait été observé, et le contre-amiral était assis dans sa barge. Il était assez tard pour qu'on eût eu le temps de n'oublier aucun point d'étiquette. Le capitaine était en personne sur le pont, entouré d'un nombre suffisant de ses officiers pour en représenter le corps; les soldats de marine étaient rangés sous les ordres de leurs officiers, les tambours battaient, et le maître d'équipage, d'un coup de sifflet, avait fait passer six hommes sur le bord. Lord Geoffrey descendit le premier dans la barge, et y resta debout respectueusement jusqu'à ce que le contre-amiral fût assis. Ces formalités ayant été remplies, les huit avirons frappèrent l'eau en même temps, de manière à ne faire entendre qu'un seul coup, et la barge avança vers le rivage. A chaque embarcation qu'on rencontrait, et qui ne portait pas elle-même un officier supérieur, les canotiers mâtaient leurs avirons en passant près de cette barge sur l'avant de laquelle flottait le pavillon de contre-amiral, tandis qu'à bord de celles où il y avait un officier supérieur on suspendait simplement le nége en se reposant sur les avirons, tandis que les officiers saluaient du chapeau. La barge traversa ainsi toute l'escadre, et s'approcha du rivage. Quand elle fut sur le point d'arriver au lieu du débarquement, petit quai naturel formé par une plate-forme du rocher, il s'y fit un mouvement général dès qu'on eut reconnu le pavillon qu'elle portait, tous les canots, et même ceux des capitaines, s'écartant pour lui donner passage. Mais dès que Bluewater eut mis le pied sur le rocher, le petit pavillon fut amené ; et une minute après, une embarcation qui n'avait qu'un lieutenant étant arrivée, cet officier ordonna à la barge, avec un air d'autorité, de s'écarter pour lui faire place.

Peut-être n'existait-il pas dans toute la marine anglaise un seul homme qui s'inquiétât moins que Bluewater de l'étiquette du service. Il était à cet égard tout le contraire de son ami ; car sir Gervais était observateur scrupuleux des moindres points du cérémonial d'usage, et il exigeait des autres qu'ils les observassent de même. Ce n'était pas en cela seul que ces deux officiers distingués différaient l'un de l'autre. Nous avons déjà dit que le contre-amiral était le meilleur tacticien de tous les marins anglais, tandis que le vice-amiral n'avait en ce genre que les connaissances que doit avoir tout bon amiral. D'une autre part, sir Gervais était regardé en pratique comme le meilleur marin qui eût jamais commandé un bâtiment de guerre, tandis que Bluewater n'avait pas la même réputation à cet égard. La même différence régnait entre eux quant à la discipline. Le commandant en chef était rigoureux sur ce point, et exigeait qu'on se conformât exactement aux règles les plus minutieuses qu'elle prescrivait ; son ami, au contraire, même lorsqu'il n'était que capitaine, rejetait sur ce qu'il appelait le pouvoir exécutif, c'est-à-dire le premier lieutenant, la police de son bâtiment, le soin d'imaginer un système pour maintenir l'ordre et la propreté sur son bord, et pour le faire exécuter. Bluewater avait pourtant aussi son mérite dans cette branche particulière de sa profession. Quand son ami avait eu le commandement d'une escadre, il en avait toujours été le meilleur capitaine. Cette place de capitaine de vaisseau amiral a quelque chose d'analogue à celle d'adjudant général dans l'armée de terre ; elle convenait à la tournure philosophique de son esprit porté à généraliser, et il en avait resserré les devoirs dans un cercle de principes clairs et simples qui les rendaient faciles et agréables. Et lorsqu'il commandait en chef, ce qui lui arrivait fréquemment, pour huit ou quinze jours, pendant que sir Gervais était absent, on remarquait que le service de l'escadre marchait avec la régularité des ressorts d'une horloge, son esprit semblant embrasser les généralités, tandis qu'il se refusait à descendre aux détails. Ces différences qu'on remarquait entre ces deux officiers faisaient dire quelquefois aux capitaines que Bluewater aurait dû être commandant en chef, et Oakes commandant en second, et qu'alors leurs ordres réunis auraient été la perfection du service. Mais cette critique doit être attribuée en grande partie au penchant naturel chez les hommes de trouver des défauts dans les autres, et au désir inné qu'ils ont, même quand les choses sont parfaites en elles-mêmes, de prouver leur supériorité en indiquant des moyens pour les perfectionner encore. S'il se fût agi du service de terre, cette opinion aurait pu avoir plus de vérité pratique; mais dans un combat naval, l'audace et l'impétuosité de sir Gervais pouvait rendre d'aussi bons services que la tactique. — Mais revenons à notre histoire.

Quand Bluewater fut à terre, il rendit d'un air distrait et indolent le salut que lui adressèrent tous ceux qui étaient sur la plate-forme ou sur le bord de la mer, et il commença sur-le-champ à monter le ravin. Il était déjà arrivé sur la rampe couverte de verdure, avant de s'être aperçu qu'il n'était pas seul. En tournant un coude du sentier, il vit que le midshipman était sur ses talons, le respect seul l'ayant empêché de prendre l'avance sur lui. Il pensa que, dans un village comme Wychecombe, il y avait peu de chose qui pût amuser un jeune homme, et il résolut de l'emmener avec lui.

— Vous ne trouverez probablement pas grand amusement ici, lord Geoffrey, lui dit-il avec bonté. Si la compagnie d'un vieillard comme moi peut vous convenir, vous verrez du moins tout ce que je verrai moi-même.

— Je suis en croisière, amiral, et je serai trop heureux de suivre votre sillage avec ou sans signal. Je suppose que Wychecombe vaut bien Portsmouth ou Plymouth, et je suis sûr que ces champs couverts de verdure valent mieux que les rues sales d'aucune ville que j'aie jamais vue.

— Oui, des champs couverts de verdure ont quelque chose d'agréable aux yeux pour nous autres marins, qui passons souvent bien des mois à ne voir que l'eau. — Tournez à droite, s'il vous plaît, Milord; j'ai besoin d'entrer dans la maison de la station des signaux, avant d'aller à Wychecombe-Hall.

Le midshipman, contre la coutume de bien des jeunes gens de son âge, prit le chemin qui lui avait été indiqué, et ils ne tardèrent pas à arriver sur le plateau du promontoire. Comme le master ne pouvait s'absenter pendant la journée, une escadre étant dans la rade, ils trouvèrent Dutton à son poste, proprement vêtu, comme d'ordinaire, mais se ressentant encore de l'excès qu'il avait fait la veille, comme on le voyait au tremblement de ses membres. Il se leva, avec un air de grande déférence, pour recevoir le contre-amiral, et non sans une certaine crainte occasionnée par ses remords de conscience; car, tandis que sa mémoire lui rappelait assez passablement ce qui s'était passé la veille dans sa conversation avec sa femme et sa fille, le vin avait perdu son influence, et ne l'aidait plus à conserver son empire sur lui-même. Mais il se trouva soulagé par le ton calme dont Bluewater lui adressa la parole.

— Comment se porte sir Wycherly? demanda-t-il en saluant Dutton comme s'il ne fût rien arrivé. Un billet que j'ai reçu de sir Gervais, au point du jour, me dit qu'il ne se trouvait pas alors beaucoup mieux.

— Je voudrais qu'il fût en mon pouvoir de vous donner de bonnes nouvelles, amiral. Cependant il doit avoir sa connaissance, car Dick, son laquais, vient de m'apporter un billet de M. Rotherham, qui me dit que le digne baronnet désire particulièrement voir ma femme et ma fille, et que sa voiture va venir les prendre dans quelques minutes. Si vous avez dessein d'aller chez lui ce matin, je suis sûr qu'elles seront enchantées de vous donner une place.

— Et je l'accepterai avec plaisir, répondit Bluewater en s'asseyant sur le banc qui était au pied du mât, surtout si elles veulent bien aussi en donner une à lord Geoffrey Cleveland, un des midshipmen de Stowel. Vous voyez qu'il est venu de conserve avec moi.

Dutton ôta son chapeau une seconde fois, et salua très-profondément en entendant prononcer le nom et le titre du midshipman. Le jeune homme reçut ce salut d'un air insouciant et indifférent, comme s'il eût déjà été las d'une adulation vulgaire, et il continua à regarder autour de lui, avec quelque curiosité, le promontoire, le mât des signaux et la mer.

— C'est un endroit qui serait excellent pour y être en vigie, dit le jeune lord; il est plus haut que nos barres de perroquet. Avec une paire de bons yeux, on pourrait voir tout ce qui se passe à vingt milles d'ici, et pour preuve je serai le premier à chanter: — Navire!

— De quel côté, Milord? demanda Dutton, craignant de paraître avoir négligé son devoir en présence d'un officier supérieur. Votre Seigneurie ne peut voir que les bâtiments qui sont au mouillage, et quelques canots qui vont d'un bâtiment à un autre, ou qui communiquent avec le rivage.

— Sûrement, jeune homme, de quel côté? répéta l'amiral, je ne vois que quelques mouettes qui effleurent la surface de l'eau à un mille ou deux au-delà des bâtiments de l'escadre, mais rien qui ressemble à une voile.

Le jeune homme prit la longue-vue de Dutton, qui était sur le banc, et en dirigea le bout vers la mer; mais il lui fallut quelque temps pour la mettre au point qui lui convenait.

— Eh bien! maître Bons-Yeux, demanda Bluewater d'un ton caustique, est-ce un français, ou un espagnol?

— Un instant de patience, amiral, laissez-moi le temps d'ajuster cette mauvaise longue-vue sur ce bâtiment. — Je le tiens à présent. — Ce n'est encore qu'un point à l'horizon. J'en vois tout au plus les cacatois et la tête des perroquets. — Non, amiral ; sur ma foi, c'est notre cutter *l'Actif ;* il a ses voiles carrées dehors, et l'on commence à apercevoir la tête de ses basses voiles. Je le reconnais à sa corne.

— *L'Actif !* — cela nous annonce des nouvelles, dit Bluewater d'un air pensif ; car la marche des événements devait nécessairement avant peu amener une crise dans sa propre carrière. — Sir Gervais l'a envoyé faire une reconnaissance devant le port de Cherbourg.

— Oui, amiral, nous savons tout cela. J'espère qu'il vient nous dire que M. de Vervillin a enfin pris son parti, et qu'il va en sortir et nous faire face en homme. — Voulez-vous regarder ce bâtiment ?

Bluewater prit la longue-vue, et il eut bientôt trouvé l'objet qu'il cherchait. Avec son expérience, il n'eut besoin que d'un coup d'œil.

— Vous avez de bons yeux, Milord, dit-il en lui rendant la longue-vue. — C'est certainement un cutter qui fait route vers cette rade, et je crois que vous ne vous trompez pas en disant que c'est *l'Actif.*

— Il est encore bien loin, pour reconnaître un si petit bâtiment, dit Dutton se servant à son tour de la longue-vue.

— Vous avez raison, Monsieur, répondit le midshipman ; — mais on doit reconnaître un ami aussitôt qu'on l'aperçoit. La corne de *l'Actif* est plus longue et moins élevée que celle d'aucun autre cutter de la marine anglaise, et c'est par là que nous le distinguons de *la Mouche,* le cutter qui est avec nous.

— Je suis charmé de voir que vous soyez si bon observateur, Milord, dit le flatteur Dutton ; c'est un signe qu'avec le temps Votre Seigneurie deviendra un bon marin.

— Geoffrey est déjà bon marin, dit l'amiral, qui savait que le jeune lord n'était jamais plus content que lorsqu'il s'abstenait de mentionner son titre, soit en lui parlant, soit en parlant de lui. — Il y a quatre ans qu'il est avec moi, étant entré au service à l'âge de douze ans ; et deux autres années feront de lui un officier.

— Oui sans doute, dit Dutton, saluant tour à tour l'amiral et le midshipman ; — Sa Seigneurie peut y compter avec *son* mérite particulier, *votre* honorable recommandation et le nom qu'il porte. — Ah ! les bâtiments de l'escadre ont aperçu ce bâtiment, et les signaux vont déjà grand train.

En faisant jeter l'ancre à ses bâtiments, l'amiral Bluewater les avait tenus aussi près les uns des autres que le brouillard pouvait le permettre sans danger, car une des choses les plus difficiles pour le commandant d'une escadre, c'est de maintenir ses bâtiments en ordre serré, par un temps de brume et de vapeurs. Cependant il avait donné ordre à un sloop et à une frégate de lever l'ancre, et de s'avancer en mer à une lieue ou deux, aussitôt que le brouillard s'était dissipé, afin d'avoir un horizon aussi étendu qu'il était possible. Pour se maintenir à cette distance, par un vent léger et une forte marée, ces deux bâtiments avaient jeté l'ancre, l'un à la distance d'une lieue de l'escadre, l'autre à environ deux milles plus loin et plus à l'est. Le sloop était le plus près du bâtiment que l'on venait d'apercevoir, et il avait à la tête de son grand mât un signal que la frégate répétait, et transmettait au vaisseau amiral. Bluewater connaissait si bien tous les signaux ordinaires, qu'il était rare qu'il eût besoin de recourir à son livre de signaux pour en connaître la signification, et il vit sur-le-champ que le premier signal indiquait le numéro de *l'Actif*. Cependant le sloop fit ensuite d'autres signaux que le contre-amiral ne put expliquer sans aide, et de tout cela il conclut que ce cutter apportait des nouvelles importantes, qu'on ne pouvait comprendre sans recourir au livre des signaux particuliers.

Pendant ce temps, la voiture qui devait conduire mistress Dutton et sa fille à Wychecombe-Hall était arrivée. Elles sortirent de leur maison; Bluewater s'avança vers elles, en reçut un accueil aussi agréable que lorsqu'il les avait quittées la nuit précédente, et elles ne furent nullement fâchées d'apprendre qu'il allait les accompagner chez sir Wycherly.

— Je crains que l'invitation qu'il nous a fait faire d'aller le voir ne soit pas de bon augure, dit mistress Dutton. — Il faut que quelque chose de sérieux lui pèse sur le cœur, pour qu'il désire nous revoir si promptement; et le messager qui a apporté sa lettre m'a dit qu'il n'était pas mieux.

— Nous saurons tout, ma chère dame, quand nous serons arrivés chez lui, répondit Bluewater, et plus tôt nous y arriverons, plus tôt nos doutes seront éclaircis. Mais, avant de monter en voiture, permettez-moi de vous présenter mon jeune ami, lord Geoffrey Cleveland, que j'ai pris la liberté d'inviter à nous accompagner.

Le jeune et beau midshipman fut parfaitement reçu, quoique mistress Dutton eût été trop accoutumée, dans sa jeunesse, à voir des personnes d'un haut rang pour montrer à un jeune lord un respect servile comme son mari. Les dames prirent, suivant l'usage, les deux places du fond de la voiture, et les deux hommes celles du devant. Cet arrangement plaça Mildred et le midshipman en face l'un de l'autre; circonstance qui fixa bientôt l'attention du contre-amiral d'une manière qui était un peu étrange, sinon remarquable. Il y a dans la jeunesse un charme que nulle autre époque de la vie ne possède. Les deux jeunes gens en question possédaient cet avantage à un haut degré, et quand il n'y aurait eu rien de plus, cette vue seule aurait été agréable à un homme ayant un caractère généreux et sensible comme Bluewater. Geoffrey avait seize ans, âge auquel un jeune homme, en Angleterre, n'a pas encore les apparences de la virilité, et il joignait la franchise et l'enjouement de l'adolescence à la malice et à l'espièglerie dont un bâtiment de guerre est toujours l'école. Cependant sa physionomie conservait une expression de sensibilité ingénue qui était frappante dans un jeune homme de son âge, et qui était le principal attrait de celle de Mildred, malgré la beauté de ses traits, de ses cheveux et de son teint. Cette expression qui avait tellement frappé et charmé la veille le contre-amiral, le poursuivait sans cesse parce qu'elle lui était familière, quelque extraordinaire qu'elle fût, et parce qu'il ne pouvait se rappeler en qui il l'avait déjà remarquée. En ce moment qu'elle était assise en face de lord Geoffrey, Bluewater, à sa grande surprise, retrouva le même caractère d'expression dans la physionomie du beau jeune homme que dans celle de l'aimable jeune fille. Il est vrai que cet air de sensibilité ingénue était moins marqué dans le jeune Cleveland que dans Mildred, et leurs traits offraient en général peu de ressemblance. Néanmoins cette expression se retrouvait en tous deux, et si distinctement, qu'elle était facilement reconnue lorsqu'ils étaient si près l'un de l'autre. Geoffrey Cleveland passait pour ressembler à sa mère, et à l'aide de ce fil, l'imagination de Bluewater lui rappela tout à coup que l'être auquel Mildred ressemblait d'une manière si frappante, était une de ses propres cousines, sœur de la duchesse de Cleveland. Miss Hedworth, la jeune dame en question, était morte depuis longtemps, mais tous ceux qui l'avaient connue avaient conservé l'impression la plus agréable des charmes de sa personne et de ceux de son esprit. Il avait existé entre elle et Bluewater une tendre amitié, mais dans laquelle il n'était jamais entré un atome d'amour. Cette circonstance était due en partie à la différence de leur âge, le capitaine Bluewater ayant alors le double de l'âge de sa jeune parente; et aussi au dévouement irrésistible qu'il avait juré à sa profession et au bâtiment qu'il commandait. Agnès Hedworth avait pourtant été infiniment chère à notre marin, pour une multitude de causes, plus chère même que sa sœur la duchesse, quoique celle-ci fût la favorite du grand monde; et le contre-amiral, tandis que son esprit suivait rapidement la chaîne d'idées qui lui faisait trouver de la ressemblance entre Mildred et cet objet chéri, goûta un plaisir véritable en songeant qu'il avait été ainsi, et sans le savoir, prévenu en faveur d'une jeune fille dont chaque regard et chaque sourire lui rappelaient fortement la physionomie d'une femme qu'il avait trouvée si voisine de la perfection. Différentes causes faisaient pourtant que ce plaisir n'était pas sans un mélange de tristesse, et une telle ombre de mélancolie couvrit cette courte excursion, que personne ne fut fâché de la voir terminée.

CHAPITRE XII.

> NAT. En vérité, maître Holopherne, vous variez agréablement vos épithètes, comme un savant, pour ne rien dire de plus. Mais je vous assure, Monsieur, que c'était un cerf.
> HOL. Sir Nathanael, *haud credo.*
> BULL. Ce n'était point un *haud credo*, c'était un daguet.
> SHAKSPEARE.

TOUT vestige de la joyeuse insouciance qui avait si bien caractérisé la vie qu'on menait à Wychecombe-Hall avait disparu quand la voiture s'arrêta dans la cour avec les hôtes qu'elle y amenait. Comme on n'attendait que mistress Dutton et sa fille, pas un laquais ne se présenta pour en ouvrir la portière, les esprits bas et grossiers s'indemnisant assez ordinairement du respect qu'ils sont forcés d'avoir pour les grands, par le mépris qu'ils montrent pour les petits. Ce fut Galleygo qui s'avança pour remplir cette fonction, et par conséquent ce fut à lui que les premières questions furent adressées.

— Eh bien! dit Bluewater regardant fixement le maître d'hôtel comment va sir Wycherly? Quelles sont les nouvelles?

— Sir Wicherly est encore sur la liste des malades, Votre Honneur, et je crois que son cas y est désigné comme mauvais. Quant au reste, nous nous portons aussi bien qu'on pouvait l'espérer, et nous n'engendrons pas de mélancolie. Sir Gervais s'est levé avant le soleil, quoiqu'il ne se fût couché que lorsque le quart de nuit était à moitié, — à deux heures, comme on le dit à bord de cette maison, — quand on avait piqué quatre coups, comme nous le dirions à bord du *Plantagenet*. J'ai entendu dire que les poulets ont augmenté d'un schelling par pièce, depuis que notre premier canot est venu à terre.

— C'est une triste affaire mistress Dutton; je crains bien qu'il n'y ait guère d'espérance.

— Pas la moindre, amiral Bleu, reprit Galleygo, les suivant tandis qu'ils entraient dans la maison, et continuant à parler sans que personne l'écoutât ; — et les choses iront encore pire avant d'aller mieux. On m'assure que les pommes de terre mêmes ont doublé de prix ; et comme les mousses de tous nos bâtiments sont à terre, cherchant des provisions fraîches pour la table des midshipmen, nous ne serons pas mieux nourris, nous autres, que des soldats dans une retraite.

Ils rencontrèrent dans le vestibule Tom Wychecombe et le jeune lieutenant. L'air sombre et lugubre du premier confirma leurs craintes ; mais la physionomie du second avait quelque chose de plus encourageant, et il n'hésita pas à leur dire qu'il n'était pas tout à fait sans espérance.

— Quant à moi, dit-il, j'avoue que je trouve sir Wycherly beaucoup mieux, quoique cette opinion ne soit pas sanctionnée par celle des médecins. Le désir qu'il a montré de voir ces dames me paraît un symptôme favorable, et il a reçu des nouvelles qui lui ont fait plaisir par le retour du messager parti il n'y a que huit heures pour aller chercher son cousin sir Reginald. Il s'est trouvé mieux d'une manière sensible, depuis que ce rapport lui a été fait.

— Ah ! mon cher Monsieur, s'écria Tom en secouant la tête d'un air sinistre, vous ne pouvez connaître aussi bien que moi la constitution et les sentiments de mon cher oncle. Soyez-en bien sûr, les médecins ont raison, et vos espérances vous trompent. Si mon cher oncle a envoyé chercher mistress Dutton et miss Mildred qu'il estime et qu'il respecte toutes deux, c'est plutôt pour leur faire ses adieux que pour autre chose. Quant à sir Reginald Wychecombe, quoiqu'il soit son parent, sans aucun doute, je crois qu'on a commis quelque méprise en l'envoyant chercher, car c'est à peine une connaissance de la branche aînée de la famille, et il n'est que d'une ligne.

— Que d'une ligne ! s'écria le vice-amiral avec une vivacité qui fit tressaillir tout le monde ; car ayant appris l'arrivée des deux dames, il entrait en ce moment dans le vestibule pour les voir. Je vous demande pardon, Monsieur, de vous adresser la parole si brusquement ; mais c'est moi qui ai été chargé d'envoyer chercher sir Reginald, et je désire savoir exactement quel est son degré de parenté avec notre hôte.

Tom tressaillit et pâlit même à cette question inattendue ; la rougeur lui monta ensuite jusqu'aux tempes ; mais, réprimant son émotion, il répondit avec calme :

— Parenté dans une seule ligne, sir Gervais ; genre de parenté qui rend un homme incapable de recueillir une succession : ce qui par conséquent ne peut causer ni nécessité ni désir de voir sir Reginald.

— Dans une seule ligne! — Eh! Atwood? dit le vice-amiral à son secrétaire, qui était descendu avec lui. Savez-vous ce qu'on doit entendre par ces mots? ils ne peuvent signifier que sir Reginald descend d'un de ces hommes qui n'ont pas de père connu, et dont la filiation ne remonte qu'à leur mère?

— Je ne le crois pas, sir Gervais, car, dans ce cas, sir Reginald ne serait pas considéré comme d'un lignage aussi honorable qu'il paraît l'être. Je n'ai pas la moindre idée de ce que ces mots signifient. Peut-être ferions-nous bien de consulter Magrath. Il est là-haut, et il est possible qu'il nous donne quelque information à ce ujet.

— Je crois que c'est plutôt un homme de loi qu'il faudrait consulter. — Dire qu'il ne se trouve pas dans ce village un misérable procureur! — Écoutez, Atwood, il faut que vous vous teniez prêt à écrire le testament de sir Wycherly, s'il en parle encore. En avez-vous préparé le préambule, comme je vous en ai prié?

— Oui, sir Gervais, commençant, comme de coutume, par : — Au nom de Dieu, amen! — Moi, sir Wycherly Wychecombe, baronnet de Wychecombe-Hall, comté de Devon, je déclare faire et je fais mon testament et acte de dernière volonté, ainsi qu'il suit. — Il ne reste à y ajouter que les legs. — Je crois, sir Gervais, que je suis en état de rédiger comme il faut un testament. J'en ai fait un sur lequel on plaide depuis cinq ans dans les cours de justice, et l'on dit qu'il y restera aussi longtemps que s'il eût été préparé par un procureur de Middle-Temple.

— Oui, oui, je connais votre savoir-faire. Je crois pourtant que c'est un homme de loi qu'il nous faudrait : au surplus, nous ne risquons rien d'interroger Magrath. Allez lui faire la question, Atwood, et venez me faire rapport de la réponse dans le petit salon, où je vois que Bluewater a jeté l'ancre avec son convoi. — Écoutez-moi! Dites aussi au chirurgien-major de nous avertir, si le malade vient à parler de ses affaires temporelles. Les vingt mille livres qu'il a dans les fonds publics sont bien à lui, et il peut en faire ce qu'il voudra, en dépit de la substitution de son domaine.

Pendant que cet *à parte* avait lieu dans le vestibule, Bluewater et le reste de la compagnie étaient entrés dans le petit salon, qui était le lieu de réunion ordinaire, et ils s'entretenaient de l'état dans lequel sir Wycherly se trouvait. Comme les deux jeunes gens connaissaient seuls la nature du message envoyé à sir Reginald Wychecombe, et la réponse que le messager venait d'apporter, mistress Dutton se hasarda à faire une question à ce sujet, et le lieutenant lui répondit avec une promptitude qui prouvait qu'en ce qui le concernait il n'avait aucune inquiétude à cet égard.

— Sir Wycherly, dit-il, a désiré voir son parent éloigné, sir Reginald ; et le messager qui avait été envoyé dans le comté de Hertz pour l'inviter à venir ici, ayant heureusement appris d'un postillon que le baronnet voyageait dans l'ouest, et qu'il l'avait conduit la soirée précédente dans une maison qui n'est qu'à vingt milles d'ici, s'y rendit sur-le-champ et l'y trouva encore ; de sorte que nous pouvons attendre sir Reginald dans une heure ou deux.

C'était tout ce que pouvait dire le lieutenant ; mais nous pouvons ajouter que sir Reginald Wychecombe était catholique et jacobite, et, de même que plusieurs individus qui partageaient ses opinions religieuses et politiques, il était venu dans l'ouest pour tâcher d'y organiser une insurrection qui ferait diversion aux efforts qu'on allait faire contre le fils du Prétendant en Ecosse. Comme les conspirateurs prenaient les plus grandes précautions, ce fait n'était pas même soupçonné par aucun de ceux qui n'étaient pas dans le secret. Sachant que sir Wycherly était un vieillard hors d'état de prendre une part active dans les événements qui se préparaient, et étant lui-même remuant et plein de sagacité, sir Reginald s'était approché de l'ancien domaine de sa famille, pour voir si l'influence de son nom pourrait l'aider à y faire des recrues ; il avait même dessein de se rendre ce jour-là même à Wychecombe, mais déguisé, et sous un nom supposé, parce que les circonstances le mettaient en état d'alléguer ce qui serait regardé comme une excuse suffisante, si cette démarche donnait lieu à des commentaires.

Sir Reginald Wychecombe offrait en sa personne un mélange singulier, mais non contre nature, de manége et d'intégrité. Sa position comme papiste l'avait disposé à devenir intrigant, et sa position comme proscrit par un esprit d'hostilité religieuse l'avait confirmé dans son papisme. La persécution et la proscription donnent de l'activité, et même de l'importance à des milliers d'hommes qui auraient passé leur vie dans le repos et l'obscurité, si la main affairée des autres ne les avait poussés dans des situations qui éveillent leur hostilité et développent leurs moyens. Il croyait fermement à toutes les traditions de son église, quoique son éducation religieuse ne s'étendît guère au-delà de son livre de prières ; et il ajoutait foi aux doctrines les plus absurdes, sans avoir jamais pris la peine d'examiner sur quoi elles étaient fondées. En un mot, il était un exemple de l'effet que l'intolérance religieuse a toujours produit, et produira probablement toujours sur un être aussi bizarre que l'homme.

A cette faiblesse près, sir Reginald Wychecombe avait un esprit actif et intelligent. Il laissait en grande partie aux prêtres le soin de ses affaires spirituelles, mais il surveillait lui-même avec attention et prudence ses intérêts temporels. Il était beaucoup plus riche que le chef de la branche directe de la famille; mais, quoique la fortune n'eût pas entaché de bassesse son caractère, il n'aurait pas été fâché de posséder l'ancien domaine de sa famille. Il savait fort bien qu'il n'était son parent que dans une seule ligne, et que, d'après cette circonstance, la loi ne l'appelait pas à hériter de lui. Sir Reginald Wychecombe n'était pas homme à rester dans cette position sans prendre tous les moyens possibles pour établir exactement quelle était sa situation. En employant un procureur adroit qui professait ses opinions politiques, il avait réussi à tirer de la bouche de Marthe elle-même qu'elle n'avait jamais été mariée au baron Wychecombe. Il en résultait donc que Tom et ses frères étaient bâtards, et qu'ils ne pouvaient être ses héritiers naturels plus qu'il ne l'était lui-même. Enfin, il savait aussi qu'il n'existait aucun héritier naturel du domaine de Wychecombe-Hall, qui devait tomber en déshérence à moins que le propriétaire actuel ne fît un testament, et que sir Wycherly avait la plus grande répugnance à en faire un. Dans de telles circonstances, il n'est pas surprenant que lorsque sir Reginald se trouva inopinément appelé près de ce parent éloigné, qu'on lui disait être sur son lit de mort, il ait supposé que ses droits allaient enfin être reconnus, et qu'il allait être mis en possession du domaine des ancêtres dont il descendait légitimement. Dans cette croyance, il promit sans hésiter de se rendre près du baronnet mourant, se déterminant à oublier momentanément ses opinions politiques, pour songer un peu à ses intérêts personnels.

Le lecteur comprendra aisément que les individus rassemblés dans le petit salon de la maison de sir Wycherly ne connaissaient de tous ces détails que le seul fait de l'arrivée très-prochaine de sir Reginald, et que Tom seul était instruit de la circonstance qui rendait celui-ci inhabile à hériter. Leurs pensées étaient exclusivement occupées de la situation du malade, et ils n'eurent guère d'autre sujet de conversation. Comme les chirurgiens n'admettaient personne dans sa chambre, ils déjeunèrent silencieusement, en attendant l'instant où l'entrée leur en serait permise. Quand ce repas mélancolique fut terminé, sir Gervais pria Bluewater de le suivre dans sa chambre.

— Il est certainement possible que Vervillin soit sorti du port, dit le vice-amiral dès qu'ils furent arrivés; mais nous en saurons davantage quand le cutter sera en rade et qu'il nous aura fait son rapport. Je crois que vous m'avez dit que vous n'aviez vu que son numéro?

— Il faisait des signaux particuliers quand j'ai quitté le promontoire, et je ne pouvais les comprendre sans avoir le livre des signaux.

— Ce Vervillin est un brave, répondit sir Gervais en se frottant les mains, ce qui était sa coutume quand il était satisfait, et il ne manque pas de moyens. Il a treize bâtiments à deux ponts, Dick; c'en sera un pour chacun de nos capitaines et un de reste pour chacun de nos pavillons carrés. — Je crois qu'il n'y a pas de trois-ponts dans cette escadre?

— Vous faites ici une petite méprise, sir Gervais, car le comte de Vervillin avait hissé son pavillon à bord du plus grand trois-ponts de la France, *le Bourbon*, de cent vingt canons. Ses autres bâtiments sont comme les nôtres, quoique leurs équipages soient plus nombreux.

— Ne vous en inquiétez pas, Bluewater; nous mettrons deux vaisseaux contre *le Bourbon*, et nous tâcherons de rendre nos frégates utiles. D'ailleurs, vous avez le talent de tenir une escadre en masse si compacte, que ce n'est presque qu'une seule batterie.

— Puis-je donc prendre la liberté de vous demander si votre intention est de prendre le large, dans le cas où les nouvelles qu'apporte *l'Actif* seraient ce que vous prévoyez?

Sir Gervais jeta un regard pénétrant sur son ami, comme s'il eût eu quelque motif de méfiance, et qu'il eût voulu voir sur ses traits pourquoi il lui faisait une telle question. Cependant il ne voulait pas laisser paraître ses sentiments, et il réfléchit un instant avant de répondre.

— Il n'est pas très-agréable de rester ici à raguer nos câbles, pendant qu'une escadre française se promène à son aise dans la Manche, dit-il enfin; mais dans les circonstances présentes, je crois qu'il est de mon devoir d'attendre les ordres de l'amirauté.

— Croyez-vous qu'elle vous enverra, par le détroit de Douvres, faire le blocus du Frith?

— En ce cas, Bluewater, j'espère que j'aurai votre compagnie; car je présume qu'une nuit de repos vous a donné des idées différentes de ce qui est le devoir d'un marin, quand son pays est en guerre déclarée avec son ennemi le plus ancien et le plus puissant.

— C'est la prérogative de la couronne de déclarer la guerre, Oakes.

Personne qu'un souverain *légitime* ne peut faire une guerre *légitime*.

— Oui, voici encore vos maudites distinctions *de jure* et *de facto*. — Mais à propos, Bluewater, vous qui êtes quelque peu savant, pouvez-vous m'apprendre ce qu'on veut dire quand on appelle un homme un *nullus*?

Le contre-amiral, qui avait pris son attitude ordinaire sur le meilleur fauteuil qu'il avait pu trouver, tandis que son ami se promenait dans la chambre, leva les yeux avec surprise, ses regards suivant les mouvements de sir Gervais, comme s'il eût douté qu'il eût bien entendu sa question.

— N'est-ce pas de bon anglais, ou de bon latin, si vous voulez?
— Que veut-on dire quand on appelle un homme un *nullus*? répéta sir Gervais remarquant l'air d'étonnement de son ami.

— C'est bien certainement du latin, dit Bluewater en souriant. — Ne voulez-vous pas dire : *Nullus, nulla, nullum*?

— Exactement. C'est précisément cela. — *Nullus, nulla, nullum*, — nul homme, nulle femme, nulle chose. — Masculin, féminin, neutre.

— Je n'ai jamais entendu donner cette épithète à personne. Si on l'a appliquée à quelqu'un, c'est par quelque misérable jeu de mots, pour désigner un sot, ou pour lancer un sarcasme sur la position de quelqu'un dans le monde, en disant qu'il y est comme *nul*. Mais qui diable a appelé quelqu'un *nullus* en présence du commandant en chef de l'escadre du Sud?

— Sir Wycherly Wychecombe, notre malheureux hôte, qui est ici sur son lit de mort.

Bluewater leva encore la tête, et ses yeux cherchèrent de nouveau à rencontrer ceux de son ami. Sir Gervais s'arrêta, les mains croisées derrière le dos, et regarda le contre-amiral, attendant sa réponse.

— Je croyais que c'était quelque affaire venant de la flotte, quelque sot se plaignant qu'un autre encore plus sot eût employé cette expression à son égard. — Mais sir Wycherly! il faut donc que le pauvre homme ait perdu l'esprit?

— Je ne le crois pas, ou, si cela est, il y a de la méthode dans sa folie, car il a persisté d'une manière surprenante à se servir de ce terme. Il a répété mainte et mainte fois que son neveu, Tom Wychecombe, son héritier présomptif, est un *nullus*, tandis que ce sir Reginald qu'on attend à chaque instant, est seulement parent d'une seule ligne.

— Je crains que ce neveu ne soit tout autre chose qu'un *nullus* quand il aura hérité du domaine et du titre de sir Wycherly, répondit le contre-amiral d'un ton grave. — Jamais je n'ai vu un drôle ayant une physionomie plus sinistre.

— C'est précisément ce que je pense ; et il n'a pas un seul des traits de son oncle.

— Les ressemblances ne sont pas faciles à expliquer, Oakes. On voit des enfants qui ne ressemblent ni à leur père ni à leur mère, et l'on trouve des ressemblances frappantes entre des étrangers.

— Les enfants de *garçons* peuvent certainement être dans ce cas, mais je crois qu'il y en a peu d'autres. Je n'ai jamais examiné un enfant avec attention sans trouver en lui quelque ressemblance avec ses parents, — ressemblance peut-être faible et éloignée, mais suffisante pour établir la parenté. Par quelle chance infernale faut-il que notre noble jeune lieutenant, qui porte les mêmes noms que ce vieux baronnet, ne lui soit attaché par aucun lien de parenté, tandis que ce maudit *nullus*, comme son oncle l'appelle, est en même temps son héritier légal et son héritier substitué ? — Je n'ai jamais pris la moitié autant d'intérêt à la succession de personne, que j'en prends à celle de notre pauvre hôte.

— Vous vous trompez en cela, Oakes ; vous en avez pris davantage à la mienne ; car, quand j'eus fait un testament en votre faveur, et que je vous le donnai à lire, vous le déchirâtes de votre propre main, et vous le jetâtes à la mer.

— Oui, et c'était un acte d'autorité légitime. J'annulais une décision prise par mon officier inférieur. J'espère que vous avez fait un autre testament, et que vous avez légué votre argent, suivant mon avis, à votre cousin le vicomte ?

— J'ai fait tout cela, et ce second testament a eu le même sort que le premier. J'ai réfléchi que nous touchons à une crise sérieuse, et lord Bluewater étant déjà bien assez riche, j'ai déchiré ce matin celui que j'avais fait en sa faveur, et j'en ai fait un autre. Comme je vous ai nommé mon exécuteur testamentaire, il était à propos de vous en informer.

— J'espère que vous n'avez pas été assez fou pour déshériter le chef de votre famille et laisser votre petite fortune à cet écervelé qui est en Écosse ?

Cette question, qui prouvait jusqu'à quel point le vice-amiral connaissait les pensées et les sentiments de son ami, fit sourire Bluewater, et il regretta même un instant de n'avoir pas suivi sa première idée, pour justifier la conjecture d'Oakes. Cependant, tirant de sa poche son testament, il le lui remit négligemment entre les mains en lui disant :

— Voici mon dernier testament. Lisez-le, et vous verrez ce que j'ai fait. Je vous prie de le garder, car si « l'adversité nous donne d'étranges compagnons de lit, » les révolutions nous réduisent souvent à d'étranges ressources, et cet acte sera plus en sûreté entre vos mains que dans les miennes. Il est bien entendu que vous garderez le secret jusqu'à ce que le moment de le révéler soit arrivé.

Le vice-amiral, qui savait qu'il n'avait aucun intérêt direct à la manière dont son ami disposerait de sa fortune, prit le testament, non sans curiosité d'en connaître les dispositions. Il eut bientôt lu un acte qui ne contenait que quelques lignes; mais ses yeux restèrent fixés sur le papier, jusqu'à ce qu'il fût arrivé au dernier mot. Alors la main lui tomba, et il regarda Bluewater avec une surprise qui n'avait rien d'affecté, mais qu'il ne cherchait point à cacher. Il ne douta pas que son ami n'eût tout son bon sens, mais il ne put comprendre les motifs de sa conduite.

— C'est un arrangement fort simple et fort ingénieux, dit-il, pour troubler l'ordre ordinaire de la société, et faire d'une jeune fille aimable, modeste et sans prétentions, une femme arrogante et se donnant des airs. Que diable est pour vous cette Mildred Dutton, pour que vous lui laissiez vos trente mille livres?

— C'est une des créatures les plus douces, les plus ingénues, les plus pures et les plus aimables de son sexe doux, ingénu, pur et aimable. Elle est brisée comme un roseau, anéantie par le fléau d'avoir un père brutal et ivrogne, et je veux qu'une fois du moins il se trouve dans le monde une compensation des maux qu'on éprouve.

— N'en doutez pas, Bluewater, n'en doutez jamais; le vice et le crime sont tellement sûrs de recevoir leur châtiment dans ce monde, qu'on peut douter qu'il faille un autre enfer pour les punir, et comptez-y bien, la douceur, la modestie, l'ingénuité, n'y restent pas non plus sans récompense.

— Cela est parfaitement vrai au moral, mais je veux aussi pourvoir aux besoins physiques. — Je suppose que vous vous souvenez d'Agnès Hedworth?

— Si je m'en souviens? sans contredit. Si ma profession m'avait laissé le temps de faire l'amour, c'était la seule femme qui aurait jamais pu m'amener à ses pieds, — comme un chien, j'entends, Dick.

— Ne voyez-vous pas de ressemblance entre elle et cette Mildred Dutton? — C'est dans l'expression de la physionomie plutôt que dans les traits, mais c'est l'expression seule qui fait connaître le caractère.

— Par saint George, Bluewater, vous avez raison, et vous me tirez de l'embarras que j'éprouvais à définir cette expression. Oui, elle ressemble beaucoup à la pauvre Agnès, qui est devenue une sainte plus tôt qu'aucun de nous ne l'aurait voulu; car, morte comme vivante, Agnès doit être un ange. — Vous la préfériez à toute autre femme, je crois, et il fut un temps où je pensais que vous lui demanderiez sa main.

— Ce n'était pas ce genre d'affection que j'éprouvais pour elle, et vous n'auriez pas eu cette idée si vous aviez su son histoire privée. D'ailleurs j'avais si peu de parents, qu'Agnès, quoiqu'elle ne fût que ma cousine issue de germain, était la plus proche parente que j'eusse sur la terre, et je la regardais comme une sœur plutôt que comme une jeune fille qui pût un jour devenir ma femme. Elle avait seize ans de moins que moi, et quand elle fut d'âge à se marier, j'étais habitué à la regarder comme une créature destinée à remplir bientôt une autre situation dans le monde. J'avais les mêmes sentiments pour sa sœur la duchesse, quoique à un degré bien moindre.

— Pauvre Agnès! Et c'est à cause de cette ressemblance accidentelle que vous vous êtes déterminé à prendre pour héritière la fille d'un master ivrogne?

— Pas tout à fait. J'avais fait mon testament avant de m'être aperçu de cette ressemblance. Cependant il est très-probable que, sans que je le susse moi-même, c'est cette circonstance qui m'a disposé à la voir d'un œil favorable. Mais, Gervais, Agnès même n'était ni plus belle au physique, ni plus aimable au moral, que cette Mildred Dutton.

— Eh bien, vous n'avez pas été habitué à la regarder comme *une sœur*; et elle est arrivée *à l'âge de se marier*, sans que vous ayez eu besoin de la considérer comme quelque chose qui dût vous être particulièrement sacré, Dick, dit sir Gervais souriant à demi en regardant tranquillement le contre-amiral.

— Vous savez que vous faites une mauvaise plaisanterie, Oakes. Il faut que quelqu'un hérite de mon argent. Mon frère est mort depuis longtemps; la pauvre Agnès n'existe plus; sa sœur n'en a que faire; lord Bluewater est garçon et n'est déjà que trop riche; vous avez refusé d'être mon héritier : que pouvais-je faire de mieux? Si vous aviez vu comme moi la manière cruelle dont la mère et la fille ont été traitées hier soir par cette brute de master, leur mari et leur père, vous auriez senti le désir d'alléger leur infortune, eût-il dû vous en coûter votre domaine de Bowldero, et la moitié de l'argent que vous avez dans les fonds publics.

— Hum! Bowldero appartient à ma famille depuis cinq siècles, Bluewater, et j'espère qu'il s'en passera cinq autres avant qu'il en sorte, à moins que votre Prétendant ne réussisse et qu'il ne se l'approprie par forme de confiscation.

— J'avais encore un autre motif. Si je laissais mon argent à un homme riche, et que la chance voulût que je me trouvasse du mauvais côté dans cette lutte, le roi *de facto* prendrait tout, au lieu qu'un *Allemand*[1] même n'aurait pas le cœur assez dur pour priver une pauvre créature comme Mildred de ses moyens d'existence.

— Les *Écossais*[2] sont connus pour leurs entrailles en pareille matière. Eh bien! comme il vous plaira, Dick. Il m'importe peu ce que vous ferez de vos parts de prises. J'avais pourtant supposé qu'elles tomberaient entre les mains du jeune Geoffrey Cleveland, qui ne fait pas honte à votre famille.

— Il touchera, à l'âge de vingt-cinq ans, cent mille livres que lui a laissées la vieille lady Greenfield, sa grand'tante. C'est plus qu'il ne lui faut, et il ne saura qu'en faire. Mais laissons ce sujet. Avez-vous reçu cette nuit quelque nouvelle d'Écosse?

— Pas la moindre. Nous sommes dans une partie retirée du pays, et la moitié de l'Écosse pourrait chavirer dans un de ses lacs, sans que nous l'apprissions ici dans le Devonshire avant huit jours. Si je ne reçois ni ordres ni nouvelles d'ici à trente-six heures, j'ai envie d'aller en poste à Londres, en vous laissant le commandement de l'escadre.

— Cela pourrait ne pas être sage. Vous oseriez à peine, dans un tel moment de crise, confier un poste si important à un homme professant, comme vous le savez, mes sentiments politiques. Je ne dis pas mes *opinions*, puisque vous attribuez tout au sentiment.

— Je vous confierais ma vie et mon honneur, Bluewater, sans la moindre crainte pour leur sécurité, tant qu'elle dépendrait de votre conduite et de vos désirs. Mais il faut d'abord que nous sachions quelles nouvelles l'*Actif* nous apporte; car si de Vervillin a réellement appareillé, je penserai, avant toute autre considération, que le premier devoir d'un marin anglais est de battre un marin français.

— S'il le peut, dit le contre-amiral d'un ton sec, en étendant sa jambe droite sur une chaise.

— Ce que je ne regarde pas comme une chose sûre, amiral Bluewater; mais c'est un événement qui est arrivé assez souvent pour le

---

1. Allusion à George II, Allemand de naissance.
2. Allusion aux Stuarts, originaires d'Écosse.

regarder comme étant dans les bornes de la possibilité. — Ah! voici Magrath, et il va nous donner des nouvelles du malade.

Le chirurgien major du *Plantagenet* entra en ce moment, et la conversation prit un autre cours.

— Eh bien! Magrath, dit sir Gervais s'avançant vers lui de son pas de gaillard d'arrière ; que nous direz-vous du pauvre baronnet?

— Il se trouve mieux, amiral, répondit le flegmatique chirurgien ; mais c'est comme le rayon de soleil qui se glisse entre les nuages quand ce grand luminaire se couche.

— Au diable votre poésie, docteur! Bornez-vous ce matin à nous dire le fait bien clairement.

— Eh bien! sir Gervais, puisque vous commandez en chef, il faut vous obéir, je crois. Le fait est que sir Wycherly souffre en ce moment d'une attaque d'apoplexie, en grec, ἀποπληξις. On ne se méprend pas facilement aux diagnostics de cette maladie, quoiqu'elle ait ses affinités aussi bien que d'autres. Les applications pour guérir la goutte, ou arthritis, produisent quelquefois l'apoplexie, quoique le siége d'une de ces maladies soit dans la tête, et que l'autre se réfugie plus souvent dans les pieds. Vous comprendrez plus aisément, Messieurs, si vous réfléchissez que c'est comme un voleur qui, étant chassé d'un de ses repaires, cherche à en trouver un autre. — Je doute fort de la prudence de la phlébotomie que vous avez faite de votre chef au premier moment de l'attaque.

— Que diable veut-il dire avec sa phlébotomie? s'écria sir Gervais, qui avait la médecine en aversion, et qui en connaissait à peine les termes les plus usuels, quoiqu'il sût parfaitement saigner.

— Je crois que c'est ce que vous et l'amiral Bluewater, vous administrez si libéralement aux ennemis de Sa Majesté, quand vous les rencontrez sur mer, hi! hi! hi! répondit Magrath, riant de son esprit qui, si la quantité en était petite, n'en valait que mieux pour la qualité.

— Il ne veut pas dire de la poudre et des balles. Sir Wycherly n'a pas reçu un coup de feu.

— Très-vrai, amiral Oakes; mais vous lui avez tiré du sang, et cette mesure a été un peu précipitée. — J'ai de fâcheux pressentiments.

— La première vieille femme vaut mieux qu'un docteur. — Tout le monde sait que la saignée est le premier remède à employer dans une apoplexie.

— Je ne conteste pas les dogmes des personnes âgées de l'autre sexe, sir Gervais, ni l'efficacité des remèdes que tout le monde sait.

S'il ne fallait que des docteurs et des remèdes semblables pour sauver la vie et alléger les souffrances, les diplômes seraient inutiles, et tout le monde pourrait pratiquer d'après le principe de — Au diable le dernier [1]! — comme vous le fîtes vous-même, sir Gervais, en coupant et en taillant parmi les Dons [2], quand vous prîtes à l'abordage le bâtiment *El Lirio*. Vous vous souviendrez que j'y étais, Messieurs, et que j'ai été obligé de recoudre bien des entailles que vos mains profanes et irrévérentes avaient faites.

Ce discours avait rapport à un des combats corps à corps les plus acharnés auxquels les deux amiraux eussent jamais pris part; et comme ils y avaient trouvé le moyen de donner des preuves de leur bravoure personnelle quand ils n'étaient encore que de jeunes officiers, ils n'y pensaient jamais sans plaisir, surtout sir Gervais, car Bluewater avait plusieurs fois déclaré qu'ils auraient mérité tous deux d'être congédiés du service pour avoir risqué la vie des hommes de leur équipage dans une entreprise si téméraire, quoique couronnée par un succès brillant.

— C'était un exploit qu'on pouvait entreprendre à vingt-deux ans, Magrath, dit le contre-amiral, mais auquel on devrait à peine oser songer après trente.

— Je l'entreprendrais encore aujourd'hui, si la chance s'en offrait! s'écria sir Gervais avec une énergie qui prouvait combien le souvenir de cette action l'animait encore.

— Vous le feriez, oui, vous le feriez, s'écria Magrath; s'animant aussi; vous attaqueriez à l'abordage un bateau faisant la pêche des maquereaux, plutôt que de ne pas avoir quelque engagement. Vous êtes un excellent vice-amiral de l'escadre *rouge*, sir Gervais, mais je crois que vous seriez un assez mauvais aide-chirurgien.

— Bluewater, je serai forcé de changer de vaisseau avec vous, afin de me débarrasser de tous ces vieux habitués du *Plantagenet*. Ils s'attachent à moi comme des sangsues, et ils sont devenus si familiers, qu'ils critiquent tous mes ordres, et ne les exécutent qu'à moitié.

— Personne ne s'avisera de critiquer vos ordres en ce qui concerne la marine, sir Gervais; mais quant à ce qui touche l'art de guérir, — la science, aurais-je dû dire, — on ne doit pas se fier à vous plus qu'à un midshipman. On m'a dit que vous avez levé la lancette sur ce pauvre homme, comme vous lèveriez le sabre sur un ennemi.

— Le fait est vrai, Monsieur; mais M. Rotherham avait déjà rendu

---

1. Proverbe écossais.
2. Les Espagnols.

inutile l'application de cet instrument. L'apoplexie est une détermination du sang à la tête, et en en diminuant la quantité dans les veines des bras ou des tempes, on en diminue la pression sur le cerveau.

— Pratique de novice, amiral, rien de plus. Voulez-vous bien me dire à présent si le malade avait la face rouge, ou blanche? Tout dépend de là. C'est le vrai symptôme diagnostique de cette maladie.

— Rouge, je crois; n'est-ce pas, Bluewater? — Rouge comme du vin de Porto; et je crois que le pauvre homme en avait bu plus qu'une dose convenable.

— En ce cas, vous n'avez pas fait trop mal; mais d'autres m'ont dit qu'il avait le visage pâle comme la mort, et si cela est, vous avez été bien près de commettre un meurtre. Il y a un principe à consulter pour juger de tous les cas d'apoplexie parmi vos vrais gentilshommes campagnards, et c'est que le système est affaibli chez eux par un dévouement habituel à la bouteille. En pareil cas, rien ne peut être plus nuisible que la saignée. Mais je ne veux pas être sévère à votre égard, sir Gervais, et je n'en dirai pas davantage à ce sujet, quoique je n'aime point à vous voir braconner ainsi sur mes terres. Sir Wycherly est en ce moment matériellement mieux, et il exprime, aussi bien que peut le faire un homme qui n'a pas la parole très-libre, le désir de faire son testament. Dans les cas ordinaires d'apoplexie, il est d'une bonne pratique de s'opposer à l'exécution d'un pareil désir; mais comme c'est ma ferme opinion que rien ne peut sauver la vie du malade, je ne m'opposerai pas à cette mesure dans ce cas particulier. Dans ma jeunesse, Messieurs, il y eut à Édimbourg une discussion très-curieuse sur la question de savoir si les considérations tirées de la nécessité de disposer des propriétés du malade, ou celles puisées dans l'intérêt de sa sûreté, devaient avoir la prépondérance dans l'esprit du médecin, quand on pouvait raisonnablement douter si l'acte de faire un testament affecterait ou n'affecterait pas essentiellement le système nerveux, dérangerait ou ne dérangerait pas les autres fonctions animales. On argumenta très-joliment, en excellent latin d'Édimbourg, sur le pour et le contre. Au total, les médecins eurent l'avantage sur les avocats, car ils pouvaient montrer un mal présent probable, comme opposé à un bien éloigné possible.

— Sir Wycherly a-t-il prononcé mon nom ce matin, Magrath? demanda sir Gervais.

— Oui, sir Gervais, et d'une manière qui avait un rapport si manifeste à son testament, que je suis convaincu que vous serez du nombre de ses légataires. Il a aussi parlé de l'amiral Bluewater.

— En ce cas, il ne faut pas perdre un seul instant, car jamais je n'ai pris la moitié autant d'intérêt à la manière dont un étranger peut disposer de ses biens. — Écoutez! j'entends une voiture entrer dans la cour.

— Vos sens ne vous trompent jamais, sir Gervais, et j'ai toujours dit que c'est une des raisons qui font que vous êtes un si grand amiral. Faites bien attention que j'ai dit *une des raisons*, car il faut beaucoup de qualités réunies pour rendre un homme véritablement grand. — Ah! je vois descendre de voiture un homme de moyen âge, et ses domestiques portent la même livrée que ceux de cette maison. C'est sans doute quelque parent qui vient pour veiller à ce que son nom ne soit pas oublié sur le testament.

— Ce doit être sir Reginald, Bluewater. Nous ferons un acte de politesse en allant le recevoir.

— Volontiers, répondit le contre-amiral; et, retirant sa jambe qu'il avait laissée sur la chaise pendant toute la conversation avec le chirurgien, il suivit sir Gervais.

CHAPITRE XIII.

Videsne quis venit ?
— Video, et gaudeo.
Nathaniel et Holopherne.

Tom Wychecombe avait éprouvé une inquiétude dont il est inutile d'expliquer la cause, depuis qu'il avait appris que son oncle putatif avait envoyé un messager à son parent, — d'une seule ligne, — pour l'inviter à venir chez lui. Du moment qu'il eut obtenu un fil qui le conduisit à la connaissance de ce fait, il prit toutes les peines possibles pour être au courant de tout ce qui se passait dans la maison, et quand sir Reginald entra dans le vestibule, Tom fut le premier individu qui se présenta devant lui.

— Sir Reginald Wychecombe, je suppose, d'après les armoiries et les livrées? dit Tom, cherchant à prendre les manières d'un maître de maison. Il est agréable de voir que, quoique la séparation des deux branches de notre famille remonte à deux siècles, les symboles et emblèmes d'une origine commune ont été également conservés et respectés par l'une et par l'autre.

— Je suis sir Reginald Wychecombe, Monsieur, et je tâche de ne pas oublier de quels honorables ancêtres je suis descendu. Puis-je vous demander à quel parent j'ai le plaisir de parler?

— A M. Thomas Wychecombe, qui est tout à vos ordres, monsieur, fils *aîné* de l'aîné des frères de sir Wycherly, M. le baron Wychecombe. J'espère, sir Reginald, que vous ne nous avez pas regardés comme des parents assez éloignés pour ne faire aucune attention aux naissances, aux mariages et aux décès qui ont eu lieu dans notre famille.

— Certainement non, Monsieur, répondit le baronnet d'un ton sec, et avec une emphase qui alarma son compagnon; mais le sourire calme et jésuitique qui accompagnait ces mots rassura celui-ci momentanément. — *Tout* ce qui concerne la maison de Wychecombe, continua sir Reginald, a beaucoup d'intérêt pour moi; j'ai donc cherché à m'assurer des dates de toutes les naissances, de tous les *mariages* et de tous les décès qui ont eu lieu, et je crois y avoir *réussi*. Je regrette beaucoup que la seconde fois que j'entre dans cette vénérable maison soit marquée par un événement aussi triste que celui qui m'y a fait appeler. — Comment se trouve à présent votre honorable..... *parent*, sir Wycherly?

Il y avait dans ces paroles, comme dans le ton circonspect, mais expressif, du baronnet, de quoi mettre Tom mal à son aise; mais il s'y trouvait aussi de quoi lui laisser des doutes sur ce que le nouveau venu avait voulu dire. Ce n'était que légèrement que sir Reginald avait appuyé sur certains mots, quoique prononcés très-distinctement; et le sourire tranquille qui était constamment sur ses lèvres, déjouait les calculs de l'héritier expectant. La manière dont il avait hésité pour désigner le degré de parenté du malade avec Tom, et le choix qu'il avait fait du terme général *parent* au lieu du mot *oncle*, qui aurait été plus précis, pouvaient n'être que l'effet du hasard, et avaient pourtant quelque chose d'équivoque. Toutes ces idées occupaient l'esprit de Tom, mais ce n'était pas le moment de chercher à éclaircir ses doutes. La politesse exigeait qu'il répondît sur-le-champ, et il réussit à parler d'une voix assez ferme pour sauver les apparences. Mais il avait affaire à un homme plein de sagacité, qui vit qu'il avait produit l'effet qu'il désirait; car son but était de prendre une sorte d'autorité sur ce jeune homme.

— Mon cher oncle, dit-on, a recouvré en partie la connaissance; mais je crains que ce ne soit une apparence trompeuse. A quatre-vingt-quatre ans, Monsieur, la mort ne lâche pas prise aisément. Le pire, c'est que son esprit est évidemment affecté par sa maladie, et qu'il est impossible de comprendre les désirs qu'il cherche à exprimer, et de les satisfaire.

— Comment se fait-il donc, Monsieur, que sir Wycherly m'ait honoré, *moi*, d'une invitation à venir le voir ? demanda Reginald, persistant à questionner Tom d'une manière que celui-ci trouvait fort désagréable.

— Je présume, Monsieur, qu'il lui est arrivé de murmurer votre nom, et que, dans un tel moment, on en a conclu assez naturellement qu'il désirait de vous voir. Du reste, il a fait son testament il y a déjà quelque temps, quoique je ne sache pas même le nom de son exécuteur testamentaire ; car cet acte est sous enveloppe, cachetée du sceau de sir Wycherly. Ce ne peut donc être pour faire un testament qu'il a désiré de vous voir. Je crois plutôt que, comme vous êtes son plus proche parent, *en dehors de la ligne de succession directe*, il a pu vous nommer son exécuteur testamentaire, et qu'il désire vous en informer.

— Cela est possible, Monsieur, répondit sir Reginald avec son ton calme et circonspect, quoiqu'il me semble qu'il eût été plus conforme à l'usage ordinaire de me demander si je consentais à me charger d'une pareille fonction, avant de me la conférer. La lettre qui m'invite à me rendre ici est signée *Gervais Oakes*, et comme j'ai appris qu'une escadre est à l'ancre dans cette rade, je suppose que c'est le célèbre amiral portant ce nom qui me l'a écrite.

— Vous ne vous trompez pas, Monsieur ; sir Gervais Oakes est en ce moment dans cette maison. — Ah ! le voici qui arrive pour vous recevoir, et il est accompagné du contre-amiral Bluewater, que les marins appellent son grand mât.

Cette conversation avait lieu dans le petit salon dont il a déjà été parlé, où Tom avait fait entrer sir Reginald, et où les deux amiraux entrèrent en ce moment. Les présentations étaient à peu près inutiles, l'uniforme et l'étoile de sir Gervais annonçant suffisamment son rang, et une légère connaissance existant déjà entre sir Reginald et Bluewater, par suite de leurs opinions politiques secrètes, mais profondément enracinées.

— Sir Gervais Oakes ! — Sir Reginald Wychecombe ! — furent les premiers mots qui se prononcèrent, tandis que le premier tendait la main au second d'un air cordial, et que celui-ci la touchait froidement du bout des doigts, ce qui était le résultat de son caractère, plutôt que de la mode ou du calcul. Dès que ce cérémonial eut été accompli, et que quelques mots de politesse banale y eurent été ajoutés, le nouveau venu se tourna vers le contre-amiral, et lui dit d'un air plus ouvert :

— Et vous aussi, sir Richard Bluewater! Je suis charmé de trouver une ancienne connaissance dans une circonstance si mélancolique.

— Je suis enchanté de vous voir, sir Reginald; mais vous me donnez un titre auquel je n'ai aucun droit.

— Que voulez-vous dire? J'ai lu dans les journaux qu'on vous a envoyé le ruban rouge, avec les insignes de l'ordre du Bain.

— Je crois que.... qu'on a eu quelque idée de me faire cet honneur....

— Quelque idée? Je vous assure que le fait a été positivement annoncé dans la gazette officielle, et je puis vous la montrer, si vous me permettez de l'envoyer chercher dans ma voiture.

— Excusez-moi, sir Reginald; il y a une petite méprise dans cette affaire, et je préfère rester tout simplement le contre-amiral Richard Bluewater. Tout cela s'expliquera en temps convenable.

Leurs yeux se rencontrèrent, et leur langage, dans le temps où ils vivaient, était assez intelligible pour qu'ils se comprissent mutuellement. Ni l'un ni l'autre ne parla plus de ce sujet; mais, avant d'abandonner la main qu'il tenait, sir Reginald la serra cordialement, et Bluewater y répondit par une pression semblable. La conversation tomba alors sur sir Wycherly, sur sa situation présente, et sur le motif qu'il pouvait avoir pour désirer de voir son parent. Sir Gervais, sans s'inquiéter de la présence de Tom Wychecombe, déclara que ce motif était de faire un testament, et de nommer sir Reginald son exécuteur testamentaire, ou peut-être de lui donner dans cet acte une qualité encore plus intéressante.

— On m'a donné à entendre, continua le vice-amiral, que sir Wycherly a dans les fonds publics une somme considérable, qui est entièrement à sa disposition; et j'avoue que j'aime à voir un homme, dans ses derniers moments, songer avec générosité à ses amis et à ses serviteurs. Le domaine est substitué, à ce qu'on m'a dit, et quelque emploi que fasse notre ami du fruit de ses économies, M. Thomas Wychcombe que voici ne pourra s'en trouver fort à plaindre.

Sir Gervais avait tellement l'habitude du commandement, qu'il ne sentait pas combien pouvait paraître étrange son intervention dans les affaires d'une famille à laquelle il était presque entièrement étranger; mais cette circonstance parut un peu singulière à sir Reginald.

Il avait pourtant assez de pénétration pour comprendre, d'un seul coup d'œil, le caractère du vice-amiral, et cette singularité ne fit sur son esprit aucune impression durable. Mais quand sir Gervais fit allusion aux droits de l'héritier supposé, il jeta sur celui-ci un regard froid et méprisant qui lui glaça presque la moelle des os.

— Pourrais-je vous dire un mot en particulier dans votre appartement, sir Gervais? demanda le baronnet du comté de Hertz au vice-amiral, dans un *aparte*; de pareilles affaires ne doivent pas se traiter avec une précipitation indécente, et je désire connaître mieux le terrain sur lequel je marche, avant d'avancer davantage.

Bluewater entendit cette question, et, les priant de rester où ils étaient, il se retira, emmenant Tom avec lui. Dès qu'ils furent partis, sir Reginald, à l'aide de questions faites avec une adresse circonspecte, tira du vice-amiral le récit exact de tout ce qui s'était passé à Wychecombe-Hall depuis que les deux amiraux s'y trouvaient, de la situation actuelle du vieux baronnet, et de la manière dont il avait fait connaître son désir de voir son parent. Ayant appris tout ce qu'il voulait savoir, il demanda s'il pouvait voir le malade.

— Permettez-moi auparavant, sir Reginald, de vous faire à mon tour une question. Quelques expressions dont vous vous êtes servi me portent à croire que vous connaissez les termes techniques employés au barreau; moi, je ne connais que ceux dont on se sert dans la marine. Pourriez-vous m'expliquer ce qu'on entend par ces mots *parent d'une seule ligne*?

— Personne en Angleterre ne pourrait le faire mieux que moi, sir Gervais; car, étant fils cadet, j'ai été destiné au barreau, et j'ai été reçu avocat à Middle-Temple. La mort de mon frère aîné sans enfants m'ayant rendu héritier de tous ses biens, m'a fait renoncer à cette profession, mais j'en sais encore assez pour vous dire que moi-même je ne suis parent de sir Wycherly que dans une seule ligne.

Sir Reginald, alors, lui expliqua la loi qui s'appliquait au cas dans lequel il se trouvait lui-même, loi qui a déjà été expliquée à nos lecteurs, et il le fit très-succinctement, mais avec beaucoup de clarté.

— Cela est-il possible, sir Reginald! s'écria le marin, dont toutes les idées de justice et de droiture étaient blessées par ce qu'il venait d'apprendre. Quoi! un parent de sir Wycherly au quarantième degré, ou le roi, hériterait de ce domaine, de préférence à vous, quoique vous descendiez en ligne directe des anciens Wychecombe, qui vivaient sous les Plantagenets!

— Telles sont les dispositions de la loi commune, sir Gervais : si j'étais le demi-frère de sir Wycherly, c'est-à-dire le fils de notre père commun par une autre femme, je ne pourrais hériter de lui, quand même ce père aurait gagné toute sa fortune par son travail ou ses services.

— C'est une doctrine damnable, Monsieur, — oui, damnable; et vous m'excuserez si j'ai peine à me persuader qu'un principe aussi monstrueux soit consacré par les bonnes et anciennes lois de la vieille Angleterre.

Sir Reginald était du petit nombre des hommes de loi de ce temps qui n'approuvaient pas cette disposition particulière de la loi commune, ce qui venait probablement de ce qu'il avait alors si peu d'intérêt aux mystères de son ancienne profession, et qu'il en avait un si grand à la destination future du domaine de Wychecombe-Hall, dont cette loi le privait. Il ne fut donc ni blessé ni surpris de la manière brusque dont le franc marin repoussa son explication comme étant contraire à la justice, à la raison et à la vraisemblance.

— Il n'est que trop vrai pourtant, sir Gervais, répondit-il, que les bonnes et anciennes lois de la vieille Angleterre consacrent bien des injustices, notamment celle dont nous parlons en ce moment. Beaucoup dépend de la manière dont on envisage les choses; ce qui paraît de l'or aux yeux de l'un n'est que du cuivre à ceux d'un autre. J'ose dire, ajouta-t-il avec un sourire que le vice-amiral pouvait, *ad libitum*, prendre pour ironique ou confidentiel, que les clans d'Ecosse nous diraient que l'Angleterre tolère un usurpateur sur le trône, tandis que son roi légitime est en exil, quoique vous et moi nous puissions ne pas être disposés à en convenir.

Sir Gervais tressaillit, et jeta un coup d'œil de soupçon sur celui qui lui tenait ce langage; mais sir Reginald le soutint d'un air aussi franc et aussi ouvert qu'on en vit jamais sur la physionomie d'un jeune homme de seize ans qui a toute la confiance de cet âge.

— Ce dernier cas n'est pas analogue à celui qui nous occupe, répondit le vice-amiral, ne conservant aucun soupçon en voyant l'air de franchise insouciante de son compagnon; car c'est le sentiment qui rend les hommes fidèles à leur roi, au lieu qu'on suppose que la loi doit toujours être appuyée sur la raison et la justice. Mais pendant que nous en sommes sur ce sujet, pourriez-vous m'expliquer aussi ce qu'on entend par un *nullus* ?

— Tout ce que je pourrais vous en dire, sir Gervais, se trouve dans les dictionnaires latins-anglais, répondit sir Reginald avec un sourire qui pour cette fois n'avait rien que de très-naturel.

— Vous voulez dire *nullus*, *nulla*, *nullum*. Nous-mêmes marins nous savons cela, car nous allons à l'école avant d'aller en mer. Mais sir Wycherly, au milieu des efforts qu'il faisait pour se faire comprendre, vous a appelé parent dans une seule ligne, et...

— Et il a eu raison ; le fait est vrai, j'en conviens ; et je n'ai pas plus de droit *légal* sur son domaine, que vous n'en avez, quoique mon droit *moral* puisse valoir un peu mieux.

— Un aveu si franc vous fait honneur, sir Reginald ; car du diable si je crois que les juges eux-mêmes songeassent à faire une telle objection à votre droit de l'hérédité, à moins qu'on ne leur rappelât cette loi inconcevable.

— En ce cas, sir Gervais, ils manqueraient à leur devoir ; car les juges doivent faire exécuter les lois, quelles qu'elles puissent être.

— Vous avez peut-être raison, Monsieur. Mais ma raison pour vous demander ce qu'on entend par *nullus*, c'est la circonstance que sir Wycherly, en cherchant à s'expliquer, a appliqué ce mot plusieurs fois à son neveu, à son héritier, M. Thomas Wychecombe.

— Ah ! — en vérité ? ne s'est-il pas plutôt servi des mots *filius nullius ?*

— Je pense qu'il a dit *nullus*. Cependant je crois qu'il a aussi murmuré une ou deux fois le mot *filius*.

— Oui, oui, c'est ce qu'il a dû dire, et je suis charmé que sir Wycherly soit informé du fait, car je vois que ce jeune homme affecte de se considérer sous un tout autre point de vue. *Filius nullius*, Monsieur, est le terme légal pour désigner un bâtard, un fils de personne, — comme vous le comprenez facilement. Or je sais parfaitement que telle est la malheureuse position dans laquelle se trouve M. Thomas Wychecombe ; car j'ai entre les mains des preuves irréfragables constatant que son père n'a jamais épousé sa mère.

— L'impudent coquin a pourtant en poche un certificat de ce mariage, signé par le ministre de je ne sais quelle paroisse de Londres.

Sir Reginald parut surpris de cette assertion ; mais le vice-amiral lui ayant raconté ce qui s'était passé entre lui et Tom., il ne put conserver aucun doute du fait.

— Puisque vous avez vu cette pièce, reprit-il, il faut bien qu'elle existe ; mais cela prouve seulement que ce jeune homme est décidé à adopter les moyens les plus désespérés pour s'assurer le titre et le domaine. Ce qu'il m'a dit de l'existence d'un testament doit être une fable ; car nul homme jouissant de son bon sens ne voudrait risquer son cou pour obtenir une distinction aussi futile qu'un titre de baronnet. — Nous faisons partie tous deux de cette classe, sir Gervais, et nous pouvons en parler franchement. — Or, s'il existait un testament en sa faveur, cela suffirait pour lui assurer le domaine. Je ne puis donc croire qu'il en existe aucun.

— Mais si le testament existant ne plaisait pas tout à fait à ce jeune drôle, le certificat de mariage de ses père et mère ne suffirait-il pas pour le mettre en possession du domaine et du titre frivole dont vous venez de parler, comme appelé à recueillir la substitution?

— Sans aucun doute, il lui en donnerait le droit, et je vous remercie de m'y avoir fait songer. Si pourtant sir Wycherly désire à présent faire un nouveau testament, et que sa santé et ses facultés mentales le lui permettent, celui qu'il peut avoir déjà fait ne doit nous occuper en rien.—C'est une affaire très-délicate pour un homme dans sa situation, Monsieur; et je suis très-charmé de trouver dans cette maison des témoins honorables et d'un rang distingué pour me rendre justice si j'avais à me disculper de quelques imputations malveillantes. Nous courons le risque, sir Gervais, de voir un beau domaine, un ancien domaine, un domaine qui a passé depuis des siècles de père en fils sans tache, tomber entre les mains de la couronne par déshérence, ou de le voir devenir la proie d'un homme d'une naissance illégitime et d'un caractère plus que douteux. La circonstance que sir Wycherly a désiré de me voir a un grand poids pour moi; mais j'espère, sir Gervais, que vous et vos amis, vous rendrez justice à la pureté de mes intentions. A présent, Monsieur, si vous le jugez à propos, nous nous rendrons dans la chambre du malade.

— Bien volontiers, répondit le vice-amiral en s'avançant vers la porte du petit salon; et, s'arrêtant avant de l'ouvrir, il ajouta: — Je crois pourtant, sir Reginald, que, même dans le cas de déshérence, vous trouveriez dans les princes de la maison de Brunswick assez de libéralité pour vous rendre ce domaine: ce dont je ne répondrais pas avec ces Ecossais errants, qui ont tant de nobles sans culottes [1] à enrichir. Mais je pense qu'avec les Hanovriens vous seriez en sûreté.

— Il y aurait certainement une chance de plus avec ces derniers, répondit sir Reginald en souriant, mais d'une manière si équivoque, que le vice-amiral en fut un moment frappé. — Ils se sont si bien repus au râtelier, qu'ils peuvent ne pas avoir la même voracité que ceux qui jeûnent depuis longtemps. Mais il serait plus agréable de recevoir ce domaine d'un Wychecombe, — de le voir passer d'un Wychecombe à un Wychecombe, que de le tenir de nouveau, même du Plantagenet qui en a fait la concession à un de nos ancêtres.

Ils rentrèrent alors dans le vestibule, à une extrémité duquel le

---

[1]. Allusion au *kilt*, espèce de jupon tombant jusqu'aux genoux, que les montagnards écossais portent en place de culottes.

jeune lieutenant causait avec mistress Dutton et sa fille. Mais sir Gervais lui ayant fait un signe de l'œil, il leur dit quelques mots à la hâte, alla joindre le vice-amiral, et monta l'escalier avec les deux baronnets.

— Je vous présente un jeune homme qui, s'il n'est point parent de votre famille, sir Reginald, en porte du moins le nom, M. Wycherly Wychecombe, lieutenant dans la marine royale, dit Oakes; et je suis charmé de pouvoir ajouter que c'est un officier qui fait honneur à tous ceux qui portent votre honorable nom.

Sir Reginald salua le jeune lieutenant d'un air poli; mais celui-ci trouva quelque chose de désagréable dans le regard curieux et pénétrant qui accompagna cette politesse.

— Je ne sache pas, répondit-il avec froideur, que j'aie le moindre droit à l'honneur d'être le parent de sir Reginald Wychecombe; et ce n'est même qu'hier soir que j'ai appris qu'il existait une branche de cette famille dans le comté de Hertz. — Vous vous souviendrez, sir Gervais, que je suis né en Virginie.

— En Virginie! s'écria sir Reginald, surpris au point de perdre quelque chose de son empire sur lui-même. — Je ne savais pas qu'il y eût dans les colonies une famille portant notre nom.

— Et s'il y en a une qui s'y soit établie, sir Reginald, dit le vice-amiral, elle y a trouvé des hommes dignes à tous égards de sa compagnie. Nous autres Anglais, nous avons un peu l'esprit de clan; — je déteste ce mot, il a un sens trop étroit, trop écossais; — mais c'est un fait, nous avons l'esprit de clan, quoique nous portions ordinairement des culottes, et nous regardons quelquefois avec dédain même un fils que l'envie de courir le monde a conduit dans ce pays. Suivant moi, un Anglais est un Anglais, n'importe de quelle partie du monde il vienne. — C'est ce que j'appelle de la libéralité, sir Reginald.

— Rien n'est plus vrai, sir Gervais; mais un Ecossais est un Ecossais, quoiqu'il vienne de l'autre côté de la Tweed.

Ces mots furent prononcés d'un ton calme; mais le vice-amiral sentit le sarcasme, et il eut le bon esprit d'en rire et de convenir de ses préjugés. Ils arrivaient à la porte de l'appartement de sir Wycherly, et ils s'y arrêtèrent un instant pour savoir s'ils pouvaient entrer.

Il se fit un grand changement dans cet appartement. Les chirurgiens levèrent l'interdit qu'ils avaient mis sur la chambre du malade, et en quelques minutes tous ceux qui se trouvaient dans la maison y furent réunis, même les principaux domestiques, parmi lesquels Galleygo lui-même trouva moyen de se glisser. Cependant les chiargiens n'admirent dans la chambre que les personnages de considération, et les domestiques restèrent dans l'antichambre.

On ne pouvait plus douter alors que le pauvre sir Wycherly ne fût sur son lit de mort. Il avait recouvré toute sa connaissance, et il pouvait parler aussi intelligiblement que la veille, mais son système physique avait reçu un choc qui ne laissait aucun espoir de guérison. L'opinion des médecins était qu'il pouvait vivre encore quelques jours, mais qu'une attaque de paralysie ou d'apoplexie pouvait l'emporter en un instant.

Le vieux baronnet lui-même semblait sentir parfaitement sa situation, ce que démontrait évidemment l'impatience qu'il exprimait de voir tous ses amis réunis autour de lui, et de mettre ordre à ses affaires dans ce monde. Les chirurgiens avaient longtemps résisté à ses désirs; mais enfin, convaincus qu'il ne s'agissait pour lui que de quelques heures de vie de plus ou de moins, et que leur refus pouvait avoir des suites encore plus funestes que leur consentement, ils finirent par l'accorder unanimement.

— Ce n'est pas avoir trop d'indulgence pour l'infirmité humaine que de permettre à un moribond de faire ce qu'il désire, dit Magrath à demi-voix aux deux amiraux en les voyant entrer dans la chambre. — Sir Wycherly est dans une situation qui n'admet aucun espoir; qu'il fasse donc son testament, puisqu'il le désire si vivement; quelques pauvres diables en seront plus heureux quand il ira rejoindre ses pères.

— Nous voici, mon cher sir Wycherly, dit le vice-amiral, qui ne perdait jamais un moment en délais inutiles, et nous sommes tous prêts à faire tout ce que vous pouvez désirer. Votre parent, sir Reginald Wychecombe, est aussi présent, et il désire faire tout ce qui peut vous être agréable.

C'était un spectacle pénible de voir un vieillard sur son lit de mort montrer tant d'empressement pour s'occuper de l'acte qui doit décider de ce qui se passera quand il n'existera plus. Il avait existé entre les chefs de deux branches de sa maison un éloignement que rien ne motivait, car il n'y avait jamais eu entre eux aucune querelle ni aucune cause de dissension, mais ils étaient réciproquement convaincus que chacun d'eux ne convenait pas à l'autre. Ils s'étaient quelquefois rencontrés, et ils s'étaient toujours séparés sans le moindre désir de se revoir. Le cas était différent en ce moment. Leur séparation, dans un sens du moins, devait être éternelle, et toutes considérations subalternes, tous caprices d'habitudes, tout despotisme de goût, pâlissaient devant les impressions solennelles d'un pareil instant. Sir Wycherly n'oublia pourtant pas qu'il était chez lui, que sir Reginald s'y était rendu à son invitation, et il voulut se soulever pour lui donner une marque d'égards. Il fallut même employer une douce violence pour le retenir sur son oreiller.

— Très-charmé de vous voir, Monsieur, murmura sir Wycherly avec difficulté : mêmes ancêtres, même nom, ancienne maison, un chef. Il faut qu'un autre vienne, personne n'y convient mieux que...

— Ne vous fatiguez pas à parler sans nécessité, mon cher Monsieur, dit sir Reginald avec plus d'attention pour l'état du malade que de considération pour ses propres intérêts, car ces derniers mots annonçaient qu'il allait parler de sa succession. — Sir Gervais Oakes me dit qu'il connaît vos désirs, et qu'il est tout prêt à y satisfaire. Soulagez d'abord votre esprit de tout ce qui a rapport aux affaires, et je serai ensuite heureux d'échanger avec vous l'assurance des sentiments qu'inspire la parenté.

— Oui, sir Wycherly, dit le vice-amiral, je crois avoir trouvé le fil de tout ce que vous désirez dire. Le peu de mots que vous avez écrits hier soir, étaient le commencement d'un testament que vous désirez faire. Ne parlez pas ; levez seulement la main droite si je ne me trompe point.

Le vieillard leva le bras droit au-dessus de ses couvertures, et ses yeux à demi éteints brillèrent d'une expression de plaisir, qui prouvait combien il le désirait ardemment.

— Vous le voyez, Messieurs, dit sir Gervais avec emphase ; personne ne peut se méprendre à ce signe expressif. Venez plus près, docteur, monsieur Rotherham, tous ceux qui n'ont aucun intérêt probable dans cette affaire ; il faut que chacun voie que sir Wycherly Wychecombe désire faire son testament.

Sir Gervais répéta la question qu'il avait déjà faite, et le malade y répondit comme la première fois.

— Je le comprenais ainsi, sir Wycherly, et je crois maintenant que je comprends aussi tout ce que vous nous avez dit de parents dans une seule ligne et de *nullus*. Vous vouliez nous dire que sir Reginald Wychecombe n'était que votre parent paternel, et que M. Thomas Wychecombe, votre neveu, est ce que la loi appelle.... — quelque pénible que cela soit, Messieurs, il faut, dans une occasion si solennelle, dire clairement la vérité, — et que M. Thomas Wychecombe, dis-je, est ce que la loi appelle *filius nullius*. Si nous vous avons bien compris en tout ceci, ayez la bonté de faire le même signe d'assentiment.

A peine avait-il prononcé ces derniers mots, que sir Wycherly leva hors du lit son bras tout entier et fit de la tête un signe affirmatif.

— Il ne peut y avoir ici aucune méprise, et personne ne peut en être plus charmé que moi, car ces mots inintelligibles m'avaient horriblement tourmenté. — Eh bien, mon cher Monsieur, connaissant vos désirs, mon secrétaire, M. Atwood, a préparé le commencement d'un testament en la forme ordinaire, employant les mots pieux et convenables dont vous vous étiez servi vous-même hier, — Au nom de Dieu, amen ! — et il est prêt à écrire vos dernières dispositions, comme vous jugerez à propos de les énoncer. Nous les écrirons d'abord sur un papier séparé, nous vous les lirons ensuite pour que vous y donniez votre approbation, et il les inscrira alors sur le testament. — Je crois, sir Reginald, que ce mode d'opérer pourrait défier la subtilité de tous les hommes de loi de toutes les cours de justice.

— C'est un mode très-prudent et très-convenable de faire un testament, dans une circonstance semblable, sir Gervais. Mais ma situation ici est un peu délicate, et il en est de même de M. Thomas Wychecombe, et de tout autre portant le même nom ou étant de la la même famille, s'il s'en trouve ici. Ne serait-il pas à propos de demander à sir Wycherly s'il requiert notre présence ?

— Désirez-vous, sir Wycherly, que vos parents, et même ceux qui portent votre nom, restent dans cette chambre, ou qu'ils se retirent jusqu'à ce que vous ayez fait votre testament ? Je vais appeler les noms de tous ceux qui sont dans cette chambre ; quand vous entendrez le nom d'un individu dont vous désirez la présence, vous ferez un signe de tête.

— Tous, que tous restent, murmura sir Wycherly : sir Reginald, Tom Wycherly ; tous !

— Cela semble suffisamment explicite. — Messieurs, vous êtes tous requis de rester ; et s'il m'est permis de hasarder mon opinion, c'est que notre pauvre ami a nommé ceux qu'il a dessein de faire ses légataires, et même à peu près suivant l'ordre qu'ils occupent dans son testament.

— C'est ce que nous saurons mieux quand sir Wycherly aura énoncé lui-même ses intentions, sir Gervais, dit sir Reginald, qui désirait vivement écarter la moindre apparence de suggestion ou de persuasion. — Qu'il me soit permis de supplier que personne n'emploie aucune expression qui pourrait avoir l'air de vouloir guider la volonté du testateur.

— Sir Gervais s'entend mieux à guider ses hommes dans une action navale, qu'à conduire un contre-interrogatoire, sir Reginald, dit Bluewater d'un ton assez bas pour n'être entendu que de celui à qui il parlait. Je crois que nous connaîtrons plus vite les désirs de sir Wycherly si nous le laissons les exprimer de lui-même.

Sir Reginald fit un signe d'assentiment, et pendant ce temps on fit tous les préparatifs pour procéder à la rédaction du testament. Atwood s'assit devant une petite table près du lit, et se mit à tailler ses plumes; les médecins firent prendre une potion cordiale au malade, et sir Gervais fit ranger tous les témoins de cette scène lugubre autour de la chambre, de manière à ce qu'ils pussent voir et être vus; mais il prit un soin particulier de placer le lieutenant Wychecombe dans un endroit où les regards du testateur ne pouvaient manquer de tomber sur lui. La modestie du jeune officier aurait peut-être réclamé contre cet arrangement, s'il n'en eût résulté qu'il se trouvait à côté de Mildred.

CHAPITRE XIV.

> Oui, c'en est fait! — La crainte, le doute, l'incertitude, ont disparu. Que des pensées plus brillantes suivent le vertueux défunt! l'épreuve finale de son âme est terminée, et son front pâle a enfin reçu le sceau du ciel.
> MISTRESS HEMANS.

On peut aisément supposer que Tom Wychecombe avait vu avec consternation les opérations préliminaires qui ont été rapportées dans le chapitre précédent. La circonstance qu'il était dépositaire d'un testament dont la date remontait à plusieurs mois, et par lequel son oncle le constituait seul et unique héritier de tous ses biens, meubles et immeubles, lui avait inspiré de l'audace, et lui avait fait prendre la résolution hardie de prendre le titre de baronnet aussitôt après la mort de son oncle, convaincu que comme il n'existait aucun héritier de ce titre, personne ne songerait à lui contester le droit de le prendre, du moment que la propriété des biens lui serait assurée. Mais en ce moment, un double coup menaçait de renverser toutes ses espérances; d'autres semblaient instruits de sa naissance illégitime, et il y avait toute apparence qu'un nouveau testament allait annuler l'ancien, du moins dans ses dispositions les plus importantes pour lui. Il ne pouvait concevoir ce qui avait pu causer ce changement soudain dans les intentions de son oncle; car il ne se connaissait pas assez lui-même pour sentir que les rapports constants qu'il avait eus avec sir Wycherly depuis la mort de son père, avaient suffi pour faire apprécier au vieux baronnet le véritable caractère de son prétendu neveu, et lui inspirer un dégoût qui était resté endormi jusqu'au moment où la nécessité d'agir l'avait éveillé ; et il savait encore bien moins combien l'approche de la mort purifie et perfectionne la vue morale du présent et de l'avenir. Quoique quelques signes d'un grand mécontentement lui eussent échappé, il fit tous ses efforts pour conserver un extérieur calme, attendant prudemment que quelque circonstance lui fournît des moyens pour faire annuler le testament projeté, ou, ce qui vaudrait encore mieux, pour en empêcher l'exécution.

Dès que les préparatifs nécessaires furent terminés, Atwood, tenant en main une plume bien taillée, son papier devant lui, et un encrier à côté, était prêt à écrire : un silence complet régnait dans la chambre, et sir Gervais reprit la parole,

— Sir Wycherly, dit-il, Atwood va vous lire le préambule du testament qu'il a déjà préparé. Si vous le trouvez convenable, vous voudrez bien nous en informer par un signe de tête. — Si vous êtes prêt, vous pouvez commencer ; eh ! Atwood ?

Le secrétaire méthodique prit en main son papier, et lut ce qui suit : « Au nom de Dieu, amen ! — Moi Wycherly Wychecombe, baronnet de Wychecombe-Hall, comté de Devon, sain d'esprit, mais d'une faible santé de corps, et ayant devant les yeux la vue de la mort ; révoquant tous autres testaments, codicilles et actes de dernière volonté, je déclare faire et je fais le présent comme mon testament et acte de dernière volonté ainsi qu'il suit : Premièrement, je nomme et constitue pour exécuteur testamentaire... et je l'investis de tous les pouvoirs et de toute l'autorité que la loi permet de donner. Secondement, je donne et lègue à... » C'est tout ce que j'ai écrit jusqu'à présent, sir Gervais, j'ai laissé les blancs nécessaires pour les noms de l'exécuteur, et même pour ajouter deux *s*, si le testateur juge à propos d'en nommer plus d'un.

— Vous voyez, sir Reginald, dit le vice-amiral, non sans quelques signes de satisfaction ; voilà comme nous rédigeons de pareils actes à bord d'un bâtiment de guerre. Il faut que le secrétaire d'un amiral sache mettre la main à tout, sauf à l'administration de la cure des âmes, monsieur Rotherham.

— Et vous me permettrez d'ajouter, sir Gervais, de la cure des corps, dit Magrath en prenant une énorme prise de tabac.

— Je voudrais bien voir, dit Galleygo à l'oreille de mistress Larder, comment notre secrétaire s'y prendrait pour faire une bonne soupe à la tortue avec une tête de cochon, comme cela nous arrive à bord du *Plantagenet*.

— Je n'y vois rien à critiquer ni pour le fond, ni pour la forme, répondit au vice-amiral l'avocat de profession, sinon de pratique; mais il faudrait savoir si le testateur approuve ce préambule.

— C'est ce que nous allons voir, Monsieur. — Sir Wycherly, approuvez-vous le commencement de ce testament?

Le vieux baronnet sourit, et fit très-distinctement un signe d'approbation.

— J'en étais sûr, car Atwood a fait, à ma connaissance, les testaments de deux amiraux et de trois capitaines, et le lord premier juge de la cour du banc du roi a dit à l'un des derniers que c'était un testament qui aurait fait honneur au meilleur notaire de toute l'Angleterre; et que c'était grand dommage que le testateur n'eût rien à léguer. — A présent, sir Wycherly, voulez-vous avoir un exécuteur ou plusieurs? Si vous n'en voulez qu'un, levez un doigt; si vous en voulez plusieurs, levez autant de doigts que vous en désirez. — Vous voyez tous, Messieurs, que sir Wycherly ne lève qu'un seul doigt. Vous n'aurez donc pas deux s à ajouter, eh! Atwood. — Maintenant, mon cher sir Wycherly, il est nécessaire que vous nommiez vous-même votre exécuteur testamentaire. Faites le moins d'efforts possible; nous n'avons besoin que d'entendre le nom.

Sir Wycherly réussit à prononcer distinctement le nom de sir Reginald Wychecombe.

— Cela est clair. Lisez la phrase à présent, Atwood.

— « Premièrement, je nomme et constitue pour exécuteur testamentaire, sir Reginald Wychecombe de Wychecombe-Regis, du comté de Hertz, et je l'investis, etc. »

— Si cela vous convient, sir Wycherly, ayez la bonté de faire le signe ordinaire.

Le malade sourit, fit un signe de tête, leva une main, et regarda son parent avec un air d'inquiétude.

— Je consens à remplir cette fonction, puisque vous le désirez, sir Wycherly, dit sir Reginald, qui comprit ce que signifiait ce regard.

— Maintenant, Monsieur, reprit sir Gervais, il est nécessaire de vous faire quelques questions afin qu'Atwood puisse savoir ce qu'il doit écrire. — Désirez-vous disposer de vos biens immeubles? — Sir Wycherly fit un signe affirmatif. — Votre intention est-elle de disposer de la totalité? — Même signe. — Et entendez-vous léguer le tout à un seul et même individu? — Encore même signe. — Cela est fort clair; il ne vous reste plus qu'à nommer celui à qui vous voulez léguer tous vos biens immeubles.

— A sir Reginald Wychecombe, dit le baronnet; et il ajouta avec plus de difficulté : mon parent dans une ligne, — pas un *nullus*, — héritier de sir Michel, — *mon* héritier.

— C'est parler positivement. — Écrivez, Atwood, et ensuite faites-nous lecture de la clause.

Quelques instants après, le secrétaire lut ce qui suit : « Secondement, je donne et lègue à sir Reginald Wychecombe, de Wychecombe-Regis, comté de Hertz, tous les biens immeubles qui m'appartiendront au jour de mon décès, terres, maisons et héritages, circonstances et dépendances, et tous mes droits auxdits biens en loi ou en équité, pour, par lui, ses héritiers, exécuteurs ou administrateurs, en jouir, faire et disposer, comme de chose lui ou leur appartenant à perpétuité. »

— Tout cela est de bon anglais, dit sir Gervais, de l'air d'un homme qui n'est pas mécontent, et je crois, sir Reginald, que cette disposition est parfaitement légale. — Je suis charmé de voir que vous pensiez de même. — A présent, sir Wycherly, approuvez-vous cette clause?

Le malade non-seulement fit le signe d'approbation convenu, mais il fut évident à tous ceux qui étaient dans la chambre, et même à Tom, qu'il le faisait avec un sentiment de plaisir véritable.

— Eh bien! dit sir Gervais, qui apportait alors dans cette affaire tout l'intérêt qu'aurait pu y prendre un notaire, ou plutôt l'intérêt d'un homme qui sentait qu'il se chargeait d'une sorte de responsabilité en s'occupant d'une affaire qui lui était étrangère; il faut à présent que nous passions aux biens meubles. A qui désirez-vous laisser, sir Wycherly, vos vins, vos voitures, vos chevaux, et en général tout le mobilier qui garnit cette maison?

— Tout à sir Reginald, — mon parent dans une ligne, — l'héritier de sir Michel, répondit le testateur.

— Fort bien; — mettez cela par écrit, Atwood. — J'aime à voir les affaires de famille arrangées. Dès que vous aurez fini, lisez-nous la clause.

— Je suis prêt, sir Gervais. « Je donne et lègue, en outre, au susdit sir Reginald Wychecombe, tous mes meubles meublants, vins, tableaux, livres, chevaux, voitures, et tous autres mobiliers généralement quelconques, sauf et excepté l'argent comptant, et les sommes que j'ai placées dans les fonds publics ou autrement, et dont je me réserve de disposer ci-après. » Nous pouvons à présent passer aux legs particuliers, sir Gervais; ensuite sir Wycherly pourra faire sir Reginald légataire du surplus, si tel est son bon plaisir.

— Si vous approuvez cette clause, mon cher Wycherly, faites le signe convenu.

Sir Wycherly leva une main et fit un signe de tête avec une satisfaction manifeste.

— A présent, mon cher Monsieur, il faut arriver aux livres sterling, — non, aux guinées; je vois que ce mot vous plaît davantage. Eh bien! j'avoue qu'il sonne mieux à l'oreille, et il est plus conforme à nos habitudes de l'employer. — Voyons, voulez-vous léguer vos guinées?
— Vous faites un signe qui m'annonce que c'est votre intention. Il ne s'agit plus que de nommer un légataire. — Suis-je dans le droit chemin, sir Reginald?

— Parfaitement.

— Et vous comprendrez, sir Wycherly, que la personne que vous allez nommer sera votre premier légataire.

— Mill, murmura le malade.

— *Mill*¹! répéta sir Gervais. Les moulins ne vont-ils pas avec les terres, sir Reginald?

— Sir Wycherly veut parler de miss Mildred Dutton, dit le jeune lieutenant avec empressement, quoique d'un ton modeste.

— Oui, ajouta le testateur, Milly Dutton, la bonne petite Milly.

Sir Gervais hésita, et jeta un coup d'œil sur Bluewater, comme pour lui dire : C'est porter du charbon à Newcastle. Mais Atwood avait déjà rempli les intentions du testateur, et il lut ce qui suit :

« Je donne et lègue à miss Mildred Dutton, fille de Francis Dutton, de la marine royale, la somme de..... » — Quelle somme mettrai-je, sir Wycherly?

— Trois, — oui, — trois.

— Trois cents ou trois mille, mon cher Monsieur? demanda sir Gervais un peu surpris du montant de ce legs.

— Mille — trois mille — guinées — cinq pour cent.

— Cela est aussi clair qu'un logarithme. — Finissez la phrase, Atwood, en ajoutant : « trois mille guinées dans les fonds de la dette publique de ce royaume à cinq pour cent. » — Cela vous convient-il, mon cher Monsieur?

Sir Wycherly fit un signe affirmatif, et sourit en jetant sur Mildred un regard de bienveillance, car il sentait qu'il plaçait cette aimable jeune fille au-dessus des inconvénients inhérents à sa situation, en lui assurant une petite fortune indépendante.

---

1. Le mot *Mill*, abréviation de Milly, qui en est une de Mildred, signifie aussi un moulin.

— Quel nom placerons-nous ensuite, sir Wycherly? Il vous reste encore à disposer d'un bon nombre de ces guinées, reprit le vice-amiral.

— Grégoire — et Jacques — les fils de mon frère Thomas — baron Wychecombe — cinq mille guinées — à chacun d'eux, répondit le testateur, paraissant faire un grand effort pour s'expliquer intelligiblement.

Atwood écrivit ce nouveau legs, et lut ensuite :

— « *Item*, je donne et lègue à mes neveux Grégoire et Jacques Wychecombe, fils réputés de feu mon frère Thomas Wychecombe, l'un des barons de la cour de l'échiquier de Sa Majesté, la somme de cinq mille guinées à chacun d'eux, dans les fonds de la dette publique de ce royaume à cinq pour cent. »

— Si vous approuvez cette clause, sir Wycherly, faites-nous-le connaître.

Le malade fit le même signe d'assentiment que dans les cas précédents.

— Quel nom vous plaît-il que nous écrivions à présent? demanda le vice-amiral.

Il y eut une assez longue pause. Le baronnet repassait évidemment dans son esprit ce qu'il avait fait et ce qui lui restait à faire.

— Séparez-vous davantage les uns des autres, mes amis, afin que le testateur puisse vous distinguer tous sans peine, dit sir Gervais, faisant un geste de la main pour indiquer d'étendre la circonférence du demi-cercle qu'il avait formé lui-même devant le lit du malade, et que l'intérêt et la curiosité avaient insensiblement resserré. — Avancez un peu plus de ce côté, *lieutenant Wycherly Wychecombe*, afin que ces dames puissent voir et être vues. Et vous aussi, monsieur Thomas Wychecombe, mettez-vous plus en avant pour que les yeux de votre oncle puissent tomber sur vous.

Ce discours était le tableau exact de ce qui se passait dans l'esprit du vice-amiral. L'idée que le lieutenant était un fils naturel du vieux baronnet, malgré l'histoire de sa naissance en Virginie, avait pris l'ascendant sur son imagination ; et connaissant le mérite de ce jeune homme, il désirait vivement que le testament contînt du moins un legs en sa faveur. A l'égard de Tom, il s'inquiétait fort peu que son nom fût ou non sur le testament. Justice avait été substantiellement faite, et la fortune de son père dont Tom avait hérité, étant suffisante à ses besoins, sa situation actuelle n'excitait pas la commisération. Cependant sir Gervais pensa que, dans les circonstances présentes, il serait généreux de rappeler au testateur qu'il avait encore un troisième neveu.

— Voici votre neveu, M. Thomas, sir Wycherly; désirez-vous que son nom soit inscrit sur votre testament?

Le malade sourit froidement; mais il fit un signe de tête pour indiquer son consentement.

— Et quelle somme lui laissez-vous?

— Cinquante — cinquante *livres*[1], répondit le testateur, parlant d'une voix plus claire et plus sonore qu'il ne l'avait encore fait de cette journée.

Ce legs fut porté sur le testament, et Atwood lut la clause ainsi qu'il suit :

« *Item*, je donne et lègue à Thomas Wychecombe, fils aîné réputé de feu mon frère Thomas, l'un des barons de l'échiquier de Sa Majesté, la somme de cinquante livres dans les fonds de la dette publique de ce royaume à cinq pour cent. »

Il lui fut ensuite demandé s'il approuvait cette disposition, et il y répondit par un oui très-distinctement prononcé. Tom tressaillit, mais il conserva son sang-froid comme tous les autres, et la besogne n'en continua pas moins.

— Désirez-vous faire quelques autres legs, sir Wycherly, demanda le vice-amiral. Voyons! vous avez déjà légué 13,000 guinées et 50 livres, ce qui fait un total de 13,180 livres, et l'on m'a dit que vous en aviez 20,000 dans les fonds publics, sans parler sans doute de quelque argent comptant.

— Anne Larder, Samuel Cork, Richard Bitts, David Brush, Phœbé Keys, dit sir Wycherly, s'arrêtant à chaque nom pour laisser à Atwood le temps de l'écrire, et nommant successivement ainsi sa cuisinière, son sommelier, son valet d'écurie, son valet de chambre et sa femme de charge.

— Combien à chacun, sir Wycherly? Je vois qu'Atwood les a compris tous dans la même clause, pour abréger la besogne; mais cela ne peut rester ainsi, à moins que tous les legs ne soient égaux.

— Bien — bien! murmura le testateur; — deux cents livres à chacun — mille livres en tout — argent comptant.

Le testateur ayant fait connaître sa volonté, cet article fut rédigé, lu et approuvé comme les précédents.

— Cela fait monter les legs à 14,180 livres, sir Wycherly. Il doit vous rester encore à disposer de six à sept mille livres. Avancez donc par ici, *monsieur Wycherly Wychecombe*, et laissez plus de place à ces dames. — Quel nom écrirons-nous, mon cher Monsieur?

[1]. La livre vaut un shelling de moins que la guinée.

C'était la seconde fois que le vice-amiral cherchait indirectement à attirer l'attention du mourant sur le jeune lieutenant, et il réussit enfin. Le vieillard jeta les yeux sur lui, et le regarda quelques instants en silence, mais avec attention.

— Même nom — Virginien — bon jeune homme — colonies américaines — plein de bravoure — mille livres. — Sir Wycherly prononça ces mots entre les dents; mais le profond silence qui régnait fit que personne n'en perdit une syllabe. — Oui, — mille livres à Wycherly — Wychecombe — marine royale.

La plume du secrétaire courait rapidement sur le papier, et elle allait tracer le nom du nouveau légataire, quand sa main fut arrêtée par la voix du jeune officier lui-même.

— Attendez, monsieur Atwood, n'insérez dans ce testament aucun legs à mon profit, s'écria le lieutenant, le visage enflammé, et sa poitrine se soulevant par suite d'une vive émotion. — Cela serait inutile, car je n'en accepterai pas un seul schelling.

— Jeune homme, dit le vice-amiral presque avec le ton de sévérité d'un officier supérieur qui fait une réprimande à un subalterne, vous parlez trop à la hâte. Il ne convient à aucun de ceux qui entendent et qui voient ce qui se passe ici, de rejeter dédaigneusement les bontés d'un homme qui est peut-être sur le point de quitter la terre pour paraître en présence de Dieu.

— J'ai le plus grand respect pour sir Wycherly, sir Gervais; personne ne peut désirer plus vivement que moi qu'il recouvre la santé, et que le soir de ses jours se prolonge encore longtemps; mais jamais je n'accepterai un bienfait d'aucun homme méprisant mon pays comme il est évident que le testateur le méprise.

— Vous êtes Anglais, je crois, lieutenant Wychecombe, et au service de George II?

— Je ne suis pas Anglais, je suis Américain, — Virginien, — et ayant droit aux mêmes priviléges que tout sujet anglais. — Je ne suis pas plus Anglais que le docteur Magrath.

— C'est établir le cas sur une base solide, eh! Atwood? dit le vice-amiral souriant en dépit de lui-même. — Je suis loin de dire que vous soyez Anglais dans tous les sens, Monsieur; mais vous l'êtes dans le sens qui vous donne le caractère national et les droits nationaux. Vous êtes sujet de l'Angleterre.

— Pardon, sir Gervais. Je suis sujet de George II, mais je ne suis pas sujet de l'Angleterre. Je suis peut-être, dans un certain sens, sujet de l'empire britannique; mais je n'en suis pas moins Américain et Virginien, et je ne recevrai un schelling d'aucun homme qui aura montré du mépris pour l'une ou l'autre de ces deux contrées.

— Vous vous oubliez, jeune homme, et vous ne songez pas à l'avenir : une couple de centaines de livres, gagnées au prix de votre sang, pour votre part de prise à l'affaire de Groix, ne dureront pas toujours.

— Il ne m'en reste déjà plus rien, amiral ; car j'en ai envoyé jusqu'au dernier schelling à la veuve de notre maître d'équipage qui avait été tué à mon côté. Quoique je ne sois qu'un Américain, sir Gervais, je ne suis pas un mendiant. Je suis propriétaire d'une plantation dont le revenu est plus que suffisant pour tous mes besoins ; et si je sers dans la marine, c'est par goût, et non par nécessité. Si sir Wycherly en était informé, peut-être consentirait-il à ne point parler de moi dans son testament. Je l'honore et je le respecte ; je voudrais pouvoir adoucir les souffrances de corps et d'esprit qu'il éprouve ; mais je ne puis consentir à recevoir de l'argent d'un homme dont l'opinion à l'égard de mon pays est humiliante pour moi.

Il prononça ces mots avec modestie, mais d'un ton de chaleur et de vérité qui annonçait qu'il n'avait rien dit qu'il ne pensât. Sir Gervais avait trop de respect pour les sentiments du jeune homme pour insister plus longtemps. Sir Wycherly avait entendu et compris tout ce qu'on venait de dire, et même dans l'état où il se trouvait il en avait été vivement ému. Le vieillard avait toujours été bon et compatissant, il n'aurait pas voulu faire du mal à une mouche ; tous ses sentiments naturels reprirent l'ascendant sur lui en ce moment, et il aurait donné jusqu'au dernier schelling de la somme dont il lui restait encore à disposer dans les fonds publics, pour pouvoir exprimer convenablement son regret d'avoir jamais prononcé une syllabe qui eût pu blesser la sensibilité d'un jeune homme si noble et si généreux. Etant hors d'état de faire cet effort, il fit du moins tout ce que lui permettait la malheureuse situation dans laquelle il se trouvait.

— Noble jeune homme, murmura-t-il, honneur pour notre nom, venez ici. — Sir Gervais, amenez-le.

— Sir Wycherly paraît désirer que vous vous approchiez de lui, monsieur Wychecombe *de Virginie*, dit le vice-amiral d'un ton un peu caustique, mais en souriant et en lui serrant la main, tandis qu'il passait devant lui pour s'avancer vers le lit.

Le malade réussit avec beaucoup de peine à ôter d'un de ses doigts un anneau d'or surmonté d'un cachet gravé sur une pierre fine, et qui portait les armoiries de la famille Wychecombe. On n'y voyait pourtant pas la main sanglante, car il remontait à une date antérieure à l'institution de l'ordre des baronnets, et c'était un présent fait par un des ducs Plantagenets à un des ancêtres de la famille, en récompense de quelque acte signalé de bravoure pendant les guerres de Henri VI contre la France.

— Portez ceci, — brave jeune homme, — honneur pour notre nom, dit sir Wycherly. — Doit descendre de lui, — tous les Wychecombe en sont descendus.

— Je vous remercie de ce présent, sir Wycherly ; je l'accepte, et j'en fais tout le cas qu'il mérite, répondit le lieutenant, tout autre sentiment que celui de la reconnaissance ayant disparu de sa physionomie. Je puis n'avoir aucun droit à vos honneurs et à votre fortune, mais je puis accepter et porter cette bague sans rougir, puisqu'elle a été donnée à un homme qui est aussi bien un de mes ancêtres légitimes, que de tous les Wychecombe qui existent en Angleterre.

— Légitimes ! s'écria Tom, la fureur et le ressentiment l'emportant un instant sur la circonspection et l'astuce.

— Oui, Monsieur, légitimes, répondit le jeune officier avec le calme d'un homme qui sait qu'il n'a dit que la vérité, mais en jetant sur Tom un regard qui lui fit faire deux pas en arrière pour se placer derrière le cercle. — Je n'ai pas besoin d'y faire graver une barre transversale pour me donner le droit de porter ce sceau, car vous allez voir, sir Oakes, qu'il est parfaitement semblable à celui que je porte habituellement, et qui m'a été transmis par mes ancêtres en ligne directe.

Le vice-amiral compara les armoiries gravées sur un cachet attaché à la chaîne de montre du jeune officier à celles qui étaient gravées sur la pierre surmontant la bague que le vieux baronnet venait de lui donner, et il vit qu'elles étaient parfaitement semblables. Sir Reginald s'avança à son tour, et l'examen qu'il en fit eut le même résultat. Comme toutes les branches connues de la famille Wychecombe avaient les mêmes armes, c'est-à-dire trois griffons et trois béliers, machine de guerre dont on se servait avant l'invention de l'artillerie, il vit sur-le-champ que le jeune homme portait habituellement sur lui cette preuve d'une origine commune. Sir Reginald savait fort bien qu'on prenait quelquefois les armoiries et le nom d'un autre, et que plus l'individu qui se permettait cette liberté était obscur, plus l'impunité était probable ; mais le cachet que portait le jeune lieutenant était évidemment fort ancien ; et un siècle auparavant, ce genre d'usurpation des droits des autres était plus rare qu'il ne le devint ensuite. Quant au jeune officier, son caractère, son extérieur et ses manières ne permettaient pas qu'on le soupçonnât personnellement de fraude. Quoique la branche aînée de la famille fût réduite, légalement parlant, au vieillard qui était alors étendu sur son lit de mort, la sienne avait été beaucoup plus prolifique, et il lui paraissait très-possible que quelque fils cadet, issu des Wychecombe de Wychecombe-Regis, eût été s'établir dans les colonies, et y eût laissé des descendants. Secrètement déterminé à tirer la chose plus au clair, il remit les deux sceaux au jeune marin, et dit à sir Gervais qu'il paraissait convenable de terminer avant tout l'affaire importante qui les occupait. A ces mots, Atwood reprit sa plume, et le vice-amiral continua ses fonctions.

— Il manque encore de six à sept mille livres pour compléter les vingt mille qu'il paraît que vous avez dans les fonds publics, sir Wycherly. Quel nom désirez-vous ajouter dans votre testament?

— Rotherham. — Pauvre Saint-Jacques mort. — Oui, M. Rotherham, — le desservant, — mille livres.

Le legs fut écrit, on en fit lecture, et le testateur l'approuva.

— Il reste encore cinq mille livres et plus, sir Wycherly; comment voulez-vous en disposer?

Il se passa quelque temps avant que le malade répondît. Il semblait réfléchir à ce qu'il ferait du reste de son argent. Enfin, ses yeux errants tombèrent sur les joues pâles de mistress Dutton, et tandis qu'il avait pour son mari une sorte d'affection qui était la suite de l'habitude, il se souvint aussi qu'elle avait bien des causes de chagrin. Avec une émotion qui faisait honneur à la bonté de son cœur, il prononça son nom et deux mille livres. Cette nouvelle clause fut écrite, lue et approuvée.

— Il nous reste encore trois mille livres, sinon quatre, sir Wycherly. Que voulez-vous en faire?

— Milly, ma chère petite Milly, dit le baronnet avec un accent d'affection.

— Il faut que cela entre dans un codicille, dit sir Gervais, car nous avons déjà un legs au profit de miss Dutton. — Et quelle somme désirez-vous laisser à miss Mildred, sir Wycherly, outre les trois mille guinées que lui avez déjà laissées?

Le malade murmura les mots — trois mille livres, — et y ajouta ensuite celui de — codicille.

Ses désirs furent exécutés, et quand il eut entendu la lecture de la clause, il fit le signe d'approbation qui avait été convenu. Sir Gervais lui demanda ensuite s'il avait quelque autre disposition à faire. Sir Wycherly, qui, dans le fait, avait disposé, à quelques centaines de livres près, de tout ce qu'il possédait, déclara, après un moment de réflexion, qu'il était content de ce qui avait été fait.

— Comme il est possible, sir Wycherly, dit le vice-amiral, qu'après le paiement de tous les legs, il reste encore quelque chose, ne jugerez-vous pas à propos, pour éviter qu'aucune partie de vos biens ne retourne à la couronne à titre de déshérence, de nommer un légataire pour le surplus ?

Le pauvre vieillard sourit, en donnant son assentiment à cette proposition, et murmura le nom de sir Reginald Wychecombe.

Cette dernière disposition fut écrite, lue et approuvée comme toutes les autres. On rédigea ensuite la clôture du testament suivant la forme d'usage, et l'on se prépara à le lire en entier au testateur. Afin de ne laisser aucune prise à des objections contre ce qui venait de se passer, les deux amiraux et M. Atwood, qui devaient signer le testament comme témoins, le lurent d'abord, chacun séparément, afin d'être sûrs qu'on ne lirait au testateur que ce qu'il contenait, sans en retrancher ni y ajouter un seul mot. Quand cette formalité eut été remplie, le secrétaire lut lentement et à haute voix la totalité du testament, depuis le commencement jusqu'à la fin, à sir Wycherly. Le vieillard écouta cette lecture avec beaucoup d'attention ; il sourit quand on prononça le nom de Mildred, et quand elle fut terminée, il en exprima sa satisfaction par signes, et ajouta de vive voix : — C'est ma volonté. — Il ne restait qu'à lui mettre une plume à la main, et à l'aider à prendre une attitude qui lui permît d'apposer deux fois sa signature, d'abord au testament et ensuite au codicille. Mais Tom Wychecombe pensa alors que le moment d'intervenir était arrivé. Il avait été sur des épines pendant que tout ce qui vient d'être décrit se passait, et il avait pris la résolution désespérée de se servir du faux audacieux qu'il avait commis pour prouver sa légitimité, et s'approprier ainsi le domaine, comme appelé à recueillir la substitution. Mais il savait aussi qu'une question importante pouvait s'élever pour décider lequel des deux testaments devait être regardé comme valide, et si le testateur était dans une situation d'esprit qui lui permît de tester quand il avait fait le second. Sous ce dernier point de vue, il lui parut donc important de faire une protestation.

— Messieurs, dit-il en s'avançant au pied du lit, je vous prie tous de faire attention à la nature de cette affaire. Mon pauvre et cher oncle a été frappé hier soir d'une attaque d'apoplexie qui l'a privé de son jugement ordinaire, et voilà qu'on le presse de faire un testament qui....

— Qui l'en a pressé, Monsieur ? demanda sir Gervais avec un ton de sévérité qui fit reculer Tom d'un pas.

— A ce que j'ai pu voir, Monsieur, tous ceux qui se trouvent dans cette chambre, — sinon de la langue, du moins des yeux.

— Et pourquoi tous ceux qui se trouvent dans cette chambre auraient-ils agi ainsi? Suis-je un légataire? L'amiral Bluewater gagne-t-il quelque chose à ce testament? Peut-on être témoin d'un testament et légataire en même temps?

— Je n'ai pas dessein de discuter cette affaire avec vous, sir Gervais Oakes; mais je proteste solennellement contre cette manière irrégulière et très extraordinaire de faire un testament. Que tous ceux qui m'entendent s'en souviennent, et qu'ils se tiennent prêts à faire leur déposition quand ils seront mandés devant une cour de justice.

Sir Wycherly fit des efforts pour se soulever; il était vivement agité, et ses gestes annonçaient son mécontentement, et son désir que Tom se retirât. Les médecins cherchèrent à le calmer, tandis qu'Atwood, debout devant le lit, avec le plus grand sang-froid, le testament placé sur un portefeuille, et une plume à la main, cherchait à obtenir les signatures nécessaires. La main du vieillard tremblait si violemment quand il prit la plume, qu'il était évidemment impossible qu'il formât une seule lettre, et on lui fit prendre une potion calmante.

— Retirez-vous! loin de mes yeux! murmura le baronnet toujours agité. Et tous ceux qui l'entendaient ne purent douter que l'idée qui l'occupait exclusivement ne fût le désir d'être délivré de la présence de son neveu. — Sir Reginald, ajouta-t-il, — petite Milly, — sir Gervais, — tous les autres, — restez!

— Calmez votre esprit, sir Wycherly, dit Magrath, et votre corps s'en trouvera bien. Quand l'esprit est dans un état d'exaltation, le système nerveux en sent l'influence. En rétablissant l'harmonie entre les deux, vos dispositions testamentaires n'en seront pas moins valides en réalité et en apparence.

Sir Wycherly comprit ce que lui disait le chirurgien, et fit tous ses efforts pour reprendre de l'empire sur lui-même. Il leva la plume et parvint à en placer le bout sur le papier à l'endroit convenable; son œil brilla, il lança sur Tom un regard courroucé et regarda son testament comme pour le signer. Mais tout à coup il porta une main à son front, ses yeux se fermèrent, et sa tête retomba sur son oreiller. Il était devenu insensible aux sentiments, aux devoirs, aux intérêts de ce monde et à tout ce qui y avait rapport. Dix minutes après, il avait cessé de respirer.

Ainsi mourut sir Wycherly Wychecombe, après une longue vie

pendant laquelle, parmi une foule de qualités purement négatives, on avait pu remarquer en lui des traits d'une bienveillance plutôt passive qu'active, et on l'avait vu s'acquitter machinalement des devoirs ordinaires de l'homme, comme cela arrive assez souvent à ceux qui ne sont doués ni de grands vices ni de grandes vertus.

CHAPITRE XV.

> Venez, vous qui poussez encore le fardeau de la vie sur la rampe escarpée du rocher du monde; mais arrivés au sommet de la montagne, où vous espérez trouver le repos de vos fatigues, la pierre énorme retombe au fond de la vallée et vous entraine avec elle.
>
> Thomson.

L'événement soudain, et jusqu'à un certain point inattendu, rapporté à la fin du chapitre précédent, produisit un grand changement dans la situation des choses à Wychecombe-Hall. La première chose était de s'assurer si le baronnet était bien véritablement mort, fait dont sir Gervais Oakes particulièrement ne voulait pas se laisser convaincre. Il arrivait souvent, disait-il, qu'on perdait connaissance ; il fallait à l'apoplexie *trois* coups pour tuer ; le malade pouvait reprendre l'usage de ses sens et redevenir en état de donner la signature qui manquait encore pour assurer l'exécution des intentions qu'il avait clairement exprimées.

— Vous n'aurez jamais en ce monde la signature de feu sir Wycherly Wychecombe sur aucun acte que ce soit, testamentaire ou testimonial, légal ou illégal, dit Magrath avec beaucoup de sang-froid, en réunissant les divers médicaments et instruments qu'il avait apportés avec lui. Il est à présent hors de la juridiction du lord grand chancelier, comme du collége des médecins et des chirurgiens ; vous ferez donc sagement de le considérer comme décédé, et de l'envisager sous le jour dans lequel le corps humain se trouve placé par la cessation de toutes les fonctions animales.

Ces mots décidèrent l'affaire ; les ordres nécessaires furent donnés, tout le monde quitta la chambre, et il n'y resta que ceux dont la présence était nécessaire. Il serait loin d'être vrai de dire que personne ne regretta sir Wycherly Wychecombe. Mistress Dutton et Mildred déplorèrent sa mort subite et y donnèrent des larmes sincères, sans penser aux conséquences qu'elle avait eues pour elles. La fille ne songea pas même un instant combien elle avait été près d'avoir six mille livres en sa possession, et combien il était cruel que la coupe contenant ce qui aurait été pour elle une fortune, eût été brisée à l'instant où elle touchait presque à ses lèvres. La vérité nous force pourtant à avouer que la mère se rappela une fois cette fâcheuse circonstance avec une sensation qui ressemblait beaucoup au regret. Un souvenir semblable eut son influence dans les manifestations de chagrin de plusieurs autres, surtout des domestiques, qui étaient pourtant trop étourdis par tout ce qui venait de se passer, pour afficher une affliction bien profonde. Sir Gervais et Atwood étaient extrêmement piqués en voyant que toutes les peines qu'ils avaient prises n'avaient abouti à rien. En un mot, on ne se livra que modérément aux sentiments ordinaires en pareil cas, mais on observa strictement tout le décorum convenable.

Sir Reginald Wychecombe remarqua ces circonstances avec attention et prit ses mesures en conséquence. Saisissant un moment favorable pour se concerter avec les deux amiraux, sa décision fut bientôt prise, et une heure après la mort de son parent, tous ceux qui avaient été présents aux derniers moments de la vie de sir Wycherly étaient réunis dans une chambre de la maison qu'on avait coutume d'appeler la bibliothèque, quoiqu'il s'y trouvât fort peu de livres et qu'on les lût très-rarement. Avant cette réunion, il y avait eu entre sir Reginald et les deux amiraux une consultation à laquelle Atwood avait été admis *ex officio*. Tout avait donc été arrangé d'avance, et l'on ne perdit pas de temps inutilement quand toute la compagnie fut arrivée. Le baronnet entra en matière sans préambule et s'exprima de la manière la plus claire.

— Messieurs, dit-il, et vous aussi, braves gens qui étiez au service de feu sir Wycherly Wychecombe, vous connaissez tous le malheureux état dans lequel se trouve cette maison. Par suite de la mort récente de celui qui en était le maître, elle reste sans chef, et le défunt étant décédé sans avoir jamais été marié, ne laisse par conséquent aucun enfant pour prendre sa place comme son héritier naturel et légal. Dans un sens, je pourrais être regardé comme son plus proche parent, quoique, par une disposition de la loi commune, je n'aie aucun droit à sa succession. Néanmoins, vous savez tous que son intention était de me nommer son exécuteur testamentaire, et je pense qu'il convient qu'on fasse sur-le-champ toutes les recherches nécessaires pour s'assurer si le défunt a laissé un testament, qui nous ferait connaître comment il a disposé de ses biens, et qui a le droit de donner ici des ordres, dans ce moment solennel et important. — Il me semble, sir Gervais Oakes, que les circonstances sont assez particulières pour exiger de promptes mesures.

— Je suis entièrement d'accord avec vous, sir Reginald. Mais avant d'aller plus loin, je crois qu'il serait à propos d'avoir avec nous, autant qu'il est possible, tous ceux qui peuvent avoir intérêt au résultat de cette affaire. Or je ne vois pas parmi nous M. Thomas Wychecombe, neveu réputé du défunt.

Le fait était vrai, et le domestique de Tom, qui avait reçu de son maître l'ordre de se rendre à cette réunion avec les autres domestiques, pour épier ce qui se passerait, lui fut envoyé sur-le-champ avec une invitation de venir assister à l'assemblée. Deux ou trois minutes s'étaient à peine écoulées quand le domestique reparut.

— Messieurs, dit-il, *sir* Thomas Wychecombe vous présente ses compliments, et il désire savoir quel est le motif de votre demande. Il est dans sa chambre, livré à l'affliction bien naturelle que lui cause la perte qu'il vient de faire, et il préférerait en ce moment rester seul avec son chagrin, si cela vous est agréable.

C'était prendre un ton bien haut dès le commencement; et comme le domestique, qui avait reçu ses instructions, débita son message d'une voix aussi ferme que distincte, il produisit une impression manifeste sur les domestiques de la maison. Sir Reginald rougit de colère, sir Gervais se mordit les lèvres de dépit, Bluewater jouait avec le pommeau de son épée, d'un air indifférent à tout ce qui se passait, tandis qu'Atwood et les chirurgiens levaient les épaules et souriaient. Le premier de ces individus savait fort bien que Tom n'avait pas le moindre droit au titre qu'il s'était tellement pressé de prendre; et il espérait que le ton mélangé de faiblesse et d'impudence de son message, était une preuve qu'il sentait l'invalidité de ses droits. Déterminé à ne pas se laisser arrêter dans ses projets, il chargea le domestique d'un nouveau message pour son maître qui, en le recevant, changerait sans doute d'intention. — Informez votre maître, lui dit-il, que je suis en possession de faits qui, suivant moi, justifient la marche que je suis, et que si — M. Thomas Wychecombe — ne paraît pas pour veiller à ses intérêts, j'agirai en son absence comme je crois devoir le faire. — Ces mots, fidèlement rapportés, firent arriver Tom à l'instant même. Il était pâle de crainte, plutôt que de chagrin; car les méchants ont toujours l'esprit agité d'inquiétudes, quand ils font le premier pas dans la carrière du mal. Il salua pourtant la compagnie d'un air qui annonçait qu'il voulait prendre les manières d'un homme poli et bien élevé.

— Si je parais avoir négligé de m'acquitter de mes devoirs envers vous, Messieurs, que je dois maintenant considérer comme mes hôtes, vous me le pardonnerez, j'espère, en considération des sentiments que j'éprouve en ce moment. Sir Wycherly était le frère aîné de mon père, et il m'était aussi cher que proche parent. Par suite de cette mort fâcheuse, sir Reginald, je me trouve d'une manière aussi soudaine qu'inattendue élevé au rang de chef de notre honorable famille, et je sais combien je suis peu digne d'occuper cette place distinguée, et combien vous la rempliriez mieux ; mais la loi a placé une barrière insurmontable entre les deux branches de notre famille, quant au droit d'hériter de l'une dans l'autre, ce qui n'empêchera pas que je ne sois toujours prêt à reconnaître ma parenté, qui est aussi honorable pour une branche que pour l'autre.

Sir Reginald eut besoin de faire un grand effort sur lui-même pour rendre à Tom le salut par lequel celui-ci jugea à propos de terminer son discours. — Je vous remercie, Monsieur, répondit-il avec une politesse froide, et jamais je ne désavouerai aucune parenté qui puisse être justement et légalement établie. Mais j'ai été appelé près du lit de mort de sir Wycherly par sa volonté expresse ; presque les dernières paroles qu'il a prononcées avaient pour but de me nommer son exécuteur testamentaire ; en de pareilles circonstances, je crois de mon devoir de chercher à m'instruire des droits auxquels son décès donne ouverture, afin de savoir qui est son héritier, et qui doit donner des ordres ici.

— Vous n'attachez sans doute aucune validité, sir Reginald, au prétendu testament qui a été si singulièrement préparé en présence de mon cher oncle, une heure avant sa mort ? Quand même cet acte extraordinaire eût été dûment signé et scellé, je ne puis croire que la cour de Doctors' Commons l'eût déclaré légal ; mais n'étant ni l'un ni l'autre, ce n'est qu'un chiffon de papier sans aucune valeur.

— Quant aux immeubles, Monsieur, quoiqu'un délai de cinq minutes m'ait occasionné une perte si considérable, je suis disposé à admettre que vous avez raison. A l'égard des biens mobiliers, c'est une question qui pourrait être portée devant une cour d'équité, les intentions du défunt ayant été clairement exprimées en présence de nombreux témoins ; mais je n'oserais assurer quel serait le résultat de cette demande.

— Non, non, Monsieur, s'écria Tom, la joie du triomphe colorant ses joues, en dépit de tous ses efforts pour paraître calme ; aucune cour de justice en Angleterre ne voudrait changer le cours naturel de la transmission des biens mobiliers par succession. Cependant je suis le dernier homme du monde à vouloir refuser d'acquitter quelques-uns des legs énoncés dans ce soi-disant testament, notamment ceux à M. Rotherham et à ses fidèles domestiques. — Tom sentait qu'il était prudent de se faire des partisans dans un moment si critique ; et cette déclaration produisit réellement un grand effet, comme on put le voir sur la physionomie de quelques-uns de ceux qui l'entendirent. — Et j'en dirai autant de celui qui concerne mis Mildred Dutton. Tous ces legs seront acquittés précisément comme si mon cher oncle eût encore été en jouissance de ses facultés intellectuelles, et en état de faire des legs valides. Car ce mélange de raison et d'équité avec des idées extraordinaires et injustes, n'est nullement rare chez les hommes d'un âge très-avancé, dans leurs derniers moments. Quoi qu'il en soit, sir Reginald, je vous prie d'agir comme votre jugement vous l'inspirera, dans les circonstances particulières de ce qu'on peut appeler un cas très-extraordinaire.

— Je crois donc, Monsieur, qu'il est de notre devoir de nous assurer si le défunt n'a pas laissé quelque testament. Si nous n'en trouvons point, il sera assez temps alors d'examiner qui doit être héritier d'après la loi commune. Voici les clefs de son secrétaire. M. Furlong, intendant de ses biens immeubles, qui vient d'arriver, et que vous voyez en cette chambre, vient de me les remettre à l'instant, en me disant que le défunt y plaçait tous ses papiers importants. Je vais donc procéder à l'ouvrir.

— Faites-le, sir Reginald. Personne ne peut désirer plus que moi de connaître le bon plaisir de mon cher oncle. Ceux à qui il *m'a semblé* vouloir donner, ne perdront rien, faute de sa signature.

Cette déclaration adroite éleva Tom considérablement dans l'opinion de la moitié de ceux qui étaient dans la salle ; ce qui lui assurait autant d'amis dans le cas où quelque événement lui rendrait cet appui nécessaire. Pendant ce temps, sir Reginald ouvrait le secrétaire, où il trouva tous les papiers du défunt : — les titres de propriété rangés par ordre de dates, — les baux de ses terres, — les registres et les comptes de recettes et de dépenses, qui paraissaient tenus avec beaucoup de régularité, — les mémoires quittancés, enfilés à la suite les uns des autres, — trois petits sacs remplis de guinées, et prouvant que l'argent comptant ne manquait pas. En un mot, tout démontrait que le défunt avait laissé ses affaires dans le meilleur ordre. On ouvrit tous les tiroirs, on fouilla partout, et l'on ne trouva ni testament, ni brouillon ou projet d'un pareil acte. Le désappointement se lisait visiblement sur la physionomie de sir Reginald, des deux amiraux et de M. Atwood, car ils s'étaient figuré, sans trop savoir pourquoi, que la production d'un testament déjouerait, d'une manière ou d'une autre, les espérances du prétendu *sir* Thomas. Tom lui-même n'était pourtant pas sans inquiétudes, car le changement survenu depuis quelque temps dans les dispositions de son oncle à son égard, le portait à craindre qu'on ne trouvât quelque testament d'une date postérieure à celui qu'il avait en poche. Cependant un air de triomphe prit peu à peu la place de la crainte sur l'expression de sa physionomie, à mesure que la recherche avançait; et quand M. Furlong, homme parfaitement honnête, eut déclaré que, d'après la connaissance qu'il avait du caractère du défunt, il ne croyait pas qu'il eût fait un testament, il ne put se contenir davantage.

— Pas si vite, maître Furlong, pas si vite! dit-il en tirant de sa poche un papier en forme de lettre cachetée; voici une pièce à laquelle vous consentirez peut-être à donner le nom de testament. — Vous remarquerez, Messieurs, que ce papier est légitimement entre mes mains, car il porte mon adresse, elle est de son écriture, et son sceau y est apposé. — Voyez, Furlong; reconnaissez-vous la main de mon oncle sur cette adresse, et ce cachet est-il le sien?

— Je reconnais l'écriture et le cachet, dit l'intendant en soupirant. A cet égard, M. Thomas a raison.

— M. Thomas, drôle! et pourquoi non *sir* Thomas? Les baronnets n'ont-ils pas droit à un titre en Angleterre? Mais n'importe; il y a temps pour tout. — Sir Gervais Oakes, comme vous êtes parfaitement désintéressé, voulez-vous me faire le plaisir de rompre le sceau et de voir ce qui est contenu dans l'enveloppe?

Le vice-amiral ne perdit pas un instant à le satisfaire, car il prenait un vif intérêt au résultat que cette affaire allait avoir. Le lecteur se doute déjà que la pièce que Tom venait de remettre à sir Gervais était le testament préparé par son père. On a déjà vu que sir Wycherly l'avait signé après en avoir rempli les blancs du nom de Thomas Wychecombe entre les mains duquel il l'avait remis; et celui-ci, après l'avoir lu cinq ou six fois pour bien graver dans sa mémoire ce qu'il contenait, avait engagé le testateur, le même jour, à mettre cet acte sous enveloppe cachetée à son adresse. Le vice-amiral lut ce testament depuis le premier mot jusqu'au dernier, avant de le remettre entre les mains de sir Reginald. Celui-ci s'attendait à trouver dans ce testament l'œuvre d'un faussaire; mais la lecture de s premières lignes le fit changer d'opinion, et il vit que cet acte n'avait pu être rédigé que par un homme connaissant parfaitement les formes et le style du barreau. L'écriture avait un caractère particulier, et il reconnut celle du baron Wychecombe. Le lecteur sait déjà que par ce testament le feu baronnet avait institué son neveu Thomas Wychecombe légataire universel de tous ses biens meubles et immeubles, et son exécuteur testamentaire.

— Ce testament me paraît avoir été rédigé par un jurisconsulte très-habile, feu le baron Wychecombe, dit sir Reginald.

— Vous ne vous trompez pas, répondit Tom sans se déconcerter; il le fit pour obliger mon oncle; mais il laissa en blanc les noms du légataire, voulant lui laisser toute liberté de choisir qui bon lui semblerait. Vous voyez que c'est sir Wycherly lui-même qui a rempli les blancs, ce qui ne laisse aucun doute sur ses intentions.

— Je vois que vous avez droit à tous les biens meubles et immeubles du défunt; mais quant à vos prétentions à son titre, elles seront certainement contestées et rejetées.

— Et pourquoi rejetées? s'écria le jeune lieutenant, se mettant en avant pour la première fois, et ses yeux brûlant d'une curiosité qu'il ne pouvait réprimer. — M. Thomas, sir Thomas, devrais-je dire, n'est-il pas le fils aîné de l'aîné des frères de feu sir Wycherly, et par conséquent héritier du titre comme du domaine du baronnet?

— Certainement non. Je puis le garantir d'après des preuves que j'ai soigneusement examinées, et qui constatent que M. le baron Wychecombe n'a jamais été marié, et par conséquent n'a pu laisser après lui aucun héritier légal.

— Cela est-il possible? Comme nous avons tous été trompés en Amérique!

— Que voulez-vous dire, jeune homme? Avez-vous quelque prétention légale à faire valoir ici?

— Je suis Wycherly, fils unique de Wycherly, qui était fils aîné de Grégoire Wychecombe, frère puîné du feu baronnet. Si ce que vous nous dites se trouve vrai, je suis du moins le plus proche héritier du titre.

— C'est une... — Le mot — fausseté — que Tom allait prononcer s'arrêta dans son gosier, car les yeux calmes mais sévères du jeune marin rencontrèrent les siens et l'avertirent d'être prudent. — C'est une erreur, dit-il; mon oncle Grégoire était garçon, quand il périt dans un naufrage, et par conséquent il ne peut avoir laissé des enfants légitimes.

— Je dois dire, jeune homme, dit sir Reginald d'un ton grave au jeune marin, que c'est du moins ce que j'ai toujours entendu dire. J'avais un intérêt trop puissant à connaître l'histoire de cette famille, pour en négliger les annales.

— Je sais, Monsieur, que c'est l'opinion qu'on a eue ici depuis plus d'un demi-siècle, mais elle est fondée sur une erreur. Voici les faits : Mon aïeul, jeune homme impétueux, mais ayant un excellent cœur, était second lieutenant à bord d'un bâtiment de la marine royale. Étant à terre, pour cause de service, dans une des îles des Indes occidentales, il eut une querelle avec son premier lieutenant, et il le frappa. La peine de cette faute était la mort. L'officier insulté avait eu antérieurement une autre querelle avec mon aïeul, qui, après avoir reçu son feu, avait refusé d'y répondre, en avouant qu'il avait tort. Le premier lieutenant n'ayant pas oublié cette circonstance, et désirant lui sauver la vie, lui conseilla de se cacher et de ne pas retourner à bord. Ce conseil fut suivi ; le bâtiment mit à la voile sans Grégoire Wychecombe, et périt corps et biens dans une tempête. Mon aïeul passa de là en Virginie, et il y resta un an, gardant le plus profond secret sur cette histoire, de crainte que, si elle venait à s'ébruiter, on ne le traduisît devant un conseil de guerre. L'amiral se chargea ensuite du soin de sa fortune ; il épousa une femme riche, et elle fut la seule confidente de son aventure. Il ne supposait pas qu'il pût jamais recueillir la succession de l'aîné de ses frères, et il n'avait aucun motif d'intérêt pour en parler à personne. Il écrivit pourtant une fois à sir Wycherly ; mais il ne lui envoya pas sa lettre, pensant qu'elle lui ferait plus de peine que de plaisir. Cette lettre est entre mes mains, et elle est de son écriture. J'ai aussi son brevet de lieutenant de vaisseau, et toutes les autres preuves d'identité qui peuvent être nécessaires. Elles sont si complètes, qu'aucune cour de la chrétienté ne pourrait refuser de les admettre, car jamais il n'avait voulu changer de nom. Il n'y a que deux ans qu'il est mort, et avant de mourir il me remit toutes les pièces nécessaires pour établir mes droits, si l'occasion de les faire valoir se présentait jamais. Il avait survécu à mon père ; mais aucun de nous ne jugeait nécessaire de les faire connaître, puisque nous pensions tous que les fils du baron Wychecombe étaient légitimes. Tout ce que je puis dire, c'est que je suis petit-fils et héritier de Grégoire Wychecombe, frère puîné de feu sir Wycherly Wychecombe. Ce fait me donne-t-il ici quelques droits ? c'est ce que vous, sir Reginald, vous pouvez dire mieux que moi.

— Il vous rend, comme appelé à recueillir la substitution, héritier de ce domaine, de cette maison, et d'une bonne partie des objets qui s'y trouvent, ainsi que du titre de baronnet. Vous n'avez qu'à faire la preuve légale de ce que vous venez d'avancer, pour annuler toutes les dispositions de ce testament, excepté celle qui a rapport aux biens meubles.

— Bravo! s'écria sir Gervais, se frottant les mains de joie ; bravo, Dick! Si nous étions à bord du *Plantagenet*, de par le ciel, j'appellerais tout le monde en haut, et nous aurions trois hourah! Ainsi donc, mon brave jeune marin, vous voilà sir Wycherly Wychecombe, après tout!

— Oui, c'est toujours ainsi que nous nous y prenons à bord d'un bâtiment, dit Galleygo au groupe de domestiques, quand il arrive quelque chose qui vaut la peine qu'on fasse du bruit. Quelquefois nous faisons un signal à l'amiral Bleu et à tous les capitaines de tout préparer pour trois hourah! et alors nous nous mettons tous à crier comme si nous avions la poitrine pleine de *hourah!* et que nous voulussions nous en débarrasser. Si le vice-amiral voulait en passer l'ordre en ce moment, vous vous feriez une idée de cette coutume, et vous entendriez un bruit qui retentirait encore à vos oreilles dans un an. Il n'arrive pas tous les jours qu'un homme du métier hérite d'un domaine.

— Serait-ce là un mode convenable de décider une question de droit, sir Gervais? demanda Tom avec plus de justice et de raison qu'il n'en mettait ordinairement de son côté ; et cela, tandis que le corps de mon pauvre oncle est encore dans cette maison?

— Je reconnais la justice de ce reproche, Monsieur, et je ne dirai plus rien dans cette affaire ; — du moins rien d'aussi indiscret que ce que je disais tout à l'heure. — Sir Reginald, vous avez maintenant cette affaire en main, et je la recommande à votre attention très-sérieuse.

— Ne craignez rien, sir Gervais ; justice sera rendue en cette occasion, s'il y a de la justice en Angleterre. — Votre histoire a un air de vraisemblance, jeune homme ; vous la racontez naturellement, et je vois entre vous et notre famille quelques traits de ressemblance qu'on n'aperçoit certainement pas dans la physionomie de M. Thomas Wychecombe. Si l'affaire ne dépendait que de la légitimité de votre partie adverse, elle serait bientôt décidée, car j'ai une déclaration de sa propre mère qui le reconnaît illégitime, et j'ai aussi des preuves de certaines circonstances qui pourraient même faire annuler le testament du baron Wychecombe. Mais quant à celui de sir Wycherly, il me paraît inattaquable, et il ne faut rien de moins que la preuve légale de l'existence d'un appelé à recueillir la substitution pour le faire déclarer nul. Vous dites que vous avez des preuves. Où sont-elles? il est très-important de savoir qui a droit à la possession de cette maison.

— Les voici, Monsieur, répondit Wycherly, ôtant une ceinture qu'il portait sous son uniforme, et retirant des papiers des poches qui y étaient pratiquées. — Quelques-unes de ces pièces sont des originaux, comme le certificat de naissance de mon aïeul, son brevet de lieutenant de vaisseau, etc.; les autres sont ce que les hommes de loi appellent *des copies authentiques*, et l'on m'a assuré qu'il n'y en a pas une qui ne puisse être admise comme preuve par toute cour de justice d'Angleterre devant laquelle cette affaire pourrait être portée.

Sir Reginald prit les papiers, et se mit à les lire l'un après l'autre avec beaucoup d'attention. Les preuves d'identité de l'aïeul étaient complètes, et aussi claires que possible. Il avait été reconnu par un ancien compagnon d'études, un des gouverneurs de la colonie, et c'était d'après l'avis de cet ami qu'il avait pris tant de peines pour mettre son identité hors de doute. Il y avait ses deux actes de mariage, le premier avec Jeanne Beverly, et le second avec Rébecca Randolph, et les actes de naissance des deux fils qu'il avait eus, un de chaque mariage. L'identité du jeune officier comme fils unique de Wycherly, fils aîné de Grégoire, était prouvée d'une manière aussi évidente. En un mot, les preuves étaient celles qu'un avocat habile et expérimenté aurait pu préparer pour un cas qui n'admettait aucun doute, mais qui pouvait être l'objet d'une contestation. Sir Reginald passa près d'une demi-heure à examiner ces papiers, et pendant ce temps tous les yeux étaient fixés sur lui, et épiaient chaque expression de sa physionomie. Enfin il termina sa tâche, et se tourna vers Wycherly.

— Celui qui a préparé ces pièces, dit-il, y a mis beaucoup de soin et de méthode, et il savait parfaitement tout ce qu'on pourrait exiger en pareil cas. Mais pourquoi les avez-vous si longtemps tenues secrètes? Pourquoi avez-vous souffert que sir Wycherly mourût dans l'ignorance de votre parenté et de vos droits?

— J'ignorais moi-même que j'en eusse le moindre, étant convaincu que non-seulement M. Thomas Wychecombe, mais même ses deux frères, étaient héritiers du baronnet avant moi. C'était aussi l'opinion de mon aïeul lui-même lorsqu'il fit préparer toutes ces pièces. Il me les donna pour que je pusse réclamer les liaisons de parenté avec ma famille, quand je serais en Angleterre, et me recommanda de les porter toujours sur moi jusqu'au moment où je voudrais m'en servir.

— Cela explique pourquoi vous n'avez rien dit de vos droits. Mais pourquoi n'avez-vous pas fait connaître votre parenté?

— Pourquoi, Monsieur? parce que je voyais que l'Amérique et

les Américains étaient méprisés en Angleterre, et qu'on y parlait des colons comme d'une race d'êtres inférieurs, dégénérés quant à la taille, à l'intelligence et au courage, et ne ressemblant plus en rien aux habitants de la mère-patrie. J'étais trop fier pour avouer une parenté qui ne paraissait pas désirée. Quand je fus blessé, et que je m'attendais à mourir, on me mit à terre ici, d'après ma propre demande, et j'avais l'intention de me faire connaître à ma famille ; mais y ayant éprouvé les soins compatissants de deux anges, — et en ce moment le jeune lieutenant jeta un regard sur Mildred et sa mère, — je sentis moins le besoin de parents. Je respectais sir Wycherly ; mais il était trop évident qu'il regardait les Américains comme fort au-dessous de lui, pour qu'il me restât le moindre désir de lui apprendre que j'étais petit-fils de son frère.

— Je crains que ce reproche ne nous soit adressé que trop justement, sir Gervais, dit sir Reginald d'un air pensif. Nous paraissons croire qu'il y a dans l'air de l'Angleterre proprement dite quelque chose qui nous élève au-dessus du niveau des autres. Si une prétention quelconque arrive ici de l'autre côté de l'eau, nous la regardons comme étrange et inadmissible. — Puisque les princes mêmes ne sont pas exempts de ce destin, il faut bien que des individus placés dans un rang plus humble s'y soumettent.

— Je comprends le sentiment qui a fait agir ce brave jeune homme, et je pense qu'il est honorable pour lui. — Amiral Bluewater, vous et moi nous avons eu souvent occasion de réprimer cet esprit d'orgueil de nos jeunes officiers ; et vous conviendrez avec moi que notre jeune lieutenant a agi très-naturellement en se conduisant comme il l'a fait.

— Je suis parfaitement d'accord avec vous sur ce point, sir Gervais ; et en homme qui a beaucoup vu les colonies et qui commence à ne plus être jeune, je hasarderai de prédire que les suites de ce sentiment injuste retomberont tôt ou tard sur l'Angleterre, en forme de juste châtiment.

— Je ne vais pas aussi loin que cela, Dick, non, je ne vais pas aussi loin. Mais c'est un sentiment qui n'est ni juste ni sage, et nous qui connaissons les deux hémisphères, nous devons en déclarer l'absurdité. Nous avons déjà parmi nous quelques braves qui viennent de cette partie du monde, et j'espère vivre assez longtemps pour en voir davantage.

Qu'on se souvienne que le vice-amiral Oakes parlait ainsi avant que les Hallowell, les Coffin et les Brenton de notre temps se fussent enrôlés dans un service qui, depuis cette époque, est devenu étranger à celui de leur pays natal; mais c'était une sorte de prophétie de leur apparition, et de celle de beaucoup d'autres noms distingués dans les listes de la marine britannique. Wycherly sourit avec fierté, mais ne fit aucune réponse. Pendant tout ce temps sir Reginald était à réfléchir sur tout ce qui venait de se passer.

— Messieurs, dit-il alors, il paraît que, contre notre attente, il existe un héritier du titre de baronnet du défunt, aussi bien que du domaine de Wychecombe-Hall, et tous nos regrets que le défunt n'ait pas assez vécu pour signer le testament qui venait d'être écrit à sa requête, sont inutiles et sans objet. — Sir Wycherly Wychecombe, je vous félicite d'être ainsi appelé à recueillir les honneurs et les biens de votre famille; et comme en faisant partie, il peut m'être permis de féliciter tous ceux qui ont droit d'en porter le nom, de le voir si dignement représenté. Comme membre de la famille, je vous reconnais avec plaisir comme en étant maintenant le chef.

Le jeune lieutenant répondit à ce compliment en saluant le baronnet, et reçut aussi les félicitations de presque tous les témoins de cette scène. Tom Wychecombe fit pourtant exception, et, au lieu de montrer aucune disposition à se soumettre à cette privation soudaine de ses droits prétendus, il réfléchissait aux mesures à prendre pour les soutenir. Voyant sur la physionomie des principaux domestiques qu'il les avait gagnés par la promesse qu'il leur avait faite de leur payer les legs contenus dans le testament non signé, il se croyait bien assuré de leur appui. Il savait aussi que la possession était un point important, et il cherchait un moyen de s'assurer cet avantage. Jusqu'alors les deux prétendants étaient de niveau à cet égard; car, quoiqu'un testament signé et en bonne forme parût donner à Tom des droits supérieurs, nulle autorité partant d'une source illégale ne serait reconnue en justice, et feu sir Wycherly n'avait pas eu le droit de disposer de Wychecombe-Hall, tant qu'il existait un héritier appelé à recueillir sa substitution. D'une autre part, Tom et Wychely ne se trouvaient dans la maison du défunt que comme hôtes, et par conséquent ni l'un ni l'autre n'en avait une possession qui pût exiger l'intervention de la loi pour l'en expulser. Tom avait fait au Temple un commencement d'étude de la jurisprudence, et surtout des lois sur les biens immeubles, et il en avait assez appris pour savoir qu'il existait quelques cérémonies à accomplir pour prendre possession d'une maison ou d'un domaine, comme sous le système féodal; mais il en ignorait les formes précises, et il ne savait pas trop si elles pourraient lui profiter dans les circonstances particulières du cas. Au total, il résolut pourtant de faire valoir les avantages qu'il possédait déjà, et de les appuyer du peu de raisonnement que les faits admettaient.

— Sir Reginald Wychecombe, dit-il d'un ton grave, et avec toute l'indifférence qu'il put affecter, vous avez paru bien facilement ajouter foi à cette histoire américaine, ce qui m'a surpris dans un homme qui a une si haute réputation de prudence et de sagacité. Cette soudaine résurrection d'un mort peut plaire aux oreilles des amateurs du merveilleux, mais elle ne séduirait pas si aisément un jury de douze hommes sensés, ayant prêté serment de prononcer leur verdict en leur âme et conscience. Au surplus, en admettant pour un instant la vérité de tout ce qui vient de nous être dit, vous ne pouvez nier que feu sir Wycherly n'eût le droit de faire un testament, n'eût-il eu à léguer que ses vieux souliers; et ayant ce droit, il avait nécessairement celui de nommer un exécuteur testamentaire. Or, Monsieur, je suis cet exécuteur, et, en cette qualité, je demande qu'on me laisse exercer mes fonctions dans cette maison, comme en étant du moins le maître temporaire.

— Pas si vite, jeune homme, pas si vite. Un testament doit être rendu exécutoire et l'exécuteur reconnu, avant que le premier soit valide et que le second puisse exercer ses fonctions. D'une autre part, feu sir Wycherly n'a pu donner d'autorité à personne sur ce qui ne lui appartenait pas. Du moment qu'il a cessé de respirer, le petit-fils de son frère Grégoire est devenu propriétaire à vie de ce domaine et de cette maison qui en fait partie, et je lui conseille d'user de ses droits, et de se fier à leur validité pour se justifier aux yeux de la loi s'il en était besoin. En de pareilles affaires, celui qui a raison ne risque rien, et celui qui a tort doit s'attendre aux conséquences de son imprudence. — Monsieur Furlong, vos fonctions comme intendant de ce domaine ont cessé avec la vie de celui qui en était encore propriétaire il n'y a que quelques heures. Si vous avez en main des clefs ou papiers appartenant au défunt, je vous conseille de les remettre à ce jeune officier, qui est incontestablement et légitimement sir Wycherly Wychecombe.

Furlong était un homme circonspect, plein d'honneur, connaissant les affaires; et malgré le désir secret qu'il avait de voir Tom trompé dans ses espérances, il tenait à s'acquitter de son devoir. Il prit donc sir Reginald à part, lui fit différentes questions sur la nature des preuves qui lui avaient été soumises, et étant enfin convaincu de la légitimité des droits du jeune lieutenant, il déclara qu'il était prêt à faire ce qui lui était demandé.

— J'étais certainement dépositaire des clefs de ce secrétaire et des tiroirs qui contiennent les papiers du défunt; je vous les ai remises, sir Reginald, pour faire la recherche d'un testament; vous me les avez rendues ensuite, elles sont encore en ma possession, et je suis prêt à les remettre à qui de droit. — Les voici, sir Wycherly. Mais je vous engage à retirer du secrétaire les trois sacs de guinées qui s'y trouvent, et dont votre grand-oncle avait droit de disposer comme bon lui semblait. Tous les autres objets qui sont dans le secrétaire vous appartiennent, ainsi que la vaisselle d'argent, les voitures, chevaux, et presque tout le mobilier de la maison, le tout étant déclaré devoir tenir nature d'immeubles par l'acte de substitution.

— Je vous remercie, monsieur Furlong, et le premier usage que je ferai de ces clefs sera pour suivre votre avis. Je vous les remettrai ensuite, en vous priant de continuer à remplir les fonctions dont mon grand-oncle vous avait chargé.

A ces mots, le nouveau baronnet ouvrit le secrétaire, et mit par terre les trois sacs de guinées, en attendant qu'on leur trouvât une place plus convenable, puis remit les clefs à M. Furlong.

— Tout ce que je puis faire légalement pour vous aider à vous mettre en possession de vos droits, sir Wycherly, je le ferai avec grand plaisir, dit l'intendant, quoique je ne voie pas comment je puis transmettre plus que je ne tiens. — *Qui facit per alium, facit per se*, est une bonne maxime de jurisprudence, sir Reginald ; mais il faut que le commettant ait le pouvoir d'agir, avant que le mandataire puisse exercer aucune autorité. Il me paraît que cette affaire est un cas dans lequel chacune des deux parties soutient ses droits à ses risques et périls. La possession des fermes est en sûreté pour le présent, puisqu'elle se trouve entre les mains des fermiers ; mais quant à la maison et au parc, il paraît que personne n'en est encore en possession légale. C'est un cas dans lequel on peut user immédiatement de son titre.

— La loi le dit ainsi, monsieur Furlong; et je conseille à sir Wycherly de prendre possession sur-le-champ de la clef de la porte d'entrée de cette maison, comme en étant le maître.

Dès qu'il eut entendu l'avis de sir Reginald, Wycherly sortit de la bibliothèque, suivi de tous ceux qui y étaient avec lui, traversa le vestibule, ferma la porte d'entrée de la maison, et en mit la clef dans sa poche. Il fit cet acte de prise de possession avec une fermeté qui parut produire un grand effet sur l'esprit de ceux des domestiques que les promesses de Tom avaient gagnés. En ce moment M. Furlong dit quelques mots à l'oreille de sir Reginald.

— Sir Wycherly, dit celui-ci en souriant, à présent que vous êtes en possession tranquille de cette maison, je ne vois pas qu'il soit nécessaire de nous retenir tous en prison pour établir vos droits. M. Furlong me dit que David, le portier, est un fidèle serviteur, et s'il veut en recevoir la clef, comme étant à *votre* service, vous pouvez la lui confier sans danger.

David ayant bien volontiers accepté cette proposition, la clef de la porte fut remise entre ses mains, et l'on pensa généralement que le nouveau sir Wycherly avait pris possession de la maison. Tom n'osa pas entamer la question de sa légitimité en présence de sir Reginald, qui semblait avoir trouvé un fil pour arriver à la connaissance de la vérité. Il s'abstint donc pour le moment de parler du contrat de mariage qu'il avait forgé. Saluant toute la compagnie avec un sourire moqueur, il sortit en homme qui vient de recevoir une insulte qu'il méprise, et se retira dans son appartement. Sa retraite laissa le jeune lieutenant maître du champ de bataille ; mais comme les circonstances ne permettaient pas les démonstrations de triomphe, la compagnie se sépara sans bruit, les uns pour réfléchir à l'avenir, les autres pour causer du passé, tous pour songer avec étonnement au présent.

CHAPITRE XVI.

> Que les vents sifflent, que la mer roule des montagnes, je ne crains ni la mer ni les vents. Cependant ne soyez pas surpris, sir Childe, que le chagrin me couvre l'esprit.
> LORD BYRON. — *Childe Harold.*

— EH BIEN, sir Gervais, dit Galleygo, marchant sur les talons des deux amiraux qui entraient dans l'appartement du vice-amiral, les choses ont tourné comme je m'y attendais. Le comte de Fairvillain est sorti de son trou, comme un marsouin qui a besoin de respirer, du moment que nous avons eu le dos tourné. Dès que nous eûmes donné l'ordre de brasser carré pour retourner en Angleterre, et que je vis les fenêtres de la grande chambre du *Plantagenet* tournées vers la France, je prévis ce qui en arriverait. — Eh bien, Messieurs, il y a eu de bonnes parts de prise dans cette maison, et sans qu'on ait beaucoup combattu. Nous aurons à accorder un congé de quelques mois au jeune lieutenant, pour qu'il puisse prendre ses ébats parmi les squires des environs.

— Puis-je savoir, Monsieur, quel est votre bon plaisir? demanda sir Gervais. Pourquoi diable vous trouvez-vous ici sur mes talons?

— Votre Honneur doit savoir que les grands bâtiments remorquent toujours les petits, répondit Galleygo, souriant en homme qui a bonne opinion de lui-même. Quoi qu'il en soit, je ne me présente jamais sans avoir un message, comme tout le monde le sait. Vous voyez, sir Gervais, vous voyez, amiral Bleu, que notre officier chargé des signaux est arrivé à terre pour nous faire un rapport, et comme il m'a rencontré dans le vestibule, il me l'a fait d'abord, pour que je vous en instruise. Sa nouvelle est que le comte français a mis en mer, comme je viens de vous le dire.

— Est-il possible que Bunting m'apporte cette nouvelle! Galleygo, allez prier M. Bunting de monter ici, et ayez soin de vous comporter décemment dans une maison dont le maître vient de mourir.

— Oui, oui, amiral. Ne craignez rien, Messieurs, je puis prendre une figure aussi lugubre que le plus affligé de tous. S'ils veulent voir un chagrin dans toutes les règles, qu'ils étudient ma conduite et ma physionomie. Ce n'est pas d'aujourd'hui que nous avons vu des morts, Messieurs, tout le monde le sait. Quand nous combattîmes M. Gravelin, nous eûmes quarante-sept hommes de tués sans compter les blessés qui survécurent à leurs blessures pour avoir le plaisir d'en parler; et quand nous....

— Allez au diable, maître Galleygo, et priez M. Bunting de monter ici sur-le-champ, s'écria sir Gervais avec impatience.

— Oui, oui, amiral. — Par où commencerai-je, Votre Honneur?

— Par m'envoyer Bunting, répondit le vice-amiral, ne pouvant réprimer une envie de rire, et ne manquez pas ensuite d'exécuter mon second ordre.

— Fort bien, murmura Galleygo en descendant l'escalier ; et si je le prenais au mot, que ferait-il de notre escadre? Il faut des ordres aux bâtiments pour qu'ils se rangent en ligne de bataille ; il faut de la nourriture aux commandants pour qu'ils puissent donner des ordres ; il faut des maîtres-d'hôtel pour placer la nourriture sur la table ; et les maîtres-d'hôtel n'ont pas besoin de diables pour les aider à faire leur devoir. J'attendrai donc, pour rendre cette visite, que nous la fassions de conserve, comme cela convient à des hommes qui ont si longtemps fait voile ensemble.

— Ce sera une grande nouvelle, Dick, si Vervillin a réellement pris le large, s'écria sir Gervais en se frottant les mains de plaisir. Du diable si j'attends des ordres de Londres ; nous mettrons à la voile dès que le vent et la marée le permettront. Que les ministres arrangent la querelle comme ils le pourront; nous, notre besogne est de battre le Français. Combien de bâtiments supposez-vous que le comte ait sous ses ordres?

— Douze à deux ponts, un à trois, et plus de frégates que nous. Mais deux ou trois vaisseaux sont plus petits que les nôtres, et par conséquent ne peuvent porter une artillerie aussi forte. Je ne vois aucune raison qui doive nous empêcher de l'attaquer.

— Je suis charmé de vous entendre parler ainsi. Combien il est plus honorable de chercher l'ennemi, que d'intriguer à la cour! — J'espère, Dick, que vous me permettrez d'annoncer votre ruban rouge dans l'ordre du jour général demain matin?

— Jamais de mon consentement, tant que ce sera la maison de Hanovre qui me l'aura conféré. — Mais quelle scène extraordinaire nous avons eue là-bas! Ce jeune marin nous fait honneur. J'espère qu'il sera en état de fournir des preuves suffisantes pour faire admettre ses prétentions.

— Sir Reginald m'assure qu'il ne peut exister le moindre doute. Ses papiers sont dans le meilleur ordre, et son histoire est simple et probable. Ne vous rappelez-vous pas que, lorsque nous n'étions que midshipmen, et que nous servions dans les Indes occidentales, nous entendîmes parler d'un lieutenant de *la Sapho* qui avait frappé son officier supérieur, et qui n'avait probablement évité une condamnation à mort que parce que son bâtiment avait péri corps et biens?

— Je m'en souviens comme si c'était hier, à présent que vous m'en parlez. Et vous croyez que ce lieutenant était le frère de feu sir Wycherly? Servait-il à bord de *la Sapho?*

— On me l'a dit ainsi; et cela ne laisse aucun doute de la vérité de toute l'histoire.

— Cela prouve aussi, Gervais, combien il est aisé de revenir en Angleterre et d'y faire reconnaître ses droits, après une absence de plus d'un demi-siècle. Celui qui vient de débarquer en Ecosse a des droits tout aussi justes que ceux de ce jeune homme.

— Dick Bluewater, vous semblez déterminé à faire tomber la maison sur vos oreilles. Qu'avons-nous de commun, vous et moi, avec cet aventurier écossais, quand l'ennemi nous invite bravement à le suivre et à le combattre? Mais chut! voici Bunting.

En ce moment, le lieutenant chargé des signaux à bord du *Plantagenet* fut introduit dans la chambre par Galleygo lui-même.

— Eh bien! Bunting, quelles nouvelles de l'escadre? demanda sir Gervais. — Les bâtiments sont-ils encore évités de flot?

— La mer est étale, sir Gervais, et les bâtiments sont tournés de tous les côtés en même temps ; la plupart de nos hommes sont occupés à défaire les tours des câbles, car il s'y en trouve plus que je ne me souviens d'en avoir jamais vu en si peu de temps.

— Cela vient de ce qu'étant dans un calme, l'artimont ne peut nous en garantir. Quel motif vous a fait venir à terre ? Galleygo nous parle d'un cutter qui arrive, et dont les signaux annoncent que les Français sont en mer. Mais ses nouvelles sont souvent des nouvelles de cuisine.

— Pas toujours, sir Gervais, répondit l'officier des signaux, jetant un regard de côté sur le maître-d'hôtel qui le régalait souvent des mets délicats réservés pour la table de l'amiral. — Pour cette fois du moins il ne s'est pas trompé : *l'Actif* arrive lentement, et il nous a fait des signaux toute la matinée. Nous avons compris qu'il nous donnait avis que M. de Vervillin a mis au large avec toutes ses forces.

— Oui, murmura Galleygo à l'oreille du contre-amiral, en forme d'*aparte* : — c'est ce que je vous disais, le comte de Fairvillain est sorti de son trou.

— Silence, Monsieur ! — Et vous croyez, Bunting, que les signaux ont été clairement compris ?

— Je n'en ai aucun doute, sir Gervais ; le capitaine Greenly a la même opinion, et il m'a envoyé à terre pour vous apporter cette nouvelle. Il m'a chargé aussi de vous dire que dans une demi-heure nous aurions le jusant, et que nous pourrions alors passer les rochers à l'ouest malgré la faiblesse de la brise.

— Oui, — c'est bien là Greenly, je le reconnais. Il n'aura pas de repos que nous n'ayons tous levé l'ancre et que nous n'ayons pris le large. Le cutter dit-il de quel côté le comte fait route ?

— Vers l'ouest au plus près du vent, sir Gervais, et sous petites voiles.

— Il paraît qu'il n'est pas très pressé. A-t-il un convoi ?

— Pas une seule voile, sir Gervais. Il a au total dix-neuf bâtiments, dont douze seulement sont des vaisseaux de ligne. Il a un deux-ponts et deux frégates de plus que nous, justement l'avantage qu'il faut à un Français.

— Le comte a certainement avec lui les sept vaisseaux qui ont été construits l'année dernière, dit Bluewater fort tranquillement, prenant ses aises suivant sa coutume, les épaules appuyées sur le dossier de son fauteuil, le corps incliné à un angle de quarante-cinq degrés, et une jambe étendue sur une chaise. Ils ont une artillerie plus forte que leurs anciens bâtiments, et ils nous donneront plus de fil à retordre.

— Plus la besogne est difficile, Dick, plus elle fait honneur à l'ouvrier. — Vous dites que la marée change, Bunting ?

— Oui, sir Gervais, et nous serons tous évités du jusant dans une vingtaine de minutes. Les frégates mouillées au large le sont déjà. *La Chloé* semble croire que nous ne tarderons pas à appareiller, car elle a déjà mis en croix ses perroquets et ses cacatois. Le capitaine Greenly pensait même à faire disposer la tournevire.

— Ah ! je vois que vous êtes tous des gens difficiles à contenter. Vous êtes déjà las de votre pays, et vous n'y êtes que depuis vingt-quatre heures. Eh bien ! monsieur Bunting, vous pouvez retourner à bord et dire que tout va bien. Je présume que vous savez dans quel état de confusion se trouve cette maison ; faites-en part au capitaine Greenly.

— N'avez-vous rien de plus à lui faire dire, sir Gervais ?

— Mais... un moment, Bunting, dit Oakes en souriant ; vous pouvez lui donner à entendre qu'il ferait bien de prendre à bord toutes ses provisions fraîches le plus tôt possible, oui, et de n'accorder à personne la permission de venir à terre.

— Rien de plus, sir Gervais ? demanda l'officier, qui désirait d'autres ordres.

— Au fait, vous pouvez faire un signal pour qu'on se prépare à désaffourcher. Les bâtiments peuvent fort bien rester mouillés sur une seule ancre lorsque la marée sera une fois bien faite. — Qu'en dites-vous, Bluewater ?

— Un signal pour désaffourcher sur-le-champ ferait marcher les choses plus vite. Vous savez fort bien que vous avez dessein de prendre le large : pourquoi ne pas donner sur-le-champ l'ordre de désaffourcher ?

— Et maintenant, Bunting, j'ose dire que vous aimeriez aussi à donner de manière ou d'autre votre opinion au commandant en chef.

— Si je pouvais avoir cette présomption, sir Gervais, je dirais seulement que plus tôt nous mettrons à la voile, plus tôt nous battrons les Français.

— Et vous, maître Galleygo, que pensez-vous à ce sujet ? Nous sommes en conseil de guerre, et chacun peut parler librement.

— Vous savez, sir Gervais, que je ne parle jamais sur de pareilles affaires, à moins qu'on ne m'adresse la parole. Votre Honneur et l'amiral Bleu suffisent bien pour prendre soin de l'escadre dans la plupart des circonstances, quoique dans les hunes nous n'ayons pas absolument autant de connaissances du métier qu'il peut y en avoir dans les membres de conseil ou même dans la grande chambre.

Mon idée est qu'en lançant sur tribord avec ce courant de jusant, nous présenterons tout le cap au large, et nous le gagnerons aussi aisément qu'une jeune villageoise fait une pirouette dans une gigue. Ce que nous ferons de l'escadre quand nous serons une fois au large, c'est ce qu'on verra par nos mouvements ultra.

Par *ultra*, Galleygo voulait dire, — ultérieurs, — mot qu'il avait appris en entendant lire des dépêches qu'il ne comprenait pas mieux que ceux qui les avaient écrites dans les bureaux de l'amirauté.

— Je vous remercie tous, mes amis, dit sir Gervais, tellement animé par la perspective d'un engagement général, qu'il s'amusait à plaisanter ainsi, comme s'il n'eût été qu'un jeune midshipman ; mais à présent parlons sérieusement d'affaires. — Monsieur Bunting, faites faire le signal de se préparer à appareiller ; que chaque bâtiment tire un coup de canon pour rappeler ses embarcations ; une demi-heure après, qu'on fasse le signal de désaffourcher, et qu'on m'envoie ma barge aussitôt que vous commencerez à virer au cabestan. A présent, mon jeune brave, retournez à bord, et déployez toute votre activité.

— Monsieur Bunting, en passant près du *César*, rendez-moi le service de dire qu'on m'envoie aussi mon canot, dit Bluewater se levant à demi pour parler à l'officier qui se retirait. Si nous devons mettre à la voile, je suppose qu'il faudra que j'aille avec les autres. Comme de raison, nous répéterons tous vos signaux.

Sir Gervais attendit que M. Bunting fût parti, et se tournant ensuite vers son maître-d'hôtel, il lui dit d'un ton assez sec :

— Monsieur Galleygo, vous avez la permission de retourner à bord, et d'emporter votre sac et vos quilles.

— Oui, sir Gervais, je vous comprends : nous allons gagner le large, et tous les hommes braves doivent être à leur poste. — Au revoir, amiral Bleu. Nous nous retrouverons en face des Français, et j'espère qu'alors chacun se donnera à soi-même l'exemple du courage et du dévoûment.

— Le drôle devient chaque jour de pire en pire, et je serai obligé de le renvoyer comme matelot sur le gaillard d'avant pour réprimer son impertinence, dit sir Gervais, moitié mécontent, moitié riant. Je suis surpris que vous supportiez comme vous le faites son ton de familiarité, avec son — amiral Bleu.

— Je m'en offenserai dès que je verrai sir Gervais réellement mécontent de lui. Cet homme a de la bravoure, de l'honnêteté et de l'attachement pour vous, et ce sont des qualités qui doivent faire pardonner cent défauts.

— Qu'il aille au diable ! — Ne croyez-vous pas que je ferai bien de mettre à la voile sans attendre des dépêches de Londres ?

— C'est une question à laquelle il est difficile de répondre. — Les ordres que vous recevrez peuvent vous envoyer sur les côtes d'Ecosse pour faire face à Charles-Edouard. — Le gouvernement peut aussi vous créer duc et moi baron, pour s'assurer de notre fidélité.

— Les bélîtres ! — Mais n'en parlons plus à présent. Si M. de Vervillin fait route à l'ouest, il est difficile qu'il ait pour but Edimbourg et ce qui se passe dans le Nord.

— Cela n'est pas si certain. Les vrais politiques ont coutume de regarder d'un côté et de gouverner de l'autre.

— Je crois que son but est de faire une diversion, et mon désir est de lui en donner au-delà de ses souhaits. Aussi longtemps que cette escadre sera retenue près de l'entrée de la Manche, elle ne peut faire aucun mal dans le Nord, et en outre elle laissera libre la route de la Hollande.

— Quant à moi, je crois que c'est grand dommage, si ce n'est une honte, que l'Angleterre ne puisse vider ses querelles intérieures sans appeler l'aide des Français ou des Allemands.

— Il faut prendre le monde comme il est, Dick, et agir comme deux francs marins. — Je suppose que, malgré votre engouement pour les Stuarts, vous êtes disposé à m'aider à frotter ce M. de Vervillin ?

— Sans le moindre doute. Rien que la conviction qu'il est directement employé au service de mon souverain naturel et légitime, ne pourrait me déterminer à lui être favorable. — Cependant, Oakes, il est possible qu'il ait à bord des renforts pour le prince Charles-Edouard, et qu'il se rende en Ecosse par le canal Saint-George.

— Oui, de jolis renforts en vérité pour que l'estomac d'un Anglais les digère ! Des *mousquetaires*, les régiments *de Croy* ou *de Dillon*, ou de quelque autre infernal nom français ; et peut-être de beaux mousquets *du bois de Vincennes,* ou de quelque autre nid d'inventions diaboliques gauloises pour détruire le juste ascendant de la vieille Angleterre. — Non, non, Dick Blüewater, votre excellente mère, dont le cœur était loyal et véritablement anglais, ne vous a pas donné le jour pour être la dupe de la perfidie et des tours d'un Bourbon. — Je suis sûr que le cœur lui tournait au nom seul de Louis.

— Je ne répondrais pas de cela, sir Gervais ; car elle passa quelque temps à la cour *du grand monarque.* — Mais tout cela ne signifie rien ; nous connaissons réciproquement nos opinions, et nous avons vécu assez longtemps ensemble pour connaître aussi notre caractère.

Avez-vous formé quelque plan pour vos opérations futures, et quelle part dois-je y prendre?

Sir Gervais se promena dans la chambre, les mains croisées derrière le dos, avec un air de profonde réflexion, et fut au moins cinq minutes avant de répondre. Pendant tout ce temps, Bluewater resta les yeux fixés sur lui, attendant ce qu'il allait dire; enfin le vice-amiral parut avoir pris son parti, et fit connaître sa détermination ainsi qu'il suit :

— J'ai réfléchi à tout cela, Dick, même quand mes pensées semblaient être occupées des affaires des autres. Si de Vervillin est sorti du port, il doit encore être à l'est de notre position actuelle; car de la manière dont les marées portent sur les côtes de France, il est presque impossible qu'il se soit beaucoup avancé vers l'ouest avec ce léger vent de sud-ouest. Nous sommes encore incertains sur sa destination, il est donc très-important pour nous de le découvrir et de le garder en vue jusqu'à ce que nous puissions l'obliger à une action. Or voici quel est mon plan : je ferai appareiller mes bâtiments l'un après l'autre, et avec ordre de gouverner avec un peu de largué dans les voiles, jusqu'à ce que chacun arrive à l'entrée de la Manche. Alors, il vireront de bord tour à tour, et porteront le cap vers la côte d'Angleterre. Chaque bâtiment appareillera dès qu'il ne verra plus que le haut des mâts de celui qui l'aura précédé, et il devra toujours se tenir à portée d'en voir les signaux, afin de pouvoir transmettre les nouvelles sur toute la ligne. Par un si beau temps, rien ne sera plus facile que de nous maintenir en vue les uns des autres, et par ce moyen nous pourrons embrasser un horizon très-étendu, — une centaine de milles tout au moins, — et surveiller toute la largeur de la Manche. Dès que nous aurons découvert M. de Vervillin, la flotte pourra se réunir, et alors nous agirons suivant les circonstances. Si nous ne voyons pas les Français avant d'apercevoir les côtes de France, nous pourrons être certains qu'ils auront remonté la Manche; alors un signal de l'avant-garde renversera l'ordre de marche, et nous chasserons à l'est en formant le plus tôt possible une ligne de front serrée.

— Tout cela est certainement fort bien, et par le moyen des frégates et des plus petits croiseurs, nous pourrons facilement embrasser une vue de cent cinquante milles de mer; cependant l'escadre sera bien éparse.

— Vous ne croyez sûrement pas qu'il y ait à craindre que les Français attaquent notre avant-garde avant que l'arrière-garde puisse arriver pour la soutenir? demanda sir Gervais, qui avait toujours beaucoup d'égard pour les opinions de son ami. — Mon projet est de prendre la tête de la ligne avec *le Plantagenet*, et de me faire suivre par les cinq ou six vaisseaux les plus fins voiliers, dans la vue de pouvoir nous tenir à distance jusqu'à ce que vous nous ameniez l'arrière-garde. S'ils nous donnent la chasse, vous savez que nous pouvons nous retirer.

— Sans contredit, si sir Gervais Oakes peut se résoudre à se retirer devant aucun Français qui ait jamais vu le jour. Tout cela sonne fort bien en conversant; mais dans le cas d'une rencontre, je m'attendrais à vous trouver en arrivant, défendant comme des bouledogues vos bâtiments d'avant-garde démâtés, tenant le comte en échec, et me laissant la gloire de couvrir votre retraite.

— Non, non, Dick; je vous donne ma parole d'honneur que je ne ferai pas une telle folie de jeunesse. Je ne suis plus à cinquante-cinq ans ce que j'étais à vingt-cinq. Vous pouvez compter que je me retirerai jusqu'à ce que je me trouve assez fort pour combattre.

— Voulez-vous me permettre de vous faire une observation, amiral Oakes, avec toute la franchise qui doit caractériser notre ancienne amitié?

Sir Gervais s'arrêta dans sa promenade, regarda son ami en face, et fit un signe d'assentiment.

— Je vois à l'expression de votre physionomie que vous désirez que je parle; je vous dirai donc simplement que votre plan aurait plus de chance pour réussir, si c'était *moi* qui conduisais l'avant-garde, et *vous* qui commandiez l'arrière-garde.

— Du diable si j'y consens. C'est s'approcher de la mutinerie, ou du *scandalum magnatum*, autant qu'on peut désirer. — Et pourquoi vous imaginez-vous que le plan du commandant en chef sera moins en danger d'échouer, si c'est l'amiral Bluewater qui conduit l'avant-garde, au lieu de l'amiral Oakes?

— Uniquement parce que je crois qu'en présence de l'ennemi l'amiral Oakes est plus porté à prendre conseil de son cœur que de sa tête, et qu'il n'en est pas de même de l'amiral Bluewater. Vous ne vous connaissez pas vous-même, sir Gervais, si vous pensez qu'il vous sera si facile de battre en retraite.

— Je vous ai gâté, Dick, en donnant tant d'éloges, en votre présence, à vos folles manœuvres; et c'est la pure vérité. — Mon parti est pris, et je crois que vous me connaissez assez pour savoir qu'en pareil cas, même un conseil de guerre ne me ferait pas changer d'avis. J'appareillerai le premier avec *le Plantagenet*; je prendrai la tête de la division d'avant-garde, et vous me suivrez en appareillant le dernier des vaisseaux de l'arrière-garde; je serai le chef de file, et vous, le serre-file de l'escadre. Vous connaissez mon plan, et vous le ferez exécuter comme vous le faites toujours en face de l'ennemi.

L'amiral Bluewater sourit, et ce sourire avait même quelque chose d'ironique.

— La nature ne vous a pas fait pour être un conspirateur, Oakes, dit-il, car vous portez dans votre cœur un fanal de hune que les aveugles mêmes pourraient voir.

— Quelle lubie vous passe par l'esprit, Dick? Mes ordres ne vous paraissent-ils pas suffisamment clairs?

— Aussi clairs que vos motifs pour me les donner, Gervais.

— Expliquez-vous sur-le-champ: je préfère une bordée à un feu de file. Quels sont mes motifs?

— Les voici. Sir Jarvy, — comme nos matelots vous appellent sur la flotte, — dit à un certain sir Gervais Oakes, baronnet, membre représentant le bourg de Bowldero au parlement, et vice-amiral de l'escadre rouge : Si je puis laisser ce drôle de Dick Bluewater derrière moi avec quatre ou cinq bâtiments, il ne m'abandonnera jamais quand je serai en face de l'ennemi, quoi qu'il puisse penser du roi George. Ainsi je m'assure de lui en plaçant l'affaire sous un tel jour que ce soit une question d'amitié plutôt que de loyauté.

Sir Gervais rougit jusqu'aux tempes, car son ami avait pénétré dans ses plus secrètes pensées ; mais, malgré ce moment de dépit, il fit face à son accusateur, et, leurs yeux se rencontrant, ils se mirent à rire d'aussi bon cœur que la circonstance le permettait.

— Écoutez-moi, Dick, dit le vice-amiral dès qu'il eut repris assez de gravité pour parler ; on a fait une méprise en vous envoyant sur mer. On aurait dû vous placer apprenti chez un sorcier. Au surplus, peu m'importe ce que vous en pensez ; mes ordres sont donnés, et il faut qu'ils s'exécutent. Avez-vous une idée claire de mon plan?

— Aussi claire, vous dis-je, que de ses motifs.

— Plus de pareilles folies, Bluewater ; nous avons à nous occuper de devoirs très-sérieux.

Sir Gervais expliqua alors plus au long tout son projet à son ami, et l'informa avec les détails les plus minutieux de ses désirs, de ses espérances et de ce qu'il attendait de lui. Le contre-amiral l'écouta avec le respect auquel il était accoutumé quand il s'agissait de discuter une question importante, et si quelqu'un fût entré pendant qu'ils étaient ainsi occupés, il n'aurait vu dans les manières de l'un que la dignité franche d'un commandant en chef, et dans celles de l'autre que la déférence que l'officier de marine a toujours pour son supérieur, fussent-ils unis l'un à l'autre par les nœuds de la plus étroite amitié. Quand l'entretien fut terminé, il tira le cordon de la sonnette, et demanda qu'on priât sir Wycherly Wychecombe de se rendre dans son appartement.

— J'aurais désiré rester, reprit-il, pour voir la fin de cette bataille pour la succession du baronnet ; mais une bataille d'une nature différente nous appelle ailleurs. — A peine avait-il prononcé ces mots, qu'on annonça le jeune lieutenant.

— Nos relations sont si différentes sous les rapports de notre profession et de l'hospitalité qu'un homme reçoit d'un autre, qu'il n'est pas facile de régler la question d'étiquette entre nous, sir Wycherly, dit le vice-amiral se levant pour saluer le jeune homme. J'ai pensé, par habitude, à l'amiral et au lieutenant, plus qu'au maître de cette maison et à ses hôtes. Si j'ai commis une erreur, je vous prie de m'excuser.

— Ma situation est si nouvelle pour moi, sir Gervais, répondit le jeune officier en souriant, que je suis encore tout à fait marin, et j'espère que c'est ainsi que vous me considérerez toujours. — Puis-je vous être de quelque utilité ?

— Un de nos cutters vient de nous apporter une nouvelle qui obligera la flotte de mettre à la voile ce matin, ou du moins aussitôt que la marée le permettra. Les Français sont sortis du port, et il faut que nous allions à leur rencontre. Mon intention et mon espoir étaient de vous prendre avec moi à bord du *Plantagenet*. La date de votre brevet ne me permet pas de vous donner à bord un commandement bien élevé ; mais Bunting mérite de commander un quart ; j'ai dessein de lui en accorder un ce soir même, et vous auriez pris sa place comme officier chargé des signaux. Mais, dans la situation actuelle des choses, vous ne devez pas quitter cette maison, et il faut que je prenne congé de vous, quoique à mon grand regret.

— Amiral Oakes, y a-t-il quelque chose qui doive retenir à terre un lieutenant de marine, à la veille d'une action générale ? J'espère et je me flatte que vous changerez de détermination, et que vous en reviendrez à votre premier projet.

— Vous oubliez vos intérêts personnels ; songez que la possession est un point très important aux yeux de la loi.

— Nous avions déjà appris la nouvelle dont vous venez de me parler, sir Gervais ; et sir Reginald, M. Furlong et moi, nous discutions cette question quand j'ai reçu votre message ; ils m'ont assuré qu'on peut maintenir sa possession par délégué aussi bien qu'en personne. Ainsi donc cette objection tombe d'elle-même.

— Le corps du frère de votre aïeul, du ci-devant chef de votre famille, est dans cette maison, et il est dans les convenances que son héritier assiste à ses funérailles.

— Nous y avons aussi pensé. Sir Reginald a eu la bonté de me proposer de me remplacer aux obsèques. D'ailleurs, il est possible que la rencontre avec M. de Vervillin ait lieu d'ici à quarante-huit heures ; au lieu que l'enterrement de mon oncle ne peut décemment se faire avant huit à dix jours.

— Je vois, Monsieur, que vous avez bien calculé toutes les chances, dit sir Gervais en souriant. — Bluewater, que pensez-vous de cette affaire.

— Laissez-la entre mes mains, et je l'arrangerai. Vous mettrez à la voile environ vingt-quatre heures avant moi, et cela laissera le temps d'y mieux réfléchir. Sir Wycherly peut rester avec moi à bord du *César* pendant l'action, ou nous pouvons le jeter à bord du *Plantagenet*, quand nous nous rencontrerons.

Après un instant de réflexion, sir Gervais, qui aimait à laisser à chacun le temps de délibérer sur ce qu'il devait faire, consentit à cet arrangement, et il fut convenu que sir Wycherly s'embarquerait à bord du *César*, s'il ne survenait rien qui pût changer sa détermination.

Cet arrangement étant terminé, le vice-amiral annonça qu'il allait retourner à bord de son vaisseau. Galleygo et ses autres domestiques avaient déjà fait tous les préparatsfs du départ, et il ne restait plus que les adieux à faire. Sir Gervais et sir Reginald se quittèrent en se donnant mutuellement toutes les marques d'une amitié cordiale ; car l'intérêt qu'ils prenaient l'un et l'autre au succès de Wycherly, en établissant entre eux une sorte d'intimité, avait disposé le second à pardonner au marin son dévouement à la cause de la maison régnante. Dutton, sa femme et sa fille partirent en même temps, et ce qui se passa entre eux et sir Gervais en cette occasion eut lieu en cheminant vers le promontoire, où tout le monde se rendit à pied.

Un homme du rang de sir Gervais Oakes ne quitta pas le toit sous lequel il avait reçu l'hospitalité, pour retourner sur son bord, sans être escorté jusqu'au rivage. Bluewater l'accompagna afin de pouvoir jusqu'au dernier moment faire à son ami, ou recevoir de lui, les observations qui se présenteraient à leur esprit sur les devoirs qu'ils allaient avoir à remplir. Wycherly faisait partie de ce groupe, tant pour donner une marque de respect à son amiral, que par désir d'être près de Mildred. M. Rotherham s'était joint à eux. M. Atwood suivait avec les deux chirurgiens-majors, et lord Geoffrey lui-même était tantôt près des dames, tantôt derrière les deux amiraux, quoiqu'il sût que son bâtiment n'appareillerait probablement que le lendemain.

A l'instant où ils sortaient de la grille du parc pour entrer dans la rue du village, on entendit un coup de canon partir de l'escadre. Il fut bientôt suivi de plusieurs autres détonations semblables; et à travers les ouvertures des rochers on vit flotter des pavillons à la tête des mâts, ce qui était le signal de rappel de toutes les embarcations. Cela mit tout le monde en mouvement, et jamais, de mémoire d'homme, le village de Wychecombe n'avait présenté une telle scène de confusion et d'activité. Des matelots à demi-ivres étaient poussés vers leurs canots par des midshipmen, reconnaissables à la petite losange en drap blanc qu'ils portaient à chaque côté du collet de leur habit, comme des pourceaux qui ne se soucient pas d'avancer, mais qui n'osent refuser de marcher. Des quartiers de bœuf étaient transportés dans des charrettes ou dans des brouettes, et bientôt on les voyait suspendus aux grands étais des vaisseaux. Les veaux, les moutons, les volailles, le beurre et les œufs qu'on emportait, menaçaient d'une disette tous les environs. Nos amis continuèrent à marcher au milieu de cette foule d'êtres vivants et de créatures mortes, coudoyés sans cérémonie par les paysans empressés de terminer leur corvée, tandis que tout ce qui appartenait à l'escadre s'écartait d'eux avec des signes de respect. — Enfin ils arrivèrent à un point où la route conduisant au promontoire se séparait de celle qui menait au lieu d'embarcation. Le vice-amiral se tournant vers le seul midshipman qui fût près de lui, et levant son chapeau avec politesse, comme s'il eût regretté de donner une telle mission à un midshipman qui était à terre par permission, lui dit :

— Faites-moi le plaisir, lord Geoffrey, de descendre jusqu'à l'endroit de l'embarquement, et de vous assurer si ma barge y est arrivée. L'officier qui la commande me trouvera à la station des signaux.

Le jeune homme obéit avec empressement; et le fils d'un duc anglais, qui un peu plus tard, par la mort d'un frère aîné, devint duc lui-même, partit pour s'acquitter d'un message que les habitudes qu'on a sur terre auraient fait regarder comme ne pouvant convenir qu'à un domestique. Ce fut par suite d'une telle discipline que l'Angleterre avec le temps arriva à posséder une marine qui s'est illustrée par tant d'exploits mémorables, en apprenant à ceux qui sont destinés à commander, la grande et utile leçon d'obéir.

Tandis que le midshipman allait exécuter l'ordre qu'il avait reçu, les deux amiraux gravissaient côte à côte le promontoire en discutant leurs opérations futures. Quand on vint lui annoncer que tout était prêt, sir Gervais descendit au rivage par le même sentier qu'il avait suivi la veille, et se frayant un passage à travers les villageois trop occupés pour songer à lui, il entra dans sa barge. Une minute après, le battement mesuré des avirons le conduisit rapidement vers *le Plantagenet*.

CHAPITRE XVII.

> Ce n'était pas sans quelque raison, car le vent augmenta le soir, et il devint un ouragan. Ce n'était pas grand'chose pour un marin, mais un homme habitué à la terre aurait pu pâlir un peu, car les marins sont, de fait, une race différente. Au coucher du soleil, on commença à carguer les voiles : le ciel menaçait d'une tempête qui pourrait emporter un mât ou deux.
>
> BYRON.

Comme midi venait de sonner, Bluewater résolut de passer quelques heures sur le promontoire, où du moins d'y rester jusqu'à ce que le moment de songer à son dîner fût arrivé. Quoique habituellement distrait, son esprit trouva de l'occupation et du plaisir à regarder les évolutions qui eurent lieu à bord des différents bâtiments, et dont nous décrirons brièvement quelques-unes.

Il n'y avait pas cinq minutes que sir Gervais Oakes avait appuyé le pied sur le pont du *Plantagenet*, quand on vit flotter en tête du grand mât de ce vaisseau un signal pour y appeler tous les capitaines de l'escadre. Dix minutes après, tous, à l'exception de ceux des bâtiments qui étaient au large, étaient réunis dans la chambre de conseil du vaisseau amiral, et écoutaient les ordres et les instructions du commandant en chef.

— Vous voyez, Messieurs, que mon plan est facile à comprendre, continua le vice-amiral après avoir expliqué ses intentions générales de donner la chasse aux Français, et de les amener à un engagement ; et chacun de vous le suivra implicitement. Nous avons un fort courant de jusant ; et une bonne brise, qui nous fera filer six nœuds à l'heure, nous arrive du sud-ouest. J'appareillerai et je ferai vent arrière jusqu'à ce que je sois en dehors de l'escadre, alors je serrerai le vent tribord amures ; je recevrai le courant du jusant par la joue de bâbord, et il me portera ainsi au vent jusqu'à l'entrée de la

Manche vers Morlaix ; ce qui nous mettra dans une position favorable, au vent. Tant que le jusant durera et que cette brise se soutiendra, notre route sera facile ; les difficultés arriveront avec le flot, ou par suite d'un changement de vent. Les bâtiments qui partiront d'ici les derniers devront avoir soin de se maintenir en vue de celui qui les précédera et de celui qui les suivra, et de régler tous leurs mouvements, autant que possible, d'après ceux du vaisseau qu'ils auront en avant. Le grand objet est de donner à notre vue le champ le plus étendu possible, et de tenir les bâtiments à portée de vue des signaux les uns des autres. Vers le coucher du soleil, je diminuerai les voiles, et la ligne devra se resserrer de manière à placer chaque vaisseau à une lieue l'un de l'autre. — J'ai recommandé à Bluewater d'y avoir égard en sortant de cette rade avec les derniers bâtiments, quoique je l'aie engagé à attendre aussi longtemps qu'il le jugerait prudent, dans l'espoir de voir arriver un exprès de l'amirauté. — Quand le flot se fera, je n'ai pas dessein de virer de bord, mais je continuerai la bordée de tribord, et je désire que vous en fassiez tous autant ; cela mettra les bâtiments qui seront en tête considérablement au vent de ceux qui les suivront, ce qui peut placer l'escadre en ligne d'échiquier. Comme je serai à l'avant-garde, mon devoir sera d'y veiller et de prendre garde aux conséquences. Ce que je vous demande surtout, c'est de faire grande attention au temps, et de maintenir toujours vos vaisseaux à une distance l'un de l'autre qui leur permette de recevoir et de transmettre les signaux. Si le temps est couvert, ou que le vent soit très-fort, il faut que nous resserrions notre ligne de l'avant à l'arrière, et que nous cherchions fortune en ordre serré. Que l'homme qui apercevra le premier l'ennemi en donne avis à l'instant même, et qu'on transmette cette nouvelle, avec la position des Français, sur toute la ligne, aussi vite qu'il sera possible. En ce cas, vous vous dirigerez tous vers le point d'où sera parti cet avis, et faites-y bien attention ; n'agissez pas comme le feraient des bâtiments croiseurs, en cherchant à vous élever au vent par des bordées successives. Vous savez que je ne souffre pas qu'on s'écarte de mes ordres. Et maintenant, Messieurs, il est probable que nous ne nous retrouverons jamais tous ensemble : que Dieu vous protège, et que je vous serre la main tour à tour. Ensuite regagnez vos canots, car le premier lieutenant vient de faire dire à Greenly que nous sommes à pic. — Qu'il fasse donc lever l'ancre, Greenly, et partons le plus tôt possible.

Les adieux vinrent ensuite, et ce fut une scène dans laquelle la joie et la tristesse jouèrent également leur rôle ; après quoi tous les capitaines disparurent. A compter de ce moment on ne pensa plus qu'à appareiller à bord du *Plantagenet*.

Quoique Bluewater n'eût pas été témoin de la scène qui s'était passée dans la chambre de conseil du vaisseau amiral, il se la représenta en imagination, et il resta sur les rochers pour voir les évolutions qui allaient se faire. Comme Wycherly était entré dans la maison, et que Dutton était resté près de son mât de signaux, il n'avait que lord Geoffrey pour toute compagnie. Celui-ci, voyant que son parent ne semblait pas disposé à converser, eut assez de tact pour garder lui-même le silence, tâche qui lui fut moins difficile que de coutume, attendu l'intérêt qu'il prenait lui-même à ce spectacle.

Les canots des différents capitaines n'étaient pas bien loin à tribord du *Plantagenet*, où l'étiquette les avait rassemblés un instant auparavant, quand ses trois huniers furent largués, bordés et hissés. Cette manœuvre se fit avec la régularité habituelle sur les bâtiments de guerre, et fut exécutée en trois minutes. Le vent frappant alors la toile obliquement, les voiles se remplirent à mesure qu'elles se déployèrent, et quand elles furent bordées et hissées, et que la toile se trouva bien tendue, le *Plantagenet* s'avançant d'une marche lente et assurée contre une forte marée, sortit du groupe de vaisseaux au milieu desquels il était mouillé. C'était une belle évolution, et l'on aurait pu le comparer à un oiseau de mer qui se lève nonchalamment du sein de son élément, étend ses ailes, s'élance hors de l'eau, et glisse dans l'air vers quelque point éloigné et invisible.

Les mouvements du vaisseau amiral étaient mesurés, et avaient quelque chose de grand et d'imposant. Pendant cinq minutes, il fit route vers l'est, recevant le vent par la hanche de tribord et ayant la marée en tête. Alors, se trouvant assez en dehors de l'escadre, il amura ses basses voiles, borda ses perroquets et ses cacatois, sa brigantine, ses focs et ses voiles d'étai; fit bien tresser au plus près tribord amures et mit le cap au sud-est; sous cette allure il recevait le jusant sous le vent par la joue. Tandis qu'il orientait ses voiles, et qu'il boulinait partout, il tira un coup de canon, et fit aux bâtiments qui étaient mouillés au large le signal d'appareiller, et de lui passer à poupe. Bluewater vit toutes ces manœuvres avec l'attention d'un amateur et le regard critique d'un connaisseur.

— Bien exécuté, maître Geoffrey, très-bien, il faut en convenir, s'écria-t-il; jamais oiseau ne quitta ses compagnons en faisant moins d'embarras et avec plus d'élégance que le *Plantagenet* ne vient de sortir du milieu de l'escadre. Il faut reconnaître que Greenly sait manœuvrer son vaisseau.

— Je crois que le capitaine Stowel en aurait fait autant avec *le César*, amiral, répondit le jeune homme avec un véritable esprit de corps. Vous souvenez-vous du jour où étant mouillés à la hauteur de Lorient, nous appareillâmes avec un coup de vent portant en côte? Sir Gervais lui-même dit ensuite que nous avions moins perdu au vent qu'aucun autre bâtiment de l'escadre, et pourtant tout le monde dit que *le Plantagenet* est le bâtiment qui tient le mieux le vent parmi tous les vaisseaux à deux ponts de la marine.

— Tout le monde! c'est certainement un bâtiment qui tient bien le vent, mais il y en a d'autres qui le valent à cet égard. — Qui avez-vous entendu en parler ainsi?

— Tous ces midshipmen ne font que s'en vanter, et ils en disent encore bien davantage.

— Des midshipmen! Les jeunes gens trouvent toujours des charmes supérieurs à l'objet de leur premier amour, soit à terre, soit sur mer. Avez-vous jamais entendu un vieux marin parler ainsi du *Plantagenet*?

— Oui, amiral; Galleygo, le maître-d'hôtel de sir Gervais, en fait à tout propos un éloge encore plus ampoulé. Ce sont de fiers hâbleurs que tous ces plantagenets!

— Cela est tout naturel, dit Bluewater en souriant; ils ont entendu donner de semblables éloges aux bâtiments qui ont autrefois porté le même nom. Mais regardez les vergues de ce vaisseau, jeune homme, et apprenez à orienter les voiles au plus près du vent. Le pinceau d'un peintre ne pourrait tirer des lignes avec une symétrie plus exacte.

— Le capitaine Stowel nous dit que les vergues ne doivent pas être brassées exactement de même, mais que nous devons mollir un peu les bras du vent, de manière à ce que les vergues supérieures soient un peu moins brassées que les inférieures, à partir des petites vergues jusqu'aux basses vergues.

— Vous avez raison de suivre en toute chose l'opinion de Stowel, Geoffrey; mais le capitaine Greenly n'a-t-il pas fait la même chose à bord du *Plantagenet*? Quand je parle de symétrie, je veux dire la symétrie d'un marin.

Le jeune homme fut obligé de garder le silence, quoiqu'il lui répugnât excessivement d'admettre qu'aucun vaisseau pût être égal au sien. Cependant il y avait toute apparence d'un changement de temps. Presque à l'instant où *le Plantagenet* avait brassé au plus près, le vent avait fraîchi, et dix minutes après il y eut une forte brise. Quelque temps avant que l'amiral hélât les bâtiments qui étaient au large, il fut obligé de diminuer toutes ses petites voiles, et quand il fit servir, après avoir donné ses ordres à la frégate et au sloop, les écoutes de perroquet furent larguées ou bordées ; les huniers amenés à un ris pris dans chacun d'eux ; et un instant après, ils furent hissés sur les perroquets bordés. La nuit menaçait d'être sombre, sinon tout à fait obscure, ce qui, joint au changement de temps, devait nécessairement amener un changement analogue dans le projet du vice-amiral, et réduire de moitié les intervalles de départ entre ses bâtiments. Toutes les opérations navales sont exposées à de pareilles vicissitudes, et l'on est fort heureux quand les chefs ont assez de talent pour y remédier.

En moins d'une heure, du pont des vaisseaux au mouillage on n'apercevait plus que le haut des mâts du *Plantagenet*. Alors *le Carnatique* leva l'ancre, établit ses voiles, fit route, et suivit si exactement celle de l'amiral, qu'une demi-heure après son départ, il retira de la mer un seau qu'on avait laissé tomber de la poulaine du *Plantagenet* en puisant de l'eau. Nous pouvons ajouter ici, quoique ce soit anticiper un peu sur les événements, que *le Foudroyant* suivit *le Carnatique*, *le Blenheim le Foudroyant*, *l'Achille le Blenheim*, *le Warspite l'Achille*, *le Douvres le Warspite*, *l'York le Douvres*, *l'Elisabeth l'York*, *le Dublin l'Elisabeth*, et *le César le Dublin*. Mais il se passa une heure entre l'appareillage successif de chacun de ces bâtiments, ce qui nous donnera le loisir de rapporter certains incidents qui se passèrent à terre pendant ce temps. Cependant, pour aider le lecteur à mieux comprendre les événements futurs de notre histoire, nous commencerons par dire un mot de quelques-unes des circonstances qui accompagnèrent le départ de ces bâtiments.

Lorsque les huniers du *Plantagenet* commencèrent à disparaître aux yeux de ceux qui étaient sur le haut des rochers, *le Carnatique*, *le Foudroyant*, *le Blenheim*, *l'Achille* et *le Warspite*, séparés les uns des autres par un intervalle d'environ deux lieues, s'étendaient en ligne sous autant de voiles qu'ils en pouvaient porter. Le vice-amiral avait diminué de voiles, et il permettait évidemment au *Carnatique* de s'approcher de lui, probablement à cause de l'air menaçant du temps du côté du vent ; tandis qu'il se laissait dépasser par la frégate *la Chloé* et le cutter *le Driver*, l'un par le bossoir du vent, l'autre par celui de dessous le vent. Quand *le Douvres* appareilla, on ne voyait plus de sa hune les voiles hautes de l'amiral, quoique la coque du *Warspite* fût encore visible de dessus le pont. Il s'éloigna de l'escadre, ou du moins de la partie qui était encore à l'ancre, avec ses basses voiles appareillées, et il serra le vent, ayant ses huniers, deux ris pris.

un ris dans la grande voile, la misaine et le grand perroquet. Sous cette voilure réduite, il fit route à la suite de son matelot de l'avant, comme on appelle le bâtiment qui précède, la mer écumant sous sa proue, et donnant une bande qui indiquait la force du vent. Pendant ce temps, *l'York* avait levé l'ancre, et la marée avait changé, ce qui le mit dans la nécessité d'abattre sur l'autre bord pour parer la terre à l'est. Cela modifia l'ordre de marche. Mais revenons aux événements qui furent visibles du rivage, afin de les rapporter dans un ordre plus régulier.

Il est presque inutile de dire que Bluewater passa plusieurs heures sur les rochers pour voir le départ d'une si grande partie des bâtiments. Au lieu de retourner à Wychecombe-Hall pour l'heure du dîner, comme il l'avait promis à sir Reginald, il songeait à lui envoyer un message pour le prier de l'excuser, quand il vit Wycherly sortir de la maison de Dutton d'un air animé et agité. Il profita de cette occasion pour le prier de se charger de ses excuses, ajoutant que le changement survenu dans le temps lui faisait un devoir de ne pas quitter le bord de la mer. Dutton l'avait entendu, et après une conférence privée avec sa femme, il avait pris sur lui d'inviter son officier supérieur à satisfaire son appétit sous son humble toit. Bluewater accepta très-volontiers cette invitation, et quand on vint l'avertir que le dîner était servi, il vit avec plaisir, en entrant dans la salle à manger, qu'il n'aurait d'autre compagnie à table que Mildred, qui, de même que lui, mais pour quelque raison cachée dans son cœur, avait laissé passer l'heure ordinaire du dîner sans songer à se mettre à table, et que sa mère avait jugé devoir avoir besoin en ce moment de prendre quelque nourriture.

— Les événements qui viennent de se passer, Monsieur, dit mistress Dutton, ont cruellement agité cette pauvre enfant, et elle n'a rien pris depuis ce matin. Je lui ai dit que vous ne trouveriez pas mauvais qu'elle se mît à table avec vous, et que vous recevriez ses services et ses attentions comme une excuse de sa compagnie.

Bluewater jeta un coup d'œil sur les traits pâles de miss Dutton, et jamais sa ressemblance avec Agnès Hedworth ne lui avait paru si frappante qu'en ce moment. Les deux dernières années de la vie de sa cousine n'avaient pas été heureuses, et l'air mélancolique et les yeux humides de Mildred firent renaître en lui, d'une manière aussi vive que pénible, les souvenirs de son ancienne amie.

— Juste ciel! pensa-t-il, faudra-t-il que deux êtres semblables n'aient existé que pour souffrir! — Ma bonne mistress Dutton, dit-il ensuite, ne cherchez pas d'excuse, et soyez bien sûre que vous n'auriez pu me trouver dans toute l'Angleterre une compagnie qui me fût aussi agréable que celle que j'ai le plaisir d'avoir en ce moment.

Mildred chercha à sourire, et réussit du moins à montrer de la reconnaissance ; mais il n'était pas en son pouvoir d'aller plus loin. Mistress Dutton fut satisfaite, et les laissa prendre tête à tête un repas bien simple, mais très-proprement servi, ses occupations domestiques l'appelant ailleurs.

— Laissez-moi vous persuader de prendre un verre de cet excellent porto, ma chère enfant, dit Bluewater. — Si vous aviez croisé aussi longtemps que moi sur les côtes du Portugal, vous sauriez combien il est difficile d'en trouver de semblable. Je ne me souviens pas d'en avoir bu d'aussi bon à la table d'aucun amiral.

— C'est probablement le dernier que nous boirons ici, Monsieur, répondit Mildred, une larme s'échappant de ses longs cils par suite d'un mouvement d'émotion involontaire. C'est un présent de ce bon vieux sir Wycherly, qui ne laissait jamais ma mère entièrement dépourvue des choses qu'il pensait qu'elle n'était pas assez riche pour se procurer. Nous pourrons bien aisément oublier ce vin, mais il ne nous sera pas facile d'oublier celui qui nous l'a donné.

Bluewater sentit qu'il aurait volontiers tiré sur son banquier, au profit de cette aimable fille, un mandat d'une somme égale à la moitié de la fortune qu'il lui avait léguée par son testament ; et pourtant, par une sorte de caprice qui n'est pas rare chez les personnes douées de la plus vive sensibilité, il lui répondit de manière à cacher l'émotion qu'il éprouvait.

— On ne verra pas de si tôt un autre bon *vieux* sir Wycherly qui se fasse un plaisir de donner à ses voisins le comfortable ; mais il y en a un *jeune*, et il n'est pas probable qu'il oublie de suivre le bon exemple de son oncle. J'espère que vous vous réjouissez tous ici du bienfait inattendu que la fortune vient d'accorder à notre lieutenant favori ?

Une expression d'angoisse se peignit sur les traits ingénus de Mildred, et son compagnon s'en aperçut ; mais, quoique surpris, il feignit de ne pas l'avoir remarquée.

— Nous cherchons à en être charmés, Monsieur, répondit Mildred d'un air si souffrant qu'il éveilla toute la compassion du contre-amiral ; mais il ne nous est pas facile de nous réjouir de quoi que ce soit qu'on ait pu gagner par suite de la mort de notre ancien et respectable ami.

— Je sais qu'un jeune homme comme le sir Wycherly actuel ne peut servir de substitut à un vieillard comme le feu sir Wycherly ;

mais l'un est marin, et l'autre avait toujours vécu sur terre; et les préjugés de ma profession font peut-être qu'il n'y a pas une aussi grande différence entre eux à mes yeux qu'aux vôtres.

Bluewater crut voir quelque chose de suppliant dans le regard que miss Dutton jeta sur lui, et il se repentit d'avoir pris de pareils moyens pour la distraire de sa mélancolie. Mildred s'aperçut peut-être de ce regret, car elle rallia ses forces, et fit un effort qui réussit en partie pour donner à la conversation une tournure plus agréable.

— Mon père croit, Monsieur, que le beau temps que nous avons eu depuis quelques jours va nous abandonner, et qu'il est probable que nous aurons un grand vent d'ici à trente-six heures.

— Je crains que M. Dutton ne soit un très-bon almanach. Le temps paraît menacer, et je m'attends à une mauvaise nuit. Bonne ou mauvaise, il faut que nous y fassions face, nous autres marins, et cela dans un canal étroit, où les coups de vent ne sont pas des zéphirs d'Arabie.

— Ah! Monsieur, quelle vie terrible! En demeurant sur ce promontoire, j'ai appris à avoir pitié des marins.

— Vous avez peut-être pitié de nous, mon enfant, quand nous sommes le plus heureux. Neuf marins, sur dix, préfèrent un ouragan respectable à un calme plat. Il y a des moments où l'Océan est effrayant; mais, au total, il est plus capricieux que méchant. La nuit prochaine promet d'en être une telle que sir Gervais Oakes les aime. Il n'est jamais plus heureux que lorsqu'il entend le vent siffler à travers les cordages de son vaisseau.

— J'ai entendu parler de lui comme d'un commandant très-hardi, et comptant beaucoup sur lui-même. Mais vous, amiral Bluewater, vous ne pouvez avoir le même caractère; car vous me semblez plutôt fait pour le foyer domestique, et pour y rester entouré d'amis et de parents, que pour vivre au milieu des combats et des dangers de la mer.

Mildred n'eut pas besoin alors de faire un effort pour sourire, et elle le fit avec tant de douceur, que le vétéran fut presque tenté de se lever pour la serrer entre ses bras, comme un père presserait une fille chérie contre son cœur. Mais une sage réserve l'empêcha de se livrer à un sentiment qui, tout paternel qu'il était, aurait pu être mal interprété.

— Je crains de n'être qu'un loup couvert de la peau d'un mouton, dit-il; car tandis qu'Oakes admet le bonheur qu'il éprouve quand son bâtiment a à lutter contre les vagues soulevées de l'Océan, pendant la nuit la plus noire, il m'accuse de trouver mon plus grand plaisir dans un ouragan. Je ne crois pas mériter tout à fait cette imputation, mais je conviens qu'il y a une sorte de jouissance à jouer en quelque sorte un rôle dans la lutte terrible des éléments. Il me semble que je change de nature en de pareils instants, et j'oublie tout ce qu'il y a de doux et de paisible dans le monde. Cela vient de ce que j'ai vécu si longtemps étranger à votre sexe, misérable célibataire que je suis.

— Croyez-vous que les marins doivent se marier? demanda Mildred avec un sérieux qui la surprit elle-même, et elle ne put s'empêcher de rougir en faisant cette question.

— Je serais bien fâché de condamner toute une profession, et une profession que j'aime tant, à la vie misérable de célibataire. Il y a une espèce de misère qui est particulière aux soldats et aux marins mariés; mais n'y en a-t-il pas d'autres pour les époux qui ne se séparent jamais? J'ai entendu des marins, — des hommes qui aimaient leurs femmes et leurs enfants, — dire qu'ils croyaient que l'espoir de les revoir après une longue séparation, après avoir longtemps désiré le moment de cette réunion, avait rempli leurs années de service actif de sensations plus agréables qu'ils n'en avaient jamais éprouvé pendant les périodes stagnantes de paix. N'ayant jamais été marié moi-même, je ne puis en parler que par ouï-dire.

— Ah! cela peut être vrai des hommes; mais sûrement — sûrement — les femmes ne peuvent jamais penser ainsi.

— Je suppose que vous, qui êtes la fille d'un marin, vous savez ce que dit le matelot du *credo* domestique de sa femme; — un bon feu, un foyer propre, des enfants dans leur lit et le mari sur mer. — C'est ce qui est supposé pour elle le comble de la félicité.

— Tout cela peut être une bonne plaisanterie à bord d'un bâtiment, amiral Bluewater, répondit Mildred en souriant; mais ce n'est pas une plaisanterie qui peut guérir un cœur brisé. D'après tout ce que j'ai entendu dire ce matin, et le départ soudain de l'escadre, je crains que nous ne soyons à la veille d'une grande bataille.

— Et pourquoi vous, fille d'un officier anglais, craindriez-vous un événement semblable? Avez-vous assez peu de confiance en nous pour supposer qu'une bataille sera nécessairement suivie d'une défaite? J'ai vu plus d'un combat depuis que je suis au service, miss Dutton, et je me flatte d'être un peu au-dessus des rodomontades de ceux qui ne songent qu'à se vanter; mais il m'est permis de dire que nous n'avons pas coutume de rencontrer l'ennemi sur mer, et de donner à ceux qui sont à terre lieu de rougir du pavillon anglais. Je n'ai pas encore rencontré un Français qui ne manifestât le noble désir de faire honneur à son pays ; j'ai toujours vu qu'il fallait déployer toute notre bravoure pour le combattre avec succès, et le résultat de ces engagements ne m'a jamais désappointé. Jusqu'ici la fortune, ou le talent, ou *le bon droit*, a été de notre côté, et c'est ce qui a fini par nous assurer l'avantage.

— Et à quoi attribuez-vous, Monsieur, des succès si constants sur mer?

— Comme protestant, je devrais dire à notre religion ; mais la connaissance que j'ai des *vices* des protestants ne me le permet pas.
— Dire à la *fortune*, ce serait se rabaisser excessivement, et, entre nous, je crois que cela n'est pas nécessaire. Je pense donc qu'il faut l'attribuer au talent. Uniquement comme marins, je crois que nous en savons plus que la plupart de nos voisins, quoique je sois loin de prétendre que nous ayons un grand avantage sur eux comme tacticiens. Mais si nous avons des égaux, je pense que ce sont les Hollandais.

— Cependant vous semblez tout à fait sûr du succès. Ce doit être un grand encouragement que de commencer à combattre avec une ferme confiance qu'on remportera la victoire. — Je suppose..... c'est-à-dire, il me semble..... Comme de raison, le nouveau sir Wycherly ne sera pas dans la possibilité de prendre part à cette action?

Mildred parlait avec timidité, et faisait tous ses efforts pour ne montrer aucun autre intérêt que la curiosité ; mais Bluewater lut au fond de son cœur, et il eut compassion de la peine qu'elle s'était infligée à elle-même en lui faisant une telle question. Il sentit qu'une jeune fille, ayant autant de délicatesse et de sensibilité, n'aurait point parlé si ouvertement du parti que prendrait le jeune officier, si celui-ci avait fait quelque autre chose qui fût véritablement digne de blâme, et cette conviction soulagea son esprit de toute inquiétude sur l'effet qu'avait pu produire sur lui son élévation soudaine à la fortune. Comme il était nécessaire qu'il répondît sur-le-champ à Mildred, pour qu'elle ne s'aperçût pas qu'il avait découvert ses sentiments secrets, il ne perdit pas un instant pour lui dire :

— Il n'est pas facile d'empêcher un jeune marin plein d'ardeur, comme sir Wycherly Wychecombe, de jouer son rôle dans un engagement général, et surtout de la nature de celui auquel nous nous attendons. Oakes m'a laissé cette affaire entre les mains, et je suppose que j'aurai à accorder la demande du jeune homme.

— Il a donc demandé à être reçu sur votre bord? dit Mildred la main lui tremblant en tenant sa fourchette.

— Sans contredit. Personne, portant un uniforme, ne pourrait ni ne voudrait en faire moins. Il semble qu'il doive lui être difficile de quitter en ce moment Wychecombe-Hall, où je présume qu'il aura bientôt aussi un combat à livrer pour son propre compte ; mais le sentiment de la profession l'emporte sur tous les autres dans un jeune homme ; et parmi nous autres marins, on dit même qu'il est plus fort que l'amour.

Mildred ne répondit rien, mais ses joues pâles et ses lèvres tremblantes, preuves d'un sentiment que son cœur ingénu ne pouvait cacher, firent que Bluewater regretta de nouveau d'avoir fait cette remarque. Pour tâcher de rendre à la pauvre fille son empire sur elle-même, il changea de conversation, et elle ne retomba plus sur Wycherly. Le reste du repas se termina donc avec calme, l'amiral continuant toujours à montrer l'intérêt soudain et généreux que lui avait inspiré sa compagne. Quand ils se levèrent de table, Mildred alla rejoindre sa mère, et Bluewater retourna sur les rochers.

Le soir était arrivé, et quoique la douceur de l'été fût répandue sur la vaste nappe d'eau qui s'étendait devant les yeux, elle avait cet aspect sombre et mélancolique que le vent et les vagues donnent à l'Océan quand la lumière du jour est sur le point de l'abandonner à l'obscurité de la nuit. Tout cela ne fit aucune impression sur Bluewater, qui savait que des vaisseaux à deux ponts, montés par de bons équipages, et ayant des ris pris dans leurs voiles majeures, passeraient aisément quelques heures de ténèbres qui n'avaient encore rien de bien menaçant. Cependant le vent avait fraîchi, et quand il fut sur le bord du promontoire, son pied rendu plus sûr, et sa tête plus ferme par la brise assez forte qui venait de la mer, et qui semblait vouloir le préserver du danger de tomber dans l'abîme, *l'Elisabeth* abattait, ayant ses huniers aux bas ris et deux ris à ses basses voiles, et un voile d'étai derrière, pour la rendre plus facile à gouverner. Il vit que ce gros bâtiment fatiguerait, même sous ce peu de voiles, et que le capitaine avait fait toutes ses dispositions pour une nuit orageuse. Les fanaux que *le Douvres* et *l'York* portaient à leurs hunes commençaient à se montrer au milieu de l'obscurité croissante, le dernier ayant descendu la Manche d'environ une lieue et demie, et avançant dans cette direction pour gagner au vent ; et le premier étant plus au sud, ce vaisseau ayant déjà viré vent devant pour suivre le vice-amiral. Une chaîne de fanaux réunissait toute cette longue ligne, et procurait aux capitaines des moyens de communication. En ce moment, *le Plantagenet* était au moins à cinquante milles en avant, labourant la mer à travers une forte houle du sud-ouest, que le vent, venant dans la direction de la baie de Biscaye et de l'Atlantique, poussait dans la Manche.

Bluewater boutonna son habit, et sentit ses membres prendre une nouvelle vigueur, frappés du vent qui arrivait chargé de l'odeur particulière à la mer. Il ne restait plus que deux vaisseaux à l'ancre dans la rade, *le Dublin* et *le César*, et son œil clairvoyant remarqua que le capitaine Stowel avait tout préparé à bord du dernier pour pouvoir lever l'ancre et mettre à la voile aussitôt qu'il en recevrait l'ordre. En ce moment le jeune midshipman, qui avait été absent quelques heures, revint sur le promontoire, et resta debout à côté du contre-amiral.

— Ce sera bientôt notre tour, amiral, dit l'ardent jeune homme ; et quant à moi, je ne serai pas fâché de me retrouver en mouvement. Ces chalands, à bord du *Plantagenet*, seraient gonflés d'orgueil comme des Dons, s'il leur arrivait de pouvoir lâcher une bordée à M. de Vervillin, tandis que nous sommes ici à l'ancre, près du rivage, comme un yacht de plaisance amarré dans une baie pour que les dames puissent dîner sans inconvénient pour leur estomac.

— Cela n'est guère à craindre, Geoffrey. *L'Actif* a le pied trop léger, surtout par le beau temps que nous avons eu, pour se laisser marcher sur les talons par de grands bâtiments. Il devait avoir quinze à vingt milles d'avance, et les Français ont été obligés de doubler le cap de la Hogue et l'île d'Alderney avant de pouvoir même jeter un coup d'œil de ce côté. S'ils descendent la Manche, ils sont au moins à cinquante milles à l'est ; et si notre avant-garde s'est avancée assez loin demain matin pour les dépasser, cela nous mettra joliment au vent. — *L'Elisabeth* ne manque pas de besogne, Geoffrey, et le vent semble lui refuser. S'il continue à lui refuser ainsi, à force de laisser arriver, elle finira par recevoir le flot par la joue du vent, ce qui l'obligera de prendre les amures sur l'autre bord. Cela jettera la confusion dans l'arrière de notre ligne.

— Et que ferions-nous en pareil cas, amiral ? Nous ne pourrions jamais laisser le pauvre sir Jarvy se tirer d'affaire comme il le pourrait.

— Nous tâcherions de ne pas faire *cela*, répondit Bluewater, souriant de l'inquiétude affectueuse du jeune homme, inquiétude qui lui avait fait oublier un instant son respect habituel pour le commandant en chef, en adoptant le sobriquet par lequel on le désignait sur l'escadre. Dans un cas semblable, mon devoir serait de rassembler autant de vaisseaux qu'il me serait possible, et de les conduire, avec toute la vitesse que les circonstances permettraient, vers l'endroit où nous pourrions espérer de trouver les autres demain matin. Il y a peu de danger que des bâtiments se perdent longtemps de vue dans une mer si étroite, et je ne crains guère que les Français soient assez avancés vers l'ouest pour qu'ils puissent rencontrer nos premiers vaisseaux avant le jour. Mais si cela arrivait....

— Oui, si cela arrivait, je sais bien ce qu'il en résulterait.

— Eh bien, en supposant que M. de Vervillin rencontre sir Gervais au point du jour, quelles paraissent devoir en être les suites, aux yeux de votre expérience?

— Sir Gervais s'élancerait sur lui comme un dauphin sur un poisson volant, et s'il lui arrivait de prendre un ou deux de ses bâtiments, il ne serait plus possible aux *Césars* de voguer de conserve avec les *Plantagenets*. Lors de la dernière affaire avec M. de Gravelin, ils étaient aussi orgueilleux que des paons, parce que nous n'avions attaqué que lorsqu'ils avaient déjà perdu leurs vergues de misaine et leur mât de perruche, quoique le changement de brise nous eût portés positivement sous le vent; et, après tout, onze hommes sur notre bord furent ceux qui reçurent les blessures les plus dangereuses sur toute l'escadre. Vous ne connaissez pas ces *Plantagenets*, amiral; ils n'osent pas ouvrir la bouche devant vous.

— Ni mal parler de mes jeunes *Césars*, j'en réponds. Cependant vous devez vous rappeler que sir Gervais nous rendit pleine justice dans sa dernière dépêche.

— Oh! sans contredit, amiral; sir Gervais sait trop bien comment il doit se conduire. D'ailleurs, il sait ce qu'est le *César*, ce qu'il peut faire et ce qu'il a déjà fait. Mais il n'en est pas de même de ses jeunes gens : ils s'imaginent que, parce qu'ils portent un pavillon rouge à leur mât de misaine, chacun d'eux est un Blake ou un Howard. Il y a Jack Oldcastle, par exemple; il est toujours à parler de nos midshipmen comme s'il n'y avait pas une goutte de sang marin dans leurs veines, et cela parce que son père a été capitaine, — commodore, comme il dit, attendu qu'il lui est arrivé d'avoir une fois le commandement de trois frégates.

— Eh bien, il était véritablement commodore dans cette occasion.
— Mais sûrement il ne réclame pas la préséance pour le sang des Oldcastle sur celui des Cleveland ?

— Oh! non, ce n'est pas cela du tout, répondit le jeune homme, rougissant un peu en dépit de son mépris pour une telle marque de faiblesse féminine. — Vous savez que nous ne parlons jamais de pareilles fadaises dans notre escadre. Il n'est jamais question pour nous que du service. Jack Oldcastle dit que tous les Cleveland ont servi l'état dans l'ordre civil, ou dans l'armée de terre, ce qui ne vaut guère mieux, comme vous le savez. Or je lui dis, moi, que nous avons le portrait d'un de nos ancêtres qui vivait longtemps avant la reine Anne, — peut-être sous le règne d'Elisabeth, — et qui y est représenté avec un habit dont les boutons portent une ancre. Et je ne manque pas non plus de lui citer les Hedworth; car je suis un Hedworth aussi bien qu'un Cleveland.

— Et que répondit l'impudent à tout cela, Geoffrey?

— Il me dit que ce dernier nom devait s'écrire Headwork[1], attendu que tous ceux qui l'avaient porté avaient été hommes de loi. Mais je lui répliquai de manière à lui donner la monnaie de sa pièce, soyez-en bien sûr.

— Et comment vous y prîtes-vous pour riposter à ce compliment? Lui dîtes-vous que les Oldcastle[2] étaient des vieilles pierres, du vieux bois et du vieux fer?

— Non, non, amiral, répondit le jeune homme en riant, je ne pensai pas à une réponse si spirituelle à beaucoup près; je lui allongeai seulement un bon coup de poing sur le nez, et cela de tout cœur.

— Et comment reçut-il cet argument? Fut-il concluant, ou la discussion continua-t-elle?

— Elle continua, et nous eûmes une bataille en bonne forme. C'était à bord du *Douvres*, et le premier lieutenant veilla lui-même à ce que tout se passât dans les règles. Jack portait trop de canons pour moi, car il est mon aîné de plus d'un an; mais mes bordées se suivaient de si près qu'il déclara bientôt qu'il en avait assez, et convint que c'était une besogne plus rude que de subir la punition de passer quelques heures au haut du grand mât. Après cela, les jeunes gens du *Douvres* prirent mon parti, et dirent qu'aucun Hedworth ne s'était jamais occupé de *headwork*, mais qu'ils avaient tous été régulièrement marins, amiraux, capitaines, lieutenants et midshipmen, comme nous le sommes tous. Je leur dis que mon aïeul Hedworth avait été amiral, et amiral estimé.

— Vous avez commis en cela une petite méprise, Geoffrey. Le père de votre mère n'était que général dans l'armée de terre; mais son père était amiral de l'escadre rouge, et un meilleur officier ne marcha jamais sur un gaillard d'arrière. Il était frère de ma mère, et sir Gervais et moi nous servîmes sous ses ordres. C'était un marin dont vous pouvez être fier de descendre.

1. *Head-work* signifie travail de tête
2. *Old castle* signifie vieux château.

— Je ne crois pas qu'aucun des *Plantagenets* s'avise jamais de me donner la chasse à ce sujet ; car, nous autres *Césars*, nous avons fait une revue régulière de nos ancêtres, et nous voyons que nous pouvons compter dans nos deux tables quatre amiraux, deux commodores et treize capitaines, en les prenant dans tous les degrés de parenté, bien entendu.

— Eh bien, mon cher enfant, j'espère que vous vivrez assez pour compter tout cela et encore davantage en vos propres personnes quelque jour à venir. Voici Reginald Wychecombe qui, à ma grande surprise, vient de ce côté, et il désire peut-être me parler tête à tête. Allez vous informer si ma barge est arrivée, et ayez soin de m'en avertir à temps. Souvenez-vous que vous partez avec moi. Tâchez de trouver sir Wycherly Wychecombe, et dites-lui qu'il perdra son passage s'il n'est pas prêt au moment nécessaire.

Le jeune homme porta la main à son chapeau, et descendit du promontoire pour exécuter ces deux ordres.

CHAPITRE XVIII.

> Ce fut par de belles flatteries que le tentateur rendit son poison agréable. Ses paroles pénétrèrent dans le cœur d'Ève, quoique cette voix la plongeât dans une grande surprise.
> MILTON.

CE fut probablement une sorte de pressentiment qui porta Bluewater à congédier le midshipman, quand il vit s'approcher de lui le partisan de la famille détrônée. Ce qui s'était passé entre eux avait suffi pour convaincre chacun d'eux des dispositions secrètes de l'autre ; et par cette espèce de franc-maçonnerie qui accompagne ordinairement l'esprit de parti porté à un certain point, le contre-amiral était persuadé que l'entrevue qui allait avoir lieu entre eux aurait rapport aux événements politiques du jour.

La saison, l'heure et le lieu étaient particulièrement favorables à une entrevue entre des conspirateurs. Il faisait alors presque nuit ; il ne restait personne sur le promontoire, Dutton l'ayant quitté pour aller, d'abord caresser sa bouteille, puis ensuite se mettre au lit. Le vent était très-vif sur le plateau, et on l'entendait siffler dans les cavernes des rochers ; des nuages de mauvais augure, qui flottaient dans les airs, voilaient la lune, et n'en laissaient apercevoir la lumière que par instants et d'une manière indistincte, ce qui donnait à toute cette scène un caractère sombre et presque sauvage. Il n'est donc pas très-étonnant que Bluewater, quand le baronnet s'approcha, se soit senti plus disposé qu'il ne l'avait jamais été à prêter l'oreille aux discours du tentateur; car, dans les circonstances du moment, ce n'est pas excéder les bornes de la justice que de donner ce nom à sir Reginald.

— En vous cherchant dans un tel endroit et au milieu de ce paysage agreste, dit le baronnet, je pouvais être sûr d'y trouver un homme qui aime réellement la mer et sa noble profession. Wychecombe-Hall est en ce moment un séjour mélancolique. Quand je vous ai demandé, personne n'a pu me dire de quel côté vous étiez allé. Il paraît que j'ai bien fait de suivre ce qu'on peut appeler l'instinct d'un marin. Mes yeux me trompent-ils, ou n'y a-t-il plus là-bas que trois vaisseaux à l'ancre?

— Vos yeux sont encore bons, sir Reginald. Il y a déjà plusieurs heures que l'amiral Oakes est parti, et toute la flotte l'a suivi, à l'exception des deux vaisseaux de ligne que vous voyez et d'une frégate. C'est moi qui dois quitter le dernier ce mouillage.

— Est-ce un secret d'état, ou vous est-il permis de dire pour quel point une force si imposante a mis à la voile si soudainement? demanda le baronnet, ses yeux noirs et perçants fixés sur ceux du contre-amiral de manière à lui donner, au milieu de l'obscurité croissante, l'air d'un inquisiteur. On m'avait dit que la flotte attendrait des ordres de Londres?

— Tel était le premier dessein du commandant en chef; mais ayant appris que le comte de Vervillin a mis en mer, sir Gervais a changé d'avis. Un amiral anglais commet rarement une erreur quand il cherche et qu'il bat un ennemi actif et dangereux.

— Cela est-il toujours vrai, amiral Bluewater? repondit sir Reginald, se promenant à côté de son compagnon sur un endroit que Dutton avait coutume de nommer son gaillard d'arrière, ou n'est-ce qu'une généralité insignifiante qui rend souvent les hommes dupes de leur propre imagination? Ceux qui peuvent paraître nos ennemis le sont-ils toujours, ou sommes-nous assez infaillibles pour devoir attribuer tous nos sentiments ou tous nos préjugés à une impulsion à laquelle nous devions céder sans examiner si elle est juste?

— Croyez-vous que ce soit un préjugé de regarder la France comme l'ennemie naturelle de l'Angleterre, sir Reginald?

— Oui, de par le ciel, Monsieur. Je crois même que l'Angleterre peut devenir sa propre ennemie plus que la France ne l'a jamais été. Accordant ensuite que des siècles de guerre peuvent avoir contribué à éveiller un sentiment du genre de celui auquel vous venez de faire allusion, n'y a-t-il pas aussi la question du droit et du tort à examiner? Réfléchissez combien de fois l'Angleterre a envahi le territoire français, combien de maux elle y a occasionnés, tandis que nous avons eu si peu de plaintes semblables à faire contre la France. Songez que le trône de ce pays a même été occupé par nos princes, et que nos armées se sont mises en possession d'un grand nombre de ses provinces.

— Je crois que, dans tous ces différents cas, vous ne jugez pas assez équitablement. Une partie de ce qui est aujourd'hui la France était l'héritage légitime de monarques assis sur le trône d'Angleterre, et les querelles entre ces deux pays n'étaient que celles qui naissent souvent du voisinage. Quand nos prétentions étaient justes en elles-mêmes, vous n'auriez sûrement pas voulu nous voir y renoncer.

— J'en suis très-loin ; mais quand des prétentions sont contestées, n'est-il pas naturel que celui qui perd se croie lésé? Je pense que nous aurions eu un bien meilleur voisinage, comme vous l'appelez, avec la France, si les difficultés modernes relatives à la religion ne fussent survenues.

— Je présume que vous savez, sir Reginald, que toute ma famille et moi nous sommes protestants?

— Je le sais, amiral Bluewater, et je me réjouis sincèrement en voyant qu'une différence d'opinion sur cette grande question n'en entraîne pas nécessairement une sur toutes les autres. D'après quelques petites allusions qui ont eu lieu entre nous, je suis porté à penser que nous avons les mêmes sentiments sur certaines affaires temporelles, quelque grande que soit la différence qui nous sépare en matières religieuses.

— J'avoue que je suis arrivé à la même conclusion ; et si j'ai eu tort, je regretterais beaucoup d'être détrompé.

— Pourquoi donc userions-nous encore de réserve ? Deux hommes d'honneur peuvent sûrement sans danger se confier l'un à l'autre leurs sentiments secrets dans un moment qui exige de la franchise et de la résolution. Je suis jacobite, amiral Bluewater, et si je risque ma vie et ma fortune en faisant cet aveu, je mets l'une et l'autre à votre merci.

— Elles ne peuvent être en des mains plus sûres, Monsieur, et je ne connais pas de meilleur moyen pour vous donner toute l'assurance possible que je n'abuserai pas de votre confiance, que de vous dire que je sacrifierais volontiers ma vie pour voir la famille exilée rétablie sur le trône.

— Ce langage est noble, franc et loyal, et c'est ce que j'attendais d'un marin, s'écria sir Reginald plus enchanté qu'il ne savait comment l'exprimer en ce moment. Cette simple assurance, sortie de votre bouche, a plus de poids que tous les serments et toutes les garanties des conspirateurs vulgaires. Nous nous entendons l'un l'autre à présent, et je serais bien fâché de vous inspirer moins de confiance que je n'en éprouve.

— Quelle meilleure preuve puis-je vous donner de ma confiance en vous, que la déclaration que vous venez d'entendre, sir Reginald? Ma tête tomberait avant la fin d'une semaine, si vous me trahissiez; mais jamais je ne l'ai sentie mieux assurée sur mes épaules qu'en ce moment.

Le baronnet lui saisit la main, et ils se la serrèrent mutuellement d'une manière suffisamment expressive. Ils continuèrent à se promener pendant une bonne minute, d'un air pensif, et en silence.

— L'apparition soudaine du prince en Écosse nous a pris tous un peu par surprise, dit enfin sir Reginald, quoique quelques-uns de nous n'ignorassent pas qu'il avait quelque projet semblable. Peut-être a-t-il bien fait de venir sans être suivi d'une force étrangère, de se jeter presque seul entre les bras de ses sujets, et de tout confier à leur générosité, à leur loyauté et à leur courage. Quelques-uns le blâment, mais je ne suis pas de ce nombre. Il fera naître un nouvel intérêt dans tous les cœurs généreux de ses royaumes; au lieu que, par un appel moins franc et moins mâle à leur affection et à leur fidélité, il aurait pu trouver de la froideur dans le cœur de quelques-uns. Nous apprenons de tous côtés que Son Altesse Royale fait des merveilles en Écosse; et les amis de sa maison sont pleins d'activité en Angleterre, quoiqu'ils soient encore forcés d'être prudents et circonspects.

— Je me réjouis du fond du cœur d'apprendre de si bonnes nouvelles, dit Bluewater, reprenant longuement haleine, en homme dont l'esprit est tout à coup délivré d'un pesant fardeau; mais beaucoup dépend encore de la promptitude et de la résolution des principaux chefs du parti. Nous sommes assez forts pour maîtriser la nation, si nous pouvons mettre en avant des hommes qui soient en état de conduire les autres et de se maîtriser eux-mêmes. Tout ce qu'il nous faut à présent, c'est cent à deux cents hommes éminents, qui sortent de leur état d'inertie, et qui nous montrent le chemin vers des exploits honorables et un succès certain.

— De pareils hommes peuvent-ils manquer dans un moment comme celui-ci?

— Je crois que nous sommes sûrs de la plus grande partie de la haute noblesse, quoique les grands risques qu'elle a à courir puissent la rendre d'abord un peu circonspecte. Mais c'est parmi les hommes des professions libérales, les braves soldats, les intrépides et ardents marins, que nous devons trouver les premières démonstrations de vrai patriotisme et de loyauté. Pour vous parler franchement, Monsieur, je suis las d'être gouverné par un Allemand.

— Savez-vous s'il y a quelque intention de faire des recrues dans cette partie de l'Angleterre, sir Reginald? Si cela est, vous n'avez qu'un mot à dire. Indiquez-moi l'endroit où l'étendart sera déployé, et je m'y rallierai aussitôt que les circonstances me le permettront.

— C'est précisément ce que j'attendais de vous, Bluewater, répondit le baronnet plus charmé qu'il ne jugea prudent de le montrer, quoique ce ne soit pas précisément de cette manière que vous pouvez nous être le plus utile. Séparés du Nord, comme nous le sommes dans cette partie de l'Angleterre, par toutes les ressources du gouvernement actuel, ce serait le comble de l'imprudence de montrer nos mains avant d'être prêts à jouer nos cartes. Des agents confidentiels actifs travaillent l'armée; Londres ne manque pas d'hommes adroits qui s'occupent de notre affaire, et il s'en trouve dans les comtés qui font de leur mieux pour mettre les choses en état d'arriver heureusement à la fin que nous désirons tous. J'ai parcouru tous ces environs avec quelques amis pour préparer les voies à une insurrection future, et je me disposais à venir sur ce domaine, pour voir si mon nom pourrait avoir quelque influence sur les habitants, quand feu sir Wycherly m'appela près de son lit de mort. Savez-vous quelles sont les opinions politiques du jeune homme qui se trouve à présent le nouveau chef de ma famille, — le lieutenant de vaisseau, — le baronnet actuel?

— Pas précisément, mais je doute qu'elles soient favorables à la maison de Stuart.

— C'est ce que je craignais. — J'ai reçu ce matin une lettre anonyme, que je crois venir de son compétiteur, et qui me donne à entendre assez clairement que, si je veux admettre et faire valoir ce qu'il appelle ses droits, tous les habitants du domaine de Wychecombe-Hall et du voisinage immédiat se déclareront dans la lutte qui va avoir lieu pour le parti que je désirerai.

— C'est un coup hardi et décidé. — Puis-je vous demander quelle a été votre réponse?

— Je n'en ai fait ni n'en ferai aucune. Dans quelques circonstances que ce puisse être, je n'aiderai jamais un bâtard à se mettre à la place qui ne doit être occupée que par un descendant légitime de ma famille. Nous voulons rétablir des droits légaux et naturels, mon cher amiral, et les moyens à employer ne doivent pas être indignes du but que nous nous proposons. D'ailleurs, je sais que le drôle ne mérite aucune confiance, et je ne ferai pas la sottise de me mettre en son pouvoir. J'aurais désiré que notre jeune marin pensât différemment ; mais en le laissant aller sur mer, comme il en a le désir, nous le mettrons du moins hors d'état de nous nuire.

En tout cela, sir Reginald était parfaitement sincère ; car, quoiqu'il n'hésitât pas toujours sur le choix des moyens en affaires politiques, il était rigoureusement honnête en tout ce qui concernait la propriété privée ; espèce de contradiction morale qu'on trouve fréquemment dans les hommes qui visent à administrer les affaires de ce monde, puisqu'il arrive souvent que ceux qui sont presque irréprochables sur tout autre point, cèdent alors à un faible qui les domine. Bluewater fut charmé d'entendre le baronnet faire cette déclaration, son caractère simple et franc le portant à s'imaginer que c'était un indice de la probité de son compagnon en toute chose.

— Oui, dit le contre-amiral, nous devons, dans tous les cas, soutenir les lois du pays dans une affaire de droit privé. Ce jeune marin n'est peut-être pas en état de se faire une juste idée de ses devoirs politiques dans une crise comme celle-ci ; et il vaut peut-être mieux pour lui que nous le laissions aller en mer, de peur qu'en embrassant le parti qui aura le dessous, il ne compromette ses droits sur son domaine avant d'en être en possession paisible. — Et maintenant que nous avons pris un parti à l'égard de sir Wycherly, que puis-je faire pour servir une cause si juste et si glorieuse ?

— C'est en venir au point franchement, sir Richard. — Je vous demande pardon de vous donner ce titre ; mais je sais de bonne part que votre nom a été mis il y a déjà quelque temps sous les yeux du Prince, comme celui d'un des hommes qui méritent de recevoir le ruban rouge d'un souverain *réellement autorisé* à l'accorder. Si j'ai parlé un peu prématurément, encore une fois pardon. Mais, je le répète, c'est en venir franchement au point. Oui, sans doute, vous pouvez nous servir, et cela très-efficacement et de la manière la plus importante. Je regrette beaucoup maintenant que mon père ne m'ait pas fait entrer dans l'armée quand j'étais jeune, j'en serais plus en état de servir mon prince comme je le désire dans cette entreprise dangereuse. Mais nous avons un grand nombre d'amis habitués à porter les armes, et votre honorable nom paraîtra parmi les leurs, illustré par le passé, et encourageant pour l'avenir.

— Il est très-vrai que j'ai porté les armes presque depuis mon enfance, sir Reginald, mais c'est dans un service qui ne peut être d'aucun usage en cette occasion. Le prince Charles-Edouard n'a point de vaisseaux, et je ne vois pas qu'il en ait besoin.

— Mais s'il n'a pas de vaisseaux, mon cher Monsieur, le roi George en a. Quant au besoin que peut en avoir le prince, permettez-moi de vous dire que vous vous trompez. Il sera bientôt très-important de tenir ouverte la communication avec le continent. M. de Vervillin a sans doute mis en mer avec quelque objet semblable en vue.

Bluewater tressaillit, et il retira brusquement son bras sur lequel le baronnet, dans la chaleur de la conversation avait appuyé une main : c'était la suite du même instinct qui fait qu'on recule avec dégoût, quand on touche sans le savoir quelque reptile. L'idée d'une trahison comme celle que lui semblaient impliquer les paroles de son compagnon ne s'était jamais présentée à lui, et son esprit la repoussa avec une sorte d'horreur. Cependant il ne savait pas encore précisément à quoi sir Reginald voulait l'engager, et il crut juste de s'assurer de ses vues réelles avant de lui répondre. Quelque plausible que cela parût, c'était un délai dangereux pour un esprit aussi droit que simple se trouvant en contact avec un homme aussi adroit et aussi expérimenté que le baronnet. Sir Reginald eut assez de tact pour s'apercevoir que son nouvel ami avait déjà pris l'alarme, et il résolut sur-le-champ d'être plus prudent.

— Comment dois-je entendre ce que vous venez de dire, sir Reginald? demanda le contre-amiral. — Quel rapport puis-je avoir avec les ressources navales de la maison de Hanovre, quand mon intention est de quitter son service? Les flottes du roi George ne serviront pas la cause des Stuarts, et du moins elles obéiront à leurs officiers.

— Je n'en ai pas le moindre doute, amiral Bluewater. — Quel glorieux privilége ce fut pour Monk d'avoir en son pouvoir de remettre sur le trône son souverain légitime, et d'éviter ainsi à son pays, par un coup de main, les maux et les souffrances d'une guerre civile! De tous les noms glorieux mentionnés dans les annales britanniques, je regarde celui de Monk comme le plus digne d'envie. C'est une grande chose d'être prince; d'être né pour être le substitut de Dieu sur la terre en tout ce qui concerne la justice et le pouvoir des hommes; mais c'en est une encore plus grande à mes yeux d'être né sujet pour rétablir l'ordre de ces successions presque divines, quand il a été interverti par des hommes pervers et présomptueux.

— Cela est assez vrai, Monsieur ; cependant j'aurais préféré rejoindre le prince à son débarquement, n'ayant à lui offrir qu'une épée sans tache, plutôt que d'y arriver ayant une armée sur mes talons.

— Quoi ! quand même cette armée vous suivrait avec joie, et aurait le même zèle que vous pour le service de son souverain ?

— Cela pourrait changer quelque chose à la question ; mais les soldats, comme les matelots, cèdent ordinairement à l'influence qu'exercent sur eux ceux que les autorités supérieures leur ont donnés pour commandants.

— Sans contredit, et c'est ce qui doit être. — Nous avons lieu de croire que dix à quinze capitaines de marine sont déjà bien intentionnés à notre égard, et qu'ils conduiront leurs bâtiments respectifs au point qui leur sera indiqué, dès qu'ils seront assurés d'avoir un bon commandant quand ils seront réunis. En nous concertant à propos, nous pouvons commander la mer du Nord, et maintenir ouvertes des communications importantes avec le continent. On sait que le ministère a dessein d'employer autant de troupes allemandes qu'il en pourra lever, et une force navale sera essentielle pour tenir à une certaine distance ces étrangers à moustaches. La querelle est entièrement anglaise, Monsieur, et elle doit être décidée par les Anglais seuls.

— Sur ce point, je pense entièrement comme vous, sir Reginald, répondit Bluewater respirant plus librement. Je croiserais tout un hiver dans la mer du Nord, pour retenir les Allemands chez eux et laisser aux Anglais le soin de décider qui doit être roi d'Angleterre. Suivant moi, une intervention étrangère, dans une affaire semblable, est le plus grand des maux après une rébellion contre un prince légitime.

— Vos sentiments sont exactement les miens, mon cher Monsieur, et j'espère vous voir les mettre en pratique. — Mais à propos, comment se fait-il que vous soyez resté seul ici, et de quelle manière l'autorité se partage-t-elle entre deux amiraux qui servent ensemble sur la même flotte ?

— Je ne sais pas trop si je comprends bien votre question. — Je suis resté ici pour partir le dernier à bord du *César*, et sir Gervais conduit l'avant-garde à bord du *Plantagenet* pour former une ligne en travers de la Manche afin d'empêcher le comte de Vervillin d'avancer à l'ouest.

— A l'ouest ! répéta le baronnet avec un sourire ironique que l'obscurité empêcha son compagnon de remarquer. — L'amiral Oakes pense donc que l'escadre française gouverne dans cette direction?

— Telle est l'information que nous avons reçue. Avez-vous quelque raison pour supposer à l'ennemi des intentions différentes?

Le baronnet se tut et eut l'air de réfléchir. Ce qui s'était déjà passé avait suffi pour lui faire sentir qu'il n'avait pas affaire à un esprit d'une trempe ordinaire, et il éprouvait quelque embarras pour lui répondre. Il avait bien résolu de faire tomber Bluewater dans ses filets, et les esprits qui aident les intrigants lui suggérèrent en ce moment le plan qui était le plus propre à faire réussir son projet. Le contre-amiral avait laissé voir son aversion pour toute intervention étrangère, et il pensa avec raison qu'en touchant de nouveau cette corde, les vibrations s'en feraient sentir jusqu'au fond du cœur de son compagnon.

— Nous avons certainement reçu aussi nos informations, répondit-il du ton d'un homme qui ne pouvait dire tout ce qu'il savait, mais la bonne foi exige que je ne les fasse pas connaître en ce moment. Cependant on peut raisonner d'après les probabilités. Le duc de Cumberland va réunir ses auxiliaires allemands, et il faut qu'ils arrivent en Angleterre de telle manière qu'ils le pourront. Un ennemi intelligent, et ayant à ses ordres une flotte bien équipée, souffrira-t-il cette jonction, s'il peut l'empêcher? Nous sommes certains du contraire; et si nous prenons en considération le moment précis où le comte de Vervillin a mis en mer, l'ignorance probable où il est de la présence de votre escadre dans la Manche, et toutes les autres circonstances de l'affaire, quelle intention peut-on lui supposer, si ce n'est celle d'intercepter le convoi des régiments allemands?

— Tout cela paraît plausible, et pourtant les signaux de *l'Actif* nous ont informés que les Français gouvernaient à l'ouest, et cela par un vent léger d'ouest.

— Les flottes, de même que les armées, ne font-elles pas souvent de fausses démonstrations? N'est-il pas possible que M. de Vervillin, tant que ses vaisseaux ont été en vue du rivage, se soit dirigé vers l'ouest avec l'intention de retourner à l'est dès que les ténèbres les couvriraient, et de remonter la Manche peut-être sous pavillon anglais? Ne peut-il pas même passer ainsi le détroit de Douvres, en se faisant prendre pour une escadre anglaise, la vôtre par exemple, et tromper ainsi vos croiseurs, jusqu'à ce qu'il trouve l'occasion de prendre ou de couler à fond les bâtiments de transport amenant les troupes hanovriennes?

— Cela serait difficile, sir Reginald, répondit Bluewater en souriant. — Un bâtiment français ne peut pas plus être pris pour un bâtiment anglais, qu'un Français ne pourrait se faire passer pour un de nos compatriotes. Nous ne sommes pas si faciles à tromper, nous autres marins. Il est pourtant vrai qu'une flotte peut gouverner d'un côté jusqu'à ce qu'elle soit à une distance convenable de la terre, ou que la nuit couvre ses mouvements, et alors changer de route tout à coup ; et il peut se faire que le comte de Vervillin ait eu recours à quelque stratagème de ce genre; cela est même tout à fait probable, s'il est instruit du projet de jeter des troupes allemandes en Angleterre. En ce cas, je lui souhaiterais, quant à moi, tout le succès possible.

— Eh bien ! mon cher Monsieur, qu'est-ce qui pourrait l'empêcher de réussir? demanda le baronnet avec un ton de triomphe qui n'avait rien d'affecté. — Rien, direz-vous, à moins qu'il ne rencontre sir Gervais Oakes. Mais vous n'avez pas répondu à ma question sur la manière dont l'autorité se partage en mer entre deux amiraux.

— A peu près de même que dans l'armée de terre ; l'officier supérieur commande, et l'inférieur obéit.

— Cela est vrai ; mais ce n'est pas répondre à ma question. Il y avait ici ce matin onze vaisseaux de ligne : Oakes et vous, vous avez chacun sous vos ordres un certain nombre de ces bâtiments ?

— Sans contredit. Sir Gervais a sous ses ordres une division de six vaisseaux de ligne, et il m'a laissé les cinq autres. Chacun de nous a en outre une frégate et quelques petits bâtiments. Mais tout ordre que le commandant en chef peut juger à propos de donner à tel capitaine que ce soit, doit être exécuté, car l'officier inférieur doit toujours obéir au dernier ordre ! c'est la règle.

— Et vous, reprit sir Reginald avec vivacité, quelle est votre situation à l'égard des capitaines de la division de sir Gervais.

— Si je donnais un ordre direct à l'un d'eux, il serait certainement tenu d'y obéir. Mais les circonstances pourraient l'obliger à me faire savoir qu'il a des instructions différentes de notre commandant en chef, et alors mon devoir serait d'y déférer. Mais pourquoi toutes ces questions, sir Reginald ?

— Un moment de patience, mon cher amiral. Quels vaisseaux avez-vous spécialement sous vos ordres.

— *Le César*, qui est celui que je monte; *le Dublin*, *l'Élisabeth*, *l'York* et *le Douvres*; à quoi il faut ajouter *le Druide*, le cutter *la Mouche* et un sloop armé en guerre; ce qui porte ma division à huit bâtiments.

— Quelle force magnifique ! et l'avoir à sa disposition dans un tel moment de crise ! Mais où sont tous ces bâtiments ? je n'en vois que cinq : et deux seulement paraissent être des vaisseaux de ligne.

— Le feu que vous apercevez là-bas, le long de la terre à l'ouest, est le fanal de *l'Élisabeth*, et celui qui est plus au large est à bord de *l'York*. Le fanal du *Douvres* a disparu plus loin au sud. Ah! voici *le Dublin* qui fait son abattée et qui va suivre les autres.

— Et vous avez dessein d'en faire autant?

— Avant une heure d'ici, ou je perdrai de vue ma division. Dans l'état présent des choses, j'ai réfléchi s'il ne convenait pas de rappeler les vaisseaux les plus éloignés et de les réunir en escadre serrée; car l'augmentation du vent rend probable qu'ils perdront de vue le vice-amiral, et que le point du jour trouvera la ligne rompue et en confusion. Un seul esprit doit diriger les évolutions des vaisseaux comme celle des bataillons, sir Reginald, lorsqu'ils doivent agir de concert.

— Dans quelle vue réuniriez-vous les vaisseaux que vous venez de mentionner, et de la manière que vous avez indiquée, si cette question ne vous paraît pas trop indiscrète! demanda le baronnet avec vivacité.

— Simplement pour les maintenir ensemble et être sûr de les avoir à portée de mes signaux particuliers. C'est un devoir qui m'est spécialement imposé comme commandant cette division.

— Et avez-vous le moyen de le faire ici, sur ce promontoire?

— Ce serait une grande négligence d'avoir oublié une précaution si importante. Mon lieutenant chargé des signaux est couché là-bas sous ces buissons, et deux aides-timoniers sont à portée pour aider à faire tous les signaux qui pourraient devenir nécessaires; car cette nécessité a été prévue, et elle semble réellement approcher. Si je prends cette mesure, il faut même qu'elle soit prise promptement; le fanal de *l'York* commence à s'obscurcir dans l'éloignement. Oui, j'y suis décidé, Monsieur; la prudence l'exige, et vous allez voir de quelle manière nous faisons passer des ordres à des bâtiments éloignés.

Bluewater n'aurait pu annoncer une nouvelle plus agréable à son compagnon. Sir Reginald n'osait lui proposer à découvert la trahison qu'il méditait; mais il pensait que si le contre-amiral éloignait sa division de celle de sir Gervais, celui-ci se trouverait trop faible pour risquer un engagement avec les Français, et qu'il pouvait en résulter la séparation des deux parties de l'escadre, ce qui rendrait plus facile la défection de celle que commandait le contre-amiral. Il est vrai que Bluewater agissait d'après des motifs diamétralement contraires aux désirs de sir Reginald; mais comme tous deux suivaient la même route jusqu'à un point donné, l'intrigant baronnet n'était pas sans espoir de déterminer son ami à l'accompagner plus loin.

La promptitude est une vertu militaire; et parmi les marins, c'est une maxime de faire tout ce qui doit être fait, avec vigueur et activité. On la mit en pratique en cette occasion. Dès que le contre-amiral eut pris sa détermination, il s'occupa des moyens d'exécution. Il chargea lord Geoffrey, qui était revenu sur le promontoire, et qui se tenait à quelque distance par discrétion, de porter ses ordres à son lieutenant et aux deux aides-timonniers. Les fanaux n'avaient besoin que d'être allumés, et on les hissa ensuite au haut du mât de Dutton, avec autant de régularité que si le même devoir eût été accompli sur la dunette du *César*. Trois fusées furent lancées immédiatement après, et l'on se servit de la pièce d'artillerie qui était toujours sur le promontoire pour tirer un coup de canon, afin d'appeler l'attention sur les signaux. À peine se passa-t-il une minute avant que *le César* y répondit en tirant un coup de canon de fort calibre, et en hissant les mêmes signaux en tête du mât. *Le Dublin* était encore si près, qu'il n'y eût pas un seul instant de perdu; mais, d'après les ordres qu'il avait reçus, il répéta aussi les signaux; car il avait été arrangé que, pendant toute cette nuit, tout ordre de cette nature serait transmis sur toute la ligne d'un vaisseau à l'autre.

— C'est le tour de *l'Elisabeth*, dit Bluewater; elle ne peut manquer d'avoir entendu nos canons et vu nos signaux.

— *L'York* l'a gagnée de vitesse, s'écria le midshipman; le voilà qui répond déjà aux signaux.

Tout cela se passa en quelques minutes, les derniers vaisseaux, en mettant à la voile, s'attendant à recevoir quelque ordre de rappel semblable. Une minute après, le canon et les fanaux de *l'Élisabeth* annoncèrent que le même ordre lui était parvenu.

On ne voyait plus ces deux derniers vaisseaux du haut du promontoire, quoique leur position fût indiquée par leurs fanaux; mais nul signe n'indiquait sur quelle partie de l'Océan se trouvait *le Douvres*. Deux ou trois minutes s'écoulèrent en silence.

— Je crois que c'est tout ce que nous pourrons réunir de ma division, dit enfin Bluewater; un de mes vaisseaux devra chercher demain matin à rejoindre le commandant en chef. Ah! voici qui signifie quelque chose.

Tandis qu'il parlait ainsi, une faible lueur parut un instant à une très-grande distance. Toutes les têtes se penchèrent en avant pour écouter; et bientôt un coup de canon, qu'on entendit à peine, annonça que l'ordre était arrivé jusqu'au *Douvres*.

— Que signifie cela, Monsieur? demanda vivement sir Reginald qui avait donné la plus vive attention à toute cette scène.

— Cela signifie, Monsieur, que toute ma division est encore sous mes ordres. Nul autre bâtiment que le Douvres n'aurait répondu à mes signaux. Tous ceux de la première division ne doivent recevoir leurs ordres que du vice-amiral, à moins qu'ils ne soient spécialement désignés par leur numéro. — Lord Geoffrey Cleveland, ma barge est-elle arrivée?

— Oui, amiral, ainsi qu'un canot pour M. Cornet et les deux aides-timonniers.

— Fort bien. — Messieurs, nous allons nous rendre à bord. Il faut que le César appareille pour rejoindre les autres bâtiments au large. Je vous suivrai jusqu'à l'embarcadère; mais vous partirez à l'instant, et vous ordonnerez de ma part au capitaine Stowel d'appareiller sur-le-champ en abattant sur bâbord. Nous prendrons ensuite tribord amures, et nous gagnerons le large.

Tous ceux à qui cet ordre s'adressait se hâtèrent de descendre du promontoire pour l'exécuter, laissant Bluewater et le baronnet les suivre plus à loisir. C'était un moment critique pour sir Reginald, qui avait été si près d'arriver à son but, qu'il aurait éprouvé un double désappointement s'il avait tout à fait échoué dans son projet. Il résolut donc de ne pas quitter l'amiral tant qu'il aurait quelque espoir de succès; et l'accompagnant vers le rivage, ils marchèrent en profond silence pendant une ou deux minutes.

— Vous avez une grande partie entre les mains, amiral Bluewater, dit enfin le baronnet; et si elle est bien jouée, elle peut assurer le triomphe de la bonne cause. Je crois pouvoir dire que *je connais le but de Vervillin*, et que, si son projet réussit, il replacera les Stuarts sur le trône de leurs ancêtres. Un homme qui leur est dévoué doit y réfléchir sérieusement avant de rien faire qui puisse empêcher un si grand résultat.

Ce discours était aussi hardi qu'artificieux. En point de fait, sir Reginald ne savait pas plus que son compagnon ce que M. de Vervillin se proposait de faire; mais il n'hésita pas à affirmer qu'il le savait, afin de s'assurer un grand avantage politique dans un moment si important. Obtenir que Bluewater et ses capitaines se déclarassent ouvertement en faveur des Stuarts, ce serait déjà remporter une grande victoire; et rendre infructueux les plans de sir Gervais pour la maison de Hanovre en serait une autre. D'ailleurs toutes les probabilités étaient que l'amiral français ne s'était pas mis en mer pour rien, et que ses opérations avaient pour but de faciliter celles du jeune prince. Le baronnet, quelle que fût sa droiture en toute autre chose, n'avait aucun scrupule en cette occasion ; car il s'était persuadé depuis longtemps qu'il était permis de sacrifier des considérations morales inférieures pour arriver à un but aussi important que celui qu'il avait en vue.

Cette astuce ne produisit pas peu d'effet sur Bluewater. Le tentateur avait placé l'appât devant ses yeux sous la forme la plus séduisante, car il n'avait qu'à tenir sa division en réserve pour rendre un engagement moralement impossible. Il ne pouvait ni ne voulait laisser son ami lutter seul contre des forces supérieures ; mais nous avons à remplir le devoir pénible d'avouer que des éclairs passagers, brillant dans son imagination, lui faisaient voir la possibilité de rendre un grand service au prince aventureux qui était en Écosse, sans faire un grand mal au vice-amiral, ni même à l'avant-garde de la flotte. Entendons-nous pourtant bien. Le contre-amiral ne méditait ni une trahison ni une défection d'aucune espèce ; mais, par suite de cette fragilité qui est dans la nature même de l'homme, il ne pouvait fermer les yeux sur la perspective des résultats grands et glorieux que l'esprit du mal présentait à son imagination.

— Je voudrais que nous fussions réellement certains des projets de Vervillin, dit-il, et ce fut la seule concession que les nouvelles idées qui s'offraient à son imagination pussent arracher à ses lèvres. Cela pourrait jeter un grand jour sur la marche que nous devons suivre nous-mêmes. Je déteste tous ces Allemands, et je renoncerais au service avant de convoyer ou de transporter un seul de ces drôles en Angleterre.

Sir Reginald prouva ici combien il était expert dans l'art de mener les hommes. Il avait fait naître dans l'esprit de son compagnon une suite d'idées et de sentiments qui pouvaient le conduire au but où il désirait le voir arriver, et il craignit, en faisant de nouveaux efforts pour le porter à se déclarer, de ne réussir qu'à éveiller en lui un esprit d'opposition, et à le confirmer dans sa première détermination. Il résolut donc de laisser les choses dans l'état où elles étaient, espérant que le penchant vif et décidé du contre-amiral pour la maison des Stuarts agirait puissamment sur lui, de concert avec les vues flatteuses à son amour-propre qu'il allait finir par lui développer.

— Je ne connais rien en marine, dit-il modestement, mais je sais que le comte est occupé à nous servir. Il me conviendrait mal de donner des conseils à un homme ayant votre expérience, sur l'usage qu'il doit faire d'une force qui est en ce moment sous ses ordres ; mais un de mes amis, qui est à présent dans l'ouest de l'Angleterre, m'a dit que le prince a montré une grande satisfaction en apprenant combien il pouvait être en votre pouvoir de le servir.

— Croyez-vous donc que mon nom soit arrivé jusqu'à son oreille royale, et que le prince connaisse mes sentiments véritables ?

— Rien que votre extrême modestie, mon cher amiral, ne peut vous en faire douter. D'ailleurs, demandez-vous à vous-même comment il se fait que je sois venu vous trouver ce soir, le cœur sur la main, en quelque sorte, et vous rendant maître de ma vie et de mon secret. L'amour et la haine sont deux sentiments qui ne tardent pas à se trahir.

C'est une vérité historique que des hommes doués des principes les plus nobles, et de la plus grande force d'esprit, ont cédé aux flatteries partant d'un rang élevé. Les opinions politiques de Bluewater l'avaient rendu insensible aux caresses de la cour de Londres ; mais son imagination, sa déférence chevaleresque pour l'antiquité et pour des droits poétiques, qui étaient la base de son jacobitisme, et la compassion que lui inspirait toujours le sort de la famille exilée, ne le disposaient que trop à devenir la dupe d'un langage semblable. S'il eût été plus homme de faits, et moins sous l'influence de son imagination ; s'il avait eu la bonne fortune de voir de plus près ceux qu'il adorait presque, du moins dans un sens politique, leur pouvoir sur un esprit aussi juste et aussi clairvoyant que le sien aurait bientôt cessé d'exister. Mais comme il passait tout son temps sur mer, ils avaient le meilleur auxiliaire possible dans la faculté qu'il possédait de se figurer que les choses étaient ce qu'il désirait qu'elles fussent. Il n'était donc pas étonnant qu'il entendît cette fausse assertion de sir Reginald avec une émotion de joie, et même avec un tressaillement de cœur, tel qu'il n'en avait pas éprouvé depuis longtemps. Ses sentiments plus louables furent quelque temps étouffés par cette sensation nouvelle et traîtresse.

Ils arrivaient en ce moment sur le rivage, et il devint nécessaire qu'ils se séparassent. Ce n'était pas sans peine qu'on empêchait, à l'aide des avirons et des gaffes, la barge de l'amiral de s'élancer sur le rocher, et chaque instant rendait l'embarquement plus difficile. Les moments étaient précieux pour plus d'une raison, et les adieux furent courts. Sir Reginald ne lui dit que quelques mots, mais il donna toute l'expression nécessaire à la manière dont il lui serra la main.

— Dieu soit avec vous, amiral, lui dit-il, et qu'il vous accorde des succès proportionnés à votre fidélité ! — N'oubliez pas ! — un prince légitime—des droits consacrés par la naissance.—Dieu soit avec vous !

— Adieu, sir Reginald. Quand nous nous reverrons, l'avenir sera probablement couvert de moins de nuages pour nous tous. — Mais qui nous arrive ici en courant comme un fou ?

Un homme accourait vers le rivage dans l'obscurité, et ce ne fut que lorsqu'il arriva à deux pas de Bluewater qu'on reconnut Wycherly. Il avait entendu les coups de canon et vu les signaux. En devinant la raison, il était sorti à la hâte du parc dont il était alors le maître, et où il se promenait pour calmer son émotion ; et craignant d'être laissé à terre, il avait couru sans s'arrêter jusqu'au rivage ; il arrivait à temps car, une minute après, la barge s'éloigna du promontoire.

CHAPITRE XIX.

> Sur les eaux joyeuses de cette mer d'un bleu foncé, nos pensées ne connaissant pas plus de bornes qu'elle, et nos âmes étant aussi libres, aussi loin que la brise peut conduire et qu'on voit écumer les vagues, examine notre empire et vois notre demeure.
>
> BYRON. — Le Corsaire.

On ne connaît jamais complétement l'étendue du mouvement qui agite le sein de l'Océan, jusqu'à ce qu'on en ait éprouvé l'action soi-même. Alors chacun en ressent le pouvoir et en reconnaît les dangers. Le premier mouvement de sa barge dit à Bluewater que la nuit menaçait d'être sérieuse. Tandis que les canotiers se courbaient pour faire force de leur bras vigoureux sur leurs avirons, le petit esquif montait sur le haut d'une lame, divisant l'écume qui passait rapidement des deux côtés comme une aurore boréale marine, et se plongeait ensuite dans le creux des lames, comme s'il fût descendu au fond de la mer. Il fallut des efforts puissants et combinés pour l'éloigner du voisinage dangereux des rochers, et pour en maîtriser complétement les mouvements ; ce point atteint, l'équipage expérimenté fit avancer la barge lentement, mais avec uniformité.

— Mauvaise nuit, murmura Bluewater, se parlant à lui-même presque sans y songer, mauvaise nuit ; mais nous aurions pu nous en trouver plus mal si nous fussions restés à l'ancre. Oakes aura quelques mauvaises heures à passer là-bas à l'entrée de la Manche, avec une forte houle à l'ouest, luttant contre le jusant.

— Oui, amiral, dit Wycherly; — le vice-amiral nous cherchera tous avec quelque inquiétude, lorsque le jour paraîtra.

Bluewater ne prononça pas une autre syllabe avant que sa barge fût le long du bord du *César*. Il réfléchissait profondément sur sa situation, et nos lecteurs, qui connaissent ses sentiments, comprendront aisément que ses réflexions devaient être pénibles. Quelles qu'elles pussent être, il n'en fit part à personne; et quand un amiral juge à propos de garder le silence à bord d'une embarcation d'un bâtiment de guerre, c'est une espèce de devoir pour tous ses inférieurs d'imiter son exemple.

La barge était à environ un quart de mille du promontoire, quand on entendit le battement lourd des huniers du *César*, qui, ayant tous leurs ris pris, luttaient pour se mettre en liberté, tandis que l'équipage, rangé sur les écoutes, les bordait à joindre. Une minute après, on vit *la Mouche*, ayant sa grande voile dehors, s'éloigner lentement de la terre, paraissant comme l'ombre d'elle-même dans l'obscurité. On vit aussi le sloop fortement incliné à la bande par la force du vent, ayant son hunier sur le mât, et attendant ainsi en panne que le vaisseau amiral eût fait son abattée.

La surface de l'eau n'était qu'une nappe d'écume étincelante, tandis que l'air était rempli du bruit mélangé du mugissement des vagues et des rugissements du vent. Il n'y avait pourtant rien de glacial ou de désagréable dans la température de l'air, qui avait quelque chose de fortifiant et de stimulant, et qui était chargé de la fraîcheur de la mer, et de cette odeur particulière qui plaît tant à un marin. Après qu'on eut vigoureusement ramé pendant un bon quart d'heure, on arriva assez près du *César* pour en apercevoir la masse noire. Depuis quelque temps, lord Geoffrey, qui tenait la barre du gouvernail, gouvernait sur le fanal de hune de ce bâtiment; mais alors on voyait la masse noire du gréement se balancer dans l'air, et sa lourde coque plonger et se relever alternativement, comme si l'Océan eût gémi sous le travail d'avoir à soulever une telle masse de bois et de fer. Une lumière brillait à la fenêtre de la chambre de l'amiral, et de temps en temps on en apercevait une autre à travers un sabord qui était ouvert dans la chambre des officiers. A tout autre égard, ce bâtiment n'offrait aux yeux qu'une masse noire; et même quand la barge s'arrêta sous le vent du vaisseau, ce n'était pas une chose facile à ceux qui s'y trouvaient, de monter à bord par le moyen des taquets cloués contre le bord et formant une sorte d'échelle. Ils y réussirent pourtant, et tout le monde monta à bord, excepté deux canotiers qui y restèrent pour y crocher les palans et hisser la barge à bord.

Cette besogne terminée, un coup de sifflet donna le signal, et cette barge, construite pour porter au besoin une vingtaine d'hommes, fut soulevée du milieu des ondes écumantes, et hissée sur le pont comme par quelque effort gigantesque du vaisseau.

— Nous ne nous y prenons pas trop tôt, amiral, dit le capitaine Stowel dès qu'il eut reçu l'amiral avec l'étiquette ordinaire. — Il y a déjà du vent de quoi emplir un chapeau, et il promet d'augmenter encore pendant la nuit. L'ancre est déjà caponnée et traversée, et l'on s'occupe en ce moment à passer le serre-bosse.

— Faites route, capitaine, et gouvernez près en plein. Quand nous serons à une lieue en mer, faites-le moi savoir. — Monsieur Cornet, j'ai besoin de vous dans ma chambre.

En parlant ainsi, Bluewater descendit dans sa chambre suivi du lieutenant chargé des signaux. Au même instant, le premier lieutenant fit commandement de se ranger sur les bras de l'arrière pour éventer les voiles de l'arrière. Dès que cet ordre eut été exécuté, le César se mit lentement en route, mais avec une sorte de majesté qui semblait ne pas s'inquiéter du désordre des éléments.

Bluewater parcourut cinq ou six fois toute la longueur de sa chambre, la tête penchée dans une attitude pensive, sans faire attention à aucun objet extérieur.

— Avez-vous besoin de ma présence, amiral Bluewater? lui demanda enfin le lieutenant.

— Pardon, monsieur Cornet ; j'avais réellement oublié que vous étiez dans ma chambre. — Voyons ! — Oui, notre dernier signal était : « Que la division vienne à portée d'être hélée par le contre-amiral. » — Il faut cette nuit qu'ils viennent très près pour cela, car le vent et la mer commencent à chanter tout de bon.

— Et cependant, amiral, je gagerais un mois de ma paye que le capitaine Drinkwater amènera le Douvres assez près du César pour donner un accès de fièvre chaude à l'officier qui se trouvera de quart et à celui qui sera au gouvernail. Nous lui fîmes une fois ce signal pendant un ouragan, et son bâton de foc passa au-dessus de notre couronnement.

— Le capitaine Drinkwater est certainement un homme qui exécute très à la lettre les ordres qu'il reçoit, mais il sait parfaitement gouverner son vaisseau. — Voyez le numéro du signal : « Suivez les mouvements du contre-amiral. » — C'est 211, je crois.

— Pardon, amiral, c'est 212. Bleu, rouge et blanc, avec les pavillons. Avec les fanaux, c'est un de nos signaux les plus simples.

— Nous le ferons sur-le-champ ; ensuite vous ferez le signal :

« Tenez-vous dans les eaux du contre-amiral dans l'ordre de marche naturel. » — Je suis sûr que le numéro est 204.

— Vous avez raison, amiral. — Ferai-je le second signal, dès que tous les bâtiments auront répondu au premier?

— C'est mon intention, Cornet. — Quand tous auront répondu au second, faites-le moi savoir.

M. Cornet se retira, et Bluewater, se jetant sur un fauteuil, se livra de nouveau à ses réflexions. Pendant une bonne demi-heure, l'officier des signaux et les deux aides-timoniers furent occupés sur la dunette du service lent et difficile de faire des signaux de nuit, d'après la méthode alors en usage. Il se passa quelque temps avant que le vaisseau le plus éloigné, *le Douvres*, indiquât qu'il avait compris le premier signal, et il mit le même retard à répondre au second. Enfin la sentinelle ouvrit la porte de la chambre du capitaine, et l'officier des signaux y rentra. Pendant son absence sur le pont, le contre-amiral n'avait pas changé d'attitude, et à peine l'aurait-on entendu respirer. Ses pensées étaient bien loin de ses bâtiments, et depuis les dix ans qu'il arborait le pavillon amiral, il avait pour la première fois oublié les ordres qu'il venait de donner.

— Tous les bâtiments ont répondu aux signaux, amiral, dit Cornet en s'avançant vers la table sur laquelle Bluewater avait les coudes appuyés. — *Le Dublin* est déjà dans nos eaux, et *l'Elisabeth* qui nous reste par la hanche du vent, vient rapidement sur nous; il sera à son poste dans dix minutes.

— Et quelles nouvelles de *l'York* et du *Douvres?* demanda Bluewater, sortant de son état d'abstraction.

— Le fanal de *l'York* s'approche évidemment de nous, mais celui du *Douvres* est comme une étoile fixe; il est encore comme lorsque nous l'avons vu pour la première fois.

— C'est toujours quelque chose de l'avoir vu; je ne croyais pas qu'on pût le voir du pont.

— Cela serait impossible, amiral; mais en montant une demi-douzaine d'enfléchures, on peut l'apercevoir. Le capitaine Drinkwater hisse toujours ses fanaux au bout de la corne, et je puis toujours, dans les mêmes circonstances, les voir dix minutes plus tôt que ceux d'aucun autre bâtiment de l'escadre.

— Drinkwater est un officier très-attentif à toutes les parties de son service. Le changement dans le relèvement de son feu est-il assez sensible pour indiquer la route qu'il suit?

— Je crois qu'oui, amiral; mais comme sa route est perpendiculaire à notre travers, ce changement ne peut se faire remarquer que lentement. Chaque pied que nous avançons au sud doit nous le faire relever plus à l'ouest, tandis que le chemin qu'il fait à l'est réagit sur ce changement, et le fait paraître plus au sud.

— Cela est fort clair; mais comme il doit avancer de trois brasses pendant que nous avançons d'une, faisant route vent arrière, et par une telle brise, je crois que nous devons toujours en calculer la situation plus au sud qu'elle ne le paraît.

— Sans contredit, amiral, et c'est précisément ce que nous faisons. Je crois pouvoir déjà reconnaître une différence d'un demi-rhumb; mais quand nous aurons son fanal bien en vue de notre dunette, nous serons en état de la calculer avec une exactitude parfaite.

— Fort bien, Cornet. Faites-moi le plaisir de prier le capitaine Stowel de venir me parler, et ne perdez de vue aucun des bâtiments de ma division. — Attendez! — Parmi les midshipmen de quart, s'en trouve-t-il un qui ait la vue particulièrement bonne?

— Lord Geoffrey Cleveland, amiral; je n'en connais aucun qui en ait une meilleure. Il ne se fait pas une espièglerie dans toute l'escadre qu'il ne la voie, et il doit voir aussi bien toute autre chose.

— C'est ce qu'il me faut. Envoyez-le-moi; mais auparavant ayez soin d'en informer l'officier de quart.

Bluewater était extrêmement scrupuleux dans l'exercice de son autorité sur ceux qui étaient chargés de devoirs qui leur donnaient des supérieurs temporaires, et quand il envoyait quelque ordre à un marin faisant partie d'un quart, il chargeait toujours l'officier de ce quart de le lui transmettre. Il n'avait attendu qu'une minute quand le jeune homme arriva.

— Avez-vous la poigne bonne cette nuit, jeune homme? lui demanda le contre-amiral en souriant; ou sera-ce les deux mains pour vous, et pas une pour le roi? J'ai besoin que vous montiez sur la vergue du petit perroquet et que vous y restiez huit ou dix minutes.

— C'est une route bien connue, amiral, et je l'ai faite plus d'une fois, répondit Geoffrey avec gaieté.

— Je le sais. Vous ne reculez certainement jamais quand il s'agit du service. Allez donc, et assurez-vous si l'on peut apercevoir les fanaux d'aucun des bâtiments de la division de sir Gervais. Vous vous rappellerez que *le Douvres* nous reste à peu près au sud-ouest, et qu'il est loin au large. Je pense que les bâtiments de sir Gervais doivent être tous dans la même direction, mais plus loin en mer. En regardant attentivement un quart ou un quart et demi au vent du *Douvres*, il est possible que vous aperceviez le fanal du *Warspite*, et alors nous pourrons nous faire une idée assez correcte de la situation des autres bâtiments de cette division.

— Oui, oui, amiral Bluewater, je crois comprendre exactement ce que vous désirez savoir.

— C'est un don naturel à seize ans, Milord, dit l'amiral en souriant; mais l'expérience de cinquante peut le perfectionner peut-être encore un peu. Or, il est possible que sir Gervais ait fait virer sa division dès que le flot s'est fait sentir ; auquel cas, il doit nous rester presque à l'ouest, et vous regarderez aussi de ce côté. D'une autre part, il peut également être arrivé que le vice-amiral ait poussé sa bordée vers les côtes de France avant que la nuit tombât, afin de s'assurer si M. de Vervillin lui reste encore à l'est. Dans ce cas, il aura laissé porter un peu, et il peut être presque en tête de nous. Ainsi, et dans tous les cas, votre vue devra parcourir l'horizon, à partir de notre travers du vent, jusqu'au bossoir sous le vent. — Me comprenez-vous bien à présent?

— Je crois vous comprendre, répondit le jeune homme rougissant de son impétuosité. Vous excuserez mon indiscrétion, amiral Bluewater ; je croyais comprendre tout ce que vous désiriez de moi, quand j'ai parlé si à la hâte.

— Sans doute, Geoffrey, vous l'aviez cru; mais à présent vous voyez que vous ne compreniez pas tout. La nature vous a donné une intelligence vive, mais elle ne l'est pas assez pour prévoir tout ce que la garrulité d'un vieillard peut avoir à dire. Approchez maintenant, et donnez-moi la main. Allez, montez sur la vergue, et tenez-vous bien, car le vent est fort, et je ne veux pas qu'on vienne me faire rapport que vous êtes tombé à la mer.

Le midshipman serra la main de l'amiral, et sortit précipitamment de la chambre pour cacher son émotion : quant au contre-amiral, il retomba sur-le-champ dans son accès d'abstraction, en attendant l'arrivée de Stowel.

Le capitaine d'un vaisseau de ligne ne montre pas toujours la même promptitude qu'un midshipman à se rendre aux ordres d'un officier général. Stowel était occupé à voir si les embarcations de son bâtiment étaient bien saisies pour la mer, quand Cornet lui porta le message du contre-amiral; et il eut ensuite quelques instructions à donner au premier lieutenant relativement aux provisions fraîches qui venaient d'arriver, et à deux ou trois petits objets de même nature, avant d'avoir le loisir d'y songer.

— Désire me voir dans sa chambre aussitôt que possible, dites-vous, monsieur Cornet ? dit enfin le capitaine quand il n'eut plus rien à faire.

L'officier des signaux répéta mot pour mot le message de Bluewater, et se détourna pour chercher à apercevoir le fanal du *Douvres*. Quant à Stowel, il ne s'inquiétait pas plus du *Douvres*, quoiqu'on fût menacé d'avoir une nuit très-obscure et un coup de vent, qu'un bourgeois ne s'inquiète de la maison de son voisin, quand un incendie menace toute la rue : *le César* était pour lui le grand centre d'attraction. Et Cornet le payait en même monnaie ; car, de tous les bâtiments de la flotte, *le César* était celui auquel il faisait le moins d'attention, par la raison toute simple que c'était le seul vaisseau auquel il n'eût jamais de signal à faire, et dont il n'en attendît aucun.

— Eh bien, monsieur Bury, dit Stowel à son premier lieutenant, l'un de nous ne devra pas quitter le pont de cette nuit. En attendant, je vais faire un tour en bas pour une demi-heure, et voir ce que l'amiral a à me dire.

A ces mots, il quitta le pont pour aller s'informer du bon plaisir de l'amiral. Le capitaine Stowel était entré au service dans la marine quelques années avant le contre-amiral, et il avait été lieutenant sur une frégate à bord de laquelle Bluewater servait comme midshipman, circonstance à laquelle il faisait quelquefois allusion dans ses relations présentes avec lui. Le changement survenu dans leurs positions relatives avait été le résultat de l'influence de la famille de Bluewater, qui devint successivement premier lieutenant et capitaine, tandis que Stowel, malgré ses droits d'ancienneté, n'était encore que second lieutenant. Enfin celui-ci obtint le grade de capitaine à l'âge de quarante-cinq ans, et à la même époque Bluewater hissa pour la première fois le pavillon de contre-amiral. Stowel avait été quelques années auparavant son premier lieutenant à bord, et il lui offrit le commandement de son vaisseau amiral. Depuis ce temps, ces deux officiers avaient toujours fait voile ensemble, et vivaient dans la plus grande amitié, quoique le capitaine ne parût jamais entièrement oublier le temps où ils avaient servi à bord de la même frégate, lui comme lieutenant, et le contre-amiral comme midshipman.

Stowel devait avoir alors environ soixante-cinq ans. C'était un homme dont toutes les formes étaient carrées, les traits durs, les joues rubicondes, qui connaissait tout à bord de son bâtiment, depuis la pomme des mâts jusqu'à la carlingue, mais qui s'embarrassait fort peu d'autre chose. Il avait épousé une veuve quand il avait été nommé capitaine ; mais il n'avait pas d'enfants, et toutes ses affections, rentrant dans leur ancien canal, s'étaient reportées du foyer domestique sur son bâtiment. Il parlait rarement du mariage, mais le peu qu'il en disait se faisait aisément comprendre. Sans jamais faire aucun excès, il consommait une grande quantité de vin, d'eau-de-vie et de tabac à fumer; mais sa tête ne s'en ressentait jamais. La loyauté était son principe politique, et il aurait regardé une révolution, quel qu'en pût être le but, sous le même point de vue qu'une mutinerie à bord du *César*. Il tenait opiniâtrément à ses droits comme capitaine de son vaisseau, — aussi bien à terre, que lorsqu'il était sur son bord, — disposition qui avait moins d'inconvénients avec le bon contre-amiral qu'avec mistress Stowel. Si nous ajoutons que ce digne marin n'ouvrait jamais un livre qui n'eût rapport à sa profession, nous aurons dit tout ce que peut exiger le rôle qu'il joue dans notre histoire.

— Bonsoir, amiral Bluewater, dit le capitaine en saluant le contre-amiral comme un voisin en saluerait un autre en lui rendant une visite du soir, car ils avaient chacun leur chambre séparée. — M. Cornet vient de me dire que vous désirez me dire un mot avant que je me couche, si toutefois je me couche par cette bienheureuse nuit.

— Asseyez-vous, Stowel, et commencez par prendre un verre de ce Xérès, répondit Bluewater d'un ton cordial, montrant qu'il connaissait bien son homme, à la manière dont il mit à sa portée la bouteille et un des deux verres qui étaient sur la table. — Que pensez-vous de cette nuit? — Croyez-vous que ce vent doive durer?

— Mon opinion est..... Mais nous boirons d'abord à la santé de Sa Majesté, si vous n'y avez pas d'objection, amiral Bluewater. — Mon opinion est que nous allongerons les ralingues de ce nouveau grand hunier avant que nous soyons quittes de cette brise. Je crois ne vous avoir pas encore dit que j'ai fait enverguer la nouvelle voile depuis la dernière fois que nous en avons parlé. Elle va à merveille, et quand elle a tous ses ris pris, elle est ferme comme la muraille d'une maison.

— Je suis charmé de l'apprendre, Stowel; mais je crois que toutes vos voiles paraissent ordinairement fort bien à leur place.

— Vous savez, amiral Bluewater, que j'ai été assez longtemps au service pour y entendre quelque chose. Il y a maintenant plus de quarante ans que nous servions ensemble à bord de *la Calypso*, et depuis ce temps j'ai toujours rempli les fonctions d'officier. Vous étiez bien jeune alors, et vous songiez plutôt à plaisanter qu'à enverguer des voiles et à voir comment elles se maintenaient.

— Certainement je ne savais pas grand'chose, il y a quarante ans,

Stowel ; mais je me rappelle fort bien l'art que vous aviez alors, comme aujourd'hui, de faire que chaque raban, chaque écoute, chaque bouline et chaque fil de caret, fissent leur devoir. — A propos, pouvez-vous me dire quelque chose du *Douvres* ce soir?

— Non en vérité ; mais je suppose qu'il a appareillé comme les autres, et il doit être quelque part dans l'escadre. Au surplus, j'ose dire que son livre de loch nous apprendra s'il a été cette nuit dans notre voisinage. — Je suis fâché que nous ne soyons pas entrés dans quelque port à aiguade, de préférence à cette rade ; car, d'après mes calculs, nous devons être à court au moins de deux mille sept cents gallons d'eau de ce que nous devrions avoir ; ensuite il nous manque un nouvel assortiment de petits espars ; enfin on aurait pu arrimer dans la cale une trentaine de barils de provisions de plus.

— Je vous laisse entièrement le soin de tous ces détails, Stowel, vous ferez votre rapport assez à temps pour que rien ne manque sur votre bord.

— Ne craignez rien, amiral ; M. Bury, le master et moi, nous connaissons à fond *le César*, quoique j'ose dire que vous trouveriez dans la flotte des gens qui vous en diraient davantage sur *le Dublin*, *le Douvres* et *l'York*. — Nous boirons à la santé de la reine et de toute la famille royale, s'il vous plaît, amiral.

Bluewater se borna à faire un signe d'assentiment, et son compagnon n'en désirait pas davantage. En ce moment, il aurait fallu tout au moins un ordre général pour que le contre-amiral pût se décider à boire à la santé d'aucun des membres de la famille régnante.

— Oakes doit être à présent assez loin, et au milieu du canal, capitaine Stowel?

— Je suis porté à le croire, amiral, quoique je ne puisse dire que j'aie particulièrement remarqué le moment où il a appareillé. Mais cela se verra sur son livre de loch, j'ose le dire. — *Le Plantagenet* est fin voilier, et le capitaine Greenly sait comment l'orienter, et ce que ce bâtiment est capable de faire sur toutes les bordées. Je crois pourtant que Sa Majesté a dans cette escadre un vaisseau qui est en état de trouver un Français tout aussi vite, et, après l'avoir trouvé, de lui montrer les dents aussi bien.

— Comme de raison, vous voulez parler du *César*. — Eh bien ! je suis de votre avis sur ce sujet, quoique sir Gervais sache toujours s'arranger de manière à ce qu'on ne puisse jamais dire que son bâtiment est mauvais voilier. — Je suppose que vous savez, Stowel, que M. de Vervillin est au large, et que nous pouvons nous attendre à le voir ou à en entendre parler demain matin?

— Oui, je sais qu'on a parlé à bord de quelque chose de semblā ; mais on débite dans cette escadre tant de nouvelles de cuisine que je n'y fais jamais beaucoup d'attention. Un de nos officiers a parlé aussi d'un bruit qui court, et d'après lequel il semblerait qu'il y a en Ecosse une sorte de mutinerie. — Mais à propos, amiral, il nous est arrivé à bord un lieutenant surnuméraire, et comme il nous a rejoints sans ordres, je ne sais où le loger, ni à quelle table le mettre. Nous pouvons lui donner l'hospitalité cette nuit ; mais demain matin je serai obligé de l'inscrire régulièrement sur le rôle de l'équipage.

— Vous voulez parler de sir Wycherly Wychecombe ; je lui donnerai une place à ma table plutôt que de vous causer aucun embarras.

— Je n'aurai pas la présomption de me mêler de qui que ce soit que vous puissiez juger à propos d'inviter dans votre chambre, amiral, répondit le capitaine en saluant d'un air roide, comme pour faire des excuses. — Je dis toujours à mistress Stowel que je suis le maître dans ma chambre, et que ma femme même n'a pas le droit d'y entrer un balai à la main.

— Ce qui est un grand avantage pour nous autres marins, car cela nous laisse une citadelle où nous pouvons nous réfugier, quand l'ennemi s'est emparé des ouvrages avancés. — Vous ne paraissez pas prendre grand intérêt à cette guerre civile, Stowel?

— Cela est donc vrai, après tout? Je supposais que c'était quelqu'une des nouvelles de cuisine dont je vous parlais. Eh bien ! amiral Bluewater, de qui est-il question ? Je n'ai écouté l'histoire qu'à demi, et je n'y ai pas compris grand'chose.

— C'est uniquement une guerre pour décider qui sera roi d'Angleterre, capitaine Stowel ; rien de plus, je vous assure.

— Eh bien ! amiral, s'il faut dire la vérité, tous ces fainéants, qui vivent constamment à terre, sont des gens difficiles à contenter. Nous avons déjà un roi ; et d'après quel principe peut-on en désirer davantage ? J'ai causé un instant de cette affaire cette après-midi avec Blakely, capitaine de *l'Elisabeth*, qui était venu me voir, et nous avons conclu l'un et l'autre que ce sont les fournisseurs du gouvernement et les entrepreneurs des approvisionnements pour les troupes, qui mettent en train de pareilles billevesées pour pêcher en eau trouble, et en faire leur profit.

Bluewater écouta ce discours avec beaucoup d'intérêt, car il y trouvait la preuve que deux de ses capitaines, au moins, seraient complétement à sa disposition, et ne songeraient guère, du moins d'ici à quelque temps, à discuter ses ordres. Il pensa à sir Reginald, et au plaisir qu'il aurait eu à entendre ce trait caractéristique de l'esprit naval.

— Il y a pourtant des gens qui attachent une grande importance au résultat de cette affaire, dit le contre-amiral avec un air d'insouciance, et qui croient que la ruine ou l'avancement de leur fortune dépend de la manière dont elle se terminera. On se figure que de Vervillin est en mer avec des instructions relatives à cette insurrection dans le Nord.

— Je ne vois pas en quoi cela le concerne ; car je ne suppose pas que le roi Louis soit assez fou pour s'imaginer qu'il puisse devenir roi d'Angleterre aussi bien que roi de France.

— Cette dignité serait une charge trop pesante pour une seule paire d'épaules. Autant vaudrait qu'un amiral voulût commander toutes les divisions d'une armée navale, quand même elles seraient à cinquante lieues l'une de l'autre.

— Ou donner deux vaisseaux à un capitaine, ou, — ce qui revient mieux à l'affaire, — deux capitaines à un vaisseau. — Nous boirons à la discipline, amiral, si vous n'y avez pas d'objection : c'est l'âme de l'ordre et de la tranquillité, à terre comme sur l'Océan. Quant à moi, je n'ai pas besoin de *coégal*, — je crois que c'est le mot d'argot dont on se sert en pareille occasion : — non, je n'ai que faire de coégal à bord du *César,* et je n'en veux point dans ma maison à Greenwich, quoi que puisse dire à tout cela mistress Stowel. Voici mon vaisseau, il est à sa place dans la ligne ; c'est mon affaire de veiller à ce qu'il soit en état de rendre tous les services qu'on peut attendre d'un vaisseau à deux ponts de premier rang ; et je ne doute pas que je ne m'en acquitte d'autant mieux, que je n'ai sur mon bord ni femme ni coégal. Quant à savoir où il doit aller et ce qu'il doit faire, c'est autre chose, et à cet égard je me conforme aux ordres généraux, aux ordres spéciaux et aux signaux. Qu'on agisse à Londres d'après ce principe, et j'ose dire que nous n'entendrons plus parler de troubles ni dans le nord ni dans le midi.

— Certainement, Stowel, vos principes établiraient la tranquillité dans une nation aussi bien qu'à bord d'un bâtiment. J'espère que vous me rendez la justice de croire que je n'ai pas de coégal dans le commandement de cette division de l'escadre ?

— Si je le crois ! oui certainement, amiral Bluewater ; et j'ai l'honneur de boire à votre santé. Quand nous servions ensemble à bord de *la Calypso,* j'avais l'avantage ; et je puis dire que je n'ai jamais eu sous mes ordres un midshipman qui fît son devoir avec plus de zèle et de bonne volonté. Depuis ce temps, nous avons changé de place, bout pour bout, comme on pourrait dire, et je tâche de vous servir en votre propre monnaie. Il n'y a personne aux ordres de qui j'obéisse plus volontiers et avec plus d'avantage, exceptant, comme de raison, ceux du vice-amiral Oakes, qui, étant commandant en chef, a toujours le grappin sur nous tous. Nous devons obéir à ses signaux, quoique nous puissions soutenir, sans commettre un acte de mutinerie, que, sous toutes les allures, *le César* vaut bien *le Plantagenet* dans ses plus beaux jours.

— Il n'y a nul doute à cela. Je vois, Stowel, que vous avez tous les principes d'un bon marin. L'obéissance aux ordres avant tout. Je serais curieux de savoir ce que pensent nos capitaines, en général, des droits que le Prétendant affiche au trône d'Angleterre.

— Sur mon âme, je ne saurais vous le dire, mais je crois que c'est le cadet des soucis de la plupart d'entre eux. Quand le vent est favorable, nous pouvons prendre le large; quand il est contraire, il faut bien bouliner, n'importe qui règne. J'étais midshipman sous la reine Anne, qui était, je crois, de la famille Stuart; depuis ce temps j'ai toujours servi sous la famille de Hanovre, et pour vous parler franchement, amiral Bluewater, je ne vois guère de différence ni dans le service, ni dans la paye, ni dans les rations. Ma maxime est d'obéir aux ordres, et alors je sais que le blâme en retombera sur ceux qui les ont donnés, si quelque chose va de travers.

— Nous avons beaucoup d'Écossais dans la flotte, dit le contre-amiral d'un air abstrait, en homme qui pense tout haut, sans songer qu'il parle à un autre. Plusieurs de nos capitaines sont nés au nord de la Tweed.

— Oh! sans doute, on est presque sûr de trouver dans toutes les situations de la vie sociale des hommes venant de cette partie de notre île. Je n'ai jamais entendu dire que l'Écosse eût une fameuse marine dans les anciens temps, et pourtant, du moment que la vieille Angleterre leur a offert une paye, les lairds ont été tout disposés à envoyer leurs enfants sur mer.

— Il faut pourtant convenir, Stowel, que ce sont des officiers braves et utiles.

— Sans contredit; mais les hommes braves et utiles ne sont rares nulle part. Vous et moi, amiral Bluewater, nous sommes trop âgés et nous avons trop d'expérience pour ajouter quelque foi à l'idée que le courage et l'envie de se rendre utile appartiennent à une partie particulière du monde. Quant à moi, je n'ai jamais combattu un bâtiment français sans y trouver de la bravoure, et, suivant mon avis, l'Angleterre compte assez d'hommes braves pour commander tous ses bâtiments et pour combattre tous ses ennemis.

— Supposons que cela soit, Stowel ; il faut bien prendre les choses telles qu'elles sont. Que pensez-vous de cette nuit ?

— Je suis assez porté à croire qu'elle nous taillera de la besogne avant qu'il fasse jour, amiral, quoiqu'il soit un peu contre les règles qu'il ne pleuve pas encore avec le vent que nous avons. La première fois que nous irons à un mouillage, amiral Bluewater, mon intention est de mouiller avec une plus petite touée que nous ne l'avons fait dernièrement ; car je commence à penser qu'il est inutile de mouiller tant de câbles pendant les mois d'été ; on m'a dit que *l'York* ne met jamais que quarante brasses dehors.

— C'est une bien petite touée pour un grand bâtiment. Mais voici quelqu'un.

La sentinelle ouvrit la porte en ce moment, et lord Geoffrey entra dans la chambre de l'amiral, sa casquette retenue sur sa tête par un mouchoir de poche, et la figure rouge comme une écrevisse, par suite du vent auquel il avait été exposé.

— Eh bien, lui demanda Bluewater, quel rapport avez-vous à me faire ?

— *Le Douvres* nous approche beaucoup, amiral, et fait route sur notre avant. *L'York* est près de nous par le travers, prenant son poste. Mais je n'ai pu rien voir en tête de nous, quoique je sois resté vingt minutes sur la vergue.

— Avez-vous bien regardé à l'horizon, à partir du travers au vent jusqu'à notre bossoir sous le vent ?

— Oui, amiral, et s'il y a quelque feu en vue, il faut de meilleurs yeux que les miens pour le découvrir.

Pendant cette courte conversation, les regards de Stowel passaient tour à tour de l'un des interlocuteurs à l'autre ; mais dès qu'il y eut une pause, il trouva un mot à placer pour parler de son vaisseau.

— Vous êtes monté au mât de misaine ?

— Oui, capitaine Stowel.

— Et avez-vous pensé à examiner si la caisse du mât de perroquet n'avait pas éprouvé d'avarie ? Bury m'assure qu'elle a trop de jeu, et qu'en cas de gros temps, le mât n'y résisterait pas.

— Non, capitaine ; j'étais chargé d'examiner si les bâtiments de la division du commandant en chef étaient en vue, et je n'ai nullement songé à examiner si la caisse du mât de perroquet avait trop de jeu.

— Oui, voilà ce que vous faites tous aujourd'hui, vous autres jeunes gens. De mon temps, et même du vôtre, amiral Bluewater, nous ne mettions jamais le pied sur une enfléchure sans que nos mains et nos yeux fussent occupés en même temps jusqu'à ce que nous fussions en haut, quand c'eût été la pomme du mât. C'est ainsi que vous apprendrez de quoi est fait un bâtiment.

— Mes mains et mes yeux ne manquaient pas d'occupation, capitaine; les unes pour me tenir, et les autres pour chercher ce que je voulais découvrir.

— Ce n'est pas cela, non ce n'est pas cela qu'il faut faire, si vous voulez être bon marin. Commencez d'abord par bien connaître tout ce qui concerne votre vaisseau, et quand vous serez amiral, comme le fils de votre père, milord, est sûr de le devenir, il sera assez temps de vous inquiéter du reste de la flotte.

— Vous oubliez, capitaine Stowel, que...

— Suffit, suffit, lord Geoffrey, dit en souriant le contre-amiral qui savait que Stowel ne prêchait que ce qu'il pratiquait lui-même; si je suis satisfait de votre rapport, personne n'a le droit de s'en plaindre. Allez prier sir Wycherly-Wychecombe de venir me trouver sur le pont. Nous allons y monter ensemble, Stowel, pour voir de nos propres yeux ce que le temps nous promet.

— De tout mon cœur, amiral Bluewater. Mais, pour faire mes adieux à cet excellent vin, j'en boirai un verre à la santé du premier lord de l'amirauté. Il y a du bon dans ce jeune homme, en dépit de sa noblesse; et en lui tenant la main ferme à l'occasion, j'espère encore en faire un homme.

— Et s'il ne le devient pas au physique et au moral d'ici à quelques années, capitaine, ce sera le premier individu de sa famille qui y aura jamais manqué.

Tout en parlant ainsi, Bluewater sortit de sa chambre avec le capitaine, et ils se rendirent tous deux sur le gaillard d'arrière. Stowel s'y arrêta pour avoir une consultation avec son premier lieutenant et l'amiral monta l'échelle de la dunette pour aller joindre Cornet. Celui-ci n'ayant rien de nouveau à lui communiquer, Bluewater lui permit de descendre sur le pont, et le pria d'informer sir Wycherly que le contre-amiral l'attendait sur la dunette.

Il se passa quelques minutes avant que M. Cornet pût trouver le jeune Virginien, qui s'empressa de se rendre près de Bluewater. Ils eurent une conversation particulière qui dura une bonne heure, après quoi Cornet fut rappelé à son poste ordinaire. Il reçut l'ordre d'informer le capitaine Stowel que le contre-amiral désirait qu'il mît *le César* en panne, et qu'il signalât à la frégate *le Druide* de passer en poupe de l'amiral et de mettre en panne sous le vent, son grand hunier sur le mât. L'ordre était à peine transmis à l'officier de quart, que le bâtiment fut mis en panne et sa marche arrêtée. Au même instant le signal au *Druide* fut hissé. Cette cessation subite du mouvement du *César* fit que *le Dublin*, son matelot de l'arrière [1] fut obligé de laisser porter avec rapidité, pour éviter un abordage qui aurait facilement pu avoir lieu pendant une nuit si obscure. On le héla, et on lui donna ordre de mettre aussi en panne dès qu'il serait assez éloigné du *César*. L'*Elisabeth*, qui le suivait, passa à vingt brasses tout au plus du *César*, et reçut le même ordre. *Le Druide* était alors par la hanche du vent du vaisseau amiral; il laissa porter pour arrondir la poupe du *César*, et il mit en panne sous le vent près de son bossoir. Pendant toutes ces manœuvres, on avait mis à la mer, à bord de l'amiral, un canot qui à chaque instant paraissait devoir s'engloutir. Wycherly déclara alors qu'il était prêt à partir.

— N'oubliez rien de ce que je vous ai dit, Monsieur, dit Bluewater, et informez le commandant en chef de *tout* mon message. Il peut être important que nous nous entendions l'un l'autre complétement. Vous lui remettrez aussi cette lettre, que je viens d'écrire à la hâte tandis qu'on préparait l'embarcation.

— Je crois que je comprends vos désirs, amiral, — du moins je l'espère. — Je tâcherai de les exécuter.

— Dieu bénisse vos efforts, sir Wycherly! dit Bluewater avec émotion. Nous ne nous reverrons peut-être jamais; car la vie est incertaine, et l'on peut dire que nous autres marins, nous portons la nôtre dans nos mains.

Wycherly prit congé du contre-amiral, et descendit l'échelle de la dunette pour passer à bord du canot. Il s'arrêta pourtant deux fois sur le gaillard d'arrière, avec l'air d'un homme qui a envie de retourner sur ses pas pour demander quelque explication; mais chaque fois, après une courte pause, il se remit en marche.

Notre jeune marin eut besoin de toute son agilité pour passer sur l'embarcation sans accident. Dès qu'il s'y trouva, l'esquif partit rapidement, arriva en quelques minutes sous le vent de la frégate, et Wycherly monta à bord. Il n'avait pas été plus de trois minutes sur le pont du *Druide*, que les vergues furent brassées et le vent mis dans les voiles. La frégate fila d'abord doucement en tête, mais cinq minutes après elle établit sa grande voile, les ris pris. L'effet en fut si instantané, que la frégate parut voler en s'éloignant du *César*, et en un quart d'heure, avec deux ris pris dans ses huniers, et sous ses

---

[1]. On appelle matelot de l'arrière, en ligne, le bâtiment qui en suit un autre, et matelot de l'avant, celui qui précède.

basses voiles, elle en était à un mille de distance au vent. Ceux qui suivaient des yeux ses mouvements sans les comprendre remarquèrent qu'elle amena son fanal, et qu'elle parut se séparer du reste de la division.

Il se passa quelque temps avant que l'embarcation du *César*, qui avait à lutter contre le vent et la marée, pût regagner ce vaisseau. Quand elle eut accompli cette tâche difficile, on fit servir, et, dépassant *le Dublin* et *l'Élisabeth*, il reprit sa place dans la ligne.

Après avoir envoyé se coucher le lieutenant des signaux et les deux aides-timonniers, Bluewater continua à se promener sur la dunette pendant une heure. Stowel s'était couché, et M. Bury lui-même n'avait pas jugé nécessaire de rester plus longtemps sur le pont. Au bout d'une heure le contre-amiral pensa aussi à se retirer. Cependant, avant de quitter la dunette, il s'avança près de l'échelle de la dunette au vent, et se tenant aux haubans d'artimon il regarda la scène qui l'entourait.

Le vent et la mer avaient augmenté de force, mais ce n'était pas encore un ouragan. *L'York* avait depuis longtemps repris sa place à une encâblure en avant du *César*, et faisait route sous la même voilure que le vaisseau amiral. *Le Douvres* reprit en ce moment la sienne, suivant l'ordre général qui en avait été donné, c'est-à-dire à la même distance en avant de *l'York*; on le voyait encore, mais moins distinctement. Le sloop et le cutter faisaient une route parallèle sous le vent des vaisseaux de ligne, à un quart de mille de distance, chaque bâtiment conservant bien son poste, en faisant grande attention à sa voilure. Plus loin, on ne voyait rien. La mer offrait aux yeux ce singulier mélange de brillant et d'obscurité qu'on remarque sur ses eaux quand elles sont agitées pendant une nuit sombre, et que le ciel est couvert et menaçant.

A bord du *César* tout était tranquille. Un fanal répandait çà et là autour de lui une lumière vacillante; mais l'ombre des mâts, des canons et d'autres objets faisait que la nuit n'en paraissait guère moins sombre. Le lieutenant de quart se promenait au vent sur le gaillard d'arrière en silence, mais l'œil attentif à tout. De temps en temps il hélait les vigies pour les avertir de bien veiller, et à chaque tour du gaillard il levait les yeux en haut pour s'assurer que les voiles étaient bien orientées. Quatre ou cinq marins se promenaient aussi sur le gaillard d'avant et sur les passavants. Mais la plupart des hommes de quart étaient étendus entre les canons, aux meilleures places qu'ils avaient pu trouver, et cherchaient à ne dormir que d'un œil. C'était une indulgence qu'on n'avait pas pour les midshipmen.

Il y en avait un sur le gaillard d'avant, appuyé contre le mât, et songeant aux douceurs de la maison paternelle; un autre, sur le pont, se soutenait à l'aide des filets de bastingage ; un troisième se promenait sous le vent sur le gaillard d'arrière, les yeux à demi fermés, ses pensées en confusion, et sa marche incertaine. Quand Bluewater s'avança vers l'échelle du gaillard d'arrière pour descendre dans sa chambre, ce dernier midshipman se heurta le pied contre un piton, trébucha, et se jeta sans le vouloir contre l'amiral qui lui évita une chute en le retenant dans ses bras, et ne le lâcha qu'après l'avoir bien assuré sur ses jambes.

— On vient de piquer sept coups, Geoffrey, lui dit Bluewater à demi-voix. Tenez bon encore une demi-heure, et alors vous irez rêver à votre mère.

Avant que le jeune homme pût lui faire ses remerciements, le contre-amiral avait disparu.

CHAPITRE XX.

> Et cependant, quand il est en colère, c'est un vrai caillou ; aussi fantasque que l'hiver, et changeant de face aussi subitement que les grêlons suspendus aux gouttières dans le commencement de la matinée. Il faut donc voir avec attention dans quelle humeur il se trouve.
> SHAKSPEARE.

Le lecteur se rappellera que le vent n'avait pas encore fraîchi, quand sir Gervais Oakes entra dans sa barge, dans l'intention d'appareiller et de prendre la mer avec son escadre. Il est donc nécessaire que son esprit se reporte en arrière au moment du départ du vice-amiral, et qu'il se rappelle quel était alors l'état du temps, maintenant qu'il est de notre devoir de le transporter en imagination précisément à cet instant.

Sir Gervais dirigeait une escadre d'après des principes tout différents de ceux de Bluewater. Tandis que celui-ci s'en rapportait sur tant de points aux capitaines de ses vaisseaux, le premier veillait à tout par lui-même. Il savait que le soin des moindres détails était indispensable pour assurer de grands succès, et son esprit actif descendait jusqu'à ce qu'on aurait pu appeler des minuties, à un point qui quelquefois déplaisait à ses capitaines. Au total, cependant, il savait faire assez suffisamment respecter cette barrière formidable opposée contre une familiarité excessive, cette grande cause de mécontentement dans une escadre, l'étiquette navale, pour prévenir tout ce qui aurait pu dégénérer en mésintelligence sérieuse ; et une harmonie parfaite régnait entre lui et les différents magnats qui étaient sous ses ordres. La circonstance que sir Gervais était un amiral aimant les combats contribuait peut-être à maintenir la tranquillité intérieure dans son escadre ; car on a souvent remarqué que les armées de terre et de mer ont plus d'indulgence pour les chefs qui les mettent souvent en face de l'ennemi, que pour ceux qui les tiennent dans l'inaction et qui les exposent moins aux dangers. On dirait que des rencontres fréquentes avec l'ennemi sont autant d'issues par où s'échappe toute tendance superflue à des querelles intestines. Nelson, jusqu'à un certain point, fut un exemple de cette influence dans la marine anglaise ; Suffren [1] dans celle de la France, et Prèble, à un degré beaucoup plus haut que les deux autres, dans la nôtre. Quoi qu'il en soit, tandis que la plupart de ses capitaines se sentaient plus restreints dans leurs droits de commandement quand sir Gervais se trouvait à leur bord, ou à portée de leurs vaisseaux, que lorsqu'il était dans la chambre du *Plantagenet*, la paix était rarement interrompue entre eux, et tous avaient pour lui, en général, autant d'affection que d'obéissance. Des deux amiraux, Bluewater était certainement le favori, mais il était à peine aussi respecté, et il n'inspirait certainement pas la moitié autant de crainte.

Dans l'occasion dont il s'agit, le vice-amiral ne traversa pas la flotte sans donner de nouvelles preuves du penchant particulier auquel nous avons fait allusion. En passant devant un vaisseau, il ordonna au patron de sa barge de faire lever rame, et hélant ce bâtiment, il s'écria :

— Ho ! du *Carnatique !*

— Amiral ! répondit l'officier qui était de quart sur le pont, sautant à la hâte sur l'affût d'un canon du gaillard d'arrière, et levant son chapeau.

— Le capitaine Parker est-il à bord, Monsieur ?

---

[1]. Suffren, quoique un des meilleurs hommes de mer que la France ait jamais eus, était sévère et même bourru. Il devait être d'une famille noble, car c'était comme chevalier de Malte qu'il portait le titre de *bailli de Suffren*. Une circonstance singulière se rattache à la mort de cet officier, qui arriva peu de temps avant la révolution française. Il disparut tout à coup, et personne ne sut où il fut enterré. On suppose qu'il fut tué par un de ses officiers dans une rencontre dans les rues de Paris pendant la nuit, et que la famille du vainqueur eut assez d'influence pour empêcher toute enquête sur cette mort. On attribue la cause de cette querelle à la manière dure dont cet officier avait été traité pendant qu'il était sous ses ordres.

— Oui, sir Gervais. — Désirez-vous le voir?

Un signe de tête affirmatif suffit pour amener le capitaine Parker sur le pont, et de là sur le passavant, d'où il pouvait sans difficulté entrer en conversation avec l'amiral.

— Comment vous portez-vous, *capitaine Parker?* — Ces mots étaient un signe certain qu'une réprimande allait les suivre; sans quoi l'amiral l'aurait appelé tout simplement *Parker.* — Je suis fâché de voir que votre vaisseau est trop sur le nez; il sera trop ardent, et ressemblera à un poulain qui sent la bride pour la première fois, et qui porte la tête tantôt d'un côté, tantôt de l'autre. Vous savez que j'aime à naviguer en ligne serrée, les bâtiments dans les eaux les uns des autres.

— Je sais fort bien tout cela, sir Gervais, répondit Parker, vieillard à cheveux gris, qui, par sa bravoure et sa bonne conduite, s'était élevé de simple matelot au rang honorable qu'il occupait alors, et qui, quoique brave comme un lion en face de l'ennemi, était toujours timide et craintif devant un chef; nous avons été obligés de consommer plus d'eau de l'arrière que nous ne l'aurions voulu pour ne pas déranger les câbles; mais nous allons les changer de place, afin de consommer l'eau des pièces qui sont arrimées en dessous. Avant huit jours nous aurons repris nos lignes d'eau, et j'espère que le bâtiment sera en règle, amiral.

— Huit jours, Monsieur! du diable! ce n'est pas là ce qu'il me faut, quand je m'attends à voir de Vervillin demain matin. Remplissez d'eau de mer à l'instant toutes vos pièces vides, et si cela ne suffit pas, transportez vos boulets de l'avant sur l'arrière. Je connais parfaitement votre vaisseau; il est aussi sensible qu'un homme qui a des cors aux pieds, et il faut que le soulier ne le gêne nulle part.

— Fort bien, sir Gervais; le vaisseau sera mis à son tirant d'eau convenable le plus tôt possible.

— C'est ainsi que je désire que soit un vaisseau *en tout temps*, Monsieur, et surtout à la veille d'une rencontre avec l'ennemi. — Et, écoutez-moi, *Parker*; je sais que vous aimez le *brawn* [1], je vous en enverrai dès que je serai de retour à bord; car Galleygo m'a dit qu'il avait trouvé à en acheter sur la côte. — D'après le rapport qu'il m'a fait, il faut que le drôle ait mis au pillage tous les poulaillers du Devonshire.

Le vice-amiral lui fit un signe amical de la main; Parker le salua en souriant, en lui faisant ses remerciements, et ils se séparèrent en

---

1. Espèce de fromage de cochon de forme ronde et allongée.

très-bonne intelligence, malgré la petite escarmouche qui avait commencé la conversation.

— Monsieur Wilhiamson, dit le capitaine Parker à son premier lieutenant, en quittant le passavant, vous avez entendu les ordres de l'amiral, et il faut les exécuter. Je ne crois pourtant pas que *le Carnatique*, avec son tirant d'eau actuel, fût sorti de la ligne et n'eût pu se maintenir à son poste, quoiqu'il soit un peu sur le nez. Cependant faites remplir les pièces vides et changer de place les boulets, pour faire tomber le vaisseau de six pouces sur l'arrière.

— Ce vieux Parker est un brave, dit sir Gervais à son commis d'administration, qu'il avait pris dans sa barge, de peur qu'il ne trouvât pas d'autre canot pour retourner à bord en temps convenable : et je suis surpris qu'il souffre que son bâtiment plonge le nez sous l'eau de cette manière. J'aime à l'avoir pour mon matelot de l'arrière ; car je suis sûr que si j'entrais dans le port de Cherbourg, il m'y suivrait. — Et vous, Locker, ajouta-t-il en se tournant vers son valet de chambre, qui était aussi sur sa barge, songez à lui envoyer deux des meilleurs échantillons de ce *brawn*. — Eh, eh ! — à quoi diable pense donc lord Morganic, — ce descendant de main gauche du sang royal? Son vaisseau ressemble à un mannequin de tailleur, uniquement destiné à faire étalage de vestes et d'habits. — Ho ! de *l'Achille!*

Un aide-timonnier accourut au bord de la dunette et alla de suite informer son capitaine que le commandant en chef de l'escadre hélait le vaisseau. Ce capitaine était le comte de Morganic, jeune homme de vingt-quatre ans, qui avait hérité de son titre quelques années auparavant par la mort de son frère aîné ; car c'est ordinairement de cette manière qu'on trouve un *vieux* pair dans la marine, les fatigues du service n'ayant rien d'assez encourageant pour y attirer ceux qui sont déjà en possession d'une fortune. Le comte s'avança sur la hanche de *l'Achille*, salua l'amiral avec une aisance respectueuse, et lui parla avec une sorte de familiarité qu'aucun des vieux capitaines de la flotte n'aurait osé se permettre. En général le ton des rapports qu'il avait avec ses officiers supérieurs annonçait qu'il sentait la supériorité de son rang sur le leur, *au civil;* mais sir Gervais étant d'une ancienne famille, et tout aussi riche, il montrait au vice-amiral plus de respect qu'il n'en accordait à tout autre. Son bâtiment était plein de *nobs*, comme on appelle dans la marine les fils et les parents des nobles ; et il n'était pas rare à leurs différentes tables de les entendre plaisanter aux dépens même de leurs amiraux, qu'ils regardaient comme dépourvus des qualités particulières qu'ils s'imaginaient, peut-être avec raison, caractériser leur caste.

— Bonjour, sir Gervais, dit ce noble capitaine; je suis charmé de vous voir si bonne mine, après notre longue croisière dans la baie de Biscaye. Je me proposais ce matin d'avoir l'honneur d'aller vous demander en personne des nouvelles de votre santé; mais j'ai appris que vous n'aviez pas couché sur votre bord. Si vous vous y habituez, amiral, nous aurons à vous traduire devant un conseil de guerre.

Tous ceux qui entendirent ce propos se mirent à rire. Les lèvres de sir Gervais lui-même s'entr'ouvrirent pour laisser échapper un demi-sourire, quoiqu'il ne fût pas tout à fait en humeur de plaisanter.

— Allons, allons, Morganic, ne vous inquiétez pas de mes habitudes, et regardez un peu votre petit mât de hune. Pourquoi, au nom de toute la science nautique, ce mât est-il incliné de l'avant, comme si c'était celui d'un chebec?

— N'aimez-vous pas cela, sir Gervais? Nous autres, ici, nous pensons que cela donne à *l'Achille* un air fûté, et nous espérons en amener la mode. Vous savez, amiral, qu'en reportant les voiles sur l'avant, on a, comme vous le savez, plus de facilité pour abattre en virant de bord.

— Sur ma foi, je ne sais rien de semblable, Milord. Ce que vous gagnez en masquant, vous le perdez quand vous revenez au vent. Si j'avais à ma disposition une paire de balances capables d'exécuter ce projet, je voudrais peser toute cette masse que vous avez ainsi reportée sur l'avant, à l'extrémité d'un si long levier; afin de vous apprendre quel ingénieux moyen vous avez inventé pour faire plonger l'avant d'un bâtiment dans une mer debout. Du diable si je crois que vous puissiez tenir la cape, avec cette disposition de votre mâture qui vous fera tomber sous le vent. Allons, disposez tout sur-le-champ pour remettre toutes choses dans leur état ordinaire, et donnez à votre mât de misaine la position la plus perpendiculaire possible.

— Cependant, sir Gervais, il me semble que *l'Achille* figure dans l'escadre aussi avantageusement que la plupart des autres vaisseaux; et quant à l'allure et à la manœuvre, il n'est ni lent ni gauche.

— Il est assez bien, Morganic, vu l'immense quantité d'idées de Bond-Street dont il est chargé; mais il ne fera jamais rien de bon au milieu de lames le frappant de l'avant, avec ce petit mât de hune menaçant vos apôtres. Ainsi redressez-moi ce mât le plus tôt possible, et venez dîner avec moi, sans autre invitation, le premier beau jour que nous aurons sur mer. Je vais envoyer du *brawn* à Parker; mais vous, Milord, je vous ferai goûter une soupe à la tortue, de la façon de Galleygo, faite avec une tête de cochon.

— Je vous remercie, sir Gervais. — Nous allons tâcher de redresser le mât, puisque vous le voulez ainsi; mais j'avoue que je suis ennuyé de voir tous les jours chaque chose à la même place sans jamais le plus léger changement.

— Oui, oui, dit le vice-amiral, tandis que les coups mesurés des avirons éloignaient sa barge du vaisseau, voilà ce que pensent tous ces croiseurs du parc de Saint-James. Il leur faut un tailleur à la mode pour gréer leurs bâtiments comme ils se font gréer eux-mêmes. Il y a mon vieil ami et voisin, lord Scupperton, à qui il prit fantaisie, il y a quelque temps, d'avoir un yacht; et quand il fut construit et lancé à l'eau, lady Scupperton voulut faire venir un tapissier de Londres pour en décorer les chambres. Le drôle arriva, examina le malheureux yacht, comme si c'eût été une maison de plaisance, et que croyez-vous qu'il dit ensuite? — A mon avis, Milord, cet édifice doit être décoré en style de cottage. — Le vagabond !

Cette anecdote, qui n'était pas nouvelle pour ses auditeurs, car sir Gervais l'avait déjà racontée au moins une douzaine de fois, mit le vice-amiral en si bonne humeur, qu'il ne trouva plus rien à critiquer dans aucun des autres bâtiments de l'escadre, jusqu'au moment où il arriva à bord du *Plantagenet*.

— Daly, dit le comte de Morganic à son premier lieutenant, vieil Irlandais plein d'expérience, qui savait encore chanter une bonne chanson et conter une bonne histoire, et, ce qui est assez extraordinaire pour un homme doué de ce double talent, qui connaissait parfaitement tous les détails de sa profession, — Daly, je suppose qu'il faut nous prêter à la fantaisie du vieil amiral, sans quoi il me mettra en quarantaine, ce dont je ne me soucierais guère à la veille d'une action générale; ainsi nous soulagerons un peu l'avant de ce poids, et nous reporterons nos cordes de l'arrière pour redresser ce mât. Si nous n'en faisions rien, du diable si je crois qu'il s'en apercevrait tant que nous nous maintiendrons bien dans ses eaux.

— Ce serait jouer gros jeu de chercher à tromper ainsi sir Jarvy, Milord, car il a un œil merveilleux pour distinguer jusqu'au moindre cordage. Si c'était l'amiral Bleu, je m'engagerais à croiser de conserve avec lui pendant huit jours, mon mât d'artimon arrimé dans ma cale, sans qu'il nous demandât ce que signifie cette nouveauté; il est même probable qu'il nous hélerait pour nous demander : — Quel brick est-ce là? — Mais des tours semblables ne peuvent réussir avec l'autre, qui s'aperçoit d'un fil de caret pendant à une vergue, aussi promptement qu'il remarquerait un bâtiment sortant de la ligne. Je vais donc m'occuper sur-le-champ de cette affaire, appeler le charpentier avec son plomb, et tout remettre aussi droit que le dos d'un grenadier.

Lord Morganic se mit à rire, ce qui lui arrivait souvent quand son lieutenant jugeait à propos d'être plaisant, et il oublia le caprice qu'il avait eu de faire porter son mât sur l'avant, aussi bien que l'ordre qui lui avait été donné de le rétablir dans sa position ordinaire.

L'arrivée de sir Gervais à bord de son vaisseau faisait toujours événement dans l'escadre, même quand son absence n'avait duré que vingt-quatre heures. L'effet en était le même que celui qui est produit sur un attelage de chevaux pleins d'ardeur et de feu, quand ils sentent que les rênes sont entre les mains fermes d'un cocher expérimenté.

— Bonjour, Greenly, bonjour, Messieurs, dit le vice-amiral en saluant à la ronde tous ceux qui se trouvaient sur le gaillard d'arrière, après qu'on l'eut reçu avec les honneurs d'usage, en lui présentant les armes, le tambour battant au champ, et chacun se découvrant la tête ; — il fait un beau jour, et il est probable que nous aurons une brise fraîche. — Capitaine Greenly, votre civadière n'est pas droite sur ses balancines. — Et vous, Bunting, faites signal au *Foudroyant* de mettre sa vergue de misaine en place le plus tôt possible. Il n'avait qu'à la jumeler, et il l'a amenée depuis assez longtemps pour en faire une toute neuve. — Toutes vos embarcations sont-elles à bord, Greenly ?

— Toutes, excepté votre barge, sir Gervais, et l'on s'occupe déjà à la hisser.

— Qu'on se dépêche ; ensuite levez l'ancre, et mettez à la voile. — M. de Vervillin s'est mis en tête, Messieurs, de nous jouer quelque mauvais tour, et il faut que nous lui en fassions passer l'envie.

Tous ces ordres furent bientôt exécutés ; mais comme nous avons déjà fait la description de la manière dont le *Plantagenet* passa au milieu de l'escadre, et conduisit au large les autres bâtiments qui la composaient, il est inutile d'en parler davantage. Il y eut cet empressement qui occasionne ordinairement une sorte de confusion qui n'est pourtant pas sans ordre, le son des sifflets, le craquement des poulies, et le bruit des vergues, avant le départ de chaque bâtiment. Quand la brise fraîchit, on diminua de voiles, comme nous l'avons déjà dit ; et quand le vaisseau qui était en tête des autres se trouva à dix lieues en mer, tous étaient sous petites voiles, toutes les apparences étant qu'il y aurait du vent pendant la nuit, sinon un coup de vent. Comme de raison, il n'y avait plus de communication possible entre *le Plantagenet* et les derniers bâtiments de l'escadre, si ce n'est par le moyen de signaux transmis d'un vaisseau à l'autre le long de la ligne ; mais sir Gervais ne s'en inquiétait pas, car il était convaincu que Bluewater comprenait tous ses plans, et il n'avait pas le moindre doute de la bonne volonté que mettrait son ami à coopérer à leur exécution.

Au surplus, ceux qui se trouvaient à bord du *Plantagenet* se mettaient peu en peine de ce qui se passait. Ils voyaient les bâtiments se suivre l'un l'autre à la distance convenue, aussi loin que la vue pouvait atteindre, mais le grand intérêt se concentrait au sud et à l'est, points où ils s'attendaient à voir paraître les Français ; car la cause d'un départ si subit n'était plus un secret pour personne dans l'escadre. Une douzaine des meilleurs marins du vaisseau furent placés en vigie au haut des mâts toute la soirée, et le capitaine Greenly resta assis pendant plus d'une heure, ayant une longue-vue en main, sur les barres du petit perroquet, à l'instant où le soleil allait se coucher, afin de pouvoir examiner l'horizon. Il est vrai qu'on aperçut deux ou trois voiles, mais c'étaient des bâtiments côtiers anglais, ou des bâtiments de Guernesey ou de Jersey, voguant vers quelque port de l'ouest de l'Angleterre, et probablement ayant pour cargaison des marchandises prohibées venant du pays ennemi. Un Anglais a beau voir de mauvais œil un Français, il n'a certainement aucune aversion pour les ouvrages de ses mains, et depuis que la civilisation a introduit l'art de la contrebande parmi ses autres perfectionnements, il n'y a probablement jamais eu une époque où les eaux-de-vie, les dentelles et les soieries de France n'aient pas été échangées en contrebande contre les tabacs et les guinées de l'Angleterre, soit en temps de paix, soit durant la guerre. Un des traits caractéristiques de sir Gervais Oakes était de mépriser tous les petits moyens vulgaires de nuire à l'ennemi ; il dédaignait même de se détourner de sa route pour donner la chasse à un contrebandier. Jamais il ne molestait un bâtiment pêcheur. En un mot, il faisait la guerre sur mer, il y a un siècle, d'une manière que quelques-uns de ses successeurs auraient pu imiter avec avantage, même de notre temps. Comme ce magnanime Irlandais, Caldwell[1], qui dirigea un blocus sur le Chesapeake, au commencement de la révolution américaine, avec tant de libéralité, que ses ennemis lui envoyèrent une

---

[1]. L'auteur croit que ce magnanime marin était feu l'amiral sir Benjamin Caldwell. Il est à peine nécessaire de dire que cette invitation ne pouvait être acceptée, quoiqu'elle eût été faite très-sérieusement.

invitation à un dîner public, sir Gervais savait faire une distinction entre les ennemis combattants et non combattants. Il dédaignait les parties de sa profession qui ne tendaient qu'à gagner de l'argent, quoique des sommes considérables eussent tombé entre ses mains, en forme de parts de prises, comme autant de présents du ciel. Il ne fit donc, en cette occasion, aucune attention à tout bâtiment qui n'était pas armé en guerre, son noble vaisseau continuant à s'avancer vers la côte de France, comme le dogue passe à côté du roquet qui se trouve sur son chemin, et ne s'arrête que s'il rencontre un adversaire que sa force et son courage rendent plus digne de lui.

— Vous ne les avez pas vus, monsieur Greenly? dit le vice-amiral quand le capitaine descendit sur le pont, attendu l'obscurité croissante, suivi d'une demi-douzaine de lieutenants et de midishpmen qui avaient aussi monté sur les vergues comme volontaires. Eh bien, nous savons qu'ils ne peuvent encore être à l'ouest de nous, et en continuant ainsi notre route au plus près, nous sommes sûrs de leur passer au vent avant six mois de ce jour. Comme nos vaisseaux se comportent bien, se suivant l'un l'autre aussi exactement que si Bluewater était à bord de chacun d'eux pour les faire gouverner!

— Oui, amiral, ils se maintiennent en ligne extraordinairement bien, eu égard aux lits de courants qui se trouvent dans la Manche. Si nous laissions tomber un hamac par-dessus le bord, je crois que *le Carnatique* le ramasserait, quoiqu'il doive être à quatre bonnes lieues en arrière de nous.

— Fiez-vous-en pour cela au vieux Parker; je vous garantis qu'il ne dévie jamais de sa route. Si c'était lord Morganic, le capitaine de *l'Achille*, je ne serais pas étonné de le voir ici par notre hanche du vent, uniquement pour nous montrer comme son vaisseau peut nous gagner au vent quand il est à la cape; ou peut-être là-bas sous le vent, pour nous faire voir comme il tombe sous le vent quand il ne fait aucun effort.

— Milord est pourtant un officier plein de bravoure, et n'est pas mauvais marin pour son âge, répondit Greenly, qui prenait ordinairement le parti des absents, quand son amiral était disposé à les juger trop sévèrement.

— Je ne lui refuse pas ces deux qualités, Greenly, et surtout la première; je sais que si je faisais à Morganic le signal d'entrer dans le port de Brest, il le ferait sans hésiter; mais y entrerait-il avec le guy, ou son bâton de foc en avant? C'est ce que je ne pourrais dire qu'après l'avoir vu. Vous-même, Greenly, vous êtes encore un jeune homme, mais...

— Jeune homme de trente-huit ans, sauf quelques mois, sir Gervais, et peu m'importe que les dames le sachent.

— Bon, bon! la moitié du temps elles nous aiment, nous autres vieux coquins, aussi bien qu'un jeune homme. Mais vous, Greenly, vous êtes encore d'âge à ne pas sentir le temps dans la moelle de vos os, et vous pouvez peut-être voir la folie de quelques-unes de nos idées surannées, quoiqu'il ne soit pas aussi probable que vous puissiez comprendre toutes les sottises qui ont été adoptées de votre propre temps. Rien n'est plus absurde que de vouloir faire des épreuves sur les principes établis des bâtiments. Ce sont des machines, Greenly; et elles ont leurs lois, qui sont aussi invariables que celles qui règlent le cours des planètes. L'idée de la construction d'un navire a été tirée d'un poisson. L'avant de l'un est la tête de l'autre. — La coque en est le corps; le gouvernail la queue. Tout ce que nous avons à faire pour obtenir le bâtiment qu'il nous faut, c'est donc d'étudier les poissons. S'il vous faut de l'espace, prenez la baleine, vous avez une grande cale ronde, une profondeur et une largeur convenables, et une coque à vastes contours. — Avez-vous besoin de vitesse? les modèles ne vous manqueront pas; prenez le dauphin, par exemple, et vous aurez un avant comme un coin, une coque maigre en avant, et un gouvernail comme la queue de ce poisson. Mais quelques-uns de nos jeunes capitaines gâteraient l'allure du dauphin, s'ils pouvaient respirer sous l'eau et arriver jusqu'à lui. Voyez leurs belles inventions! — Le premier lord de l'amirauté donnera à un de ses cousins une frégate qui est moulée d'après la nature même, comme on pourrait dire, et qui a une quille qui ferait honte à une truite. Eh bien, une des premières choses que fait le jeune homme en arrivant à bord, c'est d'allonger sa corne, ou bien d'augmenter de quelques lés son artimon, et de lui donner le nom de brigantine; et le voilà filant vent arrière avec sa barre au vent, vantant les qualités de son bâtiment pour tenir le vent, et bavardant sur la difficulté de le faire arriver.

— Je dois convenir que j'ai connu de tels marins, sir Gervais, mais le temps les guérit de cette folie.

— On doit l'espérer, car que penserait un homme d'un poisson auquel la nature aurait donné une queue juste par le travers de son corps, et qui serait obligé d'avoir une nageoire placée sur sa mâchoire sous le vent, ainsi qu'on place les ailes de dérive à bord des bâtiments hollandais, pour les empêcher de dériver.

Sir Gervais rit lui-même de bon cœur du portrait bizarre qu'il venait de tracer d'une créature née de son imagination. Greenly en fit autant, soit à cause de la singularité de cette idée, soit parce que les plaisanteries d'un commandant en chef sont ordinairement bien accueillies. Le sentiment momentané d'indignation qui avait porté le vice-amiral à exprimer ainsi son mécontentement des innovations modernes, céda au plaisir du succès qu'il avait obtenu ; il invita le capitaine à souper, — ce qui devait tenir lieu du dîner, — et l'emmena dans sa chambre de fort bonne humeur, Galleygo venant de l'avertir que le souper était servi.

La compagnie ne consistait qu'en trois personnes, le vice-amiral, Greenly et Atwood. Le repas était plus substantiel que scientifique, mais il était richement servi, car on ne voyait jamais que de la vaisselle plate sur la table de sir Gervais. Cinq domestiques, sans compter Galleygo, étaient occupés à servir les trois convives. Un grand vaisseau comme le *Plantagenet* n'éprouvant guère ni roulis ni tangage, excepté pendant un coup de vent, la grande chambre de ce bâtiment, quand les lampes furent allumées, et que les trois convives furent à table, avait un certain air de magnificence navale, auquel contribuaient la richesse de l'ameublement, les pièces d'artillerie et d'autres instruments de guerre. Sir Gervais avait à son service personnel trois domestiques à livrée, tolérant en outre Galleygo et deux ou trois autres individus de la même classe, comme pour rendre hommage à Neptune.

La situation n'étant nouvelle pour aucun des convives, et le travail de la journée ayant été sévère, les vingt premières minutes furent consacrées au devoir de la — restauration, — comme le disent les grands maîtres en gastronomie ; ensuite le vin commença à circuler, quoique avec modération, et les langues se délièrent.

— A votre santé, capitaine Greenly, — à la vôtre, Atwood, dit le vice-amiral, faisant un signe de tête familier à ses deux convives, en se versant un verre de Xérès. Ces vins d'Espagne vont droit au cœur, et je suis surpris qu'un pays qui les produit ne produise pas de meilleurs marins.

— Du temps de Colomb, répondit Atwood, les Espagnols pouvaient se vanter de quelque chose dans ce genre.

— Oui, mais ce temps est bien loin de nous, et il n'est pas revenu. — Je vais vous dire, Greenly, comment j'explique l'état défectueux dans lequel se trouve la marine en France et en Espagne. Colomb et la découverte de l'Amérique mirent à la mode les bâtiments et les marins. Mais un bâtiment, sans un officier en état de le commander, est comme un corps sans âme. La mode cependant fit entrer les jeunes nobles dans le service de la marine, et l'on donna le commandement des bâtiments à ces jeunes gens, uniquement parce que leurs pères étaient ducs et comtes, et non parce qu'ils avaient les connaissances nécessaires.

— Le service de notre pays est-il tout à fait exempt de cette sorte de favoritisme? demanda le capitaine.

— Il s'en faut de beaucoup, Greenly ; sans cela, Morganic n'aurait pas été nommé capitaine à vingt ans, et le vieux Parker, par exemple, seulement à cinquante. Mais quoi qu'il en soit, nos classes à présent se glissent l'une dans l'autre d'une manière qui neutralise l'influence de la naissance. — N'est-il pas vrai, Atwood?

— S'il faut dire la vérité, sir Gervais, quelques-unes de nos classes s'arrangent de manière à se glisser dans toutes les meilleures places.

— C'est parler assez hardiment pour un Ecossais, répliqua le vice-amiral en souriant. Depuis l'avénement au trône d'Angleterre de la maison de Stuart, nous avons construit sur la Tweed un pont sur lequel personne ne passe que pour venir du nord dans le sud. Je ne doute pas que le fils du Prétendant n'amène sur ses talons la moitié des Ecossais pour remplir toutes les places qu'ils peuvent regarder comme convenant à leur mérite. Il y a un moyen facile de payer les services, des promesses.

— A ce que j'entends dire, cette affaire du nord semble assez sérieuse, dit Greenly; je crois même que c'est l'opinion de M. Atwood.

— Oui, oui, vous la trouverez assez sérieuse si les idées de sir Gervais sur la manière de payer les services sont justes, répondit l'imperturbable secrétaire. L'Ecosse n'est pas un grand pays, mais la bravoure n'y manque pas, et il ne lui faut qu'un débouché pour se montrer.

— Eh bien, cette guerre entre l'Angleterre et l'Ecosse vient fort mal à propos, quand nous avons déjà sur les bras la France et l'Espagne. Nous avons eu à terre des scènes fort extraordinaires, chez un vieux baronnet du Devonshire, qui a mis au large pour l'autre monde pendant que nous étions chez lui.

— Magrath m'en a déjà dit quelque chose, et il a ajouté que le *fill-us null-us*... Du diable si je me rappelais un mot de son jargon cinq minutes après l'avoir entendu!

— Vous voulez dire *filius nullius*, le fils de personne. Est-ce que vous avez oublié votre latin, Greenly?

— Sur ma foi, sir Gervais, je n'en ai jamais eu à oublier. Mon père était comme moi capitaine d'un vaisseau, et depuis l'âge de cinq ans jusqu'au jour de sa mort, j'ai toujours été sur mer avec lui; le latin n'a pas été ma nourriture en sevrage.

— Oui, oui, mon cher Greenly, j'ai connu votre père, et j'étais à bord du troisième vaisseau après lui dans l'action où il périt. Bluewater était sur son *matelot d'avant*, et nous l'aimions tous deux comme un frère aîné. Vous n'étiez pas officier alors?

— Je n'étais encore que midshipman, et je n'étais pas en cette occasion sur le vaisseau de mon père, répondit Greenly, évidemment touché du tribut payé par le vice-amiral au mérite d'un père qu'il avait tendrement aimé ; mais j'étais assez âgé pour me rappeler comme vous vous comportâtes bravement tous deux dans cette affaire. Eh bien! ajouta-t-il en passant une main sur ses yeux; le latin peut être utile à un maître d'école, mais il ne sert pas à grand'chose à bord d'un bâtiment. Parmi mes camarades et mes amis intimes, je n'en ai jamais connu qu'un seul qui fût un savant en latin.

— Et qui était-il, Greenly? Toutes les connaissances sont utiles, et il ne faut pas en mépriser une parce que vous ne la possédez pas. J'ose dire que votre ami n'en valait pas moins pour savoir le latin. Il en savait sans doute assez pour décliner *nullus, nulla, nullum*, par exemple. Et quel était le nom de ce phénix, Greenly?

— John Bluewater, le beau John, comme on l'appelait, le frère cadet du contre-amiral. Il servait dans les gardes, mais on l'avait envoyé sur mer pour le tenir à l'écart, à cause de quelque affaire d'amour. Pendant qu'il était avec l'amiral, ou pour mieux dire avec le capitaine Bluewater, car il n'avait alors que ce grade, j'étais un des lieutenants du même vaisseau. Quoique le pauvre John fût mon aîné de quatre à cinq ans, il se prit d'amitié pour moi et nous devînmes intimes. Il entendait le latin mieux que ses intérêts.

— Quelle raison vous le fait croire? Bluewater ne m'a jamais beaucoup parlé de ce frère.

— Il y eut un mariage clandestin, des tuteurs mécontents, et il s'ensuivit toutes les difficultés ordinaires en pareil cas. Au milieu de tous ces embarras, le pauvre John fut tué dans une bataille; comme vous le savez probablement, et sa veuve le suivit au tombeau une couple de mois après. Toute cette histoire est fort triste, et je cherche à y penser le moins possible.

— Un mariage clandestin! répéta sir Gervais d'un air pensif. Je ne crois pas que l'amiral Bluewater soit instruit de cette circonstance; je ne l'ai jamais entendu y faire allusion. En êtes-vous bien sûr?

— Personne ne peut le savoir mieux que moi, car je l'ai aidé à enlever la jeune personne, et j'étais présent à la cérémonie du mariage.

— Et quelque enfant naquit-il de cette union?

— Je ne le crois pas, quoique le colonel ait survécu plus d'un an à ce mariage. Je ne saurais dire si le contre-amiral est instruit ou non de cette affaire, car je ne lui en ai jamais parlé; on n'aime pas à causer avec son officier commandant des détails d'un mariage clandestin contracté par son frère.

— Je suis charmé qu'il n'y ait pas eu d'enfant de ce mariage, Greenly; oui, des circonstances particulières font que j'en suis charmé. Mais changeons de conversation, car ces malheurs de famille donnent de la mélancolie, et un repas mélancolique est une sorte d'ingratitude envers l'Etre qui pourvoit à nos besoins.

La conversation ne roula plus que sur des objets indifférents, et peu de temps après les convives se séparèrent. Sir Gervais monta alors sur le pont et se promena une heure sur la dunette, les yeux toujours fixés du côté de l'est et du sud pour tâcher d'apercevoir les signaux des bâtiments français. Ne pouvant y réussir, et cédant à la fatigue, il retourna dans sa chambre pour se coucher. Mais avant d'y descendre, il donna l'ordre formel qu'on l'appelât s'il arrivait la moindre chose extraordinaire, et il le réitéra deux ou trois fois.

CHAPITRE XXI.

> Roule, Océan aux flots d'azur, roule! C'est en vain que dix mille flottes naviguent sur tes eaux; — l'homme couvre la terre de ruines, mais sa domination cesse sur ton rivage. — Sur tes plaines liquides tout naufrage est ton œuvre.
>
> BYRON. — *Childe-Harold.*

Il faisait grand jour quand sir Gervais Oakes reparut sur le pont. La scène qui s'offrit alors à ses yeux, et l'impression qu'elle fit sur son esprit, expliqueront suffisamment au lecteur quel était l'état des choses après les cinq à six heures d'absence du vice-amiral. Le vent était devenu un véritable ouragan, quoique la saison de l'année rendît les sensations qu'il causait moins désagréables que si l'on eût été en hiver. L'air était même doux et imprégné de l'humidité de l'Océan, quoique le vent, par moments, chassât par le travers du bâtiment des nappes d'écume, avec une fureur qui menaçait d'emporter la cime des lames pour la réduire en vapeur. Les oiseaux aquatiques eux-mêmes semblaient épouvantés dans les instants où le vent prenait plus de pouvoir, décrivaient des cercles dans l'air, et se plongeaient dans l'élément au-dessus duquel ils volaient, pour y chercher une protection contre les efforts de celui auquel ils appartenaient plus naturellement.

Sir Gervais vit que ses bâtiments se comportaient noblement au milieu de la lutte des éléments. Chaque vaisseau était sous la même voilure, savoir : la misaine, les ris pris; une petite voile triangulaire en forte toile, espèce de tourmentin, placée en avant du mât de misaine; une voile semblable sur le gaillard d'arrière en guise de foc d'artimon, et le grand hunier aux bas ris.

Plus d'une fois dans la matinée, le capitaine Greenly avait cru qu'il serait forcé d'offrir aux efforts du vent une surface plus basse que celle de la dernière voile qui vient d'être nommée; mais comme c'était un puissant auxiliaire pour bien appuyer le vaisseau et le maintenir bien gouvernant, il avait toujours différé à en donner l'ordre, et quand il vint à se demander s'il pouvait faire ce changement sans exposer à un trop grand risque les hommes qu'il serait nécessaire d'envoyer sur les vergues, la résolution qu'il prit, fut qu'elle resterait en place ou qu'elle serait emportée par le vent, comme la fortune en déciderait. Le même raisonnement laissa presque tous les autres vaisseaux exactement sous la même voilure.

Les bâtiments de la division du vice-amiral s'étaient rapprochés pendant la nuit, suivant l'ordre qu'il en avait donné avant de quitter le mouillage, et qui leur avait prescrit de se tenir à la distance d'usage les uns des autres dans le cas où le vent les menacerait d'une séparation. Le moyen d'exécuter cet ordre avait été que les derniers bâtiments avaient conservé presque toute leur voilure, pendant que ceux qui étaient en avant avaient diminué de voiles. L'ordre de marche était : *le Plantagenet* à l'avant-garde, puis *le Carnatique*, *l'Achille*, *le Foudroyant*, *le Blenheim*, *le Warspite*, dans l'ordre où ils viennent d'être nommés, quelques changements ayant été faits pendant la nuit pour amener les vaisseaux de la division chacun à la place qu'il devait occuper dans le combat en ligne de bataille, le vice-amiral en tête. La supériorité du *Plantagenet* était évidente; et *le Carnatique* seul, par une attention constamment soutenue, était en état de se maintenir littéralement sur la même ligne que le commandant en chef, tous les autres bâtiments graduellement, mais imperceptiblement, portant sous le vent du vaisseau amiral. Ces diverses circonstances frappèrent sir Gervais dès qu'il eut mis le pied sur la dunette, où il trouva Greenly examinant avec soin l'état du temps et la manière dont son vaisseau se comportait, et appuyé sur le guy afin de pouvoir résister à la force du vent. Le vice-amiral s'affermit sur ses jambes en les écartant l'une de l'autre, et se tint le visage tourné vers la ligne de ses bâtiments, qu'il examina successivement, à mesure que chacun d'eux, couché et labourant péniblement au milieu des montagnes d'écume occasionnées par son sillage, décrivait avec ses mâts de petits arcs dans l'air. Galleygo, qui ne se regardait jamais comme maître-d'hôtel pendant un ouragan, était seul avec eux sur la dunette, où il montait quand bon lui semblait, par une sorte de droit imprescriptible.

— Bravo, vieux *Plantagenet*, s'écria sir Gervais après avoir jeté un coup d'œil sur la situation de ses bâtiments. — Vous voyez, Greenly, qu'il a tous les autres sous le vent, excepté le vieux Parker ; et lui-même il y serait aussi, mais il mettrait son dernier morceau de toile plutôt que de ne pas se maintenir à son poste. Regardez maître Morganic ; il porte sa grande voile avec tous ses ris pour regagner son poste avec son *Achille*, et je vous garantis que, dans ce seul coup de vent, il fatiguera son bâtiment plus que ne le feraient six mois de mer, le rendant tout délié, secouant ses mâts comme des manches de fouet, et tout cela pour le plaisir de gréer un bâtiment à deux ponts anglais comme un chebec d'Alger ! Eh bien, qu'il sue sang et eau, en vrai badaud de Londres, pour tâcher de gagner au vent, si cet amusement lui plaît. — Mais qu'est devenue *la Chloé*, Greenly ?

— La voilà là-bas, amiral, à une bonne lieue sous le vent par notre bossoir, cherchant à découvrir l'ennemi, suivant vos ordres.

— Oui, c'est là son devoir, et il sera bien exécuté. — Mais je ne vois pas *le Driver*.

— Il est droit en tête, amiral, répondit Greenly en souriant, ses ordres étant un peu plus difficiles à exécuter. Sa place serait là-bas au vent, à une demi-lieue en avant de nous ; mais il n'est pas facile de gagner cette position quand *le Plantagenet* prend les choses au sérieux.

Sir Gervais sourit, se frotta les mains, et se tourna d'un autre côté pour chercher *l'Actif*, seul bâtiment de sa division qu'il n'eût pas encore vu. Ce léger cutter semblait danser sur les vagues, quoiqu'il fût caché la moitié du temps dans le creux des lames sous sa grande voile, par le travers au vent du vaisseau amiral, et il ne trouvait aucune difficulté à se maintenir à son poste, vu l'absence de toutes ses voiles hautes, et le peu de hauteur de sa coque. Il jeta ensuite un coup d'œil sur les mâts et les voiles du *Plantagenet*, et les examina avec grand soin.

— De Vervillin ne donne donc encore aucun signe de vie, Greenly ? demanda l'amiral après avoir passé en revue des yeux tous les bâtiments de son escadre. J'espérais que nous en aurions quelques nouvelles ce matin au lever du soleil.

— Peut-être vaut-il autant que les choses soient ce qu'elles sont, sir Gervais. Pendant un tel ouragan, tout ce que nous aurions pu faire aurait été de nous regarder l'un l'autre; ce dont je ne me soucierais même guère avant que l'amiral Bluewater nous ait rejoints.

— Pensez-vous ainsi, maître Greenly? En ce cas, nous ne sommes pas du même avis; car, quand je serais seul à bord de ce vaisseau, je le suivrais, pour savoir où le retrouver quand le temps nous permettrait de lui dire quelque chose.

A peine avait-il prononcé ces mots, que l'homme qui était en vigie sur les barres du petit perroquet cria de toutes ses forces : — Navire! — Presque au même instant, *la Chloé* tira un coup de canon dont la détonation se fit à peine entendre au milieu du tumulte des éléments, quoiqu'on vît distinctement la fumée s'élever au-dessus des vapeurs de l'Océan, et elle arbora un signal en tête de son mât d'artimon.

— Jeune homme, s'écria le vice-amiral, courant au bord de la dunette, et s'adressant à un midshipman qui était sur le gaillard d'arrière, — vite, allez dire à M. Bunting de venir ici sur-le-champ; *la Chloé* nous a fait un signal. Dites-lui de ne pas chercher ses boucles de jarretières.

Il y a un siècle, cette dernière injonction, quoique encore en usage à bord des bâtiments, avait un sens plus littéral qu'aujourd'hui; car presque toutes les classes avaient des boucles de jarretières, quoiqu'on négligeât souvent de les porter sur mer. Le midshipman descendit en courant dès que son officier eut parlé, et deux minutes après Bunting monta sur la dunette, après s'être arrêté un instant au pied de l'échelle du gaillard d'arrière pour passer son habit, afin de ne pas se montrer sans cérémonie dans ce lieu privilégié, en manches de chemise.

— Tenez Bunting, dit sir Gervais à l'officier des signaux en lui mettant en main la longue-vue; c'est le numéro 227, ce qui signifie, si j'ai la mémoire bonne — un grand bâtiment en avant.

— Pardon, sir Gervais; c'est — des bâtiments en avant. — Le nombre suivra. — Hissez le pavillon d'attention, timonnier!

— Tant mieux, Bunting, tant mieux. — Le nombre suivra? Eh bien, nous suivrons le nombre, qu'il soit grand ou petit. — Allons, drôle, dépêchez-vous donc de hisser votre pavillon d'attention.

Le signal ordinaire annonçant que le message avait été compris fut hissé à la tête de mât, et amené aussitôt, car on vit presque au même instant *la Chloé* amener aussi le sien.

— Maintenant nous allons savoir le nombre des bâtiments, dit sir

Gervais, prenant une autre longue-vue en place de celle qu'il avait remise à Bunting. Le capitaine Greenly prit aussi la sienne, et chacun d'eux dirigea son instrument vers la frégate, attendant avec impatience le signal qu'elle allait faire.

— Onze, de par saint George! s'écria le vice-amiral.

— Je compte mieux que vous, sir Gervais, dit Greenly en souriant. Rouge en dessus, bleu en dessous, et la flamme de distinction par-dessous, cela fait quatorze à présent dans nos livres.

— Eh bien! Monsieur, quand ils seraient quarante, nous les verrons de plus près, et nous saurons de quel bois ils sont faits. — Montrez votre pavillon d'attention, Bunting, afin que nous sachions ce que *la Chloé* a encore à nous apprendre.

L'ordre fut exécuté, et la frégate, se hâtant d'amener ses signaux en hissa de nouveaux presque au même instant.

— Que dit-elle, Bunting? — que dit-elle, Greenly? demanda sir Gervais, une lame ayant frappé le côté du bâtiment et fait jaillir tant d'eau sur son visage, qu'il fut obligé d'avoir recours à son mouchoir de poche, à l'instant où il allait se servir de sa longue-vue. Que faites-vous de ce nouveau signal, Messieurs?

— Je vois que le numéro est 382, répondit le capitaine, mais je ne me rappelle pas ce qu'il signifie.

— Bâtiments ennemis, dit Bunting lisant sur le livre. — Hissez le pavillon d'attention, timonnier.

— Il n'était pas besoin de signal pour nous apprendre cela, Greenly; car il ne peut y avoir aucune force amie dans ces parages, et quatorze bâtiments sur cette côte annoncent toujours des intentions hostiles. — Est-ce tout ce que dit ce signal?

— Non, sir Gervais; il dit: — Bâtiments ennemis courant bâbord amures, dans la direction suivante.

— Par saint George! ils coupent notre route à angles droits! Nous les verrons bientôt de dessus le pont. — Les bâtiments en arrière font-ils attention aux signaux?

— Tous, sir Gervais, répondit le capitaine; *le Foudroyant* vient d'amener son pavillon d'attention, et *l'Actif* répète le signal. Je n'ai jamais vu les aides-timonniers si agiles.

— Tant mieux! tant mieux! — Le signal de *la Chloé* disparaît. — Attention à celui qui va suivre.

Après l'intervalle nécessaire, la frégate montra le signal pour indiquer l'aire de vent.

— Comment gouvernent-ils, Bunting? s'écria le vice-amiral; où est leur cap, Monsieur?

— Nord-ouest-quart de nord, sir Gervais. — Pardon, je me trompe, c'est nord-nord-ouest.

— Oui, fatiguant péniblement comme nous au plus près du vent. Le vent vient en droite ligne de l'Atlantique, et Vervillin et moi nous traversons le détroit en nous dirigeant, l'un vers la côte septentrionale, et l'autre vers la côte méridionale. Il faut que nous nous rencontrions, à moins que l'un ne prenne la fuite. — Eh! Greenly?

— Cela est assez vrai, sir Gervais; mais quatorze bâtiments contre sept ne rendent pas tout à fait les forces égales.

— Vous oubliez *le Driver* et *l'Actif*, Monsieur. Nous avons neuf bâtiments, — neuf bons et solides croiseurs anglais.

— Savoir : six vaisseaux de ligne, une frégate, un *sloop* et un *cutter*, ajouta Greenly en appuyant sur les noms de ces deux dernières classes de bâtiments.

— Regardez, Bunting. — Que dit maintenant *la Chloé*? — que nous sommes en état de faire tête aux Français, quoiqu'ils soient deux contre un?

— Pas tout à fait cela, sir Gervais. Elle dit : — Cinq voiles de plus en avant! Leur nombre s'accroît rapidement, Messieurs.

— Et si cela continue, ils peuvent véritablement devenir trop forts pour nous, dit sir Gervais d'un ton plus calme; dix-neuf contre neuf ne rendent pas la partie égale. Je voudrais que Bluewater fût avec nous.

— C'est ce que j'allais dire, sir Gervais, dit le capitaine : si nous avions avec nous la seconde division, nous serions en meilleure attitude; car il est probable que quelques-uns des bâtiments français sont des frégates et des corvettes. L'amiral Bluewater ne peut être bien loin de nous; il doit être ici quelque part au nord-est ou au nord-ouest; et si nous virions vent arrière, je crois que nous apercevrions sa division d'ici à une couple d'heures.

— Quoi! et laisser à M. de Vervillin l'avantage de pouvoir jurer que la peur nous a fait fuir devant lui? Non, Greenly, non; nous passerons bravement devant lui, et cela à portée de canon, et ensuite nous aurons tout le temps de virer de bord et de chercher nos amis.

— Ne sera-ce pas mettre les Français exactement entre nos deux divisions, et leur donner l'avantage de diviser nos forces? Pour peu qu'ils fassent route au nord-nord-ouest, je crois qu'ils ne peuvent manquer de se placer entre nous et l'amiral Bluewater.

— Et qu'y gagneront-ils, Greenly? Quel grand avantage auront-ils, suivant vous, à se trouver entre deux escadres anglaises?

— L'avantage serait certainement assez mince, sir Gervais, si ces escadres étaient égales à la sienne; mais comme elles seront d'une force très-inférieure, le comte peut s'arranger pour en finir avec une division, tandis que l'autre sera encore trop loin pour aider la première, et une heure d'un feu bien nourri peut lui assurer la victoire.

— Tout cela est assez plausible, Greenly ; et pourtant j'aurais peine à laisser partir l'ennemi sans lui faire une égratignure. Tant que ce vent durera, il n'y aura pas beaucoup à se battre, et il ne peut y avoir de danger à voir M. de Vervillin d'un peu plus près. Dans une demi-heure ou une heure tout au plus, nous devons le voir de dessus le pont, même avec le peu de chemin que font les deux escadres sous cette allure. Jetez le lock afin de savoir au juste combien nous filons.

— Si nous avions un engagement avec les Français par un pareil vent, sir Gervais, répondit le capitaine après avoir transmis à son premier lieutenant l'ordre que venait de donner le vice-amiral, ce serait précisément donner aux Français l'avantage qu'ils désirent. Ils dirigent ordinairement leurs bordées contre la mâture, et un seul boulet y ferait plus de mal avec le gréement aussi tendu que n'en causeraient une demi-douzaine par une brise modérée.

— Suffit, Greenly, suffit, s'écria l'amiral avec impatience; si je ne vous connaissais pas aussi bien, et que je ne vous eusse pas vu dans tant de rencontres avec l'ennemi, je croirais que ces dix-neuf bâtiments vous font peur. Vous m'avez fait un assez long sermon sur la prudence pour m'en apprendre le mérite, ainsi nous n'en parlerons plus.

A ces mots, sir Gervais tourna sur le talon et se mit à se promener sur la dunette, car il se sentait contrarié, quoiqu'il ne fût pas en colère. De petites escarmouches semblables avaient lieu de temps en temps entre lui et son capitaine, qui savait que le plus grand défaut de son commandant dans sa profession, était une audace portée à l'excès ; et qui, comptant sur une réputation de bravoure bien établie, ne craignait jamais de lui recommander la prudence. Après l'honneur de son pavillon, et peut-être le sien propre, Greenly n'avait rien tant à cœur que celui de sir Gervais Oakes, sous qui il avait servi comme midshipman, comme lieutenant et enfin comme capitaine de pavillon, et son officier commandant ne l'ignorait pas, ce qui l'aurait porté à excuser des libertés encore plus grandes. Après s'être promené quelques minutes d'un pas rapide, le vice-amiral se calma et oublia l'ébullition de mécontentement qui l'avait fait parler, comme il venait de le faire. Il se rapprocha donc de Greenly, qui, bien convaincu que le jugement sain du commandant en chef ne manquerait pas d'apprécier les faits qui lui avaient été si clairement présentés, ne demandait pas mieux que de changer de conversation. Ils causèrent ensemble très-amicalement, sir Gervais se montrant même encore plus franc et plus communicatif que jamais, afin de prouver qu'il n'avait pas de rancune. L'objet de leur entretien était la situation du *Plantagenet* et celle de l'équipage.

— Vous êtes toujours prêt à combattre quand la nécessité l'exige, Greenly, finit par dire le vice-amiral en souriant, et toujours aussi prêt à faire sentir les inconvénients d'un engagement, quand vous croyez qu'il n'en doit résulter aucune utilité. Vous ne voudriez pourtant pas me voir effrayé par une ombre ou par un signal, ce qui est à peu près la même chose, au point de prendre la fuite ; ainsi donc, nous continuerons notre route jusqu'à ce que nous voyions distinctement les Français de dessus le pont. Il sera alors assez temps de décider ce que nous devons faire.

— Navire ! s'écria un gabier qui était en vigie ; et tous les yeux se dirigèrent en même temps vers les barres du petit mât de hune, d'où la voix partait.

Le vent était trop fort pour qu'on pût lui parler, même à l'aide d'un porte-voix, et le gabier reçut ordre de descendre pour rendre compte de ce qu'il avait vu. Dès qu'il arriva sur la dunette, le vice-amiral et le capitaine s'emparèrent de lui ; l'officier de quart, à qui il appartenait naturellement de l'interroger, laissant ce soin à ses supérieurs sans faire la grimace.

— De quel côté est le bâtiment que vous avez vu, drôle ? lui demanda sir Gervais d'un ton sévère, car il soupçonnait que ce n'était qu'un des bâtiments qu'on avait déjà signalés ; — côté du sud-est, sans doute ?

— Non, sir Jarvy, répondit le gabier, relevant ses pantalons d'une main, et lissant de l'autre ses cheveux sur son front ; c'est là-bas, du côté du nord-ouest, par notre hanche du vent. Ce n'est pas un de nos chalands français qui sont avec le comte de Fairvillain, — car c'est ainsi que tous les matelots de la flotte prononçaient le nom de leur brave adversaire, — c'est un bâtiment à voiles carrées, fatiguant, à peu près comme nous tous, au plus près du vent.

— Cela change l'affaire, Greenly. — Et comment savez-vous que c'est un bâtiment à voiles carrées ?

— C'est que, voyez-vous, sir Jarvy, on aperçoit son grand et son petit hunier au bas ris, et un bout de grande voile dehors, autant du moins que j'en puis croire mes yeux.

— Du diable ! il faut qu'il soit bien pressé pour porter tant de voiles par un pareil vent. Serait-il possible que le premier bâtiment de Bluewater fût en vue, Greenly?

— Je ne le crois pas, sir Gervais. Il est trop avancé au vent pour que ce puisse être un de ses vaisseaux. Il est possible que ce soit un bâtiment français envoyé à la découverte, qui a changé d'amures pour reprendre son poste, et qui, en nous voyant, a jugé à propos de forcer de voiles.

— En ce cas, il fera bien de se tenir au vent, s'il veut nous échapper. — Comment vous nommez-vous, brave homme? Tom Davis, si je ne me trompe?

— Non, sir Jarvy, je me nomme Jack Brown; mais c'est à peu près la même chose; nous ne nous inquiétons guère des noms, nous autres matelots.

— Eh bien! Jack Brown, fait-il bien du vent là-haut? Est-il assez fort pour qu'il soit difficile de vous tenir aux cordages?

— Il n'y a pas de quoi en parler, sir Jarvy. Après avoir croisé un hiver et un printemps dans la baie de Biscaye, je ne regarde cela que comme un grain. On n'a besoin que de la moitié d'une main pour se tenir.

— Galleygo, conduisez Jack Brown dans ma chambre, et donnez-lui un bon verre de grog. — Il ne s'en trouvera que mieux là-haut.

Ce fut ainsi que sir Gervais voulut réparer son erreur et l'injustice qu'il avait commise en supposant que Jack Brown s'était mépris en annonçant un nouveau bâtiment; et le gabier remonta à son poste, plus dévoué que jamais à son commandant. Il en coûte si peu aux grands et aux riches pour se rendre populaires, qu'on est quelquefois surpris qu'ils ne le soient pas toujours; mais quand on se souvient qu'il est aussi de leur devoir d'être justes, l'étonnement cesse; car la justice est précisément la qualité qui déplaît le plus à une grande partie du genre humain.

Une demi-heure se passa sans qu'on reçût aucun nouveau rapport des hommes en vigie. Cependant au bout de quelques minutes, le *Warspite* fit un signal à l'amiral pour annoncer qu'un bâtiment étranger se montrait par sa hanche du vent; et peu de temps après *l'Actif* en fit autant. Leurs signaux ne disaient pourtant pas quel était ce bâtiment; et comme il tenait la même route que le *Plantagenet*, il ne s'en approchait que très-lentement. Cette demi-heure écoulée, on commença à apercevoir de dessus le pont les bâtiments qui étaient du côté du sud-est. L'Océan était tellement couvert d'écume blanche qu'il n'était pas facile de distinguer de très-loin un bâtiment naviguant sous petites voiles ; cependant, à l'aide de longues-vues, sir Gervais et le capitaine Greenly s'assurèrent que les bâtiments ennemis du sud-est étaient au nombre de vingt, un autre s'étant encore montré, et ayant été signalé par *la Chloé* depuis les dix-neuf premiers : néanmoins plusieurs de ces bâtiments n'étaient pas des vaisseaux de ligne, et le vice-amiral, après un examen long et attentif, baissa sa longue-vue, et se tourna vers Greenly pour savoir s'ils étaient de même opinion.

— Eh bien! Greenly, lui demanda-t-il, qu'en pensez-vous à présent? Suivant moi, il y a treize vaisseaux de ligne, deux frégates, quatre corvettes et un lougre, en tout vingt bâtiments.

— Il n'y a aucun doute sur le nombre des bâtiments, sir Gervais; mais quoiqu'ils soient encore trop loin pour en parler avec certitude, je crois que nous y trouverons quatorze vaisseaux de ligne, et seulement trois corvettes.

— C'est certainement un peu trop pour nous sans Bluewater. Ses cinq vaisseaux en ce moment, et notre position à l'ouest, nous offriraient une perspective encourageante. Nous pourrions suivre M. de Vervillin jusqu'à ce que le vent se modérât, et alors lui présenter nos devoirs. — Que dites-vous à cela, Greenly?

— Il est inutile d'en parler, sir Gervais, tant que l'autre division ne sera pas avec nous. — Mais voici des signaux à bord de *l'Actif*, du *Warspite* et du *Blenheim*.

— Oui, oui, ils ont quelque chose à nous dire du bâtiment qui est au vent. — Eh bien, Bunting, quelles nouvelles?

— Le bâtiment au nord-ouest montre le numéro du *Druide*, répondit Bunting après avoir consulté le livre des signaux.

— Du diable! en ce cas Bluewater ne peut être loin. Fiez-vous à Dick pour être toujours à la place qui lui convient; il a un instinct pour une ligne de bataille, et je ne l'ai jamais vu manquer d'être à l'endroit où je désirais qu'il fût, ayant l'air aussi à l'aise que si ses bâtiments y eussent été construits. — Le numéro du *Druide!* Le *César* et les autres bâtiments sont en ligne en tête, plus au nord, portant même au vent de nous. Cela met le comte positivement sous le vent de toute notre escadre.

Mais Greenly n'avait pas l'esprit aussi ardent que sir Gervais. La circonstance que *le Druide* se montrait seul, et qu'il portait tant de voiles par un vent si violent, ne lui plaisait nullement. Il ne voyait pas de raison pour que la seconde division fît ainsi force de voiles; au lieu que la frégate y était obligée si elle voulait atteindre des bâtiments aussi fins voiliers que *le Plantagenet* et les autres. Il fit donc observer au vice-amiral qu'il était probable que *le Druide* était seul, et qu'il pouvait avoir pour but de lui parler.

— Il y a quelque chose de plausible dans ce que vous dites, Greenly, répondit sir Gervais après une minute de réflexion, et il faut y faire attention. Si Denham ne nous donne pas de nouvelles du comte qui doivent changer nos plans, il pourra être à propos d'apprendre ce que nous veut *le Druide.*

Denham était le commandant de *la Chloé*, belle frégate de trente-six canons, qui plongeait au milieu des hautes lames qui arrivaient de l'Atlantique, l'eau ruisselant dans ses écubiers à mesure qu'elle s'élevait sur la lame, comme les jets d'eau d'un souffleur. Ce bâtiment, comme on l'a déjà dit, était à une bonne lieue en avant et sous le vent du *Plantagenet*, et par conséquent plus près, dans la même proportion, des Français qui s'avançaient de ce côté de l'Océan, sur une longue ligne semblable à celle des Anglais, mais un peu rompue par leurs bâtiments légers qui se tenaient au vent de leur ligne. La distance était encore assez grande pour qu'il fallût des longues-vues pour se faire une idée à peu près exacte de la force et de la route de l'escadre de Vervillin, dont les bâtiments étaient encore si éloignés que ce n'était qu'à l'aide d'une longue habitude qu'on pouvait reconnaître avec quelque certitude la force de chacun d'eux. Cependant rien ne démontrait mieux la supériorité pratique de la science navale des Anglais, que la manière dont les lignes respectives étaient formées. Celle de sir Gervais Oakes était compacte, chaque vaisseau se trouvant, à très-peu de chose près, à une encâblure de distance de celui qui le précédait, comme de celui qui le suivait. C'était un point dont le vice-amiral se piquait; et en obligeant tous ses capitaines à suivre strictement cet ordre de marche sur une ligne, et en tenant toujours sous ses ordres, autant que possible, les mêmes bâtiments et les mêmes officiers, il avait réussi à faire apprendre à ses capitaines à bien connaître la marche de leurs bâtiments et ce qui était nécessaire pour se bien tenir à leur poste. Tous les bâtiments tenant bien le vent, quoique quelques-uns le tinssent encore mieux que les autres à un léger degré, il était facile de maintenir la ligne par le temps qu'il faisait, car le vent n'était pas assez violent pour que quelques voiles de plus ou de moins fussent un objet très-important. S'il y avait sur toute la ligne un vaisseau qui fût hors de sa place d'une manière sensible, c'était *l'Achille*, lord Morganic n'ayant pas eu le temps de rétablir toute sa mâture de l'avant, comme le vice-amiral lui en avait donné l'ordre, circonstance qui l'avait jeté hors de la ligne un peu plus qu'aucun des autres bâtiments. Néanmoins, si l'on eût pu, en ce moment, tirer une ligne du petit mât de hune du *Plantagenet* à celui du *Warspite*, elle aurait traversé plus de la moitié des vaisseaux qui se trouvaient entre les deux, et aucun n'en aurait été à plus d'une portée de pistolet. Comme il existait six intervalles entre les bâtiments, et que chaque intervalle était d'environ une encâblure, la ligne s'étendait sur un espace d'un peu plus des trois quarts d'un mille.

De l'autre part, quoique les Français naviguassent en assez bon ordre, leur ligne était moins serrée et moins régulière. Quelques-uns de leurs bâtiments étaient à un quart de mille sous le vent de leur ligne, et les intervalles qui les séparaient étaient irréguliers et mal observés. Ces circonstances provenaient de différentes causes dont on ne pouvait accuser le commandant en chef, qui était un marin plein d'expérience et un tacticien habile. Mais ses capitaines n'étaient pas habitués à servir ensemble, et quelques-uns d'entre eux venaient seulement d'être chargés du commandement de leurs vaisseaux. Or, si c'est dans l'intimité du mariage qu'un homme apprend à connaître le caractère de sa femme, ce n'est qu'après avoir navigué longtemps sur un même vaisseau qu'un capitaine peut en connaître les qualités et les défauts, et par suite en tirer le meilleur parti possible.

Au moment dont nous parlons, *la Chloé* pouvait être à environ une lieue du premier bâtiment ennemi, et sa position sous le vent de son escadre menaçait de la mettre, une demi-heure plus tard, à portée des canons des Français. Ce fait était visible à tous les yeux dans l'escadre, cependant la frégate tenait bon, ayant été placée à ce poste, et tout étant sous la surveillance immédiate du commandant en chef.

— Il y fera chaud pour Denham, s'il continue encore longtemps la même route, dit Greenly quand il se fut passé dix minutes de plus, pendant lequel temps les bâtiments s'étaient graduellement approchés.

— J'espérais qu'il pourrait se placer entre la frégate française la plus au vent et sa ligne, dit sir Gervais, car, dans ce cas, avec *le Plantagenet*, nous pourrions espérer de l'enlever en laissant porter rapidement sur elle.

— Et dans ce cas, nous ferions aussi bien de tout préparer pour le combat, car une telle manœuvre ne peut manquer d'amener un engagement général.

— Non, non ; je ne suis pas tout à fait assez fou pour cela, maître Télémaque ; mais nous pouvons attendre les chances un peu plus longtemps. — Combien de pavillons d'amiral comptez-vous sur l'escadre ennemie, Bunting ?

— Je n'en vois que deux, sir Gervais; l'un au mât de misaine, l'autre à celui d'artimon comme le nôtre. Je puis voir aussi maintenant qu'il n'y a que douze vaisseaux de ligne, mais dans ce nombre il n'y a pas de trois-ponts.

— Croyez donc un bruit qui court! C'est le plus grand menteur qui ait jamais remué la langue. Ainsi douze vaisseaux à deux ponts et huit frégates, sloops et lougres; il ne peut y avoir de grande méprise en cela.

— Je ne le crois pas, sir Gervais; le commandant en chef est à bord du quatrième vaisseau. Il faut notre meilleure longue-vue pour distinguer son pavillon. — Tenez! il hisse un signal en ce moment à sa corne.

— Si l'on pouvait lire le français à présent, Greenly, dit le vice-amiral en souriant, nous pourrions apprendre quelques-uns des secrets de M. de Vervillin. Peut-être est-ce un ordre pour appeler tout le monde à son poste, ou pour faire-branle-bas de combat. Regardez bien, Bunting; voyez s'il y a quelques indices d'une telle manœuvre. Que pensez-vous de ce signal?

— Il s'adresse aux frégates, sir Gervais. Elles y répondent toutes, et les autres vaisseaux ne disent rien.

— On peut lire ce signal sans l'aide du français, dit le capitaine, les frégates elles-mêmes nous disent ce qu'il signifie. M. de Vervillin n'a pas envie de permettre au *Plantagenet* de prendre, presque sans coup férir, rien de ce qui lui appartient.

La conjecture était assez juste. A l'instant où le capitaine cessait de parler, on vit évidemment quel était le but de l'ordre qui venait d'être transmis; car tous les bâtiments légers qui étaient au vent de la flotte française laissant porter tous à la fois grand largue et filant avec vitesse, tandis que sous l'allure pénible que les frégates et les corvettes venaient de quitter, elles filaient à peine deux nœuds, leur sillage fut tout à coup porté au quadruple; et en quelques minutes, passant dans les divers intervalles de leur ligne, elles se replacèrent dans le même ordre qu'auparavant, presque à une demi-lieue sous le vent de leur escadre. Là, dans le cas d'une action, leur principal devoir aurait été de secourir les vaisseaux désemparés qui pourraient être forcés de quitter la place qu'ils occupaient pendant le combat. Sir Gervais regarda toute cette manœuvre d'un air contrarié; il avait espéré que l'état du temps donnerait de la présomption à l'ennemi, et l'engagerait à laisser ses bâtiments légers dans leur première position.

— Ce serait un grand triomphe pour nous, Greenly, dit-il, si

Denham pouvait continuer sa marche sans changer de route. Ce serait quelque chose de mâle et de digne de bons marins, si une flotte de force inférieure passait ainsi devant une flotte de force supérieure.

— Oui, sir Gervais, mais cela pourrait nous coûter une belle frégate. Le comte ne peut trouver de difficulté à se servir des canons du vent de sa batterie basse, et une décharge de deux ou trois de ses premiers vaisseaux pourrait couper quelque mât dont la perte serait fatale à Denham dans une pareille position.

Sir Gervais plaça ses mains derrière son dos, se promena une minute, et dit d'un ton décidé :

— Bunting, faites signal à *la Chloé* de virer vent arriere, car on ne peut songer à virer vent devant avec une pareille mer et si peu de toile dehors.

Bunting avait prévu cet ordre, et il avait même déjà secrètement ordonné aux aides-timonniers de préparer les pavillons nécessaires, qui furent hissés dès que sir Gervais eut parlé. *La Chloé* était également aux aguets, car elle attendait cet ordre à chaque instant ; et avant qu'on eût vu son pavillon d'attention, elle avait déjà mis sa barre au vent, halé bas son foc d'artimon, et présenté promptement le cap à l'ennemi. Cette manœuvre semblait être généralement attendue, et elle avait certainement été différée jusqu'au dernier moment, car le vaisseau de tête de la ligne française laissa porter de trois ou quatre quarts, et comme la frégate lui présentait en ce moment son avant, il lui envoya une volée de tous les canons qui pouvaient porter sur elle. Une de ses écoutes de hunier fut enlevée par ce feu rapide et inattendu, qui causa aussi quelques avaries dans les manœuvres dormantes, mais heureusement sans importance immédiate. Le capitaine Denham était actif, et dès qu'il vit que son hunier battait, il le fit promptement carguer, le remplaça par sa grande voile avec les ris pris, et la frégate vint au vent bâbord amures. Pendant le temps qu'on avait mis à orienter *la Chloé* au plus près, l'avarie du hunier avait été réparée, et la voile était prête à être établie. Pendant ces évolutions, qui n'exigèrent que quelques minutes, sir Gervais eut toujours les yeux attachés sur la frégate, et pour avouer la vérité, son esprit se sentit soulagé quand il la vit bien établie sur l'autre bord, orientée au plus près, et faisant bonne route sous sa grande voile.

— Pas une minute trop tôt, sir Gervais, dit le prudent Greenly en souriant. Je ne serais pas étonné si le vaisseau de tête de la ligne française avait encore quelques mots à dire à Denham. Ses canons de chasse du vent sont précisément en ligne dans la direction de la frégate, et le mauvais temps ne peut l'empêcher de se servir de ses deux canons les plus élevés au-dessus de l'eau.

— Je ne crois pas, Greenly. Peut-être fera-t-il feu de sa batterie du gaillard d'avant, mais il n'essaiera pas de se servir de rien qui soit en dessous.

Sir Gervais avait en partie raison et en partie tort. Le français *essaya* de faire feu de sa batterie basse, mais dès la première fois que le vaisseau plongea, une lame frappa son bossoir du vent, et fit entrer par le sabord une colonne d'eau qui jeta la moitié de l'équipage de la pièce sous le vent. Au milieu de ce déluge, le coup partit, le boulet y ayant été placé l'instant d'auparavant, ce qui donna à cette scène un air étrange de chaos. On ne recommença pas cette épreuve, quoiqu'on eût mieux réussi sur le gaillard d'avant. On tira plusieurs coups successivement, mais toujours sans succès, ce qui provenait d'une cause à laquelle les canonniers de la marine font rarement assez d'attention; le boulet s'étant constamment écarté d'environ deux à trois cents pieds de la ligne visuelle, attendu la force du vent, qui soufflait en sens contraire, lorsqu'il avait parcouru le mille qui séparait les deux bâtiments. Sir Gervais surveillait avec inquiétude l'effet du feu des ennemis; mais voyant tous les boulets tomber en deçà de la frégate, il se rassura et commença à donner toute son attention à d'autres objets plus importants.

Comme nous approchons du moment où il est nécessaire que le lecteur puisse se faire une idée exacte de la position relative des deux flottes, nous terminerons ici ce chapitre, et nous réserverons cette explication pour le commencement du suivant.

CHAPITRE XXII.

> Tous étaient joyeux, tous riaient et poussaient des acclamations, en voyant le navire s'élancer sur l'Océan, fendre les flots couverts d'écume et la faire rejaillir sur le pont; comme un coursier vigoureux qui, sans s'arrêter dans sa course, lance de côté l'écume qui lui sort de la bouche.
> PERCIVAL.

Le long crépuscule d'une haute latitude était terminé, et le soleil, quoique caché sous des nuages, était levé. Le grand jour contribuait à diminuer l'aspect sombre de l'Océan, quoique le courroux des vents et des vagues lui donnât encore un air menaçant. Du côté du vent, il n'y avait aucun indice d'un changement de temps. La brise conservait toute sa force, et le ciel continuait à s'abstenir de mêler ses eaux à celles de la mer. L'escadre était alors par le fait au sud du cap de la Hogue, quoiqu'elle en fût loin à l'ouest, et précisément à l'endroit où la Manche reçoit les vents et les eaux du vaste océan Atlantique, dont les flots s'avançaient en longues lames régulières, quoique un peu dérangées par l'influence des courants. Des vaisseaux tels que les deux-ponts faisaient route avec un bruit semblable à des gémissements, leurs cloisons et toute leur membrure se plaignant, comme nous le disons, nous autres marins, tandis que ces masses énormes, chargées d'une lourde artillerie, s'élevaient ou s'abaissaient, suivant que les vagues arrivaient ou se retiraient. Mais leurs mouvements étaient majestueux et imposants, tandis que le cutter, le sloop et même la frégate semblaient soulevés comme une légère écume, et à la merci des éléments. *La Chloé* passait devant l'amiral, à contre-bord, à plus d'un mille sous le vent, et pourtant, quand elle était sur le sommet d'une lame, on voyait souvent son taille-mer presque jusqu'à la quille. Telles sont les épreuves auxquelles la force d'un bâtiment est soumise, car si un navire était toujours également porté sur l'eau sur tous ses points, il ne serait pas nécessaire d'en faire une masse si compacte de bois et de fer.

Les deux flottes faisaient à peu près des progrès semblables dans leur route, luttant contre les vagues pour faire environ une lieue marine par heure. Comme aucun navire ne portait de voiles hautes, et qu'on n'avait vu les bâtiments qu'au milieu de la brume et avec un ciel couvert, les deux escadres n'étaient devenues visibles l'une à l'autre que lorsqu'elles avaient été plus rapprochées. Au moment où nous sommes arrivés, les deux bâtiments qui étaient en tête de chaque ligne n'étaient séparés que par un espace qui ne pouvait excéder deux milles, n'estimant la distance que d'après leur ordre de marche en ligne, quoiqu'on vît qu'ils seraient encore séparés à peu près par le même intervalle quand ils se trouveraient par le travers l'un de l'autre, tant les Anglais étaient au vent de leurs ennemis. Quiconque connaît tant soit peu les manœuvres navales comprendra que, d'après ces circonstances, l'avant-garde française et l'arrière-garde des Anglais devaient se rapprocher beaucoup plus en passant l'une devant l'autre, les deux flottes serrant le vent le plus possible.

Comme de raison, sir Gervais Oakes surveillait avec une attention infatigable la marche des deux lignes ; et M. de Vervillin en faisait autant de dessus la dunette de *l'Éclair*, noble vaisseau de quatre-vingts canons, sur lequel flottait son pavillon de vice-amiral, comme pour défier les ennemis. A côté du premier étaient Greenly, Bunting et Bury, premier lieutenant du *Plantagenet*; l'autre avait près de lui son capitaine de pavillon, homme qui ressemblait aussi peu aux caricatures des officiers français de ce rang, mises si souvent par les écrivains anglais sous les yeux de leurs lecteurs, que Washington était différent de l'homme que les journaux anglais présentaient à la haine publique, au commencement de la grande guerre d'Amérique. M. de Vervillin lui-même était un homme d'une naissance respectable, ayant reçu une bonne éducation, et possédant une théorie parfaite de tout ce qui concernait la marine en général, des qualités que devaient avoir les bâtiments, et des principes d'après lesquels on devait les gouverner. Là se bornait son excellence dans sa profession. Cette infinité de détails qui composent le mérite distinctif du marin pratique lui étaient en grande partie inconnus; d'où il résultait qu'il était obligé de réfléchir dans les moments d'urgence, moments où le vrai marin semble agir plutôt par *instinct* que par une suite réfléchie de raisonnements. Cependant avec son escadre rangée sous ses yeux, et n'ayant rien qui exigeât des ressources extraordinaires d'imagination, ce brave officier était pour l'escadre anglaise un ennemi très-formidable.

Sir Gervais Oakes perdit toute son impatience naturelle et nerveuse quand les deux escadres commencèrent sensiblement à se rapprocher. Comme cela n'est pas rare dans les hommes braves et ardents, à mesure que la crise devenait plus prochaine, il devint plus calme, et reprit un empire plus complet sur lui-même, voyant toutes choses sous leurs véritables couleurs, et se trouvant de plus en plus en état d'en maîtriser le cours. Il continua à se promener sur la dunette, mais c'était d'un pas plus lent; ses mains étaient encore croisées derrière son dos, mais ses doigts étaient immobiles; sa physionomie était grave et son œil pensif. Greenly savait que toute intervention de sa part serait alors hasardeuse; car toutes les fois que les traits du vice-amiral prenaient cette expression, il devenait à la lettre commandant en chef, et toute tentative pour lui faire des observations ou pour exercer sur lui quelque influence, à moins qu'elle ne fût appuyée sur la communication de nouveaux faits, ne servait qu'à attirer son ressentiment. Bunting savait aussi qu'en ce moment — l'amiral était à bord; — expression que les officiers employaient entre eux pour désigner cette situation d'esprit de leur commandant en chef, et il se préparait à remplir ses fonctions en silence et avec toute la promptitude qui serait en son pouvoir. Tous ceux qui étaient présents éprouvaient plus ou moins cette influence d'un caractère bien établi.

— Monsieur Bunting, dit sir Gervais quand la distance entre *le Plantagenet* et *le Téméraire*, vaisseau de tête de la ligne française, ne fut guère que d'une lieue, eu égard à la différence de leur ordre de marche en ligne; — monsieur Bunting, préparez le signal pour faire le branle-bas général de combat, chacun à son poste.

Personne n'osa faire d'observations sur cet ordre, et il fut exécuté en silence et avec célérité.

— Le signal est prêt, sir Gervais, dit Bunting aussitôt que le dernier pavillon fut frappé.

— Faites-le hisser sur-le-champ, Monsieur, et surveillez avec soin tous les signaux d'attention. — Capitaine Greenly, faites appeler tout le monde à son poste de combat; et que la batterie basse soit également prête pour être en mesure de s'en servir si la possibilité s'en présente. Nos hommes peuvent se tenir sur leurs jambes dans la batterie basse, mais il serait dangereux d'en ouvrir les sabords.

Le capitaine Greenly passa de la dunette sur le gaillard d'arrière, et une minute après le tambour et le fifre firent entendre l'air qui est connu dans tout le monde civilisé comme l'appel aux armes. Dans la plupart des services, cet appel se fait par le tambour seul, qui rend des sons auxquels l'imagination a attaché des mots particuliers; ceux des soldats français étant — *prends ton sac — prends ton sac — prends ton sac*, — expression qui n'est pas mal représentée par le son; mais à bord des bâtiments anglais et américains, cet appel du tambour est accompagné par le fifre — au son perçant, — qui lui donne une mélodie qui y manquerait sans cela.

— Toute la flotte a répondu au signal, sir Gervais, dit Bunting.

Le vice-amiral ne répondit à ce rapport que par une légère inclination de tête. Cependant, un moment après, il se tourna vers l'officier chargé de ses signaux, et lui dit:

— Je crois, Bunting, qu'aucun capitaine n'a besoin d'un signal pour lui dire de ne pas ouvrir les sabords sous le vent de sa batterie basse, avec une pareille mer?

— Je le crois aussi, sir Gervais, répondit Bunting, regardant en souriant la mer, dont les flots se soulevaient, chaque minute, de manière à paraître à la hauteur des prélarts de bastingage; — les matelots chargés de servir les canons de la batterie basse auraient un peu d'humidité.

— Monsieur Bunting, faites le signal pour que tous les vaisseaux en arrière se tiennent dans les eaux du vice-amiral. — Et vous, jeune homme, dit-il au midhispman qui lui servait d'aide de camp dans tous les engagements, allez dire au capitaine Greenly que je désire le voir dès qu'il aura reçu tous les rapports de ses officiers.

Jusqu'au moment où le premier coup de tambour se fit entendre, le *Plantagenet* avait offert une scène étrange de tranquillité et d'insouciance, vu les circonstances dans lesquelles ce vaisseau se trouvait. A moins d'être marin, personne n'aurait cru que des hommes pussent être si près de leurs ennemis, et montrer tant d'indifférence pour leur voisinage ; mais c'était le résultat d'une longue habitude, et d'une sorte d'instinct qui apprend au marin quand l'affaire dont il s'agit est sérieuse ou non. La différence de force des deux escadres, la violence du vent, la position au vent des Français, tout concourait à persuader à l'équipage que rien de décisif ne pouvait avoir lieu. On pouvait voir çà et là un officier ou un vieux matelot regarder par un sabord pour reconnaître la force et la position des Français ; mais au total leur escadre n'excitait pas plus d'attention que si elle eût été à l'ancre dans la rade de Cherbourg. L'heure du déjeuner approchait, et cet événement absorbait le principal intérêt du moment. Les mousses chargés du service des officiers commencèrent à se montrer dans les environs de la cuisine avec leurs pots et leurs plats ; l'un d'eux de temps en temps jetait un regard insouciant par l'ouverture la plus voisine pour voir quelle mine avaient les étrangers ; mais quant à un combat, il y avait plus d'apparence qu'il y en aurait un entre les protecteurs des droits des différentes tables, qu'entre ces deux grandes escadres belligérantes.

L'état des choses ne différait pas matériellement dans la grande chambre, au poste des midshipmen et à celui des officiers subalternes. La plupart des hommes de l'équipage, à bord d'un bâtiment à deux ponts, sont logés dans la batterie basse, et l'ordre de faire branle-bas est plus nécessaire dans un vaisseau de cette espèce, avant d'appeler chacun à son poste, que dans un navire de moindres dimensions, quoiqu'il soit d'usage dans tous les cas. Aussi longtemps que les sacs, les coffres et autres objets du même genre restèrent à leur place ordinaire, les matelots qui s'y trouvaient ne voyaient guère de raison pour se déranger, et comme ils apprenaient de temps en temps des nouvelles de l'approche de l'ennemi, et surtout qu'ils savaient qu'il était sous le vent, un très-petit nombre de ceux que leur devoir n'appelait pas en haut s'inquiétaient de cette affaire. Cette habitude de considérer sa fortune comme attachée à celle de son bâtiment, et de ne voir en soi qu'un point dans sa masse, comme nous nous regardons nous-mêmes comme des particules de l'orbe dont nous accompagnons les révolutions, est assez générale parmi les marins ; mais elle l'était surtout parmi les matelots d'une escadre qui avait si longtemps tenu la mer, et qui avait été si souvent, et avec des résultats si différents, en présence de l'ennemi. La scène qui se passait dans la grande chambre au moment où nous sommes arrivés a quelque chose de si caractéristique, qu'elle mérite une courte description.

Tous les inutiles avaient alors quitté leurs hamacs, et l'on ne voyait déjà plus aucune trace de ceux qui — couchaient à la campagne — comme on le dit, c'est-à-dire de ceux qui, faute de chambre à eux, suspendaient leur hamac dans l'appartement commun. Magrath, le chirurgien-major, lisait un traité sur la médecine en bon latin de Leyde, à la clarté d'une lampe. A l'aide de la même lumière, le commis d'administration cherchait à déchiffrer les hiéroglyphes du maître-d'hôtel, et le capitaine des soldats de marine examinait le chien et la platine d'un vieux mousquet. Le troisième et le quatrième lieutenants tâchaient de débrouiller un de leurs calculs d'estime de la baie de Biscaye, qui avait mis en défaut toute leur science en trigonométrie, et avaient une lampe pour eux seuls; et le chapelain pressait le maître-d'hôtel et les mousses de servir le déjeuner, ce qui était son occupation habituelle à cette heure de la matinée.

Tandis que les choses étaient dans cette situation, le premier lieutenant, M. Bury, entra dans la chambre. Quelques yeux se levèrent sur lui à son arrivée, mais personne ne parla, excepté le quatrième lieutenant qui, étant un *honorable*[1], se mettait à l'aise avec tout le monde, excepté le capitaine.

— Quelles nouvelles là-haut, Bury? demanda cet officier de vingt ans à un homme qui était son aîné de plus de dix ans. — Vervillin pense-t-il à nous montrer ses talons?

— Non, Monsieur; il a trop le caractère du coq de combat pour cela.

— Oh! je réponds qu'il peut chanter. Mais quelles nouvelles sur le pont, Bury?

— La seule nouvelle, c'est que l'avant du vieux *Plantagenet* est mouillé comme un baquet à lessive, et qu'il me faut un habit sec. — Entendez-vous cela, Tom? — Soundings, ajouta Bury, s'adressant au master qui venait d'arriver, avez-vous regardé autour de vous ce matin?

— Vous savez que c'est ce que j'oublie rarement, monsieur Bury. Le vaisseau serait bientôt dans une belle confusion si je ne songeais pas à regarder autour de moi!

— Il a avalé la mer Atlantique là-bas dans la baie, s'écria l'hono-

---

[1]. On donne ce titre aux enfants des deux sexes des pairs, autres que leur fils aîné qui porte celui de lord.

rable en riant, et tous les matins au point-du-jour il regarde par les sabords pour tâcher de la revoir.

— Eh bien, Soundings, que pensez-vous du troisième vaisseau de la ligne française? continua Bury sans faire attention à la légèreté du jeune officier. Avez-vous jamais vu des mâts de hune semblables à ceux qu'il porte?

— J'ai à peine vu un bâtiment français qui n'en eût de pareils, monsieur Bury; et vous en auriez de semblables dans cette flotte si sir Jarry voulait le souffrir.

— Mais il ne le souffrira jamais. Le capitaine qui établirait un pareil bâton sur son bord, aurait à le jeter à la mer avant le coucher du soleil. Jamais je n'ai vu chose semblable.

— Que trouvez-vous à redire à ce mât, monsieur Bury? demanda Magrath, qui avait fréquemment ce qu'il appelait des escarmouches scientifiques avec les anciens officiers de marine: car, quant aux plus jeunes, il jugeait qu'ils avaient trop peu d'expérience pour vouloir entrer en discussion avec eux. Je garantis que ce mât est fait et moulé conformément aux meilleurs principes de physique; car, en cela, les Français ont certainement l'avantage sur nous.

— Qui a jamais entendu parler de mouler un mât? s'écria Soundings avec un grand éclat de rire; on moule la coque d'un bâtiment, mais on allonge ou l'on raccourcit les mâts.

— Je n'ai plus rien à dire, Messieurs; car je présume que vous allez crier — à bas! à bas! — par acclamation, comme on le fait dans d'autres corps savants. Je ne conseillerais à aucune créature douée de raison d'aller sur mer, l'instinct étant tout ce qu'il faut pour faire un lord grand amiral à vingt queues.

— Je voudrais que sir Jarry entendît cela, mon homme à livres, dit le quatrième lieutenant, qui venait de se convaincre qu'un livre n'était pas son fort. Je suppose que votre instinct, docteur, vous empêchera de glisser cela dans l'oreille du vice-amiral.

Quoique Magrath eût un profond respect pour le commandant en chef, il voulait toujours avoir le dernier mot dans ses discussions avec les officiers, et sa réponse se ressentit de cette disposition d'esprit.

— *Honorable* lieutenant, dit-il en ricanant, sir Gervais Oakes peut être un excellent marin, mais il n'est pas linguiste. Tout récemment, quand il était à terre parmi les morts et les mourants, il ignorait la signification des mots *filius nullius*, qui sont du latin d'écolier, comme s'il n'avait jamais eu un rudiment entre les mains. Cependant, Messieurs, c'est la science qui fait l'homme, car les classiques eux-mêmes ne suffisent pas. Quant à apprendre les sciences par instinct, je soutiens que c'est une chose impossible, et acquérir ainsi la connaissance de ce que vous appelez la science navale est même parmi les moindres probabilités.

— Voilà le discours le plus marin que j'aie jamais entendu sortir de votre bouche, docteur, s'écria Soundings. Comment, diable! peut-on apprendre à virer de bord par instinct, comme vous le dites, s'il m'est permis de vous le demander?

— Simplement parce qu'on se dispense du procédé du raisonnement. — Avez-vous besoin de réfléchir beaucoup pour virer de bord? Je m'en rapporte à votre honneur pour me répondre.

— Je serais une pauvre créature de master, si j'avais besoin de beaucoup réfléchir pour une manœuvre aussi simple que celle de virer de bord, vent arrière ou vent devant. Non, non, un vrai chien de mer n'a pas besoin de réfléchir quand il a sa besogne devant lui.

— C'est cela, Messieurs, c'est précisément ce que je disais, s'écria Magrath, triomphant du succès de son artifice. — Non-seulement M. Soundings ne réfléchit pas quand il a s'acquitter de ses devoirs ordinaires, mais vous remarquerez qu'il regarde même avec mépris l'action de réfléchir. Ma théorie est donc établie par la déposition d'une partie intéressée, ce qui est plus que la logique n'exige.

Ici Magrath baissa son livre et se mit à rire avec cette sorte de sifflement qui semble particulier au genre dont il était une espèce. Il se livrait encore au plaisir du triomphe quand le premier coup de tambour se fit entendre. Tous écoutèrent, et chaque oreille se dressa comme celle d'un daim qui entend un chien aboyer. Il s'ensuivit le son bien connu: Ran-tan-plan, ran-tan-plan, ran-tan-plan.

— Instinct ou raison, dit l'honorable, voilà sir Jarry qui appelle tout le monde à son poste. Je ne me faisais pas une idée que nous fussions assez près des *Monsieurs* pour cela.

— Maintenant, dit Magrath avec un ton de sarcasme, voici le moment où l'on peut avoir besoin d'un peu de science, et je vous promets d'employer pour vous toute celle qui a pu entrer dans ma tête indigne. — Se levant alors pour se rendre au poste des blessés, il ajouta: Soundings, je puis avoir à jeter la sonde dans les profondeurs de votre conformation physique, auquel cas je tâcherai d'éviter les brisants de l'ignorance.

— Allez au poste des blessés ou au diable, comme il vous plaira, Monsieur, répondit le master. J'ai servi dans six actions générales, et je n'ai jamais reçu d'aucun membre de votre confrérie, ni emplâtre ni charpie. Des étoupes goudronnées et un bout de toile à voile m'en ont toujours tenu lieu.

Tandis qu'il parlait ainsi, tout le monde était déjà en mouvement. Les officiers prenaient leurs armes, le chirurgien préparait ses instruments, et le chapelain, saisissant un plat de bœuf froid qu'on venait de placer sur la table, l'emporta dans sa chambre pour le mettre à l'abri de tout accident. En une minute la chambre des officiers fut abandonnée par tous ceux qui s'y réunissaient ordinairement, et leur place fut remplie par les matelots chargés du service de quatre pièces de trente-deux qui s'y trouvaient. Lorsque les officiers rencontraient quelques matelots, leur physionomie prenait un air d'autorité, et on les entendait leur donner d'une voix sévère l'ordre de tout disposer à la hâte, tandis qu'ils se rendaient eux-mêmes chacun à son poste.

Pendant tout ce temps, sir Gervais Oakes se promenait sur la dunette. Bunting était prêt à faire hisser le nouveau signal, et Greenly n'attendait que les rapports qu'on devait lui faire pour aller joindre le commandant en chef. Cinq minutes après le premier coup de tambour, il les avait reçus, et il monta sur la dunette.

— En continuant à suivre notre route actuelle, capitaine Greenly, dit sir Gervais, cherchant à justifier à ses propres yeux l'évolution qu'il projetait, l'arrière-garde de notre ligne et l'avant-garde de celle des Français se trouveront à portée de canon l'une de l'autre ; un accident pourrait nous faire perdre un vaisseau ; car un bâtiment désemparé tomberait nécessairement au milieu des ennemis. Mon intention est de laisser porter de manière à élonger les vaisseaux de tête de la ligne française à environ la même distance où *le Warspite* doit passer, ce qui changera un peu la face des choses. Quelles seraient, suivant vous, les suites de cette manœuvre ?

— Que les deux avant-gardes se trouveront précisément dans la même position que se seraient trouvées celle de l'ennemi et l'arrière-garde de la nôtre, comme vous venez de le dire, sir Gervais.

— Il ne faut pas être grand mathématicien pour dire cela, Monsieur. Dès que Bunting hissera le signal, vous laisserez arriver jusqu'à ce que nous ayons le vent par le travers. Ne vous occupez pas des bras ; nous resterons ainsi brassés au plus près. Dès que j'aurai dépassé l'amiral français, je reviendrai au vent à ma première route ; cela nous fera perdre quelque chose de notre position au vent, ce qui m'est fort indifférent. Donnez l'ordre, Monsieur. — Bunting, hissez le signal.

Ces ordres furent exécutés en silence, et le moment d'après, *le Plantagenet* plongeait dans le creux des lames, avec un sillage double de celui qu'il avait au plus près. Les autres vaisseaux répondirent promptement au signal, chacun d'eux laissant porter successivement dès qu'il se trouvait dans les eaux de son matelot de l'avant, afin de se bien maintenir en ligne, et tous obéissant à la lettre à un ordre qui était très-facile à exécuter. Indépendamment de la perspective qu'il donnait d'un engagement éloigné, il produisit l'effet de redresser la ligne avec une précision presque mathématique.

— Désirez-vous, sir Gervais, demanda le capitaine, que nous cherchions à ouvrir les sabords sous le vent de notre batterie basse? À moins que nous n'essayions quelque chose de semblable, nous n'aurons à compter sur rien de mieux que nos canons de dix-huit, si M. de Vervillin juge à propos de commencer l'action.

— Et en sera-t-il mieux pour cela? — Ce serait presque une démence de vouloir faire servir nos canons de la batterie basse par un pareil temps. Non, non; nous tiendrons tout bien fermé. Si les Français ouvrent le jeu, nous aurons l'avantage d'être au vent, et la perte de quelques haubans au vent peut abattre le meilleur vent de leur escadre.

Greenly ne répondit rien, quoiqu'il sût fort bien que la perte d'un des mâts les plus importants du *Plantagenet* entraînerait presque certainement celle du vaisseau. Mais c'était le côté faible de sir Gervais, comme commandant en chef, et le capitaine n'ignorait pas qu'il serait inutile de chercher à lui persuader de laisser passer un seul de ses bâtiments plus près de l'ennemi que *le Plantagenet*. Il appelait cela couvrir les vaisseaux, quoique ce ne fût que les mettre tous dans le danger qui était inévitable pour un ou deux.

Le comte de Vervillin parut ne savoir comment expliquer cette manœuvre subite et extraordinaire dans l'avant-garde de ses ennemis. Il fit des signaux et tous ses équipages garnirent leurs canons. Mais il n'était pas facile à des vaisseaux qui s'efforçaient de se tenir au vent de faire des changements considérables dans leur position relative, par une brise si violente. Cependant la vitesse qu'avaient acquise les vaisseaux anglais menaçait d'une collision prochaine, si tel était le but de leur amiral, et il était temps qu'il prît ses mesures pour être prêt, le cas arrivant.

De l'autre côté, tout était tranquille presque comme la mort à bord des bâtiments anglais. Leurs équipages étaient déjà à leur poste, et c'est toujours un moment de profond silence sur un vaisseau de guerre. Les sabords de la batterie basse étant fermés, les hommes qui s'y trouvaient stationnés étaient comme ensevelis dans l'obscurité, tandis que ceux qui étaient sur la batterie haute étaient aussi en partie cachés par les demi-sabords. Dans le fait, les hommes de la manœuvre n'avaient rien à faire, et tout semblait abandonné aux évolutions de ces vastes machines elles-mêmes, pendant qu'elles flottaient sur les ondes. Sir Gervais, Greenly et Bunting étaient encore sur la dunette, et leurs yeux se détournaient à peine un instant de la flotte ennemie.

Le *Plantagenet* et le *Téméraire* n'étaient guère alors qu'à un mille l'un de l'autre, et chaque instant diminuait cette distance. Ce dernier bâtiment labourait péniblement son chemin, son avant plongeant dans l'eau jusqu'aux écubiers, tandis que le premier ayant du largue dans ses voiles, filait légèrement et sans peine à travers cette grosse mer, ses voiles bien tendues l'appuyant parfaitement dans le roulis qui était la suite inévitable d'un pareil mouvement. Cependant une lame venait se briser de temps en temps contre son côté au vent, faisait jaillir sa crête en brillant jet d'eau, et versait des tonnes d'eau sur le pont. Les manières de sir Gervais avaient alors perdu toute trace d'agitation et d'impatience. Quand il parlait, c'était d'un ton doux et calme, semblable à celui que prendrait un homme du monde dans une compagnie de dames. Le fait était que toute son énergie s'était concentrée dans la résolution d'entreprendre un exploit audacieux ; et comme cela n'est pas rare dans les hommes les plus résolus, plus il approchait du moment d'exécuter son projet, plus il dédaignait de se livrer aux ébullitions de son caractère.

— Les Français n'ouvrent pas les sabords de leur batterie basse, Greenly, dit le vice-amiral, baissant sa longue-vue après l'avoir tenue longtemps dirigée vers la flotte ennemie, quoiqu'ils aient l'avantage d'être sous le vent ; je regarde cela comme un signe qu'ils n'ont pas de projet bien sérieux.

— C'est ce que nous saurons mieux dans cinq minutes, sir Gervais.

— Ce vaisseau glisse comme une diligence de Londres.

— Leur ligne a quelque chose de gauche après tout. Voyez ces deux bâtiments en arrière, ils sont à près d'un demi-mille au vent du reste de la flotte et à près d'un demi-mille en arrière, — eh ! Greenly ?

Le capitaine jeta les yeux sur l'arrière-garde ennemie, et examina avec attention la position de ces deux bâtiments ; mais sir Gervais baissa la tête d'un air pensif, et se remit à se promener sur la dunette. Une ou deux fois, il s'arrêta pour examiner l'arrière-garde de la ligne française, qui était alors à une bonne lieue de distance, mais chaque fois il reprit sa promenade.

— Bunting, dit-il d'un ton calme, venez ici un instant. Notre dernier signal a été de se tenir dans les eaux du commandant en chef, et d'imiter ses manœuvres ?

— Oui, sir Gervais ; — le dernier ordre est d'imiter les manœuvres, — avec ou sans signal, — comme on pourrait dire.

— Préparez les signaux de resserrer la ligne, d'être aussi près les uns des autres qu'on le peut sans danger, et de porter les mêmes voiles que le vaisseau-amiral.

— Oui, amiral ; ils seront prêts à être hissés avant cinq minutes.

Le commandant en chef parut satisfait, un sourire se montra sur ses lèvres, et son air d'agitation revint en partie. Il jeta un coup d'œil sur Greenly pour voir s'il soupçonnait ses projets, et reprit ensuite son calme extérieur. Pendant ce temps, les signaux furent faits, et tous les bâtiments y répondirent. On fit rapport à l'amiral de leurs réponses, et jetant alors les yeux en arrière le long de sa ligne, il vit que ses vaisseaux commençaient déjà à brasser au vent et à mollir leurs écoutes, afin de diminuer les intervalles qui les séparaient les uns des autres. Dès qu'on vit *le Carnatique* se ranger dans les eaux de son chef de file, le capitaine Greenly reçut l'ordre de faire brasser carré, de mollir les écoutes de toutes ses voiles d'étai, et de laisser arriver suffisamment pour faire porter toutes ses voiles. Ces ordres causèrent quelque surprise, mais ils furent sur-le-champ exécutés.

Le moment de la rencontre était enfin venu. Par suite de l'arrivée qui avait eu lieu, *le Plantagenet* se trouvait à environ trois quarts de mille au vent du *Téméraire*, et par son bossoir ; il avançait rapidement, et menaçait ce vaisseau d'un feu à demi transversal. Pour prévenir cette manœuvre, le bâtiment français laissa porter un peu, se procurant ainsi un sillage plus rapide et plus facile en fendant l'eau, et présentant le travers plus complétement au choc. Cette évolution fut imitée, peut-être un peu prématurément, par les deux bâtiments qui le suivaient ; mais l'amiral français, qui était à bord de *l'Eclair*, ne voulant pas s'écarter de son ennemi, continua sa route au plus près. Les bâtiments en arrière suivirent l'exemple de leur commandant. Ce changement causa quelque désordre dans l'avant-garde de la ligne française, et menaça d'en causer davantage, à moins qu'on ne changeât de route d'un côté ou de l'autre. Mais le temps pressait, et les deux escadres s'approchèrent assez rapidement pour qu'on eût à penser à autre chose.

— Voyez-vous cette belle besogne, Greenly ? dit sir Gervais en souriant. Un commandant en chef faisant tête avec ses voiles bien boulinées, et les trois ou quatre vaisseaux qui le précèdent en ligne laissant porter grand largue ! Si nous pouvons forcer le comte à arriver de deux quarts en passant près de lui, tout le reste de la ligne française imitera sa manœuvre, et *le Warspite*, *le Blenheim* et *le Fou-*

droyant fileront comme des jeunes filles dans une contredanse. — Faites descendre Bury dans la batterie basse, et qu'on tienne prêtes ces pièces de dix-huit.

Comme de raison Greenly obéit, et il commença à se faire une meilleure idée de l'audace dans un combat naval, qu'il ne l'avait encore fait de cette journée. C'était l'usage ordinaire de ces deux officiers, l'un raisonnant et se décidant d'après les conseils d'un jugement froid, l'autre suivant ses impulsions autant que ses calculs, jusqu'à ce qu'il arrivât des faits qui prouvassent que le cours des choses humaines dépend autant d'incidents accidentels, résultat de causes éloignées et invisibles, que des plans les mieux dirigés. Dans des moments plus calmes, quand ils venaient à raisonner sur le passé, le vice-amiral s'applaudissait, en général, de ses triomphes, en rappelant au capitaine que s'il n'avait pas été habitué aux faveurs de la fortune, il n'aurait jamais pu en profiter ; ce qui n'est pas une mauvaise croyance pour un officier de marine qui est d'ailleurs prudent et vigilant.

Les aides-timonniers de la flotte piquèrent six coups pour annoncer qu'il était sept heures, quart du matin, quand *le Plantagenet*, et *le Téméraire* se trouvèrent par le travers l'un de l'autre. Les deux bâtiments plongeaient lourdement dans le creux des lames, et roulaient majestueusement au vent ; et cependant tous deux glissaient sur cette mer écumante avec une vitesse qui ressemblaient au mouvement imperceptible d'une planète, l'eau ruisselant de leurs flancs et de leurs brillants prélarts de bastingage. Toute la sombre panoplie qui fait reconnaître un bâtiment de guerre étincelait sous le rejaillissement de l'eau. Mais ni l'un ni l'autre ne donnait aucun signe d'hostilité. L'amiral français ne fit aucun signal d'attaque, et sir Gervais avait ses raisons pour désirer de dépasser l'avant-garde de l'ennemi, s'il était possible, sans en venir à une action. Les minutes se passaient dans un profond silence à bord du *Plantagenet* et du *Carnatique*, qui n'était alors qu'à une demi-encâblure en arrière du vaisseau amiral. Tous ceux dont la vue trouvait une issue, avaient les yeux fixés sur les sabords de la batterie basse du *Téméraire*, dans l'attente de voir le feu jaillir de ses canons. Cependant chaque instant en diminuait les chances en ce qui concernait le bâtiment, dont il fut bientôt éloigné au-delà de la portée de son feu. La même scène se renouvela avec *le Conquérant*, second bâtiment de la ligne française, et elle eut le même résultat. Sir Gervais sourit quand il eut dépassé les trois premiers sans qu'on parût faire attention à lui ; mais, en s'approchant du vaisseau amiral, il sentit qu'il ne le ferait pas impunément.

— Quel peut donc être leur dessein, Greenly? demanda-t-il au capitaine; c'est plus que je ne saurais dire; mais nous nous approcherons davantage, et nous le découvrirons. Laissez porter un peu plus, capitaine, laissez porter d'un demi-quart. — Greenly n'était pas disposé en cet instant à faire des remontrances, car sa prudence cédait à l'excitation du moment, et il semblait avoir changé de caractère avec sir Gervais, perdant sa discrétion ordinaire quand les circonstances en donnaient au vice-amiral. La barre fut mise un peu au vent, et le vaisseau approcha plus près de *l'Eclair*.

Comme c'est l'usage dans tous les services, le commandant en chef français était sur un des meilleurs vaisseaux de son escadre. Non-seulement *l'Eclair* était un fort bâtiment, portant des pièces du calibre français de quarante-deux dans sa batterie basse, circonstance qui le faisait ranger dans la classe des vaisseaux de quatre-vingts, mais, de même que *le Plantagenet*, c'était un des bâtiments les plus fins voiliers, et tenant le mieux le vent de tous les vaisseaux de ce rang. En serrant le vent, ce noble vaisseau s'était mis au vent des deux bâtiments qui le précédaient, et avait considérablement augmenté sa distance de ceux qui le soutenaient en arrière. En un mot, il était loin d'être dans une position à être soutenu comme il aurait dû l'être, à moins qu'il ne s'éloignât de l'ennemi, mouvement auquel personne sur son bord ne semblait songer.

— Ce comte de Vervillin est un noble marin, Greenly, dit sir Gervais d'un ton d'admiration. C'est ainsi que je l'ai toujours trouvé, et c'est ainsi que j'en ai toujours parlé. Que les fous qui rédigent les gazettes et les imbéciles qui sont dans les bureaux, bavardent tant qu'il leur plaira, M. de Vervillin leur taillerait des croupières s'ils étaient ici. Je doute qu'il ait dessein de laisser arriver le moins du monde; il veut au contraire conserver chaque pouce qu'il a gagné.

Le moment d'après convainquit pourtant sir Gervais qu'il s'était trompé dans sa dernière conjecture, car *l'Eclair* laissa porter jusqu'à ce que les canons de sa batterie de bâbord fussent à portée, et alors il envoya toute sa bordée, à l'exception de sa batterie basse. *Le Plantagenet* attendit que *l'Eclair* s'élevât sur une lame, et lui rendit sur-le-champ son compliment. Immédiatement après, on vit briller une nappe de flamme sur le flanc du *Carnatique*; et lord Morganic, à bord de *l'Achille*, ayant loffé lestement, de manière à faire porter ses canons, fit feu à son tour. Ces trois bordées avaient été dirigées contre *l'Eclair*, et ce vaisseau était encore couvert de fumée, quand sir Gervais s'aperçut qu'il était désemparé de tous ses huniers, qui étaient suspendus à leurs agrès du côté sous le vent. A cette vue, sir

Gervais sauta de joie, et poussa trois acclamations qui furent répétées par tous ceux qui virent ce spectacle, et même par ceux qui étaient en quelque sorte ensevelis sous le premier pont; et en dépit du vent, on entendit l'équipage du *Carnatique* en faire autant. En cet instant les deux lignes française et anglaise ouvrirent leur feu, autant que leur artillerie pouvait porter et leurs boulets produire de l'effet.

— Maintenant amiral, s'écria Greenly dès qu'il vit les avaries que *l'Éclair* venait d'éprouver, voici l'instant d'attaquer sérieusement de Vervillin. Avec notre ligne serrée, nous pouvons espérer de le désemparer complétement.

— Non, non, Greenly, répondit sir Gervais avec calme. Vous voyez qu'il se retire déjà, et dans cinq minutes il sera au milieu de ses autres vaisseaux. Nous aurions une action générale contre une force double de la nôtre. Ce qui est fait a été bien fait, et nous nous en contenterons. C'est quelque chose d'avoir démâté le vaisseau amiral de l'ennemi. Veillez à ce qu'il ne nous en fasse pas autant. J'ai entendu des boulets siffler sur nos têtes, et tout le gréement est fortement tendu par l'effort du vent sur la mâture.

Greenly alla s'occuper de ses devoirs, et le vice-amiral continua à se promener sur la dunette. Tout le feu de *l'Éclair* avait été dirigé contre *le Plantagenet;* mais la mer était si grosse, que pas un boulet n'avait touché la coque. La voilure avait souffert quelques avaries, mais il n'y en avait aucune à laquelle l'adresse et l'activité de l'équipage ne pussent remédier, même par le temps qu'il faisait. Le fait est que la plupart des boulets avaient touché les lames, ce qui avait changé leur direction à différents angles. Un des secrets que sir Gervais avait appris à ses capitaines, était d'éviter, autant que possible, que les boulets touchassent à la surface de la mer, à moins qu'elle ne fût raisonnablement calme, et que l'objet qu'on voulait atteindre ne fût pas éloigné. Ainsi l'amiral français avait essuyé le premier feu, — toujours le plus destructif, — de trois bâtiments; et ses avaries y étaient proportionnées.

La scène était alors animée et ne manquait pas d'une sorte de magnificence étrange. Le vent continuait à être aussi impétueux que jamais, et ses hurlements, joints aux mugissements des vagues, se mêlaient aux détonations de l'artillerie, sous un dais de fumée. Cependant la destruction, de part et d'autre, n'avait aucune proportion avec la grandeur de ce spectacle, la distance qui séparait les vaisseaux et leur mouvement perpétuel ne permettant pas de pointer très-exactement. A cette époque, un grand bâtiment à deux ponts ne portait jamais de pièces de canon d'un plus fort calibre que dix-huit, au-dessus de ses batteries basses; et ce genre d'artillerie, quelque efficace qu'il soit en bien des occasions, ne produit pas des effets aussi terribles que nos bordées modernes. Elle faisait pourtant beaucoup de bruit, et le sang coulait même quelquefois ; mais au total, quand *le Warspite*, le dernier des vaisseaux anglais, eut cessé son feu à cause de la distance des ennemis qu'il avait par le travers, il aurait été difficile de dire qu'aucun autre vaisseau français que *l'Eclair* eût fait autre chose que tirer des saluts. En cet instant Greenly reparut sur la dunette, *le Plantagenet* ayant cessé son feu depuis plusieurs minutes.

— Eh bien! Greenly, les canons de la batterie basse sont du moins soufflés, dit sir Gervais en souriant, et c'est ce qu'il ne faut plus faire d'ici à quelque temps. Vous tenez tout prêt dans les batteries, je suppose?

— Nous sommes tous prêts, sir Gervais, mais il n'y a rien à faire. Il serait inutile de perdre nos munitions en tirant sur des bâtiments qui sont à deux bons milles sous le vent.

— Cela est vrai, Greenly ; mais tous les bâtiments français ne sont pas tout à fait si loin sous le vent, comme vous pouvez le voir en regardant en tête de nous. En voilà deux du moins qui ne sont pas absolument hors de portée.

Greenly se retourna, regarda un instant du côté indiqué par le commandant en chef, et un seul coup d'œil suffit pour lui apprendre aussitôt ce que le vice-amiral avait eu réellement en vue en laissant porter. Sans répondre un seul mot, il descendit dans les batteries pour s'assurer qu'elles étaient disposées à bien agir.

CHAPITRE XXIII.

> De par le ciel, c'est un spectacle magnifique à voir, pour quelqu'un qui n'a là ni ami ni frère ! leurs écharpes brodées, leurs armes qui brillent sous les rayons du soleil !
>
> BYRON. — *Childe-Harold.*

LE petit combat qui avait eu lieu entre les bâtiments anglais et la tête de la ligne française, les évolutions qui en avaient été la suite, les avaries souffertes par *l'Eclair*, et la continuation du vent, contribuèrent à produire des changements matériels dans la position relative des deux escadres. Tous les vaisseaux anglais maintenaient la leur avec une exactitude admirable, avançant encore vers le sud en ligne serrée, ayant le vent presque de trois quarts largue et leurs vergues brassées. Dans de telles circonstances, il ne fallait à ces bâtiments que sept à huit minutes pour faire un mille à travers l'Océan agité, et cela au moment où les plus avancés d'entre eux avaient été exposés au feu lent et incertain que l'état du temps permettait. D'un autre côté, un grand désordre régnait parmi les Français. Leur ligne n'avait jamais été parfaite, et elle avait une lieue d'étendue. Quelques-uns des premiers vaisseaux, ou ceux qui étaient près du commandant en chef, se soutenaient aussi bien qu'on pouvait le désirer, tandis que de longs intervalles séparaient ceux qui étaient à l'arrière. Parmi ceux-ci il y en avait même, comme on l'a déjà dit, qui étaient beaucoup plus au vent que les autres, irrégularité qui venait du désir qu'avait le comte de se rapprocher de l'ennemi le plus possible en serrant le vent, ce qui nécessairement le portait au vent des moins bons voiliers de son escadre. Ainsi les deux vaisseaux de la queue de sa ligne, comme nous l'avons déjà dit, ayant beaucoup piqué au vent, se trouvaient avoir plus gagné au vent que les autres ; mais ayant ensuite ralenti leur sillage, ils se trouvaient proportionnellement arriérés. C'était cette réunion de circonstances qui les avait placés tellement au vent et en arrière.

Au moment où sir Gervais montra leur position à Greenly, les deux vaisseaux dont nous venons de parler étaient à un bon demi-mille au vent du bâtiment français le plus voisin, et plus qu'à cette distance en arrière de sa ligne. Si l'on se rappelle que le vent était presque exactement à l'ouest, et que tous les bâtiments français, ces deux-ci exceptés, gouvernaient au nord, on comprendra la position relative de ces derniers. *L'Éclair* avait aussi laissé porter, après la perte de ses huniers, jusqu'à ce qu'il fût dans les eaux des bâtiments de sa ligne qui le précédaient ; et comme ces bâtiments avaient fait route ayant le vent par le travers, cette manœuvre jeta les Français encore plus sous le vent. Pour rendre les choses encore pires, à l'instant où *le Warspite*, vaisseau serre-file anglais, se trouva hors de portée du canon des Français, M. de Vervillin hissa un signal à sa corne pour que toute son escadre virât vent arrière, ordre qui avait certainement une apparence de bravoure et qui avait l'air d'un défi ; car c'était placer ses bâtiments sur la même bordée que ceux de son ennemi, mais qui était en même temps singulièrement propre à rendre à celui-ci tout l'avantage du vent qu'il avait perdu en laissant porter. Comme il était nécessaire d'avoir de l'espace pour exécuter cette évolution afin de parer les bâtiments qui étaient alors accumulés à l'avant-garde, quand *le Téméraire* revint au vent, tribord amures, après avoir doublé la ligne, il était à un bon demi-mille sous le vent de l'amiral, qui venait de mettre sa barre au vent. Nécessairement, pour se former de nouveau, le cap des vaisseaux au sud, chaque bâtiment devait se placer dans les eaux de celui qui le précédait, ce qui rejetait toute la ligne française à deux milles sous le vent de l'escadre anglaise. Néanmoins les deux traîneurs à l'arrière des Français continuèrent à serrer le vent avec une opiniâtreté qui annonçait la résolution d'avoir une escarmouche avec l'ennemi en passant.

Ces deux bâtiments étaient *le Scipion* et *la Victoire*, chacun de soixante-quatorze canons. Le premier était commandé par un jeune homme ayant fort peu d'expérience dans sa profession, mais beaucoup de crédit à la cour ; l'autre avait pour capitaine un homme qui, comme le vieux Parker, ne devait son avancement qu'à ses services et à ses blessures, et ne l'avait obtenu qu'avec difficulté. Malheureusement, le premier avait le rang en sa faveur, et l'humble *capitaine de frégate*, chargé par accident du commandement d'un vaisseau de ligne, n'osa abandonner un capitaine de vaisseau qui avait le titre de comte, et dont le frère aîné était duc. Peut-être y avait-il dans l'ardeur qui détermina le jeune comte de Chélincourt à courir le risque de passer si près de six vaisseaux avec deux seulement, une intrépidité qui pouvait jeter un voile sur cette témérité, d'autant plus que son escadre était assez près pour le soutenir dans le cas de quelque désastre ; et il était certainement possible que la perte d'un mât important à bord de l'un de ses ennemis pût occasionner la prise du vaisseau. Dans tous les cas, ce fut ainsi que raisonna M. de Chélincourt, qui continua résolument sa même bordée en serrant le vent, même après que *le Téméraire* eut viré vent arrière, et M. Comptant le suivit sur *la Victoire*. *Le Plantagenet* n'étant pas alors à un mille du *Scipion*, et s'approchant avec une vitesse constante, toutes les probabilités étaient que le bâtiment anglais passerait bientôt à un quart de mille du premier par son travers du vent, et que par conséquent il en résulterait une canonnade beaucoup plus sérieuse que celle qui avait déjà eu lieu. Quelques minutes suffirent à sir Gervais pour jeter un coup d'œil autour de lui et prendre une détermination définitive.

Jamais la flotte anglaise n'avait mieux gardé sa ligne qu'en ce moment. Les bâtiments étaient aussi près les uns des autres qu'ils pouvaient l'être sans danger ; tout le gréement était dans un état parfait, et les voiles portaient comme dans une belle brise des vents alisés.

Les premiers vaisseaux français viraient vent arrière ; ils s'avançaient plus loin sous le vent, et il leur aurait fallu une heure pour se rapprocher des Anglais de manière à les mettre en danger par un pareil temps. Leurs autres bâtiments les suivaient, sans s'inquiéter des deux qui continuaient toujours la bordée. La *Chloé* avait déjà viré vent arrière, et, serrant le vent, elle arrivait au vent de sa ligne, quoique sous une voilure qui semblait l'écraser. L'*Actif* et le *Driver* étaient à leur poste ordinaire, l'un par le travers du vent, l'autre par le bossoir du vent, tandis que le *Druide* était arrivé assez près pour laisser voir sa coque approchant rapidement, ses vergues en croix.

— Le commandant de ces deux vaisseaux est bien hardi, ou bien obstiné, dit Greenly, qui était à côté du vice-amiral à l'instant où celui-ci terminait son examen. — Quel motif peut-il avoir pour braver une force triple de la sienne par le vent qu'il fait?

— Si c'était un Anglais, Greenly, nous l'appellerions un héros. En désemparant d'un mât un de nos bâtiments, il pourrait nous en causer la perte, ou nous forcer à un engagement avec une force double de la nôtre. Ne le blâmez pas, mais aidez-moi à le désappointer. Écoutez-moi bien, et faites exécuter mes ordres sur-le-champ.

Sir Gervais expliqua alors au capitaine quelles étaient ses intentions. Il ordonna d'abord lui-même au premier lieutenant, — ce qui n'était pas son usage, — de laisser porter légèrement en dépendant, autant qu'il serait possible, sans bien marquer cette manœuvre. Mais comme ses ordres se trouveront suffisamment expliqués dans le cours de cette relation, il est inutile de les rapporter ici. Greenly descendit alors sur le point, laissant sir Gervais et Bunting en possession de la dunette. Un signal particulier avait été préparé par ordre du vice-amiral ; on le hissa en ce moment, et en moins de cinq minutes tous les bâtiments de l'escadre y avaient répondu. Sir Gervais se frotta les mains avec un air de triomphe, et fit signe à Bury, qui était sur le gaillard d'arrière un porte-voix en main, de venir le joindre sur la dunette.

— Greenly vous a-t-il dit quel est notre plan, Bury? demanda sir Gervais dès que le premier lieutenant fut arrivé ; je l'ai vu vous parler sur le gaillard d'arrière.

— Il m'a seulement dit de porter de manière à élonger le vaisseau français le plus près que nous le pourrions, sir Gervais ; et je crois que c'est ce que nous faisons aussi vite que *Mounseer* peut le désirer.

— Ah! voilà le vieux Parker qui fait une bonne embardée sous le vent! Fiez-vous à lui pour se trouver à sa place. Le *Carnatique* est sorti de la ligne de cinquante brasses en un seul tour de roue: *le Foudroyant* et *le Warspite* aussi! jamais on n'a obéi plus ponctuellement à un signal. Si les Français ne prennent pas l'alarme en ce moment, tout ira à notre gré.

Bury commença alors à comprendre la manœuvre qui s'exécutait. Le second, le quatrième et le sixième bâtiment de la ligne anglaise s'avançaient rapidement sous le vent, tandis que les autres continuaient leur route, formant ainsi deux lignes distinctes, l'une au vent et l'autre sous le vent, avec un plus grand intervalle entre les vaisseaux, tandis que tous s'approchaient de l'ennemi avec la même vitesse. Il était alors évident que *le Plantagenet* devait passer à cent brasses du *Scipion* dans moins de deux minutes. Le délai qu'on avait mis à donner des ordres pour cette évolution en favorisa le succès, en ne laissant pas à l'ennemi le temps de la réflexion. Dans le fait, le comte de Chelincourt ne s'en aperçut pas, ou, s'il s'en aperçut, il n'en prévit pas les suites, quoique *le capitaine de frégate* qui le suivait, et qui avait plus d'expérience, eût eu de meilleurs yeux. Mais il était trop tard pour faire un signal à son officier supérieur de se tenir sur ses gardes; et dans l'état où les choses se trouvaient, il ne restait plus qu'à continuer la route au plus près, et à tout abandonner aux chances d'un combat.

Dans un moment semblable à celui dont il est question, les événements se passent beaucoup plus rapidement qu'on ne peut les décrire. *Le Plantagenet* était alors à portée de pistolet du *Scipion*, par son bossoir du vent. A l'instant où les canons de l'avant commençaient leur feu de part et d'autre, *le Carnatique*, qui était alors presque en ligne avec l'ennemi, fit une grande embardée sous le vent, en se rapprochant toujours, et fit feu de ses canons de l'avant. *Le Foudroyant* et *le Warspite* imitèrent cette manœuvre, laissant au bâtiment français la perspective peu agréable d'être pris entre deux feux. On ne peut cacher que M. de Chelincourt fut très-contrarié du changement soudain survenu dans sa situation. Ce qui, un moment auparavant, paraissait être un parti chevaleresque, quoique extrêmement dangereux, en face d'un ennemi formidable, avait alors l'air d'un acte de témérité qui pouvait entraîner sa perte. Mais il était trop tard pour y remédier, et le jeune comte, à qui la bravoure ne manquait pas, résolut d'affronter hardiment le péril. Il avait à peine eu le temps d'adresser quelques mots d'encouragement, d'un ton dramatique, aux officiers qui étaient avec lui sur le gaillard d'arrière, quand *le Plantagenet*, arrivant rapidement, lui envoya une bordée, à laquelle *le Scipion* répondit au même instant, et le vent poussait à travers ses voiles et ses mâts la fumée des deux décharges, quand *le Carnatique*, arrivant sous ce dais, vomit à son tour un torrent de flammes, et repoussa sur lui la fumée. Cette attaque terrible se renouvela trois fois à intervalles d'une minute, l'ouragan de fer partant d'abord du côté du vent, et semblant ensuite repoussé, comme par son propre rebond, du côté sous le vent. Il en résulta que le feu des batteries françaises cessa tout à coup, et la confusion prit la place de l'ordre à bord du *Scipion*, dont les ponts étaient couverts de morts et de blessés, le comte de Chélincourt étant lui-même au nombre des derniers, tandis que les ordres se donnaient et se croisaient de manière à devenir inutiles, sinon contradictoires. Depuis le premier feu du *Plantagenet*, jusqu'au moment où le *Warspite* tira la dernière bordée, il ne se passa que cinq minutes. Ce temps parut une heure aux Français, et un instant à leurs ennemis. *Le Scipion* eut cent quatre-vingts hommes tués ou blessés dans cette courte affaire, et quand ce vaisseau sortit lentement de cette scène de carnage, plutôt par suite de la vitesse de la marche des bâtiments ennemis que par la sienne, il ne lui restait que son mât de misaine; tous les autres avaient été coupés par les boulets, et il les traînait sous le vent. Tout ce qu'il pût faire, fut de s'en débarrasser, en coupant tous les agrès, et de courir presque vent arrière pour tâcher de conserver sa mâture de l'avant, et se mettre à l'abri de nouveaux dangers, en rejoignant son escadre; il eut le bonheur de réussir dans ce double projet.

Le feu des Français avait aussi causé quelque dommage au *Plantagenet*. Il avait eu quinze hommes tués ou blessés; son grand hunier avait été déchiré de bas en haut par un boulet; un des aides-timonniers avait été emporté et jeté à la mer par un autre sur la dunette; enfin plusieurs parties du gréement avaient éprouvé des avaries qui avaient besoin d'être réparées; mais on ne s'occupait alors que de ce qui était nécessaire et urgent. Sir Gervais avait vu *la Victoire* à environ cent vingt brasses en tête; à l'instant où le bruit d'une bordée du *Carnatique* arrivait à son oreille. Le capitaine Comptant s'était aperçu du danger que courait *le Scipion*, et il avait déjà mis sa barre tout au vent.

— Tribord! — tribord tout, Bury! s'écria le vice-amiral du haut de la dunette; abordez-le, Bury, s'il ose tenir assez longtemps pour nous rencontrer.

Le lieutenant fit signe de la main qu'il avait compris l'ordre, et la barre ayant été mise tribord tout, le vaisseau partit sous le vent sur la crête d'une montagne d'écume. Une acclamation se fit entendre au milieu du bruit de l'ouragan, et regardant par-dessus son épaule gauche, sir Gervais vit *le Carnatique* sortir de la fumée, et imiter la manœuvre du *Plantagenet*, en faisant encore une plus grande embardée sous le vent. Au même instant, Parker établit sa grande voile avec les ris pris, comme s'il eût été déterminé à dépasser son antagoniste et à maintenir sa place. Nul autre qu'un excellent marin n'aurait pu si bien exécuter cette manœuvre au milieu du bruit et de la confusion générale, et sir Gervais, qui n'était pas à cent brasses du *Carnatique*, en témoigna son contentement en agitant son chapeau en l'air, compliment auquel le vieux Parker, qui était alors seul sur la dunette, répondit en découvrant ses cheveux gris. Pendant tout ce temps, les deux vaisseaux continuaient à marcher rapidement en avant, tandis que le bruit du combat se faisait encore entendre en arrière.

Cependant le dernier bâtiment français était manœuvré avec talent et dextérité. En serrant le vent, il se dirigeait nécessairement sur ses ennemis, ce qui mit sir Gervais dans la nécessité de modifier ses derniers ordres et de revenir promptement au vent, tant pour éviter de recevoir une bordée d'enfilade, que pour ne pas risquer d'aborder sa conserve. Mais *le Carnatique*, ayant un peu plus d'espace, arriva d'abord, et revint ensuite au vent dès que le vaisseau français eut lâché sa bordée, de manière à le forcer, soit de prendre sur l'autre bord, ou bien de recevoir l'abordage. Presque au même instant, le *Plantagenet* se trouva sur sa hanche du vent et l'enfila. Parker était arrivé par son travers, et, le serrant de près, il obligea *la Victoire* à serrer le vent, mettant ainsi ce vaisseau entre deux feux. Tous ses mâts tombèrent les uns après les autres; mais lorsqu'il ne lui restait plus que sa mâture inférieure, *le Plantagenet* et *le Carnatique* ne purent s'empêcher de dépasser leur victime, quoique tous deux eussent diminué de voiles, et que le premier n'eût pas conservé un seul hunier. Cependant *l'Achille* et *le Foudroyant* les remplacèrent sur-le-champ, ces deux bâtiments ayant amené leurs voiles d'étais pour diminuer de vitesse. Comme *le Blenheim* et *le Warspite* étaient à peu de distance en arrière, et qu'un boulet de dix-huit avait terminé la carrière du pauvre *capitaine de frégate*, l'officier qui avait alors le commandement du vaisseau jugea prudent d'amener son pavillon, après une résistance dont la durée ne répondit pas à ce qu'avait promis le commencement du combat. Cependant le bâtiment avait beaucoup souffert, et avait perdu cinquante hommes, tant tués que blessés. Cet acte de soumission mit fin au combat pour le moment.

Sir Gervais Oakes eut alors le loisir, et — le vent ayant bientôt chassé la fumée — l'occasion de regarder autour de lui. La plupart des vaisseaux français avaient viré de bord ; mais, indépendamment de ce qu'ils seraient encore aussi loin de lui en arrière, quand ils seraient par le travers, en supposant qu'il restât où il était, ils seraient à une grande portée de canon sous le vent ; et il n'avait pas dessein de rester où il était, car il était bien décidé à conserver tous ses avantages. La grande difficulté était de prendre possession de la prise, car la mer était si houleuse, qu'il était douteux qu'un canot pût y résister. Mais lord Morganic était d'un âge et d'un caractère à résoudre bientôt cette question. Étant par le travers au vent de *la Victoire* quand elle baissa pavillon, il ordonna à son premier lieutenant d'entrer dans sa plus grande embarcation, et y ayant placé une demi-douzaine de soldats de marine et l'équipage nécessaire, on la vit bientôt suspendue en l'air sur l'Océan bouillonnant. Amener le canot et décrocher les palans, ce fut l'affaire d'un instant. Les avirons battirent l'eau, et l'embarcation fut portée rapidement sous le vent. Une commission de commandant dépendait du succès qu'il obtiendrait, et Daly fit des efforts désespérés pour réussir. La prise s'offrit à lui sous le vent ; mais les Français, avec la bienveillance, la politesse et la magnanimité de leur nation, et que n'auraient probablement pas eues les Anglais s'ils avaient été à leur place, jetèrent des cordes à leurs vainqueurs pour les tirer d'une position dangereuse. Les Anglais parvinrent ainsi à monter sur la prise, mais l'embarcation fut brisée et coula à fond.

L'apparition du pavillon rouge d'Angleterre, — symbole du rang que sir Gervais occupait dans la marine, — au-dessus du pavillon blanc de France, fut ce qui apprit à l'amiral qu'un maître de prise était à bord de *la Victoire*. Il fit sur-le-champ le signal à toute l'escadre d'imiter les manœuvres du commandant en chef. Sa grande voile, tous les ris pris, avait remplacé son hunier déchiré, et le *Plantagenet* fit de nouveau route vers le sud, comme s'il ne fût arrivé rien d'extraordinaire. Daly eut un quart d'heure de grand travail à bord de la prise avant de pouvoir la mettre en route, comme il le désirait ; mais enfin, à l'aide de la hache, il coupa tous les agrès qui retenaient encore les mâts brisés, et débarrassa *la Victoire* en laissant tomber tous ces débris à la mer. Ce bâtiment portait alors sa misaine, et ses voiles d'étai de misaine et d'artimon, et l'on était sur le point d'établir la grande voile, avec tous les ris pris, pour le tirer du milieu de ses ennemis, quand son pavillon fut amené. Tout ce qu'il pouvait désirer, c'était d'amurer et de border sa grande voile avec ses ris pris, et ce fut vers ce point important qu'il dirigea tous ses efforts. Mais amurer la grande voile d'un vaisseau de ligne, pendant un coup de vent, ou du moins ce qui y ressemblait beaucoup, c'était une entreprise impossible à vingt hommes, et Daly n'en avait pas davantage sous ses ordres; il fallut donc qu'il eût recours à l'aide de ses ennemis. Sachant un peu le français, et avec l'assistance d'un Irlandais jovial qui connaissait aussi cette langue, il vint bientôt à bout de mettre quarante à cinquante de ses prisonniers d'assez bonne humeur pour qu'ils lui prêtassent leur aide, et la voile fut établie, non sans grand risque de la voir déchirée. A compter de ce moment la Victoire se trouva en meilleure position au vent qu'aucun des bâtiments anglais, car elle pouvait porter toutes les voiles que le vent permettait, et s'étant débarrassée des débris de sa mâture, elle n'était plus exposée à la même dérive. L'effet en fut visible dès la première heure, à la grande satisfaction de Daly. Au bout de ce temps, il se trouva à une encâblure au vent de la ligne, uniquement parce que, privé de sa mâture, il avait beaucoup moins de dérive. Mais, en rapportant cette circonstance, nous avons un peu anticipé sur les événements.

Greenly, qui était descendu pour surveiller les batteries, qu'on ne pouvait servir sans beaucoup de difficulté par une mer si houleuse, et pour être prêt à ouvrir les sabords de la batterie basse, si l'occasion s'en offrait, reparut sur le pont à l'instant où le commandant en chef faisait faire le signal dont nous venons de parler. La ligne fut bientôt formée, et l'on ne fut pas longtemps sans voir que la prise pouvait aisément se maintenir dans sa position. Comme il avait encore devant lui la plus grande partie de la journée, sir Gervais ne douta pas qu'il ne pût mettre la Victoire en sûreté, avant que la nuit le rendît indispensable.

Le vice-amiral et son capitaine se serrèrent la main cordialement sur la dunette, et le premier parla avec satisfaction du résultat de ses manœuvres hardies.

— Nous avons cassé les ailes à deux de ces oiseaux, mon cher ami, dit-il, nous en tenons un troisième dans notre gibecière, et s'il plaît à Dieu, quand Bluewater nous aura rejoints, nous n'aurons pas beaucoup de difficulté à venir à bout des autres. Je crois qu'aucun de nos bâtiments n'a beaucoup souffert, et je les compte tous comme en état de service. Il y a eu tout le temps de faire un signal des avaries, mais aucun d'eux n'y paraît disposé. Si nous échappons réellement à ce fléau des évolutions d'un amiral, ce sera la première fois de ma vie.

— Nous pourrions avoir été désemparés d'une demi-douzaine de vergues, et ne pas nous en trouver plus mal par un pareil temps. Si nous étions sous toutes voiles, ce serait autre chose; mais tant que nos principaux mâts nous resteront, ce sera probablement tout ce qu'il nous faut. Je ne vois sur mon bord aucune avarie qu'on ne puisse réparer en mer.

— Et c'est le bâtiment qui a été le plus maltraité, Greenly. Il pouvait y avoir quelque témérité à risquer un engagement avec une force si supérieure, par un pareil vent; mais nous devons très-probablement le succès que nous avons obtenu à l'audace de notre attaque; si l'ennemi l'eût crue possible, il est vraisemblable qu'il l'aurait déjouée. — Eh bien, maître Galleygo, je vois avec plaisir que vous n'êtes pas blessé. — Que venez-vous faire ici?

— J'ai eu deux motifs pour monter en ce moment sur la dunette, sir Gervais. Le premier est de nous serrer la main, comme vous savez que cela arrive toujours après une escarmouche, et de nous assurer mutuellement comment nous nous portons l'un et l'autre; et le second est de vous faire rapport d'un accident dont le dîner d'aujourd'hui se ressentira. J'avais mis dans un filet les volailles qui avaient été tuées, et je l'avais suspendu au-dessus de tout le bétail vivant, pour me mettre en garde contre tout événement. Mais un malheureux boulet a coupé la courroie, les volailles sont tombées dans le parc des cochons destinés à la table des officiers, et comme ces animaux ne sont jamais qu'à moitié nourris, ils n'en ont pas laissé de quoi donner à dîner à un midshipman mis à la diète. J'ai toujours pensé que personne ne devait avoir de bétail vivant à bord, si ce n'est les commandants en chef.

— Allez au diable, vous et votre bétail vivant! — Allons, donnez-moi la main et retournez à votre hune. — Comment avez-vous quitté votre poste sans permission?

— C'est ce que je n'ai pas fait, Votre Honneur. Voyant ce qui se passait parmi ces cochons, — car du haut de votre hune, mon œil plongeait sur cette scène déplorable, — j'ai demandé au midshipman la permission de descendre pour vous en faire ma condoléance; et comme on m'accorde toujours tout ce que je demande, en cas semblable, je suis descendu. Mais nous avons reçu une visite qui a pensé nous faire descendre tous en même temps.

— Le mât a-t-il été atteint? s'écria vivement sir Gervais. Il faut y voir sur-le-champ. — Eh! Greenly?

— Oh! ce n'est rien, Votre Honneur, absolument rien. Un de ces canons français qui sont à bord de la prise, releva le nez tandis que le vaisseau faisait une embardée, et nous envoya une bordée de mitraille juste à la tête. Je m'en aperçus à temps, et je criai : Echauboulure ! L'avis était bon. Nous nous courbâmes tous, et personne ne fut atteint, mais une poignée de mitraille s'enfonça dans le chouquet du mât, ce qui lui donne l'air d'un pouding aux raisins, ou du visage d'un homme marqué de petite vérole.

— Suffit, suffit ! vous êtes dispensé de remonter à la hune. — Greenly, faites battre la retraite. — Bunting, faites le signal pour qu'on en fasse autant sur tous les bâtiments, et que les équipages déjeunent, si bon leur semble.

Cet ordre donne une idée exacte de l'étrange mélange de sentiments et d'occupations qu'offre la vie des hommes à bord d'un bâtiment de guerre. Dans un moment ils se trouvent au milieu d'une scène de tumulte, de confusion et d'effusion de sang ; et l'instant d'après on les voit reprendre sans effort toutes les fonctions les plus ordinaires de la vie humaine. Les équipages de tous les bâtiments de l'escadre quittèrent leurs canons ; et immédiatement après, ils étaient assis autour de leurs bidons et de leurs gamelles, ne pensant qu'à satisfaire un appétit que les fatigues de la matinée avaient aiguisé. Le plaisir de ce repas était pourtant accompagné d'un air grave et sérieux, et le peu de plaisanteries qu'ils se permirent avaient un ton d'amertume qu'on remarque rarement dans l'esprit léger d'un marin. Une place était vacante çà et là, ce qui faisait songer au mort ou au blessé qui aurait dû l'occuper, et l'on parlait de ses habitudes, de ses qualités et de la manière dont il avait reçu la mort ou une blessure, d'un ton qui avait souvent quelque chose de pathétique ; car les marins parlent ordinairement des coups du grand ennemi de la race humaine, quand ils ont été frappés, avec autant de solennité et même de décorum qu'ils mettent de légèreté à les attendre. C'est quand ils sont eux-mêmes sains et saufs après une action qu'ils sont le plus sensibles aux malheurs arrivés pendant le combat. Le grade qu'occupe un homme sur un vaisseau a beaucoup d'influence sur les regrets que cause sa perte, et la mort de l'aide-timonnier qui, comme nous l'avons déjà dit, fut emporté par un boulet de canon sur la dunette du *Plantagenet*, fit une forte impression sur tout l'équipage de ce vaisseau. Il mangeait à la table des officiers subalternes, classe d'hommes plus graves et plus réfléchis que le commun des matelots, et quand on vit que sa place restait vacante, un profond silence régna pendant plusieurs minutes : chacun mangeait de bon appétit, mais personne ne parlait. Enfin un vieux maître canonnier en second entama la conversation en faisant le récit de la manière dont il avait péri, et il ne fut pas question d'autre chose pendant tout le temps que dura le déjeuner.

Sir Gervais avait chargé Galleygo de lui préparer son déjeuner dès que les hommes de l'équipage auraient été appelés pour prendre le leur ; mais il fut retenu sur le pont par suite d'un mouvement qui eut lieu sur un de ses bâtiments, et dont il devient maintenant nécessaire de parler plus en détail.

Le lecteur n'a sans doute pas oublié l'apparition du *Druide* au nord, de bonne heure dans cette matinée. Dès qu'elle fut à une distance qui le lui permit, cette frégate fit un signal pour montrer son numéro, après quoi elle continua à porter plus de voiles qu'aucun des bâtiments de la flotte. Pendant l'engagement entre les deux escadres, elle fit un effort pour rétablir son petit hunier aux bas ris ; mais quelques critiques, qui, à bord des autres vaisseaux, examinaient de temps en temps ses mouvements, pensèrent qu'il devait lui être arrivé un accident, attendu qu'elle avait presque aussitôt amené cette voile, et qu'elle parut disposée à se contenter de la voilure qu'elle portait lorsqu'on l'avait aperçue pour la première fois. Comme ce bâtiment était considérablement au vent de la ligne et qu'il naviguait tout ce temps avec un peu de largue dans les voiles, sa vitesse était beaucoup plus grande que celle des autres bâtiments ; et il était alors arrivé si près, que sir Gervais remarqua qu'il était par le travers du *Plantagenet*, et un peu sous le vent de *l'Actif*. On voyait sa coque en plein quand il s'élevait sur la cime d'une lame, et ceux qui étaient placés sur les hunes et sur les agrès pouvaient aisément le distinguer, sans avoir besoin de longue-vue.

— *Le Druide* nous apporte sans doute quelque message de l'autre division de l'escadre, dit le vice-amiral à Bunting, tandis que l'un et l'autre suivaient des yeux tous les mouvements de la frégate. Il est un peu extraordinaire que Blewet ne nous fasse aucun signal. Cherchez dans le livre des signaux et trouvez-y quelques questions pour lui demander ce qu'il vient faire ici.

Bunting tournait les feuilles de son vocabulaire de questions et de réponses, quand trois ou quatre boules noires que sir Gervais, à l'aide de sa longue-vue, vit suspendues entre les mâts de la frégate, se développèrent en forme de pavillons, et lui prouvèrent que Blewet n'était pas tout à fait endormi.

— Quatre cent seize, communication ordinaire, dit le vice-amiral, l'œil encore appliqué à sa longue-vue. Consultez votre livre, Bunting, et dites-nous ce que ce signal signifie.

— « Le commandant en chef ; je désire lui parler, » dit Bunting du ton formel et dogmatique qu'il avait coutume de prendre en lisant l'interprétation d'un signal.

— Fort bien. Répondez-lui d'approcher à portée d'être hélé ; il porte assez de voiles pour faire deux pieds pendant que nous en faisons un. Qu'il fasse porter, et qu'il vienne sous le vent du vaisseau. Parler ne sera pas une besogne facile aujourd'hui.

— Je doute qu'une frégate puisse assez approcher pour se faire entendre, quoiqu'on assure que le second lieutenant du *Druide* ne se sert jamais de porte-voix. Nos beaux esprits disent qu'il est fils d'un crieur public, et qu'il a hérité du domaine de sa famille.

— Oui, nos beaux esprits sont une bande de mauvais plaisants, ce qui arrive souvent quand il n'y a pas assez d'ouvrage à bord.

— Il faut avoir quelque égard, amiral, à ce qu'ils se trouvent sur le même bord qu'un commandant en chef connu par ses succès ; cela nous fait relever la tête devant les autres équipages.

— Hissez votre signal, Monsieur, hissez votre signal. Je serai obligé d'ordonner à Greenly de vous faire doubler votre quart pendant un mois, pour vous rappeler au respect.

— La réponse au signal est déjà faite, amiral. A propos, je vous serai obligé de prier le capitaine Greenly de me donner un autre aide-timonnier, car notre besogne exige de la promptitude lorsqu'il s'agit de quelque chose de sérieux.

— Je ne l'oublierai pas, Bunting, répondit le vice-amiral, un nuage lui passant sur le front. Je me suis aperçu que le pauvre Jack Gloss nous manque, et en voyant du sang sur la dunette, j'ai deviné son destin. Dans le fait, il me semblait avoir entendu un boulet frapper quelque chose derrière moi.

— Ce boulet a emporté la tête du pauvre diable, en faisant un bruit comme si un boucher eût assommé un bœuf.

— Eh bien, eh bien, tâchons de ne plus y songer jusqu'à ce que nous puissions faire quelque chose pour son fils, qui est un de nos mousses. — Ah! voici Blewet qui laisse porter tout de bon. Mais comment diable pourra-t-il nous parler? c'est plus que je ne saurais dire.

Le vice-amiral fit alors dire à son capitaine qu'il le priait de venir le trouver sur la dunette. Greenly ne tarda pas à s'y rendre, et sir Gervais l'informa des intentions du *Druide* et du but des signaux qui venaient d'être faits. Le grand hunier déchiré avait été raccommodé, et le capitaine proposa de l'établir de nouveau, tous les ris pris comme auparavant, et de carguer la grande voile, ce qui diminuerait la vitesse du *Plantagenet*, qui prenait trop d'avance sur les autres vaisseaux. Sir Gervais y ayant consenti, ce changement fut effectué, et l'on en reconnut bientôt les bons effets, non-seulement à la marche du bâtiment, mais à l'aisance de tous ses mouvements.

Il ne se passa pas longtemps avant que la frégate fût à une centaine de brasses du *Plantagenet* sur sa hanche du vent, fendant l'eau devant elle, de manière à montrer quelle impulsion terrible lui était imprimée. L'intention du capitaine Blewet était évidemment de passer à l'avant du *Plantagenet* et de venir au lof par sa hanche sous le vent, le point le plus sûr auquel il pût s'en approcher par une mer si houleuse, pourvu que cette manœuvre se fît avec discrétion. Le capitaine Blewet avait la réputation de manœuvrer sa frégate comme si c'eût été un canot, et c'était une occasion où il devait désirer de la soutenir. Personne ne pouvait pourtant s'imaginer comment il pourrait s'approcher assez pour faire une communication tant soit peu étendue. Les poumons de stentor du second lieutenant pouvaient néanmoins en venir à bout; et la nouvelle qu'on allait être hélé par *le Druide* s'étant répandue sur tout le bâtiment, la plupart de ceux qui étaient restés sur la batterie basse, plongés dans une sorte d'apathie, pendant que l'ennemi était à peu de distance sous le vent, montèrent en haut pour voir ce qui allait se passer.

— Eh, Atwood! s'écria sir Gervais; car un peu de curiosité avait aussi fait monter son secrétaire sur le pont, et de là sur la dunette; que diable fait donc Blewet? il ne peut avoir dessein d'établir une bonnette?

— Il est pourtant certain qu'il fait pousser un boute-hors de bonnette, sir Gervais, ou trente ans d'expérience sur mer ne m'ont servi à rien.

— Sur ma foi, amiral, ajouta Greenly avec un ton de surprise, il pousse le boute-hors de bonnette du petit hunier.

— Le voilà dehors! s'écria sir Gervais avec l'emphase qu'on mettrait à annoncer une calamité. Eh bien! — Quoi! — N'est-ce pas un homme qu'on hisse à son extrémité? — Prenez votre longue-vue, Bunting, et dites-nous ce qui en est.

— Il n'est pas besoin de longue-vue pour en être sûr, sir Gervais, Il n'y a nul doute que ce ne soit un homme; et le voilà suspendu au bout du boute-hors, comme s'il eût été condamné, par sentence d'une cour martiale, à subir la cale.

Sir Gervais supprima toute expression de surprise, et, comme de raison, sa réserve fut imitée par une vingtaine d'officiers qui étaient alors rassemblés sur la dunette. *Le Druide*, ayant laissé porter, approcha rapidement et eut bientôt croisé la route du vaisseau amiral. Bordant alors sa grande voile, et animé par la vitesse qu'il avait acquise, il revint promptement au vent et arriva près de la hanche sous le vent du *Plantagenet*. Les deux bâtiments étant au plus près, il était facile de les bien gouverner ; et avec de bons timonniers il aurait été possible, malgré la grosse mer, de se rapprocher, sans crainte d'avaries, à environ six brasses l'un de l'autre. Mais il n'était pas nécessaire de se rapprocher autant, le boute-hors et l'homme suspendu à son extrémité projetant à plus du double de cette distance en dehors de la frégate. C'était pourtant une manœuvre délicate, et tandis que l'homme suspendu était encore à trente ou quarante pieds de la ligne perpendiculaire, il fit un signe pour attirer l'attention de ceux qui étaient sur le pont du *Plantagenet*, fit tourner en l'air une glaine d'une ligne qu'il tenait en main, et dès qu'il vit des mains levées pour la recevoir, il la lança. Un lieutenant de vaisseau attrapa ce petit cordage et embraqua le mou sur-le-champ. Son but étant alors bien compris, une douzaine d'hommes saisirent le bout de cette ligne pour la bien roidir, et, à un signal mutuel, on amena du *Druide* l'homme suspendu, à mesure que, du *Plantagenet*, on halait sur la ligne. L'homme, descendant ainsi obliquement, se dégagea de la chaise qu'il s'était faite avec la bouline du hunier, et sauta sur le pont dès qu'il fut assez près. Se secouant alors, pour s'affermir sur ses jambes, il ôta sa casquette et salua le vice-amiral, qui vit Wycherly Wychecombe sur sa dunette.

CHAPITRE XXIV.

> Ne pleure pourtant pas. — La lutte n'est pas finie, ô vainqueur de Philippes ! Plus d'un champ de bataille a produit pour nous des palmes. — Encore un effort : il faut qu'un combat sérieux scelle notre destin.
> MISTRESS HEMANS.

LES matelots du *Plantagenet*, qui, en voyant un homme suspendu au bout du boute-hors d'une bonnette, avaient oublié la discipline au point de monter dans le gréement sur les dromes et sur les canons, pour attendre ce qui allait en résulter, ne virent pas plutôt l'étranger descendu en sûreté sur la dunette, qu'ils agitèrent en l'air leurs chapeaux et leurs bonnets, et l'accueillirent, comme d'une seule voix, par des acclamations. Les officiers sourirent de cet élan d'enthousiasme, et l'infraction à la coutume fut oubliée ; la discipline rigide, même d'un bâtiment de guerre, cédant quelquefois à l'impulsion soudaine d'un sentiment naturel.

Dès que *le Druide* s'était approché du vaisseau amiral, on avait vu le capitaine Blewet placé dans les haubans de sa misaine au vent, dirigeant lui-même la manœuvre soit d'un geste, soit de vive voix. Dès qu'il vit Wycherly sur la dunette du *Plantagenet*, et son corps souple et alerte dégagé de la bouline qui lui avait servi de siége, le capitaine fit un grand mouvement de bras, pour indiquer son intention de s'éloigner du vaisseau. La barre fut mise tout au vent, et tandis que le vaisseau filait en tête, en plongeant dans le creux des lames, l'avant de la frégate tomba sous le vent, laissant un espace de cent pieds et plus entre les deux bâtiments presque en un instant. Les mêmes causes continuant à opérer, *le Plantagenet* s'éloigna encore davantage en avant, tandis que la frégate revint bientôt au vent, à une encâblure de distance sous le vent, et par le travers de l'espace qui séparait l'amiral de son matelot d'arrière. Là, le capitaine Blewet parut se disposer à attendre des ordres ultérieurs.

Sir Gervais Oakes n'était pas habitué à laisser apercevoir la surprise que pouvaient lui occasionner les petits incidents qui arrivaient dans le service. Il rendit d'un air froid le salut de Wycherly, et sans lui faire une question, sans qu'un muscle jouât sur sa physionomie, il ne songea plus qu'à suivre des yeux tous les mouvements de la frégate. Voyant que tout allait bien à bord du *Druide*, il ordonna à Wycherly de le suivre, et descendit le premier, le laissant marcher après lui aussi vite que le permirent les questions nombreuses auxquelles il eut à répondre en descendant. Atwood, qui observait avec intérêt tout ce qui se passait, remarqua que, de tous ceux qui étaient présents à cette scène, le capitaine Greenly était le seul qui parût indifférent à la nature du message dont l'étranger pouvait être chargé, quoiqu'il fût peut-être le seul à qui son rang pût donner le droit de faire une question sur ce sujet.

— Vous êtes arrivé sur notre bord d'une manière nouvelle et extraordinaire, sir Wycherly, dit le vice-amiral d'un ton un peu sévère, dès qu'il fut seul avec le jeune lieutenant dans sa chambre.

— C'est un plan dont le capitaine Blewet est l'auteur, sir Gervais ; et réellement c'était le seul qui parût pouvoir réussir, car il aurait été difficile à une embarcation de résister à une mer si houleuse. J'espère que sa réussite, et la nature du message dont je suis chargé, pourront servir d'excuse à cette infraction au cérémonial d'usage.

— Je crois que c'est la première fois depuis le temps du Conquérant, que le vaisseau d'un vice-amiral anglais a été abordé si cavalièrement ; mais, comme vous le dites, les circonstances peuvent justifier cette innovation. — Quel est votre message ?

— Je présume que cette lettre vous l'expliquera, sir Gervais. J'ai peu de chose à y ajouter, si ce n'est pour vous faire rapport que le mât de misaine du *Druide* a été craqué pendant que nous forcions de voiles pour vous rejoindre, et que nous n'avons pas perdu un instant depuis que l'amiral Bluewater nous a ordonné de partir.

— Vous étiez donc à bord du *César?* dit le vice-amiral, dont le ton s'adoucit considérablement quand il vit le zèle que montrait pour le service un jeune homme qui aurait eu des raisons très-plausibles pour rester à terre; — et vous en êtes parti avec cette lettre?

— Oui, sir Gervais, par ordre de l'amiral Bluewater.

— Et êtes-vous arrivé à bord du *Druide* à l'aide d'un boute-hors, ou avez-vous réservé cette nouvelle mode pour le commandant en chef?

— J'ai quitté *le César* sur un canot, sir Gervais; et quoique nous fussions plus près de la côte, où le vent n'a jamais autant de force, et qu'il ne fût pas alors aussi violent qu'il le devint ensuite, nous avons été sur le point de couler à fond.

— Si vous êtes un vrai Virginien, vous ne vous seriez pas noyé, Wychecombe, répondit le vice-amiral reprenant sa bonne humeur; car, vous autres Américains, vous nagez comme du liége. — Excusez-moi, pendant que je vais lire la dépêche de Bluewater.

Sir Gervais avait reçu Wycherly dans la grande chambre, debout devant la table qui était solidement amarrée au centre. Il aurait peut-être été embarrassé de dire pourquoi il fit signe au jeune homme de prendre un siége avant d'entrer dans ce qu'il appelait son salon, joli petit appartement qui séparait ses deux autres chambres, qui était meublé avec une élégance qu'on aurait pu admirer dans une demeure plus permanente, et où il avait coutume de se retirer quand il voulait réfléchir. Son motif pour y entrer en ce moment était peut-être une crainte secrète des sentiments politiques du centre-amiral; car, quand il s'y trouva seul, il laissa passer une bonne minute sans ouvrir la lettre qu'il tenait en main. Rougissant de la faiblesse qui le faisait hésiter, il en rompit enfin le cachet et lut ce ce suit :

« Mon cher Oakes, — depuis que nous nous sommes quittés, de grands doutes se sont élevés dans mon esprit sur ce que mon devoir exige de moi dans cette grande crise. Un bras, un cœur, une voix même, peut décider du destin de l'Angleterre. Dans une telle circonstance, chacun doit écouter la voix de sa conscience, et tâcher de prévoir les suites de ses propres actions. Des agents confidentiels sont dans l'ouest de l'Angleterre, et j'en ai vu un. D'après ce qu'il m'a dit, je vois que ce destin dépend de moi plus que je n'aurais pu me le figurer, et encore davantage des mouvements de M. de Vervillin. Ne vous pressez pas trop, prenez du temps pour réfléchir, et accordez-m'en aussi ; car je me sens comme un misérable dont le sort va être décidé. Qu'aucun motif ne vous fasse risquer un engagement, dans la croyance que cette division est assez près pour vous soutenir. Attendez du moins que je vous écrive d'une manière plus positive, ou que nous puissions nous voir. Il me semble également difficile de frapper un coup contre mon prince légitime ou d'abandonner mon ami. Pour l'amour du ciel, agissez avec prudence et comptez que vous me verrez d'ici à vingt-quatre heures. Je ferai route à l'est dans l'espoir de vous rencontrer ; car je suis convaincu que de Vervillin n'a rien à faire à l'ouest. Il est possible que je vous envoie quelque message verbal par le porteur, car mes pensées sont paresseuses et mon esprit ne les accueille qu'avec répugnance.

« Tout à vous,

« Richard Bluewater. »

Sir Gervais Oakes lut cette lettre deux fois avec beaucoup d'attention ; il la froissa ensuite dans sa main, avec la même force que s'il eût voulu étouffer un reptile venimeux. Ne se contentant pas de cette manifestation de mécontentement, il la déchira ensuite en si petits morceaux qu'il aurait été impossible de les rapprocher de manière à pouvoir connaître le contenu de cette lettre, et ouvrant une fenêtre, il en jeta tous les fragments dans la mer. Quand il crut avoir ainsi détruit tout indice de la faiblesse de son ami, il commença à se promener dans son salon à sa manière ordinaire. Wycherly entendit ses pas, et fut surpris du délai qu'il mettait à reparaître. Mais son devoir l'obligeait à rester, et il passa une demi-heure en silence avant que sir Gervais ouvrît la porte et rentrât dans la grande chambre. Le vice-amiral avait banni de sa physionomie tout signe d'agitation et de détresse, mais l'officier put y remarquer un air d'inquiétude.

— Le contre-amiral vous a-t-il chargé de quelque autre message, sir Wycherly ? demanda l'amiral. Il me donne à entendre dans sa lettre que vous y ajouterez quelques explications verbales.

— Je suis honteux d'avoir à vous avouer, sir Gervais, que je ne puis rien vous dire qui soit intelligible. Il est très-vrai que le contre-amiral m'a dit quelques phrases que je devais vous répéter ; mais j'avais sans doute en ce moment l'esprit extraordinairement bouché, car, en cherchant à me rappeler, dès que je l'eus quitté, tout ce qu'il m'avait dit, je n'ai pu y trouver ni sens ni liaison.

— C'est peut-être sa faute plus que la vôtre, Wycherly ; Bluewater a de fréquents accès de distraction ; et il aurait tort de se plaindre de ceux qui ne le comprennent pas, car il ne se comprend pas toujours lui-même.

Sir Gervais prononça ces mots avec un air de gaieté, car il était ravi d'apprendre que son ami ne s'était pas compromis en parlant à son messager. Mais Wycherly n'était pas disposé à s'excuser aux dépens du contre-amiral ; car il se sentait assuré que Bluewater lui avait exprimé ses véritables sentiments, quelque défectueuse que pût avoir été sa manière de le faire.

— Je ne crois pas que nous puissions accuser de rien, en cette occasion, les distractions de l'amiral Bluewater, répondit-il avec une généreuse franchise. Il paraissait sentir profondément ce qu'il disait ; la force du sentiment qui l'entraînait peut avoir jeté de l'obscurité dans ses discours, mais ce ne peut être ni distraction ni indifférence.

— Je comprendrai mieux l'affaire, sir Wycherly, si vous me répétez ce qu'il vous a dit.

L'officier réfléchit quelques instants, et chercha à se rappeler ce qui s'était passé entre le contre-amiral et lui.

— Il m'a plusieurs fois recommandé de vous engager à ne pas attaquer les Français avant que sa division vous eût rejoint et fût prête à vous seconder. Mais était-ce par suite de quelque information secrète qu'il avait reçue, ou d'un désir tout naturel de prendre part au combat, c'est ce que je n'oserais affirmer.

— Chacune de ces deux causes peut avoir eu son influence. A-t-il fait quelque allusion à des informations secrètes qu'il aurait reçues ?

— En vérité, sir Gervais, s'écria Wycherly, qui était presque au désespoir de se trouver dans une situation si gauche, et qui commençait à croire que ses chagrins personnels lui avaient fait oublier quelque partie importante de son message, je n'ai jamais eu tant de raison d'être honteux de ma stupidité que dans le moment actuel. Les événements qui se sont passés à terre tout récemment m'avaient peut-être rendu incapable de m'acquitter du devoir dont j'ai été chargé.

— Cela est tout naturel, mon jeune ami ; mais, comme je les connais, vous pouvez compter sur mon indulgence.

— Ah ! sir Gervais, vous n'en connaissez pas la moitié !... Mais je m'oublie, amiral, et je vous en demande pardon.

— Je n'ai pas envie de connaître vos secrets, sir Wycherly ; ainsi laissons ce sujet à l'écart. Mais vous pouvez me dire si l'amiral Bluewater montrait l'ardeur et la gaieté qui caractérisent un marin anglais quand il a devant lui la perspective d'une grande bataille.

— Non, sir Gervais ; il avait au contraire l'air mélancolique, et j'ai même cru, une ou deux fois, voir une larme dans ses yeux.

— Pauvre Dick ! pensa le vice-amiral, il n'aurait jamais pu songer à m'abandonner sans éprouver une grande angoisse d'esprit. — Vous a-t-il dit quelque chose, ajouta-t-il tout haut, relativement à la flotte de M. de Vervillin ?

— Oui, certainement, amiral, il m'en a parlé beaucoup ; mais je ne pourrais résumer exactement ce qu'il m'a dit. Il paraissait croire que le comte de Vervillin n'avait pas dessein de frapper un coup contre quelqu'une de nos colonies, et à cette idée il semblait rattacher celle qu'il en était moins nécessaire de l'attaquer. Mais je ne puis me tromper sur le désir qu'il a que vous évitiez tout engagement avec l'amiral français jusqu'à ce qu'il vous ait rejoint.

— Oui, et vous avez vu avec quel instinct j'ai exécuté ses désirs, dit sir Gervais avec un sourire amer. Cependant, si la seconde division de la flotte eût été avec nous ce matin, la journée eût été glorieuse pour l'Angleterre.

— Et ne l'a-t-elle pas été, sir Gervais ? Nous avons tout vu à bord du *Druide*, et il n'y avait pas un de nous qui ne se félicitât d'être Anglais.

— Quoi ! même le Virginien ? dit le vice-amiral charmé d'un compliment qui ne sentait pas la flatterie, et souriant en le regardant d'un air amical. Je craignais que les sarcasmes que vous avez entendus dans le Devonshire ne vous eussent porté à vous regarder comme faisant partie d'une nation différente de la nôtre.

— Même le Virginien, amiral. Vous avez été dans les colonies, et vous devez savoir que nous ne méritons pas tout ce qu'on dit de nous de ce côté de l'Atlantique. Le roi n'a pas de sujets plus fidèles que les Américains.

— Je le sais parfaitement, mon jeune ami, et c'est ce que j'ai dit au roi de ma propre bouche. Mais n'y pensez plus. Si votre vieil oncle vous a quelquefois montré en sa personne le portrait d'un vrai John Bull, il vous a laissé un titre honorable et un beau domaine. Je veillerai à ce que Greenly vous case quelque part, et vous consentirez, j'espère, à prendre vos repas avec moi. J'espère vous voir un jour à Bowldero. A présent nous monterons sur le pont, et si votre esprit vous rappelle plus distinctement quelque chose de ce que vous a dit Bluewater, ne manquez pas de m'en informer.

Wycherly le salua et se retira. Sir Gervais s'assit un instant et écrivit quelques lignes à Greenly, pour le prier de chercher une chambre commode pour le jeune lieutenant. Il monta ensuite sur la dunette. Quoiqu'il s'efforçât d'écarter les doutes pénibles qui le tourmentaient, et de paraître aussi content que doit l'être un officier qui vient de cueillir de nouveaux lauriers, il trouva difficile de cacher complétement le choc que la lettre de Bluewater lui avait fait éprouver. Certain comme il croyait l'être de porter un coup décisif à l'ennemi si les cinq vaisseaux de la seconde division venaient le renforcer, il aurait volontiers renoncé au triomphe que ce nouveau succès serait pour lui, pour être sûr que son ami ne porterait pas les choses jusqu'à se mettre en rébellion ouverte contre le gouvernement établi. Il lui était difficile de croire qu'un homme tel que Bluewater pût réellement méditer d'emmener avec lui les bâtiments qu'il commandait. Cependant il connaissait l'ascendant du contre-amiral sur ses capitaines, et il y avait des moments où la possibilité qu'il prît ce parti se présentait à son esprit très-péniblement. — Et quand un homme peut se persuader toutes les absurdités du *jus divinum*, pensait sir Gervais, il n'a pas besoin de faire une grande violence au sens commun pour en admettre toutes les conséquences. — Le souvenir du caractère droit et intègre de Bluewater venait ensuite le rassurer et lui donner des espérances plus encourageantes. Se sentant vaciller ainsi entre l'espoir et la crainte, il résolut d'écarter pour le moment cette affaire de son esprit, en donnant toute son attention à la partie de l'escadre qu'il avait avec lui. A l'instant où il venait de prendre cette sage détermination, Greenly et Wycherly parurent sur la dunette.

— Je suis charmé de vous voir un air d'appétit, Greenly, dit le vice-amiral d'un ton enjoué. — Galleygo vient de me faire un rapport important : mon déjeuner est prêt. Comme je sais que votre chambre n'a pas encore été mise en ordre depuis le combat, j'espère que vous me ferez le plaisir d'en prendre votre part. Sir Wycherly, mon brave jeune Virginien que voici, prendra la troisième chaise, et la compagnie sera complète.

L'invitation ayant été acceptée, il passa devant eux, comme pour leur montrer le chemin; mais, en descendant l'échelle de poupe, il s'arrêta tout à coup.

— Wychecombe, dit-il, ne m'avez-vous pas dit que le mât de misaine du *Druide* a été craqué?

— Oui, sir Gervais, et dangereusement, je crois; le capitaine Blewet a fait force de voiles toute la nuit.

— Oui ; ce Tom Blewet est réellement effrayant pour les mâts et les vergues. Je n'étais jamais sûr de les trouver tous à leur place en me levant le matin, quand il était votre lieutenant, Greenly. Combien de bâtons de foc et de vergues de perroquet nous a-t-il coûté pendant notre croisière à la hauteur du cap de Bonne-Espérance ? de par Saint-George, une douzaine tout au moins !

— Pas tout à fait autant, amiral. Il est pourtant vrai qu'il m'a coûté deux bâtons de foc et trois vergues de perroquet. Le capitaine Blewet a un bâtiment fin voilier, et veut que tout le monde le sache.

— Et il verra que je sais qu'il a été cause que son mât de misaine a été craqué. — Bunting, faites signal au *Druide* de mettre en panne près de la prise, et quand il y aura répondu, faites-lui celui de veiller sur elle et d'attendre des ordres ultérieurs. Je l'enverrai à Plymouth pour y prendre un nouveau mât de misaine et y escorter la prise. — A propos, quelqu'un sait-il le nom de ce bâtiment ? — Eh, Greenly ?

— Je ne saurais vous le dire, sir Gervais ; mais quelques-uns de nos officiers pensent que ce vaisseau était le second en avant de l'amiral français, lors de notre escarmouche à la hauteur du cap Finistère. Cependant je ne suis pas de cette opinion, car le vaisseau en question n'avait pas pour figure, comme celui-ci, une femme qui ressemble un peu, je crois à une *Minerve*. — Les Français n'ont-ils pas une *Minerve* ?

— Pas à présent, Greenly ; car si la prise est *la Minerve*, elle est *à nous* maintenant, dit sir Gervais en riant lui-même de cette plaisanterie, ce qui, comme de raison, fut imité par ses deux compagnons. — Mais *la Minerve* a toujours été une frégate. La déesse de la sagesse n'a jamais été assez sotte pour se ranger en ligne de bataille quand elle pouvait s'en dispenser.

— Nous avons pris la figure de la prise pour une Vénus, quand *le Druide* a passé devant elle, dit Wycherly.

— Il y a une manière de le savoir, et il faut l'essayer. — Bunting, quand vous aurez fini avec *le Druide*, faites signal à la prise de nous donner son nom télégraphiquement. — Je suppose que vous savez comment faire le numéro d'une prise, quand elle n'en a aucun ?

— J'avoue que je l'ignore, amiral, répondit Bunting, dont la physionomie annonçait qu'il se trouvait dans l'embarras. N'ayant pas de numéro sur nos livres de signaux, on ne saurait comment lui faire savoir que c'est à elle que le signal s'adresse.

— Comment vous y prendriez-vous, jeune homme ? demanda à Wycherly le vice-amiral, qui, pendant tout ce temps, était appuyé sur le garde-corps de l'échelle de poupe. — Voyons si vous avez été bien enseigné, Monsieur.

— Je crois qu'on peut le faire de différentes manières, sir Gervais, répondit Wycherly sans avoir l'air de triompher de sa promptitude supérieure à trouver un expédient; mais la plus simple que je connaisse serait de hisser le pavillon français en-dessous du pavillon anglais; c'est le moyen de dire à qui le signal est adressé.

— Faites cela, Bunting, dit sir Gervais, faisant un signe de tête en descendant l'échelle, et je vous garantis que Daly répondra. Mais que pourra-t-il faire avec des pavillons français, c'est ce que je ne saurais dire; je doute aussi qu'il ait eu l'esprit d'emporter à bord de la prise un de nos livres de signaux, auquel cas il ne saura comment expliquer les nôtres. — Essayez pourtant, Bunting : un Irlandais a toujours quelque chose à dire, ne fût-ce qu'une absurdité.

Après avoir donné cet ordre, sir Gervais descendit dans sa chambre, et une demi-heure après ils étaient tous trois à table aussi tranquillement que s'il ne fût arrivé rien d'extraordinaire dans cette matinée.

— Le pire de ces petites escarmouches qui ne mènent à rien, dit le vice-amiral en commençant à servir ses hôtes, c'est qu'elles laissent dans votre chambre, Greenly, une aussi forte odeur de poudre que si toute une flotte avait été détruite. — J'espère que l'odeur que nous avons ici ne vous ôtera pas l'appétit, Messieurs?

— Vous ne rendez pas justice au succès de cette journée, sir Gervais, en l'appelant une petite escarmouche, répondit le capitaine, qui tombait sur les mets délicats servis par Galleygo, comme s'il n'eût pas mangé depuis vingt-quatre heures. Dans tous les cas, elle a proprement balayé les ponts de deux vaisseaux du roi Louis, et en a fait tomber un autre dans nos mains, et, dans un certain sens, dans nos poches.

— Cela est vrai, Greenly, très-vrai; mais que n'eût-ce pas été si...

La manière subite dont le commandant en chef cessa de parler fit croire à ses compagnons qu'il lui était arrivé quelque accident en buvant ou en mangeant, et ils le regardèrent avec empressement, comme pour lui offrir des secours. Il était pâle, mais il souriait, et ne paraissait pas souffrir au physique.

— Ce n'est rien, Messieurs, dit sir Gervais; n'y pensons plus.

— J'espère que vous n'avez pas été blessé, amiral? dit le capitaine. J'ai vu des gens ne s'apercevoir d'une blessure que lorsqu'une faiblesse soudaine la leur faisait découvrir.

— Je crois que, pour cette fois, les Français m'ont laissé passer gratis, Greenly. — Oui, je crois que Magrath n'aura à boucher dans ma coque aucun trou fait par un boulet. — Sir Wycherly, ces œufs viennent de votre domaine. Il s'y trouve de bonnes choses, et Galleygo y a tout mis à contribution. Goûtez-les, Greenly, comme venant du domaine de notre ami.

— Sir Wycherly est heureux d'avoir un domaine. Peu d'officiers de son rang peuvent se vanter du même avantage, quoique cela puisse arriver de temps en temps à un vieil officier.

— Cela est assez vrai, Greenly. L'armée accapare presque toutes les fortunes ; car les gens riches aiment les bons cantonnements et les bals de comté. J'étais un fils cadet quand on me fit entrer dans la marine ; mais je devins ensuite baronnet, et baronnet ayant une assez belle fortune, quand je n'étais encore que midshipman. Je n'avais que seize ans quand le pauvre Jocelin mourut, et à dix-sept on me fit officier.

— Oui, et nous ne vous en aimons que mieux, sir Gervais, pour ne pas nous avoir abandonnés quand la fortune vint à vous. Lord Morganic était capitaine quand il hérita de son titre, ce qui fait que nous lui en savons moins de gré.

— Lord Morganic reste au service pour nous apprendre à tenir les mâts de hune en étais, et à peindre les figures de nos bâtiments, dit sir Gervais d'un ton un peu sec, et pourtant il a bien manœuvré son vaisseau ce matin, et il a tiré de ce mauvais temps un bien meilleur parti que je ne croyais qu'il fût en état de le faire.

— J'apprends qu'il est probable que nous aurons bientôt un autre duc dans la marine, sir Gervais ; c'est un poisson qui ne tombe pas souvent dans nos filets.

Sir Gervais attachait beaucoup moins d'importance au rang que Bluewater ; cependant il leva les yeux sur le capitaine, comme pour lui demander de qui il voulait parler.

— On m'assure, continua Greenly, que lord Montrésor, frère aîné d'un midshipman, lord Geoffrey, qui sert à bord du *César*, est fort mal, et je crois que ce jeune homme a trop d'ardeur et de courage pour quitter le service, maintenant qu'il est presque en état d'être lieutenant.

— Oui, Bluewater dit que c'est un jeune homme qui promet beaucoup, et qui donne de grandes espérances, dit le vice-amiral d'un air pensif et distrait. Dieu veuille qu'il n'oublie pas cela entre autres choses!

— Je crois que ni l'amiral Bluewater, ni le capitaine Stowel n'ont égard au rang de ceux qui servent sous leurs ordres, et qu'ils exigent que tous fassent indistinctement leur service. — Mais voici Bunting qui vient vous faire un rapport.

Sir Gervais sortit de son accès de distraction, et, tournant la tête vers la porte, il vit son officier chargé des signaux.

— *Le Druide* a répondu, sir Gervais, dit Bunting, et il est déjà tellement venu au plus près, que je pense qu'il pourrait bien traverser notre ligne, peut-être en avant du *Carnatique*.

— Et la prise, Bunting? lui avez-vous fait un signal, comme je vous en avais chargé?

— Oui, sir Gervais, et elle a si bien répondu que je ne doute pas que M. Daly n'ait pris le livre des signaux avec lui. Il a répondu au signal télégraphique comme à l'autre.

— Eh bien, que dit-il? — Savez-vous le nom de la prise?

— C'est là la difficulté, sir Gervais. Notre question a été comprise; mais Daly montre à bord de la prise quelque chose que l'aide-timonnier jure être un *paddy*[1].

— Un paddy! Quoi! s'est-il fait suspendre au bras d'une vergue, ou au bout d'un boute-hors de bonnette? — Eh! Wychecombe? Daly est Irlandais, et il n'a qu'à se montrer pour faire voir un paddy.

— C'est une espèce de mannequin d'une sorte ou d'une autre, sir Gervais, mais ce n'est pas M. Daly; je crois plutôt qu'il n'a pas les pavillons nécessaires pour nous répondre, et qu'il a équipé une effigie de femme pour nous apprendre le nom de la prise; car elle a une femme pour figure, comme vous le savez.

— Du diable! Eh bien, cela fera une ère dans la science des signaux. — Galleygo, regardez par la fenêtre de la chambre, et dites-moi si vous voyez la prise. — Eh bien! Monsieur, la voyez-vous?

— Oui, sir Gervais, et je la vois à une place où aucun bâtiment français qui fait voile de conserve avec des vaisseaux anglais, n'a le droit d'être. Si elle est à une brasse au vent de notre ligne, elle en est à cinquante; déraisonnablement hors de sa place, Votre Honneur.

— Ceci vient de ce que nous avons abattu les forêts de ses mâts, monsieur Galleygo; et ce qui lui en reste l'a aidée à se placer où elle est. Quoi qu'il en soit, ce doit être un vaisseau qui tient bien le vent; — eh! Greenly? Elle était, ainsi que l'autre bâtiment, considérablement au vent de leur ligne, sans quoi nous n'aurions pu la mettre entre deux feux, comme nous l'avons fait. — Ces Français construisent de temps en temps un bâtiment qui tient bien le vent, nous devons en convenir.

— Oui, Votre Honneur, dit Galleygo qui ne laissait jamais tomber la conversation quand il avait été invité à y prendre part; et quand

---

[1]. Sobriquet désignant un Irlandais.

ils les font sortir du chantier, c'est ordinairement pour nous charger d'y placer un équipage. Construire un vaisseau est une chose, mais avoir un bon équipage en est une autre.

— Assez de vos réflexions philosophiques, drôle. Regardez bien, et assurez-vous si l'on voit quelque chose d'extraordinaire suspendu à ses agrès. Si vous ne montrez plus d'intelligence, j'enverrai un de mes Bowlderos pour vous aider.

Ces Bowlderos étaient quelques hommes nés sur le domaine de sir Gervais Oakes, et élevés comme domestiques dans sa maison ou dans celle de son père. Quoiqu'ils fussent depuis longtemps habitués à le suivre sur mer, comme ils n'avaient pas l'ambition de vouloir remplir d'autres devoirs que ceux de leur service ordinaire, le maître-d'hôtel les méprisait souverainement. On n'aurait donc pu le menacer d'une punition plus sévère que de lui donner un de ces hommes pour l'aider à s'acquitter d'un devoir quelconque de la profession de marin. Cette menace produisit l'effet désiré, et Galleygo ne perdit pas un instant pour examiner les agrès de la prise avec l'œil d'un critique.

— Je n'appelle extraordinaire rien de ce que je vois dans les agrès d'un bâtiment français, Votre Honneur, dit Galleygo dès qu'il eut fini son inspection ; les ouvriers de leurs chantiers ont des idées à eux sur tout cela. Mais il y a quelque chose qui pend au bras sous le vent de la vergue de misaine, qui ressemble à une bonnette préparée pour être hissée et établie, mais qui s'est arrêtée en route en voyant qu'il n'y a plus de mâture au-dessus pour la recevoir.

— C'est cela, dit Bunting ; M. Daly a pendu sa femme au bras de sa vergue de misaine, comme un pirate.

— Femme ! s'écria Galleygo ; appelez-vous cela une femme, monsieur Bunting ? Je l'appelle, moi, un paquet de pavillons de signaux prêts à être hissés et déployés, s'il y avait une mâture pour les recevoir.

— Ce n'est pas autre chose qu'une femme irlandaise, monsieur Galleygo ; et vous en serez convaincu si vous vous servez de cette longue-vue.

— Donnez-la-moi ! s'écria le vice-amiral. Etes-vous curieux, messieurs, de voir le signal de M. Daly ? Ouvrez la fenêtre au vent, Galleygo, et retirez-en les livres et le pupitre, afin que rien ne nous gêne pour y regarder.

Cet ordre fut exécuté sur-le-champ, et sir Gervais s'assit près de la fenêtre pour examiner l'effigie étrange qui était certainement suspendue au bras sous le vent de la vergue de misaine, objet qui mettait en défaut toute l'expérience qu'on pouvait avoir acquise sur mer.

— Du diable si je puis deviner ce qu'il veut dire! dit sir Gervais en se levant après un long examen. Prenez cette chaise, Greenly, et voyez si vous serez plus heureux. Il est bien sûr que cela ressemble à une espèce de femme.

— Oui, amiral, dit Bunting du ton d'un homme qui sentait qu'il y allait de sa réputation. Je suis certain que M. Daly nous a montré cette effigie pour nous apprendre le nom de la prise, et cela faute du livre des signaux télégraphiques pour indiquer les lettres. J'ai voulu m'assurer du fait avant de prendre la liberté de venir vous faire mon rapport.

— Eh bien, Greenly, qu'en dites-vous? La figure du vaisseau pourrait mieux nous instruire, mais elle paraît diablement avariée.

— Un boulet lui a fait perdre un bras et tout son buste, répondit Greenly après avoir tourné la longue-vue sur l'objet indiqué ; et je puis dire aussi à M. Daly qu'une partie des liures de son beaupré est également partie. Il faut prendre garde à ce vaisseau, sir Gervais; car il n'aura pas de mât de misaine demain matin, si ce vent continue. Un autre boulet est venu frapper le côté de sa hune de misaine, et a enlevé la moitié du tour de la hune.

— Ne vous mettez pas en peine des boulets, Greenly, ce pauvre diable de bâtiment ne pouvait avoir en même temps nos six vaisseaux sur les bras, et ne pas recevoir quelques boulets. Dites-nous quelque chose de la femme.

— Eh bien, sir Gervais, je ne doute pas que Daly ne l'ait hissée en guise de symbole. Oui, il n'y a nul doute que ce bâtiment ne soit *la Minerve* après tout, car la femme a sur la tête une espèce de casque.

— Ce ne peut être *la Minerve!* s'écria le vice-amiral d'un ton positif. Je suis sûr que *la Minerve* est une frégate. Bunting, passez-moi le petit livre à couverture rouge que vous avez sous la main : c'est la liste de la marine de France. M'y voici. *La Minerve, frégate de 32, capitaine Mondon; construit en* 1735, *vieux, et mauvais voilier.* Voilà qui met de côté *la Minerve*, car cette liste est la dernière que nous a envoyée l'amirauté.

— En ce cas, il faut que ce soit *la Pallas*, répliqua Greenly ; car Pallas porte aussi un casque, et je suis certain non-seulement que la femme porte sur sa tête quelque chose pour en figurer un, mais qu'elle a sur le corps un sarreau de Guernesey pour représenter une armure. Pallas et Minerve en portaient une toutes deux, si je m'en souviens bien.

— C'est arriver plus près du but, Greenly, dit le vice-amiral très-innocemment. Voyons si *la Pallas* est un bâtiment à deux ponts.

Par Saint George! ce nom ne se trouve pas sur la liste. Il est singulier qu'ils aient une de ces déesses et qu'ils n'aient pas l'autre.

— Ils n'ont jamais rien qui soit au complet, dit Galleygo par forme de commentaire sur l'érudition classique du vice-amiral et du capitaine; et toute ma surprise est qu'ils aient avec eux une seule déesse, vu qu'ils ont si peu de respect pour la religion en général.

Wycherly s'impatientait, mais le respect pour ses officiers supérieurs lui fit garder le silence. Quant à Bunting, il n'entendait rien à la mythologie; son père avait été commis d'administration dans la marine; il avait lui-même reçu toute son éducation à bord d'un bâtiment, et cela il y a plus d'un siècle.

— Peut-être serait-il bon de nous y prendre autrement, sir Gervais, dit le capitaine, et de parcourir la liste jusqu'à ce que nous trouvions le nom d'un vaisseau à deux ponts qui doive avoir une femme pour figure. Ce moyen simplifiera beaucoup l'affaire. J'ai vu résoudre des problèmes difficiles par des moyens aussi simples.

Le vice-amiral approuva cette idée, et il la mit à exécution à l'instant. Comme il arrivait à *l'Hécate*, bâtiment de soixante-quatre, une exclamation de Greenly attira son attention, et il lui en demanda la cause.

— Regardez vous-même, sir Gervais. A moins que mes yeux ne soient plus bons à rien, Daly hisse une ancre à jet bord à bord de sa femme.

— Quoi! une ancre à jet! — C'est donc *l'Espérance*? Chacun sait que l'Espérance porte une ancre. — Eh, Wychecombe? Sur ma parole, Daly fait preuve d'esprit. — Cherchez *Hope* sur cette liste, Bunting; les noms anglais sont imprimés les premiers à la fin du livre.

— *Le Hope* ou *l'Espirince*, lut l'officier aux signaux; *frégate de trente-six, capiting Di Courtrai*.

— Encore un bâtiment à un pont! Cette affaire ne vaut pas mieux que le maudit *nullus*. Mais aucun Français qui ait jamais été sur mer ne me battra en érudition. — Locker, aller prier le docteur Magrath de monter ici, s'il n'est pas occupé des blessés. Il sait plus de latin qu'aucun de ceux qui se trouvent sur ce bord.

— Oui, Votre Honneur; mais ceci est du français, vous savez, et non du latin. Je suppose que ce bâtiment, après tout, aura quelque nom qu'aucune personne ayant tant soit peu de vergogne ne voudrait prononcer, et que nous serons obligés de le changer.

— Il a caponné son ancre, la chose est sûre. Si l'effigie n'est pas l'Espérance, il faut que ce soit la Foi ou la Charité.

— Non, non, Votre Honneur; les Français n'ont ni foi, ni charité, ni entrailles, comme le sait fort bien tout pauvre diable qui a fait naufrage sur leurs côtes, comme cela m'est arrivé une fois, quand j'étais jeune. Je les regarde comme n'étant que des païens, et c'est peut-être le nom de ce bâtiment. J'ai vu cent fois des païens équipés comme cette femme de M. Daly.

— Quoi! avec une ancre du poids de trois cents livres!

— Je ne dis pas cela, Votre Honneur, mais avec quelque chose à la main. D'ailleurs cette femme ne tient pas une véritable ancre ; ce n'est qu'une ancre à jet, caponnée en manière d'ancre.

— Voici Magrath, et il nous tirera peut-être d'embarras.

Le vice-amiral expliqua toute l'affaire au chirurgien, et lui avoua franchement que l'érudition de tous ceux qu'il voyait assemblés dans sa chambre était en défaut, et qu'ils étaient obligés de recourir à l'aide de la chambre des officiers. Magrath l'écouta avec plaisir, et sourit de l'embarras dans lequel se trouvaient ses officiers supérieurs, par qui il se faisait un triomphe d'être consulté.

— Eh bien! sir Gervais, dit-il, vous pouviez faire pire que de convoquer un conseil de guerre pour cette affaire; mais s'il ne vous faut que le nom de ce vaisseau, je puis vous l'apprendre sans avoir besoin d'aucun signe, symbole ou hiéroglyphe. En coupant la route de ce vaisseau, il y a une couple d'heures, je l'ai lu inscrit sur sa poupe en lettres d'or. Il se nomme *la Victoire*, nom qui ne convient guère à un bâtiment capturé. Mais vous vous souviendrez, Messieurs, que c'est une Victoire française.

— Ce doit être une méprise, Magrath, car Daly vient de nous montrer une ancre, et la Victoire n'a pas une ancre pour emblème.

— Cela est difficile à dire, vice-amiral, car la victoire de l'un est la défaite de l'autre. Quant à ce que vous montre M. Daly, c'est une déesse irlandaise, et il faut avoir égard au pays.

Sir Gervais sourit, invita la compagnie à faire honneur aux restes du déjeuner, et envoya ordre sur le pont qu'on hissât le pavillon d'attention.

Lorsque, dans un temps postérieur, quelqu'un demandait à Daly une explication de cette affaire, il soutenait que le casque et l'armure appartenaient nécessairement à la Victoire, tout en avouant qu'il avait d'abord oublié l'ancre — Mais du moment que je l'eus hissée, ajoutait-il, tout le monde sut le nom du vaisseau à bord du *Plantagenet*, aussi bien que s'il eût été écrit en grosses lettres.

CHAPITRE XXV.

> La mer est ravissante de beautés. Ses flots sont plus azurés que le firmament ; et quoique une lumière glorieuse descende du ciel, les perles des ondes brillent d'un éclat plus doux. Les teintes de l'arc-en-ciel, réfléchies par ses eaux, en deviennent plus aimables ; et les rayons du soleil et de la lune, en se peignant sur son miroir, ont un brillant plus calme. Oui, la mer est ravissante de beautés.
>
> BRAINARD.

DALY étant reconnu comme le bouffon de la flotte, sa tentative extraordinaire pour faire connaître le nom de la prise passa pour une plaisanterie caractéristique, et servit à faire rire jusqu'à ce qu'on en trouvât quelque meilleur sujet. Cependant, dans la situation où se trouvaient les deux flottes, on l'oublia bientôt momentanément pour songer à des objets plus graves, car presque personne ne croyait que la collision qui venait d'avoir lieu pût suffire pour satisfaire un homme du caractère bien connu du commandant en chef. Comme la jonction de la seconde division de la flotte était tout ce qui manquait pour décider un engagement général, on plaça sur chaque vaisseau des vigies pour surveiller constamment l'horizon avec des longues-vues, surtout à l'est et au nord-est. Le vent perdit quelque chose de sa violence un peu avant midi, mais il était encore vif et venait toujours du même côté. La mer commençait pourtant à se calmer, et quand on piqua huit coups, c'est-à-dire à midi, il était survenu dans la situation des deux escadres des changements importants, dont il peut être à propos de mentionner quelques-uns.

L'Eclair, vaisseau amiral français, et *le Scipion* avaient été reçus en quelque sorte entre les bras de leur escadre, comme nous l'avons déjà dit ; et à compter de ce moment, la marche de toute l'escadre se régla jusqu'à un certain point sur celle de ces deux bâtiments presque désemparés. Le premier, à l'aide de ses voiles basses, aurait pu continuer à maintenir sa place dans la ligne tant que le vent conserva toute sa force, mais le second diminua nécessairement de vitesse, ce qui força les autres à ralentir leur marche, ou à l'abandonner à son destin. M. de Vervillin préféra ce dernier parti. Il en résulta que, lorsque le soleil fut au zénith, sa ligne, encore étendue et bien loin d'être régulière, était à trois bonnes lieues sous le vent de l'escadre anglaise. Ce ne fut pas tout. En ce moment important de la journée, sir Gervais Oakes se trouva en état d'augmenter la voilure de tous ses bâtiments, en établissant ses huniers aux bas ris; tandis que *la Victoire*, vaisseau fin voilier, était en état de marcher de conserve avec les autres, en portant ses voiles basses. Les Français ne pouvaient en faire autant, car il ne restait au *Scipion* aucun autre mât que celui de misaine. Avant que la distance fût assez grande pour empêcher de faire de pareilles observations, sir Gervais s'était assuré que l'ennemi préparait de nouveaux mâts de hunes et autres agrès pour les envoyer au vaisseau amiral, et des mâts majeurs de fortune pour *le Scipion*, quoique l'état de la mer ne permît pas encore de les leur transmettre. Il fit ses plans pour la nuit suivante en conséquence, ne voulant ni épuiser son monde de fatigue, ni faire connaître ses intentions à l'ennemi, en réparant de même la mâture de sa prise.

Vers midi, il signala successivement les numéros de tous ses bâtiments, pour s'informer si quelqu'un d'entre eux avait souffert des avaries importantes. Les réponses furent en général satisfaisantes; mais deux ou trois lui laissant quelque chose à désirer, il résolut de recourir à un moyen plus direct pour s'assurer de l'état véritable de sa flotte. Pour mettre à exécution ce projet important, sir Gervais attendit encore deux heures, tant pour laisser aux différents équipages le temps de dîner, que dans l'espoir que le vent et la mer continueraient à se calmer, comme ils avaient déjà commencé. A l'expiration de ce temps, il monta sur la dunette, et fit venir Bunting pour qu'il remplît ses fonctions ordinaires.

A deux heures après midi, il faisait ce qu'on appelle une brise à porter les huniers à tête de mât; mais la mer étant encore grosse, et les vaisseaux naviguant au plus près, le vice-amiral ne jugea pas à propos d'augmenter la voilure. Peut-être le désir de ne pas se mettre à plus grande distance de l'ennemi y contribuait-il pour quelque chose, car il entrait dans son plan de garder en vue M. de Vervillin aussi longtemps que le jour durerait, afin de pouvoir se faire une idée passable de la position que l'escadre française occuperait pendant les heures de ténèbres. Son intention pour le moment était de faire passer tous ses bâtiments en revue devant lui, de même qu'un général, accompagné de son état-major, fait défiler ses régiments devant lui afin de juger de leur instruction et de leur bonne tenue. Le vice-amiral Oakes était le seul officier de la marine britannique qui eût jamais adopté cette pratique; mais il faisait bien des choses auxquelles les autres ne songeaient jamais, et entre autres, il n'hésitait pas à attaquer une force double de la sienne quand l'occasion s'en présentait, comme on vient de le voir. Ses officiers appelaient ses revues — l'exercice à feu de sir Jarry, — trouvant un malin plaisir à comparer tout ce qui sortait de la routine ordinaire de la marine à quelque usage des troupes de terre.

Malgré les plaisanteries des officiers de l'escadre, Bunting reçut les ordres de l'amiral, fit les signaux nécessaires, et les réponses ne se firent pas attendre. Le commandant en chef donna alors des intructions verbales au capitaine Greenly, et descendit dans sa chambre pour se préparer à la scène qui allait avoir lieu. Quand sir Gervais reparut sur la dunette, il était en grand uniforme et portait les insignes de l'ordre du Bain, comme c'était son usage dans les occasions solennelles. Atwood et Bunting étaient à son côté, et les Bowlderos, en riche livrée, étaient derrière lui. Le capitaine Greenly et son premier lieutenant vinrent le joindre dès qu'ils eurent donné tous les ordres nécessaires relativement au vaisseau. De l'autre côté de la dunette, tous les soldats de marine qui n'étaient pas de garde étaient rangés en triple ligne et avaient leurs officiers à leur tête. Le *Plantagenet* avait cargué sa grande voile, halé bas ses voiles d'étai et mis le grand hunier sur le mât, avec ordre de maintenir le vaisseau gouvernant, afin que, ne faisant que peu de chemin, l'entrevue pût se prolonger. Après avoir fait ces préparatifs, le commandant en chef attendit l'arrivée successive de ses vaisseaux; le soleil, pour la première fois depuis vingt-quatre heures, se montrant dans des flots de brillante lumière d'été, comme en honneur de cette cérémonie.

Le premier vaisseau qui s'approcha du *Plantagenet* fut, comme de raison, le *Carnatique*, puisqu'il était son matelot de l'arrière. Ce vaisseau remarquable, comme l'avait dit le vice-amiral, pour se maintenir toujours bien à son poste, ne tarda pas à approcher, quoique, en lofant pour passer au vent du vaisseau amiral, il eût largué partout ses boulines, afin de relinguer les voiles et d'amortir son aire. Cette manœuvre très-simple, jointe à ce qu'il redressa sa barre, le porta à environ trente brasses au vent du *Plantagenet*, le long duquel il défila majestueusement, quoique lentement; le temps permettant alors d'avoir, sans grands efforts, une conversation à cette distance en se servant du porte-voix.

La plupart des officiers du *Carnatique* étaient sur la dunette quand il arriva lentement, jetant sa grande ombre sur le pont du *Plantagenet*. Le capitaine Parker était debout près du plat-bord, la tête découverte, et ses cheveux gris flottant au gré du vent. La physionomie de ce brave et simple vétéran montrait quelque inquiétude ; car si l'ennemi lui eût inspiré la dixième partie de la crainte qu'il avait de son commandant en chef, il aurait été entièrement incapable de remplir sa place. Il jeta un coup d'œil sur la voilure pour voir si tout était bien en règle, et à chaque brasse qu'il avançait, il étudiait d'un air inquiet l'expression des traits du vice-amiral.

— Comment vous portez-vous, capitaine Parker ? lui demanda sir Gervais avec le ton formel que donne un porte-voix, en le saluant suivant l'usage.

— Et comment se trouve sir Gervais Oakes ? J'espère qu'il n'a pas été touché dans cette dernière rencontre avec l'ennemi.

— Je vous remercie, capitaine, je n'ai reçu aucune blessure. *Le Carnatique* a-t-il souffert quelque avarie sérieuse pendant le combat ?

— Aucune qui mérite qu'on en parle, amiral. Une assez forte égratignure au mât de misaine, mais qui n'a rien d'alarmant, à présent que le vent commence à se modérer, quelques manœuvres coupées, et une couple de trous dans la coque.

— Avez-vous perdu beaucoup de monde ?

— Deux morts et sept blessés, amiral. Des hommes braves ; mais il m'en reste encore assez de semblables.

— Je dois donc comprendre que vous regardez *le Carnatique* comme en état de service, capitaine Parker ?

— En tant qu'il dépend de mes faibles moyens, amiral, répondit le vieux Parker, un peu alarmé d'une question si formelle et si précise. — Rencontrez la barre, Monsieur, rencontrez la barre !

Pendant ce temps *le Carnatique* était lancé dans le vent et ne faisait pas de chemin. La barre ayant été redressée, il arriva lentement et majestueusement en ligne parallèle avec le vaisseau amiral, son mouvement augmentant à mesure que les voiles portaient. Quand les vergues des deux vaisseaux se trouvèrent à environ vingt brasses de distance et qu'ils furent parfaitement par le travers l'un de l'autre, sir Gervais Oakes ôta son chapeau, s'approcha d'un pas rapide du plat-bord de la dunette, et, faisant un geste de la main pour enjoindre le silence, dit d'un ton si distinct qu'on put l'entendre à bord des deux vaisseaux :

— Capitaine Parker, je désire vous remercier publiquement de votre noble conduite pendant cette journée. J'ai toujours dit qu'un commandant en chef ne pouvait avoir un meilleur matelot de l'arrière que vous dans un combat, et vous avez plus que prouvé que mon opinion était correcte. Je vous dois ces remerciements publics, capitaine.

— Sir Gervais, je ne puis vous exprimer..... Que Dieu vous protége, sir Gervais !

— Je n'ai qu'une faute à vous reprocher, Monsieur, et elle est facile à pardonner.

— Je l'espère, amiral.

— C'est que vous avez fait toutes vos manœuvres avec tant de justesse et de rapidité, que nous avons à peine eu le temps de nous retirer de la ligne de votre feu.

Le vieux Parker n'aurait pu répondre, quand il se fût agi de sa vie, tant il était ému ; mais il salua et passa une main sur ses yeux. Il n'aurait pas eu le temps de parler, car sir Gervais reprit la parole sur le-champ.

— Si l'épée de Sa Majesté ne touche pas votre épaule pour vous récompenser des services que vous avez rendus aujourd'hui, capitaine, ce ne sera pas ma faute. En achevant ces mots, il agita son chapeau en l'air, en signe d'adieu.

Pendant ce court dialogue, le silence avait été si profond à bord des deux vaisseaux, que le bruit de l'eau qui passait sous les bossoirs du *Carnatique* était le seul son qui se mêlât à la voix du vice-amiral. Mais dès qu'il eut cessé de parler, les deux équipages poussèrent trois acclamations bruyantes. Les officiers eux-mêmes s'y joignirent ; et pour que rien ne manquât au compliment, le commandant en chef ordonna lui-même à ses soldats de marine de présenter les armes au bâtiment qui passait. Ce fut alors que *le Carnatique*, toutes ses voiles portant bien, s'élança tout à coup en avant, presque de toute sa longueur, sur le sommet d'une lame. En une demi-minute il se trouva par le travers du boute-hors du clinfoc du *Plantagenet*, gouvernant de manière à ne pas jeter l'amiral sous le vent.

Le Carnatique était à peine passé, que *l'Achille* était prêt à prendre sa place. Ce vaisseau étant plus éloigné, et par conséquent ayant plus d'espace, s'était aisément élevé au vent du *Plantagenet*, larguant simplement toutes ses boulines dès que ses bossoirs se trouvèrent par le travers de la poupe de l'amiral, afin d'amortir son aire.

— Comment vous portez-vous aujourd'hui, sir Gervais ? s'écria lord Morganic, sans laisser au vice-amiral le temps de le héler ; permettez-moi de vous féliciter des exploits de cette journée glorieuse.

— Je vous remercie, Milord, et je désire vous dire que je suis satisfait de la manière dont votre vaisseau s'est comporté. Au surplus, vous vous êtes tous bien comportés, et je vous dois des remerciements à tous. *L'Achille* a-t-il souffert quelques avaries ?

— Rien qui vaille la peine d'en parler, sir Gervais : quelques bouts de corde, un bâton çà et là.

— Combien d'hommes avez-vous perdus, Milord? Je désire particulièrement connaître la situation exacte de chaque vaisseau.

— Huit ou dix pauvres diables, je crois; mais nous sommes en état d'attaquer à l'instant même.

— Fort bien, Milord. Faites embraquer vos boulines, et faites place au *Foudroyant*.

Morganic en donna ordre; mais à l'instant où son vaisseau filait en tête de l'amiral, il s'écria : — J'espère, sir Gervais, que vous n'avez pas dessein d'abandonner cet autre canard blessé? J'ai déjà envoyé mon premier lieutenant à bord d'une prise, et j'avoue que je voudrais mettre le second à bord d'une autre.

— Oui, oui, Morganic, nous abattons les oiseaux, et vous les mettez en gibecière. Je vous donnerai encore quelque amusement du même genre avant que cette affaire se termine.

Sir Gervais Oakes, quoique peu habitué à plaisanter quand il s'agissait du service, jugea à propos de faire cette petite concession au rang du capitaine de *l'Achille*, qui s'éloigna alors du vaisseau amiral comme on tire le rideau pour laisser voir la scène.

— Je crois, Greenleaf, dit Morganic à son chirurgien-major, qui était un de ses favoris, que sir Jarry est un peu jaloux de nous, parce que Daly est arrivé à bord de la prise avant qu'il eût eu le temps d'y envoyer un de ses canots pour en prendre possession. Je crois que cela figurera bien dans la gazette : — *L'Achille*, capitaine le comte de Morganic, a pris possession du vaisseau français et l'a emmené. — J'espère que le vieil amiral aura la décence de nous rendre la justice qui nous est due, car je crois que c'est notre dernière bordée qui a fait amener pavillon.

Le chirurgien fit une réponse telle que son capitaine l'attendait; mais comme *l'Achille* s'éloigne, nous ne pouvons le suivre pour la rapporter.

Le troisième vaisseau qui s'approcha était *le Foudroyant*, capitaine Foley. C'était un des bâtiments qui avaient reçu le feu des trois premiers vaisseaux de la ligne française, après qu'ils furent arrivés pour recevoir le vent du travers, et comme c'était le premier vaisseau de l'arrière-garde anglaise, c'était celui de toute l'escadre qui avait le plus souffert. Ce fait devint visible quand il s'approcha, par l'état de son gréement, qui était noué, épissé et bossé de tous côtés, et par les précautions qui avaient été prises pour empêcher la chute d'une partie de la mâture. Même quand il s'approcha de l'amiral, ses hommes étaient encore sur sa grande vergue, occupés à enverguer une nouvelle grande voile, l'autre ayant été presque enlevée de dessus la vergue par le feu de l'ennemi. On voyait aussi le long de son bord sous le vent des tampons qui bouchaient des trous de boulets.

Le vice-amiral et le capitaine se saluèrent suivant l'usage, et sir Gervais répéta les mêmes questions qu'il avait déjà faites à ses autres capitaines.

— Nous ne nous sommes pas tout à fait bornés à échanger des saluts, sir Gervais, répondit Foley, mais le vaisseau est remis en état de service, et si le vent continuait à se modérer, il se trouverait même en état de forcer de voiles.

— Je suis charmé de l'apprendre, — très-charmé, capitaine ; car je craignais pour votre vaisseau plus que pour aucun autre. J'espère que vous n'avez pas perdu beaucoup de monde ?

— Neuf hommes tués, sir Gervais, et, d'après le rapport du chirurgien, seize blessés.

— Cela prouve que vous n'êtes pas restés dans le port, Foley. Eh bien, si la vérité était connue, j'ose dire qu'on verrait que les vaisseaux de M. de Vervillin portent de vos marques en revanche. — Adieu, adieu !

Le Foudroyant fila en avant, et fit place au *Blenheim*, capitaine Sterling. C'était un de ces bâtiments toujours prêts à faire bon service, sans prétentions à l'élégance et à la beauté, mais en état d'exécuter tous les ordres qu'on peut lui donner. Le capitaine était un régulier loup de mer, ayant toujours un gros juron à la bouche, et faisant une grande consommation de tabac à fumer et d'eau-de-vie. Cependant il avait assez de jugement pour ne jamais jurer en présence du commandant en chef, quoique cela lui fût arrivé dans une église, et assez de prudence pour ne jamais boire plus que de raison quand il était en face de l'ennemi, ou pendant un ouragan. Il avait trop de fermeté et était trop bon marin pour recourir à la bouteille comme à une ressource ; mais il aimait à en faire la compagne de son loisir, et, pour avouer la vérité, il avait alors pour elle une tendre affection, qui rendait très-difficile aux autres de ne point partager jusqu'à un certain point sa partialité pour elle. En un mot, le capitaine Sterling était un marin de l'ancienne école ; car il existait, il y a un siècle, une ancienne école en manières, en opinions, en habitudes, en philosophie, en morale et en raison, précisément comme il y en a une de nos jours, et comme il y en aura probablement une autre dans cent ans.

Le capitaine Sterling fit le rapport que son bâtiment n'avait souffert aucune avarie, qu'il n'avait pas même un seul blessé à bord, et qu'il était en état de service comme à l'instant où il était sorti du port.

— Tant mieux, Sterling, tant mieux. Ce sera vous qui soutiendrez le premier feu dans la prochaine affaire, pour vous donner une autre chance. Je compte sur *le Blenheim* et sur son capitaine.

— Je vous remercie, amiral. Mais à propos, ne serait-il pas bon de visiter les caisses de la prise avant qu'elle passe par les mains des officiers de la douane. Elle doit avoir de bon bordeaux à bord ; et, en pleine mer, ce ne serait pas contrebande.

— Ce serait — piller une prise, — Sterling, répondit le vice-amiral en riant, car il savait que le capitaine faisait une plaisanterie plutôt qu'une proposition sérieuse, et en pareil cas il y a peine de mort, sans bénéfice de clergé. — Avancez; voici Goodfellow qui arrive sur vos talons.

Le dernier vaisseau de la ligne anglaise était *le Warspite*, capitaine Goodfellow, officier qui s'était rendu remarquable à cette époque dans le service par — une tournure religieuse, — comme on le disait. Comme c'est l'ordinaire aux hommes de ce caractère, Goodfellow était tranquille, réfléchi et attentif à son devoir, et cette dernière circonstance en avait fait un des favoris du vice-amiral. Peut-être avait-il l'air moins marin que quelques-uns de ses compagnons ; mais son vaisseau était toujours dans le meilleur ordre, et il faisait grande attention aux signaux. Après lui avoir fait les mêmes questions qu'aux autres, et avoir entendu ses réponses, sir Gervais l'informa qu'il avait dessein de changer quelque chose à l'ordre de marche, de manière à le placer à l'avant-garde.

— Nous donnerons au vieux Parker un instant pour reprendre haleine, ajouta le commandant en chef, et vous serez mon matelot de l'arrière. Il faut que je marche en tête de vous tous, sans quoi vous vous jetteriez tous sur les Français sans en attendre l'ordre, sous prétexte que la fumée vous empêche de voir les signaux.

Le Warspite fila en avant, et *le Plantagenet* n'avait plus qu'à recevoir la visite de la prise et du *Druide*; car aucun signal n'avait été fait à *la Chloé*, à *l'Actif* et au *Driver*. Daly avait graduellement gagné au vent sur les autres bâtiments, comme nous l'avons déjà dit, et quand l'ordre fut donné de passer à portée d'être hélé, il ne fut pas peu contrarié d'être obligé de perdre l'avantage qu'il avait gagné. Néanmoins il ne pouvait plaisanter avec le commandant en chef dans une pareille affaire, et il fut obligé de carguer ses basses voiles, et d'attendre le moment où il pourrait s'approcher. Après le départ du

Warspite, son vaisseau avait dérivé si près de l'amiral, qu'il lui suffit d'amurer ses voiles pour en passer aussi près qu'on pouvait à peine le désirer. Cependant quand il en fut tout à fait près, il cargua de nouveau sa grande voile par ordre de l'amiral.

— Avez-vous un besoin pressant de quelque chose, monsieur Daly? lui demanda sir Gervais dès que le lieutenant fut sur l'avant pour lui répondre; l'état de la mer peut nous permettre à présent de vous envoyer quelques canots.

— Bien des remerciements, sir Gervais. J'aurais besoin d'être débarrassé d'une ou deux centaines de Français, et d'avoir une centaine d'Anglais en leur place. Nous ne sommes ici que vingt et un sujets du roi, tout compris.

— Le capitaine Blewet a ordre de marcher de conserve avec vous, Monsieur. Dès qu'il fera nuit, mon intention est de vous envoyer à Plymouth sous son escorte. — Cette prise est-elle un bon vaisseau, eh! Daly?

— Ma foi, amiral, il est en ce moment comme un pot de faïence cassé, et l'on ne saurait trop dire ce qu'il a de bon; cependant il n'est pas mauvais voilier, et je crois que tout le monde conviendra qu'il tient bien le vent; mais il est diablement français à l'intérieur.

— Nous le rendrons anglais avec le temps, Daly. — A-t-il des voies d'eau? les pompes jouent-elles bien?

— Les voies d'eau ne sont pas ce qui lui manque, mais les pompes sucent comme un enfant de neuf mois, et sans cela nous pourrions à peine y remédier, vu que nous n'avons que dix-neuf paires de bras pour y travailler.

— Fort bien, Daly. A présent vous pouvez rétablir votre grande voile; souvenez-vous que vous devrez partir pour Plymouth dès qu'il fera nuit. Si vous rencontrez l'amiral Bluewater, dites-lui que je compte sur lui, et que je n'attends que son arrivée pour payer à M. de Vervillin le reste de son compte.

— Je le ferai de tout mon cœur, sir Gervais. — Mais dites-moi, je vous prie, que pensez-vous des signaux français? Faute de mieux, nous avons eu recours aux classiques.

— Oui, et je crois que vous seriez fort embarrassé pour expliquer vos signaux. J'ai appris que la prise se nomme *la Victoire*; pourquoi lui avez-vous donné une armure, et pourquoi avez-vous hissé une ancre à jet à côté de la pauvre femme?

— C'est ce qu'on voit dans tous les livres, sir Gervais. Vous trouverez tout cela dans Cicéron, dans Mathurin Cordier, dans Cornelius Nepos, et dans tous les autres. Oh! j'ai été à l'école avant d'aller sur mer, comme vous le dites quelquefois vous-même, amiral, et la littérature est la même en Irlande que dans tout le reste du monde. La Victoire a besoin d'une armure pour être victorieuse, et l'ancre est pour montrer qu'elle n'est pas de la famille de ceux qui coupent leurs câbles et laissent leurs ancres pour s'enfuir plus vite.

— Fort bien, Daly, répondit sir Gervais en riant. Les lords de l'amirauté seront instruits de votre mérite en ce genre, et cela pourra vous valoir une chaire de professeur. Venez au lof, ou vous briserez notre vergue de civadière. — Souvenez-vous de suivre *le Druide*,

Ils se firent un signe d'adieu de la main, et *la Victoire*, qui avait perdu ses ailes, s'éloigna lentement. *Le Druide* prit sa place, et le vice-amiral se borna à donner ordre au capitaine Blewet d'escorter la prise à Plymouth, et d'y changer son mât de misaine. Ainsi se termina — l'exercice à feu. — La frégate lofa de nouveau au vent de la ligne, et laissa *le Plantagenet* derrière elle. Quelques minutes après le vaisseau amiral mit le vent dans ses voiles, et fit route vers les autres bâtiments.

Le vice-amiral s'étant assuré de la manière la plus certaine de la condition actuelle de son escadre, avait des données d'après lesquelles il pouvait former ses plans. Sans la lettre de Bluewater, il aurait été complétement heureux, le succès remporté dans cette journée ayant répandu sur tous ses vaisseaux une ardeur qui était par elle-même un gage de résultats encore plus importants. Il résolut pourtant d'agir comme si cette lettre n'eût pas existé, car il lui était impossible de croire qu'un ami qui lui avait été si longtemps fidèle, pût l'abandonner réellement à l'instant du besoin. — Je connais son cœur mieux qu'il ne le connaît lui-même, pensa-t-il, et avant que nous soyons plus vieux d'un jour, je le lui prouverai, à sa confusion et à mon triomphe. — Pendant le cours de l'après-midi, il eut quelques conversations courtes et interrompues avec Wycherly, pour tâcher de s'assurer, s'il était possible, des véritables dispositions dans lesquelles était son ami quand il lui avait écrit. Il ne put pourtant rien apprendre de plus que ce qu'il savait déjà, le jeune lieutenant avouant franchement que, par suite de l'état d'une confusion d'esprit dont il s'accusait modestement lui-même, mais que sir Gervais savait fort bien devoir attribuer à Bluewater, il n'avait pu se faire une idée bien nette des intentions du vice-amiral.

Cependant les éléments commençaient à montrer un changement d'humeur. Un ouragan est rarement de longue durée en été, et vingt-quatre heures semblent être la limite que la nature lui a assignée. Le temps était devenu plus beau depuis que la revue avait eu lieu ; et cinq heures après, non-seulement la mer était tombée, mais le vent avait varié de plusieurs quarts, et il soufflait du nord-ouest, bonne brise à porter les perroquets. Peu après, l'escadre française vira de bord vent arrière, gouvernant au nord-est quart de nord, avec un peu de largue dans ses voiles. Les Français avaient mis de l'activité à réparer leurs avaries ; rien ne manquait au vaisseau amiral, et il portait les mêmes voiles que les autres bâtiments. Il n'était pas aussi facile de suppléer à tout ce qui manquait au *Scipion* ; cependant il avait établi deux mâts de fortune, les autres vaisseaux lui ayant envoyé des secours aussitôt que leurs canots avaient pu tenir la mer. Lorsque le soleil s'approcha de l'horizon occidental, et qu'il ne fallait plus qu'environ une heure pour que sa disparition terminât un des longs jours de cette haute latitude, ce vaisseau mit son hunier d'artimon en place de son grand hunier, et remplaça son hunier d'artimon par un petit perroquet. Ainsi équipé, il fut en état de suivre les autres bâtiments qui naviguaient sous petites voiles et attendaient que la nuit couvrît leurs mouvements.

Sir Gervais Oakes avait fait à toute son escadre le signal de virer de bord vent devant, successivement de l'arrière à l'avant-garde, environ une heure avant que *le Scipion* eût obtenu cette voilure additionnelle. Cet ordre fut exécuté très-promptement, et comme, sur le premier bord, les vaisseaux portaient à l'ouest-sud-ouest, après qu'ils eurent viré et qu'ils gouvernèrent au nord-nord-est, leur ligne se trouva encore à une lieue au vent de l'ennemi. A mesure que chaque vaisseau s'orientait bâbord amures, il diminuait de voiles, afin de donner aux bâtiments de la queue le temps d'arriver en dépendant et de prendre leur poste. Il est à peine nécessaire de dire que ce changement mit encore *le Plantagenet* en tête de la ligne ; mais il avait pour matelot de l'arrière *le Warspite* au lieu du *Carnatique*, qui était alors le dernier de l'arrière-garde.

C'était une glorieuse soirée, et elle promettait une aussi belle nuit. Cependant comme il n'y avait que six heures d'obscurité complète à cette époque de l'année, et que la lune devait se lever à minuit, le vice-amiral savait qu'il n'avait pas de temps à perdre s'il voulait faire quelque chose à la faveur des ténèbres. On n'avait plus besoin de prendre des ris, quoique tous les vaisseaux fussent sous petite voilure, pour proportionner leur allure à celle de la prise ; elle était pourtant alors remorquée par *le Druide*, qui portait ses huniers, tandis qu'elle était aidée en outre par ses basses voiles. Par ce moyen *la Victoire* se trouva en état, non-seulement de suivre la flotte, mais de maintenir sa position au vent. Telle était la situation des choses quand le soleil se plongea dans l'Océan, l'ennemi étant alors par le bossoir sous le vent, à la distance d'une lieue et demie : à ce moment, *le Plantagenet* fit un signal pour que tous les bâtiments missent en panne, le grand hunier sur le mât, et les officiers qui se trouvaient sur le pont furent surpris d'entendre le second maître d'équipage donner le coup de sifflet pour faire embarquer les canotiers de l'amiral.

— Ai-je bien entendu, sir Gervais? demanda Greenly avec curiosité et intérêt ; désirez-vous qu'on mette votre barge à la mer?

— Vous avez parfaitement entendu, Greenly, et si vous y êtes disposé par cette belle soirée, je vous prierai de me faire le plaisir de m'accompagner. — Sir Wycherly Wychecombe, puisque vous n'avez pas de fonctions à remplir ici, j'ai le droit, comme amiral, de vous mettre en réquisition pour mon service. — Je vous dirai en passant, Greenly, que je viens de signer un ordre pour que sir Wycherly soit attaché à mon état-major particulier ou à ma famille, comme disent les soldats. Dès qu'Atwood aura copié cet ordre, il vous sera remis, et de ce moment je vous prie de le considérer comme mon premier adjudant.

Personne ne pouvait faire d'objection à ces arrangements, et Wycherly remercia le vice-amiral par un salut. Au même instant on frappa les palans sur la barge, on la hissa de dessus ses chantiers, on la mit à la mer, on décrocha les palans, les canotiers s'y embarquèrent, mâtèrent leurs avirons, placèrent les gaffes contre le bord ; tout cela fut l'affaire d'un instant. — Une minute après, la garde présenta les armes, le coup de sifflet du maître d'équipage se fit entendre, le tambour battit, et Wycherly, sautant sur le passavant, fut hors de vue aussi vite que la pensée. Greenly et le vice-amiral le suivirent, et la barge partit.

Quoique les lames fussent beaucoup moins fortes et que leurs crêtes ne fussent plus dangereuses, la mer était loin d'être aussi calme qu'un lac par une belle soirée d'été. Dès le premier coup d'avirons, la barge s'éleva sur le sommet d'une longue lame qui l'enleva comme une plume, et quand l'eau se retira sous elle, il sembla qu'elle allait se plonger dans quelque caverne de l'Océan. Peu de chose donne une plus forte idée de l'impuissance où l'on peut se trouver de s'aider soi-même, que la vue d'une barque ballottée ainsi sur les vagues quand la mer n'est pas courroucée, car on est alors porté à s'attendre à quelque chose de mieux qu'à être ainsi le jouet des éléments. Néanmoins tous ceux qui ont vogué sur l'Océan, même dans ses moments de plus grand calme, doivent avoir plus ou moins éprouvé cette sensation, l'esquif le plus solide, monté par les rameurs les plus vigoureux, ne paraissant la moitié du temps que comme une plume qui flotte dans les courants capricieux de l'air.

Cependant ceux qui se trouvaient sur la barge étaient trop habitués à leur situation pour s'occuper beaucoup de pareilles idées, et sir Gervais, après avoir accepté l'offre que lui fit Wycherly de prendre la barre, leva les yeux pour examiner en critique *le Plantaegent*.

— Morganic a une meilleure excuse que je ne l'avais supposé pour son gréement en chébec, dit-il après avoir employé une minute à cet examen. Votre petit mât de hune, Greenly, penche au moins de six pouces trop en avant, et je vous prie de le faire redresser demain matin, si le temps le permet. Je n'aime point vos bâtiments de la Méditerranée dans un détroit.

— Fort bien, sir Gervais, répondit tranquillement le capitaine; le mât sera redressé demain pendant le quart du matin.

— Voyez Goodfellow! Quoiqu'il soit à moitié ministre, il trouve le moyen de toujours tenir ses mâts plus droits que ceux d'aucun capitaine de l'escadre. Vous n'en verrez jamais un qui soit d'un demi-pouce hors de sa place à bord du *Warspite*.

— C'est parce que son capitaine arrange tout d'après le modèle de sa propre vie, répondit Greenly en souriant. Si nous valions la moitié de ce qu'il vaut en d'autres choses, nous pourrions valoir mieux que nous ne valons en science nautique.

— Je ne crois pas que la religion nuise à un marin, Greenly; non, pas le moins du monde. — C'est-à-dire qu'il ne coince pas ses mâts trop serré, et qu'il y laisse du jeu pour tous les temps possibles. — Il n'y a aucune hypocrisie dans Goodfellow.

— Pas un atome, sir Gervais; et c'est ce qui fait que tout le monde l'aime. Le chapelain du *Warspite* sert à quelque chose; mais autant vaudrait avoir un beaupré passant par la fenêtre d'une de nos chambres, que le nôtre.

— Comment, Greenly! nous ne rendons jamais les derniers devoirs à un homme sans qu'il soit descendu dans l'eau comme doit l'être un chrétien, répondit le vice-amiral avec la simplicité d'un vrai croyant aux convenances; je déteste de voir un marin jeté à la mer comme un paquet de vieux habits.

— Je conviens que nous remplissons assez bien cette partie de nos devoirs; mais avant qu'un homme soit mort, notre chapelain pense qu'il appartient entièrement au docteur.

— Je gagerais cent guinées que c'est Magrath qui lui a donné cette idée. — Sir Wycherly, écartez-vous un peu plus du *Blenheim*;

je désire en examiner la mâture. — Damnation ! — Personne ne jurait que sir Gervais dans la barge du vice-amiral. — Ce Magrath est un infernal drôle, précisément l'homme qu'il faut pour faire entrer une pareille idée dans la tête du chapelain.

— Je crois que vous avez plus d'à moitié raison, sir Gervais ; car j'ai entendu une conversation qu'ils avaient ensemble pendant une nuit sombre, et le chirurgien-major établissait une théorie fort semblable à celle dont il s'agit.

— Ah ! oui-dà ! cela est bien digne de l'impudent Ecossais qui voulait me persuader qu'on avait eu tort de saigner votre pauvre oncle, sir Wycherly, dans un cas d'apoplexie aussi clair qu'on en vit jamais.

— Eh bien ! je n'aurais pas cru qu'il eût porté l'impudence si loin, dit le capitaine, dont les connaissances en médecine étaient de niveau avec celles du vice-amiral ; je n'aurais pas cru qu'un docteur osât soutenir une telle doctrine. Quant au chapelain, j'entendis Magrath lui établir en principe que la religion et la médecine ne pouvaient jamais marcher d'accord. La religion, disait-il, était un — altératif — qui neutraliserait un sel aussi vite que le feu.

— Ce Magrath est un grand vagabond, quand il s'empare de l'esprit d'un blanc-bec. Je voudrais de tout mon cœur qu'il fût près du Prétendant avec deux ou trois livres de ses drogues favorites. — Je crois que l'Angleterre pourrait y gagner quelque chose. — Il me semble, Wycherly, que *le Blenheim* se comporterait mieux par un mauvais temps, si sa mâture était raccourcie au moins de deux pieds.

— Cela peut être, sir Gervais ; mais serait-ce un vaisseau sur lequel on pourrait aussi bien compter pour se présenter à l'action pendant des vents légers et dans des moments critiques ?

— Hum ! il est temps que nous autres vieux marins nous regardions autour de nous, eh ! Greenly ? quand des enfants commencent à raisonner sur une ligne de bataille. Ne rougissez pas, Wychecombe, ne rougissez pas ; votre remarque est sensée, et elle prouve que vous réfléchissez. Nul pays ne peut avoir une marine puissante, une marine qui ait une grande influence dans ses guerres, s'il ne fait une grande attention à la tactique des escadres. Vos actions de frégate à frégate, de vaisseau à vaisseau, sont bonnes comme exercice ; mais la grande pratique doit s'apprendre dans une escadre. Dix vaisseaux de ligne, marchant en escadre et tenus en mer, feront plus que cent croiseurs pour établir et maintenir la discipline, et ce n'est qu'en employant des vaisseaux ensemble qu'on découvre ce que des vaisseaux et des hommes peuvent faire. Nous devons le succès de cette journée à notre pratique de marcher en ligne serrée, sans quoi jamais six vaisseaux n'auraient pu remporter la palme de la victoire contre douze. Ah! Greenly, voilà le mot que je cherchais à me rappeler ce matin : l'infernal paddy de Daly aurait dû avoir une branche de palmier à la main, comme emblème de la victoire.

CHAPITRE XXVI.

> Quiconque a fait voile sur l'Océan azuré, a vu quelquefois, je suppose, un beau spectacle ; quand la brise fraîche est aussi favorable qu'une brise peut l'être, quand la voile blanche est déployée et que la frégate audacieuse est prête à partir. Les arbres, les clochers, le rivage, se perdent de vue ; on n'a plus devant les yeux que la mer glorieuse ; l'escadre se répand sur l'Océan comme des cygnes sauvages dans leur vol ; le marin le plus lourd devient actif, et les vagues se séparent en écumant devant chaque proue qui s'élance.
>
> LORD BYRON.

L'ESPRIT actif de sir Gervais Oakes étant sujet à de subites transitions de pensées, comme on vient d'en avoir un exemple à la fin du chapitre précédent, Greenly ne se permit ni de sourire, ni de répondre à ce qu'il venait de dire. Il se borna à lui faire remarquer le fait qu'ils étaient alors par le travers du *Foudroyant*, et lui demanda s'il désirait aller plus loin.

— Jusqu'au *Carnatique*, Greenly, si sir Wycherly veut avoir la bonté de gouverner de ce côté ; j'ai un mot à dire à mon ami Parker avant que nous nous couchions cette nuit. Mais d'abord mettez-nous à portée d'examiner les fantaisies de Morganic, car je ne passe jamais devant son vaisseau sans apprendre quelque chose de nouveau. Ah! le vaisseau de lord Morganic est une bonne école pour de vieux marins comme nous, eh, Greenly?

— L'*Achille* est certainement un vaisseau modèle à quelques égards, sir Gervais ; mais je me flatte que les *Plantagenet* n'ont pas besoin de l'imiter pour se faire une réputation.

— Vous, imiter Morganic pour savoir comment tenir un vaisseau en bon ordre! Allons donc! c'est à Morganic à venir prendre vos leçons. Et cependant il ne bronche pas dans le combat, il y tient bien sa place, et il sait se faire entendre et sentir. Ah! le voilà qui agite son chapeau sur sa dunette, et qui se demande à quoi diable sir Jarry songe en ce moment. Approchons-en, Wychecombe, et sachons ce qu'il a à nous dire.

— Bonsoir, sir Gervais, s'écria le comte, prenant l'initiative suivant sa coutume. — Quand j'ai vu votre pavillon arboré sur cette barge, j'espérais que vous veniez m'accorder la faveur d'entamer une bouteille de Bordeaux et de goûter le fruit qui est encore sur la table.

— Je vous remercie, Milord, mais les affaires marchent avant le plaisir. Nous n'avons pas passé cette journée dans l'oisiveté, mais demain nous aurons encore plus de besogne. Comment se comporte *l'Achille* depuis que sa misaine est à sa place ?

— Sur mon honneur, sir Gervais, il fait des embardées comme un drôle qui a trop de grog dans sa coque. Nous n'en ferons jamais rien jusqu'à ce que vous consentiez à nous laisser tenir ses mâts en étais à notre manière. Avez-vous dessein de me renvoyer Daly, amiral, ou dois-je être moi-même mon premier lieutenant ?

— Daly a une croisière à faire, et il faut vous passer de lui aussi bien que vous le pourrez. Si vous vous trouvez sans matelots de l'arrière dans le cours de la nuit, ne vous imaginez pas qu'il ait coulé à fond. Placez de bonnes vigies, et qu'on fasse attention aux signaux.

Sir Gervais lui ayant fait ses adieux d'un signe de main, le jeune comte ne se hasarda pas à lui répondre, et encore moins à lui faire une question ; mais on fit force commentaires à bord de *l'Achille* pour deviner le sens des mots que le vice-amiral venait de prononcer. La barge continua sa route, et cinq minutes après, sir Gervais était sur le gaillard d'arrière du *Carnatique*.

Parker reçut le commandant en chef la tête découverte, avec une inquiétude et une timidité qui lui étaient naturelles, et que le sentiment intime d'avoir rempli tous ses devoirs ne pouvait jamais dissiper entièrement. L'habitude y contribuait aussi ; car, accoutumé dès son enfance à avoir la plus grande déférence pour le rang, et ayant été l'artisan de sa petite fortune, il avait toujours attaché plus d'importance à la bonne opinion de ses supérieurs que ne le font ordinairement ceux qui peuvent compter sur d'autres appuis que leur bonne conduite. Après avoir fait rendre au vice-amiral les honneurs du gaillard d'arrière, cérémonial que sir Gervais ne négligeait jamais et qu'il ne souffrait pas que personne négligeât, le commandant en chef dit au capitaine qu'il désirait lui parler dans sa chambre, et invita Greenly et Wycherly à les y accompagner.

— Sur ma parole, Parker, dit sir Gervais, regardant autour de lui, et frappé de l'air singulier d'arrangement domestique que présentait cette chambre, — vous avez un talent que ne possède aucun autre capitaine de l'escadre pour emporter en mer votre maison avec vous. Point de recherche, rien à la Morganic; tout y est simple et de bon goût, et rien n'y manque de ce qui peut être commode et utile, de ce qui peut faire croire à un homme qu'il est chez lui. Je donnerais mille livres pour que mes vagabonds de Bowlderos pussent donner à ma chambre un air semblable.

— Il n'en a pas fallu cent pour faire le peu que vous voyez ici, sir Gervais. Mistress Parker ne voudrait pas qu'un autre qu'elle présidât à ses petits arrangements, et c'est peut être en cela que consiste tout le secret. Une bonne femme est un grand bienfait du ciel, amiral; et pourtant vous n'avez jamais pu, je crois, vous pénétrer de cette idée.

— J'ai peine à croire, Parker, qu'une femme puisse faire tout cela. Voyez Stowel, capitaine du *César*; il est marié aussi bien que vous, et je l'ai entendu déclarer que nul officier au service de Sa Majesté ne pouvait dire avec plus de vérité que lui, que sa femme était autant qu'il lui en fallait, et pourtant sa chambre ressemble au taudis d'un savetier, et sa chambre du conseil au galetas d'un soldat. Nous avons été lieutenants ensemble à bord de *l'Eurydice*, Parker, et je me rappelle que la chambre que vous y aviez avait l'air aussi comfortable que celle-ci. Non, non, cela est dans votre nature, et l'on ne verrait pas la même chose partout où vous êtes.

— Vous oubliez, sir Gervais, que, lorsque j'avais l'honneur de servir avec vous à bord de *l'Eurydice*, j'étais déjà marié.

— Pardon, mon vieil ami, oui, je m'en souviens. Mais il y a diablement longtemps, eh, Parker?

— Cela est vrai; mais j'étais pauvre et je ne pouvais me permettre les extravagances du célibat. Je me suis marié par économie, amiral Oakes.

— Et par amour, ajouta sir Gervais en riant. — Au surplus, vrai ou non, je vous garantis, Greenly, qu'il l'a fait accroire à mistress Parker. Je réponds qu'il ne lui a pas dit qu'il l'épousait par une considération aussi mesquine que l'économie. — A présent, je voudrais voir votre chambre particulière.

— Rien n'est plus facile, sir Gervais, répondit Parker, en ouvrant une porte; la voici, sir Gervais; et elle ne mérite guère l'attention du propriétaire de Bowlderó.

— Elle est fort bien. On y reconnait la main soigneuse de la même ménagère. Elle doit certainement vous faire penser à mistress Parker;

à moins que ce portrait suspendu devant les pieds de votre lit ne vous fasse entrer d'autres idées dans la tête. Quelle est cette nymphe, mon vieux camarade, eh! Parker?

— C'est le portrait de ma femme, sir Gervais. J'espère que c'est une compagnie convenable dans une croisière?

— Quoi! cette jeune beauté votre femme, Parker? Comment diable a-t-elle voulu de vous?

— Ah! sir Gervais, elle n'est plus ce que vous la voyez, à présent qu'elle a passé la cinquantaine. Ce portrait a été fait quand nous nous sommes mariés; et maintenant que l'original a partagé si long-temps mon destin, la copie ne m'en est que plus chère. Je ne regarde jamais ce portrait sans songer avec reconnaissance combien elle pense à moi quand je suis sur mer, combien elle prie le ciel de nous être favorable; et elle songe aussi à vous dans ses prières, sir Gervais.

— A moi! s'écria le vice-amiral, touché du ton de franchise et de simplicité de son vieil ami. — Entendez-vous cela, Greenly? Je suis sûr que cette dame est une bonne femme, une excellente créature, précisément ce qu'était ma pauvre mère, qui répandait le bonheur sur tout ce qui l'entourait. Donnez-moi la main, Parker; et la première fois que vous écrirez à votre femme, dites-lui de ma part que Dieu la protége! Dites-lui tout ce que vous croyez qu'un homme doive dire en pareille occasion. Et maintenant rentrons dans votre chambre de conseil; asseyons-nous, et nous parlerons d'affaires.

Les deux capitaines et Wycherly suivirent le vice-amiral, et celui-ci s'étant assis sur un petit sofa, les trois autres prirent des chaises et s'y tinrent dans une attitude respectueuse, le ton de familiarité ou de plaisanterie d'un officier supérieur de marine ne diminuant jamais la distance entre lui et ses officiers inférieurs, fait que les législateurs feraient bien de se rappeler quand ils règlent l'ordre des rangs dans un service. Dès qu'ils furent assis, le vice-amiral prit la parole.

— J'ai un devoir délicat à faire exécuter, capitaine Parker, dit-il, et je désire vous en charger. Vous savez que nous avons assez maltraité sous tous les rapports, ce matin, le vaisseau qui nous a échappé en se réfugiant dans sa ligne, indépendamment des deux mâts qu'il a perdus. Comme vous avez pu le voir, il a suppléé à cette perte par deux mâts de fortune, mais ces mâts ne sont bons que pour le conduire dans un port. M. de Vervillin n'est pas l'homme que je le suppose s'il a dessein de laisser les choses entre nous où elles en sont. Cependant il ne peut pas plus conserver dans son escadre ce vaisseau désemparé, que nous ne pouvons garder notre prise avec nous. Je ne doute pas qu'il ne l'envoie à Cherbourg dès que la nuit sera tombée, et il le fera très-probablement escorter par une de ses corvettes ou peut-être par une frégate.

— Oui, amiral, répondit Parker d'un air pensif, dès que son officier supérieur eut cessé de parler; il me paraît très-vraisemblable que votre prédiction s'accomplira.

— Elle doit s'accomplir, Parker, car le vent est favorable pour ce port. A présent vous pouvez vous imaginer ce que j'attends du *Carnatique*.

— Je crois vous comprendre, amiral; mais s'il m'est permis de vous exprimer mon désir...

— Parlez, franchement, mon vieux camarade; vous parlez à un ami. J'ai fait choix de vous pour ce service par intérêt pour vous, parce que je vous aime et que vous êtes le plus ancien capitaine de l'escadre. Celui qui prendra ce vaisseau n'aura pas à s'en repentir.

— Fort bien, sir Gervais. Mais n'est-il pas probable que nous aurons demain de nouvelle besogne, et serait-il tout à fait prudent d'envoyer ailleurs un aussi bon vaisseau que *le Carnatique*, quand, même en le comptant, nous n'en aurions que six à opposer aux dix de l'ennemi?

— J'ai réfléchi à tout cela, et je crois même avoir deviné vos pensées. Vous vous figurez qu'il sera plus honorable à votre vaisseau de tenir sa place dans la ligne que de prendre un bâtiment plus d'à demi désemparé.

— J'avoue que cette idée m'est entrée dans l'esprit.

— Eh bien! voyez comme il est facile de l'en faire sortir. Par ce vent modéré, je ne puis combattre les Français sans renfort. Quand la seconde division nous aura rejoints, nous serons juste dix contre dix sans vous compter, et avec vous nous serions onze contre dix. J'avoue que je ne me soucie pas d'avoir un tel avantage, et je ferai certainement partir un de mes vaisseaux, surtout quand je me sens assuré qu'un beau bâtiment à deux ponts en sera la récompense. Or, si ce bâtiment est accompagné d'une frégate, vous aurez à qui parler, la partie sera égale, et si vous vous emparez de l'un ou de l'autre, ce sera un exploit qui n'est pas à dédaigner. Qu'en dites-vous à présent, Parker?

— Je commence à mieux penser de votre plan, sir Gervais, et je vous remercie de m'avoir choisi pour l'exécuter. Mais je voudrais recevoir de vous des instructions plus précises, car je me suis toujours bien trouvé de les avoir suivies.

— Les voici. Prenez quatre à cinq paires des meilleurs yeux que vous ayez à bord, mettez-les en vigie, et qu'ils ne perdent pas de vue ce vaisseau tant qu'il y aura un reste de jour. Ils ne tarderont pas à être en état de le reconnaître pendant l'obscurité ; et en tenant les longues-vues de nuit constamment dirigées sur lui, il est difficile qu'il s'échappe sans que vous vous en aperceviez. Du moment qu'il sera parti, virez rapidement vent arrière, et faites voile le plus vite possible vers le cap de la Hogue ou l'île d'Alderney. Vous gagnerez contre lui un pied sur trois, et je réponds sur ma vie qu'au point du jour vous serez au vent à lui, et alors vous serez sûr de lui. N'attendez de moi aucun signal, partez dès qu'il fera nuit ; et quand votre besogne sera faite, rendez-vous dans le port anglais le plus voisin, et campez-vous un écossais sur l'épaule pour empêcher l'épée du roi de vous l'écorcher. On m'a jugé digne de l'ordre de la chevalerie à vingt-trois ans ; c'est bien le diable si vous ne l'obtenez pas à soixante-trois, Parker.

— Ah ! sir Gervais, tout ce que vous avez entrepris a toujours réussi, aucune de vos expéditions n'a jamais manqué.

— Cela vient de ce que j'ai beaucoup tenté. Mes plans ont souvent échoué ; mais comme en général il en est résulté quelque chose de bon, on m'a fait l'honneur de supposer que j'avais fait ce que je voulais faire.

Il s'ensuivit une longue conversation détaillée qui roula entièrement sur le même sujet. Greenly y prit part, et donna quelques idées utiles au vieux capitaine du *Carnatique*. Après avoir passé une bonne heure dans la chambre de Parker, sir Gervais lui fit ses adieux et retourna sur sa barge. Il faisait alors si obscur qu'on ne pouvait distinguer les petits objets à cent brasses, et les vaisseaux semblaient de noires montagnes, leurs mâts des arbres, et leurs voiles des nuages qui flottaient entre eux. Nul capitaine n'eut la présomption de héler le commandant en chef pendant qu'il passait, excepté le pair du royaume, qui avait toujours quelque chose à dire. Comme il s'était épuisé en conjectures pour deviner quel avait été le motif du vice-amiral pour faire une si longue visite à bord du *Carnatique*, il ne put s'empêcher de dire quelques mots sur ce sujet quand il entendit le bruit mesuré des avirons de la barge qui retournait à bord du *Plantagenet*.

— Nous serons tous jaloux du capitaine Parker, sir Gervais, s'écria-t-il, à moins que vous n'accordiez quelquefois de semblables faveurs à quelques-uns de nous qui en sont moins dignes.

— Oui, oui, Morganic, je me souviendrai de vous en temps convenable. En attendant, gardez ouverts les yeux de votre équipage, de manière à ne pas perdre de vue les Français. Nous aurons deux mots à leur dire demain matin,

— Epargnez-nous un combat de nuit, s'il est possible, sir Gervais. Je déteste d'avoir à combattre quand j'ai sommeil, et j'aime à voir mon ennemi. Autant qu'il vous plaira pendant le jour ; mais une nuit tranquille, je vous en prie.

— Je réponds que si l'Opéra, ou le Ranelagh, ou le bal masqué, ou le tambour, vous faisait une invitation, Morganic, vous ne songeriez guère à votre oreiller, répliqua sir Gervais d'un ton sec. Faites vous-même ce qu'il vous plaira, Milord, mais que *l'Achille* ne s'endorme pas sur son devoir, car je puis avoir besoin de lui demain matin. — Wychecombe, retournons à bord.

Un quart d'heure après, sir Gervais était sur la dunette du vaisseau amiral, et sa barge était à sa place sur le pont. Greenly s'acquittait de ses devoirs ordinaires, et Bunting était à son poste, prêt à faire circuler dans toute l'escadre les ordres que le commandant en chef pouvait juger à propos de donner.

Il était alors neuf heures, et il n'était pas facile de distinguer sur l'Océan des objets, même aussi grands que des vaisseaux, à la distance d'une demi-lieue. Cependant à l'aide des longues-vues de nuit, on put surveiller soigneusement les bâtiments français, qui étaient alors à deux lieues de distance, sous le vent, plus en tête. Il fallait faire route en dépendant pour s'en rapprocher, et un signal fut fait à cet effet. Tous les vaisseaux mirent en même temps le vent dans leur grand hunier, comme d'un commun accord. S'il y avait eu sur l'escadre quelqu'un dont l'ouïe eût été assez fine, il aurait pu entendre le battement simultané des six grands huniers. Comme de raison, tous les vaisseaux partirent au même instant, et comme l'ordre avait été donné de suivre l'amiral en ligne serrée, quand *le Plantagenet* laissa porter, de manière à ce qu'il eût le vent par le travers, tous les vaisseaux imitèrent successivement cette manœuvre, aussitôt que chacun d'eux fut dans les eaux de l'amiral, comme s'il eût été guidé par un instinct secret. Dix minutes après, à la grande surprise des spectateurs à bord de *l'Achille*, *le Carnatique* vira vent arrière, mit ses bonnettes à tribord, et gouverna grand largue. La partie la plus obscure de l'horizon étant celle qui était à l'est, ou dans la direction du continent, la sombre pyramide formée par ses mâts et ses voiles disparut dans les ténèbres. Pendant tout ce temps, *la Victoire* et *le Druide* qui la remorquait, voguaient au plus près ; et une heure après, quand sir Gervais se trouva de nouveau par le travers, et à une demi-lieue au vent de la ligne française, on ne voyait plus aucune trace des trois derniers bâtiments dont il vient d'être parlé.

— Jusque là, tout va bien, Messieurs, dit le vice-amiral au groupe qui s'était formé autour de lui sur la dunette ; et maintenant nous tâcherons de compter l'ennemi, afin de nous assurer qu'il n'a pas aussi détaché des rôdeurs pour ramasser les épaves. — Greenly, essayez cette longue-vue ; elle est disposée pour la nuit, et vos yeux sont les meilleurs que nous ayons. Cherchez surtout le vaisseau qui porte des mâts de fortune.

— Je ne compte que dix vaisseaux dans la ligne, sir Gervais, répondit le capitaine après un long examen. Quant au bâtiment désemparé, il faut qu'il soit allé sous le vent, car je ne puis en apercevoir aucune trace.

— Voulez-vous me faire le plaisir, sir Wycherly, de voir aussi ce que vous pouvez découvrir?

Après un examen encore plus long que celui du capitaine, Wycherly fit un rapport semblable à celui de Greenly, en ajoutant qu'il ne voyait plus la frégate qui avait été la plus voisine de *l'Éclair* pendant toute la journée, et qui en répétait les signaux. Cette circonstance fit plaisir à sir Gervais, car il était charmé de voir ses pronostics se réaliser, et il n'était pas fâché d'être débarrassé d'un des légers croiseurs de l'ennemi, bâtiments qui sont souvent embarrassants, même pour les vainqueurs, après une affaire décidée.

— Je crois, sir Gervais, ajouta Wycherly d'un ton modeste, que les Français marchent l'amure à bâbord, et cherchent à remonter au vent pour s'approcher de nous. — Ne l'avez-vous pas remarqué aussi, capitaine Greenly?

— Pas du tout. S'ils portent leurs basses voiles, ce ne peut être que depuis cinq minutes. — Ah! sir Gervais, voici un indice que nous ne passerons pas cette nuit dans l'inaction.

En parlant ainsi, Greenly étendit le bras vers l'endroit où l'on savait qu'était l'amiral français, et où l'on voyait paraître en ce moment une double rangée de feux, annonçant que les fanaux des batteries étaient allumés, et indiquant une disposition à engager le combat. En moins d'une minute, on pouvait suivre toute la ligne française sur la mer, à la double rangée d'illumination dont la clarté ressemblait à celle qu'on voit briller par la fenêtre d'une chambre où brûle un bon feu, plutôt qu'à celle produite par des lampes ou des chandelles qu'on aperçoit. Comme c'était précisément l'espèce de combat dans lequel les Anglais avaient beaucoup à risquer et peu à gagner, sir Gervais donna ordre sur-le-champ de faire brasser au plus près, d'amurer les basses voiles à joindre, et d'établir les perroquets. Les vaisseaux qui le suivaient en firent autant, et serrèrent le vent.

— Ce n'est pas là notre compte, dit sir Gervais avec sang-froid ; un vaisseau désemparé tomberait tout droit entre leurs bras ; et quant à obtenir du succès dans un combat à grande distance, c'est ce qu'on ne peut espérer dans un combat d'un contre deux. — Non, non, monsieur de Vervillin, montrez-nous les dents si vous voulez, et vous en avez de belles, mais vous n'obtiendrez pas de moi un seul boulet. — J'espère que l'ordre de ne montrer aucun feu est dûment exécuté ?

— Je ne crois pas qu'il y ait un seul feu visible sur aucun des bâtiments de l'escadre, sir Gervais, répondit Bunting ; mais nous nous trouvons si près de l'ennemi, qu'il ne peut être bien difficile de dire où nous sommes.

— A l'exception du *Carnatique* et de la prise, Bunting. Plus ils s'occuperont de nous, moins ils songeront à eux.

Il est probable que l'amiral français avait été trompé par l'approche de ses ennemis, pour la prouesse desquels il avait un profond respect. Il avait fait tous ses préparatifs dans l'attente d'une attaque ; mais il n'ouvrit pas son feu, quoique des boulets de fort calibre eussent certainement produit de l'effet. Mais, ne se souciant pas de s'exposer à l'incertitude d'une action nocturne, il ne voulut pas provoquer un engagement ; et au bout d'une heure, les feux disparurent de ses sabords. En ce moment, les vaisseaux anglais, en portant plus de voiles que ce n'est l'usage par une brise si forte, se trouvèrent hors de la portée du canon par le bossoir du vent des Français. Ce ne fut qu'alors que sir Gervais, après s'être assuré par le moyen de ses longues-vues que les vaisseaux ennemis avaient de nouveau cargué leurs basses voiles, et faisaient route sous très-petite voilure, donna l'ordre de diminuer de voiles.

Il était alors près de minuit, et sir Gervais se prépara à descendre dans sa chambre. Cependant, avant de quitter le pont, il donna des ordres explicites au capitaine Greenly, qui les transmit à son premier lieutenant, cet officier ou lui devant veiller toute la nuit sur le pont, attendu que les manœuvres de toute l'escadre devaient dépendre de celles du vaisseau amiral. Alors le vice-amiral se retira, et alla se coucher tranquillement. Il n'était pas homme à renoncer au sommeil parce qu'il ne se trouvait pas précisément hors de la portée des canons de l'ennemi. Accoutumé à manœuvrer en face de flottes ennemies, cette situation avait perdu pour lui sa nouveauté. Il avait pleine confiance dans la pratique de ses capitaines ; il savait qu'il ne pouvait rien arriver de fâcheux tant qu'ils exécuteraient ses ordres ; et en douter, c'eût été à ses yeux une hérésie. Personne ne montrait plus de nonchalance dans sa profession que le vice-amiral. Ni un ouragan ni un calme ne troublait la tranquillité de sa vie intérieure dans sa chambre, quand il avait une fois donné les ordres qu'exigeait la situation de son escadre. La perspective prochaine d'un combat ne changeait pas une minute à l'heure de ses repas, et n'apportait aucune différence au cérémonial avec lequel ils étaient servis, jusqu'à ce qu'on eût démonté les cloisons et qu'on eût fait le branle-bas pour se préparer à combattre. Quoique opiniâtre dans des bagatelles, et quelquefois un peu irritable, sir Gervais, en tout ce qui concernait sa profession, était pourtant un grand homme dans les grandes occasions. Il avait un caractère ardent et un esprit hardi et décidé, et comme tous les hommes doués de ces qualités et qui savent discerner la vérité, quand il la voyait, c'était si clairement, que tous les doutes qui assiégent les esprits moins fermes étaient jetés dans l'ombre et disparaissaient. En cette occasion, il était sûr qu'il ne pouvait arriver rien qui dût troubler son repos, et il soupa avec la même tranquillité que s'il eût été à terre et dans la sécurité du repos. Bien différent de ceux qui ne sont pas habitués à des scènes d'agitation, il se coucha avec le plus grand calme, et dès qu'il eut la tête sur l'oreiller il s'endormit d'un profond sommeil.

Un homme sans expérience dans la marine eût trouvé un sujet curieux d'observation dans la manière dont les deux escadres manœuvrèrent toute cette nuit. Après plusieurs heures d'efforts inutiles pour mettre leurs ennemis à portée de leurs canons, quand la lune fut levée, les Français y renoncèrent pour le moment, diminuèrent de voiles, et la plupart de leurs officiers supérieurs prirent un peu de repos.

Le soleil se levait à peine, quand Galleygo appuya une main sur l'épaule du vice-amiral, suivant l'ordre qu'il en avait reçu la veille. Ce léger attouchement suffit; sir Gervais s'éveilla sur-le-champ, et se mettant à son séant, il lui fit la première question qui se présente à l'esprit d'un marin : — Eh bien ! dit-il, quel temps fait-il ?

— Une bonne brise à porter les perroquets, sir Gervais, répondit Galleygo, et c'est tout juste ce qu'il faut à ce vaisseau. Si vous vouliez seulement le lâcher sur ces jeans-crapauds [1], il tomberait sur eux en une demi-heure, comme un faucon sur un poulet. Et à propos de poulets, sir Gervais, j'ai à vous faire le rapport que le dernier va vous être servi pour votre déjeuner, à moins que nous ne donnions ordre au maître d'hôtel des officiers de nous donner quelques-uns des

---

1. Sobriquet délicatement choisi pour désigner les Français.

siens, en indemnité de ceux que ses cochons nous ont mangés, et qui étaient de véritables chapons.

— Quoi, pirate, vous voulez donc que je commette un vol en pleine mer?

— Quel vol y aurait-il à ordonner au maître d'hôtel des officiers de nous vendre quelques volailles ? Je suis bien loin de vouloir rien prendre sans ordre ; il faut d'abord que M. Atwood mette cela en noir sur du blanc.

— Suffit, suffit ! — Où relevait-on l'escadre française la dernière fois que vous êtes monté sur le pont ?

— La voilà, sir Gervais, répondit Galleygo tirant le rideau de la fenêtre, de manière que le vice-amiral n'eut qu'à tourner la tête de côté pour voir l'arrière-garde de la ligne française. Ils sont juste où nous pourrions le désirer, leur chef de file un peu en arrière, par notre travers sous le vent, à la distance d'une lieue. C'est ce que j'appelle satisfaisant, voyez-vous.

— Oui, c'est une bonne position, maître Galleygo. — La prise était-elle en vue, ou aviez-vous la tête trop pleine de poulets pour y regarder ?

— Moi la tête pleine de poulets ! De tout ce qu'il vous a jamais plu de dire ou de penser de moi, sir Gervais, voilà ce qu'il y a de plus injuste, vu que les poulets sont une nourriture à laquelle je ne pense jamais, quand je suis en dehors des sondes. Passe si vous aviez dit la tête pleine de cochons, car je pense toujours aux cochons, qui sont le véritable fond de la nourriture à bord d'un bâtiment ; mais je ne songe aux poulets que pour vous mettre en appétit. Quand nous en avions huit......

— La prise était-elle en vue? demanda le vice-amiral avec quelque impatience.

— Non, sir Gervais, elle avait disparu avec *le Druide*. Mais ce n'est pas tout, Votre Honneur ; on croit qu'il est arrivé quelque chose au *Carnatique*, car il s'est évanoui tout à coup de notre ligne, comme la lumière de l'habitacle à la fin du quart.

— Et on ne le voit pas non plus?

— Pas plus que si c'était une cage à poulets. Nous nous demandons tous ce qu'est devenu le capitaine Parker. On ne voit sur l'Océan aucun signe ni de lui ni de son vaisseau. Les midshipmen qui sont de quart ne font qu'en rire, et disent qu'il faut qu'il ait été englouti par une trombe. Mais je suis tellement habitué à les voir rire d'une calamité, que je ne fais jamais attention à ce qu'ils disent.

— Avez-vous bien examiné l'horizon ce matin, maître Galleygo? demanda sir Gervais, relevant la tête qu'il venait de plonger dans un bassin plein d'eau, car il était déjà à demi vêtu, et il faisait ses préparatifs pour se raser. Quand nous étions à bord d'une frégate, vous aviez coutume d'avoir l'œil bon pour suivre une chasse, et vous devriez être en état de me dire si Bluewater est en vue.

— L'amiral Bleu! Eh bien! sir Gervais, cela est remarquable; mais j'avais effacé sa division de mon loch, et je l'avais complétement oubliée. Oui, il y avait au point du jour une poignée de bâtiments là-bas du côté du nord; mais je ne croyais pas que ce pût être l'amiral Bleu, étant plus naturel de supposer qu'il aurait pris sa place ordinaire en arrière de notre ligne. Mais voyons, Votre Honneur, combien de vaisseaux avons-nous laissés à l'amiral Bleu?

— Les cinq vaisseaux à deux ponts de sa division, *le Ranger* et *la Mouche*, sept voiles en tout.

— C'est justement cela. Eh bien! sir Gervais, il y avait là-bas du côté du nord, comme je viens de vous le dire, cinq grands bâtiments, et il peut se faire que ce soit l'amiral Bleu avec sa division.

Sir Gervais avait alors le visage couvert de savon, mais il l'oublia en ce moment. Comme le vent était au nord-ouest, et que *le Plantagenet* voguait tribord amures, le cap dans la direction du Bill de Portland, mais beaucoup trop au sud pour apercevoir la terre, la fenêtre de sa bouteille de bâbord commandait la vue de tout l'horizon au vent. Sortant rapidement de la chambre du conseil à tribord, qu'il occupait *ex officio*, il ouvrit la fenêtre lui-même et jeta un coup d'œil sur la mer. Il y vit effectivement une escadre de cinq vaisseaux en ligne serrée, faisant route en dépendant vers les deux divisions, sous leurs huniers, et à une distance suffisante pour pouvoir s'assurer que leurs basses voiles n'étaient pas dehors. Cette vue produisit un changement soudain dans tous les mouvements du vice-amiral; il reprit à la hâte l'affaire de sa toilette, et faucha sa barbe à grands coups de rasoir, ce que le roulis d'un bâtiment aurait pu rendre hasardeux pour tout autre qu'un marin expérimenté. Cette opération importante était à peine terminée quand Locker annonça le capitaine Greenly.

— Eh bien! Greenly, qu'y a-t-il? s'écria le vice-amiral en s'essuyant le visage après une dernière ablution; quelles nouvelles de Bluewater?

— Je suis charmé, sir Gervais, d'avoir à vous dire qu'il est en vue depuis plus d'une heure, et qu'il s'approche de nous, quoique très-lentement et avec circonspection. Comme tout allait bien, je n'ai pas voulu qu'on vous éveillât, sachant que le sommeil est nécessaire pour avoir la tête fraîche.

— Vous avez très-bien fait, Greenly. Dieu le permettant, nous ferons de la besogne aujourd'hui. Les Français doivent voir notre seconde division.

— Sans aucun doute; mais ils n'ont pas l'air de vouloir s'éloigner. M. de Vervillin veut combattre, j'en suis certain, quoique l'expérience d'hier puisse le rendre un peu circonspect.

— Et son bâtiment désemparé, l'ancien ami de Parker, je suppose qu'on ne le voit plus?

— Votre conjecture était juste, sir Gervais. Le bâtiment désemparé a disparu, ainsi qu'une des frégates, chargée sans doute de l'escorter. Blewet a disparu aussi du vent des Français, quoiqu'il ne puisse entrer dans aucun port plus voisin que Portsmouth, si cette brise continue.

— N'importe dans quel port il arrive. Notre petit succès animera le parti du roi, ce qui lui donnera peut-être plus d'éclat qu'il n'en mérite réellement. Que le déjeuner n'éprouve aucun retard, Greenly, nous avons bien des choses à faire aujourd'hui.

— Oui, oui, amiral, répondit le capitaine à la manière des marins, j'y ai déjà pourvu, car je prévoyais cet ordre. L'amiral Bluewater tient ses vaisseaux dans le plus bel ordre; je ne crois pas que *le César*, qui est en tête de la ligne, soit à deux encâblures du *Dublin*, qui en est à la queue. Il sait conduire quatre chevaux et tenir les rênes serrées, comptez-y bien, sir Gervais.

En ce moment le commandant en chef sortit de la chambre du conseil, l'air pensif et portant son habit sur un bras. Il finit sa toilette avec distraction, et il aurait à peine su qu'il avait passé son habit, si Galleygo n'en eût fortement tiré les pans pour faire disparaître les plis qu'il faisait sur ses épaules.

— Il est étrange que Bluewater vienne sur nous grand largue en ligne de convoi, et non en ligne de front, répondit sir Gervais pendant que son maître d'hôtel lui rendait ce service.

— Fiez-vous à l'amiral Bleu pour faire ce qui est à propos, dit Galleygo avec le ton de confiance tranquille en lui-même qui lui était ordinaire. En gardant ses vaisseaux en arrière de lui, il sait où les trouver, et nous savons par expérience que lorsque l'amiral Bleu sait où trouver un vaisseau, il sait comment s'en servir.

Greenly fut surpris de voir le vice-amiral regarder en face son maître d'hôtel, comme s'il eût dit quelque vérité utile et importante, au lieu de le gourmander pour avoir passé les bornes de la liberté qu'il lui permettait. Mais en ce moment, sir Gervais se tourna vers le capitaine, et lui dit qu'il allait monter sur le pont pour examiner de ses propres yeux la situation des choses.

CHAPITRE XXII.

> Faut-il que tu sois mort, ô chef magnanime! Dans ces jours si brillants de gloire, quand la joie du triomphe l'emporte tellement sur le chagrin, nous pouvons à peine pleurer les morts.
>
> MISTRESS HEMANS.

Cette journée fertile en événements commença avec toute la gloire d'une matinée d'été. Le vent seul empêcha le lever du soleil d'être un des plus beaux de juillet, car il venait du nord-ouest; il était encore vif; et par conséquent froid pour la saison. Les lames amenées par le vent du sud-ouest avaient déjà fait place aux vagues régulières et peu inquiétantes de la nouvelle brise. Pour de grands bâtiments l'eau pouvait s'appeler une belle mer, quoique *le Driver* et *l'Actif* par leur roulis et leur tangage, et même les deux-ponts par le balancement de leurs mâts, montrassent que l'Océan était encore agité. Le vent paraissait devoir durer, et était ce que les marins appellent une brise à six nœuds.

Sous le vent, à la distance d'environ une lieue, les vaisseaux français étaient parfaitement rangés, en ordre si serré et en ligne si régulière, que les Anglais crurent généralement que M. de Vervillin avait fait ses dispositions pour recevoir, dans sa position présente, l'attaque à laquelle il s'attendait. Tous ses bâtiments avaient leurs grands huniers sur le mât, les perroquets étaient cargués, les écoutes de foc filées, et les basses voiles sur leurs cargues; c'était là une belle voilure de combat, et les ennemis mêmes ne purent s'empêcher de l'admirer. Pour y ajouter encore, à l'instant où sir Gervais mettait le pied sur la dunette, tous les vaisseaux français déployèrent leurs pavillons, et *l'Éclair* tira un coup de canon au vent.

— C'est un noble défi, eh, Greenly? s'écria le vice-amiral; et venant de M. de Vervillin, il signifie quelque chose. Il désire prendre toute la journée ; mais, comme la moitié de ce temps nous suffira, nous laisserons laver les tasses auparavant. Bunting, faites les signaux pour que tous les vaisseaux mettent en panne, et que tous les équipages déjeunent le plus tôt possible. Que le vent ne change pas! Greenly, qu'il ne change pas! c'est tout ce qu'il nous faut.

Cinq minutes après, tandis que sir Gervais jetait les yeux sur le livre des signaux, les sifflets à bord du *Plantagenet* appelèrent l'équipage pour déjeuner, une heure au moins plus tôt que de coutume. Chacun s'y rendit avec une sorte de joie sombre, comprenant le motif d'un appel si peu ordinaire. On entendit bientôt après le même appel à bord des vaisseaux qui étaient en arrière, et un officier chargé de surveiller l'ennemi à l'aide d'une longue-vue, dit qu'il croyait que les Français déjeunaient aussi. L'ordre ayant été donné aux officiers d'employer de la même manière la demi-heure suivante, presque tout le monde se trouva bientôt occupé à prendre son repas du matin, et très-peu réfléchirent que ce repas pouvait être pour eux le dernier. Cependant sir Gervais éprouvait une inquiétude qu'il réussit à cacher, et qui était causée par la circonstance que les vaisseaux au vent n'augmentaient pas de voilure. Il s'abstint pourtant de faire aucun signal au contre-amiral à ce sujet, tant par égard pour son ami que par une vague appréhension de ce qui pourrait en être la suite. Tandis que l'équipage était à déjeuner, il regardait d'un air pensif le noble spectacle que l'ennemi présentait sous le vent, jetant de temps en temps un regard attentif sur la division qui se rangeait constamment plus au vent. Enfin Greenly vint lui-même faire rapport que l'équipage était retourné à son poste de combat. A cette annonce, sir Gervais tressaillit comme s'il fût sorti d'une rêverie, et sourit avant de parler. Nous ferons remarquer ici que, de même que la veille, on ne voyait plus en lui aucun symptôme d'agitation, et que son ton était naturellement doux et tranquille; ce qui était pour tous ceux qui le connaissaient le signe d'une détermination bien prise d'en venir à un engagement.

— J'ai prié Galleygo, il y a une demi-heure, dit-il, de mettre ma petite table dans ma seconde chambre, Greenly, et vous partagerez mon déjeuner. Sir Wycherly en fera autant, et j'espère que ce ne sera pas la dernière fois que nous nous assiérons tous trois à la même table. Il est nécessaire aujourd'hui que tout soit en ordre de combat.

— C'est ce que je comprends, sir Gervais. Nous sommes prêts à commencer dès que vous nous en donnerez l'ordre.

— Attendons que Bunting revienne de son déjeuner. Ah! le voici. Il trouvera tout prêt, car j'ai préparé le signal en son absence. — Hissez-le sur-le-champ, Bunting, car le jour avance.

En moins d'une minute, on voyait flotter le signal à la tête du grand mât du *Plantagenet*, et dans l'espace d'une autre, le signal fut répété par *la Chloé*, *l'Actif* et *le Driver*, qui étaient tous trois à la cape à un quart de mille au vent, chargés particulièrement de ce devoir entre plusieurs autres. Ce signal était si bien connu, qu'on n'ouvrit pas un seul livre des signaux dans toute l'escadre; mais tous les vaisseaux y répondirent dès l'instant qu'ils purent voir les pavillons, et l'on entendit aussitôt sur toute la ligne appeler tout le monde pour faire branle-bas de combat.

Dès que cet ordre eut été donné à bord du *Plantagenet*, ce vaisseau devint une scène d'activité qui n'excluait pas l'ordre. Les gabiers étaient sur les vergues, occupés à bosser partout, à passer les manœuvres de combat, en mettant aux basses vergues les suspentes en chaînes. Pour empêcher les boulets de faire plus de mal qu'il n'était inévitable, les cloisons furent démontées, les coffres des matelots et tous les objets à usage personnel disparurent de la batterie basse, et les ponts furent dégagés de tout ce qui était portable et qui n'était pas nécessaire pour un combat. Un bon quart d'heure se passa ainsi, car on ne fit rien à la hâte, et comme ce n'était pas un moment de parade, il était nécessaire que l'ouvrage fût bien fait. Les officiers défendaient qu'on se pressât, et rien d'important ne fut annoncé comme terminé avant que l'un d'eux eût vérifié de ses propres yeux si rien n'avait été négligé. M. Bury, le premier lieutenant, monta ensuite lui-même sur la grande vergue pour voir de quelle manière elle avait été assujettie, et il envoya le maître d'équipage sur l'avant pour y faire une semblable inspection. C'étaient des précautions extraordinaires; mais il avait circulé de bouche en bouche à bord du *Plantagenet* que sir Jarry avait l'air sérieux, et quand sir Jarry était dans cette humeur, on savait que la besogne de la journée serait sérieuse, si elle n'était longue.

— Votre déjeuner est prêt, sir Gervais, dit Galleygo, et comme on n'a rien laissé sur les ponts, il est possible que les mousses ne laissent rien dans les casseroles; c'est pourquoi je viens vous demander quand je puis le servir?

— Servez sur-le-champ, Galleygo, et dites aux Bowlderos d'être lestes et de nous attendre en bas. Venez, — Greenly; — suivez-nous, Wychecombe; — nous sommes les derniers à déjeuner, ne soyons pas les derniers à notre poste.

— Le branle-bas de combat est fait, capitaine, dit Bury à Greenly, tandis qu'ils traversaient le gaillard d'arrière pour aller déjeuner.

— Fort bien, Bury; quand on fera à la flotte le signal pour que chacun soit à son poste de combat, nous y obéirons comme les autres.

En parlant ainsi, Greenly leva les yeux sur le vice-amiral, comme pour lui demander ses intentions. Mais sir Gervais n'avait pas dessein de fatiguer inutilement son équipage. Il avait donné ses ordres à Bunting, et il descendit sans répondre à cette question muette, ni de vive voix ni par un signe. Les arrangements pour le déjeuner avaient été faits dans sa seconde chambre d'une manière aussi confortable que si le déjeuner eût été servi dans sa propre maison. Ils s'assirent tous trois, et commencèrent leurs opérations de grand cœur. Le vice-amiral ordonna que les portes fussent ouvertes, et comme les mantelets des sabords étaient levés, de la place où il était, il pouvait voir au vent et sous le vent, un vaisseau du renfort qu'il attendait, aussi bien que l'ennemi. Les Bowlderos étaient en grande livrée, et montraient encore plus d'attention et d'activité que jamais. Leur poste pendant un combat, car personne ne reste oisif pendant le combat à bord d'un bâtiment de guerre, était sur la dunette. Ils étaient armés d'un mousquet, et étaient près de leur maître, dont ils portaient les couleurs, comme les vassaux d'un ancien baron sous la bannière de leur prince. Malgré la crise du moment, ils remplissaient leurs fonctions ordinaires avec la précision et la méthode du domestique anglais, sans omettre le moindre détail de leur service. Sur un sofa derrière la table était préparé un grand uniforme de vice-amiral. Suivant l'usage du temps, cet uniforme n'avait ni broderies ni épaulettes, mais il était décoré d'une étoile en brillants, emblème de l'ordre du Bain. Sir Gervais le portait toujours les jours de bataille, à moins que le temps ne rendît nécessaire un uniforme de tempête, comme il appelait un habit plus simple.

Le déjeuner se passa fort agréablement, et chacun y fit honneur comme si des événements très-importants n'allaient pas se passer. Comme il allait finir, sir Gervais se pencha en avant pour regarder par un des sabords au vent de la chambre, et une expression de plaisir brilla sur son visage.

— Ah! s'écria-t-il, voilà enfin les signaux de Bluewater qui marchent.

— J'ai été fort surpris, sir Gervais, dit Greenly d'un ton un peu sec, quoique avec un air de grand respect, que vous n'ayez pas ordonné au contre-amiral d'augmenter de voilure. Son allure est celle d'un lourd wagon, et pourtant je ne puis croire qu'il prenne ces cinq vaisseaux pour des bâtiments français.

— Il ne se presse jamais, et il désire sans doute laisser à ses équipages le temps de déjeuner avant de s'approcher davantage. Je vous garantis que les ponts de tous ses vaisseaux ne sont pas en ce moment plus encombrés que la nef d'une église quand le dernier *amen* a été prononcé.

— Ce ne sera donc pas comme les églises de Virginie, sir Gervais, dit Wycherly en souriant, car, quand le service est terminé, elles servent à débiter et à écouter les nouvelles.

— Oui, c'est l'ancienne maxime, — priez d'abord et bavardez ensuite. — Eh bien, Bunting, que dit le contre-amiral?

— En vérité, sir Gervais, je ne puis rien comprendre au signal, quoiqu'il soit facile de distinguer les pavillons. Voudriez-vous avoir la bonté de consulter vous-même le livre des signaux? C'est le numéro cent quarante.

— Cent quarante! cela doit avoir rapport à l'ancrage. — Oui, voici l'explication : « Je ne puis jeter l'ancre, ayant perdu mes câbles. » — Qui diable lui a donné l'ordre de jeter l'ancre?

— Précisément cela, sir Gervais. Il faut que l'officier chargé des signaux à bord du *César* ait fait quelque méprise dans les pavillons ; car, quoique la distance soit considérable, nos longues-vues sont assez bonnes pour qu'on puisse les distinguer.

— L'amiral Bluewater s'est peut-être servi des signaux télégraphiques privés, dit tranquillement Greenly.

A ces mots, le commandant en chef changea de couleur. Ses joues devinrent d'abord cramoisies et ensuite pâles, comme s'il eût éprouvé tout à coup quelque souffrance aiguë. Wycherly le remarqua, et demanda respectueusement au vice-amiral s'il se trouvait mal.

— Je vous remercie, jeune homme, répondit sir Gervais en souriant avec effort. Ce n'est rien. J'ai quelques anciennes blessures qui me font souffrir de temps en temps, et je crois que, lorsque j'en aurai le loisir, il faudra mettre sur le chantier mon vieux bâtiment pour que Magrath le radoube. — Monsieur Bunting, faites-moi le plaisir de monter sur le pont et de vous assurer, par un examen soigneux, si une courte flamme rouge n'est pas placée à dix ou douze pieds au-dessus du pavillon le plus haut. — Maintenant, Greenly, nous prendrons une autre tasse de thé; rien ne nous presse encore.

Deux ou trois minutes se passèrent en silence, et alors Bunting vint annoncer que la flamme rouge était à sa place, fait qu'il avait totalement oublié lors de sa première observation, ayant confondu cette petite flamme avec la flamme ordinaire des bâtiments de guerre. Cette courte flamme rouge annonçait qu'il s'agissait d'une communication verbale, suivant une méthode inventée par Bluewater, et par le moyen de laquelle, en se servant des numéros ordinaires, il pouvait communiquer avec son ami, sans qu'aucun des capitaines de la flotte, ni même l'officier chargé des signaux du vice-amiral, pût savoir ce qu'il voulait lui dire. En un mot, sans avoir recours à de nouveaux pavillons, mais en changeant les numéros des anciens, et en consultant un dictionnaire qui avait été préparé, les deux amis pouvaient avoir une conversation dont personne n'était en état de pénétrer le secret. Sir Gervais prit le numéro par écrit, et donna ordre à Bunting de faire hisser le signal d'attention, surmonté d'une flamme semblable ; de continuer cette opération tant que le contre-amiral ferait des signaux, et de lui en envoyer les numéros aussitôt qu'il les aurait aperçus. Dès que Bunting fut parti, le vice-amiral ouvrit un secrétaire, dont il portait toujours la clef sur lui, et y prit un petit livret qu'il mit à côté de son assiette. Pendant ce temps, le déjeuner continuait, des signaux de cette espèce ayant souvent lieu entre les deux amiraux. Dans le cours des dix minutes suivantes, un aide-timonnier apporta successivement différents numéros écrits sur de petits morceaux de papier : après quoi Bunting vint annoncer lui-même que *le César* ne faisait plus de signaux.

Sir Gervais chercha alors sur son livre les mots indiqués par les numéros, les écrivit sur un morceau de papier, et lut enfin ce qui suit : « Pour l'amour de Dieu, ne faites pas de signal, pas d'engagement. » Dès qu'il eut lu ces mots, il déchira le papier en fragments qu'il jeta à la mer, remit le livre à sa place, et se tournant d'un air calme vers son capitaine, il lui ordonna de faire battre la caisse, pour appeler tout le monde à son poste de combat, aussitôt que Bunting aurait hissé un signal pour donner le même ordre à toute l'escadre. A ces mots, tous, excepté le vice-amiral, montèrent sur le pont, et les Bowlderos se mirent à emporter la table, les chaises et tout le reste du mobilier. Se trouvant gêné par les opérations des domestiques, sir Gervais entra dans la grande chambre, et sans faire attention à l'état dans lequel elle se trouvait, il commença à se promener comme c'était sa coutume quand il réfléchissait. Les cloisons étant démontées, et tout le mobilier en ayant été retiré, c'était dans le fait se promener en vue de tout l'équipage. Tous ceux qui étaient dans la batterie purent voir ce qui se passait, quoique personne n'eût la présomption d'entrer dans une enceinte interdite aux pieds profanes, même dans un moment où elle était entièrement ouverte. Cependant l'air et l'aspect de sir Jarry n'échappèrent pas aux observations, et l'on en tira le pronostic que l'affaire serait sérieuse.

Tel était l'état des choses quand le tambour battit sur toute la ligne pour appeler tout le monde à son poste de combat. Au premier coup de caisse qu'on entendit, la chambre de conseil ne fut plus qu'une batterie ordinaire. Les matelots chargés du service de deux pièces de canon entrèrent avec leurs officiers dans ses limites sacrées et se mirent à démarrer les canons et à faire tous les préparatifs nécessaires pour l'action. Pendant tout ce temps, sir Gervais continua à se promener sur ce qui aurait été le centre de cette chambre, si toutes les cloisons n'eussent été démontées, les matelots affairés évitant avec dextérité de le toucher, et portant invariablement une main à leur chapeau quand ils étaient obligés de passer près de lui, mais continuant leurs opérations comme s'il n'eût pas été présent. Sir Gervais serait resté absorbé dans ses réflexions encore plus longtemps qu'il ne le fut, si le bruit d'un coup de canon n'eût reporté ses idées sur la scène qui se passait autour de lui.

— Qu'est-ce que cela? s'écria-t-il tout à coup; Bluewater fait-il de nouveaux signaux?

— Non, sir Gervais, répondit le quatrième lieutenant après avoir regardé par un sabord au vent, — c'est l'amiral français qui nous tire un coup de canon au vent, comme pour nous demander pourquoi nous ne l'attaquons pas. C'est la seconde fois qu'il nous fait aujourd'hui un compliment de cette espèce.

Il n'avait pas fini de prononcer ces mots, que le vice-amiral était déjà sur le gaillard d'arrière, et une minute après il était sur la dunette. Il y trouva Greenly, Wychecombe et Bunting, regardant tous trois avec intérêt la belle ligne de l'ennemi.

— M. de Vervillin est impatient de prendre sa revanche de l'échec qu'il a reçu hier, à en juger par l'invitation qu'il nous fait de l'attaquer, dit le capitaine.

— De par le ciel! il a serré le vent et il porte le cap vers le nord-nord-est, s'écria sir Gervais, la surprise l'emportant un instant sur la circonspection. — Quoique cette manœuvre soit un peu extraordinaire en un pareil moment, on doit admirer le bel ordre dans lequel il tient ses vaisseaux.

Le commandant en chef ne disait que la vérité. La division du contre-amiral avait tout à coup serré le vent en ligne pressée, et chaque vaisseau suivait son matelot de l'avant aussi exactement que s'ils eussent tous reçu une impulsion commune. Comme personne ne doutait le moins du monde de la loyauté du contre-amiral, et qu'on savait que son courage était à toute épreuve, l'opinion générale était que cette manœuvre avait quelque rapport aux signaux secrets qu'il avait faits, et les jeunes officiers se demandaient en riant ce que sir Jarry allait faire.

Il paraît certain que M. de Vervillin craignait une répétition de quelques-unes des scènes de la veille; car, dès qu'il s'aperçut que l'arrière-garde anglaise serrait le vent, les cinq vaisseaux de la tête de sa ligne firent servir et firent voile comme pour aller à la rencontre de cette division, manœuvrant pour tâcher de lui passer au vent, tandis que les cinq autres avec *l'Eclair*, ayant encore leurs huniers sur leurs mâts, attendaient que l'ennemi arrivât. Sir Gervais ne put y résister plus longtemps, il résolut d'obliger Bluewater à se décider, s'il était possible, et donna ordre que *le Plantagenet* mît le vent dans ses voiles. Suivi par toute sa division, il vira sur-le-champ vent arrière et s'avança vers l'arrière-garde de M. de Vervillin, sous petites voiles, laissant porter en dépendant seulement un peu sur l'amiral français, afin d'éviter une bordée d'enfilade.

Le quart d'heure qui suivit fut un intervalle de temps plein d'intérêt et de changements importants, quoique pas un coup de canon ne fût tiré. Dès que le comte de Vervillin s'aperçut que les Anglais se disposaient à s'approcher, il fit le signal à sa division de laisser arriver vent arrière sous leurs huniers, en commençant le mouvement par le vaisseau de queue, ce qui forma l'ordre de sa ligne en sens contraire, et mit *l'Eclair* à la queue, c'est-à-dire le plus près de l'ennemi. Dès que cela fut fait, il fit amener tous les huniers sur le ton. On ne pouvait se tromper à cette manœuvre. C'était faire à sir Gervais une invitation à venir l'attaquer bord à bord, car elle ne lui laissait aucun risque d'une bordée d'enfilade en s'approchant. Le commandant en chef anglais n'était pas homme à refuser un défi si palpable, et ayant fait quelques signaux à ses vaisseaux pour leur indiquer le genre d'attaque qu'il méditait, il établit sa misaine et son grand perroquet, et laissa porter vent arrière. Les vaisseaux qui le suivaient en firent autant; et personne ne douta que le mode d'attaque ne fût déterminé pour cette journée.

Comme les Français étaient encore à un demi-mille au sud-est de la division ennemie qui s'approchait, le comte de Vervillin réunit toutes ses frégates et corvettes à tribord, laissant ainsi à sir Gervais le champ libre pour s'approcher par son travers de bâbord. Le vice-amiral anglais comprit cette manœuvre, et *le Plantagenet* dirigea sa route de manière à se placer de ce côté de *l'Eclair*, à la distance d'environ soixante brasses. Cela menaçait d'un combat de près, ce qui n'était pas ordinaire aux flottes à cette époque; mais c'était la partie que notre commandant en chef aimait à jouer, et c'était aussi ce qui promettait d'amener le plus tôt la fin de l'affaire.

Ces préliminaires arrangés, les deux commandants en chef eurent encore le temps de la réflexion. Les Français étaient encore à un bon mille en tête de leurs ennemis, et comme les deux flottes faisaient même route, l'approche des Anglais était si lente, qu'on vit du re pendant une vingtaine de minutes sur les deux escadres ce silence solennel qui règne à bord d'un bâtiment dont l'équipage est bien discipliné, avant le commencement d'un combat. Les deux commandants en chefs étaient occupés en ce moment important d'idées bien différentes. Le comte de Vervillin voyait que sa seconde division, sous les ordres du vicomte Després, contré-amiral, était précisément dans la position où il désirait qu'elle fût, ayant obtenu l'avantage du vent, tant parce que la seconde division anglaise venait vent arrière, que parce qu'il avait toujours maintenu sa route au plus près. Les deux amiraux français s'entendaient parfaitement sur ce que chacun d'eux devait faire, et tous deux avaient alors le plus grand espoir de pouvoir se dédommager de l'échec de la veille, et cela par des moyens fort semblables à ceux qui en avaient été la cause. De l'autre part, sir Gervais au contraire était tourmenté de doutes sur le parti que pourrait prendre Bluewater. Il ne pouvait pourtant s'imaginer que son ami voulût l'abandonner aux efforts réunis de deux divisions ennemies, et tant que la division anglaise qui était au vent donnerait de l'occupation au contre-amiral français, il avait lui-même le champ libre et les armes égales avec M. de Vervillin. Il connaissait trop bien la générosité de Bluewater pour ne pas être certain qu'en cédant à la demande que lui avait faite son officier inférieur de ne pas lui faire de signaux, cette condescendance lui donnerait une double chance de lui toucher le cœur, et de mettre en jeu toute la noblesse de son âme. Néanmoins le vice-amiral Oakes ne donna pas le signal du combat sans de pénibles pressentiments. Il avait vécu trop longtemps dans le monde pour ne pas savoir qu'un préjugé politique est la plus démoralisante de toutes nos faiblesses, couvrant nos vues d'égoïsme du prétexte plausible du bien public, et rendant même un homme bien disposé insensible aux injustices qu'il commet envers les autres, parce qu'il se laisse tromper par l'idée flatteuse qu'il rend service à la société. Cependant, comme le doute était encore plus pénible que la certitude, et qu'il n'était pas dans son caractère de refuser un combat si noblement offert, il résolut d'attaquer le comte à tout risque, laissant le résultat du combat à la volonté de Dieu et à ses propres efforts.

Le Plantagenet offrait un tableau parfait d'ordre et de préparatifs pour une action navale, quand il approcha de la ligne française en cette mémorable occasion. Chacun était à son poste, et quand Greenly fit l'inspection des batteries, il trouva tous les canons à tribord démarrés, pointés et prêts à faire feu, tandis que ceux qui étaient à bâbord n'étaient retenus que par un tour ou deux des garants et se trouvaient prêts d'ailleurs pour qu'on pût les démarrer, y placer la poudre et le boulet, et les tirer à leur tour. Un silence semblable à celui de la mort régnait dans toutes les parties du vaisseau. Les plus vieux marins jetaient de temps en temps un coup d'œil à travers leurs sabords pour s'assurer de la position relative des deux escadres, afin d'être prêts au moment de la collision. Quand les Anglais arrivèrent à portée de mousquet, les Français hissèrent leurs huniers à tête de mâts, ce qui leur procura une nouvelle vitesse. Cependant les premiers avançaient avec le plus de rapidité, portant le plus de voiles, et poussés par une plus forte impulsion. Mais quand il fut assez près, sir Gervais ordonna de diminuer la voilure de son vaisseau.

— Cela suffira, Greenly, dit-il d'un ton doux et tranquille, faites amener le perroquet et carguer la misaine. L'aire que vous avez vous mettra bientôt par le travers de l'ennemi.

Le capitaine donna les ordres nécessaires, et le master diminua de voiles. Cependant *le Plantagenet* filait en avant, et au bout de trois ou quatre minutes ses bossoirs dépassèrent suffisamment la hanche de *l'Eclair* pour permettre à un canon de porter. Cela servit de signal de part et d'autre, et les deux vaisseaux ouvrirent leur feu en même temps. La lueur, la détonation et la fumée se succédèrent rapidement, et tout cela ne parut que l'affaire d'un instant. Il s'y mêla le sifflement des boulets et les cris des blessés, car, en de pareils moments, la nature arrache, même aux hommes les plus braves et les plus fermes, de pénibles concessions à la faiblesse humaine. Bunting faisait rapport à sir Gervais qu'aucun signal ne paraissait à bord du *César*, quand un boulet, parti de l'arrière de *l'Eclair*, lui traversa la poitrine et l'étendit mort aux pieds de son commandant.

— Je compterai sur vous, sir Wycherly, pour remplir les fonctions du pauvre Bunting pendant le reste de cette croisière, dit sir Gervais avec un sourire offrant un singulier mélange de courtoisie et de regret. — Aides-timonniers, placez le corps de M. Bunting un peu à l'écart, et couvrez-le de ces pavillons à signaux. C'est un drap mortuaire qui convient à un homme si brave.

Tandis que cela se passait, *le Warspite* doubla *le Plantagenet* en dehors suivant les ordres qu'il avait reçus, et fit feu de ses canons de l'avant sur le second vaisseau français. Deux minutes après, ces deux bâtiments se livraient un combat furieux. Les autres vaisseaux de la ligne anglaise allèrent de la même manière attaquer successivement ceux de la ligne française, et enfin *l'Achille*, commandé par lord Morganic, et qui était le dernier des cinq, se trouva par le travers du

Conquérant, qui était alors en tête des vaisseaux français. Pour que le lecteur comprenne plus facilement les incidents qui vont suivre, nous allons lui donner la liste des vaisseaux des deux escadres, dans l'ordre où ils étaient placés au commencement du combat.

Le Plantagenet. — *L'Éclair.*
Le Warspite. — *Le Téméraire.*
Le Blenheim. — *Le Duguay-Trouin.*
Le Foudroyant. — *L'Ajax.*
L'Achille. — *Le Conquérant.*

Les décharges continuelles de quatre cents pièces de grosse artillerie dans un si petit espace produisirent l'effet de repousser les courants d'air réguliers, et de changer une brise à filer six ou sept nœuds en une qui ne donnerait à un bâtiment que la vitesse nécessaire pour en filer deux ou trois. Ce fut le premier phénomène remarquable de cette action ; mais, comme sir Gervais l'avait prévu, il avait pris la précaution de placer ses vaisseaux, autant que possible, dans les positions où il désirait qu'ils combattissent. Une autre grande suite physique de cet arrangement, également prévue et naturelle, mais qui produisit un grand changement dans l'aspect du combat, fut le nuage de fumée dans lequel les dix vaisseaux se trouvèrent enveloppés. Aux premières bordées que s'envoyèrent les deux amiraux, des volumes de légères vapeurs roulèrent sur la mer, se rencontrèrent, et, s'élevant ensuite en guirlandes, ne laissèrent plus voir à chaque vaisseau que les mâts et les voiles de son adversaire. Cette circonstance aurait bientôt suffi pour cacher les combattants dans le sein d'un nuage presque impénétrable ; mais à mesure que les vaisseaux avançaient, ils entraient davantage sous ce dais sulfureux, qui finit par s'étendre sur chacun d'eux et leur ôter la vue de la mer, du ciel et de l'horizon. Les amorces brûlant dans les batteries basses contribuaient à augmenter la fumée, et non-seulement rendaient fréquemment la respiration difficile, mais faisaient que ceux qui combattaient à quelques pieds les uns des autres ne pouvaient se reconnaître. Au milieu de cette scène ténébreuse, et d'un bruit qui aurait pu jeter l'alarme dans les cavernes de l'Océan, les marins actifs et expérimentés continuaient à servir leurs lourdes pièces d'artillerie, et remédiaient à la hâte aux avaries qui avaient lieu dans le gréement, chacun étant aussi attentif à s'acquitter de son devoir personnel que s'il se fût agi de manœuvrer pour résister à un coup de vent ordinaire.

— Sir Wycherly, dit le vice-amiral, un officier chargé des signaux a peu de chose à faire au milieu d'un tel nuage de fumée. Je donnerais tout au monde pour connaître la position exacte des divisions des deux contre-amiraux.

— Il n'y a qu'un moyen de s'en assurer, sir Gervais, et si vous le désirez, je l'essaierai. En montant sur la vergue du grand hunier, il est possible qu'on les aperçoive.

Le vice-amiral accepta cette offre en souriant, et vit le jeune officier monter dans le gréement, quoiqu'à demi caché par la fumée. En ce moment Greenly monta sur la dunette, après avoir fait l'inspection de la batterie basse. Il n'attendit pas une question pour faire son rapport.

— Tout va assez bien jusqu'ici, sir Gervais, quoique la première bordée du comte nous ait maltraités. Je crois que son feu se ralentit, et Bury dit qu'il est certain qu'il a déjà perdu son petit mât de hune. Dans tous les cas, nos hommes sont en bonne disposition, et tous nos mâts sont encore debout.

— J'en suis charmé, Greenly, et surtout de la dernière circonstance, dans le moment présent. Je vois que vous regardez ces pavillons de signaux, ils couvrent le corps du pauvre Bunting.

— Et cette trainée de sang jusqu'à l'échelle de poupe? J'espère que notre jeune baronnet n'est pas blessé?

— C'est un de mes Bowlderos qui a perdu une jambe. Je pourvoirai à ce qu'il ne manque de rien pendant le reste de sa vie

Il y eut une pause dans la conversation, et ils se mirent à sourire en entendant le craquement occasionné par un boulet de canon précisément sous leurs pieds; car à la nature et à la direction du son, ils comprirent qu'il avait traversé un buffet contenant les ustensiles de porcelaine et de faïence du capitaine Greenly. Après quelques minutes de silence, sir Gervais dit qu'il croyait que les éclairs qui précédaient les coups de canon tirés par les Français partaient de plus loin qu'ils ne l'avaient fait jusqu'alors, quoiqu'on ne pût découvrir l'ennemi, et qu'on ne s'aperçût de sa présence qu'au bruit de ses canons et à l'effet qu'ils produisaient.

— Si cela est, sir Gervais, c'est un signe que le comte commence à trouver sa position trop chaude. Voici le vent que nous avons encore en poupe, quelque peu qu'il y en ait.

— Non, non, nous gouvernons toujours au même aire de vent; je ne quitte pas ce compas de vue, et je suis sûr que nous ne nous sommes pas dérangés de notre route. Allez sur l'avant et veillez à ce qu'on y ait l'œil au guet. Il est possible qu'un de nos vaisseaux ait de graves avaries, et il ne faut pas risquer de l'aborder. Si nous courions ce danger, faites porter de suite pour passer entre le vaisseau dégréé et l'ennemi.

— Vos instructions seront suivies, sir Gervais.

A ces mots le capitaine partit, et l'instant d'après il fut remplacé par Wycherly.

— Eh bien! Wychecombe, je suis charmé de vous voir de retour sans accident. Si Greenly était ici, il vous demanderait des nouvelles de ses mâts, moi je suis plus pressé d'en avoir de nos vaisseaux.

— Je suis porteur de mauvaises nouvelles, sir Gervais. Il est impossible de rien voir de la hune; mais des barres de perroquet ma vue a pu percer à travers la fumée, et je suis fâché d'avoir à vous dire que le contre-amiral français arrive rapidement avec toute son escadre sur notre hanche à bâbord. Nous l'aurons par le travers dans cinq minutes.

— Et Bluewater? demanda sir Gervais avec la rapidité de l'éclair.

— Je n'ai pu voir aucun des vaisseaux du contre-amiral; et connaissant l'importance de cette nouvelle, je suis descendu sur-le-champ et à l'aide d'un galhauban.

— Et vous avez très-bien fait, sir Wycherly. Chargez un midshipman de m'envoyer le capitaine Greenly, et descendez dans les batteries pour apprendre cette nouvelle aux officiers. Il faut qu'ils divisent à l'instant leurs hommes, et surtout que leur première bordée soit prompte et bien dirigée.

Wycherly obéit, et descendit avec toute l'activité que donne la jeunesse. Le midshipman trouva le capitaine entre les apôtres, et Greenly se hâta de monter sur la dunette. Le vice-amiral n'eut besoin que d'un moment pour lui expliquer la nouvelle situation des choses.

— Au nom du ciel, s'écria Greenly, que fait donc la seconde division? Comment laisse-t-elle le contre-amiral français tomber sur nous dans un moment comme celui-ci?

— C'est ce dont il est inutile de parler à présent, répondit sir Gervais d'un ton grave. L'affaire pressante est de nous préparer à recevoir ce nouvel ennemi. Retournez dans les batteries, et si vous faites cas de la victoire, ayez soin que la première bordée ne se perde pas dans la fumée.

Cependant le temps pressait. Greenly avala son mécontentement et disparut. Les cinq minutes suivantes furent cruelles pour sir Gervais. Il n'avait avec lui que quatre hommes sur la dunette, savoir: un aide-timonnier pour les signaux, et trois Bowlderos. Ceux-ci étaient armés de mousquets, comme à l'ordinaire, quoique le vice-amiral ne permît jamais qu'on plaçât des soldats de marine dans un endroit qu'il désirait préserver du bruit et de la fumée autant qu'il était possible. Il se mit à se promener à grands pas sur ce petit pont, jetant à chaque instant un regard inquiet sur la hanche à bâbord. Mais quoique la fumée se dissipât un peu de temps à autre de ce côté, le feu s'étant considérablement ralenti, par suite de l'épuisement des forces des hommes et des avaries souffertes par les vaisseaux, il ne put découvrir aucun bâtiment. Telle était la situation des choses quand Wycherly vint annoncer au vice-amiral qu'il avait exécuté ses ordres, et qu'on avait déjà mis du monde aux batteries de bâbord.

CHAPITRE XIX.

> Et le petit monde belliqueux dans l'intérieur ! Les canons bien amarrés, le carrosse de la dunette, l'ordre donné à haute voix, le murmure des chuchottements affairés, le mot qui fait monter sur les hunes, l'appel du maître d'équipage, le cri d'encouragement ! tandis que le cordage file dans la main du matelot, et que le midshipman à peine échappé de l'école fait entendre le son aigu de son sifflet quand il arrive quelque chose en bien ou en mal : et le morveux habile sait bien guider l'équipage obéissant.
>
> Lord Byron.

— Êtes-vous bien sûr, sir Wycherly, qu'il n'y ait pas quelque méprise relativement à l'approche de la seconde division de l'escadre française? demanda le vice-amiral en cherchant à entrevoir l'eau à bâbord à travers la fumée. N'est-il pas possible qu'un de nos vaisseaux, se trouvant désemparé, se soit écarté de notre ligne, et que nous l'ayons laissé de ce côté sans le savoir?

— Non, sir Gervais, il n'y a point de méprise, et il ne peut y en avoir, à moins que je n'en aie fait une légère sur la distance. Je n'ai vu que les mâts et les voiles, non d'un seul vaisseau, mais de trois; et l'un d'eux portait à son mât d'artimon le pavillon d'un contre-amiral français. — Et voyez, amiral, pour preuve que je ne me suis pas trompé, le voilà.

Il y avait beaucoup moins de fumée du côté du *Plantagenet* opposé à celui où il combattait, et le vent commençait à souffler par risées, comme cela arrive toujours dans une forte canonnade. Il y avait des instants où il entr'ouvrait le drap mortuaire qui couvrait le combat. En ce moment, il s'y fit une percée à travers laquelle on apercevait un seul mât et une seule voile, précisément à l'endroit où Wycherly avait dit que l'ennemi devait se trouver. Il n'y avait nul doute que ce ne fût une petite hune, et l'on y voyait flotter le petit pavillon carré de contre-amiral. Sir Gervais vit à l'instant quel était ce vaisseau, et quel parti il devait prendre. S'avançant sur le bord de la dunette, sa voix naturelle, sans l'aide du porte-voix, fit entendre, au milieu du tumulte du combat, ces mots si familiers aux marins, mais de sinistre présage. Armez les deux bords ! Peut-être une voix partant de poumons moins vigoureux, — et celle du vice-amiral, quand il voulait lui donner toute son étendue, était aussi forte que le son d'un clairon, — est-elle plus claire et fait-elle plus d'impression, quand elle n'est aidée par aucun instrument, que lorsqu'elle passe à travers un tube qui la déguise et la dénature. Quoi qu'il en soit, ces mots se firent entendre même dans la batterie basse, par ceux qui étaient près des écoutilles, et ils furent répétés par une douzaine de voix, qui y ajoutèrent les avis que les officiers de marine ont coutume de donner quand le combat est sur le point de commencer : — Attention, camarades, sir Jarry ne dort pas ! — Pointez vos canons ! — Attendez qu'il soit par le travers ! — En ce moment critique, sir Gervais leva encore les yeux du même côté, et entrevit de nouveau le petit pavillon qui traversait une énorme colonne de fumée, et voyant que ce vaisseau se trouvait précisément par son travers, il cria, d'une voix dont il semblait vouloir doubler la force : Feu ! Greenly était sur l'échelle de la batterie basse, et sa tête était de niveau avec les hiloires du panneau lorsque ce mot frappa ses oreilles, et il le répéta presque avec la même force. Le nuage de fumée qui était à bâbord fut repoussé de tous les côtés, comme de la poussière dispersée par le vent. Le vaisseau parut en feu, et la charge de quarante et un canons remplit sa mission terrible, annoncée en quelque sorte par un seul et même éclair. Le vieux *Plantagenet* trembla jusqu'à sa quille, et s'inclina même un peu à la commotion du recul. Mais, comme s'il eût été tout à coup délivré d'un fardeau, il se redressa et continua sa route avec la même rapidité. Cette bordée, lâchée à propos, sauva le vaisseau amiral anglais. Elle prit par surprise l'équipage du *Pluton*, son nouvel adversaire, car les Français n'avaient pas encore pu distinguer la position précise de leur ennemi, et, indépendamment de ce qu'elle fit beaucoup de mal à ce vaisseau et à son équipage, elle l'engagea à faire feu dans un moment défavorable. Le *Pluton* lui envoya sa bordée avec tant de hâte et si peu de précision, qu'une grande partie de ses boulets passèrent en tête du *Plantagenet*, et allèrent frapper la hanche à bâbord du *Téméraire*, matelot de l'avant de l'amiral français.

— Ce salut a été tiré à temps, dit sir Gervais en souriant, dès qu'il vit que le feu de l'ennemi n'avait fait éprouver à son vaisseau aucune avarie considérable. Le premier coup est toujours la moitié de la bataille. Nous pouvons maintenant conserver quelque espoir de salut. — Ah ! voici Greenly. Dieu soit loué ! il n'est pas blessé.

L'entrevue des deux vétérans fut cordiale, mais ils se parlèrent d'un ton sérieux. Ils sentaient tous deux que la position non-seulement du *Plantagenet*, mais de toute l'escadre était extrêmement critique, la disproportion de force étant beaucoup trop grande, et la situation de l'ennemi trop favorable, pour ne pas rendre le résultat de l'affaire extrêmement douteux, pour ne rien dire de plus. Quelque avantage avait certainement été obtenu, mais on ne pouvait guère espérer de le conserver longtemps. Les circonstances exigeaient donc des mesures décidées et particulièrement hardies.

— Mon parti est pris, Greenly, dit le vice-amiral ; il faut que nous attaquions à l'abordage un de ces vaisseaux et que nous décidions l'affaire par un combat corps à corps. Nous attaquerons le commandant en chef français. A la manière dont son feu se ralentit, il est évident qu'il a beaucoup souffert ; si nous pouvons l'emporter ou même le forcer à sortir de la ligne, nous en aurons meilleure chance avec les autres. Quant à Bluewater, Dieu seul sait où il est. Dans tous les cas, il n'est pas ici et nous ne pouvons compter que sur nous-mêmes.

— Vous n'avez qu'à ordonner, sir Gervais, et vous serez obéi. Je commanderai moi-même l'abordage.

— Il faut que l'affaire soit générale, et que nous montions tous à bord de *l'Eclair*. Donnez les ordres nécessaires, et quand tout sera prêt, embraquez un peu les bras de bâbord, mettez la barre toute à bâbord, et faites une forte embardée sur tribord ; cela accélérera la crise. Nous pourrions aussi augmenter un peu le sillage, en laissant tomber la misaine, et en mettant la brigantine.

Greenly descendit de la dunette à l'instant pour s'acquitter de ce nouveau et important devoir. Il envoya ses ordres dans les batteries, recommandant pourtant à tout le monde de rester aux canons jusqu'au dernier moment, et il donna des instructions particulières au capitaine des soldats de marine sur la manière dont il devait couvrir les hommes de l'abordage et ensuite les suivre. Cela fait, il donna ordre de brasser ainsi que l'amiral l'avait ordonné.

Le lecteur n'oubliera pas la circonstance importante que tout ce que nous venons de rapporter se passa au milieu du tumulte de la bataille. Des décharges d'artillerie se faisaient entendre à chaque instant; le nuage de fumée devenait plus épais et plus étendu; et dans la demi-obscurité de ses volumes, on voyait briller l'éclair qui précédait chaque détonation; les boulets perçaient le bois et coupaient les cordages, et les cris perçants des blessés n'en paraissaient que plus terribles parce qu'ils étaient arrachés à des âmes fermes et intrépides. Les hommes semblaient métamorphosés en démons, et pourtant une résolution opiniâtre de vaincre se mêlait à tout cela, ennoblissait le combat et rendait l'attaque et la défense héroïques. Les bordées qui se succédaient sur toute la ligne à mesure que chaque vaisseau de la seconde division française arrivait à son poste, annonçaient que M. Després avait adopté le mode d'attaque de sir Gervais, le seul qui pût sauver le vaisseau de tête, et que l'escadre anglaise était entre deux feux. En ce moment, les hommes de la manœuvre du *Plantagenet* brassaient les vergues, mais, au premier coup sur les bras, les trois mâts de hune tombèrent par suite des avaries faites dans le gréement. Il était urgent de se débarrasser de tous ces débris qui engageaient un bon nombre de canons de bâbord; la situation du *Plantagenet* devenait plus critique que jamais, et la voix ne pouvait se faire entendre au milieu d'un des plus terribles combats de mer qu'on pût voir.

Jamais le marin bien discipliné ne paraît si grand que lorsqu'il supporte des calamités soudaines avec une fermeté tranquille, qualité que doit matériellement inculquer *la morale* de la discipline. Greenly était plein d'ardeur pour l'abordage, et il réfléchissait au meilleur moyen d'aborder son adversaire quand ce malheur arriva; mais à peine les mâts furent-ils tombés que ses pensées prirent un autre cours, et appelant les hommes de la manœuvre, il leur ordonna de débarrasser le vaisseau de tous ces débris.

Sir Gervais éprouva aussi une forte révulsion dans le cours de ses idées, quand cet accident arriva. Il avait rassemblé ses Bowlderos, et il leur donnait ses instructions sur la manière dont ils devaient le suivre et se tenir près de sa personne dans le combat corps à corps auquel on s'attendait, quand la pression de l'air et la chute des mâts avec leurs agrès, lui annoncèrent ce qui venait d'arriver. S'adressant aux matelots, il leur ordonna d'un ton calme de débarrasser le pont de tout ce qui l'encombrait, et il donnait ordre à Wycherly de s'occuper de ce service, quand celui-ci s'écria:

— Voyez, sir Gervais! voici un autre vaisseau français qui arrive sur notre hanche. — De par le ciel! il faut qu'ils aient dessein de nous aborder!

Le vice-amiral porta la main, comme par instinct, sur la poignée de son épée, et se tourna du côté indiqué par son compagnon. Il y vit effectivement un nouveau vaisseau qui fendait le nuage de fumée, et qui, d'après l'atmosphère plus pure qui l'accompagnait, semblait amener avec lui un courant d'air plus fort. A l'instant où il l'aperçut, son bâton de foc et son beaupré étaient encore enveloppés de fumée ; mais le rapprochement des deux bâtiments donnait à craindre que les vergues de ce vaisseau ne parassent bien juste celles du *Plantagenet*, à mesure qu'on apercevait dans l'obscurité causée par la fumée ses bossoirs friser le flanc du vaisseau amiral.

— Ce sera, ma foi, une rude besogne, s'écria le vice-amiral. Une nouvelle bordée d'un bâtiment si rapproché de nous nous rasera comme un ponton. — Allez, Wychecombe, courez dire à Greenly de venir ici. — Attendez ! — C'est un vaisseau anglais. — Aucun vaisseau français n'a un beaupré comme celui-ci. — Que le Tout-Puissant soit loué ! c'est *le César !* Je reconnais la figure du vaisseau ; je vois le vieux Romain sortir de la fumée.

Il accompagna ces mots d'un cri de joie, et il les avait prononcés si haut qu'ils furent entendus jusque dans la batterie basse, et ils se répandirent dans tout le vaisseau avec la rapidité du sifflement d'une fusée volante qui s'élève. Pour confirmer cette bonne nouvelle, la lumière et le bruit des canons de ce bâtiment du côté opposé à celui où l'on combattait, annoncèrent que *le Pluton* avait un ennemi à combattre, ce qui permettait à l'équipage du *Plantagenet* de jeter toutes ses forces dans les batteries à tribord, et de procéder à toutes ses opérations sans avoir rien à craindre du contre-amiral français. La reconnaissance de sir Gervais, lorsqu'il vit le vaisseau qui venait à son aide en se plaçant entre lui et son plus formidable ennemi, était trop profonde pour qu'il pût l'exprimer par des paroles. Par un mouvement purement machinal, il leva son chapeau devant son visage, et remercia Dieu avec une ferveur qu'il n'avait jamais si complétement mise dans toutes ses actions de grâces. Ce court acte de dévotion terminé, il vit l'avant du *César*, qui marchait lentement pour ne pas aller trop loin, précisément par le travers du *Plantagenet*, et à si peu de distance, qu'on voyait les objets presque distinctement. Bluewater était debout entre ses apôtres, gouvernant son vaisseau par le moyen d'une ligne d'officiers, ayant en main son chapeau qu'il agitait pour encourager son équipage, tandis que Geoffrey Cleveland était à son côté, tenant un porte-voix. En ce moment, les équipages des deux vaisseaux anglais poussèrent trois acclamations dont le bruit se mêla à celui d'une seconde décharge de l'artillerie du *César*. Alors la fumée s'éleva en nuage au-dessus du gaillard d'avant de ce vaisseau, et il devint invisible.

Cependant *le César* avançait lentement, et enfin presque toute sa longueur mit *le Plantagenet* à couvert du feu de son ennemi, tandis que les bordées du contre-amiral anglais se succédaient avec une rapidité terrible. Son arrivée sembla donner une nouvelle vie au *Plantagenet*, et son artillerie de tribord tonna encore comme si elle eût été servie par des géants. Environ cinq minutes s'étaient passées depuis l'apparition si opportune de Bluewater; quand le feu des autres vaisseaux de la seconde division anglaise annonça leur arrivée par bâbord de la division de M. Després. La totalité des deux flottes se trouvait alors rangée sur quatre lignes, tous les vaisseaux voguant vent arrière, et en quelque sorte entremêlés ensemble. Les dunettes du *Plantagenet* et du *César* devinrent alors visibles l'une à l'autre, le vent écartant en ce moment une partie de la fumée des navires, et chacun de nos deux amiraux épiait avec impatience l'instant où il pourrait entrevoir son ami. Dès qu'il arriva, sir Gervais appliqua son porte-voix sur ses lèvres, et s'écria : Dieu vous bénisse, Dick ! — Dieu vous bénisse à jamais! — Mettez votre barre toute à tribord, attaquez M. Després à l'abordage, et vous en serez maître en cinq minutes.

Bluewater sourit, fit un signe de la main, donna un ordre, et mit son porte-voix à l'écart. Deux minutes après, *le César*, enveloppé de la fumée, fit une embardée sur bâbord, et l'on entendit le craquement des deux vaisseaux qui s'abordaient. *Le Plantagenet*, étant alors dégagé de tous les débris de ses mâts, fit aussi une forte embardée, mais dans un sens contraire à celle du *César*. En entrant dans la fumée, ses canons cessèrent de se faire entendre; mais, quand il en fut sorti, on vit que *l'Éclair* avait établi ses basses voiles et ses perroquets, et voguait avec une telle vitesse qu'il était inutile de songer à le poursuivre avec le peu de voiles qu'on pouvait établir à bord du *Plantagenet*. Faire des signaux était impossible au milieu de la fumée; mais ce mouvement des deux commandants en chef fit de cette bataille une scène de confusion inexplicable. Les vaisseaux changeaient de position l'un après l'autre; ils furent obligés de cesser leur feu, parce qu'ils ne savaient quelle était cette position; un silence général succéda au fracas de la canonnade; il devint donc indispensable d'attendre que la fumée se dissipât.

Il ne fallut que quelques minutes pour que le rideau qui couvrait les deux flottes se levât. Dès que le feu eut cessé, le vent augmenta, et la fumée, formant un vaste nuage, fut poussée sous le vent et parut se dissiper spontanément dans les airs. Ce fut alors qu'on put voir pour la première fois l'étendue de la destruction qui avait eu lieu pendant un combat de si courte durée.

Les vaisseaux des deux flottes étaient mêlés ensemble, et sir Gervais eut besoin de quelques instants pour se faire une idée claire de l'état des siens. On pouvait dire en général que les bâtiments des deux escadres étaient épars, les Français gouvernant vers leur côté, tandis que les Anglais venaient sur bâbord portant le cap sur l'Angleterre. Le *César* et le *Pluton* étaient encore abordés ; mais on voyait un pavillon de contre-amiral au mât d'artimon du premier, tandis que celui qui flottait naguère à bord du second avait disparu. L'*Achille* était encore au milieu des Français, plus sous le vent qu'aucun autre vaisseau anglais, et il ne lui restait pas un seul mât. Ses pavillons étaient pourtant déployés ; le *Foudroyant* et le *Dublin*, qui n'avaient pas eu beaucoup d'avaries, se portaient rapidement sur ce vaisseau désemparé, quoique les bâtiments français qui en étaient le plus près, semblassent plus disposés à se tirer de la mêlée qu'à s'assurer quelque avantage qu'ils avaient déjà obtenu. Le *Téméraire* était dans le même état que l'*Achille*, quant aux mâts ; mais sa coque avait souffert beaucoup plus, et il avait perdu trois fois autant de monde. Son pavillon était amené, et les canots du *Warspite* arrivaient déjà pour en prendre possession. L'*Éclair*, ayant un grand tiers de son équipage tué ou blessé, filait sous le vent et faisait des signaux aux autres vaisseaux français pour qu'ils se ralliassent autour de lui ; mais, environ dix minutes après qu'il fut devenu visible, on vit tomber son grand mât et son mât d'artimon. Le *Blenheim* avait perdu tous ses mâts de hune, comme le *Plantagenet* ; et l'*Elisabeth* et l'*York* n'avaient plus de mât d'artimon, quoiqu'ils n'eussent pris part à l'engagement que très-peu de temps. Un grand nombre de basses vergues avaient été emportées ou mises hors de service par le canon, et cet accident, qui avait été commun aux deux flottes, avait obligé plusieurs vaisseaux à diminuer de voiles. Quant aux avaries des manœuvres dormantes et courantes et de la voilure, il suffira de dire qu'on voyait pendre de tous côtés des haubans, des galhaubans, des étais, des bras, des boulines et des balancines, tandis que les voiles qui restaient encore déployées, étaient, les unes fendues en long comme la toile déchirée par la main du marchand, les autres percées d'une foule de petits trous par les balles et la mitraille. D'après les rapports des deux commandants en chef, il paraît que, dans ce combat de courte durée mais acharné, les Anglais eurent sept cent soixante-trois hommes, y compris les officiers, tués ou blessés, et les Français quatorze cent douze. La perte de ceux-ci aurait probablement été encore plus grande, sans la manœuvre habile de M. Desprès qui avait placé ses ennemis entre deux feux.

Il est inutile de parler des détails de ce combat qui n'ont pas été complétement rapportés. M. Desprès avait manœuvré comme on l'a vu, au commencement de l'affaire, dans l'espoir d'engager sir Gervais à attaquer la division du comte de Vervillin, et dès qu'il avait vu les vaisseaux français enveloppés de fumée, il avait rapidement viré vent arrière, et les avait attaqués comme nous l'avons rapporté. La loyauté, le dévouement de Bluewater à la cause des Stuarts ne purent résister à ce spectacle. Faisant le signal général de serrer l'ennemi au feu, il brassa carré, fit toute la voile possible, et arriva à temps pour sauver son ami. Ses autres vaisseaux le suivirent et attaquèrent les Français par bâbord, faute d'espace pour imiter le contre-amiral.

Deux autres vaisseaux français au moins, indépendamment du *Pluton* et du *Téméraire*, auraient pu être ajoutés à la liste des prises, si la situation de leur escadre eût été bien connue de leurs ennemis. Mais, en de pareils moments, un vaisseau voit et sent ses propres avaries et ne peut connaître que par conjecture celles de son ennemi; et les Anglais étaient trop occupés à prendre les moyens de conserver les mâts qui leur restaient, pour s'exposer à de grands risques dans l'espoir de remporter des avantages encore plus considérables que ceux qu'ils avaient déjà obtenus. Plusieurs bordées, tirées à longue portée, furent échangées entre *le Foudroyant* et *le Dublin*, et *l'Ajax*, *le Duguay-Trouin* et *l'Hector*, avant que les deux premiers eussent réussi à tirer d'embarras lord Morganic; mais elles n'amenèrent aucun résultat important et ne servirent qu'à occasionner de nouvelles avaries à quelques mâts déjà suffisamment avariés, et à tuer ou blesser quinze ou vingt hommes de plus. Dès que le vice-amiral vit quelles devaient être les suites de cet épisode, il fit un signal au capitaine O'Neil, commandant *le Dublin*, pour le rappeler, connaissant le caractère ardent de cet officier. On peut dire que l'exécution de cet ordre termina le combat.

Le lecteur se rappellera que le vent, lorsque l'engagement commença, était au nord-ouest; il avait été presque tué, comme disent les marins, par la canonnade, et il avait repris une faible partie de sa force, à mesure que les détonations de l'artillerie avaient diminué. Mais l'effet combiné de l'approche de midi, et l'arrivée de nouveaux courants d'air pour remplacer le vide produit par le brûlement d'une si grande quantité de poudre, fut un changement soudain de vent, une forte brise venant de l'est s'étant fait sentir presque en un instant.

Ce changement inattendu dans la direction et la force du vent coûta au *Foudroyant* son mât de misaine et causa d'autres avaries à différents vaisseaux; mais, à force de soins et d'activité, tous les vaisseaux anglais tournèrent le cap vers le nord, tandis que la flotte française prit l'autre bord, gouverna presque au sud-ouest et chercha à gagner Brest. Ce changement de vent fut encore plus nuisible aux Français qu'aux Anglais, et quand les premiers entrèrent dans le port, comme ils le firent tous le lendemain, à l'exception d'un seul, trois vaisseaux étaient à la remorque, et n'avaient aucun autre mât que le beaupré.

Cette exception fut *le Caton*, vaisseau auquel M. de Vervillin mit le feu et qu'il fit sauter dans le cours de l'après-midi, à cause de ses avaries. Ainsi de douze nobles vaisseaux à deux ponts avec lesquels cet officier était parti de Cherbourg seulement deux jours auparavant, il n'en ramena que sept à Brest.

Les Anglais, de leur côté, n'étaient pas tout à fait sans embarras. Quoique *le Warspite* eût forcé *le Téméraire* à amener pavillon, il ne pouvait lui-même se maintenir sur l'eau sans la plus grande difficulté, et il fallut que d'autres vaisseaux lui envoyassent de l'aide. On réussit pourtant à boucher ses voies d'eau et alors on l'abandonna aux soins de son équipage. De tous les vaisseaux anglais, *le Warspite* était celui qui avait couru le plus grand danger.

Pendant la première heure qui suivit la fin du combat, notre amiral ne manqua pas d'occupation. Il fit faire un signal pour appeler *la Chloé*; il passa à bord de cette frégate, suivi de Wycherly, des deux aides-timonniers, de Galleygo qui n'attendit pas son ordre pour l'accompagner, et des Bowlderos qui n'avaient pas été blessés, et y transporta son pavillon. Il passa alors de vaisseau en vaisseau pour s'assurer par lui-même de l'état véritable de ses forces. *L'Achille* le retint quelque temps, et il était encore près de ce vaisseau, et sous le vent, quand le vent changea de nouveau, ce qui le mit au vent dans l'état actuel des choses. Il profita de cet avantage pour presser successivement tous ses vaisseaux de partir le plus vite possible; et avant que le soleil fût sur le méridien, tous les vaisseaux anglais faisaient route vers la terre, dans l'intention d'entrer à Plymouth, s'il était possible, sinon de chercher le mouillage le meilleur et le plus voisin sous le vent. Leur marche, comme de raison, fut relativement lente, quoiqu'ils filassent environ cinq lieues par heure en ne serrant pas le vent.

Le master de *la Chloé* venait de prendre la hauteur du soleil pour s'assurer de la latitude, quand le vice-amiral ordonna à Denham de s'approcher à portée de héler *le César*. Ce vaisseau s'était dégagé du *Pluton* une demi-heure après la fin de l'action, et il était alors en tête de la flotte, ses trois huniers sur le ton. Comparativement, sa mâture et sa voilure avaient peu souffert; mais sir Gervais savait qu'il devait avoir perdu beaucoup de monde en emportant à l'abordage un bâtiment comme celui de M. Després. Il lui tardait de voir son ami, d'apprendre de lui de quelle manière il avait obtenu ce succès, et nous pouvons ajouter de lui faire quelques remontrances sur une conduite par laquelle il s'était placé lui-même sur le bord du plus dangereux abîme.

La Chloé fut une demi-heure à parcourir la flotte, qui s'étendait à une grande distance et qui n'avait plus besoin de marcher en ligne, et sir Gervais avait beaucoup de questions à faire aux capitaines des différents vaisseaux près desquels il passait. Enfin la frégate arriva au *Téméraire*, qui suivait *le César* sous petites voiles. Quand *la Chloé* arriva par le travers, sir Gervais parut sur le passe-avant, le chapeau à la main, et dit en français intelligible, quoique avec un accent anglais très prononcé :

— *Le vice-amiral Oakes demande comment se porte le contre-amiral vicomte Després.*

Un vieillard de petite taille, vêtu avec le plus grand soin, ayant les cheveux bien poudrés, mais le pas ferme et une expression de physionomie parfaitement calme, s'avança sur le bord de la dunette du *Téméraire*, tenant en main un porte-voix, et répondit :

— *Le vicomte Després remercie M. le chevalier Oakes, et désire vivement savoir aussi comment se trouve M. le vice-amiral.*

Un signe mutuel fait avec les porte-voix servit de réponse à ces deux questions; et après avoir pris un instant pour préparer une phrase en français, sir Gervais ajouta :

— *J'espère voir M. le contre-amiral à dîner, à cinq heures précises.*

Le vicomte sourit à cette marque de bienveillance et de politesse, et après avoir pris un moment pour chercher des expressions qui pussent adoucir son refus, et montrer en même temps qu'il sentait le motif de cette invitation, il répliqua :

— *Veuillez recevoir nos excuses, monsieur le chevalier; nous n'avons pas encore digéré le déjeuner que vous nous avez donné.*

La Chloé continuant à avancer, un salut réciproque termina l'entrevue. La science de sir Gervais en français se trouva alors en défaut. Il ne connaissait pas la prononciation de cette langue; le vicomte avait parlé avec rapidité, et il n'avait pas compris sa réponse.

— Que dit-il, Wychecombe? demanda-t-il au jeune lieutenant. Viendra-t-il ou ne viendra-t-il pas?

— En vérité, sir Gervais, le français est pour moi comme une lettre close. N'ayant jamais été fait prisonnier, je n'ai eu aucune occasion de l'apprendre. J'ai cru comprendre que vous l'invitiez à dîner, et d'après l'expression de sa physionomie, je suis porté à croire qu'il a répondu qu'il n'était pas en train de s'amuser.

— Mais nous l'aurions mis en train, et Bluewater lui aurait parlé français à la brasse. — Denham, nous approcherons du *César* sous le vent. Ne songez pas au rang dans une occasion semblable. Il est temps d'amener les perroquets, et vous aurez aussi à amener les huniers, autrement nous pourrions le dépasser. Bluewater pourra y voir un compliment fait à la bravoure qu'il a montrée en emportant ainsi à l'abordage un si beau vaisseau.

Plusieurs minutes se passèrent alors en silence, et pendant ce temps la frégate s'avançait de moins en moins rapidement vers *le César*, ne gagnant sur lui en quelque sorte que pied par pied. Sir Gervais monta sur un des canons du gaillard d'arrière, et s'appuyant sur les bastingages, il était prêt à faire à son ami et à recevoir de lui l'accueil auquel ils étaient accoutumés l'un et l'autre, d'une manière aussi cordiale que s'il ne fût rien arrivé qui pût troubler l'harmonie de leurs sentiments. Il avait encore présent à l'esprit le sourire de Bluewater, son signe de main, et la noble manière dont il était venu se placer entre lui et son plus dangereux ennemi, et son cœur était plus que jamais disposé à s'ouvrir aux plus doux sentiments de la nature humaine. Stowel était déjà sur la dunette du *César*, et dès qu'il vit *la Chloé* s'approcher lentement, il ôta son chapeau par respect pour le commandant en chef. Sir Gervais se faisait un point de délicatesse de ne jamais intervenir avec les officiers du vaisseau du contre-amiral plus que le devoir ne l'exigeait rigoureusement; par conséquent il n'avait eu que des relations d'une nature générale avec le capitaine du *César*, évitant avec soin de lui donner des ordres verbaux, et de chercher quelque chose à critiquer sur son bord. Il en résultait que le commandant en chef était particulièrement dans les bonnes grâces de Stowel, qui réglait sur son vaisseau comme bon lui semblait tout ce qui concernait l'ordre et la discipline, Bluewater ne se souciant pas de se mêler de ces détails.

— Comment vous portez-vous, Stowel? s'écria sir Gervais d'un ton cordial. Je suis enchanté de vous voir sur vos jambes. J'espère que le vieux Romain n'a pas été trop maltraité ce matin?

— Je vous remercie, sir Gervais; oui, *le César* et moi nous sommes encore à flot, quoique la matinée ait été chaude. Le vaisseau a souffert des avaries, comme vous pouvez le supposer, et ce mât de misaine qui paraît si ferme et qui a l'air si droit ne vaut pas mieux qu'un mât condamné. Un boulet de trente-deux lui a traversé le cœur à environ dix pieds au-dessus du pont ; il en a reçu un de dix-huit à la hauteur des jetteraux, et un boulet ramé a enfoncé un des cercles en entrant dans le mât. Un mât ne peut compter pour beaucoup quand il a tant de trous, amiral.

— Il faut le ménager, mon vieil ami, et ne pas le surcharger de voiles. Tout cela sera réparé à Plymouth en huit jours. On peut avoir des cercles pour la peine de les demander ; et quant aux trous dans le cœur, plus d'un pauvre diable en a eu et n'en est pas mort. Vous en êtes une preuve vous-même, car je réponds que mistress Stowel ne vous a pas épargné à cet égard.

— Mistress Stowel commande à terre, et je commande sur l'eau, sir Gervais. De cette manière j'ai la tranquillité sur mon vaisseau et dans ma maison ; et je cherche à penser à elle le moins possible quand je suis en mer.

— Oui, voilà comme vous parlez, vous autres maris qui raffolez de vos femmes ; vous rougissez toujours de montrer trop de sensibilité. Mais qu'est devenu Bluewater ? Sait-il que nous sommes bord à bord ?

Stowel regarda autour de lui, leva les yeux sur ses voiles, et ses doigts jouèrent avec le pommeau de son épée. L'œil perçant du commandant en chef remarqua son air d'embarras, et il se hâta de lui demander ce qui était arrivé.

— Vous savez, sir Gervais, qu'il y a certains amiraux qui veulent prendre une part active à tout. J'ai dit à notre cher et respectable ami qu'il n'avait pas à se mêler de l'abordage ; que si l'un de nous devait le conduire, c'était moi, mais que notre devoir à tous deux était de rester sur notre vaisseau. Il me répondit je ne sais quoi d'honneur perdu et de devoir ; et vous savez, amiral, quelles jambes il a, quand il veut s'en servir. Autant aurait valu songer à arrêter un déserteur en lui criant d'attendre ; il partit avec la première division, l'épée à la main, ce que je n'ai jamais vu faire par un amiral, et ce que j'espère bien ne jamais revoir.— Et voilà comme tout s'est passé, sir Gervais.

Le vice-amiral serra les lèvres, et ses traits offraient l'image d'une résolution désespérée, quoique son visage fût aussi pâle que la mort, et que les muscles de sa bouche tressaillissent, en dépit de tout son empire sur lui-même.

— Je vous comprends, capitaine, dit-il d'une voix qui semblait sortir de sa poitrine ; vous voulez m'apprendre que l'amiral Bluewater a été tué.

— Non, grâce à Dieu, sir Gervais; non, pas tout à fait cela. Mais il est dangereusement blessé, très-dangereusement.

Le vice-amiral poussa un profond gémissement, et pendant quelques instants il appuya sa tête sur les bastingages, cachant son visage à la vue des hommes. Se redressant ensuite, il dit d'un ton ferme :

— Hissez vos huniers, capitaine Stowel, et mettez en panne sur l'autre bord. — Je vais aller à votre bord.

Denham reçut ordre de mettre en panne bâbord amures, tandis que *le César* virait de bord vent arrière pour prendre la panne tribord amures. Cela était contraire à toutes les règles, car c'était augmenter la distance entre les deux bâtiments : mais le vice-amiral était impatient d'être dans sa barge. Dix minutes après, il montait à bord du *César*, et deux minutes ensuite il était dans la grande chambre de Bluewater. Geoffrey Cleveland y était assis devant une table, la tête penchée sur ses mains. Le vice-amiral lui ayant touché l'épaule, le jeune homme leva la tête, et montra un visage mouillé de larmes.

— Comment va-t-il? demanda sir Gervais d'une voix rauque; le chirurgien donne-t-il quelque espoir?

Le midshipman secoua la tête, et comme si cette question eût renouvelé son chagrin, il reprit sa première attitude. En ce moment le chirurgien-major du vaisseau sortit de la chambre dans laquelle le contre-amiral était couché, et suivant le commandant en chef dans la troisième, ils eurent ensemble une longue conférence.

Les minutes s'écoulèrent, et *le César* et *la Chloé* étaient toujours en panne. Au bout d'une demi-heure, Denham vira vent arrière, et mit le cap de sa frégate dans la direction convenable. Plusieurs vaisseaux arrivèrent, et continuèrent leur route au nord aussi vite que leurs avaries le permettaient, et cependant on ne vit à bord du *César* aucun signe de mouvement. Deux bâtiments avaient paru au sud-est ; ils approchèrent aussi, et passèrent sans que le vice-amiral se montrât sur le pont. Ces deux navires étaient *le Carnatique* et sa prise, *le Scipion*, qu'il avait intercepté, et qu'il avait capturé sans beaucoup de difficulté. En gouvernant au sud-ouest, M. de Vervillin avait laissé le passage libre à ces deux vaisseaux qui voguaient avec le vent largue et ayant un bon sillage.

Cette nouvelle fut envoyée dans la grande chambre du *César*, mais personne n'en sortit et l'on n'en rapporta aucune réponse. Enfin, quand toute la flotte eut passé, la barge retourna à *la Chloé*. Elle n'y portait qu'un billet adressé à Wycherly. Dès qu'il en eut fait lecture, il appela les Bowlderos et Galleygo, les fit passer dans la barge avec tout le bagage du vice-amiral, emporta son pavillon, et fit ses adieux au capitaine Denham. Dès que la barge fut à une distance convenable, la frégate mit à la voile pour suivre la flotte, et reprendre ses fonctions ordinaires, c'est-à-dire faire des reconnaissances et répéter les signaux.

Dès que Wycherly fut à bord du *César*, on hissa sur le pont de ce vaisseau la barge du vice-amiral. On fit rapport à sir Gervais de tout ce qui avait été fait, et il envoya sur le pont un ordre qui causa une surprise générale dans toute la flotte. Le pavillon rouge de sir Gervais Oakes fut hissé en tête du mât de misaine, tandis que le pavillon bleu du contre-amiral flottait encore au mât d'artimon. Pareille chose ne s'était jamais vue auparavant, si elle est arrivée depuis; et jusqu'au moment où il fit naufrage par la suite, *le César* fut connu sous le nom du vaisseau à double pavillon.

CHAPITRE XXIX.

> Il dit, et les traits enchanteurs de la belle Géraldine respirèrent sur la toile. Ses touches y tombaient aussi rapidement qu'on voit tomber les feuilles pendant un orage; et la blancheur du lis était en harmonie avec le carmin de la rose.
>
> ALSTON.

Nous demanderons maintenant au lecteur la permission de laisser quarante-huit heures s'écouler avant de reprendre le fil de notre histoire, liberté que nous n'avons pas souvent prise avec les unités, comme il nous rendra la justice de le dire. La scène alors sera celle que nous avons décrite au commencement de cet ouvrage, le promontoire et la rade de Wychecombe, la station aux signaux, la route et le sentier qui y conduisaient. Il faisait un beau temps d'été, et les flammes des bâtiments à l'ancre étaient à peine assez agitées pour former des lignes courbes. Ces bâtiments composaient la plus grande partie de l'escadre anglaise, dans laquelle il s'était opéré quelques changements. *Le Druide* était entré à Portsmouth avec *la Victoire;* le *Driver* et *l'Actif* avaient gagné les ports les plus voisins avec des dépêches pour l'amirauté, et *l'Achille*, remorqué par *le Dublin* et escorté par *la Chloé*, était allé sous le vent, ses voiles brassées carrées, dans l'espoir de gagner Falmouth. Le reste de l'escadre était réuni dans la rade, où les vaisseaux désemparés avaient été remorqués le matin. C'était un tableau représentant une scène d'extrême activité. *Le Warspite* guindait des mâts de hune de fortune; les vergues de hune et les vergues basses étaient amenées sur le pont pour être jumelées, où l'on gréait celles de rechange pour les remplacer. *Le Plantagenet* était prêt pour une nouvelle action, son gréement ayant été réparé et ses mâts bien jumelés. Il aurait fallu un œil exercé pour découvrir, même à peu de distance, que *le César, le Carnatique, le Douvres, l'Elisabeth* et deux ou trois autres vaisseaux venaient de prendre part à une action. Près du rivage, la mer était couverte de canots, et les maîtres-d'hôtel des capitaines et des officiers, ainsi que les mousses au service des midshipmen, étaient à fourrager; suivant la coutume, les uns dans l'honnête intention de se procurer des aliments convenables pour les blessés, les autres dans le dessein malicieux de contribuer au bien-être de ceux qui se portaient bien, en invoquant la compassion des femmes des environs en faveur des victimes de la guerre.

C'était principalement à la station qu'on remarquait les principaux changements occasionnés par ce nouvel état de choses. Cet endroit avait l'air d'un lieu où avait été établi le quartier-général d'une armée, dans les vicissitudes d'une campagne; des marins belliqueux, sinon des soldats, s'y rendant en foule, comme à un point central d'intérêt et de nouvelles. Cependant il y avait une singularité remarquable dans la manière dont ces héros de l'Océan s'en approchaient; la porte de la maison de Dutton semblait interdite, car bien peu de personnes s'y présentaient; tandis que l'herbe qui croissait autour du mât aux signaux portait les marques des pieds nombreux qui l'avaient foulée. Cet endroit paraissait être un centre d'attraction. Des officiers de tout rang et de tout âge y arrivaient constamment, et s'en retournaient, leur physionomie exprimant l'inquiétude, le chagrin et la crainte. Malgré le renouvellement constant des individus, il n'y avait pas eu, depuis le lever du soleil, un seul instant où une douzaine de marins, capitaines, lieutenants, masters et autres, n'eussent été réunis autour du banc placé au pied du mât aux signaux, et leur nombre s'était fréquemment élevé jusqu'à vingt.

A quelque distance de la foule, et près du bord du plateau du promontoire, on avait dressé une grande tente. Un soldat de marine se promenait en sentinelle devant l'entrée. Un autre était placé de même devant la porte de la maison de Dutton, et quiconque voulait entrer soit dans la tente, soit dans la maison, à l'exception d'un petit nombre de privilégiés, devait s'adresser au sergent qui commandait le détachement de soldats. Leurs armes étaient en faisceau sur le gazon, et ceux qui n'étaient pas en faction se promenaient en petits groupes près de leur poste. Ces signes étaient ceux qui annoncent ordinairement la présence d'officiers d'un rang supérieur, et ils pouvaient être regardés comme des preuves de l'état actuel des choses sur le promontoire et dans les environs.

Le contre-amiral Bluewater était dans la maison de Dutton, et sir Gervais Oakes occupait la tente. Le premier avait été transporté, à sa propre demande, dans cet endroit, où il voulait rendre le dernier soupir. Les deux pavillons flottaient encore au haut des mâts du *César*, espèce de souvenir mélancolique des nœuds de l'amitié qui avait uni les deux amiraux pendant tout le cours d'une vie passée dans la même profession.

Des femmes ayant reçu l'éducation de mistress Dutton et de sa fille ne pouvaient avoir habité si longtemps ce promontoire sans y laisser quelques traces de leur goût. Nous avons déjà parlé de la maison dont le petit jardin était en ce moment orné de belles fleurs, et entretenu avec un ordre et un soin qu'on ne se serait pas attendu à trouver dans un pareil endroit ; et même les sentiers qui coupaient en différents sens cette grande plate-forme couverte de verdure avaient été tracés de manière à prouver qu'un œil ami du pittoresque y avait présidé. Un de ces sentiers conduisait à un petit pavillon d'été, construit, comme les clôtures dont nous avons parlé, avec des planches et autres bois, débris de naufrages, et placé sur une plate-forme du rocher à une élévation effrayante, mais où l'on pouvait être en toute sécurité. Bien loin qu'il y eût quelque danger à se rendre dans ce pavillon, Wycherly, pendant les six mois qu'il avait passés dans ces environs, avait pratiqué un autre sentier qui conduisait encore plus bas à une petite plate-forme complétement cachée aux yeux qui auraient pu se trouver plus haut, et sur laquelle il avait établi un banc rustique qui offrait une telle sûreté que Mildred et sa mère allaient souvent s'y asseoir ensemble. Pendant l'absence récente de Wycherly, la pauvre fille y avait passé une bonne partie de son temps à pleurer dans la solitude. Dutton ne s'était jamais hasardé à y descendre, car quoique le sentier fût protégé par des cordes pour y appuyer la main, il était assez escarpé pour exiger une tête et des jambes plus sûres que son intempérance ne lui en avait laissé. Une ou deux fois, Wycherly avait obtenu de Mildred de venir passer une heure tête à tête avec lui dans ce lieu romantique, et quelques-uns des plus agréables souvenirs de cette jeune fille dont l'esprit était aussi juste et aussi intelligent que son cœur était pur, se rattachaient aux entretiens qu'ils y avaient eus ensemble. Wycherly était assis sur ce banc au moment où commence le présent chapitre. Le mouvement qui avait lieu sur le promontoire et le nombre de personnes qui venaient sans cesse près de la maison, ne lui laissaient aucune chance de voir Mildred seule chez elle, et il avait espéré que, conduite par quelque sympathie secrète, elle aurait pu chercher aussi cet endroit retiré, pour jouir un moment des douceurs de la solitude, sinon par un motif plus puissant et plus secret. Il n'y était pas depuis longtemps quand il entendit un pied lourd marcher au-dessus de sa tête. C'était celui d'un homme qui entrait dans le pavillon d'été. Il se demandait encore s'il devait renoncer à tout espoir de voir Mildred, quand son oreille exercée reconnut le bruit des pieds légers de la jeune fille, qui arrivait aussi dans le pavillon.

— Me voici comme vous l'avez désiré, mon père, dit la pauvre fille d'un ton tremblant, que Wycherly comprit trop bien pour ne pas se figurer dans quel état se trouvait Dutton en ce moment. L'amiral Bluewater sommeille, et ma mère m'a permis de sortir un instant.

— Oui, l'amiral Bluewater est un grand homme, quoiqu'il ne vaille guère mieux qu'un homme mort, dit Dutton d'un ton aussi dur que ses expressions étaient grossières. Vous et votre mère, vous êtes tout attention pour lui ; mais si j'étais à sa place, laquelle de vous verrait-on se courber sur mon lit, les joues pâles et les yeux en larmes?

— Laquelle, mon père? Toutes deux. — Ne pensez pas assez mal de votre femme et de votre fille pour supposer qu'il soit possible que l'une ou l'autre oublie son devoir.

— Oui, le devoir pourrait peut-être faire quelque chose. Mais quel devoir avez-vous à remplir avec ce contre-amiral, qui ne nous est bon à rien? Je le déteste de toute mon âme ; il était membre du conseil martial qui m'a privé de mon rang ; et c'est lui qui s'est montré le plus obstiné à refuser de m'aider à obtenir ce misérable grade de master.

Mildred garda le silence. Elle ne pouvait justifier son ami qu'en accusant son père, et son respect filial le lui défendait. Quant à Wycherly, il aurait donné un an de son revenu pour être en ce moment sur mer, et cependant il ne voulait pas blesser la sensibilité de la jeune fille en lui laissant savoir qu'il avait entendu cette conversation. Cette pensée le fit rester où il était, écoutant involontairement un entretien qu'il aurait voulu ne pas entendre, ce qu'il aurait pu prévenir s'il eût eu le temps de la réflexion.

— Asseyez-vous ici, Mildred, et écoutez ce que j'ai à vous dire, reprit Dutton d'un ton sévère. Il est temps que je vous parle sérieusement. Vous tenez entre vos mains votre fortune, celle de votre mère et la mienne, et comme je suis une des parties intéressées, j'entends que la mienne soit assurée sur-le-champ.

— Je ne vous comprends pas, mon père, dit Mildred avec un tremblement dans la voix qui fut sur le point de déterminer Wycherly à se montrer ; mais nous devons à la vérité de dire qu'une vive curiosité se mêlait alors à ses autres sensations. Comment est-il possible que j'aie entre les mains votre fortune et celle de ma chère mère ?

— Votre chère mère ! Oui, je l'ai trouvée assez *chère* pour moi, mais il faut que sa fille m'en indemnise. Ecoutez-moi bien, Mildred, et songez que ce n'est plus le moment de plaisanter. — Je vous demande, en vertu des droits d'un *père*, si quelque homme vous a jamais demandé votre main ? — Répondez clairement, et ne me cachez rien. — Parlez ! Il me faut une réponse.

— Je ne désire vous cacher rien de ce que je dois vous dire ; mais si une jeune fille refuse l'honneur qu'un homme lui fait en lui demandant sa main, doit-elle révéler ce secret, même à son père ?

— Oui, elle le doit, et vous le ferez : — Plus d'hésitation. Quelle est la première offre de mariage que vous avez reçue ?

Mildred, après une courte pause, prononça d'une voix tremblante le nom de M. Rotherham.

— Je m'en doutais ; grommela Dutton. Il fut un temps où cette offre n'aurait pas été à mépriser ; mais nous pouvons faire mieux à présent. Cependant on peut le garder en réserve comme un pis-aller. M. Thomas a dit que son legs de mille livres lui serait payé, et cela, joint à son revenu comme ministre, serait un port assez comfortable après une vie orageuse. — Eh bien ! voyons, Mildred ; qui avons-nous ensuite ? M. Thomas Wychecombe en est-il jamais venu au point ?

— Il n'y a que vingt-quatre heures qu'il m'a offert sa main, mon père, et si c'est là ce que vous voulez dire...

— Point d'affectation, Miss, je ne puis la souffrir. Vous savez parfaitement ce que je veux dire. — Eh bien ! qu'avez-vous répondu ?

— Je ne l'aime pas le moins du monde, mon père, et par conséquent j'ai répondu que je ne pouvais l'épouser.

— La conséquence n'est nullement exacte. Le mariage est fait par un prêtre, et l'amour est une chose toute différente. — J'espère que vous regardez mistress Dutton comme ma femme ?

— Quelle question ! murmura Mildred.

— Eh bien ! supposez-vous qu'elle m'aime, — qu'elle puisse m'aimer, — à présent que je suis un homme dégradé, — appauvri ?

— Mon père !

— Allons, allons, en voilà assez sur ce sujet. — Il est possible que M. Thomas Wychecombe ne soit pas fils légitime de son père, — je suis même porté à croire qu'il ne l'est pas, d'après les preuves qu'en a données sir Reginald depuis un jour ou deux ; et j'entends dire que sa propre mère est mécontente de lui, ce qui donnera le coup d'assommoir à ses prétentions. Quoi qu'il en soit, Milly, Tom Wychecombe a un bon revenu de six cents livres, dont il a hérité de son père, et sir Reginald lui-même convient que tous les biens mobiliers du feu baronnet doivent lui appartenir, en vertu du testament.

— Vous oubliez, mon père, dit Mildred qui savait que ce qu'elle allait dire était la seule chose qui pût faire quelque impression sur son père, que M. Thomas a promis de payer les legs que feu sir Wycherly avait faits par le second testament que la mort l'a empêché de signer.

— Ne comptez pas trop sur cela, Mildred ; mais j'ose dire que sur les vingt mille livres qui doivent lui revenir, il vous en donnerait demain dix mille à titre de douaire, si vous consentiez à l'épouser. Mais parlons maintenant de ce nouveau baronnet, — car il paraît devoir hériter du titre comme du domaine, — vous a-t-il jamais fait une offre de mariage ?

Il s'ensuivit une pause, pendant laquelle Wycherly crut entendre le bruit de la respiration pénible de Mildred ; et sa conscience lui dit qu'il ne pouvait honorablement rester plus longtemps dans la situation où il se trouvait. Se levant à la hâte, il monta rapidement le sentier qui conduisait au pavillon d'été. Un léger cri échappa à Mildred quand elle entendit le bruit de ses pas ; et quand il arriva, il la trouva le visage appuyé sur ses deux mains, tandis que Dutton s'avançait en chancelant, d'un air surpris et alarmé. Comme les circonstances ne permettaient pas au jeune lieutenant d'avoir l'air d'ignorer ce qui venait de se passer entre eux, il mit à l'écart toute réserve, et parla clairement et avec franchise.

— Monsieur Dutton, dit-il, j'ai entendu, sans le vouloir, une partie de la conversation que vous venez d'avoir avec Mildred, et je puis répondre moi-même à la dernière question que vous lui avez faite. — Oui, j'ai offert ma main à votre aimable fille. — Je lui renouvelle cette offre en ce moment. Elle me rendrait l'homme le plus heureux de l'Angleterre en l'acceptant, mais elle l'a refusée.

— Refusée ! s'écria Dutton, la surprise faisant disparaître l'air d'aménité qu'il avait pris en voyant Wycherly. — Refusée ! — C'était donc, sir Wycherly Wychecombe, avant que vos droits fussent aussi bien établis qu'ils le sont à présent ? — Répondez-moi, Mildred ;

— comment avez-vous pu, — comment avez-vous osé — refuser une offre semblable?

La nature humaine n'en pouvait endurer davantage. Les mains de Mildred tombèrent sur ses genoux, et laissèrent voir des traits beaux comme ceux d'un ange, quoique ses joues fussent pâles comme la mort. La force du sentiment qu'elle éprouvait lui arracha une réponse, mais elle ne l'eut pas plutôt faite qu'elle s'en repentit, et se couvrit de nouveau le visage de ses mains.

— Mon père, dit-elle, comment aurais-je pu, — comment aurais-je osé — encourager sir Wycherly Wychecombe à s'allier à une famille comme la nôtre?

La voix de sa conscience parla à Dutton en ce moment, avec une force qui dissipa en partie les effets de son intempérance, et il est difficile de dire ce qu'il allait répondre, quand Wycherly le pria à voix basse de le laisser seul avec sa fille. Dutton eut assez de bon sens pour comprendre qu'il était de trop, et la honte qu'il éprouva lui faisait désirer de se retirer. Il disparut donc à l'instant, et remonta sur le promontoire.

— Mildred, chère Mildred, s'écria Wycherly avec tendresse, cherchant à attirer son attention sur lui, — nous sommes seuls à présent; — refuserez-vous de m'accorder un regard?

— Est-il parti? demanda Mildred, se découvrant le visage, et regardant autour d'elle d'un air égaré. — Dieu merci! ma persécution est finie du moins pour le moment! — Retournons à la maison, sir Wycherly, l'amiral Bluewater peut avoir besoin de moi.

— Non, Mildred, non, pas encore. Vous pouvez sûrement m'accorder quelques minutes — à moi, qui ai tant souffert pour vous, — que vous avez fait tant souffrir, pour mieux dire, — depuis quelques jours. La raison que vous venez de donner est-elle la véritable, — est-elle la seule qui vous ait fait refuser ma main si opiniâtrément?

— Ne suffisait-elle pas, Wycherly? répondit Mildred à voix basse, comme si elle eût craint que l'air n'entendît son secret. — Rappelez-vous qui vous êtes et ce que je suis. Puis-je souffrir que vous deveniez l'époux d'une femme à qui son propre père fait de si cruelles propositions?

— Je n'affecterai pas, Mildred, de cacher l'horreur que m'inspirent de tels principes; mais vos vertus n'en brillent que davantage pour avoir fleuri près de lui. Répondez seulement à une question avec franchise, et toute autre difficulté peut être surmontée. — M'aimeriez-vous assez pour consentir à m'épouser, si vous étiez orpheline?

Tous les traits de Mildred respiraient l'angoisse, mais cette question en changea entièrement l'expression. Le moment était extraordinaire, et les sentiments qu'il fit naître en elle ne le furent pas moins. Presque sans le savoir, elle porta à ses lèvres, avec une sorte de respect, la main qui tenait la sienne, et au même instant Wycherly lui passa un bras autour de la taille, et la serra contre son cœur.

— Rentrons à la maison, dit Mildred en se dégageant de la position dans laquelle elle se trouvait involontairement, quoique le cœur y eût trop de part pour que sa délicatesse en fût alarmée. — Je suis sûre que l'amiral Bluewater s'apercevra de mon absence.

— Non, Mildred, notre entrevue ne peut se terminer ainsi. Donnez-moi du moins la faible consolation de savoir que, si cette difficulté n'existait pas, — si vous étiez orpheline, par exemple, — vous consentiriez à être à moi?

— Oh! Wycherly! avec quel plaisir! avec quelle joie! Mais n'en parlons plus. — Eh bien! — non, — non.

Pour cette fois, le jeune lieutenant la serra dans ses bras plus longtemps et avec plus de ferveur que la première fois; et il avait le cœur trop marin pour souffrir qu'elle lui échappât avant qu'il eût pris un baiser sur ses lèvres. Après cet adieu caractéristique, et dès qu'il lui eut rendu la liberté, elle remonta sur le plateau du promontoire, et courut d'un pied léger vers la maison de sa mère. Pendant ce temps, nous allons changer de scène, et nous transporter sous la tente de sir Gervais Oakes.

— Vous venez de voir l'amiral Bluewater? dit le commandant en chef avec la vivacité d'un homme déterminé à apprendre même la nouvelle la plus fâcheuse, en voyant Magrath entrer dans sa chambre. — Si cela est, dites-moi sur-le-champ s'il reste quelque espérance pour sa vie.

— De toutes les passions humaines, sir Gervais, répondit Magrath en regardant d'un autre côté pour éviter les yeux perçants du vice-amiral, l'espérance est généralement considérée par tous les hommes raisonnables comme la plus trompeuse et la plus perfide; et de toutes les espèces et dénominations d'espérance, la plus incertaine est celle qui est fondée sur la durée de la vie humaine. Nous espérons tous, à ce qu'il me semble, vivre jusqu'à un âge assez avancé; et pourtant combien de nous ne vivent que le temps nécessaire pour être désappointés!

Sir Gervais resta immobile jusqu'à ce que le chirurgien eût cessé de parler, et alors il se mit à se promener sous sa tente dans un sombre silence. Il connaissait si bien les manières de Magrath, qu'il perdit le faible espoir qui l'avait engagé à lui demander son opinion, et fut convaincu qu'il allait perdre son ami. Il eut besoin de toute sa force d'âme pour supporter un tel coup, car, ayant vécu dans le célibat, n'ayant pas d'enfants, et accoutumé à vivre ensemble presque depuis leur enfance, ces deux vétérans en étaient venus à se regarder comme formant deux parties distinctes d'un même être. Magrath fut plus touché qu'il ne voulut l'exprimer, il se moucha plusieurs fois d'une manière qu'un observateur aurait trouvée suspecte.

— Voulez-vous me faire le plaisir, docteur Magrath, dit sir Gervais d'un ton doux et calme, de prier le capitaine Greenly de passer ici aussitôt qu'il le pourra?

— Très-volontiers, sir Gervais, et je suis sûr que vous ne l'attendrez pas longtemps.

Le capitaine du *Plantagenet* ne tarda pas à paraître; et, comme tous ceux au milieu desquels il vivait, il n'avait pas la physionomie animée par la joie de la victoire.

— Je suppose que Magrath vous a tout dit? dit le vice-amiral en lui serrant la main.

— Oui, sir Gervais, et je regrette sincèrement d'avoir à dire qu'il ne donne aucune espérance.

— Je le savais, Greenly, je le savais. Et cependant Bluewater ne souffre plus, et il paraît même calme et tranquille. J'aimais à me flatter que cette cessation de souffrance pouvait être un augure favorable.

— Quoi qu'il en soit, sir Gervais, j'en suis charmé; car je pense qu'il est de mon devoir de parler au contre-amiral du mariage de son frère. D'après le silence qu'il a toujours gardé sur ce sujet, il est possible, — il est même probable, d'après toutes les circonstances — qu'il n'en a jamais été informé, et il peut se faire qu'il existe des raisons pour qu'il doive en être instruit. Puisqu'il est calme et tranquille, — voyez-vous quelque inconvénient à ce que je lui en parle?

Greenly n'aurait pu faire aucune proposition capable de rendre un plus grand service à sir Gervais. La nécessité de prendre un parti décidé, d'avoir un objet en vue, d'agir en un mot, contribua à soulager son esprit, en dirigeant ses pensées dans une carrière plus active. Saisissant son chapeau, il fit signe à Greenly de le suivre, et traversa le plateau du promontoire, en prenant le sentier qui conduisait chez Dutton. Il était nécessaire qu'il passât près du mât aux signaux. Les yeux des officiers qui y étaient rassemblés rencontrèrent ceux du vice-amiral, et ils exprimaient une compassion sincère; et es saluts qui furent échangés entre eux n'étaient pas une vaine et stérile politesse, ils étaient éloquents de sensibilité.

Bluewater était éveillé, et il tenait affectueusement la main de Mildred dans la sienne, quand son ami entra. Il la quitta pour serrer celle du vice-amiral, et le regarda avec une sorte d'attendrissement, comme s'il eût eu pitié du chagrin qu'il savait que devait éprouver l'ami qui allait lui survivre.

— Mon cher Bluewater, dit sir Gervais, qui, malgré sa fermeté naturelle au moral, semblait alors physiquement en proie à une agitation nerveuse, voici Greenly qui désire vous dire quelque chose dont nous pensons tous deux que vous devez être instruit dans un moment comme celui-ci.

Le contre-amiral regarda son ami fixement, comme pour l'engager à continuer.

— C'est relativement à votre frère Jack; je suppose que vous n'avez jamais su qu'il a été marié, sans quoi je pense que je vous en aurais entendu parler.

— Marié! répéta Bluewater parlant avec beaucoup d'intérêt et sans grande difficulté; je crois que ce doit être une méprise. Il avait le cœur chaud et la tête inconsidérée, mais il n'y avait dans le monde entier qu'une seule femme qu'il aurait pu ou voulu épouser. Il y a longtemps qu'elle est morte, mais elle n'était pas sa femme; car son oncle qui était très-riche, mais dont le vouloir était indomptable, n'y aurait jamais consenti. Il survécut à sa nièce, mais mon pauvre frère mourut avant elle.

Il prononça ces mots d'une voix calme, car il parlait sans effort et sans souffrir.

— Vous l'entendez, Greenly, dit sir Gervais; et pourtant il n'est pas vraisemblable que vous ayez fait une méprise.

— Je n'en ai certainement fait aucune, Messieurs; j'ai été un des témoins du mariage du colonel Bluewater avec un autre officier qui est en ce moment dans cette escadre. C'est du capitaine Blakely que je veux parler. Je connais le prêtre qui a fait la cérémonie; il vit encore, et c'est un bénéficier.

— Ce que vous me dites m'étonne. Mon frère était vivement épris d'Agnès Hedworth, mais sa pauvreté était un obstacle à leur union, et ils moururent tous deux si jeunes, qu'ils n'eurent pas le temps de vaincre l'opposition de l'oncle à ce mariage.

— Eh bien, amiral, dit le capitaine Greenly, c'est pourtant Agnès Hedworth que votre frère a épousée.

Un bruit qui se fit entendre en ce moment dans la chambre interrompit cette conversation, et les trois interlocuteurs virent Wycherly et Mildred occupés à ramasser les fragments d'une jatte que mistress Dutton avait laissée tomber. Ce petit accident semblait l'avoir alarmée, et elle s'était jetée sur un fauteuil pâle et tremblante.

— Ma chère mistress Dutton, dit sir Gervais, s'approchant avec bonté, vos nerfs ont été cruellement mis à l'épreuve depuis quelque temps, sans quoi une pareille bagatelle ne vous affecterait pas ainsi.

— Ce n'est pas cela, s'écria-t-elle vivement, ce n'est pas cela ! — Oh ! le moment terrible est enfin arrivé, et je vous remercie du fond du cœur, ô mon Dieu, d'avoir permis qu'il soit arrivé sans honte et sans ignominie !

Elle prononça ces derniers mots à genoux et les mains levées vers le ciel.

— Ma mère ! ma chère mère ! s'écria Mildred, se jetant au cou de mistress Dutton, que voulez-vous dire ? Quel nouveau malheur est arrivé aujourd'hui ?

— Votre mère ! oui, chère Mildred, vous êtes ma fille, et vous la serez toujours. — C'est là le coup que j'ai le plus redouté ! Mais que sont les nœuds inconnus du sang, auprès de l'habitude, de l'affection et des soins maternels ? Si je ne vous ai pas donné le jour, Mildred, quelle mère aurait pu vous aimer davantage ? quelle mère serait morte pour vous aussi volontiers que moi ?

— Le chagrin lui a troublé la raison, Messieurs, dit Mildred se dégageant doucement des bras de mistress Dutton ; quelques instants de repos la rendront à elle-même.

— Non, chère Mildred, il faut que tout soit connu ; tout doit être connu à présent. Après ce que je viens d'entendre, il serait impardonnable à moi de ne pas tout dire. — Ne vous ai-je pas entendu dire, Monsieur, que vous étiez présent au mariage d'Agnès Hedworth avec le frère de l'amiral Bluewater ?

— Il ne peut y avoir aucun doute de ce fait, Madame, et d'autres le certifieront ainsi que moi. Ce mariage eut lieu à Londres pendant l'été de 1725, alors que Blakely et moi nous étions venus de Portsmouth en cette ville par congé. Le colonel Bluewater nous pria d'en être témoins, et il exigea de nous le secret.

— Et dans l'été de 1726, Agnès Hedworth mourut dans ma maison et entre mes bras, une heure après avoir donné le jour à cette chère enfant, Agnès Dutton, comme on l'a toujours appelée, — Mildred Bluewater, comme il paraît qu'on devrait la nommer.

Il est inutile de parler de la surprise que causa cette découverte extraordinaire à tous ceux qui étaient présents à cette scène, et du plaisir avec lequel Wycherly et Bluewater entendirent la déclaration de mistress Dutton. Un grand cri échappa à Mildred; elle se jeta au cou de celle qu'elle avait toujours crue sa mère, et la serra étroitement dans ses bras, comme si elle n'eût pas voulu que le nœud qui les avait attachées si longtemps ensemble fût rompu si brusquement. Une demi-heure passée à pleurer et à recevoir les plus tendres consolations, calma un peu la pauvre fille, et elle fut en état d'écouter les explications. Elles étaient infiniment simples, et si claires, qu'en y joignant les preuves données par le capitaine Greenly, elles mettaient les faits hors de doute.

C'était quand elle demeurait dans la maison de son patron, que mistress Dutton avait connu Agnès Hedworth, une couple d'années après son mariage avec le lieutenant Dutton; et tandis qu'il était en mer, Agnès Hedworth vint se placer sous la protection de mistress Dutton, et lui demander un asile pour une femme qui se trouvait dans les circonstances les plus pénibles. Comme tous ceux qui connaissaient Agnès Hedworth, mistress Dutton l'aimait et la respectait, mais la distance qu'établissait entre elles la différence de leur naissance et de leur situation dans le monde, mettait un obstacle à toute confidence. Pendant le peu de jours qu'elle passa chez son humble amie, Agnès Hedworth s'était conduite avec la dignité tranquille d'une femme qui n'avait rien à se reprocher, et l'on ne pouvait lui faire aucune question qui impliquât un doute. Une suite d'évanouissements, empêcha à l'heure de la mort toutes les communications que le cas exigeait, et mistress Dutton se trouva tout à coup avec un enfant sur les bras et le corps de son amie dans sa maison. Agnès Hedworth était arrivée chez elle sans être accompagnée de personne et sous un nom emprunté. Toutes ces circonstances donnèrent des craintes à mistress Dutton, et sa délicatesse la porta à prendre toutes les précautions nécessaires pour ne pas risquer de compromettre la réputation de son amie. Elle fit transporter son corps à Londres, et écrivit à l'oncle pour l'informer du lieu où elle l'avait fait déposer. Elle lui envoya aussi son adresse dans le cas où il voudrait s'informer des circonstances de la mort de sa nièce. Elle apprit que le corps avait été enterré à la manière ordinaire, mais jamais on ne lui demanda aucun détail sur les circonstances de cette mort. La jeune duchesse, sœur de miss Hedworth, voyageait alors en Italie, et elle n'en revint que plus d'un an après. Nous pouvons même ajouter, quoique mistress Dutton ne le sût pas alors, et que par conséquent elle ne pût en parler, que, lorsqu'elle fit à son oncle des questions sur le destin d'une sœur qu'elle avait tendrement aimée, il lui avait répondu tout simplement qu'elle était morte subitement dans une petite ville où elle était allée prendre les eaux pour sa santé, avec une dame de ses amies. M. Hedworth, leur oncle, avait-il quelque soupçon du mariage de sa nièce, c'est ce qui est incertain ; mais rien n'est moins vraisemblable, car elle l'avait mortellement offensé, quelques mois avant sa mort, en refusant un mariage aussi avantageux sous tous les rapports que celui de sa sœur aînée, si ce n'est pourtant que celle-ci avait épousé un homme qu'elle aimait, et qu'il exigeait d'Agnès le sacrifice de son inclination. Cette affaire sema la zizanie entre l'oncle et la nièce, et il en résulta qu'ils n'eurent presque plus de communications ensemble. Elle passait son temps dans la retraite ou avec quelques amis que son oncle ne connaissait pas et dont il se souciait fort peu. En un mot, ils vivaient tous deux d'une manière si différente, que rien n'était plus facile à la nièce que de cacher à son oncle la situation dans laquelle elle se trouvait. Son motif pour lui en faire un secret était la fortune de l'enfant qu'elle attendait, car il était au pouvoir de son oncle de la priver par testament, s'il le jugeait à propos, d'un certain domaine de famille qui devait après lui appartenir aux deux sœurs comme ses cohéritières, ou à leurs enfants. Quel aurait été le résultat de ce mystère, ou qu'avait dessein de faire la pauvre Agnès? c'est un secret sur lequel la mort a apposé son sceau éternel.

Mistress Dutton était mère d'une fille qui n'avait que trois mois, quand elle se trouva chargée sans y penser de cette petite étrangère. Quelques semaines après, sa fille mourut, et ayant attendu inutilement plusieurs mois des nouvelles de la famille Hedworth, elle fit baptiser le second enfant sous le même nom qu'avait porté sa fille, et elle finit par l'aimer peut-être autant que si elle lui eût donné le jour. Trois ans se passèrent ainsi, et le temps approchait où son mari devait revenir de sa station aux Indes orientales. Pour être prête à le recevoir, elle changea de domicile, se logea dans un port de mer, et changea aussi de domestiques. Toutes ces circonstances la laissèrent, heureusement, comme elle le pensa ensuite, complétement maîtresse du secret de la naissance de Mildred, les deux ou trois autres personnes qui en étaient instruites étant alors trop éloignées pour rendre vraisemblable qu'elles songeassent jamais à en parler, à moins qu'on ne les questionnât à ce sujet. Sa première intention était pourtant de ne rien cacher à son mari de ce qui s'était passé chez lui pendant son absence. Mais elle renonça à ce dessein quand il fut de retour. Le trouvant entièrement changé, abruti par l'habitude de s'enivrer, ne lui montrant plus qu'indifférence et froideur, et brutal dans toutes ses manières, elle ne voulut pas exposer aux caprices d'un tel être l'enfant auquel elle était si fortement attachée, et Mildred fut élevée comme leur fille véritable.

Mistress Dutton fit ce récit avec précision et clarté, s'abstenant, comme de raison, de faire aucune remarque sur la conduite de son mari, et rapportant toute la sienne à la force de son attachement pour l'enfant. Bluewater eut encore assez de force pour serrer Mildred dans ses bras, il l'embrassa tendrement bien des fois et lui donna sa bénédiction avec une ferveur solennelle.

— Mon cœur ne m'a donc point trompé, ma chère enfant, lui dit-il; je vous ai aimée dès le premier moment que je vous ai vue, et je vous ai légué jusqu'au dernier shelling que je possède, par un testament que j'ai fait avant de partir pour cette dernière croisière, et qui est entre les mains de sir Gervais Oakes. M. Atwood y ajoutera un codicille pour expliquer la découverte que nous venons de faire; mais, quoique vous soyez devenue mon héritière légale, je veux qu'il laisse subsister le legs, parce qu'il a été spontané et qu'il partait du cœur.

— Et maintenant, dit mistress Dutton, il s'est passé ici assez de choses pour une fois; le lit d'un malade doit être plus tranquille. — Rendez-moi ma fille. — Je ne puis encore consentir à me séparer d'elle pour toujours.

— Ma mère ! ma mère ! s'écria Mildred en se jetant sur son sein, je suis — je serai toujours votre fille. — Jamais je ne me séparerai de vous.

— Je crains pourtant que cela n'arrive, si ce que je soupçonne est vrai; et ce moment est aussi convenable qu'un autre pour mettre cette affaire sous les yeux de votre oncle. — Approchez, sir Wycherly; ne venez-vous pas tout à l'heure de me dire à l'oreille que vous avez reçu de cette jeune fille la promesse de vous épouser, si elle devenait jamais orpheline; elle est orpheline, et elle l'a été depuis la première heure de sa naissance.

— Non, non, non, dit Mildred, la tête appuyée sur le sein de mistress Dutton, je ne suis pas — je ne puis jamais être orpheline; tant que vous vivrez. Ne me parlez pas ainsi, — pas à présent du moins — ce n'est pas le moment; — c'est une cruauté. — Ce n'est pas exactement ce que j'ai dit.

— Emmenez-la, ma chère mistress Dutton, dit Bluewater, la joie faisant tomber quelques larmes de ses yeux; emmenez-la, ou mon bonheur serait trop grand pour moi. Il faut que mes pensées soient plus calmes en ce moment.

Wycherly dégagea doucement Mildred des bras de mistress Dutton.

et les suivit dans leur appartement. Là, il dit à l'oreille de la jeune fille quelques mots qui firent qu'au milieu de son agitation elle lui jeta un regard qui respirait la satisfaction et le bonheur, quoique ses yeux fussent mouillés de larmes, et ce fut alors le tour de Wycherly de la presser un instant sur son cœur.

— Ma chère mistress Dutton, *ma mère*, dit-il, car je suis orphelin comme Mildred, et, comme elle, j'ai besoin d'une mère, ni elle ni moi nous ne pourrons jamais consentir à nous séparer de vous. Regardez-vous donc, je vous prie, comme ne devant faire à l'avenir qu'une seule famille avec nous, car Mildred et moi nous ne pourrons jamais vous considérer autrement que comme une mère ayant droit à un respect, une affection et une reconnaissance sans bornes.

Wycherly avait à peine prononcé ces mots, qu'il s'en trouva payé au décuple, comme il le pensa. Mildred, dans un élan de sensibilité naturelle, sans affectation comme sans réserve, mais cédant à l'impulsion seule de son cœur, lui jeta ses bras autour du cou, murmura plusieurs fois le mot : — Merci ! merci ! — et pleura, sans se contraindre, la tête appuyée sur sa poitrine. Quand elle le quitta pour se jeter dans les bras de celle qu'elle aimait comme sa mère, Wycherly embrassa mistress Dutton, qui se retira ensuite avec Mildred.

Mais l'amiral Bluewater ne voulut pas songer à prendre quelque repos avant d'avoir eu une conférence particulière avec son ami et Wycherly. Il savait qu'il ne lui restait plus que très-peu de temps à vivre, et il dit qu'il mourrait heureux s'il laissait sa nièce sous la protection d'un homme tel que notre jeune Virginien. Sir Gervais parla de la nécessité d'un acte, pour assurer à Mildred les avantages matrimoniaux d'usage, et Wycherly montra à cet égard les sentiments les plus libéraux. Mais Bluewater ne voulut consentir à aucun délai ; les lois anglaises permettant au mari de faire ces avantages postérieurement au mariage, il dit qu'il s'en rapportait entièrement à l'honneur de sir Wycherly ; il insista péremptoirement pour que le mariage se fît en sa présence, et sur-le-champ. Il est inutile de dire que Wycherly ne fit aucune objection à cet arrangement, et il quitta les deux amiraux pour aller faire part à mistress Dutton et à Mildred des désirs positifs de Bluewater.

— Il est singulier, Dick, dit sir Gervais s'essuyant les yeux en regardant par une fenêtre qui donnait sur la mer ; il est singulier que j'aie laissé nos deux pavillons flotter sur *le César*, et ce n'est qu'en ce moment que je suis frappé de cette étrange circonstance.

— Laissez-les encore un peu flotter ensemble, Gervais. Ils ont affronté bien des ouragans et vu livrer bien des combats à côté l'un

LES VIEUX AMOUREUX.

de l'autre, et ils peuvent bien encore passer quelques heures ensemble.

CHAPITRE XXX.

> Singulier mélange de faiblesse et de force ! Puissant, mais ignorant ton pouvoir ; plus élevé que la terre, l'air ou la mer, et cependant plus humble que la plus humble fleur!
>
> MARGUERITE DAVIDSON.

Pas un seul mot d'explication, de reproche, ou de regret, n'avait eu lieu entre le commandant en chef et le contre-amiral, depuis que celui-ci avait reçu sa blessure. Chacun d'eux semblait avoir effacé de sa mémoire les événements des deux ou trois derniers jours, pour laisser subsister la longue perspective de services mutuels et d'amitié réciproque, sans qu'elle fût troublée par un seul point désagréable ou pénible. Sir Gervais, tout en continuant à surveiller activement l'escadre et à donner tous les ordres nécessaires, passait le reste du temps près du lit de Bluewater, avec l'assiduité, et l'on pourrait dire les soins délicats d'une femme ; mais ni l'un ni l'autre n'avait fait la moindre allusion aux combats encore tout récents, ou à aucun événement arrivé pendant leur courte croisière. Les mots rapportés à la fin du chapitre qui précède, furent les premiers qui pussent rappeler à leur esprit des incidents que chacun d'eux pouvait désirer d'oublier. Le contre-amiral sentait fort bien que son ami usait de ménagement avec lui, mais, puisque la conversation était tombée par hasard sur ce sujet, il désirait de la continuer. Il attendit pourtant que le baronnet eût quitté la fenêtre, et se fût assis près du lit.

— Gervais, dit alors Bluewater, parlant bas par faiblesse, mais d'un ton que le sentiment qui l'animait rendait distinct, je ne puis mourir sans vous demander pardon. Il s'est passé plusieurs heures pendant lesquelles j'ai positivement médité une trahison, je ne dirai pas contre *mon roi*, car à cet égard mes opinions sont toujours les mêmes, mais envers *vous*, Gervais.

— Pourquoi parler ainsi, Dick? Vous ne vous rendiez pas justice, quand vous pensiez qu'il vous serait possible de m'abandonner en face de l'ennemi. J'ai mieux jugé de votre caractère, et je l'ai prouvé en n'hésitant point à attaquer une force double de la mienne, dans la ferme conviction que vous ne pourriez manquer de venir à mon aide.

Bluewater regarda son ami avec attention, et un sourire de satisfaction anima sa physionomie, en entendant ce qu'il lui disait avec l'accent de chaleur et de franchise qui lui était naturel.

— Je crois véritablement que vous me connaissez mieux que je ne me connais moi-même, dit Bluewater après un instant de réflexion ; oui, vous me connaissez mieux. Et pourtant, Oakes, quelle fin glorieuse aurait eue ma carrière dans notre profession, si je vous eusse suivi au combat suivant notre ancienne coutume, et que j'eusse succombé dans vos eaux, en suivant votre exemple !

— Il vaut mieux que les choses se soient passées ainsi, Dick, si l'on peut appeler *bien* ou *mieux* ce qui a eu une fin si déplorable ; oui, il vaut mieux que les choses se soient passées ainsi. N'avez-vous pas succombé presque à mon côté ? Il ne faut plus ni en parler, ni y penser.

— Nous avons été longtemps amis, et amis intimes, Gervais, reprit Bluewater, tirant un bras hors du lit, et étendant une main pour presser celle du vice-amiral, et je ne puis me rappeler une seule occasion où vous ayez manqué de justice ou d'affection à mon égard.

— Que Dieu me pardonne si j'en ai jamais manqué, Dick. Mais j'espère qu'il n'en est rien ; je l'espère sincèrement, car je serais très-affligé d'avoir à croire le contraire.

— Vous n'avez aucun motif pour vous rien reprocher. Vous ne pouvez avec justice vous accuser d'une seule action, d'une seule pensée tendant à me nuire. Je mourrais plus heureux si j'en pouvais dire autant, Oakes.

— Action, pensée, Dick ! Jamais vous n'avez rien fait, rien médité dans tout le cours de votre vie qui pût me préjudicier en la moindre chose. Votre affection *pour moi* est au contraire la véritable cause qui fait que vous êtes dans la situation où vous vous trouvez en ce moment.

— Il est agréable de voir que j'ai été compris. Je vous dois beaucoup de reconnaissance, Oakes, de vous être abstenu de me faire un signal pour m'appeler à vous avec ma division, comme je vous en avais fait la sotte demande si mal à propos. Mais je souffrais alors une angoisse d'esprit près de laquelle les angoisses physiques causées par ma blessure sont un élysée. Vous m'avez ainsi donné le temps.....

— D'écouter la voix de votre cœur qui vous conseillait de faire ce que vos sentiments vous suggéraient dès le commencement. Mais à présent, Dick, et comme votre officier commandant, je vous enjoins de garder le silence sur ce sujet, et pour toujours.

— Je tâcherai de vous obéir, Oakes; mais je n'ai plus bien longtemps à être sous vos ordres, répondit le contre-amiral avec un sourire pénible. Je ne voudrais pas donner lieu à une accusation de mutinerie contre moi dans le dernier acte de ma vie. Vous devez me pardonner mon seul péché d'omission, si vous vous rappelez combien ma volonté s'est complétement assujettie à la vôtre depuis trente-cinq ans que nous ne nous sommes presque jamais quittés, et combien peu mon esprit a contribué à conduire à sa maturité un plan qui n'avait pas puisé son origine dans le vôtre.

— Ne parlez plus de pardon, je vous le défends, Dick. Que vous ayez montré la docilité d'une fille en exécutant tous mes ordres, c'est une vérité que j'attesterai devant Dieu et devant les hommes; mais si nous en venons à *l'esprit*, je suis très-loin de prétendre que le mien ait eu l'ascendant. Je crois au contraire que si l'on pouvait découvrir la vérité, on verrait que je vous dois plus de la moitié de la réputation dont je jouis aujourd'hui dans ma profession.

— Peu importe, Gervais, peu importe à présent. Nous étions lestes et gaillards, Oakes, quand nous avons fait connaissance en sortant de l'école, aussi gais et aussi joyeux que la santé et l'ardeur de la jeunesse le comportaient.

— Oui, Dick, oui, nous étions tout cela, et aussi étourdis et irréfléchis que si un moment comme celui-ci ne dût jamais arriver.

— Vous souvenez-vous de George Anson, de Pierre Warren, de Jack Byng et du petit Charles Saunders? Nous vivions alors comme si nous ne devions jamais mourir. Et pourtant chacun de nous portait en quelque sorte sa vie dans ses mains.

— C'est ce qui arrive souvent dans la jeunesse, Dick. Mais après tout l'homme le plus heureux est celui qui peut envisager son dernier moment avec calme et sans trop compter sur ses propres mérites.

— J'ai eu une excellente mère, Oakes. Nous ne pensons guère, quand nous sommes jeunes, à tout ce que nous devons à la tendresse infatigable de nos mères, dont les leçons nous sont données dans la vue de notre avenir. Nous étions encore bien jeunes l'un et l'autre quand nous perdîmes les nôtres, et cependant je crois que nous leur devions déjà beaucoup plus que nous n'aurions jamais pu leur payer.

Sir Gervais fit un signe d'assentiment, mais ne répondit rien. Il s'ensuivit un assez long intervalle de silence, et le vice-amiral s'imagina que son ami s'était assoupi, mais il se trompait.

— Cette dernière affaire vous vaudra le titre de vicomte Bowldero, dit tout à coup le blessé, prouvant ainsi que ses pensées s'occupaient encore des intérêts de son ami, et je ne vois pas pourquoi vous refuseriez encore une fois une pairie. Ceux qui restent dans ce monde peuvent bien céder à ses usages et à ses opinions, pourvu que ce soit sans contrevenir à des obligations d'un ordre plus élevé.

— Moi! s'écria sir Gervais d'un air sombre; la pensée d'une telle commémoration d'une victoire qui me coûte si cher, serait pour moi pire qu'une défaite. Non ; je n'ai pas besoin d'un changement de nom pour me rappeler constamment ma perte.

Bluewater parut plus reconnaissant que satisfait, mais il ne répondit rien ; il tomba peu après dans un léger sommeil, dont il ne s'éveilla qu'au moment qu'il avait fixé lui-même pour le mariage de Wycherly et de Mildred. Avec un oncle mort et non encore enterré, et un autre prêt à quitter ce monde pour toujours, le moment pouvait paraître mal choisi pour une cérémonie qu'on regarde ordinairement comme aussi joyeuse que solennelle ; mais le mourant avait fortement insisté pour qu'on lui accordât la consolation de savoir avant d'expirer qu'il laissait sa nièce sous la protection légale d'un homme qui était en état d'être son protecteur et qui le désirait. Le lecteur peut se figurer tous les arguments pour et contre qui furent employés en cette occasion ; mais tout le monde finit par reconnaître qu'il convenait de faire céder les préjugés ordinaires à l'exigence du moment. Il peut être à propos d'ajouter aussi, pour prévenir des critiques inutiles et injustes, que les lois anglaises sur les formes de la célébration du mariage n'étaient pas aussi rigides en 1745 qu'elles le devinrent par la suite ; qu'on pouvait alors faire la cérémonie dans une maison particulière, et même se dispenser de la publication des bans, formalité qui ne fut prescrite que quelques années après. Un mariage qui n'avait pas été précédé de publication de bans n'en était pas moins valable, mais le ministre qui l'avait célébré pouvait être condamné à une amende de cent livres. Bluewater paya d'avance cette amende plutôt que de ne pas voir accompli le seul désir qui lui restât sur la terre. Quoique cette amende n'empêchât pas le mariage d'être valide, ce ne fut pas sans difficulté qu'on obtint le consentement de mistress Dutton à la célébration du mariage sans que toutes les formalités d'usage eussent été scrupuleusement observées. On n'y réussit qu'à force d'arguments adressés à la raison de cette dame respectable, et surtout en insistant sur la nécessité urgente. Elle y mit pourtant une condition, et c'était qu'on obtiendrait, postérieurement au mariage, une dispense de bans, et qu'il serait célébré une seconde fois, dans un moment plus convenable, si les autorités ecclésiastiques y consentaient, ce qui n'était nullement vraisemblable.

M. Rotherham allégua le statut qui prononçait une amende, comme une excuse pour ne pas officier ; mais on comprit le véritable motif de son refus, et l'aumônier du *Plantagenet*, ministre plein de piété et qui jouissait d'une excellente réputation, fut choisi pour le remplacer. Bluewater avait demandé qu'on invitât à la cérémonie les capitaines des vaisseaux de l'escadre qui étaient dans la rade, et ce fut l'arrivée de ces braves marins et de l'aumônier qui annonça l'approche de l'heure fixée pour la célébration du mariage.

Nous n'avons pas dessein d'appuyer sur les détails d'une cérémonie dont la solennité avait quelque chose de si pénible. Ni Wycherly ni Mildred ne firent le moindre changement à leur costume habituel ; et la pauvre fille pleura depuis le moment où le service commença jusqu'à celui où, après avoir été serrée dans les bras de son oncle, elle sortit de la chambre avec mistress Dutton et Wycherly. Cette scène avait répandu une tristesse générale sur tous ceux qui en avaient été témoins ; mais elle semblait avoir ranimé Bluewater, et elle soulagea considérablement son esprit.

— Me voici maintenant prêt à mourir, Messieurs, dit-il après le départ des nouveaux mariés. Ma dernière affaire en ce monde est à présent terminée, et ce que j'ai de mieux à faire est de tourner toutes mes pensées vers un autre état de choses. Ma nièce, lady Wychecombe, héritera du peu que j'ai à laisser, et je ne vois pas qu'il soit bien important de faire reconnaître légalement les preuves de sa naissance, puisque son grand-oncle en mourant a laissé à sa tante la duchesse ce qui aurait dû appartenir à sa mère. Au surplus, si la déclaration faite sur mon lit de mort, que je la reconnais pour ma nièce, peut être de quelque utilité, vous l'entendez, Messieurs, et vous pourrez le certifier. Maintenant venez me faire vos adieux l'un après l'autre, afin que je puisse vous remercier tour à tour de votre affection pour un homme qui, je le crains, la méritait si peu.

La scène qui suivit fut aussi triste que solennelle. Tous les capitaines s'approchèrent successivement du lit du mourant, et il trouva quelque chose d'affectueux et d'obligeant à dire à chacun d'eux. Le cœur le moins susceptible de ressentir l'impression du chagrin ne put s'en défendre en ce moment, et O'Nell, connu pour conserver sa gaieté de cœur même dans le plus fort d'un combat, versa des larmes en lui baisant la main.

— Ah ! mon vieil ami, dit le contre-amiral quand Parker, capitaine du *Carnatique*, s'approcha de lui avec son air de douceur et de timidité ordinaire, vous voyez que ce ne sont pas seulement les années qui nous conduisent au tombeau. On m'a dit que vous vous êtes comporté dans ces dernières affaires comme vous le faites toujours; et j'espère qu'après avoir passé constamment une longue vie à rendre avec patience des services importants à votre pays, vous en recevrez enfin la récompense convenable.

— Je conviens, amiral Bluewater, qu'il me serait particulièrement agréable de recevoir de mon souverain quelque marque d'approbation de ma conduite, surtout à cause de ma femme et de mes enfants. Nous ne sommes pas descendus comme vous d'une famille noble; il faut que nous nous fassions à nous-mêmes des droits aux distinctions, et ceux qui n'ont jamais connu les honneurs de cette nature sont toujours ceux qui en font le plus de cas.

— Tout cela est vrai, mon cher Parker, répliqua le contre-amiral; mais ceux qui les ont connus en comprennent aussi le néant quand ils approchent de ce moment de l'existence d'où l'œil voit de près, et non sans crainte, la plage vaste et inconnue de l'éternité.

— Sans doute, amiral, sans doute, et je ne suis pas assez fou pour m'imaginer que des cheveux qui ont grisonné comme les miens, puissent toujours durer. Mais ce que je voulais dire, c'est que, quelque précieux que soient les honneurs pour ceux qui sont nés dans une humble condition, je renoncerais bien volontiers à toute espérance de cette sorte que je puis avoir, pour vous voir encore sur la dunette du *César*, ayant M. Cornet à votre côté, et à la tête de l'escade, ou suivant les mouvements du vice-amiral.

— Je vous remercie, mon bon Parker, mais cela n'est plus possible, et je ne puis dire à présent que je désirerais qu'il en fût autrement. Quand nous avons une fois coupé les amarres qui nous attachent au monde, il y a moins de plaisir à regarder en arrière qu'à regarder en avant. — Que Dieu veille sur vous, Parker, et qu'il vous maintienne ce que vous avez toujours été, un homme d'honneur.

Stowel fut le dernier à s'approcher du lit du mourant, et il ne le fit que lorsqu'il ne resta dans la chambre que sir Gervais et lui. Le caractère de bonhomie de Bluewater, et la nonchalance habituelle qui le portait à laisser à ses officiers subalternes le soin des détails minutieux du service, faisaient qu'il était plus avant dans leurs bonnes grâces, du moins en ce sens, que le commandant en chef lui-même. Stowel, par ses rapports fréquents avec le contre-amiral, avait profité plus qu'aucun autre officier des dispositions naturelles de Bluewater, qui l'avait toujours laissé régler à sa manière tout ce qui avait rapport à l'ordre et à la discipline d'un bâtiment de guerre, et l'effet qui en était résulté sur ses sentiments, avait été proportionné au plaisir qu'il en avait ressenti. Il est vrai qu'il ne pouvait s'empêcher de se rappeler l'époque où il avait été lieutenant à bord du même vaisseau sur lequel Bluewater n'était encore que midshipman ; mais, en ce moment, il ne songeait plus à cette circonstance avec l'amertume qu'elle lui avait causée quelquefois, et ce n'était à ses yeux que le point de reconnaissance le plus éloigné des nombreux services qu'ils avaient rendus ensemble.

— Eh bien, Stowel, dit Bluewater avec un sourire un peu triste, en prenant congé de la vie, il faut aussi prendre congé du vieux *César*. Il est rare que le capitaine d'un vaisseau amiral n'ait pas eu quelquefois à se plaindre de son chef, et si cela vous est arrivé, je vous prie bien sincèrement de me le pardonner et de l'oublier.

— Dieu me protége, amiral, j'étais bien loin de songer à pareille chose. Je pensais combien il aurait été invraisemblable, quand nous servions ensemble à bord de *la Calypso*, de m'imaginer que je me trouverais un jour, en pareille circonstance, au pied de votre lit. Réellement, amiral Bluewater, je voudrais pouvoir vous donner la moitié du peu de temps qu'il me reste à vivre.

— Je vous crois, Stowel, mais c'est une chose impossible. J'ai fait la dernière manœuvre de ma vie, en donnant ma nièce en mariage au lieutenant sir Wycherly Wychecombe.

— Oui, amiral, oui ; le mariage est sans doute honorable, comme je le dis souvent à mistress Stowel, et par conséquent il ne convient pas de le décrier. Il est pourtant assez singulier qu'un homme qui a passé toute sa vie dans le célibat, veuille, à la fin de sa croisière, en voir célébrer un, et débourse pour cela une somme de cent livres sterling. Quoi qu'il en soit, les hommes ne se ressemblent pas plus, à cet égard, que les femmes dans leurs qualités domestiques. Je désire sincèrement que ce jeune Wycherly soit aussi heureux dans la vieille maison qu'il possède là-bas un peu plus avant dans les terres, que nous l'avons été ensemble, vous et moi, à bord du vieux *César*. — Je suppose qu'il n'y aura pas de coégaux à Wychecombe-Hall.

— Je l'espère, Stowel. Mais à présent il faut que je vous donne mes derniers ordres relativement au *César*, et......

— Le pavillon du commandant en chef flotte sur notre bord, amiral, dit le méthodique capitaine, l'interrompant du ton d'un homme qui veut rappeler à un autre quelque chose qu'il craint qu'il n'oublie.

— Ne vous en inquiétez pas, Stowel ; je vous réponds qu'il y consentira. — Je désire que mon corps soit reçu à bord du *César*, et transporté à Plymouth. Vous le placerez sur la batterie basse, afin que tous les hommes de l'équipage puissent voir le cercueil. Je désire passer au milieu d'eux les dernières heures que j'aurai à rester *sur* la terre.

— Cela sera exécuté, amiral, exécuté à la lettre, — le commandant en chef ne donnant pas d'ordre contraire. — Et j'écrirai ce soir à mistress Stowel, qu'elle n'a pas besoin de venir me trouver, comme c'est sa coutume, dès qu'elle apprendra que *le César* est entré dans le port, mais qu'il faut qu'elle attende que votre pavillon ait été amené.

— Je serais bien fâché, Stowel, de causer un instant de délai à la réunion d'un mari avec sa femme.

— N'y pensez pas, amiral; mistress Stowel comprendra qu'il s'agit d'un devoir. Je lui ai bien expliqué, avant de l'épouser, que les devoirs d'un marin passent avant tous ceux du mariage.

Après une courte pause, Bluewater fit ses derniers adieux à son capitaine, et Stowel se retira. Une vingtaine de minutes se passèrent dans un profond silence, et pendant tout ce temps sir Gervais ne fit pas le moindre mouvement, croyant que son ami sommeillait. Mais il était décidé que Bluewater ne sommeillerait plus avant de s'endormir du sommeil de la mort. C'était l'esprit, qui avait toujours été plus actif que le corps, qui le soutenait ainsi, et qui donnait à son physique une impulsion et une force contre nature, mais qui ne pouvaient durer longtemps, et qui contribuèrent même à amener en lui une réaction qui accéléra le moment de sa dissolution. S'apercevant enfin que son ami ne dormait pas, sir Gervais s'approcha de son lit, et lui dit à demi-voix :

— Richard, il y a dans la chambre voisine quelqu'un qui désire vivement de vous voir. J'ai résisté même à ses larmes, croyant que vous étiez disposé à dormir.

— Je ne l'ai jamais été moins. Mon esprit me semble devenir plus vigoureux et plus lucide que jamais. Je crois que je ne dormirai plus, dans le sens que vous l'entendez. Quel que soit cet individu, faites-le entrer.

Cette permission lui ayant été donnée, sir Gervais ouvrit la porte, et Geoffrey Cleveland entra. Galleygo, qui allait et venait partout à son gré, le suivit au même instant. Les traits du jeune homme prouvaient la nature et l'intensité de son chagrin. Le nom de l'amiral Bluewater s'associait dans son esprit à tous les événements qui lui étaient arrivés depuis qu'il était entré dans la marine, et quoique ce temps ne fût qu'une bien courte partie de sa vie humaine, la perspective, quand il regardait en arrière, lui paraissait aussi longue que celle qui marquait l'amitié des deux amiraux l'un pour l'autre. Quoiqu'il fît tous ses efforts pour maîtriser sa douleur, sa sensibilité prit l'ascendant, et se jetant à genoux près du lit, la tête appuyée sur ses mains, il sanglota comme si son cœur allait se briser. Les yeux de Bluewater brillèrent, et il appuya une main avec affection sur la tête de son jeune parent.

— Gervais, dit-il, vous veillerez sur ce jeune homme quand j'aurai cessé d'exister, et vous le recevrez sur votre bord. Je vous le lègue, et c'est presque vous léguer ce que j'ai de plus cher en ce monde. — Consolez-vous, mon cher enfant; regardez tout cela comme le destin d'un marin. Notre vie appartient....

— Au roi — étaient les mots qui allaient suivre; mais Bluewater n'aurait pu les prononcer sans étouffer. Il jeta un regard d'intelligence à son ami, avec un sourire pénible, et n'acheva pas la phrase.

— Oh! amiral, s'écria ingénument le midshipman, je savais fort bien que nous pouvions tous être tués, mais il ne m'était jamais venu à l'esprit qu'un amiral pût perdre la vie dans un combat. Je suis sûr que vous êtes le premier à qui cela soit arrivé.

— C'est une grande erreur, mon pauvre Geoffrey. Comme il n'y a pas beaucoup d'amiraux, on en voit très-peu mourir de cette manière, mais nous y sommes aussi exposés que tous les autres marins.

— Si j'avais du moins passé mon épée au travers du corps de ce M. Després quand nous combattions à l'abordage, ce serait une consolation, dit le jeune homme, grinçant les dents et respirant la vengeance, dont il sentait le désir pour le moment. J'aurais pu le faire, car il n'était pas sur ses gardes.

— Vous auriez eu grand tort, jeune homme, d'ôter la vie à un brave officier sans aucune utilité.

— Et de quelle utilité leur a-t-il été de vous avoir blessé? Nous n'en avons pas moins pris leur vaisseau.

— Je crois, Geoffrey, que leur vaisseau était virtuellement pris avant que je fusse blessé, répondit Bluewater en souriant. C'est un soldat de marine français qui m'a tiré un coup de feu, et il n'a fait que son devoir.

— Oui, et il a échappé sans une égratignure. Lui, du moins, il aurait dû être massacré.

— Vous parlez en homme de sang, mon enfant, et je vous reconnais à peine. Massacrer est un mot que ne doivent prononcer ni un noble anglais, ni un marin anglais. J'ai sauvé la vie à ce soldat, et quand vous serez comme moi sur votre lit de mort, Geoffrey, vous apprendrez quelle douce consolation on peut trouver dans le souvenir d'une telle action. Nous avons tous besoin de merci, et personne ne peut espérer d'en obtenir, s'il n'en a pas pour les autres.

Le jeune homme sentit qu'il avait eu tort, et ses sentiments prirent une direction meilleure, quoique à peine plus naturelle. Bluewater lui parla alors de sa cousine Mildred, en faveur de laquelle il trouva un plaisir mélancolique à faire naître de l'intérêt dans son cœur noble et ingénu. Le midshipman l'écouta avec une attention respectueuse, comme c'était sa coutume; et se laissant tromper par l'air tranquille et serein du contre-amiral, il se fit illusion à lui-même en se flattant que la blessure qu'il avait reçue était moins dangereuse qu'on ne le supposait, et il espéra qu'il pouvait en guérir. Calmé par cette idée, ses pleurs tarirent bientôt, et ayant promis la plus grande tranquillité, il obtint de sir Gervais la permission de rester dans la chambre, où il s'occupa à remplir toutes les fonctions d'une garde-malade attentive.

Une autre pause suivit cette petite scène, et Bluewater resta tranquillement occupé de ses propres idées, et les dirigeant sans doute vers Dieu. Pendant ce temps, sir Gervais lisait des rapports, et écrivait des ordres; mais ses yeux n'étaient jamais plus d'une minute ou deux sans se tourner vers son ami. Enfin le contre-amiral sortit de son état d'abstraction, et fit de nouveau attention aux personnes et aux choses qui l'entouraient.

— Galleygo, mon ancien camarade de croisière, dit-il, je recommande plus particulièrement que jamais sir Gervais à vos soins. A mesure que nous avançons dans la vie, le nombre de nos amis diminue; et cependant nous ne pouvons compter que sur ceux qui ont été mis à l'épreuve.

— Oui, amiral Bleu, je sais cela, et sir Gervais le sait aussi. — Oui, les vieux camarades avant les nouveaux tous les jours de la vie, et les vieux marins avant les blancs-becs. Les Bowlderos de sir Gervais sont très-bons pour donner des assiettes, et faire d'autres choses semblables; mais dans un mauvais temps, et par un coup de vent, je les compte pour peu de chose, mis tous ensemble.

— A propos, Oakes, dit Bluewater, prenant tout à coup à ce sujet un intérêt qu'il n'aurait plus cru pouvoir éprouver, je n'ai appris aucun détail sur votre affaire de la première journée. D'après le peu que j'en ai entendu dire autour de moi, il paraît pourtant que vous avez pris un vaisseau à deux ponts, et démâté le vaisseau amiral français?

— Pardon, Dick, mais vous ferez mieux de chercher à prendre un peu de repos. Le souvenir de ce qui s'est passé pendant ces deux journées m'est infiniment pénible.

— Eh bien, sir Gervais, si vous ne vous souciez pas de conter cette histoire à l'amiral Bleu, je puis le faire pour vous, dit Galleygo, qui se piquait d'être en état de faire la description exacte d'un combat naval. Je crois que la relation de cette journée fera plaisir à un amiral qui a été blessé le lendemain si dangereusement.

Bluewater se montrant disposé à l'écouter, Galleygo commença le récit des évolutions des vaisseaux pendant la première journée, comme nous l'avons déjà fait, et il réussit d'une manière surprenante à rendre sa narration intéressante et parfaitement claire et intelligible, grâce à la connaissance parfaite qu'il avait acquise des expressions techniques qui étaient nécessaires, et à la manière dont il savait les employer à propos. Quand il en vint au moment où l'escadre anglaise se divisa en deux lignes, l'une au vent et l'autre sous le vent des deux bâtiments français, il en fit la description d'une manière si vive et si lucide, que le commandant en chef lui-même quitta sa plume et l'écouta avec plaisir.

— Qui pourrait s'imaginer, Richard, dit-il, que ces drôles, du haut des hunes, nous surveillent de si près, et qu'ils soient en état de rendre un compte si exact de tout ce qui se passe?

— Oui, Gervais, mais qu'est-ce que la vigilance de Galleygo auprès de celle de l'œil qui voit tout? Dans un moment comme celui-ci, c'est une pensée terrible de se souvenir que rien ne peut être oublié. J'ai lu quelque part que pas un jurement ne se prononce qu'il ne soit répété à toujours dans l'espace par les vibrations du son; et que pas une prière n'est bégayée, sans que le souvenir en soit conservé sous le sceau indélébile de la volonté du Tout-Puissant.

Il y avait peu d'analogie entre les idées religieuses des deux amis. Marins l'un et l'autre, — et quoique ce mot ne signifie pas nécessairement qu'ils fussent pécheurs à un degré extraordinaire, il n'implique pas non plus qu'ils fussent des modèles de sainteté, — chacun d'eux avait reçu l'éducation élémentaire d'usage, puis avait été lancé en quelque sorte à la dérive sur l'Océan de la vie, pour que la graine prît racine et que le fruit mûrit aussi bien que faire se pourrait. Un bien petit nombre de ceux « qui voguent dans des vaisseaux sur le grand Océan, » et qui échappent aux effets plus abrutissants d'une vie si dure, sont entièrement dépourvus d'idées religieuses. Passant une si grande partie de sa vie pour ainsi dire en la présence immédiate du pouvoir de Dieu, le marin est disposé à révérer sa toute-puissance, même quand il contrevient à ses lois. Mais, à l'égard de presque tous ceux à qui la nature a accordé un tempérament tendant à une profonde sensibilité, comme c'était le cas de Bluewater, le mauvais exemple ou les conseils pervers d'hommes dégagés ainsi dès liens habituels de la société, ne sont pas même en état de détruire entièrement le respect créé pour Dieu par une demeure constante au milieu de sa magnificence terrestre. Ce sentiment n'avait pas été tout à fait sans produire des fruits en Bluewater, car il avait beaucoup lu et beaucoup réfléchi. Quelquefois même, quoiqu'à des intervalles éloignés, il priait, — priait avec ferveur, et non sans un sentiment vif et solennel de ses démérites. Par suite de cette disposition générale, et de la conviction passagère qui en était le résultat, son esprit était mieux en accord avec la crise dans laquelle il se trouvait, que cela n'eût pu arriver à beaucoup de ses frères d'armes, à qui, lorsqu'ils sont surpris par un destin si commun dans leur profession, il ne reste ordinairement, pour les soutenir dans leurs derniers moments, qu'une faible étincelle de l'enthousiasme produit par la victoire.

D'un autre côté, sir Gervais était aussi simple qu'un enfant dans les affaires de cette sorte. Il avait du respect pour son créateur, et les idées générales de sa bonté et de son amour pour toutes ses créatures, que les hommes bien disposés sont portés à en concevoir; mais tous les dogmes sur la condition déchue de la race humaine, sur la médiation du Rédempteur, et sur le pouvoir de la foi, flottaient devant son esprit comme des opinions qu'il ne fallait pas controverser, et auxquelles il était inutile de réfléchir; en un mot, le commandant en chef admettait l'hérésie pratique, qui couvre d'une ombre la foi de millions d'êtres, tandis qu'il se regardait comme un champion imperturbable de l'église et de la royauté. Cependant, en certaines occasions, sir Gervais Oakes était plus disposé que de coutume à être sérieux, et même porté à être dévot; mais c'était sans avoir beaucoup d'égard pour les théories religieuses et la révélation. En de pareils moments, ses opinions n'auraient pu le faire admettre dans le giron d'aucune église chrétienne en particulier; mais ses sentiments auraient pu le faire prendre pour appartenir à toutes. En un mot, il offrait en sa personne un assez bon exemple de ce que de vagues généralités, agissant sur un tempérament disposé à recevoir des impressions morales, rendent la grande majorité des hommes qui voltigent autour des mystères d'un état futur, sans s'arrêter aux consolations de la foi, et sans découvrir aucune de ces conclusions logiques qu'ils semblent attendre la moitié du temps sans le savoir eux-mêmes. Quand Bluewater fit sa dernière remarque, le vice-amiral le regarda donc avec grande attention, et pour la première fois depuis que son ami avait été blessé, des idées religieuses se mêlèrent à ses autres réflexions. Il avait rendu grâce à Dieu de sa victoire avec piété, quoique mentalement, mais il n'avait jamais songé que le contre-amiral pût avoir besoin de quelque préparation à la mort.

— Voudriez-vous voir l'aumônier du *Plantagenet*, Dick? car vous n'êtes point papiste, j'en suis bien sûr.

— Vous avez raison, Gervais. Je considère toutes les églises chrétiennes, — la sainte église *catholique* [1], si vous le voulez, — comme n'étant qu'un moyen fourni par la bonté divine pour aider la faiblesse des hommes dans leur pèlerinage; mais je crois aussi qu'il y a un chemin plus court que toutes ces avenues pour arriver au pardon de Dieu. Jusqu'à quel point cela est vrai, ajouta-t-il en souriant, c'est probablement ce que personne ne saura mieux que moi dans quelques heures d'ici.

— Les amis doivent se retrouver un jour, Bluewater. Il n'est pas raisonnable de supposer que ceux qui se sont tellement aimés dans ce monde, doivent être séparés pour toujours dans l'autre.

— Il faut l'espérer, Oakes, répondit le contre-amiral en lui serrant la main, il faut l'espérer. Mais nous n'aurons là-bas ni vaisseaux, ni croisières, ni combats, ni victoires. Ce n'est que dans un moment comme celui où je suis arrivé, que nous considérons toutes ces choses sous un point de vue convenable. Dans tout le passé, je ne vois que votre fidèle et constante amitié qui ait été pour moi une source de plaisir véritable.

Sir Gervais ne put y résister plus longtemps, et il se détourna pour pleurer. Ce tribut payé à la nature par un homme d'un caractère si ferme eût quelque chose d'imposant, même pour le mourant, et Galleygo le vit avec un mélange de surprise, de respect et de crainte. Tout familier que l'habitude et l'indulgence l'avaient rendu avec son maître, nul être vivant, suivant lui, n'avait autant d'autorité et n'était aussi formidable que le commandant en chef, et l'effet du spectacle qu'il avait sous les yeux fut de lui faire baisser la tête comme par humiliation. Bluewater vit tout cela, mais en silence et sans avoir l'air de le remarquer. Il se contenta de prier, et il le fit avec ferveur, non-seulement pour lui, mais pour son ami et pour son humble compagnon.

Vers neuf heures du soir une réaction eut lieu dans le système physique du blessé. Il se crut près de sa fin, et il envoya chercher Wycherly et sa nièce pour leur faire ses derniers adieux. Mistress Dutton les accompagna; et, indépendamment de sir Gervais, elle

---

1. Le mot *catholique* est employé ici dans le sens d'*universelle*. L'église anglicane se dit église catholique.

trouva dans la chambre du contre-amiral Magrath, qui était resté à terre pour lui donner des soins. Mildred resta près d'une demi-heure baignant de ses larmes l'oreiller de son oncle, et elle ne le quitta qu'à la suggestion du chirurgien.

— Voyez-vous, sir Gervais, dit celui-ci à voix basse au vice-amiral, il est du devoir de la faculté de prolonger la vie du malade, même quand il ne reste aucune espérance de la lui sauver. Et ce serait un triomphe honorable pour nous autres Plantagenets si nous pouvions faire passer la nuit au contre-amiral, car le chirurgien du *César* a déclaré qu'il était impossible qu'il survécût une heure au coucher du soleil. Mais si vous faites cas du jugement d'un homme de la profession, vous engagerez lady Wychecombe à se retirer.

En ce moment de séparation définitive, Bluewater avait peu de chose à dire à sa nièce ; il l'embrassa et lui donna sa bénédiction de nouveau, et fit signe qu'on l'emmenât. Il fit aussi attention à mistress Dutton, et la pria de rester un moment, quand Mildred et sir Wycherly quittèrent la chambre.

— C'est à vos soins et à votre affection, ma bonne dame, lui dit-il d'une voix si faible qu'à peine pouvait-on l'entendre, que nous sommes redevables de voir Mildred en état de faire honneur à sa situation dans le monde. Il aurait été plus fâcheux de la retrouver que de l'avoir perdue, si elle nous avait été rendue sans éducation, et avec des manières communes et grossières.

— Cela n'aurait pu arriver à Mildred dans aucune circonstance, Monsieur, répondit mistress Dutton en pleurant. — La nature avait trop fait pour cette chère enfant pour qu'elle ne fût pas aimable et bien accueillie dans toute situation où elle se serait trouvée.

— Elle n'aurait pu être tout ce qu'elle est aujourd'hui, et je remercie Dieu de lui avoir assuré une telle protectrice à l'instant de sa naissance. Vous avez été tout pour elle dans son enfance, et elle cherchera à vous en prouver sa reconnaissance dans votre vieillesse.

Mistress Dutton en était trop certaine pour avoir besoin de cette assurance. Après avoir reçu la bénédiction du mourant, elle se mit à genoux près de son lit, pria pendant quelques minutes avec ferveur, et se retira. Pendant la nuit suivante, il n'y eut aucun changement remarquable dans la situation du contre-amiral, et plus d'une fois Magrath exprima à voix basse et avec un air de satisfaction l'espoir que le malade verrait encore le soleil se lever. Cependant une heure avant le lever de l'aurore, le blessé parut rallier ses forces de manière à donner des inquiétudes au chirurgien-major. Il savait qu'un changement physique de cette nature ne pouvait arriver que par suite de l'ascendant momentané que l'âme reprenait sur la matière, quand la première est sur le point d'abandonner pour toujours son habitation terrestre, circonstance qui n'est pas rare dans les hommes doués d'une intelligence forte et active, toutes leurs facultés se ranimant un moment dans leurs derniers instants, comme la dernière lueur que jette une lampe qui est près de s'éteindre. S'étant approché du lit, il examina avec soin son patient, et fut convaincu que sa mort était très-prochaine.

— Vous êtes homme et marin, sir Gervais, dit-il d'une voix très-basse, et il ne servirait à rien de vouloir tromper votre jugement dans un cas de cette nature. Notre respectable ami le contre-amiral est *in articulo mortis*, comme on peut dire; il est impossible qu'il vive plus d'une demi-heure.

Sir Gervais tressaillit; il regarda autour de lui avec un air d'impatience, car il aurait donné tout au monde pour être seul avec son ami mourant; mais il hésitait à faire une demande qui, suivant lui, pouvait paraître contraire aux convenances. Il fut tiré de cet embarras par Bluewater lui-même, qui ne fut pas arrêté par les mêmes scrupules. Faisant signe au chirurgien de s'approcher de lui, il lui exprima le désir d'être laissé seul avec le commandant en chef.

— Ce ne sera pas contrevenir aux règles de la pratique que de céder aux désirs de ce pauvre homme, murmura Magrath, tout en regardant autour de lui pour recueillir les instruments de sa profession, comme un ouvrier ramasse ses outils quand il va quitter l'endroit où il travaille pour aller dans un autre; — ainsi nous ferons ce qu'il demande.

A ces mots, il poussa Geoffrey et Galleygo hors de la chambre, en sortit lui-même, et ferma la porte.

Se trouvant seul, sir Gervais s'agenouilla près du lit de son ami, et pria, tenant une de ses mains dans les siennes. L'exemple de mistress Dutton et les désirs de son propre cœur le portèrent à cet acte religieux, et quand il fut terminé il se sentit soulagé des sensations qui l'étouffaient.

— Me pardonnez-vous, Gervais? demanda Bluewater.

— Vous pardonner! — Que voulez-vous dire, mon vieil ami? Nous avons tous besoin de pardon, parce que nous avons tous nos instants de faiblesse. — Puisse Dieu oublier tous mes péchés comme j'ai oublié les erreurs que vous avez pu commettre!

— Que Dieu vous protége, Oakes, et qu'il vous conserve le caractère de simplicité de cœur, de franchise et d'honneur, que je vous ai toujours connu.

Sir Gervais enfonça son visage dans les couvertures du lit et poussa un profond gémissement.

— Embrassez-moi, Gervais, murmura le contre-amiral.

Le commandant en chef se releva, se courba sur le corps de son ami et l'embrassa sur les deux joues. Un sourire de satisfaction brilla sur le visage du mourant, et il cessa de respirer. Il se passa pourtant près d'une demi-minute avant qu'il rendît ce dernier soupir qui annonce la fin de la carrière humaine. Sir Gervais passa le reste de la nuit à se promener seul dans la chambre du défunt, se rappelant toutes les scènes de péril et de plaisir, de fatigue et de victoire, qu'il avait partagées avec l'ami qu'il venait de perdre. Enfin quand le soleil fut levé, il appela du monde et se retira dans sa tente.

CHAPITRE XXXI.

> Ils allèrent prendre le roi enterré qui reposait dans cet ancien temple ; car il devait être armé le jour de la bataille pour délivrer l'Espagne avec eux. — Les trompettes sonnèrent alors la marche, et quand le soleil fut à moitié de sa course, les Maures n'étaient plus que de la poussière sur la plaine de Tolosa.
>
> MISTRESS HEMANS.

Il ne nous reste qu'à tracer une esquisse rapide du sort de nos principaux personnages et du petit nombre d'incidents qui ont un rapport direct aux événements que nous venons de décrire. La mort de Bluewater fut annoncée à toute l'escadre au lever du soleil en amenant son pavillon du mât d'artimon du *César*. Celui du vice-amiral fut amené en même temps ; mais il reparut la minute d'après au mât de misaine du *Plantagenet*, tandis que le petit symbole bleu du rang du défunt ne fut jamais plus hissé en son honneur. On l'étendit à midi sur son cercueil, qui fut placé, comme il l'avait désiré, dans la batterie basse du *César*, et plus d'une fois pendant cette journée, quelque vieux marin s'en servit pour essuyer une larme qui tombait de ses yeux.

Dans l'après-midi du jour qui suivit la mort d'un de nos héros, le vent passa à l'ouest, et tous les vaisseaux levèrent l'ancre et firent route vers Plymouth. Ceux qui avaient souffert les plus graves avaries étaient alors en état de porter plus ou moins de voiles, et un étranger qui aurait vu cette ligne mélancolique doubler le Start, aurait cru que c'était une escadre battue qui rentrait dans le port. Le seul signe de triomphe qu'on pût voir était le pavillon anglais qui flottait au-dessus du pavillon blanc sur chacune des prises; et quand tous les bâtiments eurent jeté l'ancre, le même air de tristesse régnait parmi ces marins victorieux. Le cercueil fut débarqué avec toutes les formes d'usage; mais le cortége de guerriers qui le suivait se distinguait par une gravité qui n'avait pas l'aspect ordinaire d'une vaine cérémonie. Plusieurs des capitaines, et particulièrement Greenly, avaient vu avec surprise les manœuvres de Bluewater; et le dernier n'avait pas même été tout à fait sans mécontentement. Mais la conduite subséquente du contre-amiral avait complétement effacé ces impressions, et n'avait laissé que le souvenir de son brillant courage, et de l'ordre admirable dans lequel il avait amené ses vaisseaux, ce qui avait changé la fortune d'un combat presque désespéré. Ceux qui réfléchirent plus longtemps sur ce sujet, attribuèrent la singularité de la conduite du contre-amiral à des ordres privés, donnés par signaux télégraphiques, comme nous en avons fait mention.

Il est inutile de décrire les mouvements particuliers de l'escadre après son arrivée à Plymouth. Les vaisseaux furent radoubés, les prises incorporées dans la marine anglaise; et, en temps convenable, tous se remirent en mer, en état, et désirant de rencontrer de nouveau l'ennemi. Ils suivirent la carrière ordinaire des croiseurs anglais de ce siècle. Mais comme les vaisseaux sont dans cette histoire nos principaux personnages, ce ne sera peut-être pas un hors-d'œuvre de jeter un coup d'œil sur leur fortune respective et celle de leurs capitaines. Sir Gervais usa complétement *le Plantagenet*, qui fut vendu pour être dépecé trois ans plus tard, après avoir porté pendant plus de deux ans un pavillon bleu à son grand mât; et le capitaine Greenly, après avoir été élevé au grade de contre-amiral de l'escadre rouge, mourut de la fièvre jaune dans l'île de la Barbade. *Le César*, qui était encore alors commandé par Stowel, coula à fond pendant une croisière d'hiver dans la Baltique, et périt corps et biens, désastre par suite duquel le capitaine fut débarrassé pour toujours de sa femme. *Le Foudroyant* prit part à un grand nombre de combats, et Foley, son capitaine, mourut trente ans après, contre-amiral d'Angleterre, et vice-amiral de l'escadre rouge. Parker resta capitaine du *Carnatique* jusqu'au moment où il obtint le droit de hisser un pavillon bleu à son mât d'artimon; mais ce pavillon n'y resta hissé qu'un seul jour et uniquement pour la forme, après quoi le contre-amiral et le vaisseau furent mis à la retraite, comme trop vieux pour un service actif. Il faut pourtant ajouter que Parker reçut du roi l'ordre de la chevalerie à bord de son propre vaisseau, circonstance qui entoura d'une brillante auréole de gloire, à la fin de sa carrière, la tête d'un homme dont les premiers pas avaient été si humbles, et dont cette fin heureuse était plus qu'égale à son attente. Par opposition à ce tableau, nous pouvons dire ici que sir Gervais refusa pour la troisième fois le titre de vicomte Bowldero, par suite d'idées diamétralement contraires à celles du vieux Parker. Sûr de sa situation dans le monde, et se souciant fort peu de politique, il regardait son élévation à la pairie avec une indifférence qui était une conséquence assez naturelle de sa naissance, de sa fortune et de son caractère. En cette occasion, c'était après une autre victoire, George II fit lui-même allusion à ce refus, en lui disant que le succès qu'il avait obtenu, et qui est le sujet de cette histoire, n'avait jamais été récompensé. Alors le vieux marin laissa échapper le secret du motif qui lui faisait refuser si opiniâtrement un honneur qu'on aurait pu supposer qu'il aurait accepté avec la même indifférence qu'il le refusait. — Sire, répondit-il, je suis très-reconnaissant de la faveur que Votre Majesté voulait bien m'accorder; mais je ne puis jamais consentir à recevoir des lettres-patentes de noblesse qui paraîtraient toujours à mes yeux scellées du sang de mon plus ancien et de mon meilleur ami. — Cette réponse ne fut pas oubliée, et la même offre ne fut jamais renouvelée.

Le destin du *Blenheim* est un de ces blancs pénibles qui se trouvent quelquefois dans l'histoire de la marine. Il fit voile seul pour la Méditerranée; mais après qu'il eut renvoyé son pilote, on n'en eut jamais aucune nouvelle. Cela n'arriva pourtant que quelque temps après que le capitaine Sterling eut été tué sur son pont, dans un combat livré par le vice-amiral Oakes. *L'Achille* se laissa entraîner à la dérive trop près de quelques fortes batteries françaises, et après avoir perdu tous ses mâts, il fut obligé d'amener son pavillon. Son courage et son titre de comte mirent lord Morganic à l'abri de la censure; mais, ayant obtenu la permission d'aller à Paris avant d'avoir été échangé, il y épousa une danseuse célèbre, et cet esquif lui donna tant d'occupation, que, sans quitter sa profession, il y renonça par le fait, ce qui n'empêcha pas que son nom ne figurât sur la liste de la marine anglaise comme vice-amiral de l'escadre bleue, quand il mourut. Le *Warspite* et le capitaine Goodfellow moururent tous deux de leur belle mort, l'un comme bâtiment chargé du dépôt des approvisionnements dans un port; l'autre, comme contre-amiral de l'escadre blanche. *Le Douvres* fit naufrage en voulant doubler Scilly pendant un ouragan, et le capitaine Drinkwater fut noyé avec la moitié de son équipage. L'*York* rendit encore de bons services avant d'arriver à sa fin ; mais il reçut de si fortes avaries dans une action générale, qu'on fut obligé de l'abandonner et d'y mettre le feu. Dans la première croisière qu'il fit après cet événement, son capitaine tomba à la mer et se noya. L'*Elisabeth* pourrit dans le Medway, comme vaisseau de garde, et le capitaine Blakely se retira du service avec un bras de moins et le titre de contre-amiral. Le *Dublin* laissa ses os dans l'anse de Cork, ayant été condamné après avoir passé un hiver très-rigoureux sur les côtes du Nord ; et le capitaine O'Neill fut tué en duel, après la paix, par un officier français qui avait dit qu'il avait pris la fuite avec son vaisseau devant deux frégates commandées par le Chevalier. La *Chloé* fut prise par une escadre ennemie dans la guerre suivante ; mais le capitaine Denham fit son chemin jusqu'à hisser un pavillon blanc à son grand mât, et à obtenir une pairie. Le *Druide* fit naufrage ce même été en courant sur la terre dans une chasse près de Bordeaux, et Blewet ne regagna jamais dans sa profession le terrain qu'il avait perdu en cette occasion. Quant aux sloops et aux cutters, ils devinrent ce que deviennent tous les petits croiseurs, et leurs commandants inconnus partagèrent le sort ordinaire des marins.

Wycherly resta à Wychecombe-Hall jusqu'après l'enterrement de son oncle, où il figura comme son plus proche parent, à l'aide de l'influence de sir Réginald et de la connaissance qu'avait celui-ci des intrigues de Tom. L'affaire de la succession ne lui donna pas beaucoup d'embarras. Tom ayant découvert que l'illégitimité de sa naissance était connue, et voyant qu'il serait inutile d'entrer en contestation avec un antagoniste comme sir Reginald, qui connaissait les faits aussi bien que les lois, renonça à toutes ses prétentions au domaine et au titre. A compter de ce moment, personne n'entendit plus parler des legs qu'il avait promis de payer. Il reçut les vingt mille livres qui étaient placées dans les fonds publics, et le peu de mobilier dont le défunt avait le droit de disposer ; mais il n'en jouit pas longtemps, car il mourut en quelques semaines d'une fièvre maligne, dans le cours de l'automne suivant. N'ayant pas fait de testament, sa succession tomba en déshérence ; mais la libéralité du gouvernement la rendit à ses deux frères, par considération pour les les longs services du baron Wychecombe. On se rappellera qu'ils étaient les seuls qui eussent dans leurs veines le sang de cette famille : c'était disposer des économies faites par le baronnet et le juge d'une manière conforme aux règles de la justice morale.

Wycherly parut aussi, avec sir Gervais Oakes, en tête du cortége nombreux qui accompagna le corps du contre-amiral Bluewater à sa dernière demeure. Ses funérailles eurent lieu dans l'abbaye de Westminster et eurent un caractère public. Les équipages des membres de la famille royale à qui les lois de l'étiquette de la cour ne le défendaient pas suivirent le cortége funèbre, et quelques personnages de cette famille que le défunt regardait comme ayant usurpé le trône assistèrent incognito à ses obsèques. Mais ce n'était après tout qu'une des nombreuses illusions que la grande mascarade de la vie offre constamment aux regards du monde.

On éprouva peu de difficulté pour établir les droits de Mildred à être considérée comme fille du colonel Bluewater et d'Agnès Hedworth. Lord Bluewater fut bientôt convaincu, et comme il se souciait fort peu de la succession de son parent, qu'il n'avait jamais ni désirée ni attendue, la meilleure intelligence régna entre lui et les nouveaux époux. On n'obtint pas si facilement le même succès avec la duchesse de Glamorgan : son esprit s'était trop imbu des idées d'un haut rang pour voir avec plaisir une nièce qui avait été élevée comme fille d'un master de la marine. Elle fit donc bien des objections, quoiqu'elle avouât qu'elle avait été confidente de l'attachement de sa sœur pour le colonel Bluewater. Son second fils, Geoffrey, fit plus que tous les autres ensemble pour dissiper ses scrupules, et quand sir Gervais Oakes se rendit lui-même chez elle pour l'engager à examiner les preuves, elle sentit qu'elle ne pouvait s'y refuser. Elle avait l'esprit aussi juste qu'impartial ; elle trouva irrésistibles les preuves qui lui furent soumises, et elle céda sans balancer aux sentiments de la nature. Wycherly avait été infatigable à établir les droits de sa femme, et il y avait même attaché plus d'importance qu'aux siens. D'après l'avis du vice-amiral, ou pour mieux dire de l'amiral de l'escadre blanche, promotion qu'il venait d'obtenir, il avait consenti à l'accompagner à Glamorgan-Park dans cette visite, et il attendait dans un village voisin que sir Gervais lui fît savoir si sa présence serait agréable à la duchesse.

— Si ma nièce a des manières à moitié aussi prévenantes que mon *neveu*, dit la duchesse en appuyant sur ce dernier mot quand le jeune Virginien lui eut été présenté, rien ne pourra m'être plus agréable, sir Gervais, que cette nouvelle liaison ; il me tarde maintenant de voir ma nièce. La vue de sir Wycherly me prépare à trouver en elle une jeune femme d'un mérite peu commun.

— Je vous réponds sur ma vie, duchesse, qu'il n'a pas élevé trop haut votre attente. La pauvre femme demeure encore avec sa mère putative; mais il est temps, Wychecombe, que vous réclamiez votre épouse.

— Je m'attends à la trouver avec sa mère à Wychecombe-Hall à mon retour, sir Gervais. Cela a été arrangé ainsi entre nous avant mon départ. La triste cérémonie dont nous avions à nous occuper ne convenait pas à l'installation de la nouvelle maîtresse de la maison, et nous l'avons remise à un moment plus opportun.

— Que ce soit ici que lady Wychecombe rende sa première visite, dit la duchesse. Je ne le demande pas comme ayant quelques droits à son respect, sir Wycherly; mais comme désirant obtenir son affection. Je n'ai jamais eu d'autre sœur que sa mère, et la fille d'une sœur unique doit toujours être bien chère.

Il aurait été impossible à la duchesse d'en dire autant avant qu'elle eût vu le jeune Virginien; mais elle l'avait trouvé si différent de ce qu'elle se l'était figuré, qu'elle avait une forte espérance qu'il en serait de même de sa nièce.

Wycherly retourna à Wychecombe-Hall après cette courte visite à la tante de Mildred, et il y trouva son aimable épouse en possession paisible de la maison, avec celle qui lui avait servi de mère. Dutton était resté à la station; car il avait assez de sagacité pour sentir qu'il pouvait ne pas être vu avec plaisir, et qu'il ferait bien d'agir avec une réserve prudente. Mais Wycherly avait trop de respect pour l'excellente femme du master, pour ne pas avoir, en toute occasion, tous les égards possibles pour sa sensibilité, et son mari fut invité à venir rejoindre sa femme à Wychecombe-Hall. La bassesse et la brutalité réunies, comme elles l'étaient chez Dutton, ne se laissent pas souvent retenir par la honte, et il accepta l'invitation sans hésiter, dans l'espoir qu'après tout le mariage de Mildred avec un riche baronnet lui procurerait autant d'avantages que si elle eût été sa fille.

Après avoir passé quelques semaines à Wychecombe-Hall dans le sein d'un bonheur tranquille, Wycherly pensa qu'il devait conduire sa femme à Glamorgan-Park pour qu'elle y fît connaissance avec les proches parents qu'elle y avait. Mistress Dutton les y accompagna; mais Dutton, qui n'avait aucun intérêt à prendre à des scènes de ce genre, fut laissé à la station, sous prétexte des fonctions qu'il avait à y remplir. Ce serait peindre la duchesse trop en beau que de dire qu'elle apprit l'arrivée de sa nièce sans craindre de ne pas la trouver ressemblante au portrait qu'on lui en avait fait; mais la première vue de Mildred rendit complétement l'ascendant à ses sentiments naturels. La ressemblance de sa nièce avec sa sœur était si frappante, qu'un cri perçant lui échappa, et, fondant en larmes, elle serra contre son cœur la jeune femme tremblante. Tel fut le commencement d'une intimité qui ne fut pourtant pas de longue durée, la duchesse étant morte deux ans après.

Wycherly resta dans la marine anglaise jusqu'à la paix d'Aix-la-Chapelle, et alors il quitta le service pour toujours. Son attachement pour son pays natal le fit retourner en Virginie, où il avait tous ses plus proches parents, et où son cœur trouva qu'il ne lui manquait rien, quand il vit à son côté Mildred et ses enfants. Les souvenirs et les habitudes de sa jeunesse avaient sur lui plus d'empire que toutes les traditions du passé. Il fit construire une maison spacieuse sur le domaine dont il avait hérité de son père, et il y passait tout son temps, laissant celui de Wychecombe-Hall aux soins d'un intendant. Par suite des améliorations qu'il fit à son domaine de Virginie, il le rendit bientôt plus productif que celui qu'il possédait en Angleterre, et son intérêt seul lui aurait conseillé le choix qu'il avait fait. Nulle considération pécuniaire ne l'y avait pourtant déterminé; il préférait véritablement l'aisance gracieuse et courtoise qui caractérisait la société à Jame's River. Dans ce siècle les habitants de ce pays étaient également éloignés de la gaieté grossière et bruyante des squires anglais de campagne, et du ton formel et glacial du grand monde de la capitale. Il faut ajouter que sa susceptibilité découvrit bientôt qu'il était regardé dans la mère-patrie comme une sorte d'intrus; on n'y parlait de lui que sous le nom du propriétaire *américain*, et ses tenanciers eux-mêmes ne le désignaient pas autrement. Il ne se trouvait donc pas réellement *chez lui* dans le pays pour lequel il avait combattu et versé son sang. En Angleterre, son rang comme baronnet ne suffisait pas pour l'indemniser de ces petits désagréments, au lieu qu'en Virginie il lui donnait une sorte d'éclat qui avait quelque chose d'agréable pour une des principales faiblesses de la nature humaine. Dans la mère-patrie, il n'avait aucun espoir de devenir conseiller privé; tandis que, dans sa colonie natale, son rang et sa fortune le placèrent presque naturellement dans le conseil du gouverneur. En un mot, Wycherly trouva que la plupart des considérations mondaines qui influent ordinairement sur l'esprit des hommes dans le choix de leur résidence, militaient en faveur de la Virginie, quoique pour le faire il eût consulté son goût et ses sentiments plus que toute autre chose. Son esprit s'était imbu de bonne heure d'une partialité favorable aux usages et aux opinions des colons parmi lesquels il avait reçu ses premières impressions, et il la conserva jusqu'à sa mort.

Mildred, en vraie femme, trouva son bonheur avec son mari et ses enfants. Elle n'en eut que trois, un fils et deux filles ; celles-ci furent confiées de bonne heure aux soins de mistress Dutton. Cette excellente femme resta à Wychecombe avec son mari jusqu'à la mort de celui-ci, dont la fin de la carrière fut exempte de ces scènes de brutalité qui avaient rendu sa femme si malheureuse pendant une grande partie de sa vie. Il avait assez de bon sens pour sentir que c'était à elle qu'il devait l'aisance dont il jouissait alors grâce à la libéralité de Wycherly ; et la crainte de la perdre était un frein qui retenait une grossièreté qui avait pris naissance dans l'habitude de l'ivresse. Il ne survécut pourtant que quatre ans au départ de Wycherly et de Mildred, et, après sa mort, sa veuve partit sur-le-champ pour aller les rejoindre en Amérique.

Ce serait substituer un tableau d'imagination à celui de la vérité, si nous disions que lady Wychecombe et mistress Dutton n'accordèrent jamais un regret au pays où elles avaient reçu le jour. On ne doit pas attendre même d'un Esquimaux cette abnégation de sentiments, d'habitudes et de préjugés. Elles faisaient de temps en temps des observations critiques sur le climat de la Virginie, — à la grande surprise de Wycherly, qui regardait celui de l'Angleterre comme le pire de tout l'univers ; — sur les fruits, les domestiques, les routes, et la difficulté de se procurer divers objets d'agrément auxquels elles étaient habituées. Mais comme elles faisaient ces remarques avec gaieté et d'un ton de plaisanterie, plutôt qu'avec aigreur et en ayant l'air de se plaindre, il n'en résultait jamais aucune scène désagréable. Comme ils faisaient tous trois de temps en temps un voyage en Angleterre, où le soin de son domaine et la nécessité de régler ses comptes avec son intendant, obligeaient Wycherly d'aller environ une fois tous les cinq ans, les deux dames finirent par renoncer à leurs innocents sarcasmes sur le climat et les fruits de l'Amérique. Au bout de quelques années, elles en vinrent même à préférer le service négligé et insouciant, mais cordial, des nègres, au maniérisme formel des domestiques anglais, quelque entendus que fussent ceux-ci à remplir leurs fonctions. Il n'y a pas de plus grande méprise que de supposer qu'un voyageur qui traverse une seule fois un pays quelconque, la tête remplie du sien, et avec des idées probablement provinciales, soit en état de décrire avec jugement et impartialité même les usages dont il est témoin oculaire. Ces deux dames, avec le temps, découvrirent cette vérité, et en rendant plus justes leurs remarques critiques, cette découverte les rendit elles-mêmes plus tolérantes. Au total, on n'aurait pu trouver dans tout l'empire britannique que bien peu de familles plus heureuses que celle de Wycherly Wychecombe, qui conservait son affection mâle et protectrice pour tout ce qui dépendait de lui, tandis que sa femme, devenue matrone, et aussi belle alors qu'elle avait été attrayante dans sa jeunesse, lui était attachée avec la tendresse d'une femme, et la ténacité de la vigne appuyée sur le chêne.

Il est inutile de s'étendre sur le résultat de l'insurrection en Ecosse. Tout le monde connaît l'histoire des succès que le Chevalier obtint pendant la première année qui suivit son débarquement en ce pays, et de l'échec qui donna le coup de mort à Culloden à toutes les espérances de sa famille. Sir Reginald Wychecombe, comme des centaines d'autres, joua son rôle assez adroitement pour éviter de se compromettre, et vécut et mourut suspect de prédilection pour les Stuarts, mais en échappant aux confiscations et aux proscriptions. Il entretint jusqu'à sa mort des relations amicales avec sir Wycherly, comme chef de sa maison, se chargeant même de surveiller ses intérêts dans son domaine pendant son absence, et montrant jusqu'au dernier moment une probité scrupuleuse en affaires pécuniaires, mêlée à un esprit d'intrigue et de manœuvres en tout ce qui concernait la politique et la succession à la couronne. Sir Reginald vécut assez longtemps pour voir les espérances des jacobites complétement détruites, et le trône de son pays occupé par un prince né en Angleterre.

Il faut maintenant que le lecteur se figure que bien des années se sont écoulées depuis les derniers événements que nous venons de rapporter. Le temps avait marché de son pas ordinaire et infatigable, et la plus grande partie d'une génération avait été rejoindre ses pères. Trois lustres s'étaient passés depuis que George III était sur le trône; la plupart de ceux qui avaient été les acteurs les plus importants dans le soulèvement de 1745 étaient morts, et l'oubli couvrait déjà les noms du plus grand nombre d'entre eux; mais chaque siècle a ses événements et ses changements. Ces colonies américaines, dont l'esprit, en 1745, était si loyal et si dévoué à la maison de Hanovre, dans la croyance que la liberté politique et religieuse dépendait de son maintien sur le trône, s'étaient révoltées contre la suprématie du parlement britannique. L'Amérique avait déjà pris les armes contre la mère-patrie, et la veille du jour où se passa la petite scène qu'il nous reste à rapporter, on avait reçu à Londres la nouvelle de la bataille de Bunker-Hill. Quoique la gazette et l'orgueil national eussent cherché à diminuer l'importance de ce combat remarquable, en exagérant le nombre des colons qui y avaient pris part et en diminuant la perte essuyée par les troupes royales, l'impression produite par cette défaite surpassa, dit-on, tout ce qu'on avait vu dans ce siècle. C'était alors une opinion générale en Angleterre, — opinion que partageait toute l'Europe, et qui a même encore des partisans de notre temps, — que tous les animaux du nouveau continent, sans en excepter l'homme, avaient au physique moins de courage et de force que ceux de l'ancien; et la surprise des ignorants se mêla aux pressentiments fâcheux des hommes instruits et intelligents, quand on sut qu'un corps de colons mal armés avait osé livrer un combat sanglant à deux fois leur nombre de troupes régulières, et avait remporté la victoire, quoique sous les canons et les batteries de vaisseaux de la marine royale. On ne parlait pas d'autre chose dans Londres, et la crainte de l'avenir remplissait de sombres idées le monde politique.

Dans la matinée du jour qui suivit l'arrivée de cette nouvelle, les portes de l'abbaye de Westminster étaient ouvertes aux curieux, suivant l'usage. Différentes compagnies étaient éparses dans les ailes et dans les chapelles de l'église. Ici on lisait les inscriptions gravées sur les tablettes de marbre qui couvraient les tombes de ces hommes qui s'illustrent en illustrant leur pays; là on déchiffrait les noms de princes qui devaient leur importance, soit aux trônes qu'ils avaient occupés, soit aux alliances qu'ils avaient contractées; ailleurs on admirait les monuments splendides élevés, soit pour faire connaître des noms généralement ignorés, soit pour perpétuer la mémoire de héros et d'hommes d'état justement célèbres. La beauté du temps avait amené une compagnie plus nombreuse que de coutume, et six équipages au moins attendaient leurs maîtres dans Palace-Yard. Parmi ce nombre, il s'en trouvait un dont les portières étaient décorées d'une couronne ducale, et il ne manquait pas d'attirer cette attention qu'on accorde au rang en Angleterre plus que partout ailleurs. Bien des piétons, voyant cet équipage vide, aussi bien que tous les autres, se félicitèrent en entrant dans ce vénérable édifice de ce qu'ils allaient avoir la vue d'un duc ou d'une duchesse, indépendamment de toutes les belles choses qu'ils venaient voir, sans avoir rien à payer de plus pour ce spectacle additionnel. Tous ceux qui arrivaient à pied ne sentirent pourtant pas l'influence d'un sentiment si vulgaire; car un groupe de cinq personnes entra dans l'abbaye sans avoir jeté un seul regard sur ce rassemblement de voitures, les plus âgées étant trop habituées à de pareils spectacles pour y donner une pensée, et les plus jeunes étant trop occupées de ce qu'elles allaient voir pour penser à aucune autre chose. Ce groupe se composait de cinq personnes: un bel homme d'une cinquantaine d'années; une dame, plus jeune de trois ou quatre, parfaitement bien conservée, et encore très attrayante; un jeune homme de vingt-six ans, et deux jeunes et jolies personnes qu'on aurait prises pour des sœurs jumelles, quoique l'une eût vingt et un ans, et l'autre seulement dix-neuf. C'étaient sir Wycherly et lady Wychecombe; Wycherly, leur fils unique, qui venait de finir un voyage de cinq ans sur le continent européen, et Mildred et Agnès, leurs filles. Le reste de la famille était arrivé à Londres depuis quinze jours pour y retrouver le fils à la fin de son grand voyage, et retourner avec lui en Amérique. Cette réunion fut une scène de tendresse et de bonheur, quoique lady Wychecombe trouvât à reprocher à son fils quelques traits innocents d'affectation étrangère, et que le baronnet lui-même ne pût s'empêcher de sourire des fragments de français, d'italien et d'allemand que le jeune homme mêlait assez naturellement à sa conversation. Rien de tout cela ne jeta pourtant le moindre nuage sur leur réunion, car cette famille avait toujours été unie par les nœuds d'une entière confiance et d'une affection sans bornes.

— Cet endroit a pour moi quelque chose de solennel, dit sir Wycherly en entrant dans ce qu'on appelle *Poet's Corner*[1]. C'est ici qu'un esprit ordinaire doit inévitablement sentir son néant. Mais accomplissons d'abord notre pèlerinage, et nous reviendrons ensuite lire ces inscriptions remarquables. Le monument que nous cherchons est dans une chapelle de l'autre côté de l'église, près des grandes portes, et il ne s'y en trouvait aucun autre la dernière fois que je l'ai vu.

A ces mots, ils se remirent en marche, les deux aimables sœurs tournant de temps en temps la tête en arrière pour admirer les merveilles qui les entouraient, tandis que leur frère, placé entre elles, leur donnait le bras.

— N'est-ce pas un édifice extraordinaire, Wycherly? demanda Agnès, la plus jeune des deux; le monde entier pourrait-il en faire un semblable?

— Cette question sent *Jame's River*, répondit le jeune homme en souriant. Si vous aviez vu la cathédrale de Rouen, celle de Reims, celle d'Anvers, et même celle d'York dans ce bon royaume, cette vieille abbaye n'aurait qu'à se vanter de ses pierres funéraires et de ses grands noms. — Mais sir Wycherly s'arrête; il faut qu'il voie ce qu'il appelle son attérage.

Sir Wycherly s'était réellement arrêté. Il venait d'arriver au haut du chœur, d'où il pouvait voir l'intérieur de la chapelle vers laquelle il marchait. Elle ne contenait encore qu'un seul monument, qui était

---

1. Le coin des poëtes, ainsi nommé parce que les monuments élevés à la mémoire d'un grand nombre de poëtes anglais célèbres y sont rassemblés.

orné d'une ancre et d'autres emblèmes nautiques. Même de cette distance on pouvait lire les mots : « RICHARD BLUEWATER, CONTRE-AMIRAL DE L'ESCADRE BLANCHE. » Mais le baronnet s'était arrêté tout à coup en voyant trois personnes entrer dans la chapelle où il désirait être seul avec sa famille. C'était un vieillard marchant d'un pas chancelant, d'autant plus qu'il s'appuyait sur le bras d'un domestique presque aussi âgé que lui, et un homme de moyen âge, ayant une grande taille et un air imposant, qui réglait patiemment sa marche sur celle des deux autres qu'il suivait. Deux ou trois hommes, au service de l'abbaye, accompagnaient ce groupe à quelque distance avec un air de respect et de curiosité, mais il leur avait été enjoint de ne pas entrer dans la chapelle.

— Ce doit être quelques vieux officiers de marine, compagnons de mon pauvre oncle, dit lady Wychecombe, qui sont venus rendre visite à son tombeau. — Voyez! ce vénérable vieillard porte encore le costume de marin.

— L'avez-vous, — pouvez-vous l'avoir — oublié, ma chère? demanda sir Wycherly. C'est sir Gervais Oakes, l'orgueil de l'Angleterre. Il y a vingt-cinq ans que je ne l'ai vu, mais je l'ai reconnu du premier coup d'œil. Le domestique est le vieux Galleygo, son maître d'hôtel; mais, quant au troisième, il m'est inconnu. Avançons. Nous ne pouvons être des intrus dans un tel endroit.

Sir Gervais ne fit aucune attention à l'arrivée de la famille Wychecombe. Il était évident, au manque d'expression de sa physionomie, que le temps et les fatigues du service avaient nui à ses facultés intellectuelles, quoique son physique ne s'en ressentît en rien, chose extraordinaire dans un homme de son âge et de sa profession. Il avait pourtant des lueurs de mémoire, et ses yeux brillaient d'une forte sensibilité, suivant les idées qui se présentaient tout à coup à son esprit. Une fois par an, le jour de l'anniversaire de l'enterrement de son ami, il venait rendre une visite à cette chapelle, et on l'y avait conduit en ce moment, autant par habitude que sur son propre désir. On lui avait donné une chaise, et il était assis en face du monument, et ayant l'inscription en grosses lettres devant les yeux. Cependant il ne les regardait pas, mais il rendit avec politesse le salut que lui firent les étrangers. Son vieux domestique parut surpris, sinon mécontent, de voir des inconnus saluer ainsi son maître; mais quand sir Wycherly lui eut dit qu'il était parent de l'homme en l'honneur duquel ce monument avait été élevé, il le salua avec un air de respect, et se retira derrière sir Gervais pour faire place aux dames.

— Voilà ce que vous voulez voir, sir Gervais, dit Galleygo, secouant l'épaule de son maître pour tâcher d'éveiller ses souvenirs. Ces câbles, cette ancre et ce mât d'artimon sur lequel flotte un pavillon de contre-amiral, ont été placés dans cette vieille église en l'honneur de notre ami, l'amiral Bleu, qui est mort et enterré depuis bien des années.

— Amiral Bleu! répéta sir Gervais d'un ton froid. Vous vous trompez, Galleygo. Je suis amiral de l'escadre blanche, et en outre amiral de la flotte. Je connais mon rang, Monsieur.

— Je sais cela aussi bien que vous, sir Gervais, et aussi bien que le premier lord de l'amirauté. Mais l'amiral Bleu était autrefois votre meilleur ami, et je ne suis pas du tout content de voir que vous l'avez oublié. — Par une de ces longues nuits vous m'oublierez aussi.

— Je vous demande pardon, Galleygo; je ne le crois pas. Je me souviens du temps où vous étiez encore tout jeune,

— C'est bien; mais vous pourriez aussi vous souvenir de l'amiral Bleu, si vous vouliez l'essayer. Je vous ai connus tous les deux quand vous n'étiez encore que midshipmen.

— Cette scène est bien pénible, dit l'étranger de moyen âge à sir Wycherly, avec un sourire mélancolique. Vous voyez ici un homme qui est sur le tombeau de son plus cher ami, et qui ne paraît pas même se souvenir que cet ami ait jamais existé. — A quoi bon vivre longtemps, si quelques courtes années peuvent affaiblir à ce point notre mémoire !

— Est-il depuis longtemps dans cette situation? demanda lady Wychecombe avec intérêt.

L'étranger tressaillit au son de sa voix. Il la regarda avec attention, la salua, et lui répondit enfin :

— Il y a cinq ans, Madame. Cependant la visite qu'il a faite ici l'année dernière avait un caractère moins pénible. Mais pouvons-nous compter nous-même sur notre mémoire? — Vos traits ne me sont certainement pas inconnus, et ces jeunes dames elles-mêmes...

— Geoffrey ! mon cher cousin Geoffrey ! s'écria lady Wychecombe en lui tendant les deux mains. C'est lui! c'est le duc de Glamorgan, Wycherly !

Il ne fallut pas d'autre explication. La reconnaissance fut faite en un instant. Il y avait bien des années qu'ils ne s'étaient vus, et chacun d'eux avait passé l'époque de la vie où le plus grand changement s'opère dans les traits. Mais, dès que la glace fut rompue, des flots de souvenirs se présentèrent à eux. Le duc, ou Geoffrey Cleveland, comme nous aimons encore à l'appeler, embrassa sa cousine et ses deux filles avec une affection pleine de franchise, car son changement de condition n'avait rien changé aux habitudes de simplicité qu'il avait contractées dans la marine ; et il serra la main de sir Wycherly et de son fils avec la cordialité la plus aimable. Cette petite scène n'attira pas l'attention de sir Gervais, qui regardait le monument avec un air d'apathie.

— Galleygo, dit-il ; mais Galleygo s'était placé devant sir Wycherly, et lui offrait sa grande main, décharnée comme celle d'un squelette.

— Je vous reconnais, s'écria le maître d'hôtel en grimaçant ; je vous ai reconnu quand vous étiez encore au large dans l'église, mais je n'avais pu distinguer votre numéro. Eh bien, si cela ne rend pas les idées de sir Gervais plus nettes, et ne lui rappelle pas les anciens temps, je commencerai à croire que nous avons filé notre câble par le bout.

— Je lui parlerai, si vous le jugez à propos, duc, dit sir Wycherly.

— Galleygo, répéta sir Gervais, quel est l'imbécile qui a disposé ce câble ? Il a mis l'étalingure du mauvais côté.

— Oui, oui, sir Gervais, ce sont de grands ignorants que ces tailleurs de pierre, et ils ne se connaissent pas plus en vaisseaux que les vaisseaux ne les connaissent. — Mais voici *le jeune* sir Wycherly qui est venu pour vous voir. — Vous savez ? le neveu *du vieux*.

— Vous êtes le bienvenu à Bowldero, Monsieur. Ma maison est à peine digne de recevoir un hôte de votre mérite, mais telle qu'elle est, elle est à votre service. — Galleygo, comment m'avez-vous dit que Monsieur s'appelle ?

— Sir Wycherly Wychecombe, *le jeune*, car *le vieux* a coulé à fond la nuit que nous étions amarrés chez lui.

— J'espère, sir Gervais, que le temps ne m'a pas entièrement effacé de votre souvenir ; je regretterais beaucoup de le croire. Vous devez vous rappeler aussi mon pauvre oncle, qui est mort d'apoplexie en votre présence.

— Ah ! *nullus, nulla, nullum.* — C'est du bon latin ; eh, duc ? *nullius, nullius, nullius.* — Ma mémoire est excellente, Messieurs. Nominatif, *penna*, génitif, *pennæ*, etc.

— Puisque vous manœuvrez votre latin, sir Gervais, je voudrais bien savoir si vous pourriez nous dire quelle est la différence d'un nœud à demi-clef à un nœud de tisserand ?

— C'est une question extraordinaire à faire à un vieux marin, Galleygo.

— Eh bien, si vous vous souvenez de cela, pourquoi ne pouvez-vous pas vous souvenir aussi raisonnablement de votre ancien ami, l'amiral Bleu?

— Amiral Bleu! Je me souviens de plusieurs amiraux de l'escadre bleue. On aurait dû me nommer amiral de l'escadre bleue, duc. On m'a laissé assez longtemps contre-amiral.

— Vous avez été autrefois amiral de l'escadre bleue, et c'est assez pour qui que ce soit, s'écria Galleygo avec son ton positif. Il n'y a pas cinq minutes que vous disiez que vous connaissiez votre rang aussi bien que le secrétaire de l'amirauté.— Voilà pourtant comme il est toujours à élonger et filer une idée, Messieurs, jusqu'à ce qu'il ne sache plus ce qu'il a voulu faire.

— C'est ce qui n'est pas rare dans les hommes très-âgés, dit le duc; ils se souviennent quelquefois de tout ce qui s'est passé dans leur jeunesse, et ils oublient les événements les plus récents. J'ai remarqué cette singularité dans notre vénérable ami, et je crois qu'il ne serait pas difficile de faire renaître dans son esprit le souvenir de l'amiral Bluewater, et même le vôtre, sir Wychèrly. — Laissez-moi en faire l'essai, Galleygo.

— Oui, lord Geoffrey, répondit le maître-d'hôtel, car il appelait toujours ainsi le duc, autrefois midshipman; j'ose dire que vous êtes avec lui plus fort à la gouverne qu'aucun de nous. Ainsi je profiterai de cette occasion pour héler les enfants de sir Wycherly, et voir quelle espèce d'esquifs il a mis à flot pour la génération future.

— Sir Gervais, dit le duc, s'appuyant sur le dossier de la chaise du baronnet, voici sir Wycherly Wychecombe, qui a servi quelque temps avec nous comme lieutenant, quand vous étiez à bord du *Plantagenet*. J'espère que vous vous souvenez du *Plantagenet*, mon cher monsieur?

— Des Plantagenets? dit sir Gervais, oui, certainement, duc; j'ai lu toute leur histoire dans ma première jeunesse: les Edouard, les Henri, les Richard....

A ce dernier nom il s'arrêta, et tous les muscles de son visage tressaillirent, car ce mot avait fait vibrer dans sa mémoire une corde qui était toujours sensible. Mais l'impression ne fut pas assez forte pour produire autre chose qu'une interruption dans son discours.

— Nous y voilà! grommela Galleygo, qui était en face d'Agnès, occupé à la regarder à l'aide d'une paire de lunettes montées en argent, qui était un présent de son maître; vous voyez qu'il a oublié le vieux *Plantagenet*, et il ne lui reste plus qu'à oublier son dîner. — Il est fort mal d'oublier un pareil vaisseau, sir Gervais.

— J'espère du moins que vous n'avez pas oublié Richard Bluewater, qui fut blessé à mort dans notre dernière action avec le comte de Vervillin? continua le duc.

Un éclair d'intelligence sillonna les traits flétris et ridés du vieillard; son œil brilla, et un sourire pénible se fit jour sur ses lèvres.

— Quoi, Dick! s'écria-t-il avec plus de force dans la voix qu'il n'en avait encore montré. Dick! eh! duc, le bon, l'excellent Dick! Nous avons été midshipmen ensemble, et je l'aimais comme mon frère.

— Je savais que vous l'aimiez, et à présent je suis sûr que vous vous rappelez la manière malheureuse dont il est mort.

— Dick est-il mort? demanda l'amiral avec un air de stupéfaction.

— Merci du ciel, sir Gervais! vous savez fort bien qu'il est mort, et que ce que vous êtes venu voir ici est son *monument*. Vous devez vous rappeler le vieux *Plantagenet*, et le comte de Vervillin, et la bonne salade que nous lui avons servie?

— Pardonnez-moi, Galleygo; mais il n'est pas besoin de parler avec tant de chaleur. Quand j'étais midshipman, les vieux officiers désapprouvaient toujours trop de chaleur dans les discours.

— Vous me faites perdre du terrain, dit le duc au maître-d'hôtel, en le regardant de façon à lui imposer silence. — N'est-il pas extraordinaire, sir Wycherly, que son esprit se reporte toujours aux scènes de sa jeunesse, et oublie toutes celles de sa vie postérieure? — Oui, sir Gervais, Dick est mort. Il a péri dans cette bataille où les Français vous mirent entre deux feux, et où vous aviez *l'Eclair* d'un côté et *le Pluton* de l'autre.

— Je m'en souviens! s'écria sir Gervais d'une voix forte, son œil reprenant quelque chose du feu de la jeunesse; oui, je m'en souviens. Nous avions *l'Eclair* par notre travers de tribord, et *le Pluton* un peu par notre bossoir de bâbord; Bunting était monté sur la grande hune pour chercher à découvrir Bluewater. Mais non, ce n'était pas le pauvre Bunting, il avait été tué.

— C'était sir Wycherly Wychecombe, qui épousa ensuite Mildred Bluewater, nièce de Dick, qui monta sur les barres de perroquet, dit sir Wycherly lui-même, qui prenait à ce récit autant d'intérêt que l'amiral commençait à en montrer; et il vint vous faire rapport de l'arrivée du *Pluton*.

— Oui, c'est cela. Que Dieu le protége! C'était un jeune homme plein d'intelligence, et il épousa la nièce de Dick. Dieu veille sur l'un et sur l'autre! Eh bien, Monsieur, vous êtes étranger à tout cela, mais l'histoire vous intéressera. Nous étions presque étouffés par la fumée, ayant un vaisseau à deux ponts qui nous travaillait par notre travers à tribord, et un autre qui nous envoyait des bordées par notre bossoir à bâbord ; nous n'avions plus un seul mât de hune, et une grêle de boulets tombait sur nous.

— Vous parlez comme un livre à présent, s'écria Galleyo brandissant sa canne en l'air et se promenant dans la petite chapelle d'un air de triomphe. C'est ainsi que les choses se sont passées ; j'en sais quelque chose, puisque j'y étais.

— Je suis sûr que je suis exact, dit sir Gervais.

— Exact ! Votre Honneur est plus exact qu'aucune des tables de loch de toute l'escadre. — Feu, sir Gervais ! feu de bâbord et de tribord !

— C'est ce que nous fîmes, continua le vieillard se levant d'un air majestueux, mais noble et gracieux, et respirant toute l'ardeur qui lui était naturelle. C'est ce que nous fîmes. Nous avions à droite de Vervillin, et Després à gauche, et la fumée nous étouffait. Bunting, — non, c'était le jeune Wychecombe qui était à mon côté, et il me dit, Monsieur, qu'un autre bâtiment français se glissait entre nous et *le Pluton*. A Dieu ne plaise ! pensai-je, car nous en avions déjà bien assez. — Le voici qui arrive à travers la fumée, me dit-il, je le reconnais à son bout-dehors de clin foc. — C'est le vieux Romain, eh ! Wychecombe ? m'écriai-je, c'est *le César !* Voilà Dick et le jeune Geoffrey Cleveland ; — il était de votre famille, duc. — Je vois Dick Bluewater, entre les apôtres, agitant son chapeau, HOURRA ! — Il est fidèle enfin, il est fidèle ; — HOURRA ! HOURRA !

La voix du vieux marin s'éleva comme le son bruyant d'un clairon, retentit sous toutes les arches de l'église de l'abbaye et fit tressaillir tous ceux qui s'y trouvaient, comme si une voix se fût élevée du fond des tombeaux. Sir Gervais lui-même parut surpris, et leva les yeux vers la voûte d'un air moitié égaré, moitié joyeux.

— Sommes-nous ici à Bowldero ou à Glamorgan-House, Milord duc ?

— Nous sommes dans l'abbaye de Westminster, amiral Oakes, sur le tombeau de votre ancien ami, le contre-amiral Richard Bluewater.

— Galleygo, aidez-moi à me mettre à genoux, dit le vieillard du ton d'un écolier qui vient d'être réprimandé. Le plus brave de nous doit s'agenouiller devant Dieu dans son temple. Pardon, Messieurs, je désire prier.

Le duc de Glamorgan et sir Wycherly Wychecombe aidèrent le vieillard à se mettre à genoux, et Galleygo, comme c'était sa coutume, s'agenouilla ensuite à côté de son maître, qui appuya sa tête sur l'épaule de son maître d'hôtel. Ce spectacle touchant fit prendre à tous les autres la même attitude d'humilité, et Wycherly, Mildred, leurs enfants et le duc fléchirent les genoux et joignirent leurs prières à celle du vieux marin. Ils se relevèrent l'un après l'autre ; mais Galleygo et son maître restaient encore à genoux sur la pierre. Enfin Geoffrey Cleveland s'approcha d'eux, et avec l'aide de sir Wycherly, releva le vieillard et le replaça sur sa chaise. Il y resta immobile, un sourire calme sur ses lèvres, ses yeux ouverts, mais ternes, paraissant fixés sur le nom de son ami : il était mort. Il y avait eu une réaction qui avait arrêté subitement le cours du sang et de la vie dans son cœur.

Ainsi mourut sir Gervais Oakes, qui avait été un des plus braves marins anglais et que la victoire avait toujours accompagné. Après une longue vie, il offrit une preuve de l'insuffisance des succès qu'on obtient dans ce monde pour compléter la destinée de l'homme, ayant, jusqu'à un certain point, survécu à ses facultés, et perdu le souvenir de tout ce qu'il avait fait et de tout ce qu'il avait mérité. Comme par dédommagement de cette défaillance de la nature, un éclair momentané fit briller à son souvenir, à l'instant de sa mort, une des scènes les plus frappantes de sa carrière, et le sentiment qui avait été le plus durable dans son cœur, pendant une vie que Dieu, dans sa merci, lui permit de terminer dans un acte d'humble soumission à sa grandeur et à sa gloire.

FIN DES DEUX AMIRAUX.